致 读 者

温馨提示：为保护读者权益，正版书会采用一本书对应一个专有二维码，请在正式阅读前务必第一时间扫描，得到官方授权，即可获取本书配套的作者视频讲解、线上习题库等数字资源。

高等院校精品课程系列教材

国家级一流本科课程（线上课程）
国家级一流本科课程（线下课程）
北京高等学校优质本科教材课件（重点）

货币金融学

THE ECONOMICS OF MONEY, BANKING
AND FINANCIAL MARKETS

|第 4 版|

蒋先玲 编著

本书在介绍货币、利率等基本概念的基础上，还介绍了商业银行、中央银行两大类银行机构，以及货币市场、资本市场、金融衍生工具市场三种不同性质的金融市场，进而阐述了货币需求、货币供给、货币政策、通货膨胀与通货紧缩、金融监管等概念。本书结构完整、表述流畅，较好地体现了理论与实践的新发展，是一本富有时效性与全面性的货币金融学教材。

本书适合作为经济类、金融类和管理类专业学生修读"货币银行学""货币金融学"课程的教材，也可以作为从业人员了解金融业基础知识的参考资料。

图书在版编目（CIP）数据

货币金融学/蒋先玲编著. --4版. --北京：机械工业出版社，2024.7（2025.1重印）. --（高等院校精品课程系列教材）. --ISBN 978-7-111-76075-7

Ⅰ. F820

中国国家版本馆 CIP 数据核字第 2024VS4773 号

机械工业出版社（北京市百万庄大街 22 号　邮政编码 100037）
策划编辑：王洪波　　　　　　　　　责任编辑：王洪波
责任校对：孙明慧　张雨霏　景　飞　责任印制：李　昂
北京联兴盛业印刷股份有限公司印刷
2025 年 1 月第 4 版第 2 次印刷
185mm×260mm・26.75 印张・1 插页・624 千字
标准书号：ISBN 978-7-111-76075-7
定价：69.00 元

电话服务　　　　　　　　　　　　网络服务
客服电话：010-88361066　　　　　机　工　官　网：www.cmpbook.com
　　　　　010-88379833　　　　　机　工　官　博：weibo.com/cmp1952
　　　　　010-68326294　　　　　金　书　网：www.golden-book.com
封底无防伪标均为盗版　　　　　机工教育服务网：www.cmpedu.com

作者简介
About The Author

蒋先玲：女，1965 年 2 月生，汉族，湖北潜江人，九三学社社员，经济学博士，二级教授，博士生导师。1990 年 7 月至 1995 年 12 月，任教于中国农业大学经济管理学院，1996 年 2 月至今，任教于对外经济贸易大学国际经济贸易学院，曾任对外经济贸易大学教务处处长、国际学院院长。

1983—1990 年就读于中南财经大学（现称中南财经政法大学），获经济学学士和硕士学位；1999—2002 年就读于对外经济贸易大学，获经济学博士学位；2003 年赴加拿大维多利亚大学（University of Victoria）做访问学者。

她也是国家"万人计划"教学名师，享受国务院政府特殊津贴，北京市朝阳区第十六届、第十七届人民代表大会代表，北京市师德先进个人，北京市教学名师，首届鸿儒金融教育基金会"金融学杰出教师奖"获得者。

她主讲"货币银行学""国际金融学"等课程，获得国家教学成果奖二等奖 3 项，北京市教学成果奖一等奖 6 项、二等奖 2 项；主讲慕课（MOOC）"货币金融学"获"国家精品在线开放课程"称号（2018 年），并获首批"国家级一流本科课程（线上课程）"称号；主讲"货币银行学"获首批"国家级一流本科课程（线下课程）"称号（2019 年）。出版教材及专著等 14 部，主持或参与国家级和省部级社科基金项目 6 项、省部级教改重点项目 2 项，公开发表论文 60 余篇。

第4版前言
Preface

2022年，党的二十大报告指出："深化金融体制改革，建设现代中央银行制度，加强和完善现代金融监管，强化金融稳定保障体系，依法将各类金融活动全部纳入监管，守住不发生系统性风险底线。"这为我国金融领域改革提供了根本遵循，也为第4版的写作指明了方向。

作者积极落实党的二十大精神进教材工作，在核心理念上强调"金融是实体经济的血脉，为实体经济服务是金融的天职，是金融的宗旨，也是防范金融风险的根本举措"。比如，在金融市场篇介绍我国多层次资本市场发展时，突出资本市场发展在我国产业结构优化、科技创新发展中的作用；在银行篇介绍银行经营原则时，强调我国商业银行经营原则中要坚持承担社会责任，即效益性，包含了经济效益和社会效益，与西方国家商业银行单纯追求股东利益最大化存在本质不同；在第八章系统介绍了我国"一行一局一会"的最新金融监管框架，让读者更深入地理解党的二十大精神。

第4版继续保留了第3版的基本框架和特点，同时，结合使用本书的高校师生的反馈意见，以及我国近年来金融领域发展和改革的最新进展，进行了内容修订。修订原则：一是落实党的二十大精神进教材的原则。希望第4版能够更好地引导读者基于国情和时代背景思考本土问题，提炼中国经验。二是时效性原则。考虑新时代信息技术与课堂教学的深度融合，课堂教学学时相对有限，对部分内容进行了逻辑优化，删减了部分内容，并增加了金融领域的前沿理论和改革实践成果。三是课程思政进教材原则。第4版保留了第3版章末通过二维码设立的"立德树人专题"专栏，希望能够引导本教材的读者进一步思考中国问题，也希望教师能够讲好中国故事。

更新的主要内容有：

第一章在"法定数字货币与数字人民币"和"我国现行的货币制度——人民币制度"相关内容的基础上，对文字进行了梳理，让语句更通顺，可读性更强。更换了新的专栏内容，即"人民币国际化阶段性成果显著"，让读者了解人民币制度的阶段性成果，并增加对中国货币的自信。

第二章对互联网金融的概念进行了重新整理，更新了相关数据。由于一些互联网金融模式在我国仍处于探索阶段,故对不成熟的内容进行了删减,仅保留了第三方支付。在金融机构体系构成中,重点以我国为例对主要的金融机构体系进行了重新的梳理。第二章有 2 个专栏。专栏 2-1:非银行支付机构:牢固树立"支付为民"理念,坚守"本位";专栏 2-2:我国金融持续扩大对外开放 金融资产管理公司向外资开放。

第三章将贷款市场报价利率(LPR)的相关内容由专栏变成正文,以强调其重要性。对利率的相关内容进行了结构调整,将利率的作用合并到第四节利率结构决定理论中,这样在结构上更紧凑。

第四章,由于伦敦银行同业拆借利率(LIBOR)退出历史舞台,删除了相关内容,重新归纳了同业拆借利率的特点;同时,按照"一行一局一会"新监管体系的规定修改了企业债券的管理主管部门,更新了专栏"我国证券交易市场的发展"的内容,例如增加了北京证券交易所的内容,以反映我国证券市场多层次发展的阶段性成果。

第五章在金融衍生工具的基本特征中补充了"跨期性";补充和更新了我国信用衍生产品市场的发展现状,删除了原专栏 5-5。

第六章增加了一般性债券中的四类主题债券的相关介绍,更新了相关数据。

第七章把原专栏 7-2 替换为"建设现代中央银行制度的中国实践";同时更新了专栏 7-4 的相关数据。

第八章对我国金融监管机构体系部分进行了修订,由原来的"一委一行两会"更新为"一行一局一会";对巴塞尔协议的内容重新进行了梳理;补充了银行资本管理新规的相关内容。

第九章补充了我国使用的 10 种结构性货币政策工具,这些工具在促进经济复苏和协助宏观经济调控中发挥了重要的作用,这部分内容有助于读者理解中国金融是如何服务实体经济的。

第十章至第十二章更新了数据,并进行了文字校对,使逻辑更合理、表述更准确。

为了适应"互联网+教育"的新型学习环境,每章章末的复习思考题部分答案通过有声形式提供给读者,希望可以帮助他们利用更多的碎片时间进行学习。

第 4 版的思维逻辑如下:

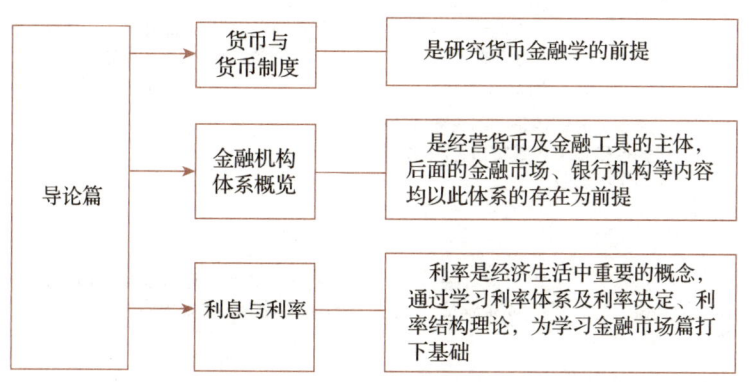

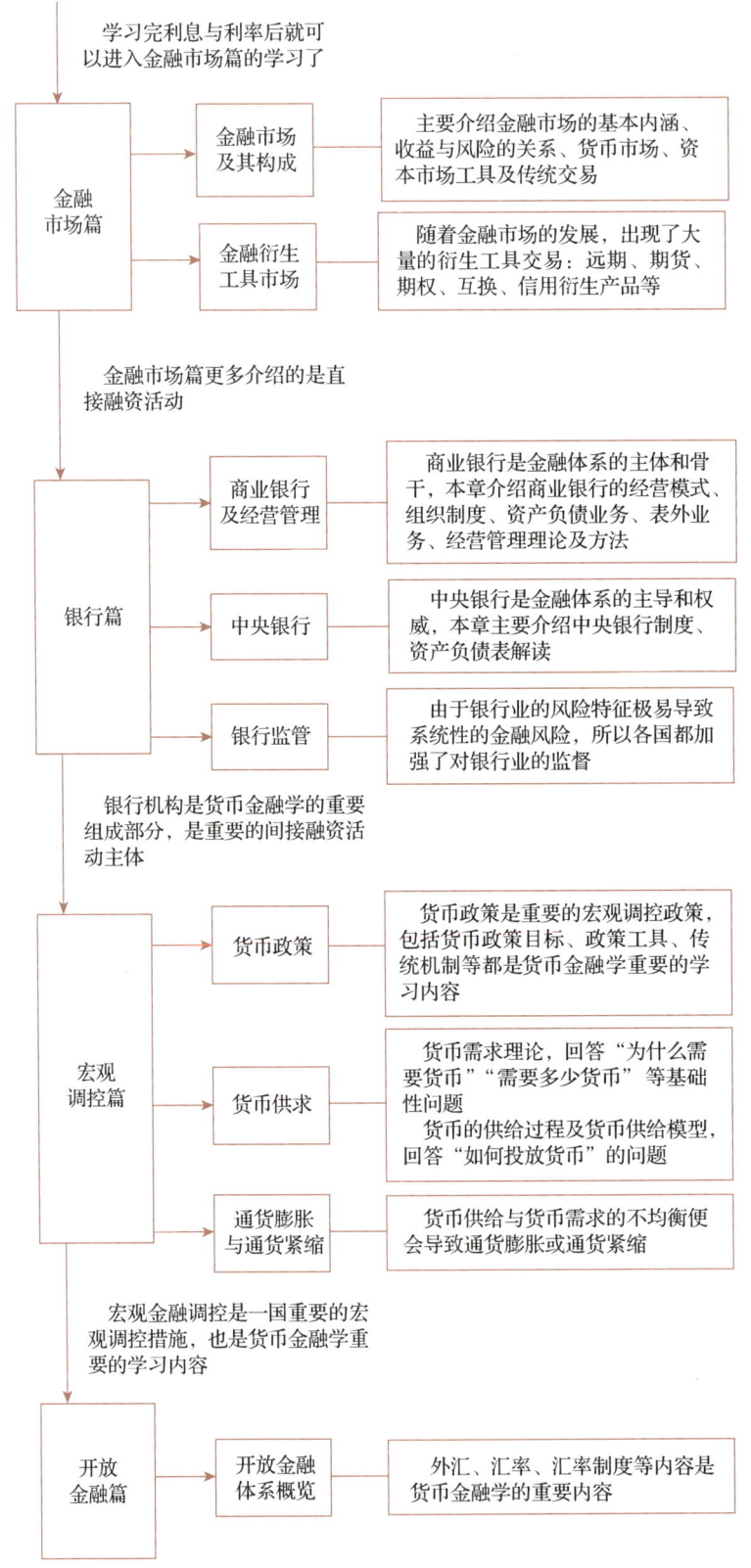

如果读者所在学校开设的"货币金融学"是通识课，在授课学时允许的情况下，可以将第十二章"开放金融体系概览"也纳入课程，第十二章主要介绍外汇、汇率、汇率制度安排以及国际金融机构体系等开放金融活动中最基础的知识点。

自 2013 年第 1 版上市以来，本书受到了广大读者的欢迎和持续支持，这对作者是巨大的鞭策，也激发了作者继续做好写作工作的决心。写作过程中，作者得到了众多高校和业内同行专家与教授的热情建议和指点，也得到了众多读者的帮助，在此一并表示衷心的感谢！

由于作者所学有限及时间仓促，而且货币金融学是一门仍在发展的学科，书中难免有纰漏和不尽如人意之处，这完全由作者负责，敬请读者批评指正。作者的邮箱是：jiangxianling@ uibe. edu. cn。

蒋先玲
对外经济贸易大学，北京
2024 年 5 月

教学建议
Suggestion

教学目标

本课程作为经济类各专业的必修课程，其教学目标是使学生掌握货币金融学的基本知识和原理。在知识目标上，要求学生掌握货币供求、利率原理、金融市场、商业银行经营管理、银行监管及金融宏观调控等基础知识及原理，熟悉金融基本原理与运行规则等专业知识，了解金融改革前沿动态，为进一步学习后续专业课打下扎实理论基础；在能力目标上，训练学生掌握观察和分析货币、银行、金融市场及货币政策基本特征的正确方法，培养基于金融理论的逻辑思维能力、批判性思维能力和深度学习能力；在素质目标上，培养学生树立金融支持实体经济的正确信念，培养家国情怀和历史使命感，树立诚实守信、勇于担当的职业道德观念。

课时分布建议

教学内容	学习要点	课时安排	
		金融专业	非金融专业
第一章 货币与货币制度	（1）理解货币的定义及本质 （2）了解货币形式的演变及各种货币形态的特点 （3）理解划分货币层次的意义、依据和构成 （4）掌握货币各种职能的含义及特点 （5）掌握货币制度的构成要素和历史演变	4	3
第二章 金融机构体系概览	（1）了解直接融资与间接融资的特点 （2）理解和掌握金融业存在的理论基础 （3）了解西方金融机构体系的一般构成 （4）掌握我国金融机构体系的一般构成	4	4
第三章 利息与利率	（1）理解和掌握利息与利率的基本概念及利息的计算方法 （2）了解利率变动的主要因素 （3）了解主要金融工具的到期收益率的计算 （4）掌握各种利率决定理论的基本观点及特点 （5）理解和掌握利率期限结构和风险结构理论的主要内容	4	3

（续）

教学内容	学习要点	课时安排	
		金融专业	非金融专业
第四章 金融市场及其构成	（1）了解金融市场的概念及功能 （2）掌握收益与风险的关系 （3）理解资产组合原理的内涵及计算 （4）理解和掌握货币市场的概念及构成，重点掌握同业拆借市场和国库券市场的运作 （5）理解和掌握资本市场的概念及构成，重点掌握股票与债券市场的运作，比较股票与债券的区别	6	4
第五章 金融衍生工具市场	（1）了解金融衍生工具的概念、特点及产生的原因 （2）理解远期、期货、期权的基本概念及特征 （3）掌握远期利率协议的原理 （4）掌握互换的动因及种类 （5）理解信用衍生产品的主要种类的内涵	4	3
第六章 商业银行及经营管理	（1）熟悉商业银行各类经营模式和组织制度的概念及优缺点 （2）理解商业银行的负债业务构成及相应的业务创新，资产业务的构成与管理 （3）掌握商业银行表外业务的主要种类 （4）掌握商业银行三项基本的经营原则，了解各项经营管理理论的内容及其发展沿革	4	3
第七章 中央银行	（1）掌握建立中央银行的必要性，了解中央银行的产生途径和历史演变 （2）了解中央银行的几种所有制形式和组织结构 （3）理解中央银行的性质及其基本职能 （4）掌握中央银行资产业务特征及其对基础货币的影响 （5）了解中央银行的支付清算业务及具体流程	3	2
第八章 银行监管	（1）掌握银行监管的必要性 （2）了解银行监管的理论依据 （3）掌握金融监管原则、体制类型，了解我国金融监管体制的演进历程 （4）了解银行监管的主要内容 （5）掌握《巴塞尔协议》的产生、发展及演变内容	3	2
第九章 货币政策	（1）了解货币政策的概念，掌握货币政策体系及目标构成 （2）掌握一般性货币政策工具，了解其他货币政策工具 （3）理解货币政策传导机制，重点掌握凯恩斯学派的传导机制 （4）了解货币政策的时滞及货币政策传导效果的影响因素分析	4	3
第十章 货币供求	（1）了解货币需求的定义、类型及决定因素 （2）了解传统货币数量论 （3）掌握凯恩斯货币需求理论和现代货币数量论的主要思想及其发展 （4）理解商业银行货币创造的原理和模型 （5）掌握货币供给的完整模型 （6）掌握货币乘数的概念、公式及影响因素分析 （7）了解几种货币供给理论，重点理解凯恩斯货币供给理论	6	4

(续)

教学内容	学习要点	课时安排	
		金融专业	非金融专业
第十一章 通货膨胀与 通货紧缩	（1）了解通货膨胀的定义、度量及分类 （2）理解通货膨胀的成因 （3）理解通货膨胀的经济效应分析 （4）了解通货紧缩的含义、成因 （5）掌握治理通货膨胀和通货紧缩的相应政策	3	2
第十二章 开放金融体系概览	（1）了解外汇的定义、分类以及汇率的概念、分类及标价法 （2）了解汇率制度的定义、内容和分类 （3）了解国际货币体系的定义、构成、作用以及几种国际货币体系的演变及特点 （4）了解主要国际金融组织的宗旨及业务特征	3	3
课时总计		48	36

目录
Contents

作者简介
第4版前言
教学建议

第一篇　导论篇

第一章　货币与货币制度 …………… 2

学习目标 ………………………………… 2
本章导读 ………………………………… 2
第一节　货币的概念 …………………… 2
第二节　货币的职能 …………………… 6
第三节　货币形式的演变 …………… 11
第四节　货币的计量 ………………… 18
第五节　货币制度 …………………… 20
立德树人专题 ………………………… 27
本章小结 ……………………………… 27
复习思考题 …………………………… 27
附录1A　信用与信用形式 …………… 29

第二章　金融机构体系概览 ………… 36

学习目标 ……………………………… 36
本章导读 ……………………………… 36
第一节　金融机构体系概述 ………… 36
第二节　金融机构存在的理论基础 …… 43

第三节　金融机构体系的构成 ……… 50
立德树人专题 ………………………… 64
本章小结 ……………………………… 64
复习思考题 …………………………… 65

第三章　利息与利率 ………………… 66

学习目标 ……………………………… 66
本章导读 ……………………………… 66
第一节　利息与利率概述 …………… 66
第二节　利息的计算与运用 ………… 76
第三节　利率决定理论 ……………… 83
第四节　利率结构决定理论 ………… 92
立德树人专题 ………………………… 101
本章小结 ……………………………… 101
复习思考题 …………………………… 102
本章拓展内容 ………………………… 103

第二篇　金融市场篇

第四章　金融市场及其构成 ………… 106

学习目标 ……………………………… 106
本章导读 ……………………………… 106
第一节　金融市场概述 ……………… 106
第二节　货币市场 …………………… 116

第三节 资本市场……129
立德树人专题……146
本章小结……147
复习思考题……147

第五章 金融衍生工具市场……149

学习目标……149
本章导读……149
第一节 金融衍生工具市场概述……149
第二节 金融远期市场……152
第三节 金融期货市场……156
第四节 金融期权交易……162
第五节 金融互换交易……168
第六节 信用衍生产品交易……173
立德树人专题……179
本章小结……179
复习思考题……180

第三篇 银行篇

第六章 商业银行及经营管理……182

学习目标……182
本章导读……182
第一节 商业银行概述……182
第二节 商业银行的资产负债表业务……192
第三节 商业银行的表外业务……202
第四节 商业银行的经营管理……207
立德树人专题……218
本章小结……218
复习思考题……219
本章拓展内容……220

第七章 中央银行……221

学习目标……221
本章导读……221

第一节 中央银行的产生与发展……221
第二节 中央银行制度……229
第三节 中央银行的性质与职能……234
第四节 中央银行的主要业务……239
立德树人专题……247
本章小结……247
复习思考题……248
本章拓展内容……249

第八章 银行监管……250

学习目标……250
本章导读……250
第一节 银行监管的必要性……251
第二节 银行监管的理论依据……258
第三节 金融监管体制……260
第四节 银行监管的主要内容……268
第五节 银行监管的国际合作：
　　　　《巴塞尔协议》……277
立德树人专题……284
本章小结……284
复习思考题……285
本章拓展内容……285

第四篇 宏观调控篇

第九章 货币政策……288

学习目标……288
本章导读……288
第一节 货币政策目标……288
第二节 货币政策工具……299
第三节 货币政策传导机制……311
第四节 货币政策效果的影响因素……319
立德树人专题……322
本章小结……322
复习思考题……323

本章拓展内容 …………………… 324

第十章 货币供求 …………………… 325

学习目标 …………………………… 325
本章导读 …………………………… 325
第一节 货币需求理论 ……………… 326
第二节 货币供给机制 ……………… 339
立德树人专题 ……………………… 358
本章小结 …………………………… 358
复习思考题 ………………………… 360
本章拓展内容 ……………………… 360

第十一章 通货膨胀与通货紧缩 …… 361

学习目标 …………………………… 361
本章导读 …………………………… 361
第一节 通货膨胀的定义及其度量 … 362
第二节 通货膨胀形成的原因 ……… 363
第三节 通货膨胀的经济效应 ……… 370
第四节 通货紧缩的含义及成因 …… 374

第五节 治理通货膨胀和通货紧缩的
　　　　对策 ……………………… 380
本章小结 …………………………… 384
复习思考题 ………………………… 385
本章拓展内容 ……………………… 385

第五篇 开放金融篇

第十二章 开放金融体系概览 ……… 388

学习目标 …………………………… 388
本章导读 …………………………… 388
第一节 外汇与汇率 ………………… 388
第二节 汇率制度安排 ……………… 395
第三节 国际货币体系 ……………… 398
第四节 国际金融机构体系 ………… 405
本章小结 …………………………… 411
复习思考题 ………………………… 411
本章拓展内容 ……………………… 412

参考文献 …………………………… 413

第一篇
PART1

导 论 篇

第一章　货币与货币制度
第二章　金融机构体系概览
第三章　利息与利率

第一章
CHAPTER 1

货币与货币制度

§ **学习目标**

认识货币在经济社会中的重要性
理解货币职能的内涵
了解货币形式的演变与发展
明确不同层次货币供应量的含义
掌握我国货币制度的内涵与特点

§ **本章导读**

  如果在新石器时代晚期的中国，你持有的货币可能主要是牲畜、龟壳、农具；如果在夏商周时期，你可能使用布帛、天然贝等来充当货币；如果在明代，白银是法定的流通货币，一般大额交易用白银，小额用铜钱，白银和铜钱组成了货币主体。据记载，早在我国北宋年间（1023年左右），官方的纸币就发行了，称作"官交子"，它被认为是世界上最早使用的纸币。现在你所使用的货币既有政府发行的纸币和硬币，也有借记卡以及根据银行活期存款签发的支票，甚至有无形的"数字货币"。由中国人民银行发行的数字形式的法定货币——数字人民币的使用范围越来越广。不同时期，货币的形式虽然不同，但货币对于经济社会的重要性是始终不变的。
  为理解货币在经济社会中的重要作用，我们必须确切地理解货币到底是什么。本章将探讨货币的含义、职能及货币形式的演变，还将考察货币的计量和货币制度的发展与演变，并归纳分析我国货币制度的内涵与特点。

第一节 货币的概念

一、货币的含义

  货币是现代金融和经济学理论中最常见、最重要的一个概念，也是最容易引起混淆、最难以理解的一个概念。萨缪尔森在其名著《经济学》有关货币的介绍中，引用了金·哈伯特的一句名言："在一万人中只有一人懂得通货问题，而我们每天都碰到它。"由此看来，货币貌似简单，实际上却极其复杂。

(一) 货币的概念及本质

货币在日常生活中的运用非常广泛，然而要给货币下一个精确的定义却相当困难。当前，大多数西方经济学家根据货币的功能来下定义。在这些经济学家看来，**货币**（money）是指在购买商品和劳务或清偿债务时被普遍接受的**任何物体或东西**（anything）。[⊖] 通货，包括纸币和硬币，都符合这个定义，因而是货币的一种，也是大多数人所说的货币。支票在购物付款时被广泛接受，所以支票存款也被看成是货币。此外，储蓄存款、借记卡等信用工具，也能迅速方便地转变为通货或支票存款，用来支付货款，发挥货币的功能。由此可见，货币的定义包含一系列资产，而不只是某一种特定的资产，这样的看法为大多数人所接受。

关于货币的本质也有多种解释。经典的货币本质描述的是马克思在《资本论》中的观点。他指出，货币是固定地充当一般等价物的特殊商品。其中，货币的本质是一般等价物，即货币可以与任何商品和劳务相交换。货币为何可充当一般等价物呢？因为马克思所处年代的货币是可以与金银兑换的，即是价值符号，或本身就是金银货币，且有真实价值保障。然而，现代货币是"不兑换金银"的，那么如何理解现代货币的本质呢？多数学者从货币债务论和货币契约论的角度进行解释。

货币债务论的观点。货币债务论认为货币本质上是持有者对发行者的一种债权。货币持有者成为债权人，发行货币者便成为债务人。这种解释部分地说明了债务货币的形成。该观点认为，流通中的每一元钱都可以看成是一张债务欠条。它解决了无商品价值的纸币和商品的交换问题，即回答了为何信用货币，如纸币可以购买商品的问题。在信用货币时代，货币本身已不具有真实价值，而是作为一种反映债权债务关系的凭证。不过这里要注意，纸币和借条尽管有一定相似性，但两者存在本质的区别。作为借条，债权方总是希望债务方尽快偿还物品，而货币持有者存在着"流动性偏好"，比如信用货币也能发挥价值储藏的功能而持续持有。如果将纸币仅仅看作借条，那么纸币的拥有者就会希望尽快从市场买入实物，即把钱用掉，这与"流动性偏好"相矛盾，即在市场稳定的情况下，人们通常更喜欢持有货币而不是实物商品。（如果年终奖是 1 万元现金或价值 1 万元的大米，你会选哪个呢？）

货币契约论的观点。货币契约论认为货币的本质是一种所有者与市场关于交换权的契约。该观点认为：货币是人类在长期的物物交换过程中为解决供给与需求的非匹配性而产生的约定，即约定某一特定的物品作为共同的交换媒介。由于社会分工不同，人们的资源禀赋与需求和自己生产的物品并不一致，人们需要相互交换物品来满足自己的需求。在以物易物的时代，可以想象人们由于持有的物品不一，每人需要的物品不一，更重要的是对各物品的评价也不一，因此，物物交换会带来极大的交换费用。随后人们发现用一种大家都认同的物品作为一般等价物时，极大地方便了交易，交易费用也大大减少。由此可见，货币可以看成是人们的一种合作安排以及人们在经济活动中的一种隐形

[⊖] MISHKIN F S. The economics of money, banking and financial markets [M]. 6th ed. New York: Pearson Education, 2002: 48.

契约。货币所体现的这种契约性质不同于经济活动中的其他契约，如各种买卖合同：需要规定具体的条款，且只用于特定的任务之间，其实施需要很大的成本（寻找签订契约的人，拟定具体条款并执行等），且涉及成员的有限性也限制了市场交易的范围。而货币是存在于所有成员间的一种隐形契约，它极大地减少了交易费用，能使所有的市场连为一体。因此货币本质上是一种契约，并且是关于交换权的契约。"吾以吾之所有予市场，换吾之所需"，货币就是这一过程的约定。一般等价物、贵金属货币与纸币都是这种契约的具体形式。

货币契约论对货币各职能的解释是：货币被约定作为一种共同的交换媒介，那它就必然与交换的物品有一个比率，这就使得不同的物品可以相互比较，货币因此具有价值尺度的功能。货币的使用不限定时间，这就意味着人们可以累积这种权利，因而货币便有了价值储藏的功能。货币的交换功能和价值储藏功能意味着，我们可以在某一时段集中购买劳动力和其他生产资料，这极大地促进了生产的规模化，从而通过延期支付的方式，使货币具备组织生产的功能进而可转化为资本，由此货币具有了支付手段功能，并为现代经济中最重要的单位——企业的诞生提供了基础。

(二) 货币材料的必要条件

当货币具有物理介质时（这里不讨论数字货币），那么一个物体怎样才能被称为货币或被铸造成货币呢？一般而言，作为货币的理想材料应具有以下 5 个特性。

1. 价值稳定性　任何物体要充当货币，其本身的价值必须是相对稳定的，即有价值稳定的特性。正如要丈量布匹长度，尺子本身的刻度必须是稳定的；要称出鸡蛋重量，秤本身的刻度也必须是稳定的。历史上曾经以牛、羊等牲畜作为货币来使用，由于其价值不稳定，在后来必然失去了充当货币的资格。

2. 普遍接受性　这是指货币在购买商品和劳务以及债务清偿时能够被人们认可且接受。任何物体只要具备了这一特点，就可以在一定范围内充当交换的媒介。如乘坐出租车时，乘客可以向司机支付纸币，却不能将蔬菜作为货币向其支付，其原因正是人们不能认可蔬菜是一种普遍接受的货币形式。与之相反，第二次世界大战期间，香烟曾因其普遍接受性，成为当时流通于纳粹战俘集中营的特殊货币。[一]

3. 可分割性　随着商品交换规模的发展，要求充当货币的物体必须是均质的，易于分割成标准化的等份，以实现不同规模的商品和劳务交换，并且分割不会导致价值下降。例如，纸币流通条件下的币种在设计上有元、角、分，这是为了满足不同层次商品和劳务交换的便利性。

4. 易于辨认与携带　充当货币的材料必须易于辨别真伪，不容易被人仿制，同时，随着商品生产向外延伸，货币材料也必须易于运输与携带。因此，随着商品交换范围的扩展和商品经济复杂性的加剧，那些笨重、易仿制的货币材料就逐步让位于轻便易携、易辨真伪的货币材料，如支票存款的广泛应用。

5. 供给富有弹性　一种优良的货币，其材料的供给必须富有弹性，以满足商品生产和交换增减变动的需要。金银货币先后退出历史舞台的原因之一，就是金属资源的有

[一] 易纲，海闻. 货币银行学 [M]. 上海：上海人民出版社，1999：34.

限性使其供给缺乏弹性，不能适应全球经济迅速发展的需要。

二、货币与其他相关概念的区别

货币一词经常出现在人们的日常交流中，因此它可以意味着很多事情。为了更清楚地理解货币的定义，我们有必要澄清经济学家或宏观经济学家所说的货币一词，与人们日常生活中的一些类似概念的区别。

（一）货币与通货

通货（currency）是指处于流通中的现实货币，包括纸币和硬币，俗称"现钞"。显然，它符合经济学家给出的货币定义，是货币的一种。大多数人在谈及"货币"时，所说的就是通货。例如，当甲、乙两位同学在逛小商品市场时，恰好两位同学的手机都没电了。此时，乙问甲："抱歉，我没带钱，可否借点钱给我？"甲同学如果带了钱包，一定会拿出钱包里的现金帮乙同学结账，而不会问："你要借哪种货币？"

但是，如果将货币仅仅定义为"通货"，就将经济学家定义的货币范围大大缩小了。如前所述，支票也能用来偿还债务，支付货款，发挥货币的功能。所以，经济学家所说的货币，不仅是指通货，而且是指一个更广泛的资产系列。

（二）货币与财富

财富（wealth）是由各种资产所构成的，包括实物资产和金融资产。其中，金融资产又包括货币性金融资产和非货币性金融资产，前者如通货、支票存款等，后者如国库券、股票等。因此，货币只是财富的一部分。但是货币一词常常被用作财富的同义词，使事情更为复杂。当某人说"张三很富有——他有很多钱"时，他可能是说张三不仅有大量的现钞、银行存款，而且有股票、债券、汽车、别墅和游艇等。在这里，货币（"钱"）被用作财富的同义词。

因此，财富不仅包括货币，还包括债券、股票、艺术品、土地、家具和房屋等有价资产。显然，如果将货币等同于财富，又扩大了经济学家定义的货币范畴。货币仅是财富的一部分，如果把货币当作社会财富而追逐，容易沉沦为崇尚"金钱万能"的"拜金主义者"。

（三）货币与收入

人们常常将货币一词作为**收入**（income）的同义词。常听到这样的话："他有一份好工作，能挣好多钱。"这里的"钱"其实是指收入。

收入与货币是有区别的。首先，不可否认在商品经济时代，人们的收入大多用货币表现，只有在特殊情况下存在其他形式的收入。例如，股份制企业会通过发放股权对员工进行激励，股权即可视为一种收入。其次，收入是某一时期单位的货币额，是一个流量概念，如月薪、年薪等；货币是一个存量概念，也称为货币供应量，是指一国（或地区）在某一时点上为社会经济运转服务的货币存量，如第一季度末的货币余额。

(四) 货币与流动性

进入 21 世纪，在报纸杂志和人们的日常用语中，另一个替代货币的名词经常出现，即流动性，如 2008 年金融危机之后频繁出现于报端的"流动性不足"。所谓**"流动性"**（liquidity），泛指一种资产在不损失价值的前提下转换为现实购买力的能力，它由变现的便利程度和交易成本所决定。变现越便利或交易成本越小，则流动性越强；反之，流动性越弱。由于货币不需要转换为别的资产就可以直接用于支付或清偿，因此货币被认为是流动性最强的资产。所以，在一般的宏观经济分析中，常常用流动性来分析货币现象。例如，**"流动性过剩"**（excess liquidity），简单地说，就是货币当局发行了过多的货币，货币供应量增长过快，银行机构资金来源充沛。在宏观经济上，它表现为货币增长率超过 GDP 增长率，就银行系统而言，则表现为存款增速大大快于贷款增速；反之，则是"流动性不足"。

当然，流动性工具包括银行的存款，也包括范围广泛的其他金融中介机构的短期负债。在金融机构和金融工具不断创新的大背景下，流动性的含义远大于货币的含义。

第二节 货币的职能

现代经济中，货币一般被认为具有四个职能：价值尺度、流通手段、价值储藏和支付手段。其中，价值尺度和流通手段是货币最基本的职能。

一、价值尺度

价值尺度（unit of account），是指货币是衡量与表现其他一切商品和劳务价值大小的工具。价值尺度是货币最基本、最重要的职能。货币出现以后，人们用货币测量商品和劳务的价值，就如同人们用秤来称重量一样。正是由于货币的价值尺度功能，所有商品的价格都可以用特定数量的货币单位来表示，无须确定每两种商品之间的交换比例，即交换价格。

（一）货币执行价值尺度职能的特点

1. 不需要现实的货币 人们给商品和劳务标价的过程就是货币发挥价值尺度功能的过程，因此价值尺度表现为价格标签。这意味着货币执行价值尺度这一职能只需要以想象中的或是观念上的形式存在就可以了。例如，当给某商品标价 100 元时，只需在标签上写上 100 元/个，而不必在旁边放上 100 元。

2. 需要价值尺度职能的技术规定——价格标准 为了用货币来衡量与比较各种商品和劳务的价值，货币自身的量必须能够计量。为此，人们在技术上就需要规定一种固定的货币计量单位，即价格标准。所谓价格标准，是指人为规定的货币单位名称及所包含（或代表）的价值量。

最初的货币单位和衡量货币商品使用价值的自然单位一致，如头、匹、斤、两等是统一的。例如，中国秦代铸造过半两铜钱，汉代铸造过五铢铜钱，其上面分别铸有"半两""五铢"字样。史书说，这些铜钱"重如其文"，即含铜重量与钱面上的文字相符（见后面的称量货币）。后来，货币单位与自然单位逐渐分离。现代社会的货币单位主要有两种表示方法。一种是货币单位名称与其自然单位名称完全脱节，采取了另外的名称。一般以"元"表示货币单位，在货币单位"元"前面加上"国名"即得到该国货币的名称，如"美元""新加坡元""加拿大元"等。另一种是货币单位名称仍然是重量名称，但由于种种原因，实际含有的重量已与名称完全脱节。如早在 1816 年英国正式采用金本位制时就规定，每盎司㊀黄金合金币 3.893 75 镑，从重量上说，12 盎司为 1 磅㊁，即 1 磅重量的黄金相当于金币 46.725（=12×3.893 75）镑。现在英国的货币单位"镑"仍然保留了重量单位的痕迹。

（二）价值尺度的作用

1. 减少了商品交换中的价格数目，提高了交换的效率　　如果没有货币，一种商品的价值只能通过它所交换到的另一种商品的数量相对表示出来，即要用这两种商品之间的交换比率或交换价格来表示。随着参加交易的商品数量增多，所需要讨价还价确定的相对价格会增加得更多。设有 n 种商品，在物物交换下，交换价格的数目就为组合数 $C_n^2 = n(n-1)/2$。假如有 1 万种商品要交易，为了使这些商品彼此能够交换，就需要标出 $C_{10\,000}^2 = 10\,000 \times (10\,000 - 1)/2$，即大约 5 000 万个交换价格。这样的交换何等不易！要想判断两种商品中哪一种更便宜，是相当困难的。

引入货币后，每种商品的价值都可以通过货币的尺度来衡量，上面的价格数目就变成 n 了。这意味着 1 万种商品只有 1 万个以货币单位标价的价格，而不再是近 5 000 万个了，由此大大降低了交易成本，提高了交换的效率。

2. 使商品内在价值外在地表现为价格，从而出现了"购买力"这一概念　　商品价值本来是由凝结在该商品中的社会必要劳动时间来测量的。商品中包含的社会必要劳动时间越多，它的价值便越大。但是，由于商品价值是内在的，只有生产企业才能判断其生产的商品价值大小，所以必须通过某一工具将其外在地表现出来，才能顺利地实现交换，这一工具就是货币。因此，社会必要劳动时间是商品的内在价值尺度，而货币则是商品的外在价值尺度。商品价值的货币表现就是价格。

有了商品价格，我们再引入另一个非常重要的概念，即货币**购买力**（purchasing power）㊂，它是指一般物价指数的倒数。物价越高，货币购买力越低；反之，货币购买力越高。但是必须注意，货币购买力是对所有商品而言的，它不是某一商品价格的倒数，而是所有商品价格的倒数，即商品价格指数的倒数。

二、流通手段

流通手段，也称**交易媒介**（medium of exchange），是指货币充当商品交换的中介或

㊀　1 盎司 = 28.35 克。
㊁　1 磅 = 0.453 6 千克。
㊂　货币购买力这个概念有时也在分析市场供求关系中使用，用以表示有货币支持的需求，如居民货币购买力的增长幅度如何，等等。

媒介的职能。在商品交易中，人们首先将自己的产品转换成货币（出售商品），再用货币去购买自己需要的产品，货币就成为商品交易的桥梁或中介。

(一) 货币执行流通手段职能的特点

1. 必须是现实的货币　在几乎所有的经济交易中，货币都以通货或支票的形式充当交易的媒介，用来对商品和劳务进行支付。可见，作为交易媒介的不能是观念上的货币，必须是实实在在的货币。任何一个商家绝不会允许有人用空话来拿走他的商品。例如，在前述的例子中，用100元购买该商品必须实际交付100元，才能得到该商品。

2. 不需要是足值的货币　货币作为流通手段是用来购买商品和劳务的。在这里，货币在人们手中只是一个转瞬即逝的东西，它马上又要被别的商品替代。例如，企业家生产杯子，将其产品销售出去转换为货币，再用货币去购买其他商品或劳务，如购买材料或支付工资。在这里，人们在乎的是货币的购买力是否稳定，而不在乎货币的制作材料本身是否货真价实。因此，现实流通的货币并不一定要是黄金、白银等贵金属货币，也可以由包括纸币在内的其他资产所替代，正是这一特点促使了纸币的产生和发展，出现了支票存款货币、电子货币等更多的货币形式。

(二) 流通手段的作用

1. 克服了物物交换下"需求的双重巧合"难题，提高了经济效率　让我们看看物物交换的情况吧。假如张某是经济学教授，他的专长是讲授非常精彩的经济学课程。当他需要食品时，必须找到这样一个农场主：不仅生产他需要的食品，而且也渴望听经济学课程。可以想象，这样的寻找过程是多么费时和艰难！结果可能是，张教授不得不放弃经济学演讲而去自己种植农作物，或者被饿死！这就是物物交换条件下"需求的双重巧合"难题。通常，花费在商品或劳务交易过程中的成本被称为交易成本。物物交换的交易成本非常高，在引入货币后才可以大大降低交易成本。因为货币可以帮助人们节约时间，无须再费力去刻意追求双重巧合的实现。张教授可以向任何愿意支付货币听课的人讲经济学课程，然后用讲课得来的收入去市场购买他所需要的任何食品。由于节约了交易时间，张教授也可以专心从事他所擅长的经济学教学，从而提高了工作效率。因此，货币可以节约交易时间给当事人带来效用，可使人们专门从事自己最擅长的工作，鼓励了专业化和社会分工，从而提高了经济效率。

2. 使简单的物物交换发展为商品交换　货币作为交易媒介，是"用商品换货币，用货币换商品"，商品所有者先把自己的商品换成货币，然后再用货币去交换其他的商品。在这里，商品和货币同时出现在交易的两端，属于"一手交钱，一手交货"的交易模式，即

$$商品（W）\xrightarrow{卖}货币（G）\xrightarrow{买}另一种商品（W'）$$

这种用货币作为媒介的交换就是商品交换，不同于"用商品换商品"的物物交换。以货币为媒介的商品交换形式的出现，是商品交换过程的革命，它解决了物物交换的困难，突破了交换的双重巧合限制。

3. 隐含了经济危机的可能性　由物物交换过渡到商品交换，意味着商品经济的内

在矛盾有了进一步的发展。因为在这里,"买"与"卖"被分成了两个独立的过程:一个是卖,取得货币;另一个是买,用货币换回商品。如果卖出商品的人不立刻去购买其他商品,就会使另一些人的商品卖不出去,从而导致库存积压。也就是说,货币作为流通手段的职能隐含了经济危机的可能性。

三、价值储藏

价值储藏(store of value),是指货币暂时退出流通领域而处于相对静止状态,被人们用作财富或购买力储藏的工具。这一职能是从货币的流通手段职能延伸而来的。弗里德曼说过,货币是"能够使购买行为从售卖行为中分离出来的购买力的暂栖所"。也就是说,当人们取得货币后但不进行支出时,货币就发挥着价值储藏的功能。货币具有这一职能是因为,在人们的售卖行为和购买行为之间,或者说在人们获得收入与支出之间,一般总是存在时间间隔的。在这段时间内,货币就作为价值储藏工具而存在。

(一)价值储藏的形式

货币并不是唯一的价值储藏工具,其他资产如股票、债券、土地、房屋、艺术品、珠宝等,都可以作为价值储藏的手段。用上述资产作为价值储藏工具的优点在于:①能以利息、利润和租金等形式给持有者带来一定的收入;②在货币贬值时,这些非货币资产的价格一般会上升,从而比持有货币更为合算;③实物还可以提供一定的服务(如邮票可供欣赏、房屋可以居住等)。但是,它们作为价值储藏工具有一定的缺陷:①储藏时需要支付一定的保管费用;②以货币计算的价值可能下跌;③存在不同程度的流动性缺陷,将它们换成其他商品或变换成货币时都要花费一定的成本。因此,即使从收益角度讲,货币也不是最好的价值储藏手段,但人们仍然会选择货币作为价值储藏手段之一。

(二)货币作为价值储藏的作用

由于货币是个人财富的一部分,也是流动性最强的资产,所以即使它不是最有吸引力的价值储藏方式,人们还是愿意持有货币。货币作为价值储藏方式有两个作用:一是储存财富;二是储存购买力。凡是货币,无论是足值的贵金属货币还是不足值的纸币,都具有价值储藏的功能,前者更多的是储存财富,后者更多的是储存购买力。[一]

货币储藏也经历了一定的发展过程:①朴素的货币储藏,即把金银埋藏在地下;②美的货币储藏,即将金银制成艺术品摆放起来;③存款的货币储藏,即银行产生以后,人们以银行存款的形式将货币储蓄起来,分散的货币储藏就变为集中的货币储蓄。

[一] 需要特别指出的是,站在整体主义的立场,货币不等价于财富,货币的实质在于社会财富的索取权。视货币为社会财富,靠"以钱生钱"作为推动经济系统运转的动力,必然使整个社会的经济行为以攫取财富索取权为核心目标,而不是以创造社会所需要的真实财富为目标。

四、支付手段

支付手段（standard of deferred payment），是指在以延期付款形式买卖商品时，货币作为独立的价值形式单方面运动时所执行的职能。货币作为支付手段，开始是由商品的赊购、预付引起的，后来才慢慢扩展到商品流通领域之外。在商品交换和信用事业发达的经济社会里，货币充当交换价值的独立存在形式日益成为普遍的交易方式，如财政收支、银行信贷、工资、佣金、房租、地租、水电费等领域。

（一）货币作为支付手段的特点

与流通手段相比，货币执行支付手段职能时具有以下特点。

（1）使商品交换可以实现时间与空间上的分离。由于一些商品生产过程的季节性和地域上的差别，在客观上要求商品的出售与商品价值的实现在时间和空间上分离，从而出现了延期付款或预付款等商业信用⊖现象。当货币用来偿还赊买商品的货款时，它已不再作为交易媒介，而是充当支付手段发挥作用。此时，货币作为价值形式独立存在，单方面发生转移，而货币作为交易媒介一般发生在"一手交钱，一手交货"的即期交易中。

（2）使买卖双方从简单的买卖关系发展为复杂的信用关系。时间与空间上的分离，使得简单的买卖关系变为复杂的信用关系。货币作为支付手段产生了一个重要的概念，即"信用"。所谓信用，是指以偿还和付息为条件的特殊价值运动形式。信用关系涉及债权人和债务人。提供资金或赊销商品的一方是信用的提供者，即债权人；借用资金或赊买的一方是信用的接受者，即债务人。无论是何种信用，通常都可以用货币偿付。最初的信用活动表现为商品赊销，即商业信用，是指企业之间进行商品交易时，以延期付款或预付款等形式提供的信用。商业信用的具体方式有很多，如赊销商品、委托代销、分期付款、预付定金、预付货款及补偿贸易等。更为普遍的信用形式是银行信用，是指银行及其他金融机构以货币形式，通过存款、贷款等业务活动提供的信用。银行信用是现代信用经济中的重要形式，银行信用的产生标志着一国信用制度的发展与完善。信用关系之所以复杂，是因为在信用到期时，债务人不一定能偿还足额的款项给债权人，易出现债务纠纷问题。例如，企业之间拖欠货款所形成的连锁债务关系，通常是甲企业欠乙企业的债，乙企业欠丙企业的债，丙企业又欠甲企业的债，以及与此类似的债务关系等，甚至形成欠款越滚越多的"三角债"现象。从这一角度讲，货币充当支付手段隐藏着支付危机或信用危机的可能性。

（二）货币作为支付手段的作用

（1）使商品交换的时空范围扩大。在货币执行流通手段职能时，出卖自己的商品先于购买别人的商品。当货币执行支付手段职能时，购买别人的商品先于出卖自己的商品，这突破了交换的时空限制。商品交换可以在不同时间、地点进行，为商品生产和商品交换的进一步发展创造了条件。

⊖ 商业信用是指工商企业之间相互提供的与商品交易相联系的信用形式，主要表现为赊销、分期付款等形式。

（2）潜藏着使社会再生产过程发生中断的可能性。如上所述，在赊买赊卖的情况下，许多商品生产者之间都发生了债权债务关系，如果其中有人到期不能支付相应款项，就会引起一系列的连锁反应，"牵一发而动全身"，使整个信用关系遭到破坏。例如，某个人在规定期限内没有卖掉自己的商品，他就不能按时偿债，这就使得支付链条上某一环节中断了，然后就可能引起信用危机甚至货币危机，进而影响信用体系的信誉，最终导致信用体系各环节发生崩溃。

以上四种职能各不相同又紧密相连。其中，价值尺度和流通手段是货币的基本职能，也就是说，当这两个基本的职能可以同时由一种商品来满足时，这种商品就取得了货币的资格，而价值储藏和支付手段是货币的派生职能。

第三节 货币形式的演变

历史上许多东西都充当过货币，不同的经济交易或不同的历史时期使用过不同的货币形式。从历史的演变角度看，经济学家对这些形式各异的货币通常沿着如下线索分析：

实物货币→金属货币→纸币→存款货币→电子货币→数字货币

其中，"金属货币"阶段开始于大约公元前2000年，又分为最初的称量货币和后来的铸币。18世纪后期进入到"纸币"阶段，其又分为可兑换等值金属货币的代用货币阶段和不可兑换的信用货币阶段。支票货币可以看成另一种纸币（如纸质的支票簿），但它的出现并未使原来的纸币消失。电子货币则意味着一种全新的无须纸张作为载体的货币形式，随着数字货币的出现，数字化的货币日益成为人们讨论的热门话题。

一、实物货币

实物货币，是指以自然界存在的某种物品或人们生产出来的某种物品的自然形态充当货币的一种货币形式。实物货币的显著特点是，其作为非货币用途的价值（商品价值），与其作为货币用途的价值（货币价值）是相等的。在人类历史上，各种商品如米、布、木材、贝壳、家畜等，都曾在不同时期扮演过货币的角色。在我国古代，龟壳、海贝、蚌珠、皮革、齿角、猎器、米粟、布帛、农具等均曾充当过交易媒介。

这些实物货币都有缺点，主要表现在：①质量不一，不易分割成较小的单位；②体积笨重，值小量大，携带运输极其不便；③容易磨损，容易变质，不易作为价值储藏手段；④供给不稳定，导致价值不稳定。所以，实物货币无法充当理想的交易媒介。随着经济的发展和时代的演变，实物货币也就逐渐被金属货币替代。

二、金属货币

金属货币，是指以金属，尤其是贵金属作为货币材料的货币。和实物货币相比，金属货币能更有效地发挥货币的职能。马克思曾说过一句经典名言："金银天然不是货币，但货币天然是金银。"金属货币经历了由称量货币向铸币演变的过程。

（一）称量货币

称量货币，也称"重量货币"，是指以金属条块形状出现，按金属的实际价值充当货币价值的货币形式。金属材料充当货币流通的初期，没有铸造成一定的形状与重量，必须通过鉴定成色和称重量以定价额，故称作"称量货币"，如我国古时的金银锭、金银锞以及商周时期的铜块、铜饼等。这种自然形态的金属货币在流通中需要称重量，鉴定成色，极不方便。交易过程中的自然磨损和人为磨损导致称量货币的"不足值"，但人们发现这并不影响金属货币充当交易媒介，由此产生了铸币。

（二）铸币

铸币，是指由国家铸造，具有一定形状并标明成色、重量和面值的金属货币。用金银铜等贵重金属或它们的合金作为材料，经熔炼成为液态，再倒入做好的模具中，冷却成形后，即成为"铸币"。由于它使用的材料是金银铜等贵金属，具有实际价值，因此不易随通货膨胀而贬值。现代的机器冲压硬币虽然也是金属货币，并经常被称为"铸币"，但多采用铝、钢等便宜的材料制成。其原材料的价值一般远低于其面值，因此不是严格意义上的"铸币"，而被称为"辅币"。

随着经济的进一步发展，金属货币同样显现出使用上的不方便。例如，不便运输和携带，在大额交易中需要使用大量的金属货币，其重量和体积都令人感到烦恼。金属货币在使用中还会出现磨损的问题，于是纸币出现了。

三、纸币

纸币（paper currency），是指以纸张为货币材料印制而成，具有一定形状并标明一定面额的货币。在中央银行产生以前，私人银行发行的纸币被称为"银行券"；中央银行产生后，纸币的发行权为政府或政府授权的金融机构所专有，发行机关多数是中央银行、财政部或政府成立的货币管理机构。纸币经历了兑现纸币和不兑现纸币的发展过程。

（一）兑现纸币

兑现纸币，又称**代用货币**（representative money），主要是指政府或银行发行，代替金属货币执行流通手段和支付手段职能的纸币，兑现纸币本身的商品价值低于其货币价值。在货币史上，兑现纸币通常是银行或政府发行的纸币，其所代表的是金属货币。换言之，纸币作为交易媒介虽在市面流通，但都有十足的金银储备，而且也可向发行机关兑换金条、银条或金币、银币。因此，兑现纸币可看作是代替金银流通的价值符号。

由于兑现纸币代表金属货币在市场上流通，且具有携带便利，避免磨损，节省金银等优点，因此，兑现纸币比金属货币更具优越性。兑现纸币最早出现在英国。中世纪之后，英国的金匠为顾客保管金银货币，他们所开出的收据可以在流通领域进行流通。在顾客需要时，这些收据随时可以得到兑换，这是原始的兑现纸币（也是银行券的雏形）。

典型的兑现纸币形式是银行券。银行券是由银行发行的可以随时兑现的兑现纸币，是代替贵金属货币流通与支付的信用工具。银行券的发行必须具有发行保证，包括黄金保证和信用保证。由于银行券有严格的发行准备规定，能保证随时兑现，因此具有较好的稳定性。

早期的银行券是由私人银行发行的。19世纪中叶以后，各国银行券逐渐改由中央银行或其指定银行发行。20世纪30年代世界性经济危机发生后，各国相继放弃金本位制。到第二次世界大战后，世界各国货币基本都同黄金脱钩，普遍由中央银行发行不兑现纸币作为流通手段，兑现纸币退出历史舞台。

（二）不兑现纸币

不兑现纸币，通常是指由国家发行并强制流通的不能兑换成铸币或金银条块的纸币。它本身的价值低于其货币价值，且不再代表任何贵金属，不能向发行机关要求兑换贵金属，但有国家信用做担保。

从范围上讲，不兑现纸币还包括劣金属铸币，也称辅币。辅币一般多为金属铸造的硬币，也有些纸币，其所包含的实际价值远低于其名义价值，但国家以法令形式规定在一定限额内，辅币可与本位货币（见本章第五节相关内容）自由兑换。

四、存款货币

存款货币，是指可以签发支票的活期存款，也称支票存款。所谓支票，是指银行存款客户向银行签发的无条件付款命令书，是由银行的存款客户签发，委托银行在见票时无条件支付确定金额给收款人或来人的一种票据。按支付方式，支票可分为现金支票和转账支票，前者可以从银行提取现金，后者则只能用于转账结算。

支票基本有三方当事人，即出票人、收款人和付款人，其中出票人和付款人都必须具备一定的条件：出票人通常是在银行开立支票存款账户的单位，付款人是办理支票存款业务的银行。

支票的主要特征如下。第一，支票的付款人是银行。支票是出票人委托银行支付票款的票据，支票的付款人必须是办理支票存款业务的银行，自然人或者其他法人不能充当支票的付款人。第二，支票为见票即付的票据。支票为见票即付，是由支票的支付手段职能决定的。支票的职能在于，为了避免使用现金的危险和麻烦，而用支票来代替现金支付。

由于支票存款可以随时开出支票，在市场上转移或流通，充当交易媒介或支付工具，因而扮演货币的角色，并具有以下优点：①可以避免像其他货币那样容易丢失和损坏；②运送便利，减少运输成本；③实收实支，免去找换零钱的麻烦；④支票经收款人收讫以后，可以在一定范围内流通。

与纸币相比，支票结算具有以下局限性。第一，支票不具有政府担保特性，它只是银行的存款客户命令银行将资金从其账户转移到其指定人的账户的一种支付工具。因此，当你向某人签发支票以换取后者的商品或劳务时，支票并不是最后的支付手段。如果出票人签发的支票金额超出其支票存款账户金额，则为空头支票，不能履行支付职能。例如，《中华人民共和国票据法》（以下简称《票据法》）禁止签发空头支票。因此，支票本身不是货币，支票所依附的活期存款才是货币。第二，支票的转移可能存在一定时间的滞后。如转账支票要先存入银行，再经历若干个工作日，客户才能够获准使用所存支票中的资金。

通常，将不兑现纸币、辅币和存款货币统称为**信用货币**（fiat money），这是指以发行者的信用作为保证，通过信用程序发行的货币。信用货币本身并不代表任何贵金属，基本是以国家或银行的信誉为保证而流通的。

五、电子货币

电子货币出现的历史较短，目前还没有在全社会范围内形成统一规范的具体形式。因此，关于电子货币的概念，目前还没有任何一个国家的法律做过比较完整的定义。

巴塞尔银行监管委员会于1998年发布了关于电子货币的定义。电子货币，是指在零售支付机制中，通过销售终端、不同的电子设备之间以及在互联网络上执行支付的"储值"和"预付支付机制"。所谓"储值"，是指保存在物理介质（硬件或卡介质）中可用来支付的价值。这种介质亦被称为"电子钱包"，当其储存的价值被使用后，可以通过特定设备向其续储价值。"预付支付机制"，则是指存在于特定软件或网络中的一组可以传输并可用于支付的电子数据，通常被称为**"数字现金"**（digital cash）（可以说是"真正的电子货币"）。作为支付手段，大多数电子货币不能脱离现金或存款，运行机制是：消费者向电子货币的发行者支付传统货币，而发行者把与传统货币的相等价值，以电子形式储存在消费者持有的电子设备中。从这一角度讲，大多数电子货币只是通过电子化方式支付的货币，不是真正意义上独立的货币。

根据上述定义，目前可被划归为电子货币的电子支付工具有很多。为了更好地认识这些工具，我们可以按不同的标志将它们进行分类。

（一）"卡基"电子货币和"数基"电子货币

按照载体不同，电子货币可以分为**"卡基"**（card-based）电子货币和**"数基"**（soft-based）电子货币。"卡基"电子货币的载体是各种物理卡片，是指某一行业或公司发行的可代替现金用的IC卡或磁卡，如智能卡、电话卡、礼金卡等。消费者在使用这种电子货币时，必须携带特定的卡介质，电子货币的金额需要预先储存在卡中。"卡基"电子货币是目前电子货币的主要形式。发行"卡基"电子货币的机构包括银行、信用卡公司、电信公司、大型商户和各类俱乐部等。

"数基"电子货币完全基于数字的特殊编排，依赖软件的识别与传递，不需要特殊的物理介质，只要能连接上网，电子货币的持有者就可以随时随地通过特定的数字指令完成支付，如电子支票和电子钱包。电子支票是纸质支票的电子替代物，它将传统方式下的纸质支票改为带有数字签名的电子报文，或利用其他数字电文代替传统支票的全部信息。在电子商务活动中，电子钱包是顾客网上购物时常用的一种支付工具，是在小额购物或购买小商品时常用的新式钱包。使用电子钱包的顾客通常在银行里都是有账户的。在使用电子钱包时，将有关的应用软件安装到电子商务服务器上，利用电子钱包服务系统就可以把自己在电子货币或电子金融卡上的数据输进去。在付款时，如果顾客要用电子信用卡付款，例如用Visa卡或者Mastercard卡等收付款时，顾客只要单击一下相应项目或相应图标即可完成收付款。人们常将这种支付方式称为单击式或点击式支付方式。

(二)"单一用途"电子货币和"多用途"电子货币

按被接受程度,电子货币可以分为"单一用途"电子货币和"多用途"电子货币。"单一用途"电子货币往往由特定的发行者发行,只能用于购买特定的一种商品或劳务或被单一商家接受,其典型代表就是各类电话卡。"多用途"电子货币的典型代表是 Mondex 智能卡系统,这种智能卡根据其发行者与其他商家签订协议范围的不断扩大被多家商户接受,它可购买的商品与劳务也不仅限于一种,有时它还可以储存使用多种货币。

电子货币区别于纸币之处在于:它的流通不需要借助任何实实在在的货币材料,而是依靠数据终端、光波、电波进行信息传递和处理。随着卫星和大规模集成电路电子计算机的发展,电子货币将造就全球一体化的金融市场,未来的货币将是以光电技术为特征的无形货币。

专栏 1-1

信用卡是货币吗

信用卡是由银行或信用卡公司依照用户的信用度与财力发给持卡人的一种特制载体卡片。持卡人持信用卡消费时无须支付现金,待信用卡结账日再行还款。因此,信用卡实际上是银行提供给用户的一种先消费后还款的小额信贷支付工具。信用卡就是银行答应借钱给用户的凭证。信用卡会告诉用户:可以向银行借多少钱,需要在什么时候还。只要用户在规定期限内付款,则免收利息;若逾期付款,则要收取惩罚性利息。另外,若用户凭信用卡直接从 ATM 机中取出现金,则无免息期。信用卡的使用不仅极大地方便了日常的消费,而且有利于经济的繁荣、社会的发展。

那么,信用卡是不是货币呢?

一种观点认为,信用卡可以算是电子货币。为什么呢?因为信用卡作为一种先进的支付手段,介入了商品流通,使得信用卡部分履行了交换媒介功能。另一种观点认为,信用卡是信用货币,作为一种支付工具,凭借的是消费者的信用。

但是,我们认为,信用卡只是一种**消费信用**(consumption credit)的载体,而不是货币。所谓消费信用,是指企业、银行和其他金融机构向消费者个人提供的用于生活消费目的的信用。消费信用的表现形式有零售企业向个人提供的分期付款服务、银行和其他金融机构以货币形式向个人提供的以消费为目的的贷款以及信用卡。

信用卡与货币的区别体现在以下几点:

第一,货币可以发挥价值尺度职能,给其他商品或劳务标价,这是货币最基本的职能;信用卡则不能发挥价值尺度职能,而只是价值转移的手段,是货币的载体。

第二,作为流通手段,货币与商品在买者和卖者之间不断做换位运动;信用卡则永远隶属于一个主人,在作为媒介完成商品交易时,价值转移了,信用卡并没有转移,它的媒介仍然是货币与商品的换位运动。

第三,信用卡作为一种先进的支付工具,是货币支付手段的扩大和延伸。它的持有者可在银行授信额度以内,以或大或小的金额进行支付,换回持卡人所需要的商品和劳务。在为同一持卡人服务时，它把货币的支付手段在时间和空间上扩大了。

所以，严格地说，信用卡既不是纸币，也不是"电子货币"。

六、法定数字货币与数字人民币

（一）法定数字货币

法定数字货币，也称为中央银行数字货币（central bank digital currencies，CBDC），是由一国中央银行发行的数字货币，也是一国的法定货币。法定数字货币由国家信用作为担保，确保其正常发行和流通，是法定货币的数字化形式。英国中央银行英格兰银行在其关于法定数字货币的研究报告中给出这样的定义：法定数字货币是中央银行货币的电子形式，家庭和企业都可以使用它来进行付款和储值。

这里特别强调的是：法定数字货币一般是由中央银行发行的，是有国家信用背书、有法偿能力的法定货币。与比特币等虚拟币相比，法定数字货币与法定货币等值，其效力和安全性是最高的，而比特币是一种虚拟资产，没有任何价值基础，也不享受任何主权信用担保，无法保证其价值稳定。这是法定数字货币与比特币等加密虚拟资产的最根本区别。

随着数字经济的快速发展与数字金融服务需求的不断增加，全球货币金融体系迈入数字化变革时代，许多经济体的法定数字货币的研发按下了快进键。国际清算银行在2022年5月发布的法定数字货币调查报告显示，在参与调查的世界81家中央银行中，有90%的中央银行正在进行数字货币的相关研究，有62%的中央银行正在进行相关实验或概念验证。

在2022年2月北京冬奥会期间，数字人民币试点覆盖了40多万个场景，成为国际盛会上的一大亮点。根据中国人民银行的数据，截至2022年5月31日，我国15个省份试点数字人民币累计交易数约2.64亿笔，金额约830亿元，支持数字人民币支付的商户门店数量达456.7万个。

2020年10月，在加勒比地区的巴哈马是全球第一个推出法定数字货币的国家。2021年3月，东加勒比中央银行推出了法定数字货币"DCash"，因此东加勒比货币联盟成为全球首个使用法定数字货币的货币联盟。2022年7月，牙买加也通过立法授权其中央银行发行法定数字货币。

在非洲，尼日利亚于2021年10月正式推出法定数字货币"e奈拉"。尼日利亚中央银行指出，政府推出法定数字货币是为了在新形势下补充和加强本国的支付生态与金融架构，维护支付系统的完整性和稳定性。与此同时，截至2022年7月，南非的法定数字货币正处于测试阶段，突尼斯、摩洛哥、加纳、肯尼亚等国也已开始研究制定法定数字货币的监管政策和实施战略。

2021年7月，欧洲中央银行启动数字欧元项目并展开为期两年的相关调查研究，旨在解决数字欧元设计和发行等关键问题。欧洲中央银行表示，数字欧元的发展将有助于欧元区应对数字化转型的挑战，确保欧元区更好地适应外部金融环境变化，并在全球电子支付领域抢占领先地位。

(二) 数字人民币

数字人民币（字母缩写按照国际使用惯例暂定为"e-CNY"）是由中国人民银行发行的数字形式的法定货币，采取由指定运营机构参与运营并向公众兑换的双层运营体系，以广义账户体系为基础，支持银行账户松耦合，与纸钞和硬币等价，是一种具有价值特征和法偿性的可控匿名的支付工具。

中国人民银行早在2014年就成立了专门团队，对数字人民币的发行框架、关键技术、发行流通环境及相关国际经验等问题进行专项研究。到2017年年末，中国人民银行组织部分商业银行和有关机构共同开展数字人民币体系（DC/EP）的研发。DC/EP在坚持双层运营、现金（M0）替代、可控匿名的前提下，基本完成了顶层设计、标准制定、功能研发、联调测试等工作。2019年年底，数字人民币相继在深圳、苏州、雄安新区、成都及冬奥会场景地启动试点测试。截至2022年12月17日，"数字人民币"app显示，试点范围再次扩大。一方面，除此前的深圳、苏州、雄安新区、成都外，又增加至广东、江苏、河北、四川全省范围；另一方面，还新增山东济南、广西南宁和防城港、云南昆明和西双版纳作为试点地区。至此，全国共有17个省级行政区全域或部分城市开展数字人民币试点。

综上，数字人民币有如下特点。

1. 是数字形式的法定货币 它有国家信用背书、有法偿能力，具备货币的价值尺度、流通手段、价值储藏等基本职能，与实物人民币一样是法定货币。同时，它在功能上与纸钞和硬币等价，具有价值特征。

2. 采取双层运营体系 中国人民银行不直接对公众发行和兑换数字人民币，而是先把数字人民币兑换给指定的运营机构，比如商业银行或者其他商业机构，再由这些机构兑换给公众。运营机构需要向中国人民银行缴纳100%准备金，这就是1:1的兑换过程。这种双层运营体系和纸钞发行基本一样，因此不会对现有金融体系产生大的影响，也不会对实体经济或者金融稳定产生大的影响。

3. 以广义账户体系为基础 在现行数字人民币体系下，任何能够形成个人身份唯一标识的东西都可以成为账户。比如：车牌号就可以成为数字人民币的一个子钱包，通过高速公路收费站或者停车的时候进行支付。这种广义账户体系有别于目前的银行账户体系。一般来说，银行账户体系是非常严格的，需要提交很多文件和个人信息才能开立。

4. 支持银行账户松耦合 这是指不需要银行账户就可以开立数字人民币钱包。对于一些农村地区和偏远山区的群众，或者来华的境外旅游者等，他们不能或者不便持有银行账户，通过数字钱包也可以享受相应的金融服务，有助于实现普惠金融。

数字人民币与电子货币的不同之处在于：第一，实现"双离线"支付，即手机和支付终端都不联网也能支付，以保证在天灾、网银系统瘫痪等极端情况下，数字人民币能和纸币一样使用，而那些不愿意用或者没有能力用智能手机的人群，可以选择IC卡、功能机或者其他的硬件设备使用数字人民币。第二，数字人民币能可控匿名。现金交易具有匿名性，能保障消费者的隐私。定位于流通中现金的数字人民币，自然也要满足人们匿名交易的需求，开立数字人民币钱包甚至不用绑定银行卡。就小额支付而言,数字人民币可以做到完全匿名,但如要进行大额支付,需要升级"钱包",按要求提供有效身份证件、本人银行账户等信息。也就是说,数字人民币实现了小额支付可匿名、大额支付可依法追溯。

第四节 货币的计量

如本章第一节所述,货币或货币供应量是由一系列资产构成的,为了对货币供应量进行统计分析,以便政府决策者能够通过控制关键货币来执行宏观经济政策,就必须按一定标准对其分类。这就是货币的计量或货币层次的划分问题。

一、划分货币层次的依据

一种资产之所以成为货币,是因为人们在经济活动中形成了一种契约,即用它进行支付能够为别人所接受,也就代表了现实的购买力。这就促使许多经济学家根据金融资产的流动性来定义货币,并以此为依据划分货币供应量的层次。如前所述,所谓金融资产的流动性,是指一种资产在不损失价值的前提下转换为现实购买力的能力,也被称为变现能力。流动性的大小取决于:第一,将其转换为现实购买力所需要的时间或难易程度,也就是转换的便利程度;第二,买卖资产的交易成本,交易成本越大,资产的流动性就越小。

流动性不同的货币在流通中转手的次数不同,形成的购买力不同,对商品流通和其他经济活动的影响也不同。所以,货币层次的划分,为货币当局进行货币供应量调控提供了依据。

二、货币层次的划分情况

(一) 货币层次的一般划分

根据流动性这一标准,人们将多种货币资产划分为不同的层次,货币供应量也就相应有了多重口径。归纳起来,货币供应量一般划分为以下几个层次。

第一层次:狭义货币供应量 $M1 = C + D$

上式中,C (currency) 表示通货,即流通中的货币,包括纸币和硬币,是指存款类金融机构以外的现金,也就是公众手中的现金;D (demand deposits) 表示活期存款或支票存款,是指非银行客户在存款类金融机构账户上可以签发支票的活期存款类别;M1 是狭义货币供应量,它代表了现实购买力,反映了居民和企业资金的松紧变化,是经济周期波动的先行指标。所以,M1 是一国中央银行调控的主要指标之一。

第二层次:广义货币供应量 $M2 = M1 + S + T$

上式中,S (savings) 表示居民储蓄存款;T (time deposits) 表示单位定期存款。M2 是广义货币供应量,它扩大了货币的范围,不仅反映现实购买力,还反映潜在购买力。M2 的流动性偏弱,但反映的是社会总需求变化和未来通货膨胀的压力状况。因此,M2 也成为一国中央银行关注的指标之一。

广义货币供应量与狭义货币供应量之差即居民储蓄存款和单位定期存款,相对于现金和支票存款而言，其流动性较差，但经过一段时间也能转化为现金或支票存款，可看作一种潜在的购买力。因此，**国际货币基金组织（IMF）称其为"准货币"**（quasi money）。

第三层次：M3 = M2 + Dn

上式中，**Dn 表示非银行金融机构的存款**（non-bank financial institution's deposits）。在现代货币经济社会中，非银行金融机构的资金来源和银行的资金来源（吸收公众存款）不一样，主要是通过发行证券或以契约的方式聚集社会闲散资金。非银行金融机构一般包括：保险公司、养老基金、证券公司、基金公司等。这些机构的资金来源通过其资金运用也会最终形成与商品或劳务的交换，因而也实现了部分货币的功能。不过，其流动性更差，货币供应量因此扩大为 M3。

第四层次：M4 = M3 + L

上式中，**L 表示银行与非银行金融机构以外的所有短期信用工具**。在金融市场高度发达的情况下，各种短期的流动资产如国库券、人寿保险公司保单、承兑票据等，在金融市场上贴现和变现的机会很多，都具有相当程度的流动性，它与 M1 只有程度的区别，没有本质的区别。因此，其也应纳入货币供应量之中，由此得到 M4。

迄今为止，关于货币供应量的层次划分并无定论，但根据资产的流动性来划分货币供应量的层次，已为大多数国家政府所接受。各国政府对货币供应量的监控重点，也逐渐由 M1 转向 M2 或更高层次的范围。

（二）中国货币层次的划分

1949—1978 年，我国的货币流通研究工作一直局限于现金流通方面，即货币供应量就是流通中的现金量，一般称作：M0 = C。1979 年经济体制改革后，货币流通范围逐渐扩大，不仅现金、支票存款算作货币，还出现了一些新的货币流通形式。为了更有效地实施金融宏观调控，合理地控制货币供应量，中国人民银行（以下简称央行）于 1994 年第三季度开始按季公布我国的货币供应量指标。1994 年后，随着我国经济的发展，货币供应量的划分也在逐步完善。2001 年 6 月，央行第一次修订货币供应量指标，将证券公司客户保证金计入 M2；2002 年年初，第二次修订将在中国的外资银行、合资银行、外国银行分行、外资财务公司以及外资企业集团财务公司的人民币存款业务，分别计入不同层次的货币供应量；2011 年 10 月，央行又将住房公积金中心存款和非银行金融机构在银行的存款，纳入了 M2 的统计范畴。现阶段的划分如下：

  M0 = 流通中的现金
  M1 = M0 + 企业活期存款 + 机关团体存款 + 农村存款 + 个人持有的信用类存款
  M2 = M1 + 城乡居民储蓄存款 + 企业存款中具有定期性质的存款 + 外币存款 +
    信托类存款 + 证券客户保证金 + 住房公积金中心存款 +
    非银行金融机构在银行的存款
  M3 = M2 + 金融债券 + 商业票据 + 大额可转让存单等

我国习惯将 M0 称为流通中的现金，即居民手中的现钞和企业单位的备用金，不包括商业银行的库存现金。这部分货币可随时作为交易媒介，具有最强的购买力。与国际通用表述一样，这里的 M1 是通常所说的狭义货币供应量，流动性最强；M2 是广义货币供应量，M2 和 M1 的差额是准货币；M3 是考虑到金融的现状而设立的，目前暂不测算。

第五节　货币制度

一、货币制度的构成要素

货币制度（monetary system），也称货币本位制度，简称"币制"，是一国政府为了适应经济发展的需要，以法律或法令形式对货币的发行与流通所做的一系列规定的总称。货币制度是货币运动的规范和准则。货币制度的内容主要包括本位货币材料，货币单位，货币的铸造、发行和流通程序以及货币发行准备制度等内容的规定。

（一）规定本位货币材料

规定本位货币材料，是指规定一国本位货币用什么材料制成。不同的本位货币材料形成了不同的货币制度。例如，以黄金作为本位货币材料，就是金本位制度；以白银作为本位货币材料，就是银本位制度；同时以黄金和白银作为本位货币材料，则为金银复本位制度；以不兑现的纸张印制的货币，就是纸币本位制度。

当然，使用哪种物品作为本位货币材料不是国家随心所欲指定的，而是由客观经济条件所决定的。比如，在 2008 年美国金融危机发生时，一些人士建议各国恢复金本位制，以保证货币的稳定。但是，现代商品经济已经得到了空前的发展，世界商品交易规模已远远超过了世界黄金存量规模，如果再坚持用黄金作为货币材料，必然会阻碍商品经济的发展。所以，纸币本位仍是现代最适用的货币制度。

（二）规定货币单位

货币单位是货币本身的计量单位，是货币执行价值尺度职能的技术规定。规定货币单位包括两方面：一是规定货币单位的名称（见本章第二节的相关内容）；二是规定货币单位的值。在金属货币制度下，货币单位的值是每个货币单位包含的货币金属重量和成色；在纸币制度下，各国流通的是信用货币，货币单位的值是由本国货币的购买力所决定的。

（三）规定货币的铸造、发行和流通程序

1. 本位货币　本位货币，亦称本位币或主币，是一国基本的货币单位和法定的计价结算货币。在金属货币制度下，本位货币是指可以自由铸造的铸币；在纸币制度下，本位货币是指由国家垄断发行的纸币。

本位货币的重要特点是具有无限法偿能力，即国家规定本位货币具有清偿一切公共债务和私人债务的能力，不论支付额有多大，出售者和债权人都不得拒绝接受。因此，本位货币主要用于大宗商品交易和劳务供应的需要，在一国经济生活中起主导作用。例如，我国规定以人民币"元"为记账本位币，意思是说国内企业所有的财务报表都要用元来反映，方便统计、计划等宏观分析，也方便横向、纵向对比。

2. 辅币　辅币是本位货币的货币单位以下的小面额货币。它是本位货币的等分，供日常零星交易与找零之用，其面值多为本位货币的 1/10 或 1/100。

辅币在铸造、发行与流通程序上具有以下特点。第一，辅币用较贱的金属铸造。因为辅币的面额较小，所以使用贱金属铸造辅币，可以节省流通费用。因此，辅币都是不足值铸币。当流通中的货币全部都是信用货币时，主币和辅币已不存在足值与不足值的区别。第二，辅币可以与本位货币自由兑换。法律规定，辅币可以按固定比例与本位货币自由兑换。这样，就保证了辅币可以按货币价值流通。第三，在金属货币制度下，辅币实行限制铸造，即只能由国家来铸造。由于辅币的实际价值低于其货币价值，铸造辅币就会得到一部分铸造收入，所以铸造权由国家垄断，其收入归国家所有。同时，因为辅币是不足值的，限制铸造也可以防止辅币排挤本位货币。第四，辅币是有限法偿货币，即在每一次支付行为中使用辅币的数量要受到限制，超过限额的部分，收款人可以拒绝接受。如美国规定，10 分以上的银辅币每次支付限额为 10 元；铜镍所铸造的分币每次支付限额为 25 分。但向国家纳税或向银行兑换时，辅币不受数量限制。

（四）规定货币发行准备制度

货币发行准备制度，是指为约束货币发行规模，维护货币信用而制定的，要求货币发行者在发行货币时必须以某种金属或资产作为发行准备的制度规定。货币发行准备一般包括现金准备和保证准备两大类。

现金准备，是指集中于中央银行或国库的贵金属，它是一国货币稳定的坚实基础。在金本位制度下，现金准备的用途有三个：①作为国际支付的准备金，如黄金准备。②作为扩大或紧缩国内金属货币流通的准备金。③作为支付存款和兑换银行券的准备金。在当代信用货币流通条件下，只有第一项用途被保存，后两项用途已不复存在，但现金准备对核定国内货币流通仍很重要。当今各国中央银行为了保证有充足的国际支付手段，除了持有黄金之外，还可以选择持有外汇资产。

保证准备，又称信用准备或证券准备，即以政府债券、财政短期票据、短期商业票据及其他高品质的资产作为发行担保。

现代纸币本位制的货币发行主要以保证准备及外汇储备作为货币的发行保证。1976 年黄金非货币化后，黄金实际上已经成为一种普通商品在市场上流通。世界各国货币发行制度的趋势是，由现金准备向保证准备、由保证准备向货币供应量的管理与控制逐渐过渡。

二、货币制度的演变

货币制度主要经历了金属货币制度和不兑现的信用货币制度，其中，金属货币制度又包括银本位制、金银复本位制和金本位制，以下分别论述。

（一）金属货币制度

1. 银本位制

银本位制，是指以一定量的白银作为本位币货币材料的一种货币制度。按照兑换白银的形式，银本位制可分为银币本位、银块本位和银汇兑本位。然而，实际上只有银币本位被一些国家采用，所以银本位制实际上只有银币本位一种。其特点是：银币是本位货币，可以自由铸造与自由熔化，具有无限法偿能力；辅币和其他货币则为有限法偿，但它们可以自由兑换成银币，白银可以自由输出输入国境。

银本位制历史悠久。早在中世纪，许多国家就采用过这种货币制度，16世纪以后开始盛行。1870年以后银价跌落，资本主义国家纷纷采用金银复本位制。20世纪初，在资本主义各国已普遍采用金本位制的时候，当时的清朝由于经济比较落后，清政府仍实行银本位制。直到1935年，国民党政府实行法币政策，放弃了银本位制。

2. 金银复本位制

金银复本位制，是指同时以黄金、白银为币材，铸造两种本位货币同时流通使用的货币制度。这种本位货币制度是资本主义发展初期的典型货币制度，随着时间的演变先后经历了三种不同的形式。

（1）平行本位制，是指金银各按其所含金属的实际价值任意流通的一种复本位货币制度。在这种货币制度下，国家对金银的兑换比例不加固定，而由市场自发形成。

平行本位制的特点是：①金币和银币都是一国的本位货币；②二者均具有无限法偿能力；③二者都可以自由铸造和熔化；④金币与银币之间的交换比率完全由金银的市场价格决定。

平行本位制的特点也决定了其致命缺点，即金币与银币之间的交换比率随金银市场价格的变化而频繁变动，导致这种货币制度极不稳定。如果两国之间的金银币比价不同，那么金币就会流向金价较高的国家，而使该国逐渐变为金本位制；白银则流向银价较高的国家，而使该国逐渐变为银本位制。这种交替进行的过程最终导致了平行本位制的解体。

（2）双本位制与劣币驱逐良币现象。双本位制是为了矫正平行本位制的缺陷而出现的，是典型的金银复本位制。双本位制，是指金银两种货币按法定比价流通的一种复本位货币制度。双本位制的特点有：①金币与银币都是一国的本位货币；②二者都具有无限法偿能力；③二者均可自由铸造和熔化；④金币与银币之间的交换比率以法律形式予以规定。如美国1792年货币条例规定，金币、银币的法定比价为1：15，1834年改为1：16。这就避免了在平行本位下，金币与银币的交换比率随金银市场价格变化而变化所导致的价值尺度不稳定的问题。因此，双本位制的重要作用在于对平行本位制的矫正。

但是，这一货币制度也隐含着缺陷。当金币与银币的法定比价与金银的市场价格不一致时，市场价格高于法定比价的金属货币会被人们熔化，从而退出流通领域；而市场价格低于法定比价的金属货币则充斥市场，继续充当货币，这就是劣币驱逐良币现象，通称**格雷欣法则**（Gresham's Law）。它是指两种实际价值不同而法定价值相同的货币同时流通时，实际价值高于法定价值的货币（良币）被收藏熔化退出流通领域，实际价值低于法定价值的货币（劣币）则充斥市场的现象。

所以，在双本位制下，虽然国家规定金银同时充当货币材料，金币和银币同时都是本位货币，但在流通过程中，实际上只有一种货币发挥本位货币的作用，另一种货币则变成了普通商品。因此，双本位制也是一种不稳定的货币制度。

（3）跛行本位制，是指金币可以自由铸造，而银币不能自由铸造，金币与银币比价固定的货币制度。跛行本位制的特点是：①金币和银币都是一国的本位货币；②二者均具有无限法偿能力；③金币可以自由铸造，银币不得自由铸造，银币的铸造权完全收归政府；④金币与银币之间的比价由政府以法律形式加以规定。

跛行本位制的出现，主要是由于19世纪70年代世界银价的暴跌。为了维持银本位货币的地位和金银之间的法定比价，法国和美国决定停止银币的自由铸造，由双本位制改为跛行本位制，这是一种残缺不全的金银复本位制。形象地说，金银的自由铸造特性好比人的两条腿，银这条腿不健全了（不能自由铸造），因此这种货币制度运转起来，就像瘸腿的人走路。实际上，银币已降为金币的附属。所以，跛行本位制只是复本位制向金本位制的过渡形式。

3. 金本位制

金本位制，是指以黄金为本位货币材料的货币制度，其主要形式有金币本位制、金块本位制和金汇兑本位制三种。金币本位制是最典型的金本位制形式，金块本位制和金汇兑本位制是在金币本位制的稳定性因素受到破坏后出现的两种不健全的金本位制。

（1）金币本位制是19世纪中叶到20世纪初主要资本主义国家实行的货币制度。金币本位制有以下几个基本特征。

1）金币可以自由铸造、自由熔化。这样可以自发调节流通中的货币量，使金币的价值保持稳定，从而保证了商品交换的顺利进行和经济的平稳运行。

2）金币可以自由流通，流通中的辅币和银行券可以自由兑换金币。这样流通中的价值符号，如纸币、银行券等，就有了充足的黄金保证，从而保证了辅币和其他价值符号的稳定，同时也节约了黄金。

3）黄金可以自由输出与输入。由于黄金可以自由输出与输入，所以保证了两国货币之间汇率的稳定，从而促进国际贸易和国际投资的发展。

（2）第一次世界大战后，一些资本主义国家受到通货膨胀、物价上涨的影响，加之黄金分配得极不均衡，已经难以继续实行金币本位制。1922年在意大利热那亚召开的世界货币会议决定采用"节约黄金"的原则，实行金块本位制和金汇兑本位制。

金块本位制，又称生金本位制，是指没有金币的铸造和流通，而由中央银行发行以金块为准备的流通纸币。相较于金币本位制，这种货币制度有以下几个特点。第一，以纸币或银行券作为流通货币，不再铸造、流通金币，但纸币和银行券规定有含金量。第二，居民可在本位币的含金量达到一定数额后兑换金块，故称这种货币制度为"富人本位制"。第三，黄金集中存储于本国中央银行。中央银行保持一定数量的黄金储备，以维持黄金与货币之间的联系。同时，中央银行掌管黄金的输出和输入，禁止私人输出黄金。

金块本位制既节省了货币性黄金的使用，降低了黄金发行准备量的要求，又减少了黄金外流，在一定程度上缓解了黄金短缺和商品经济发展的矛盾，也使黄金的货币职能逐步缩小了范围。

（3）金汇兑本位制，又称虚金本位制，是指没有金币的铸造和流通，而以中央银行发行的纸币或银行券作为流通货币，通过外汇间接兑换黄金的一种金本位制度。

金汇兑本位制与金块本位制有相同之处：货币单位都规定有含金量，国内流通纸币，没有金币流通。但是，金汇兑本位制规定纸币不能兑换黄金，但可兑换外汇。本国中央银行将黄金与外汇存于另一个实行金本位制的国家，允许以外汇间接兑换黄金，并规定本国货币与该国货币的法定比率，通过买卖外汇维持固定比率。纸币的发行以存入本国或外国中央银行的黄金及外汇作为发行准备。

实行金汇兑本位制的国家，实际上是使本国货币依附在一些经济实力雄厚的外国货币上，在对外贸易和货币政策上必然受到与其相联系国家的控制。所以，金汇兑本位制实质上是一种附庸的货币制度，一般由殖民地和附属国采用。第一次世界大战之前，殖民地国家如印度、菲律宾等实行过这种货币制度。第一次世界大战之后，法国、意大利、奥地利、波兰等也推行过这种货币制度。

第二次世界大战结束前夕，在美国新罕布什尔州布雷顿森林召开的国际货币会议确立了"布雷顿森林货币体系"，实际上是一种全球范围的金汇兑本位制度。这一体系规定的"各国货币与美元挂钩，美元与黄金挂钩"的双挂钩制度，建立了以美元为中心的世界货币体系，即把各国货币都变成了美国货币的依附货币。直到1973年，由于美国宣布美元与黄金脱钩，金汇兑本位制才正式退出历史舞台。金块本位制和金汇兑本位制都是被削弱了的国际金本位制。1929—1933年的世界性经济危机迫使各国放弃金块本位制和金汇兑本位制，转而实行不兑现的信用货币制度。

(二) 不兑现的信用货币制度

不兑现的信用货币制度，是指以不兑换黄金的纸币或银行券为本位币的货币制度。不兑现的纸币一般由中央银行发行，国家法律赋予其无限法偿能力。在20世纪30年代金本位制完全崩溃以后，世界各国普遍实行了这种货币制度。不兑现的信用货币制度的主要内容如下。

纸币发行权由国家垄断。在中央银行制度建立后，一般由国家授权中央银行发行，以保证发行纸币的收入归国家所有。

中央银行发行的纸币是法定货币。由国家法律规定在一国范围内强制流通，成为无限法偿货币和最后支付手段。

纸币不能兑换黄金。黄金退出流通，切断了纸币与黄金的联系。1973年以前，西方国家的纸币都规定有含金量，1973年以后，各国不再规定纸币含金量，因此已不能兑换黄金。

在纸币本位制下，纸币通过银行信贷渠道投入流通，通过存款货币进行转账结算，非现金流通成为货币流通的主体。

三、我国现行的货币制度——人民币制度

(一) 人民币制度的建立和发展[一]

1948年12月1日中国人民银行成立，同时开始发行人民币，标志着中华人民共

[一] 本部分参考了中国人民银行编著的《中国共产党领导下的金融发展简史》的部分内容，中国金融出版社，2012年。

和国货币制度的建立。人民币发行之时，只是统一的货币制度建立的开始。当时，国内旧有的货币制度混乱，通货膨胀严重，民间盛行以货易货的实物交易，银元、黄金和外汇成为金融投机的主要对象。为了保证人民币顺利发行和流通，各级人民政府采取了一系列措施，迅速收兑了法币、金圆券、银圆券，并在合理制定人民币与解放区地方性货币比价的情况下，积极开展对解放区地方性货币的收兑工作。此后，我国逐步建立起人民币本位制，以人民币取代一切货币，使人民币成为唯一的法定货币。1951年年底，除了台湾、香港、澳门、西藏外，人民币已经成为全国统一、独立自主和稳定的货币。

1948年12月开始发行的第一套人民币（也称为"旧人民币"），是在中国历史上的严重通货膨胀时期进行的，主要特征是人民币面额很大，单位价值低，名义上以"元"为单位，实际市场上没有标价1元的商品，给经济管理带来诸多不便，并给人民币的形象带来不利影响。中华人民共和国成立后，经过三年的经济恢复和"一五"计划的顺利实施，全国财经工作实现了统一，金融、物价基本稳定。1953年8月2日，中央财经委员会向中共中央呈报《关于发行新版人民币的请求报告》，并于1955年2月21日，由国务院发布《关于发行新的人民币和收回现行的人民币的命令》，责成中国人民银行于1955年3月1日起发行新的人民币，收回当时流通的人民币。新人民币面额，主币分为1元、2元、3元、5元、10元5种，辅币分为1分、2分、5分、1角、2角、5角6种。同时，中国人民银行各地方分支机构按照1∶10 000的比价，把银行所有存款、储蓄、贷款等账册的旧币数目折算成了新人民币。新人民币从1955年3月1日开始发行到6月10日，在市场上已全部取代旧人民币的流通。

从1948年12月至今已有75年历史，人民币制度不断发展和完善，在促进社会主义经济发展、提高人民生活水平和完善金融体系等方面发挥了重要作用。

（二）人民币制度的主要内容

2020年10月中国人民银行发布了《中华人民共和国中国人民银行法（修订草案征求意见稿）》，进一步完善了现代人民币管理制度，其主要内容如下。

1. 人民币的货币单位和形式　人民币的单位为"元"，人民币辅币单位为"角""分"。人民币包括实物形式和数字形式。

2. 人民币的发行与流通　中国人民银行是中华人民共和国的中央银行。人民币的发行坚持集中统一和经济发行的原则，国务院每年在国民经济计划综合平衡的基础上，核准发行指标，并授权中国人民银行统一制作、发行。无论纸币还是硬币，无论主币还是辅币，均统一集中由中国人民银行发行，中国人民银行具有垄断的货币发行权。除此之外，财政部、其他金融机构以及任何单位和个人均无权发行货币和代用货币。人民币是我国的法定货币，以人民币支付我国境内的一切各国和私人的债务，任何单位和个人不得拒收。人民币没有法定含金量，也不能自由兑换黄金，属于不兑现的信用货币。

3. 人民币制度是有管理的信用货币制度　所谓信用货币，是由国家法律规定的，强制流通且不以任何贵金属为基础的独立发挥货币职能的货币。如前所述，现在世界各国发行的货币，基本都属于信用货币。人民币也是信用货币，其发行以国家信用为担保，以国家拥有的商品物资作为发行保证。而且，国家对人民币出入境实行限额管理。按照《中华人民共和国人民币管理条例》和《中华人民共和国国家货币出入境管理办法》的有关规定，中国公民出入境、外国人出入境每人每次携带的人民币限额为 2 万元。

需要特别指出的是，1997 年和 1999 年，我国已先后恢复对香港特别行政区和澳门特别行政区行使主权，港币和澳门币分别是香港特别行政区和澳门特别行政区的法定流通货币。这样，我国出现了人民币、港币、澳门币"一国三币"的特有现象。"一国三币"的情况不会导致出现"劣币驱逐良币"的现象，究其原因，"一国三币"是与"一国两制"联系的特定历史条件下的货币现象，它不是三种货币在同一个市场上流通，所以不会产生"劣币驱逐良币"的现象。

专栏 1-2

人民币国际化阶段性成果显著

随着中国经济开放水平的提升，人民币的跨境支付、投融资、储备和计价等国际货币的功能全面增强，人民币的国际地位稳步提升。

中国人民银行发布的《2022 年人民币国际化报告》显示：2022 年以来，中国人民银行全面贯彻新发展理念，坚持改革开放和互利共赢，以市场驱动企业自主选择为基础，稳慎推进人民币国际化，为实体经济平稳运行提供了有力支撑。人民币国际化各项指标总体向好，人民币支付货币功能稳步提升，投融资货币功能进一步深化，储备货币功能不断上升，计价货币功能逐步增强。

第一，跨境使用增长快速。2019 年，银行代客人民币跨境收付金额合计 19.67 万亿元，同比增长 24.1%；2021 年，银行代客人民币跨境收付金额，2019 年、2021 年、2022 年分别为 19.67 万亿元、36.6 万亿元和 42.1 万亿元，呈现稳步增长态势。

第二，人民币已成为全球第四位支付货币。环球银行金融电信协会（SWIFT）发布的数据显示，2020 年 6 月，在基于金额统计的全球支付货币排名中，人民币升至第五位，占比为 1.76%；2021 年 12 月提高至 2.7%，超过日元成为全球第四位支付货币，2022 年 1 月该比率进一步提升至 3.2%，创历史新高。

第三，人民币成为全球第五大储备货币。国际货币基金组织（IMF）发布的官方外汇储备货币构成（COFER）数据显示，2022 年第一季度，人民币在全球外汇储备中的占比达 2.88%，较 2016 年人民币刚加入特别提款权（SDR）⊖货币篮子时上升了 1.8 个百分点，在主要储备货币中排名第五。据不完全统计，截至 2022 年年末，全球有 80 多个中央银行或货

⊖ 特别提款权（special drawing right, SDR），也称"纸黄金"（paper gold），最早发行于 1969 年，是国际货币基金组织根据会员国认缴的份额分配的，可用于偿还国际货币基金组织债务、弥补会员国政府之间国际收支逆差的一种账面资产。它的价值由美元、欧元、人民币、日元和英镑组成的一篮子储备货币决定。会员国在发生国际收支逆差时，可用它向国际货币基金组织指定的其他会员国换取外汇，以偿付国际收支逆差或偿还国际货币基金组织的贷款，也可与黄金、自由兑换货币一样充当国际储备。因为它是国际货币基金组织原有的普通提款权以外的一种补充，所以被称为特别提款权。

币当局将人民币纳入外汇储备。

第四,人民币在SDR中的权重排名第三。2022年5月,IMF执董会完成了5年一次的SDR定值审查,这是2016年人民币成为SDR篮子货币以来的首次审查。执董会一致决定,维持现有SDR篮子货币构成不变,即仍由美元、欧元、人民币、日元和英镑构成,并将人民币权重由10.92%上调至12.28%,将美元权重由41.73%上调至43.38%,同时将欧元、日元和英镑权重分别由30.93%、8.33%和8.09%下调至29.31%、7.59%和7.44%,人民币权重仍保持第三位,反映出IMF对人民币可自由使用程度提高的认可。新的SDR货币篮子在2022年8月1日正式生效,并将于2027年开展下一次SDR定值审查。

人生奋斗的目标不在于获取金钱的多少,而在于实现自我价值

扫码详尽了解

立德树人专题

◆ 本章小结

1. 货币是指在购买商品和劳务或清偿债务时被普遍接受的任何物体或东西。它与我们日常使用的一些类似概念,如通货、财富和收入等是有区别的。
2. 货币具有价值尺度、流通手段、价值储藏和支付手段四项职能。其中,价值尺度和流通手段是货币最基本的职能。
3. 货币形式经历了实物货币、金属货币、纸币、存款货币、电子货币、数字货币等演进过程。
4. 依据金融资产的流动性,货币可以划分为M1、M2、M3及M4等层次,其中M1为狭义货币供应量,M2为广义货币供应量。各国货币当局大多选择M1、M2作为本国货币政策控制的重点。
5. 货币制度是一国政府为了适应经济发展的需要,以法律或法令形式对货币的发行和流通所做的一系列规定的总称。货币制度主要经历了金属货币制度和不兑现的信用货币制度,其演进过程可以表述为:银本位制→金银复本位制→金本位制→不兑现的信用货币制度。
6. 人民币制度是有管理的信用货币制度。人民币的单位为"元",人民币包括实物形式和数字形式。人民币是我国的法定货币,也是信用货币,其发行以国家信用作为担保。

◆ 复习思考题

1. 解释下列概念:价值尺度、M1、M2、准货币、支票、实物货币、格雷欣法则。
2. 如何理解货币的定义?它与日常生活中的通货、财富和收入的概念有何不同?
3. 如何理解货币的本质?
4. 划分货币层次的依据是什么?货币可以划分为几个层次?
5. 简述货币的基本职能及特点。
6. 为什么说货币作为支付手段反映了复杂的债权债务关系?

7. 支票是货币吗？支票结算有哪些特点？
8. 信用卡是货币吗？请描述信用卡的使用过程。
9. 简述货币形式的演变过程。
10. 解释劣币驱逐良币现象，并举例说明。
11. 什么是货币制度？它有哪些基本构成要素？
12. 在中国人民银行网站统计近两年的 M1 和 M2 的数据，解释这些变化的原因。
13. 简述数字人民币的特征及意义。

复习思考题部分答案
扫码收听

附录 1A APPENDIX

信用与信用形式

在商品经济条件下，货币主要以信用的方式借贷，信用是货币支付手段职能的反映。因此，信用是从属于商品货币关系的一个经济范畴。本附录重点分析信用的含义及本质、信用的产生和发展、信用形式等内容。

信用概述

信用的含义及本质

信用的含义

信用是借贷的总称，是以偿还和付息为条件的特殊价值运动形式，体现一定的债权债务关系。信用涉及借方和贷方两个关系人，贷方为信用提供者，即债权人；借方为信用接受者，即债务人。授信过程是债权人提供一定的有价物给债务人，并约定时间，由债务人将有价物归还并支付一定利息的过程。有价物可以是商品、劳务、货币或某种金融要求权（如股票或债券）。无论是何种信用，通常都可以用货币偿付。

一般地，信用活动的构成要素至少包括以下三个方面。第一，债权人与债务人。债权人和债务人是信用活动中的主体，可能是个人、企业、政府及金融机构等。第二，时间间隔。信用活动的发生必然具有资金转移的时间间隔，这是构成货币单方面让渡与还本付息的基本条件。第三，信用工具。信用工具是信用关系的证明和载体。信用关系的发展经历了三个阶段：第一阶段是以口头承诺，以账面信用为依据，尚未使用正式的信用工具；第二阶段是以正式的书面凭证为依据，如借贷契约、债务凭证等，这些构成了真正的信用工具；第三阶段为信用工具流动化的阶段，即各种信用工具，如债券、票据等可以流通转让，从而促进了信用关系的进一步发展。

信用的本质

1. 信用是以偿还和付息为条件的借贷行为 信用作为一种借贷行为，债权人把一定数量的有价物贷给债务人，债务人可以在一定时期内使用这些有价物，但到期必须偿还，并按规定支付一定的利息。所以，偿还和付息是信用最基本的特征，债权人是以收回为条件的付出，债务人是以归还为义务的取得。这一特征使它区别于财政分配，因为财政分配基本上是无偿的。例如，企业向财政缴纳税金，财政对企事业单位的拨款，都是无偿进行的。信用分配则是有偿的，它作为一种借贷行为必须有借有还，存款要提取，贷款要归还，在偿还时，还要按规定支付一定的利息。

2. 信用反映的是债权债务关系 信用是商品货币经济中的一种借贷行为。在这种借贷行为中，有价物的所有者由于让渡其使用权而取得了债权人的地位，有价物的需要者则成为债务人，借贷双方有着各自对应的权利和义务。这种债权债务关系最初是由于商品的赊销和货币的预付而产生的，但随着融资行为和信用制度的广泛建立及发展，债权债务关系渗透到经济生活的各个角落。无论是企业的生产经营活动，还是个人的消费行为或政府的社会管理活动、经济管理活动都依赖债权债务关系。

3. 信用是价值运动的特殊形式 在单纯的商品交换中，价值运动是一种对等的交换，即 W－G、G－W，卖方让渡商品取得货币，买方付出货币取得商品，双方发生了所有权的转移。而在信用关系中，一定数量的有价物从贷方手中转移到借方手中，并没有同等价值的对立运动，只是有价物使用权的让渡，没有改变所有权。所以，信用是价值单方面的转移，是价值运动的特殊形式。

信用的产生和发展

信用的产生

信用是与商品经济和货币紧密联系的经济范畴，它是商品生产与交换和货币流通发展到一定阶段的产物。

1. 信用产生的前提条件是私有制 信用产生的前提条件是私有制条件下的社会分工和大量剩余产品的出现。从逻辑上讲，私有财产的出现是借贷关系产生的前提条件。没有私有权的存在，借贷就无从谈起，贷出货币可不必讨回，借得货币无须顾虑将来能否偿还，相应的利息更属无稽之谈。由此可见，信用的产生完全是为了满足一种以不改变所有权为条件的财富调剂需要。当然，在公有制经济条件中，信用关系仍然存在，其存在的前提条件是不同经济主体存在各自的经济利益目标。

2. 信用产生的直接原因是经济主体调剂资金余缺的需要 在商品经济中，无论是进行生产经营活动的企业、从事不同职业的个人，还是行使国家职能的各级政府，其经济活动都伴随着货币的收支。在此过程中可能收支相等，处于平衡状态，但更多的情况是收支不相等，或收大于支，或支大于收。对于货币收入大于支出的经济主体，我们称之为盈余单位，反之我们称之为赤字单位。盈余单位需要将剩余资金贷出去，赤字单位需要将资金缺口补足。在商品经济条件下，经济主体之间存在着独立的经济利益，资金的调剂不能无偿地进行，必须采取有偿的借贷方式，也就是信用方式。盈余单位将剩余资金借给赤字单位，后者到期必须归还且附带一定的利息。由此，信用关系就产生了。

信用的发展

1. 最初的信用活动表现为商品赊销 随着商品生产和交换的发展，商品流通出现了矛盾：一些商品生产者出售商品时，购买者却可能因自己的商品尚未卖出而无钱购买。于是，赊销（即延期支付的方式）应运而生。赊销意味着卖方对买方未来付款承诺的信任，意味着商品的让渡和货币的取得在时间上的分离。这样，买卖双方除了商品交换关系之外，又形成了一种新型的关系，即信用关系，也就是债权债务关系。此时的信用大多以延期付款的形式提供，即商业信用。

2. 信用活动发展为广泛的货币借贷活动　在这一阶段，信用交易超出了商品买卖的范围。作为支付手段的货币本身也加入了交易过程，出现了借贷活动。现代金融业正是信用关系发展的产物。随着现代银行业的出现和发展，银行信用逐步取代了商业信用，成为现代经济活动中最重要的信用形式。

货币的运动和信用关系连接在一起，并由此形成了新的范畴——金融。金融是货币流通和信用活动以及与之相联系的经济活动的总称，经济和金融业的发展，总是植根于社会信用的土壤之中的。甚至可以说，金融的本质就是信用，即"金融就是拿别人的钱来用"或"用别人的钱为自己创造财富"。

信用形式

信用作为一种借贷行为，要通过一定方式具体表现出来。表现借贷关系特征的形式称为信用形式。随着商品货币关系的发展，信用形式日趋多样化。按照借贷关系中债权人与债务人的不同，信用可分为以下几种基本形式。

商业信用

商业信用（commercial credit），是指企业之间进行商品交易时，以延期付款或预付款等形式提供的信用。商业信用的具体方式有很多，如赊销商品、委托代销、分期付款、预付定金、预付货款及补偿贸易等，其中以商品的赊销为主，即主要由卖方给买方提供信用。

商业信用的特点

1. 商业信用的主体是厂商　商业信用是直接信用，是工商企业之间相互提供的信用，所以，其债权人和债务人都是厂商。一个企业把商品赊销给另一个企业时，商品的所有权发生了转移，由卖方手中转移到了买方手中，但由于商品的货款并没有立即支付，从而使卖方成了债权人，买方成了债务人，买卖双方形成了债权债务关系，买方到期必须以货币的形式偿还债务。

2. 商业信用的客体是商品资本　商业信用提供的不是暂时闲置的货币资本，而是处于再生产过程中的商品资本，即贷出的是那些处在再生产过程中的商品资本，它仍是产业资本的一部分。

3. 商业信用与产业资本的动态一致　由于商业信用和处于再生产过程中商品资本的运动结合在一起，所以它与产业资本是动态一致的。在经济复苏和繁荣时期，经济增长，产业资本扩大，商业信用的规模也就扩大；相反，在经济危机和萧条时期，商业信用又会随生产和流通的缩小而萎缩。

商业信用的局限性

商业信用的优点在于方便和及时。在找到商品的买主或卖主的同时,既解决了资金短缺问题,也解决了商品买卖问题,从而缩短了融资时间和商品交易时间。但商业信用仍存在一定的局限性。

(1) 受商品资本规模的限制。商业信用的规模只能局限于提供商业信用的厂商所拥有的商品资本额,即某企业最大的赊销额度是将其企业整体赊销出去。

(2) 受商品流转方向的限制。由于商业信用的客体是商品资本,因此它的提供是有条件的。它只能向需要该商品的厂商提供,或者上游企业向下游企业提供,而不能倒过来向生产该商品的厂商提供。例如,在纺织行业内只能按下列顺序逐级提供商业信用:棉花供应商→纺纱厂→织布厂→印染厂→服装加工厂。

(3) 存在着分散化的弊端。商业信用是分散在众多企业之间自发产生的,具有分散化的特点。因此,国家经济调节机制对商业信用的控制能力十分微弱,商业信用甚至与中央银行调节措施的目的完全相反。如中央银行紧缩银根,使银行信用的获得较为困难,这时恰恰为商业信用活动提供了条件。当中央银行放松银根,使银行信用的获得较为容易时,商业信用活动的活跃度可能相对下降。因此,各国中央银行和政府都难以有效控制商业信用膨胀所带来的危机。这一特点使其容易形成一条错综复杂的债务链,当这条链上的任何一环出现问题(不能按时偿债)时,整个债务体系将面临危机。

中华人民共和国在成立初期曾广泛存在商业信用。当时,商业信用解决了国民经济恢复时期资金不足的困难,有助于国有经济利用多种商业信用形式,实现对其他经济成分的引导和调控。商业信用在当时不仅被广泛运用,而且取得了较好的成效。1956年后,随着生产资料社会主义改造的基本完成和计划经济管理体制的建立,商业信用逐渐被取消。1979年改革开放后,商业信用又重新恢复。总的来讲,商业信用的局限性决定了其在我国信用体系中发展相对缓慢。

银行信用

银行信用(banker's credit),是指银行及其他金融机构以货币形式,通过存款、贷款等业务活动提供的信用。银行信用是现代信用经济中的重要形式,银行信用的产生标志着一国信用制度的发展与完善。

银行信用的特点

银行信用是一种间接信用。银行信用的主体是银行和其他金融机构,但它们在信用活动中仅充当信用中介人的角色。银行及其他金融机构聚集社会闲散资金,贷给借款者,因此,银行信用是一种间接信用。

银行信用的客体是货币资本。银行信用贷出的货币资本不是处于产业资本循环中的商品资本,而是从产业资本循环中独立出来的货币资本。

银行信用与产业资本的变动保持着一定的独立性。由于银行信用贷出的资本是独立于产业资本循环之外的货币资本,其来源除了工商企业外还有社会其他方面,如居民储蓄等，因此，银行信用的动态同产业资本的动态保持着一定的独立性。例如在经济危机时，商业信用规模因为生产停滞而大幅缩减，但企业为了防止破产并清偿债务，势必需要银行信用，从而导致需求激增，银行信用规模反而大幅增长。

银行信用的优点

相对于商业信用而言，银行信用的优点表现在以下两个方面。

第一，银行信用克服了商业信用在规模上的局限性。银行信用能够聚集社会上各种暂时闲置的货币资本和货币储蓄，从而超越了商业资本只限于产业内部的界限。

第二，银行信用克服了商业信用在方向上的局限性。由于银行信用是以货币资本提供的，可以不受商品流转方向的限制，从而克服了商业信用在方向上的局限性。

正是由于银行信用的上述优点，使得它成为现代信用的主要形式。当然，这并不意味着银行信用可以取代商业信用。二者往往互为补充，共同发展。如果没有银行信用，一个企业能否提供商业信用必然取决于企业自身的资金周转状况；银行信用出现后，企业就能够在赊销商品后，通过向银行融资提前收回未到期的货款。这样，商业信用的提供者在银行信用的支持下，可以突破自身闲置资金的限制，促进商品销售和商业信用的发展；银行也可以通过其业务活动，把商业信用纳入银行信用的轨道，如利用票据贴现来引导和控制商业信用的发展。

国家信用

国家信用的内涵

国家信用（fiscal credit），是指以国家为债务人，从社会上筹措资金以满足财政需要的一种信用形式。国家信用的债务人是政府，债权人是国内外的银行、企业和居民。国家从国内金融市场筹资则形成国家内债，从国际金融市场筹资则形成国家外债。

国家信用的主要目的是弥补财政赤字和满足国家投资资金的需要。一般地，财政赤字有四种弥补方法：发行货币、向银行透支、举借外债和举借内债。前两种方法都会对货币流通产生负面影响，后两种方法是国家信用的主要形式，对货币流通只产生结构上的影响，而不会影响货币发行总量，因而成为各国政府弥补财政赤字和解决投资资金的主要方法。同时，当经济出现衰退、有效需求不足时，国家可以通过增发国债筹措资金，以此增加政府投资性支出，从而推动经济复苏进程，进而调节国民经济。

国家信用的形式

国家信用的典型形式是发行国库券和中长期公债券。

国库券，简称国债，是指政府为解决财政先支后收的矛盾而发行的短期债券。国库券期限大多在 1 年以下，以 1 个月、3 个月及 6 个月居多。公债券则是政府为满足国家经济建设需要而发行的期限在 1 年以上的政府债券。一般在 1 年以上、10 年或 10 年以上。政府发行公债券，往往是为了进行大型重点项目投资或较大规模的建设，但在发行时并不注明具体用途和投资项目。

国库券和公债券作为国家信用的典型形式，二者的区别如下。第一，发行目的不同。国库券是因为财政季节性、临时性的收支不一致而发行的。同时，国库券还是中央银行公开市场操作的重要交易对象。公债券是为弥补财政长期赤字或为刺激经济增长而发行的。第二，还本付息的来源不同。国库券原则上以国库收入作为还本付息的来源，但各国做法不一。我国政府的具体做法是：利息支出由经常性收入（主要是税收）支付，本金的偿还依靠借债，即借新债还旧债，这也是国际通行的做法。公债券一般以国债资金投资的建设项目收益为还本付息的来源。第三，期限不同。国库券一般为一年以内的短期债券，公债券一般是中长期债券。

1949 年以后，我国曾先后多次发行过公债券和国库券。例如 1950 年，中央政府为了控制通货膨胀、稳定物价、恢复国民经济，第一次发行人民胜利折实公债。1953 年，我国进入有计划的大规模经济建设时期，为了筹集建设资金，满足经济建设的资金需要，发行了经济建设公债。1954—1958 年，我国又连续发行了经济建设公债。后来受一些因素的影响，追求既无内债又无外债，在一定程序上否定了国家信用，故未再发行国债。进入改革开放阶段以后，为了适应国民经济长期发展的需要、解决建设资金的不足、平衡财政收支，国务院在 1981 年 1 月颁布了《中华人民共和国国库券条例》，决定发行国库券。1994 年以前，每年发行规模为 100 亿元～200 亿元。1994 年以后，由于中央银行停止向财政透支与贷款以及中央银行公开市场操作的需要，从而使国库券的发行规模迅速扩大。我国的政府债券无论期限长短，都统称为国库券。

消费信用

消费信用的内涵

消费信用（consumption credit），是指企业、银行和其他金融机构向消费者个人提供的、用于生活消费目的的信用。消费信用与商业信用和银行信用并无本质区别，只是授信对象和授信目的有所不同。从授信对象来看，消费信用的债务人是个人，即购买生活资料的个人和家庭。从授信目的来看，是为了满足个人购买消费资料的资金需求。

消费信用的主要形式

（1）分期付款。它是指零售企业向个人提供的以分期付款方式购买所需消费品的一种消费信用形式，多用于购买耐用消费品。如汽车经销商提供的汽车分期付款、家电经销商提供的空调分期付款。个人在购买耐用消费品时，只需按规定比例支付一部分货款，剩余部分按合同每月分期支付。在货款付清之前，消费品的所有权仍属于卖方。这种信用形式的期限一般不超过一年。

（2）消费贷款。它是银行和其他金融机构以货币形式向个人提供的以消费为目的的贷款，如住房抵押贷款、汽车抵押贷款等，这种信用形式也是由个人先支付一定比例的首付款，剩余部分由金融机构提供贷款，然后个人再根据合同分期偿还。这种消费信用形式的期限较长，可长达二三十年，属于中长期信贷。

（3）信用卡。信用卡是由银行或信用卡公司依照用户的信用度与财力发给持卡人的一种特制载体卡片。持卡人持信用卡消费时无须支付现金，待信用卡结账日再行还款。因此，信用卡实际上就是银行提供给用户的一种先消费后还款的小额信贷支付工具。当你的购物需求超出了你的支付能力或者你不希望使用现金时，你可以向银行借钱，这种借钱方式不需要支付任何的利息和手续费。信用卡就是银行答应借钱给你的凭证，信用卡将告诉你：你可以向银行借多少钱、需要什么时候还。只要持卡人在规定期限内付款，则免收利息。若逾期付款，则要收取惩罚性利息。但是，若持卡人凭信用卡直接从 ATM 中取出现金，则无免息期。

股份信用

股份信用是一种特殊的信用形式。众所周知，股份经济体现了一种投资与被投资的关系，为什么这样的经济关系又是一种信用关系呢？因为在现代股份经济中所具有的以下特征和趋势，使其具有更多的信用经济特征。

从信用的角度可以这样理解股份经济：投资者（股东）购买股份公司的股票相当于与股份公司签订了一份以产权为保障的投资合同。但实际上，股份公司的正常运转是由董事会、监事会和经理层等管理层密切配合进行的。因此，投资者与股份公司之间的投资关系，实际上就是投资者与管理层之间的关系。在这种投资关系中，股东提供资金委托公司管理者进行投资，相当于授信人，股份公司管理层接受投资者资金进行运作，是受信人。为什么这样说呢？理由如下。

1. 股份分散化与股权空心化导致股份具有信用特征 随着社会经济的发展，股份出现了社会化和分散化的趋势，其原因如下。第一，公司之间的合并导致了股份的分散化。公司之间的合并使原来许多小型的由个人、家庭或合伙人管理的公司，变成一个大公司，公司的所有权就走向分散化了。第二，法律法规制度的变化也促进了股权的分散化。例如，美国在 1929 年经济大危机以后，颁布了一系列法规，使得保险公司、共同基金等机构投资者的投资组合无法过于集中（否则将不利于缴税），这些法规限制了金融机构在其他机构中的控制性地位，使得公司股份进一步分散在中小投资者手中。

股份分散化必然带来所有权和控制权在更大程度上的分离，对公司拥有投票权和经营控制权的一些股东演变成了普通的外部投资者，不再对公司拥有经营控制权，从而出现了股权空心化的趋势。此时，投资者购买股票的目的更多的是希望赚取股票价差收益和股利，是希望在一定时间后收回自己的投资本金并带来一定的增加值，这也正是信用的本质特征。

2. 股利的支付与股票回购也导致股份关系具有信用特征 信用的基本特征是债务人到期必须向债权人偿还本金和利息。由于股本不可撤回，使得股份从表面上看不具有（本金）偿还性，这是传统经济学理论否定股份信用的最重要理由之一。但是，股份真的不用偿还吗？

其实，股票不可退本，并不意味着它不具有偿还性，只是股票的偿还性具有特殊的形式，概括起来，股份公司对股东的偿还方式主要有以下几种。第一，公司通过历年分派股利予以偿还，当公司破产清算时，股东还拥有对剩余财产的分配权。第二，公司通过回购股份偿还。股份公司对所有股东进行等比例回购被认为是向股东支付股利的一种特殊方式，尤其是在股利支付水平较高的国家，如美国的股份公司在 1997—1998 年发生了 1 100 起股份回购。第三，股东可以将所持有的股票通过二级市场转让而获得偿还。

第二章
CHAPTER 2

金融机构体系概览

§ 学习目标

了解直接融资与间接融资的特点
理解两种融资渠道的相对重要性
理解信息不对称引发逆向选择和道德风险的原因
描述金融中介机构在交易成本、风险分担、信息成本、流动性匹配方面起到的作用
列举和描述各类金融中介机构

§ 本章导读

在大众创业、万众创新的时代背景下,大学生李明设计了一种能清扫房屋、洗车,甚至陪雇主聊天的保姆机器人,并且成本低廉。但是,他缺少将这个发明投入生产的资金。张杰是一位有很多积蓄的单身老人。这是他一辈子储蓄的结果。如果我们能够让他们合作,那么张杰就能向李明提供资金,李明的保姆机器人就可以生产出来并投入市场。这样,双方都能受益,社会福利也因此得以改善。金融中介机构最基本的功能就是融通资金。金融机构体系是一个令人着迷的领域,各国金融机构体系大多数是以中央银行为核心来进行组织管理的,因而形成了以中央银行为核心,商业银行为主体,各类银行和非银行金融机构并存的金融机构体系。本章将介绍金融机构存在的理论基础和金融机构体系的构成等内容。

第一节 金融机构体系概述

一、资金融通的意义及渠道

在任何一个经济体中,都会有一些资金盈余单位,同时又有一些资金短缺单位。它们可以是个人、家族或企业,也可以是政府。例如,一个刚参加工作不久的年轻人想买一套房子,可是他手头的钱不够;一对中年夫妇正在积攒一笔钱,准备将来供他们的孩子上大学。前者被称为资金短缺单位,后者被称为资金盈余单位。又如,A 企业去年赚取了一笔丰厚的利润,但目前没有发现什么好的投资机会;B 企业发现了一个诱人的投资机会，却苦于没有足够的资金。于是 A 企业便是一个资金盈余单位，B 企业是一个资金短缺单位。

显然，资金盈余单位与资金短缺单位之间存在着合作的可能。也就是说，资金盈余单位可以在一定的条件下把暂时不用的资金交给资金短缺单位去使用，并获得相应的回报，这就是所谓的资金融通，对于交易双方都是有益的。从资金盈余单位到资金短缺单位的资金流动可以有两种渠道，如图 2-1 所示，一种是直接融资，另一种是间接融资。

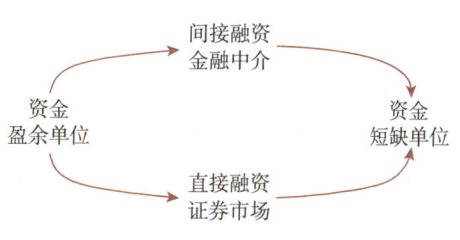

图 2-1　资金融通过程示意图

（一）直接融资

所谓**直接融资**（direct finance），也称直接金融，是指资金需求者直接发行融资凭证给资金供给者来筹集资金的方式。在直接融资过程中，资金短缺单位通过出售股票、债券等凭证而获得资金，资金盈余单位持有这些凭证而获得利息收入（债券）或股息分红（股票）。因此，对于资金短缺单位来说，这些凭证是一种负债，而对于资金盈余单位来说，它们则是一笔资产。这些凭证大多可以在证券市场上流通，因此具有较高的流动性。

直接融资避开了银行等中介环节，由资金供求双方直接进行交易，但是它也要借助证券公司、证券交易所等金融机构的服务。它们主要的功能是为筹资者和投资者牵线搭桥，提供策划、咨询、承销、经纪服务等。

1. 直接融资的优点

（1）筹集长期资金。直接融资能使资金需求者获得长期资金来源，在资金使用上所受限制较少。同时，发行证券筹集资金可以不受公司资产规模和风险管理的约束。

（2）合理配置资源。直接融资把资金供求双方直接置于市场机制的作用下，并按市场确定的价格来进行交易，引导资金的合理流动，从而把资金配置到最有效的投资项目中，推动资源的合理配置。

（3）加速资本积累。直接融资过程实际上就是资金（资本）的集中过程，它利用股票和债券把闲置的资金集中起来，形成巨额资金，使那些需要巨额资金的部门、企业得以迅速发展，推动社会生产规模的扩大和国民经济的发展。

2. 直接融资的不足

（1）进入门槛较高。由于逆向选择的存在，直接融资存在较高的进入壁垒。对于筹资者而言，必须披露足够多的信息，其经营规模也须达到一定的要求。因此，在证券市场进行直接融资的多为大企业，中小企业进入证券市场的难度较大。对于投资者也是如此，证券投资都有一个最低投资额的要求，比如购买股票最低是一手（100 股）。

（2）公开性的要求。证券市场的正常运作要求建立完善的信息披露制度，以方便投资者平等、及时地获得相关信息。但是这样一来，有可能将公司的商业秘密暴露给竞争对手，与企业保守商业秘密的需求相冲突。

（3）投资风险较高。由于金融市场瞬息万变，其中的风险是非常高的，它可以使人一夜暴富，也可以使人转眼间一贫如洗。相反，把钱存入银行则要安全、省心得多。所以，我们常听到这样的忠告："投资有风险，入市须谨慎。"

直接融资的上述不足为间接融资留下了广阔的活动空间。

（二）间接融资

所谓**间接融资**（indirect finance），也称间接金融，是指资金供求双方通过金融机构来完成资金融通活动的一种融资方式。按照这种方式，资金供给者首先将资金使用权转让给银行或其他金融机构，并获得一种金融资产（间接证券），然后金融机构再将资金贷放给资金需求者或购买资金需求者发行的直接证券，以此实现资金的融通。服务于间接融资方式的金融工具，被称为间接金融工具，包括由金融机构发行的存款账户、可转让存单、人寿保单、信托等各种形式的借据。在间接融资过程中，资金盈余单位和资金短缺单位并不发生直接的关系，而是分别与金融机构发生一笔独立的交易。金融机构介于债权人和债务人之间，发挥着吸收资金和分配资金的功能，为资金余缺双方进行资金融通服务。一方面，它们以债务人的身份从资金盈余单位筹集资金；另一方面，它们又以债权人的身份向资金短缺单位提供资金。商业银行是最典型的间接金融机构。

1. 间接融资的优点

（1）可以降低信息搜集成本和合约成本。资金盈余单位要对资金短缺单位进行融资，不管是采取贷款形式还是购买证券形式，都要了解资金短缺单位的有关信息，这便会有信息搜集成本。若双方决定采取贷款形式建立融资关系，还必须谈判，签订合约；合约签订之后，还要监督它的执行，由此产生的成本就是合约成本。如果这些事情由单个的资金盈余单位和资金短缺单位分别来做，那么成本将相当高昂。如果由机构来专门从事这些事情，便会有很大的规模经济效应。金融机构便是这方面的专门机构，它们拥有丰富的专业技能和良好的条件，可以方便快捷地获取所需资料，有助于降低信息搜集成本与合约成本。

（2）可以通过多样化投资降低风险。"不要把所有的鸡蛋放在一个篮子里"，这是金融市场广为人知的一句谚语，意思是要进行多样化投资。但是，如果你只有一个鸡蛋，你又怎样把它放在不同的篮子里呢？即使你有很多鸡蛋，当你把它们放到不同的篮子里后，就意味着你要同时照看好几个篮子，你的精力是否足够呢？因此，单个投资者要实现投资的多样化是有一定困难的。金融机构却不受这些限制，它们可以有足够的资金和人力来实现投资（贷款）的多样化。金融机构能聚集众多中小投资者的剩余资金，再将资金投资于各种不同的资产，实现规模效应，从而达到分散投资、规避风险的效果。

（3）可以实现期限转化。现实中，单个的资金盈余单位随时都可能从资金盈余单位变成资金短缺单位，因此它很难对资金短缺单位进行长期的资金融通。但是，金融机构却可以突破这一限制，在保证资金盈余单位资金流动性的同时，满足资金短缺单位长期性资金占用的要求。这是因为，金融机构集中了很多短期资金，在某些资金被提走后，可以通过吸收新的资金进行补充，所以它能够发放长期贷款。以商业银行为例，它接受的存款一般都是短期的，其中不少是活期存款和 1 年以内的定期存款，但是它发放的贷款期限则要长得多，有的可达到 15~30 年。因此，即使是吸收短期存款，金融机构也能使借款者获得长期贷款，从而起到短借长贷的作用，提高资金使用效率。

（4）保密性强。间接融资中，银行有为客户信息保密的义务，筹资者也不用公开财务信息。

正是由于间接融资具有的这些优点，使得它在资金融通过程中扮演着极其重要的角色。即便在证券市场十分发达的美国，大部分资金也是通过金融机构来流动和配置的。

2. 间接融资的不足

（1）资金运行和资源配置的效率较多地依赖于金融机构的专业性。因为间接融资割断了资金供求双方的联系，从而使资金供求双方对金融机构的依赖增加。

（2）资金供求双方的直接联系被割断了。这在一定程度上降低了投资者（存款者）对企业生产的关注与筹资者（借款者）对使用资金的压力和约束力，资金使用效率较低，投资收益率低。

综上所述，直接融资和间接融资各有优缺点，二者相辅相成，互为促进。但总体来说，间接融资仍是一国非金融企业主要的融资方式。

近年来，随着互联网金融引起的金融创新发展，以银行为代表的间接融资比例有所下降。例如，随着近年来日本证券市场监管的放松，企业通过金融机构进行间接融资的份额相对于证券市场而言有所下降。但是，它仍然是企业最大的外部资金来源。这也说明，资金供求双方对资金融通渠道的选择不是一成不变的，而是随着经济环境的变化而不断变化的。

（三）互联网金融模式

互联网金融的理论研究与实践活动都相对较晚，因此至今未形成一个统一的互联网金融模式的定义。

从资金融通的角度来看，互联网金融可被定义为资金依托互联网来实现资金融通的方式。从这一角度讲，无论是何种方式的资金融通，直接融资也好，间接融资也罢，只要用了互联网的技术来实现资金融通的行为，就是互联网金融。包括传统金融机构利用互联网提高自身效率的行为，都可以被定义为互联网金融。当然，这一概念存在将互联网金融表面化和形式化的问题，即"金融的互联网"。

从现代信息技术对金融创新活动的影响看，互联网金融是指利用现代信息技术，特别是在移动支付、云计算、社交网络等进行风险控制创新的前提下提供的一系列金融交易活动。其特点是：①支付便捷；②市场信息不对称程度低；③资金供求双方直接交易，银行、券商和交易所等金融中介机构都不起作用，可以达到与传统的直接融资和间接融资一样的资源配置效率；④大幅降低交易成本。

由于互联网金融模式仍处在发展过程中，这里仅介绍相对成熟的第三方支付模式。

第三方支付　**第三方支付**是指具备一定实力和信誉保障的非银行机构，借助通信、计算机和信息安全技术，采用与各大银行签约的方式，在用户与银行支付结算系统间建立连接的电子支付模式。在第三方支付模式下，买方选购商品后，使用第三方平台提供的账户进行货款支付（支付给第三方），并由第三方通知卖家货款到账，要求发货；买方收到货物，核验货物，并且进行确认后，再通知第三方付款；第三方再将款项转至卖家账户。第三方支付已不仅仅局限于最初的互联网支付，而是成为线上线下全面覆盖、应用场景更为丰富的综合支付工具。第三方支付包括互联网支付、移动支付、银行卡收单。互联网支付和移动支付是线上支付，分别应用于网页端与移动终端，是当前阶段最流行的在线支付方法，是典型的互联网金融业务。而银行卡收单，主要是线下消费场景的支付方式，属于传统间接金融业务。

自 2011 年中国人民银行首次发放第三方支付牌照到 2017 年 6 月 26 日，全国共有 247 张有效支付牌照，后来经过合并或注销，截至 2024 年 1 月，存量持牌机构为 186 家。根据 2010 年 9 月 1 日起施行的《非金融机构支付服务管理办法》的规定，第三方支付牌照的有效期为 5 年。目前，除了大家熟知的中国银联和支付宝外，具有代表性的第三方支付机构还有财付通、快钱支付、易宝支付、汇付天下等。而从发展路径与用户积累途径来看，市场上第三方支付机构的运营模式可以归为两大类：一类是以支付宝、财付通为首，依托于自有 B2C、C2C 电子商务网站，提供担保功能的第三方支付模式；另一类就是以快钱支付为典型代表的独立第三方支付模式。由于第三方支付的迅猛发展，从 2014 年开始，中国人民银行对第三方支付出台了相关政策进行规范，如 2015 年 12 月出台的《非银行支付机构网络支付业务管理办法》，明确了第三方支付行业只能是中国支付体系的补充，作为非银行支付机构，小额、便捷是其特征，但需要做好客户信息安全、资金安全和风险防范。2016 年开始的互联网金融整治，包含了第三方支付行业，中国人民银行出台了《非银行支付机构分类评级管理办法》等，整顿此行业的乱象，极大地促进了行业的良性发展。在 2022 年 6 月公布的非银行支付机构《支付业务许可证》续展公示信息（第四批）中，全部 79 家支付机构所持《支付业务许可证》到期，52 家支付机构续展，中国人民银行中止审查 8 家支付机构，10 家机构未提交申请，8 家已主动退出，1 家不予受理。

（1）第三方支付的交易流程。以 B2C 交易为例，第三方支付的交易流程如图 2-2 所示。第一步，客户在电子商务网站上选购商品，最后决定购买，买卖双方在网上达成交易意向。第二步，客户选择利用第三方支付机构作为交易中介，客户用信用卡或借记卡将货款划到第三方支付机构账户。

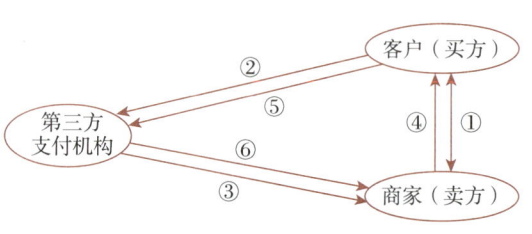

图 2-2　第三方支付的交易流程

第三步，第三方支付机构将客户已经付款的消息通知商家，并要求商家在规定时间内发货。第四步，商家收到通知后按照订单发货。第五步，客户收到货物并验证后通知第三方支付机构。第六步，第三方支付机构将其账户上的货款划入商家账户中，交易完成。

（2）第三方支付的优点。在缺乏有效信用体系的网络交易环境中，第三方支付模式的推出在一定程度上解决了以下问题：网上银行支付方式不能对交易双方进行约束和监督；支付方式比较单一；在整个网络交易过程中，货物质量、退换要求等方面无法得到可靠保证，交易欺诈广泛存在。其优势体现在以下几个方面。

第一，发挥网上支付的担保作用。对商家而言，通过第三方支付机构可以规避无法收到客户货款的风险。对客户而言，不但可以规避无法收到货物的风险，而且货物质量在一定程度上也有了保障，增强了使用网络进行交易的信心。

第二，支付成本低。第三方支付降低了政府、企业、事业单位直连银行的成本，支付机构集中了大量的电子小额交易，形成规模效应，因而支付成本较低。对银行而言，通过第三方支付机构，银行可以扩展业务范畴，同时也节省了为大量中小企业提供网关接口的开发和维护费用。

第三，使用方便。支付者面对的是友好的界面，不必考虑背后复杂的技术操作过程。而且第三方支付机构的个性化服务，使得其可以根据被服务企业的市场竞争与业务发展所创新的商业模式，同步定制个性化的支付结算服务。

可见，第三方支付模式有效地保障了交易各方的利益，为整个交易的顺利进行提供了支持。

（3）第三方支付的风险。在电子支付流程中，资金都会在第三方支付机构滞留，即出现所谓的资金沉淀。如果缺乏有效的流动性管理，则可能存在资金安全问题和支付风险。同时，第三方支付机构开立支付结算账户，先代收买家的款项，然后付款给卖家。这实际上已突破了现有的诸多特许经营的限制，可能为非法转移资金和套现提供便利，因此形成潜在的金融风险。

为此，2017年1月13日，中国人民银行发布了《中国人民银行办公厅关于实施支付机构客户备付金集中存管有关事项的通知》，明确了第三方支付机构在交易过程中产生的客户备付金，今后将统一交存至指定账户，由中国人民银行监管，支付机构不得挪用、占用客户备付金。2023年11月24日，国务院常务会议审议通过《非银行支付机构监督管理条例》，强调要引导支付机构牢固树立"支付为民"理念，坚守小额、便民宗旨，专注主业、提升服务，更好满足用户支付结算需求。

|专栏2-1|

非银行支付机构：牢固树立"支付为民"理念，坚守"本位"

非银行支付市场迅速发展

自2010年中国人民银行发布《非金融机构支付服务管理办法》以来，国内支付体系顶层设计不断完善，一大批非银行支付机构活跃在支付服务市场，发挥了助力实体经济发展、畅通商品流通、方便人民群众日常生活等方面的积极作用。据中国支付清算协会发布的2022年度支付清算行业总量指标，2022年全年非银行支付机构移动支付业务规模为10 046.84亿笔，交易总量为348.06万亿元。经过数十年的发展，中国形成了广泛覆盖、安全高效的支付清算体系，4 000多家商业银行、187家非银行支付机构有效满足了经营主体和消费者的支付需求。同时，中国个人银行账户拥有率已超过95%，高于中高收入经济体平均水平，移动支付普及率达到86%，居全球第一。

支付机构坚守"本位"

然而，近年来，随着非银行支付机构的快速发展，市场暴露出一些问题。例如，部分机构无照经营、违规经营、泄露用户信息、挪用备付金、参与洗钱等风险事件时有发生。这些违法违规行为，扰乱了金融秩序，侵害了金融消费者的合法权益。根据对监管部门公开信息的不完全统计，2022年全年，第三方支付领域至少产生了56张罚单，罚没总金额超过2.71亿元。

对此，2023年11月24日，国务院常务会议审议通过了《非银行支付机构监督管理条例》，肯定了非银行支付行业发展对于活跃交易、繁荣市场有着重要作用，为助力实体经济发展和民生改善做出了积极贡献。会议要求以实施《非银行支付机构监督管理条例》为契机，强化全链条、全周期监管，严把支付机构准入关，防范业务异化、资金挪用、数据泄露等风险，严防利用支付平台从事非法集资、电信网络诈骗等违法犯罪活动，促进行业良性竞争和规范健康发展。

二、金融机构的一般含义

（一）金融机构的概念

金融机构（financial intermediaries），又称金融中介，是指经营货币、信用业务，从事各种金融活动的组织机构。它为社会经济发展和再生产的顺利进行提供金融服务，是国民经济体系的重要组成部分。

（二）金融机构体系分类

金融机构体系，是指在一定的历史时期和社会条件下建立起来的各种不同金融机构的组成及其相互关系。金融机构的种类有很多，可以从不同角度将其分成以下几类。

1. 存款性金融机构和非存款性金融机构 按资金来源及运用的主要内容不同，金融机构可以分为存款性金融机构和非存款性金融机构。存款性金融机构，是指通过吸收各种存款而获得可利用资金，并将其贷给需要资金的各经济主体及投资于证券等业务的金融机构，包括储蓄机构、信用合作社和商业银行。从资产负债表看，中央银行也是存款性金融机构，因为它接受商业银行等金融机构的存款，并向商业银行等金融机构发放贷款。但是，由于中央银行的管理性职能，它区别于存款性金融机构而单列为一类。

非存款性金融机构，是指以发行证券或通过契约形式由资金所有者缴纳的非存款性资金为主要来源的金融机构。因此，非存款性金融机构的资金来源与存款性金融机构吸收公众存款不一样，主要通过发行证券或以契约性的方式聚集社会闲散资金。该类金融机构主要有保险公司、养老基金、证券公司、基金公司、投资银行等。

2. 银行金融机构和非银行金融机构 按业务的特征，金融机构可以分为银行金融机构和非银行金融机构，这也是目前世界各国对金融机构的主要划分标准。其中，银行在整个金融机构体系中处于重要的地位。银行金融机构，是指以存款、放款、汇兑和结算为核心业务的金融机构，主要有中央银行、商业银行和专业银行三大类。其中，中央银行是金融机构体系的核心，商业银行是金融机构体系的主体。

除银行金融机构以外的金融机构都属于非银行金融机构。非银行金融机构的构成十分庞杂，主要包括保险公司、信托投资公司、证券公司、租赁公司、财务公司、退休养老基金公司、投资基金公司等。此外，随着经济全球化、金融全球化的不断发展，各国还普遍存在着许多外资和合资金融机构。

3. 政策性金融机构和非政策性金融机构 按是否承担政策性业务，金融机构可以分为政策性金融机构和非政策性金融机构。政策性金融机构，是指为实现政府的产业政策而设立，不以获取利润为目的的金融机构。政策性金融机构可以获得政府资金或税收方面的支持，如中国农业发展银行。非政策性金融机构，是指以获取利润为目的的金融机构，如商业银行、证券公司、基金公司等。

(三) 金融机构的功能

金融机构通常具有以下一种或多种金融服务功能。

（1）存款功能，也称为"信用中介"功能，是指金融机构在市场上筹资从而获得货币资金，将其改变并构建成不同种类且更易接受的金融资产，这类业务形成金融机构的负债和资产。这是金融机构的基本功能，行使这一功能的金融机构是最重要的存款性金融机构。

（2）经纪和交易功能，是指金融机构代表客户交易金融资产，提供金融交易的结算服务。或者，金融机构自身交易金融资产，满足客户对不同金融资产的需求。提供这类金融服务的金融机构主要是投资性金融机构，如证券经纪和交易公司、投资基金公司等。

（3）承销功能，是指金融机构在市场上帮助客户创造金融资产，并把这些金融资产出售给其他市场参与者。一般地，提供承销的金融机构也提供经纪和交易。

（4）咨询和信托功能，是指金融机构为客户提供投资建议，保管金融资产，管理客户的投资组合。提供这种金融服务功能的主要是信托投资公司、商业银行等类型的金融机构。

第二节 金融机构存在的理论基础

由于银行是重要的金融机构，在此重点剖析以银行为代表的金融机构存在的经济学理由。在市场经济中，"储蓄—投资"的转化过程是围绕银行来展开的，银行从储蓄者手中获得资金，并将其借给需要资金的经济主体。为什么资金融通过程大多数是通过金融机构来完成的，而不是由借贷双方直接融通完成的呢？银行以较低的利率吸收存款，又以较高的利率发放贷款，资金最终的借贷双方何以会愿意忍受银行"低买高卖"的盘剥呢？请你想象一下，没有金融机构的世界会是什么样子？资金盈余者和资金短缺者之间为什么不直接进行资金的交易呢？这就有必要解释以银行为代表的金融机构存在的理论基础。

一、降低交易成本

金融市场中交易成本的存在，可以在一定程度上解释金融机构和间接融资在金融市场中的重要作用。

(一) 交易成本的含义

交易成本（transaction cost），是指在从事交易中所花费的一切成本。金融市场上的交易成本是指在金融交易过程中所花费的时间和金钱，具体包括：在交易发生前最终资金供求双方相互寻找对方的搜寻成本、鉴别对方交易信息真假的鉴别成本以及讨价还价的谈判成本等；在交易发生之后，还有监控合约执行的监管成本以及可能发生违约而需要付出的诉讼成本等。

(二) 交易成本影响金融结构

交易成本的存在，阻碍了许多小额储蓄者和借款者之间的直接融资，从而阻碍了直接融资市场的正常作用的发挥。假如你有 5 000 元准备投资，当你欲投资于股票市场时，股票经纪人会告诉你："你的购买量太小了，支付的佣金会在你的购买价格中占较大的比重。"当你想投资于债券市场时，问题将会更严重，因为许多国家的债券交易都有一个最低购买量要求，比如 10 000 元。事实上，经纪人对你的投资可能并不感兴趣，因为投资额太小，他认为不值得花时间去考虑。最终你会发现很难将辛苦积累起来的资金投资于金融市场去赚取利润。但是，你并不孤独，因为你并不是唯一被过高交易成本困扰的人。即使在美国，也只有大约 1/2 的个人拥有有价证券。

(三) 银行金融机构可以降低交易成本

第一个降低交易成本的方法是规模经济优势。由于银行能很方便地将资金供求双方吸引过来，节约搜寻成本，因此也正是银行等金融机构能把许多闲散的小额资金聚集在一起，形成规模经济，降低交易成本。例如，银行知道如何聘请优秀的律师起草一份严谨的贷款合同，这份合同可以在其后的贷款交易活动中反复使用，从而降低每一笔交易的法律成本。银行不会只花费 500 元随便设计一份贷款合同，而是会支付 5 000 元聘请一流的律师来设计一份严谨完整的贷款合同，以满足 2 000 笔贷款的需要，这样每笔贷款的成本降到了 2.5 元。

第二个降低交易成本的方法是专业化优势。银行因其专业化经营，可以有条件、有能力比单个借款人或放款人在更大程度上节约其他各类交易费用。例如，银行通过研发出专门的技术，能够以极低的交易成本提供多种便利的金融服务，如 ATM 的运用。交易成本的降低使银行能为客户提供更为方便和流动性更强的服务。下面用图 2-3 描述交易成本与银行存在的合理性的关系。

假定没有交易成本时资金需求量为 D，资金供给量为 S_0。它们的交点决定了均衡的利率水平 r_0 和资金水平 L_0。现在，假定存在交易成本，则会导致资金供给曲线向左上移到 S_1，这就意味着资金供给者提供相同数量的资金，会要求得到更高的利率 r_2，或者得到相同的利率，资金供给者将只愿意提供更少数量的资金 S_0，则只有更少的资金需求量 D_1 得到满足。此时均衡利率为 (r_1, r_2)，资金水平为 L_1，结果借款双方的利益都遭到了损害，如图 2-3a 所示。

但是在银行介入后，由于银行可以通过如上所述的方法降低交易成本，从而使资金供给量增加，S_1 则向右移到 S_2。在资金需求量一定的情况下，均衡利率下降为 r_3，资金交易量却从 L_1 上升到 L_2，资金交易量扩大，交易双方的利益都得到了增加，如图 2-3b 所示。

二、缓解信息不对称

金融市场交易成本的存在部分解释了金融机构与间接融资在金融市场中的重要作

用；金融市场中的信息不对称也可以用来解释金融机构和间接融资在金融市场中的重要作用。

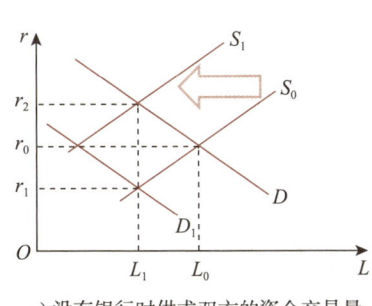
a) 没有银行时供求双方的资金交易量

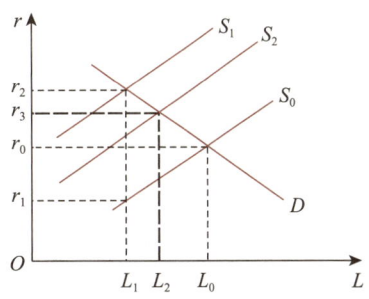
b) 存在银行时供求双方的资金交易量

图 2-3 交易成本与银行存在的合理性

（一）信息不对称影响金融结构

所谓**信息不对称或不对称信息**（asymmetric information），是指交易一方对交易另一方的了解不充分，双方处于不平等地位的一种状态。在金融市场上的信息不对称，是指交易一方对另一方缺乏充分的了解，以致无法做出正确决策的一种不对等状态。例如，相对于贷款人而言，资金的借款人对投资项目的潜在收益和风险要了解得更为清晰；相对于股东而言，公司经理要对自己是否诚实及公司的经营状况有更加深入的了解。信息不对称给金融体系造成的问题存在于两个阶段：交易之前和交易之后。

在交易之前，信息不对称所导致的问题是**逆向选择**（adverse selection）；在交易之后，信息不对称所导致的问题是**道德风险**（moral hazard）。

1. 逆向选择及其对金融结构的影响 逆向选择，本意是指人们做了并不希望做的事情，而没去做希望做的事情。金融市场上的逆向选择，是指由于信息不对称，贷款者将资金贷给了最有可能违约的借款者的现象。这是因为，金融市场上那些最有可能造成不利（逆向）结果（即造成违约风险）的借款者，往往就是那些寻求资金最积极且最有可能得到资金的借款者。由于逆向选择使得贷款招致违约风险，贷款人可能决定不发放任何贷款，以致金融市场的融资功能难以充分发挥。

例如，你有一笔数额可观的资金需要贷出去，现在你的朋友张杰和李文是两个潜在的借款者。其中，张杰的风险偏好类型属于保守型，他只有在确认投资项目具备清偿能力的情况下才会借款。李文正好相反，他的风险偏好类型属于激进型，他对一个迅速致富的项目非常感兴趣。如果可以借到 10 万元投资该项目，李文就可能变得富有（赚取 90 万元的利润）。然而，与大部分迅速致富的项目一样，这个项目也有可能让李文颗粒无收，到时李文就要损失这 10 万元。

那么，哪位潜在的借款者可能向你积极寻求贷款呢？当然是李文了，因为像李文这样的借款者清楚地知道自己不太可能归还贷款，因而会更积极寻求贷款。这个项目如果成功，李文就可以大赚一笔。然而对于你而言，你并不愿意把钱借给他，因为项目失败的概率很大，那样他就无法归还你的贷款了。

对于上述情况，你非常了解张杰和李文，也就是说你们之间的信息是对称的，因为你知道李文的项目风险相当大，所以不会把钱借给他。然而，如果你并不是很了解这两位潜在借款者，但由于李文会过度包装他的项目计划书和借款申请书，甚至对你软磨硬泡，你更可能会把钱借给李文而不是张杰。由于逆向选择的存在，你还可能拒绝把钱借给你的任何一位朋友，虽然张杰真的十分需要钱来投资一个可行的项目，并且他的违约概率相当低。

面对这种情况，放贷者会采取相应的保护措施，如提高融资门槛和交易价格。结果那些违约风险较低的借款者退出市场，从而进一步提高了放贷者的风险，并迫使其采取更加严格的保护措施。双方重复博弈的结果，将不利于资金双方的直接融资活动，甚至可能导致直接融资活动的萎缩。

直接融资中的逆向选择现象，可以通过 2001 年诺贝尔经济学奖得主——美国加利福尼亚大学经济学教授阿克洛夫（Akerlof）提出的**"柠檬"问题**（lemon problem）加以说明。"柠檬"在美国俚语中表示次品、不中用的东西。"柠檬"问题的实质是：由于交易双方对信息的掌握处在不对称的地位，使优胜劣汰的市场机制失灵。比如在证券市场上，证券的优劣依赖于公司经营状况的好坏，优良公司的证券（比作"桃"）的预期收益率高且风险小，而劣质公司的证券（比作"柠檬"）的预期收益率低且风险大。但是，由于信息不对称，证券的潜在购买者并不能识别证券的优劣，其所愿意支付的证券价格只能是反映发行公司平均质量的证券的价格，这一价格低于优良公司证券的真实价格，高于劣质公司证券的真实价格。因此，优良公司因投资者支付的价格低于其实际价值而不愿出售其证券，只有那些劣质公司才愿意出售其证券。当然，投资者也不是傻瓜，他们明白这种逆向选择，所以他们选择不在证券市场上直接投资。结果，由于逆向选择的存在，在一定程度上制约了证券市场的发展，而银行金融机构可以在一定程度上解决逆向选择问题。

2. 道德风险及其对金融结构的影响 道德风险，本意是指经营者或市场交易的参与者得到了第三方的保障后，因自身决策或行为引起损失时不必完全承担责任，甚至可能得到某种补偿，这种情况将"激励"他们倾向于做出风险较高的决策，以博取更高收益的现象。金融市场上的道德风险，是指贷款者把资金贷放给借款者以后，借款者可能从事不利于贷款者的风险活动，这就加大了贷款无法清偿的概率，也很可能导致贷款不能如期偿还。由于道德风险降低了贷款偿还的可能性，贷款人可能决定不发放贷款。

假定你最终向朋友李文发放了 10 万元贷款，利率为 10%。他本来要用这笔贷款在大学集中的地区开设一家复印店，以便为学生打印毕业论文（尤其在毕业季，这确实是一笔好生意，相信作为大学生的你会深有感触）。然而，当你提供了这笔贷款后，李文很可能不去投资复印店，而是去投资那个能让人迅速致富的项目。如果他投资的项目大赚了 90 万元，他拥有了 100 万元，就有可能归还你的 10 万元贷款，自己留下 90 万元。一旦他的项目投资失败了，你就无法得到还款，而李文失去的只是作为一个可信赖、诚实的朋友的名誉。也就是说，对李文而言，他赌赢了的收益（90 万元）要远远大于他赌输了的成本（名誉），因此他有足够强的动力用这笔贷款去投资那个项目。如果你知道李文的下一步行动，你当然会阻止他的高风险行为，道德风险也就不会发生。然而，由于信息不对称，你很难自始至终了解李文的动向。于是，他就有很好的机会去投资那个项目，而你的贷款很可能无法得到归还。所以，道德风险的存在很可能阻止你向李文提供贷款，即使你确切地知道李文是一个值得信赖的朋友。

无论在股权合约还是债务合约中，都存在着道德风险。股票市场上的道德风险表现为委托－代理问题。在股份公司的治理结构中，拥有公司大部分股权的股东是公司的所有者，也是委托人。拥有公司小部分股权的经理是管理层，也是所有者的代理人。在所有权与控制权相分离的情况下，公司经理对利润最大化的追求远没有股东——所有者那么强烈。因此，拥有控制权的经理（代理人）就会从自身利益出发，而不是按照股东——所有者（委托人）的利益行事，道德风险就产生了。

在以上的例子中，可用股权融资的方式解决。假设李文投资复印店需要 10 万元，他邀请你做他的合伙人，而他只有 1 万元。因此，你购买了 9 万元的股份，拥有了该公司 90% 的股权，李文只拥有 10% 的股权。如果李文作为经理加班加点工作，保持店面整洁，提供热情周到的服务，扣除所有费用（包括房租、水电、税费及李文的工资等）后，复印店每年的利润为 4 万元，其中李文和你的所得分别为 4 000 元（10%）和 36 000 元（90%）。

但是，李文可能会认为这 4 000 元无法弥补他作为一个好经理所付出的努力。那他就没有足够的动力去做一个好经理。结果可能是，李文选择用这 4 000 元的收入购买了一张 10 年有效的健身卡，甚至在工作时间去健身房健身（没有按你的利益行事）。最后，李文（代理人）拥有了完美的身材，而复印店没有任何利润。这时，你的损失为 36 000 元（他选择做一个好经理时你获得的利润）。

如果股东能够完全知晓管理层的所作所为，并能防止消费性的开支和欺诈活动，委托－代理问题就不会出现。但是，由于信息不对称，掌握控制权的管理层（代理人）比拥有所有权的股东（委托人）更加了解公司的情况。因此，道德风险问题在一定程度上影响了投资者进行股票投资的积极性，也就在一定程度上抑制了通过发行股票筹集资金的活动。

那么，在债务合约中是否存在道德风险呢？答案是存在。你以 10% 的利率贷给李文 10 万元，由于借款利息固定下来，这就意味着李文用这 10 万元投资无论赚取多少，都只需偿还你的本金和 10% 的利息。那么，他就会算计：如果努力经营复印店，可能赚取 4 万元的利润，扣除本金和利息，他还剩下 3 万元；如果他用于炒股，可能会赚取 10 万元的利润，他所偿还的仍然是贷款的本金和 1 万元的利息，你无法分享他炒股获得的超额收益，而他在扣除本金和利息后还剩下 9 万元。于是，他会选择用这 10 万元借款去炒股，道德风险便发生了。考虑到潜在的道德风险，你可能不会向李文发放贷款，即使你知道大学附近的复印店会是一个优质的投资项目。

（二）完全信息的生产与销售所面临的问题

信息不对称影响了资金供求双方的直接交易。由此我们想到，解决信息不对称问题的办法就是向资金供给者提供那些正在寻求资金的个人或公司的详细情况，即提供完全信息。如成立一个信息生产公司，由该公司负责收集有关金融交易的全部信息，然后将信息销售给资金供给者，美国的标准普尔公司、穆迪投资者服务公司就是这样的信息生产与销售公司。

然而，这种做法存在以下问题，使得靠专门公司生产与销售信息来解决信息不对称问题成为不可能。

1. 搭便车问题 金融市场上的**搭便车问题**（free-rider problem），是指一些人不用付费就可利用他人付费所得到的信息的一种现象。下面通过一个例子来说明为什么在信息的销售过程中会出现搭便车问题。

例如，汤姆购买了标准普尔公司的信息，信息中包含了各家证券发行公司的质量及证券好坏的情况。汤姆据此信息选定了一只优良证券，这只证券的购买价格低于其真实价格，从而能够弥补他购买信息的成本。但是，由于金融市场的交易是公开的，其他人在看到汤姆购买该证券且获利后，也会跟随购买这种证券。在从众心理的作用下购买的人会越来越多，这提高了该证券的市场需求，导致其价格上升。结果，在汤姆获利的同时，其他投资者也获得了该证券价格上涨的好处。这就意味着汤姆并未取得该证券价格上涨的全部好处，部分好处被其他未付费购买公司信息的投资者分享了。这就是证券市场上的搭便车问题，在这种情况下，即使汤姆的获利较大，他也没有得到应有的全部利益。最后，汤姆认识到，他大可不必为首先得到信息而付出费用。因而，标准普尔公司提供的此类信息是无法销售出去的。

2. 可信度问题和剽窃问题 即使信息生产公司投入一定成本，通过调查研究等手段获得了潜在投资者所关心的有关投资对象的信息，这些信息虽然具有潜在价值，但是要获取信息的潜在价值并不容易。在信息出售的过程中会出现两个主要问题：第一，信息买方无法判断信息的真假和质量，即存在**可信度问题**（reliability problem）；第二，信息是一种准公共品，信息买方可在购买信息后转售给他人，这通常并不影响信息本身的价值，会出现所谓的**剽窃问题**（appropriability problem）。所以，即使信息具有真实价值，信息生产公司也难以获得生产信息的全部收益，生产信息具有不经济性。

由上述的搭便车问题、可信度问题和剽窃问题可知，穆迪投资者服务公司和标准普尔公司的此类信息实际上是卖不出去的（只能免费向市场发布）。

（三）银行等金融机构有助于解决信息不对称问题

1. 风险投资公司等投资类金融机构有助于缓解股权合约所导致的道德风险问题
风险投资公司（venture capital firm，VC），也称为创业投资公司，是重要的投资类金融机构，主要投资处于种子期、初创期的新企业。它们聚集合伙人的资金，并利用这些资金帮助具有潜力的企业家启动新事业。在提供风险资本的同时，VC 会在新企业（如初创期企业）中占有一定的股份。VC 的投资过程一般有五个步骤：①交易发起，即获知潜在的投资机会；②筛选投资机会，即在众多的潜在投资机会中初选出小部分做进一步分析；③评价，即对选定项目的潜在风险与收益进行评估；④交易设计，包括确定投资的规模和形式等；⑤投资后管理，将企业带入资本市场运作以顺利实现必要的首次公开发行（IPO）和兼并与收购（M&A）。

因此，VC 通常会在新企业的管理层（如董事会）中派驻自己的人员，以便更密切地了解公司的业务活动，能真实地了解公司的成本与收益。而且，如果 VC 向某企业提供启动资金，该企业的股份不能转让给除 VC 之外的其他人。因此，其他投资者无法免费搭 VC 的"车"。这样的安排就在很大程度上减少了股权合约中的道德风险问题。

私募股权投资公司（private equity firm，PE），是另一种重要的投资类金融机构。私募股权投资，是指通过私募基金对非上市公司进行的权益性投资，主要是指创业投资后期的私募股权投资部分。在交易实施过程中，PE 会附带考虑将来的退出机制，即通过公司 IPO、M&A、管理层回购（MBO）和破产清算等方式退出。简单地讲，PE 投资就是投资者寻找优秀的高成长性的未上市公司，注资其中，获得其一定比例的股份，推动公司发展、上市，此后再通过转让股权获利。PE 采取了与 VC 类似的方式解决搭便车问题，即在董事会层面上参与企业的重大战略决策。

2. 银行等存款性金融机构有助于减少债务合约所产生的道德风险问题 首先，银行是公司信息的生产高手。因为在现代经济社会里，银行作为国民经济的中心枢纽，掌握众多借款者的私人信息，具有规模经济优势，搜集信息的成本低。银行从存款者那里获得资金，然后根据掌握的信息将资金发放给那些信誉好、效益好的借款者，从存贷利差中获得收益，这种收益正是对银行生产信息的回报。

其次，银行贷款是非公开进行的，具有一定的保密性。这避免了其他人在信息上搭银行的便车，银行的贷款利率也不会因为竞争而被拉低，以致难以补偿搜集公司信息而耗费的成本。

最后，发放贷款的银行可以享受监督和执行的全部利益。这可以减少由直接融资中的债务合约所产生的道德风险问题，从而弥补了直接融资市场的不足，有效地实现了社会资金的融通。

三、分散和转移风险

在直接融资情况下，如果某个借款人违约，就会使得单个放款人放出的款项无法收回。如果放款人以直接投资股票和债券的方式给借款人融资，风险则更大。这样由于风险，导致资金需求双方不会大量通过直接融资的方式来调剂资金余缺。

但是，若将资金存入银行，再由银行将资金贷放出去，则会大大降低资金运用的风险。一是，因为即使某个借款人违约，只要多数借款人没有违约，银行仍然有清偿能力，仍然能向借款人还款。二是，银行可以将大量小额资金聚集起来，汇成"巨额资金"，然后进行分散投资以实现贷款对象的多样化和分散化，从而降低贷款风险。三是，银行具有鉴别、监控和强制执行贷款合约的专业技术。社会各经济主体的资金往来大多数是通过在银行开设的资金账户进行的，银行可以很方便地了解公司信息，在贷款对象的鉴别、监控和强制执行方面具有优势。

因此，银行等金融机构可以帮助投资者承担风险，更好地保证资金运用的安全性。

四、协调流动性偏好

这里所指的流动性偏好，特指经济活动中的当事人往往喜欢较高的流动性，即喜欢根据需要可以随时将其他资产转换为现金资产。经验表明，资金供求双方对流动性偏好的程度存在非对称性或不一致性。

一般地，资金最终供给者对流动性偏好较强，期望在未来自己需要用款时能够随时收回资金，表现为其希望资金能尽快收回。反之，资金最终需求者对流动性偏好较弱，期望所借资金在未来使用时间越长越好，表现为其希望筹集期限较长的资金。这样，由于资金借贷双方存在流动性偏好不同或期限上的选择不一样，导致双方的直接融资不会大量发生。

但是，银行可以通过与资金供求双方分别签订合同，同时满足双方对流动性的偏好：一方面，银行通过存款合约向资金最终供给者承诺，满足其随时可能提出的对流动性的需要；另一方面，银行通过贷款合约向资金最终需求者承诺，满足其在一定时间内"无须担心流动性"的需要。这就是银行的"金融中介化"过程：资产—负债—资产—负债（见图2-4）。

图2-4　银行的"金融中介化"过程

这样，银行通过"金融中介化"过程，通过"借短贷长"进行某种期限的转换，从而使资金最终供求双方的需要充分地得到满足。

第三节　金融机构体系的构成

市场经济国家的多元化金融机构体系以中央银行为核心，还包括众多商业银行和其他金融机构。中央银行被称为管理型金融机构，商业银行和其他金融机构被称为业务型金融机构。业务型金融机构又可分为存款性金融机构、契约性金融机构和投资性金融机构三大类。许多国家还设立政策性金融机构，以服务于特定的部门或产业，执行相关的产业政策等。

本节以我国为例介绍金融机构体系的主要构成。

一、中央银行

中央银行（central bank），习惯上称为**货币当局**（monetary authority），在金融体系中居于主导地位。中央银行的职能主要是宏观金融调控，保障金融安全与稳定及提供金融服务等。如第一章所述，我国的中央银行是成立于1948年12月的中国人民银行，其详细内容见第七章，其他监管金融机构见第八章银行监管。

二、存款性金融机构

存款性金融机构，是指接受个人和机构存款，并发放贷款的金融机构，主要包括商业银行、储蓄银行、信用合作社、乡村银行等银行类金融机构。中央银行因其接受商业银行等金融机构的存款，并对金融机构提供贷款，也算作存款性金融机构。但中央银行的管理性职责更为重要，使其区别于其他存款性金融机构而单列为一类。

（一）商业银行

商业银行，是间接金融领域最主要的金融机构，也是存款性金融机构的典型形式。它是指吸收各种存款（特别是活期存款），发放多种贷款，提供多种支付清算服务，并以利润最大化为主要经营目标的金融机构。

我国的商业银行包括国有商业银行与其他股份商业银行两大类。处于中国金融机构体系主体地位的是国有商业银行，它们是中国工商银行、中国农业银行、中国银行和中国建设银行。它们在成立之初是完全的国有性质，即国有独资商业银行。进入 21 世纪以来，国有商业银行加快了改革步伐，先后进行了股份制改革，形成了六大国有控股的大型股份制商业银行。它们分别是：中国工商银行、中国农业银行、中国银行、中国建设银行、交通银行、中国邮政储蓄银行。除此以外，我国还存在一些其他股份商业银行，如中信银行、中国光大银行、华夏银行、中国民生银行、广东发展银行、招商银行、兴业银行、上海浦东发展银行等。商业银行的详尽内容见第六章。

（二）储蓄银行

1. 住房储蓄银行 储蓄银行，是指专门吸收居民储蓄存款，投资于政府债券、股票、债券，或为居民提供抵押贷款服务的金融机构。从历史上看，储蓄银行的产生要晚于商业银行。在西方国家，最早的储蓄银行起源于 18 世纪的意大利。当时，储蓄银行一般采取私人股份的形式，由宗教团体或其他团体持股组成，其主要业务是动员吸收居民个人的小额储蓄资金。随后，储蓄银行便在其他西方国家传播。到 19 世纪初，英国、法国、美国等国都相继建立了储蓄银行。储蓄银行因其机构性质或业务性质的差别而名称各异，如在美国有储蓄贷款协会（通常称为"储贷协会"）、互助储蓄银行，在英国有信托储蓄银行、房屋互助协会，在法国、德国和意大利有住房储蓄银行等。

储蓄银行的性质和经营目标与商业银行没有本质差别，但其经营方针和经营方法与商业银行有所不同。储蓄银行的资金来源多为流动性较高的居民储蓄存款，而资金运用则多为期限较长的贷款与投资。其贷款对象以其存款客户为主，而商业银行是向全社会提供贷款。

20 世纪 80 年代中期，为配合国家住房制度改革（简称房改），我国分别在烟台和蚌埠成立了住房储蓄银行，专门办理与房改配套的住房基金筹集、信贷、结算等政策性金融业务。这两家银行在改制前，业绩均相当突出。进入 20 世纪 90 年代，我国建立公积金制度后，住房储蓄银行的职能基本被住房公积金管理中心取代。2000 年，蚌埠住房储蓄银行与当地城市信用社合并。2003 年，烟台住房储蓄银行改制更名为恒丰银行。2004 年 2 月 6 日，我国首家中外合资的住房储蓄银行成立，即中德住房储蓄银行（以下简称"中德银行"）。中德银行由中国建设银行与德国施威比豪尔住房储蓄银行合资成立，总部在天津，并先后在重庆、大连和济南设立分支机构。合资外方德国施威比豪尔住房储蓄银行，是欧洲最大、最成功的住房储蓄银行，其设在欧洲其他国家的合资银行均在所在国市场上占有领先地位。

中德银行是一家主营住房储蓄银行业务的商业银行，以源自欧洲的住房储蓄业务为核心，致力于住房金融领域的专业化、特色化经营。中德银行提供的住房储蓄业务是从德国引进，不同于按揭贷款和住房公积金贷款的一种全新的个人住房融资方式，产品特点为"先存后贷、低存低贷、固定利率、政府奖励"，通过精算技术设计的住房储蓄产品（体现为各种类型的住房储备合同），将存贷款行为有机结合，能够帮助购房人节约融资成本。

截至 2022 年年底，中德银行累计发放个人住房贷款（包括按揭和住房储蓄）609.43 亿元，存款余额 295.50 亿元，其中住房储蓄存款余额 287.72 亿元，贷款余额 239.50 亿元，住房储蓄类贷款余额 173.99 亿元。

2. 邮政储蓄银行 邮政储蓄银行是储蓄机构的另一种组织形式，其经营管理体现了储蓄银行的特征。1861 年，英国在世界上率先成立邮政储蓄银行。如今，世界上许多国家和地区都开办了邮政储蓄银行。邮政储蓄银行在大多数国家是商业化、市场化的专门金融机构，与其他商业银行平等竞争。1997 年亚洲金融危机之后，一些金融机构纷纷倒闭，而邮政储蓄银行以其高度的稳定性、安全性受到了越来越多储户的信赖和欢迎。在发达国家中，邮政储蓄银行发展较成功的国家有日本、法国、英国、俄罗斯、德国。

2006 年 6 月 22 日，中国银行业监督管理委员会⊖（简称银监会）批准筹建中国邮政储蓄银行，成为中国第五大银行。2007 年 3 月 6 日，中国邮政储蓄银行有限责任公司依法正式成立。它是在改革我国邮政储蓄管理体制的基础上，由中国邮政集团公司以全资方式出资组建的全国性全功能商业银行，其营业网点 2/3 以上分布在县及县以下农村地区，其市场定位是：以零售业务和中间业务为主，为城市社区和广大农村地区居民提供基础金融服务，支持社会主义新农村建设和城乡经济社会协调发展。2012 年 1 月，中国邮政储蓄银行整体改制为股份有限公司。2016 年 9 月，中国邮政储蓄银行在香港联交所挂牌上市，2019 年 12 月 10 日，在上海证券交易所上市。

（三）信用合作社

信用合作社（credit union），也称为信用联合社，是指一类规模较小的互助性质的合作金融组织。信用合作社分为城市信用合作社和农村信用合作社。城市信用合作社以城市手工业者、小工商业者为主的居民组合而成。农村信用合作社则由经营农业、渔业和林业的农民组合而成。信用合作社的资金来源于社员缴纳的股金和存入的存款，放款的对象也主要是本社的社员。

最早的信用合作社是 1849 年在德国莱茵河地区建立的农村信用合作社。在美国，1980 年以后银行管理法规甚至允许信用合作社提供支票存款，并提供除消费贷款以外的抵押贷款，使其成为重要的金融机构之一。信用合作社大多设在城市的社区或农村人口相对集中、交通相对便利的地方，和会员联系紧密。所以，信用合作社能起到弥补其他金融机构网点不足的作用，可以更好地动员资金，促进社会闲散资金的汇集。信用合作社的存在对其他金融机构也是一种挑战，有利于促进金融业的竞争。

我国的信用合作社是指经中国人民银行批准设立、由社员入股组成，实行民主管理，主要为社员提供金融服务的农村合作金融机构，是银行类金融机构。早期包括城市信用合作社和农村信用合作社两部分。2012 年 4 月前，城市信用合作社先后改造为城市商业银行。农村信用合作社是 20 世纪 50 年代中期在我国广大农村普遍组建起来的，

⊖ 该机构于 2003 年 3 月设立，于 2018 年合并为中国银行保险监督管理委员会。2023 年 3 月，中共中央、国务院印发了《党和国家机构改革方案》，决定在中国银行保险监督管理委员会的基础上组建国家金融监督管理总局，不再保留中国银行保险监督管理委员会。

但长期并不具有世人通常理解的"合作"性质。改革开放后,我国对农村信用合作社进行了多次整顿、改革。2003年后,各地农村信用合作社纷纷改组为农村商业银行。

农村信用合作社作为银行类金融机构有其自身的特点,主要表现如下。

(1) 由农民和农村的其他个人集资联合组成,是以互助为主要宗旨的合作金融组织,其业务经营是在民主选举基础上由社员指定人员管理经营,并对社员负责。其最高权力机构是社员代表大会,负责具体事务的管理和业务经营的执行机构是理事会。

(2) 主要资金来源是合作社成员缴纳的股金、留存的公积金和吸收的存款,贷款主要用于解决其成员的资金需求。起初主要发放短期生产生活贷款和消费贷款,现在随着经济发展,渐渐拓宽放款渠道,和商业银行贷款没有区别。

(3) 由于业务对象是合作社成员,因此业务手续简便灵活。农村信用合作社的主要任务是:依照国家法律和金融政策的规定,组织和调节农村基金,支持农业生产和农村综合发展,支持各种形式的合作经济和社员家庭经济,限制和打击高利贷。

(四) 乡村银行

乡村银行(country bank),是指为本地区的居民或企业提供小额信贷服务的银行机构。乡村银行在世界各地都得到了不同程度的发展。

建立于1865年的美国纽约市波特切斯特乡村银行是最早成立的乡村银行,是以中小型企业和小农场主为主要贷款对象的社区银行。它利用人缘、地缘的优势,将信用与抵押担保有机结合,相对降低担保水平,更加看重信用,使得贫困的借款人也能通过银行贷款来改善自己的生存环境。创办于1983年的孟加拉乡村银行——格莱珉银行(Grameen Bank),是发展中国家中影响最大的乡村银行。其发起人和创始人穆罕默德·尤努斯曾经是大学经济学教授,一直从事帮助落后地区人民摆脱贫困的研究和实践活动。格莱珉银行专门为贫穷的人提供小额贷款,以帮助他们寻找合适的谋生方式。这些贷款的数额之小可能超乎想象,有的贷款甚至不到1美元。多年来,这种小额信贷模式帮助孟加拉国数百万穷人摆脱了贫困的处境,尤努斯也因此获得了2006年诺贝尔和平奖。

中国习惯将乡村银行称为村镇银行。根据《村镇银行管理暂行规定》,村镇银行具备以下几个特点:一是地域和准入门槛。村镇银行的一个重要特点就是机构主要设置在县(市)、乡(镇)。在地(市)设立的村镇银行,其注册资本不低于5 000万元;在县(市)设立的村镇银行,其注册资本不得低于300万元;在乡(镇)设立的村镇银行,其注册资本不得低于100万元。二是市场定位。村镇银行的市场定位主要在于满足农户的小额贷款需求和服务于当地中小型企业。

2007年3月1日,我国首家村镇银行——四川仪陇惠民村镇银行正式开业。该村镇银行是由南充市商业银行发起,5家公司共同出资组建的,注册资本为200万元人民币。2007年12月,国内首家外资村镇银行——湖北随州曾都汇丰村镇银行有限责任公司正式开业,汇丰成为首家进入中国农村市场的国际性银行。村镇银行的发展壮大能够有效地解决我国农村地区金融机构覆盖率低、金融供给不足、竞争不充分、金融服务缺位等"金融抑制"问题,为广大的农村金融市场注入了新鲜的血液。根据原银保监会披露的数据,截至2022年6月末,我国共有3 883家农村金融机构,占全国银行业金融机构数量的 84.43%，其中农村商业银行 1 600 家，农村信用合作社 572 家（含省级信用合作社 24 家），村镇银行 1 649 家，农村合作银行 23 家，农村资金互助社 39 家。

三、非银行金融机构

（一）契约性金融机构

契约性金融机构包括各种保险公司、养老或退休基金等，是指以契约方式在一定期限内从合约持有者手中吸收资金，然后按契约规定向合约持有者履行赔付或资金返还义务的非银行金融机构。这类机构的特点是资金来源可靠且稳定，资金运用主要是长期投资。契约性金融机构是资本市场上重要的机构投资者，其中以保险公司为主。

保险公司，是指依法成立的，在保险市场上提供各种保险产品，分散和转移他人风险并承担经济损失补偿和保险给付义务的专业性非银行金融机构。保险公司以收取保费的形式建立保险基金，并将集中起来的，除了用于理赔给付外的保险基金的投资品种，限于银行存款、政府债券、金融债券及证券投资基金。因此，保险业是极具特色并具有很大的独立性的系统。这一系统之所以被列入金融体系，是由于大量保费收入按世界各国的通例，多是用于各项金融投资的。

英国是保险业的发源地，早在 1668 年英国就有了海上保险业务。到 1871 年，英国议会通过了一项特别法令，成立劳埃德保险社（简称劳合社），从此保险机构取得了法人资格，正式登上历史舞台。以劳合社为代表的英国保险业一直居世界保险业前列。除了英国之外，美国也是世界上保险业最发达的国家之一，拥有世界上最大的人寿保险公司。

保险公司按其保险标的不同分为两大类：人寿保险公司、财产和灾害保险公司。其中，人寿保险公司的规模最大，它兼有储蓄银行的性质，在保险业的发展中占有领先地位。截至 2022 年 10 月 13 日，我国共有 179 家保险公司，其中人寿保险公司 91 家，财产和灾害保险公司 88 家。

在保险公司的基础上，我国又衍生出了保险资产管理公司。它是指专门受托管理保险资金的金融机构。从实质上看，保险资产管理公司是指主要股东或母公司为保险公司的资产管理机构，即保险系资产管理机构。2022 年 8 月，原银保监会发布《保险资产管理公司管理规定》，并于 9 月 1 日起施行。这进一步强化了保险资产管理公司监管，从公司治理、风险管理、股权结构设计、经营原则等多个方面进行深入规范。2003 年至 2022 年年底，我国已有保险资产管理公司 33 家，各保险资产管理公司通过发行保险资管产品、受托管理资金等方式，管理总资产超过 20 万亿元。

（二）投资银行

投资银行是投资性金融机构的总称，是重要的非银行金融机构。通常称为投资公司或证券公司，是指依法成立的专门从事各种有价证券经营及相关业务的金融企业。与其他经营某一方面证券业务的金融机构相比，投资银行的基本特征是它的综合性，即投资银行业务几乎包括了全部资本市场业务。投资银行这一名称是美国和欧陆国家的称呼，在英国常称为商人银行。我国极少直接以投资银行来命名（如 1995 年成立的合资投资银行——中国国际金融公司）。为数众多的证券公司实际是金融机构体系中投资银行这一环节的主要力量，习惯上称之为"券商"。

投资银行多数是股份制的营利机构，其资金来源主要是发行股票和债券，主要业务包括证券承购、代销、交易、公司兼并与收购、项目融资和风险资本投资等。因此，投资银行是资本市场上最主要的组织者之一。

实际上，投资银行不是真正意义上的"银行"，更多的是"公司"。投资银行与商业银行的区别表现在以下几个方面。

第一，资金融通过程的作用不同。商业银行是通过自己与资金最终供求双方分别达成两份独立的合约（如存款合同和贷款合同）来帮助双方融通资金的，它起到"中介人"或"媒人"的作用。投资银行虽然也帮助资金最终供求双方实现交易愿望，但是它只是帮助资金最终需求者把出于融资目的而发行的证券出售，卖给那些有闲钱并打算购买证券以获利的资金最终供给者（又称投资者）。投资银行只是扮演"经纪人"的角色，帮助资金最终供求双方达成一份合约，从而使双方各得其所。

第二，资金融通交易中的风险不同。商业银行由于在资金融通过程中创造出了新的金融产品而要承担风险。商业银行分别与债权人和债务人签订存款合同和贷款合同，一方面，商业银行承诺向债权人支付约定的收益；另一方面，如遇借款人违约，商业银行会承担损失。投资银行在交易过程中并没有创造出新的金融产品，只是将证券推荐给客户。因此，投资银行在收取佣金之后就全身而退，此后的事情与其无关，投资者风险自担。投资银行不做与金融产品本身的收益和服务有关的任何承诺，也不再从中进一步谋利。

第三，对资金最终需求者提供服务的方式不同。商业银行通常会与借款人谈判，就期限等交易条件讨价还价，并以个性化的方式发放贷款，每个贷款合同的条款都是有差异的。而且，商业银行愿意与信誉良好的客户保持长期关系，向信誉良好的债务人继续提供资金支持。而投资银行则不同，它固然会帮助资金需求者融资，但仅限于以标准化的方式一次性帮助其完成证券的发行。

第四，提供金融服务的内容不同。商业银行还为借贷双方提供流动性和交易结算服务，并在结算过程中创造存款货币（见第十章相关内容），这是任何其他金融中介都不能替代的。而投资银行的主要业务是为最终资金需求者进行证券承销。

因此，商业银行与投资银行是大不相同的两类金融机构。严格来说，商业银行被称作"金融中介"，而投资银行则不是。

（三）财务公司

财务公司（finance company），是指经营部分银行业务的金融机构。它通过发行债券、商业票据或从银行借款获得资金，并主要提供耐用消费品贷款和抵押贷款业务。与商业银行不同，财务公司并不通过吸收小额客户的存款来获取资金，其特点是大额借款、小额贷款。财务公司在我国分为以下三种类型。

第一类，销售类财务公司，是指由一些大型零售商或制造商设立，旨在以提供消费信贷方式促进企业产品销售的非银行金融机构。汽车金融公司就是典型的销售类财务公司，是指经监管部门批准设立，为中国境内的汽车购买者及销售者提供金融服务的非银行金融机构。例如，福特汽车信贷公司便是福特汽车公司为了促进汽车销售而建立的，它向购买福特汽车的消费者提供贷款。在我国，从2003年《汽车金融公司管理办法》及《汽车金融公司管理办法实施细则》出台到2022年年底，共有25家汽车金融公司，如上汽通用、大众、丰田、福特、奔驰、宝马、长城、比亚迪等汽车金融公司。随着我国金融体制改革的深入与汽车消费的发展，汽车金融公司将会有越来越广阔的市场发展前景。2023年4月，中国银行业协会发布的《中国汽车金融公司行业发展报告（2022）》显示，截至2022年年末，全国25家汽车金融公司资产规模达到9 891.95亿元，总体保持稳定；2023年6月20日，国家金融监督管理总局审议通过了《汽车金融公司管理办法》（以下简称《办法》），《办法》在融资方面给予汽车金融公司更多支持。

第二类，消费者财务公司，在我国称为小额贷款公司，是指专门发放小额消费贷款的非银行金融机构。它们一般是由自然人、企业法人与其他社会组织投资设立的，不吸收公众存款，经营小额贷款业务的有限责任公司或股份有限公司，可以是一家独立的公司，也可以是银行的附属机构。由于贷款规模小、管理成本高，这类贷款的利率一般也比较高。其主要作用是为那些很难通过其他渠道获得资金的消费者提供贷款。中国人民银行数据显示：截至2022年12月末，全国共有小额贷款公司5 958家，贷款余额9 086亿元。

第三类，商业财务公司，在我国称为"企业集团财务公司"，是指依据《中华人民共和国公司法》和《企业集团财务公司管理办法》设立的，为企业集团成员单位技术改造、新产品开发及产品销售提供金融服务，以中长期金融业务为主的非银行金融机构。目前我国企业集团财务公司主要分布于机械、电子、汽车、石油、化工、能源、交通等国民经济骨干行业和重点支柱产业，截至2022年6月末，共有254家全国企业集团财务公司，如中国华能集团财务公司、中国化工财务公司等，其资金来源和运用限于集团内部。

（四）基金管理公司

基金管理公司，是指依据有关法律法规设立的对基金的募集、基金份额的申购和赎回、基金财产的投资、收益分配等基金运作活动进行管理的投资性金融机构。

首先，什么是基金呢？基金是投资基金的简称，是指由众多不确定的投资者自愿将不同的出资份额汇集起来，交由专家管理投资，所得收益由投资者按出资比例分享的一种金融投资产品。基金实行利益共享、风险共担的集合投资制度，其作为一种间接证券投资方式，使得基金管理公司成为重要的金融机构之一。

在基金的运作中，重要机构有两个，即基金管理人（基金管理公司）和基金托管人（银行）。为了保证基金资产的安全，基金应按照资产管理和保管分开的原则进行运作，并由专门的基金托管人保管基金资产。基金管理人的主要职责是负责投资分析、决策，并向基金托管人发出买进或卖出证券的相关指令。基金托管人主要是银行，称为托管银行。为保证基金资产的独立性和安全性，基金托管人应为基金开设独立的银行存款账户，并负责账户的管理，而基金管理人的指令必须通过基金托管人来执行，因此，从某种程度上说，基金托管人和基金管理人是一种既相互合作，又相互制衡、相互监督的关系。鉴于基金托管人的重要性，有人把基金托管人誉为"基金安全的守护神"。基金份额持有者简称"基民"，可以随时销售（赎回）其份额，但是份额的价值是由基金所投资的证券组合的价值决定的。由于证券价格的高度波动性，份额的价值也是变幻莫测的。因此，基金投资是有风险的。

根据基金的组织形式和法律地位的不同，基金公司管理的基金可分为公司型基金与契约型基金；根据基金受益单位能否随时认购或赎回及转让方式的不同，可分为开放式基金与封闭式基金；根据募集方式的不同，可分为公募基金与私募基金。

1. 公司型基金与契约型基金 公司型基金，又称为互惠基金，在美国称为**共同基金**（mutual fund），是指基金公司依法设立，通过发行基金股份的方式将集中起来的资金投资于各种有价证券。投资者通过购买股份成为基金公司的股东。公司型基金的结构类似于一般股份公司的结构，但基金公司本身不从事实际运作，而是将其资产委托给专业的基金管理公司管理运作，同时由卓有信誉的金融机构代为保管基金资产。公司型基金在美国非常盛行，美国的法律不允许设立契约型基金。

契约型基金，又称为信托型基金，或称**单位信托基金**（unit trust），是指依据信托契约通过发行受益凭证而组建的投资基金。该类基金一般由基金管理人（即基金管理公司）与基金托管人之间订立信托契约。基金管理人可以作为基金的发起人，通过发行受益凭证将资金集中起来组成信托财产，并依据信托契约，由托管人负责保管信托财产，具体办理证券、现金管理及有关的代理业务等。投资者购买受益凭证后成为基金受益人，分享基金投资收益。契约型基金在英国较为普遍，目前我国绝大多数投资基金都属于契约型基金。

契约型基金与公司型基金的主要区别有以下几点。

（1）法律依据不同。以我国为例，契约型基金是依照基金契约组建的，《中华人民共和国信托法》是契约型基金设立的依据；公司型基金是依照《中华人民共和国公司法》组建的。

（2）法人资格不同。契约型基金不具有法人资格，而公司型基金本身就是具有法人资格的股份有限公司。

（3）投资者的地位不同。契约型基金的投资者作为信托契约中规定的受益人，对基金运作的重要投资决策通常不具有发言权；公司型基金的投资者作为公司的股东，有权对公司的重大决策进行审核，发表自己的意见。

（4）融资渠道不同。公司型基金由于具有法人资格，在资金运用状况良好、业务开展顺利，又需要扩大公司规模、增加资产时，可以向银行借款；契约型基金因不具有法人资格，一般不向银行借款。

（5）经营财产的依据不同。契约型基金凭借基金契约经营基金财产；公司型基金则依据公司章程来经营基金财产。

（6）基金运营不同。公司型基金像一般的股份公司一样，除非到了《中华人民共和国公司法》意义上的破产、清算阶段，否则公司一般具有永久性；契约型基金则依据基金契约建立、运作，契约期满，基金运营也就终止。

从投资者的角度看，这两种投资方式没有太大的区别。至于一个国家采取哪一种方式好，要根据具体情况进行分析。目前，许多国家和地区都采用两种形式并存的办法，力求把两者的优点都利用起来。

2. 开放式基金与封闭式基金 开放式基金（open-end fund），是指在基金设立时，基金的规模不固定，投资者可随时认购基金受益单位，也可随时向基金公司或银行等中介机构提出赎回基金受益单位的一种基金。

封闭式基金（close-end fund），是指在基金设立时，规定基金的封闭期限及固定基金发行规模，在封闭期限内投资者不能向基金管理公司提出赎回，基金受益单位只能在证券交易所或其他交易场所转让。

开放式基金与封闭式基金的主要区别如下。

在封闭式基金的封闭期内，投资者只能寻求在证券交易所或其他交易场所挂牌，交易方式类似于股票及债券的买卖。开放式基金的投资者则可随时向基金管理公司或银行等中介机构提出认购或赎回申请，买卖方式灵活。

封闭式基金的交易价格主要受市场供求关系的影响较大。开放式基金的价格则完全取决于每单位基金资产净值。基金资产净值是在某一时点上，基金的总资产扣除总负债后的余额，代表了基金持有人的权益。单位基金资产净值，即每一基金单位代表的基金资产净值，用公式表示为：单位基金资产净值 =（总资产 − 总负债）/基金单位总份数。其中，总资产是指基金拥有的所有资产，包括股票、债券、银行存款和其他有价证券；总负债是指基金运作及融资时所形成的负债（包括佣金）；基金单位总份数是指当时发行在外的基金单位的总量。

从境外尤其是发达国家或地区的基金业发展来看，通常大多是先从发展封闭式基金起步，经过一段时间的探索，逐步转向发展开放式基金。我国的基金业也是先选择封闭式基金试点，逐步发展到开放式基金，开放式基金是我国今后发展的主流。

3. 公募基金与私募基金 公募基金，是指受一国政府主管部门监管，向不特定投资者公开发行受益凭证的证券投资基金。目前我国证券市场上的封闭式基金属于公募基金。

私募基金是私募投资基金的简称，是指以非公开方式向合格投资者募集资金，由基金管理人（基金公司）管理，围绕投资者的利益进行投资活动的基金。根据私募基金投资对象的不同，分为私募证券投资基金和私募股权投资基金。私募证券投资基金和私募股权投资基金须在中国证券投资基金业协会完成登记备案后方可从事经营活动。

根据我国《私募投资基金监督管理办法（征求意见稿）》第四十条，私募基金的合格投资者是指达到规定的资产规模或者收入水平，具备相应风险识别能力和风险承担能力，投资于单只私募基金不低于规定金额的自然人、法人或者其他组织，且符合下列条件之一：①具有两年以上投资经历，且满足下列条件之一的自然人：家庭金融资产不低于 500 万元，家庭金融净资产不低于 300 万元，或者近三年本人年均收入不低于 40 万元；②净资产不低于 1 000 万元的法人或者其他组织。第四十条提到的金融资产，是指银行存款、股票、期货、债券、基金份额、资产管理产品等。

私募股权投资基金（private equity，PE），也称股权投资基金，是指以非公开方式向特定对象募集设立的对非上市企业进行股权投资并提供增值服务的非证券类投资基金（包括产业投资基金、创业投资基金等）。股权投资基金可以依法采取公司制、合伙制等企业组织形式。私募基金运作中有两个重要的当事人，即普通合伙人和有限合伙人。普通合伙人（general partner，GP），通常是私募基金的基金管理人，负责私募基金的发起、募集、运营管理，对基金的债务承担无限责任。有限合伙人（limited partner，LP），一般也称投资人，投入资金，以其持有的基金份额为限承担有限责任，一般不参与基金的运作，投资者就是扮演 LP 的角色。

我国的投资基金最早产生于 20 世纪 80 年代后期，较为规范的证券投资基金产生于 1997 年 11 月《证券投资基金管理暂行办法》出台之后。截至 2023 年 1 月底，我国境内共有基金管理公司 142 家，其中外商投资基金管理公司 47 家，内资基金管理公司 95 家；取得公募基金管理资格的证券公司或证券公司资产管理子公司 13 家、保险资产管理公司 1 家。以上机构管理的公募基金资产净值合计 27.25 万亿元。

（五）信托投资公司

信托投资公司（investment & trust company），是指以受托人的身份代人理财的非银行金融机构。通俗地讲，信托投资公司是"受人之托，代人理财"的非银行金融机构，主要业务内容有：①资金信托；②动产信托；③不动产信托；④有价证券信托；⑤其他财产或财产权信托；⑥作为投资基金或者基金管理公司的发起人从事投资基金业务；⑦经营企业资产的重组、收购兼并及项目融资、公司理财、财务顾问等业务；⑧办理居间、咨询、资信调查等业务；⑨代保管及保管箱业务等。然而，信托投资公司不得代理存款业务，不得发行债券，不得举借外债。

2023 年 3 月 24 日，原银保监会发布《关于规范信托公司信托业务分类的通知》（下称"新规"）。新规自 6 月 1 日起实施，各信托公司应当于新规实施后 30 日内将存续信托业务分类结果和整改计划报送属地银保监会派出机构。此前，信托业务按功能划分为融资类信托、投资类信托与事务管理类信托。新规将信托业务划分为资产服务信托、资产管理信托、公益慈善信托三大类。其中，①资产服务信托是指信托公司依据信托法律关系，接受委托人委托，并根据委托人需求为其量身定制财富规划以及代际传承、托管、破产隔离和风险处置等专业信托服务。按照服务内容和特点，分为财富管理服务信托、行政管理服务信托、资产证券化服务信托、风险处置服务信托及新型资产服务信托五类。②资产管理信托是信托公司依据信托法律关系，销售信托产品，并为信托产品投资者提供投资和管理金融服务的自益信托，属于私募资产管理业务。信托公司应当通过非公开发行集合资金信托计划（以下简称"信托计划"）募集资金，并按照信托文件约定的投资方式和比例，对受托资金进行投资管理。信托计划投资者需符合合格投资者的标准，在信托设立时既是委托人，也是受益人。资产管理信托计划分为固定收益类信托计划、权益类信托计划、商品及金融衍生品类信托计划和混合类信托计划共 4 个业务品种。③公益慈善信托是委托人基于公共利益目的，依法将其财产委托给信托公司，由信托公司按照委托人意愿以信托公司名义进行管理和处分，开展公益慈善活动的信托业务。公益慈善信托的信托财产及其收益，不得用于非公益目的。公益慈善信托按照信托目的，分为慈善信托和其他公益信托共 2 个业务品种。

(六) 金融租赁公司

租赁是一种以支付一定费用（租金）借贷实物（租赁物）的经济行为，出租人将自己所拥有的某种物品交与承租人使用，承租人由此获得在一段时期内使用该物品的权利，但物品的所有权仍保留在出租人手中。承租人为其所获得的使用权需向出租人支付一定的费用（租金）。从租赁目的划分，租赁分为**金融租赁**（finance lease）和**经营租赁**（operation lease）。

金融租赁，是指出租人根据承租人对出卖人、租赁物的选择，向出卖人购买租赁物，提供给承租人使用，承租人支付租金的交易活动。其主要特点有：第一，金融租赁涉及三方当事人——出租人、承租人和供货商，并至少有两个合同，是由买卖合同和租赁合同构成的自成一类的三边交易，有时还涉及信贷合同。第二，承租人指定租赁设备。拟租赁的设备为用户自行选定的特定设备，租赁公司只负责按用户要求融资购买设备。因此，设备的质量、规格、数量、技术上的检查、验收等事宜都由承租方负责。第三，完全付清性。基本租期内的设备只租给一个特定用户使用，租金总额＝设备货价＋利息＋租赁手续费－设备期满时的残值。第四，不可撤销性。基本租期内，一般情况下，租赁双方无权取消合同。第五，期满时承租人拥有多种选择权。基本租期结束时，承租人对设备一般有留购、续租和退租三种选择权。以经营金融租赁业务为主的机构称为金融租赁公司，所从事的金融租赁业务具有融资与融物相结合的特征。

与金融租赁相对应的是经营租赁。经营租赁泛指金融租赁以外的其他一切租赁形式。这类租赁的主要目的在于对设备的使用，即出租人将自己经营的设备或办公用品出租出去的一种租赁形式。因此，企业需要短期使用设备时，可采用经营租赁形式，以便按自己的要求使用这些设备。与金融租赁不同，经营租赁的主要特点是：第一，可撤销性。合同期间，承租人可以中止合同，退回设备，以租赁更先进的设备。第二，不完全支付性。基本租期内，出租人只能从租金中收回设备的部分垫付资本，因此需通过将该设备以后多次出租给多个承租人使用，方能补足未收回的那部分设备投资和其应获利益，因此经营租赁的租期较短（短于设备有效寿命）。第三，租赁物件由出租人批量采购。这些物件大多具有高度专业技术，需专门保养管理，技术更新快、购买价格高、通用性强、垄断性强并有流动性较好的二手市场。

根据监管规则不同，我国又将金融租赁公司细分为两种，即金融租赁公司和融资租赁公司。金融租赁公司是指由银行机构设立的办理融资租赁业务的非银行金融机构，依据《金融租赁公司管理办法》开展业务，受国家金融监督管理总局监管。融资租赁公司，是指从事融资租赁业务的有限责任公司或者股份有限公司（不含金融租赁公司）[①]。融资租赁公司可以经营融资租赁业务、租赁业务等，其融资租赁和其他租赁资产比重不得低于总资产的60%。国家金融监督管理总局负责制定融资租赁公司的业务经营和监督管理规则。省级人民政府负责制定促进本地区融资租赁行业发展的政策措施，对融资租赁公司实施监督管理，处置融资租赁公司的风险。省级地方金融监管部门具体负责对本地区融资租赁公司的监督管理。

[①] 参见原银保监会于2020年5月发布的《关于印发融资租赁公司监督管理暂行办法的通知》。

（七）资产管理公司

资产管理（asset management），是指委托人将自己的资产交给受托人，由受托人为委托人提供理财服务的行为，是金融机构代理客户将其资产在金融市场进行投资，为客户获取投资收益的业务。

从事资产管理业务的公司称为资产管理公司（asset management company，AMC）。在国际金融市场上一般有两类：一类是从事"优良"资产管理业务的非金融资产管理公司；另一类是从事"不良"资产管理业务的金融资产管理公司。

非金融资产管理公司。一般情况下，商业银行、投资银行、证券公司等金融机构都通过设立资产管理部门或成立资产管理附属公司来进行正常的或优良的资产管理业务。这种资产管理业务一般分散在商业银行、投资银行、证券公司等金融机构的业务之中，主要面向个人和企业，提供的服务主要有账户分立、合伙投资、单位信托等。

金融资产管理公司。它主要是指专门从事银行不良资产管理和处置业务的机构，例如，我国1999年经国务院决定设立了以收购和处置国有独资商业银行不良贷款为主营业务的国有金融资产管理公司。目前我国主要有4家金融资产管理公司，即中国华融资产管理公司[⊖]、中国长城资产管理公司、中国东方资产管理公司和中国信达资产管理公司，它们分别接收从中国工商银行、中国农业银行、中国银行、中国建设银行剥离出来的不良资产。

我国还创新成立了银行理财子公司，也属于资产管理公司。2018年12月，原银保监会颁布《商业银行理财子公司管理办法》，批准商业银行设立理财子公司。所谓商业银行理财子公司，是指商业银行设立的主要从事理财业务的非银行金融机构。这里的理财业务是指商业银行理财子公司接受投资者委托，按照与投资者事先约定的投资策略、风险承担和收益分配方式，对受托的投资者财产进行投资和管理的金融服务。商业银行理财子公司的目标客户主要是高净值客户和机构客户，其业务特点是投资多元化、产品收益稳定，能够为客户提供更好的资产配置建议。

| 专栏2-2 |

我国金融持续扩大对外开放　金融资产管理公司向外资开放

国家金融监督管理总局于2023年10月17日颁布《非银行金融机构行政许可事项实施办法》（下称"《办法》"），自2023年11月10日正式施行。与此同时，原银保监会于2020年3月公布的《非银行金融机构行政许可事项实施办法》废止。

《办法》所称非银行金融机构包括：经国家金融监督管理总局批准设立的金融资产管理公司、企业集团财务公司、金融租赁公司、汽车金融公司、货币经纪公司、消费金融公司、境外非银行金融机构驻华代表处等机构。国家金融监督管理总局及其派出机构依照国家金融监督管理总局行政许可实施程序相关规定和《办法》，对非银行金融机构实施行政许可。

⊖　2024年1月，中国华融资产管理公司更名为中国中信金融资产管理股份有限公司。

《办法》在对外开放方面做出较大修订，打破了境外机构投资全国性金融资产管理公司的严格限制。允许境外非金融机构作为金融资产管理公司的出资人，取消境外金融机构作为金融资产管理公司出资人的总资产要求。此前境外机构投资金融资产管理公司有着较为严格的限制，在原银保监会 2020 年公布的《非银行金融机构行政许可事项实施办法》中，境外金融机构作为金融资产管理公司的出资人，需要具备 10 项条件。比如投资金融资产管理公司的境外机构必须是金融机构，且最近 1 个会计年度末总资产原则上不少于 100 亿美元。但新修订的《办法》删除了"最近 1 个会计年度末总资产原则上不少于 100 亿美元或等值的可自由兑换货币"这一条款。明确允许境外非金融机构作为金融资产管理公司的出资人，满足一定条件甚至可成为控股股东，同时取消境外金融机构作为金融资产管理公司的出资人的总资产要求。

《办法》对境外机构投资金融资产管理公司准入门槛的调整，有利于引进境外优秀资本和先进不良资产经营处置经验，进一步扩大了我国不良资产处置期间可利用的资源维度，提升不良资产处置效率以及处置收益，使得外资能够深度参与我国不良资产经营处置，形成多元化良性竞争与合作的局面。

资料来源：作者根据网络整理。

（八）货币经纪公司

货币经纪公司最早起源于英国外汇市场，是金融市场的交易中介。在发达的金融市场中，货币经纪人是不可或缺的，正因为有大量的货币经纪人的存在，才能保证世界金融体系高速、有效地运行，从而促成金融市场的繁荣。根据我国原银监会 2005 年 8 月 8 日公布的《货币经纪公司试点管理办法》（以下简称"试点办法"），在我国进行试点的货币经纪公司是指经批准在中国境内设立的，通过电子技术或其他手段，专门从事促进金融机构间资金融通和外汇交易等经纪服务，并从中收取佣金的非银行金融机构。货币经纪公司主要从事下列全部或部分经纪业务：①境内外外汇市场交易；②境内外货币市场交易；③境内外债券市场交易；④境内外衍生产品交易；⑤法律法规规定或经国家金融监督管理总局批准的其他业务。同时，货币经纪公司从事证券交易所相关业务的经纪服务，需报经中国证券监督管理委员会审批。

与其他非银行金融机构相比，货币经纪公司的最大特点是中立性，其业务范围被严格限定在经纪业务范畴，坚持不做自营业务。同时，货币经纪公司只能向金融机构提供有关外汇、货币市场产品、衍生产品等交易的经纪服务，不允许向自然人提供经纪服务，也不允许商业银行向货币经纪公司投资。由于货币经纪公司从事的是经纪业务，其注册资本不需要很多。各国监管当局对货币经纪公司注册资本的规定一般要求在除办公设施以外，能维持两到三个月的经营成本。考虑到我国租金、工资、经营成本等因素，2023 年 11 月 10 日起施行的《非银行金融机构行政许可事项实施办法》规定，货币经纪公司申请设立分公司，应当具备以下条件：①具有良好的公司治理结构、内部控制机制和健全的风险管理体系；②确属业务发展需要，且建立了完善的对分公司的业务授权及管理问责制度；③注册资本不低于 5 000 万元人民币或等值的可自由兑换货币，具有拨付营运资金的能力等。

四、政策性银行

政策性银行是指由政府创立、参股或保证，不以盈利为目的，在特定的业务领域从事政策性融资活动，以贯彻政府产业政策意图的银行金融机构。政策性银行的基本特征是：①不以盈利为目的；②服务于特定的业务领域；③在组织方式上受到政府控制；④不吸收居民储蓄存款，以财政拨款和发行金融债券为主要筹资方式。我国于1994年设立了中国农业发展银行、中国进出口银行和国家开发银行三家政策性银行。

(一) 农业政策性银行

农业政策性银行，是指专门向农业提供中长期低息信贷，以贯彻和配合国家农业扶持和保护政策的政策性银行金融机构。

农业受自然因素影响大，对资金的需求有强烈的季节性；资本需求数额小、期限长；融资者的利息负担能力低。这些因素都决定了经营农业信贷具有风险大、期限长、收益低等特点。为此，许多国家专门设立了以支持农业发展为主要职责的银行，如美国的联邦土地银行、法国的土地信贷银行、德国的农业抵押银行及日本的农林渔业金融公库等。

我国的农业政策性银行是成立于1994年的中国农业发展银行（总行设在北京），是国家出资设立、直属国务院领导、支持农业农村持续健康发展，具有独立法人地位的国有政策性银行。它的主要任务是以国家信用为基础，以市场为依托，筹集支农资金，支持"三农"事业发展，发挥国家战略支撑作用。主要资金来源是吸收业务范围内开户企事业单位的存款，吸收居民储蓄存款以外的县域公众存款，吸收财政存款，发行金融债券。业务范围主要是办理粮食、棉花、油料、猪肉等主要农副产品的国家专项储备和收购贷款，办理扶贫贷款和农业综合开发贷款，以及国家确定的小型农、林、牧、水的基本建设和技术改造贷款。

(二) 进出口政策性银行

进出口政策性银行，是指一国为促进本国商品的出口，贯彻国家对外贸易政策而由政府设立的专门的银行金融机构。其主要提供利率优惠的出口信贷，为私人金融机构提供出口信贷保险及执行政府的对外援助计划等，如美国进出口银行、德国开发银行、日本输出入银行等。

我国的进出口政策性银行是成立于1994年的中国进出口银行（总行设在北京），是由国家出资设立、直属国务院领导、支持中国对外经济贸易投资发展与国际经济合作，具有独立法人地位的国有政策性银行。它依托国家信用支持，积极发挥在稳增长、调结构、支持外贸发展、实施"走出去"战略等方面的重要作用，加大对重点领域和薄弱环节的支持力度，促进经济社会持续健康发展。⊖ 中国进出口银行通过资本金的运用，在境内外发行金融债券及其他有价证券，通过同业拆借、同业存款、回购业务以及吸收

⊖ 资料来源：中国进出口银行网站。

授信客户项下存款等方式筹集资金。中国进出口银行发行的债券为政策性金融债券，由国家给予信用支持，其业务范围包括：经批准办理配合国家对外贸易和"走出去"领域的短期、中期和长期贷款，含出口信贷、进口信贷、对外承包工程贷款、境外投资贷款、中国政府援外优惠贷款和优惠出口买方信贷等。

（三）经济开发政策性银行

经济开发政策性银行，是指为促进一国经济持续增长与国力的增强，由政府出资设立的专门为经济发展提供长期投资或贷款的政策性银行金融机构。这类机构多以促进工业化，配合国家经济发展振兴计划或产业振兴战略为目的。其贷款和投资方向主要是基础设施、基础产业、支柱产业的大中型基本建设项目和重点企业。

我国的经济开发政策性银行是成立于1994年的国家开发银行（简称国开行），是由国家出资设立、直属国务院领导、支持中国经济重点领域和薄弱环节发展，具有独立法人地位的国有开发性金融机构，总部设在北京。主要资金来源是发行金融债券，支持的领域主要包括：①基础设施、基础产业、支柱产业、公共服务和管理等经济社会发展的领域；②新型城镇化、城乡一体化及区域协调发展的领域；③传统产业转型升级和结构调整，以及节能环保、高端装备制造等提升国家竞争力的领域；④保障性安居工程、巩固脱贫攻坚成果、乡村振兴、助学贷款、普惠金融等增进人民福祉的领域；⑤科技、人文交流等国家战略需要的领域等。㊀截至2022年年末，国家开发银行总资产18.2万亿元。

发挥私募股权投资在服务实体经济中的独特作用

扫码详尽了解

专题 立德树人

◆ 本章小结

1. 金融机构，又称金融中介，是指经营货币、信用业务，从事各种金融活动的组织机构，包括银行、证券公司、保险公司、信托投资公司和基金管理公司等。
2. 金融机构通常提供以下一种或多种金融服务功能：存款功能、经纪和交易功能、承销功能及咨询和信托功能。
3. 金融市场最基本的功能是实现资金融通。金融市场履行这个功能既可以通过直接融资的方式（即借款人通过发行证券的方式直接从贷款人手中获取资金），也可以通过间接融资的方式（即由银行等金融机构充当资金供求双方的中介以实现资金融通）。
4. 银行等金融机构存在的理论基础是降低交易成本，缓解信息不对称，分散和转

㊀ 资料来源：国家开发银行网站。

移风险以及协调流动性偏好。

5. 我国的政策性银行有国家开发银行、中国进出口银行和中国农业发展银行三家；非银行金融机构主要包括契约性金融机构、投资银行、财务公司、基金管理公司、信托投资公司、金融租赁公司、资产管理公司和货币经纪公司八大类。

复习思考题

1. 解释下列概念：金融机构、直接融资、间接融资、互联网金融、逆向选择、道德风险、投资银行、投资基金。
2. 比较直接融资与间接融资的特点。
3. 简述互联网金融模式中的第三方支付模式。
4. 简述金融机构体系的一般构成。
5. 简述金融机构的基本功能。
6. 从交易成本的角度解释金融机构存在的合理性。
7. 如何理解道德风险对金融市场的影响。
8. 从逆向选择问题的角度解释金融机构存在的合理性。
9. 从信息不对称的角度分析商业银行等金融机构存在的合理性。
10. 什么是契约性金融机构？其与存款性金融机构的区别是什么？
11. 投资银行是银行吗？投资银行在现代金融活动中起什么作用？
12. 描述私募证券投资基金与私募股权投资基金的区别。
13. 请分析如何发挥风险投资与私募股权投资在服务实体经济中的作用。
14. 金融租赁的主要特点是什么？我国如何划分金融租赁与融资租赁？
15. 请利用数据库收集我国上市公司的股权融资与债务融资的比例关系，你发现了什么"真相"呢？并尝试加以解释。

复习思考题部分答案
扫码收听

第三章
CHAPTER 3

利息与利率

§ **学习目标**

了解利息与利率的基本概念及应用
掌握未来现金流量的现值及到期收益率的计算方法
列举和描述影响利率的主要因素
运用利率决定理论分析利率的决定与变动
说明并掌握影响利率风险结构的三种因素
解释影响收益曲线形状的三种理论

§ **本章导读**

  利率是经济中最受关注的变量之一。2022年以来,人们经常会看到这样的新闻,如美联储加息、英国中央银行加息、中国人民银行降息等,各国中央银行的动作都很大。那么,利率为什么那么重要?利率到底是中央银行决定的还是市场决定的?降息为什么能刺激经济?为什么通货膨胀的时候要加息?这些操作背后的逻辑是什么?关于利率的基本概念、利率是如何影响经济的以及利率理论等,将是本章的重要学习内容。在本章,我们将看到到期收益率的概念,这是对利率的最精确度量,同时探讨名义利率是如何决定的以及不同利率之间的联系,从而对利率有一个完整的了解。理解不同债券之间利率存在差异的原因,从理论上说明"风险"和"期限"与利率结构之间的关系,有助于企业、银行、保险公司和个人投资者决定购买或者出售哪种债券。

第一节　利息与利率概述

一、利息的概念及运用

  在现代市场经济中,利息是一个普遍存在的概念。研究利息的实质及其应用,对于正确理解利率在国民经济中的杠杆作用非常重要。

（一）利息的概念及本质

1. 利息的概念　利息是借贷关系中债务人支付给债权人的报酬，是在特定时期内使用借贷资本所付出的代价。根据现代西方经济学的基本观点，利息是资本供给者让渡资本使用权而索取的补偿。这种补偿由两部分组成：一是对机会成本的补偿，资本供给者将资本贷给借款者使用，即失去了现在投资获益的机会，因此需要得到补偿；二是对违约风险的补偿，如果借款者投资失败将导致其无法偿还本息，由此给资本供给者带来了风险，也需要由借款者给予补偿。因此，利息＝机会成本补偿＋违约风险补偿。

2. 利息的本质　利息的存在，使人们对货币产生了一种神秘的感觉：似乎货币可以自行增值。这说的是利息来源，或者利息本质的问题。如何认识利息的来源和本质，经济学家提出了不同的观点。

马克思针对资本主义经济中的利息指出："贷出者和借入者双方都是把同一货币额作为资本支出的，但它只有在后者手中才执行资本的职能。同一货币额作为资本对两个人来说取得了双重的存在，这并不会使利润增加一倍。它之所以对于双方都能作为资本执行职能，只是由于利润的分割。其中归贷出者的部分叫作利息。"由此可见，马克思认为利息本质上是利润的一部分，是利润在借贷双方之间的分割，体现了借贷资本家和职能资本家共同剥削工人的关系，也体现了借贷资本家和职能资本家间瓜分剩余价值的关系。

西方经济学家对于利息的来源与本质也提出了不同的见解，主要有以下几种观点。

（1）利息报酬论，由英国古典政治经济学创始人威廉·配第（1623—1687）提出，是古典经济学中颇有影响的一种理论。他认为利息是所有者暂时放弃货币使用权而获得的报酬，因为这给贷出货币者带来不便。这一理论描述了借贷现象，但是没有真正理解利息的本质。

（2）利息租金论，又称"资本租金论"。古典经济学家达德利·诺斯（1641—1691）指出，贷出货币所收取的利息可看成是地主收取的租金。他认为资本的余缺产生了利息，有的人拥有资本但不愿或不能从事贸易，而想从事贸易的人手中又缺乏资本。"资本所有者常常出借他们的资金，像出租土地一样。他们从中得到叫作利息的东西，所谓利息不过是资本的租金罢了。"

（3）节欲论，又称"节欲等待论"，由经济学家纳索·威廉·西尼尔（1790—1864）提出。他认为利息是牺牲眼前消费，等待将来消费而获得的报酬，或是节欲的报酬。他还认为资本来自储蓄，要储蓄就必须节制当前的消费和享受；利息来自对未来享受的等待，是为积累资本而牺牲现在消费的一种报酬，是资本家节欲行为的报酬。

（4）时差利息论，又称"时间偏好论"，是奥地利经济学家欧根·冯·庞巴维克（1851—1914）提出的关于利息来自价值时差的一种理论。时差利息论将物品分为现在物品和未来物品，认为利息来自人们对现在物品的评价大于对未来物品的评价，利息是价值时差的贴水。

（5）流动性偏好论，是经济学家约翰·梅纳德·凯恩斯（1883—1946）提出的著名理论。他认为利息是人们在一个特定的时期内放弃货币周转灵活性的报酬，是对人们放弃流动性偏好，即不持有货币进行储蓄的一种报酬。利率并不取决于储蓄和投资，而取决于货币存量的供求状况和人们对流动性偏好的强弱。

(6) 人性不耐论。美国经济学家欧文·费雪（1867—1947）在其《利息理论》中提出了"人性不耐"概念。他在该著作中借鉴了庞巴维克的时差利息论，认为即使人们已经有了高度的时间观念以及对未来的估计，还是倾向于"过好"现在，而不是同样地为未来着想。利息是人们宁愿现在获得财富，而不愿等将来获得财富的不耐心的结果。

一般的表述是，利息的本质具体表现为：第一，货币资本所有权和使用权的分离是利息产生的经济基础；第二，利息是借用货币资本使用权付出的代价；第三，利息是剩余价值的转化形式，实质上是收益的一部分。

（二）利息概念的应用

利息概念存在的重要性在于它在现实经济生活中的广泛应用：一是产生了"将利息转化为收益的一般形态"现象；二是存在着"收益的资本化"现象。

1. 利息转化为收益的一般形态　根据利息的概念可知，利息是资本所有者由于贷出资本而取得的收益，显然，没有借贷便没有利息。但在现实生活中，利息已经被人们看成是收益的一般形态，即无论资本是否贷出，利息都被看作资本所有者理所当然的收益——可能取得的或将会取得的收益。与此相对应，无论是否借入资本，企业主也总是把自己所得的利润分割为利息与企业经营收益两部分，似乎只有扣除利息所余下的收益才是企业的经营收益，即收益 = 利息 + 企业经营收益。于是，利率就成为判断投资机会的一个尺度：如果投资收益率不大于利率，则认为该投资不可行。

2. 收益的资本化　由于利息已转化为收益的一般形态，对于任何有收益的事物，即使它并不是一笔贷放出去的货币，甚至不是实实在在的资本，也可以通过收益与利率之比算出它相当于多大的资本金额，这种现象被称为收益的资本化。收益的资本化表现在以下几个方面。

（1）货币资本的价格。在一般的货币贷放中，贷放的货币金额通常被称为本金，与收益和利率的关系如下：

$$I = P \times r$$

式中，I 代表收益；P 代表本金；r 代表利率，即货币资本的价格。当我们知道 P 和 r 时，很容易计算出 I；同样，当我们知道 I 和 r 时，P 也不难求得，即 $P = I/r$。

例如，假定一笔一年期贷款的年利息收益是 50 元，市场年平均利率为 5%，那么就可以计算出该笔贷款的本金为 1 000（= 50/0.05）元。

（2）土地的价格。土地尤其是"生地"，本身不是劳动产品，没有价值，因而也没有决定其价格大小的内在根据。但土地可以为所有者带来收益，因而认为其有价格，从而可以买卖。相应地，地价 = 土地年收益/年利率。

例如，一块土地每亩[一]的平均年收益为 100 元，假定年利率为 5%，则这块土地就可以以每亩 2 000（= 100/0.05）元的价格买卖。

（3）劳动力的价格。劳动力本身不是资本，但可以按工资的资本化来计算其价格，即人力资本价格 = 年薪/年利率。

[一]　1 亩 ≈ 666.7 米^2。

例如，某 NBA 球星的年薪为 20 万美元，年利率为 2.5%，则他的身价为 800 万（=200 000/0.025）美元，这一价格通常被看作该球星转会的市场价格。2009 年 6 月，英国曼联俱乐部的球星克里斯蒂亚诺·罗纳尔多（简称 C 罗）以 9 400 万欧元的当时历史第一转会价格，转会到西班牙皇家马德里足球俱乐部。那么，C 罗为何值这么多钱？9 400 万欧元的价格是如何确定的呢？其基本思想是运用收益资本化原理计算出来的。

(4) 有价证券的价格。有价证券是虚拟资本，其价格也可以由其年收益和市场平均利率决定。一般公式是，有价证券价格＝年收益/市场利率。

例如，如果某公司股票能为投资者带来 0.5 元/股的年收益，当前的市场利率为 8%，则该股票的市场价格为 6.25（=0.5/0.08）元/股。

二、利率的概念及种类

(一) 利率的概念及其表示方法

利率是金融学中非常重要的一个概念，是经济生活中备受关注的一个经济变量。利率是利息率的简称，是指借贷期间所形成的利息额与借贷资本金的比率，即一定时期的利息收益与本金之比，用公式表示为

$$利率 = 利息额/借贷资本金 \times 100\%$$

按计算利息的时间长短，利率可以分为年利率、月利率和日利率，也称年息、月息和日息。通常，年利率以本金的百分之几（分）表示，月利率以本金的千分之几（厘）表示，日利率以本金的万分之几（毫）表示。

在我国，不论是年息、月息还是日息，习惯上都用厘作为单位，虽然都叫厘，但差别很大。例如，年息 7 厘是指年利率 7%，月息 7 厘是指月利率 7‰，日息 7 厘是指日利率 7‱。年利率、月利率、日利率之间的简单换算公式是：

$$月利率 = 年利率/12$$
$$日利率 = 月利率/30$$
$$日利率 = 年利率/360\ 或\ 365$$

将当前收益率（日收益率、周收益率、月收益率）换算成年收益率的过程通常叫年化收益率。例如，根据投资在一段时间内（如 7 天）的收益，假定一年都是这个水平换算的年化收益率，计算公式为

$$年化收益率 = \frac{投资内收益}{本金} \times \frac{360\ 或\ 365}{投资天数} \times 100\%$$

注意，年化收益率不一定和年收益率相同。年收益率就是一笔投资一年实际收益的比率。年化收益率仅是把当前收益率（日收益率、周收益率、月收益率）换算成年收益率来计算，是一种理论收益率，并不是真正已取得的收益率。比如，某银行卖的一款理财产品号称 91 天的年化收益率为 3.1%，那么你购买了 10 万元，实际上能收到的利息只是 10 万 ×3.1% ×91/365 = 772.88 元，绝对不是 3 100 元。还要注意，一般银行的理财产品不像银行定期存款产品那样当天存款就当天计息，到期返还本金及利息，理财产品都有认购期、清算期等。这期间的本金是不计算利息或只计算活期利息的。比如，某款理财产品的认购期有 5 天，清算期有 5 天，那么这款理财产品的实际资金占用天数

最多可达 10 天，实际的资金年化收益率就更小了。

（二）利率的种类

经济体中存在着各种各样的利率，这些利率由内在因素连接成一个有机整体，形成了利率体系。一般而言，利率体系主要由中央银行利率、商业银行利率和市场利率组成。中央银行利率主要包括中央银行对商业银行和其他金融机构的再贴现利率、再贷款利率，以及商业银行和其他金融机构在中央银行的存款利率。商业银行利率主要包括商业银行的各种存款利率、贷款利率、贴现利率、发行金融债券利率，以及商业银行之间相互拆借资金的同业拆借利率。市场利率主要包括民间借贷利率，政府和企业发行各种债券、票据的利率等。本节重点介绍以下利率种类。

1. 基准利率 基准利率（benchmark interest rate），是指带动和影响其他利率的利率，也叫中心利率。在多种利率并存的条件下，如果基准利率变动，其他利率会相应发生变动。在美国，该利率为联邦基金利率，在西方其他国家则主要表现为中央银行的再贴现利率。

变动基准利率是货币政策的主要手段之一。一方面，中央银行改变基准利率，直接影响商业银行借款成本的高低，从而对信贷起着限制或鼓励的作用，并影响其他金融市场的利率水平；另一方面，基准利率的改变还会在某种程度上影响人们的预期，即所谓的告示效应。例如，提高再贴现利率，将引起人们的"紧缩预期"，当人们按预期行事时，货币政策的功效就发生作用了。

我国的基准利率在中央银行以直接手段调控经济时，表现为中央银行的再贷款利率。在利率尚未真正市场化的情况下，中央银行规定的商业银行的存贷款利率也被称为基准利率。随着货币政策调控向间接调控转换，中央银行的再贴现利率或同业拆借利率将逐步成为我国利率体系的基准利率。2019 年 10 月 8 日起，我国贷款基础利率开始使用贷款市场报价利率（loan prime rate，LPR）。

贷款市场报价利率，即"贷款基准利率"，是由具有代表性的综合实力较强的大中型银行，根据自主报价方式对最优质客户提供的贷款利率，由中国人民银行授权全国银行间同业拆借中心计算并公布的基准性贷款参考利率。2013 年 7 月，中国人民银行全面放开金融机构贷款利率管制，随后为了进一步推进利率市场化改革，完善金融市场基准利率体系，指导信贷市场产品定价，于 2013 年 10 月创设了 LPR。

也就是说，银行发放贷款时，利率将以 LPR 作为基准。目前，LPR 包括 1 年期和 5 年期以上两个品种，1 年期、5 年期以上个人住房贷款利率基准，可由贷款银行在两个期限品种之间自主选择。

这个利率最开始是用于对公贷款，之后慢慢开始改革。2019 年 8 月 17 日，中国人民银行发布了改革完善 LPR 形成机制的公告，宣布从 10 月 8 日起对新发放商业性个人住房贷款利率的计算方式进行全面调整。新政明确，首套商业性个人住房贷款利率不得低于相应期限 LPR，二套商业性个人住房贷款利率不得低于相应期限 LPR 加 60 个基点。新政明确，个人住房贷款利率是贷款利率体系的组成部分，在改革完善 LPR 形成机制的过程中，个人住房贷款定价基准需从贷款基准利率转换为 LPR，以更好地发挥市场作用。

在我国还存在着法定基准利率，即存贷款基准利率，它是中国人民银行给商业银行制定的贷款指导性利率。人们日常生活中常常听到的降息、加息，都是以这个基准利率来调整增减，具体还分为存款基准利率和贷款基准利率。

贷款基准利率是由中国人民银行不定期调整并公布的，LPR 则是由报价行根据本行最优质客户执行的贷款利率报出，并由中国人民银行授权全国银行间同业拆借中心计算并发布的利率。因此，相比贷款基准利率，LPR 的市场化程度更高，更能反映市场供求的变化情况。

2. 名义利率与实际利率 名义利率和实际利率是两个重要的利率种类。**名义利率**（nominal interest rate），是指没有剔除通货膨胀因素的利率。通常报纸杂志上所公布的利率、借贷合同中规定的利率就是名义利率，本书不强调时都是指名义利率。**实际利率**（real interest rate），是指从名义利率中剔除通货膨胀因素的利率。它根据预期物价水平的变动（即预期通货膨胀）做出调整，从而能够更准确地反映真实的借款成本或投资收益。区分名义利率和实际利率非常重要，原因在于实际利率反映了真实的借款成本或投资收益。在预期不发生通货膨胀的条件下，名义利率与实际利率相等；预期发生通货膨胀时，名义利率与预期通货膨胀率之差就是实际利率，即实际利率 = 名义利率 − 预期通货膨胀率。

经济学家费雪给出了关于名义利率的更准确定义：名义利率等于实际利率和预期通货膨胀率之和。名义利率、实际利率和预期通货膨胀率的关系用公式表示为

$$1 + R_n = (1 + R_r)(1 + P^e)$$

式中，R_n 为名义利率；R_r 为实际利率；P^e 为预期通货膨胀率。这一公式也被称为**费雪效应**（Fisher effect）。其中，名义利率为：$R_n = (1 + R_r)(1 + P^e) - 1$。实际利率为：$R_r = \frac{1 + R_n}{1 + P^e} - 1$。整理后可简化得出名义利率与实际利率之间的换算公式为

$$R_n = R_r + P^e$$

或者

$$R_r = R_n - P^e$$

例如，某公司债券的票面利率为 4%，期限为 1 年，如果预期当年通货膨胀率为 5%，则该公司债券的实际利率为 −1%。债券的实际利率为负值，显然会降低该债券的吸引力。

3. 固定利率与浮动利率 固定利率与浮动利率也是两个重要的利率种类。**固定利率**（fixed rate），是指在借贷期限内固定且不随借贷供求状况变动的利率，它具有简便易行、易于计算等优点。在借贷期限短或市场利率波动不大的条件下，可采用固定利率；当借贷期限较长或市场利率波动较为剧烈时，借款者或贷款者就可能要承担利率波动的风险。因此，对于中长期贷款，借贷双方一般都倾向于选择浮动利率。

浮动利率（floating rate），是指在融资期限内随市场利率的变化而定期调整的利率。调整期限的长短以及以何种利率作为调整时的参照利率，都由借贷双方在借款时商定。实行浮动利率时，借款人计算借款成本的难度更大，利息负担也可能加重。但是，借贷双方承担的利率风险较小，因为利率的高低与资金供求状况紧密相连。在我国，浮动利率还有另一种含义，即金融机构在中央银行规定的浮动幅度内，以基准利率为基础自行确定的利率，如存款利率的上浮或贷款利率的下浮。

4. 利率与收益率 利率与收益率是两个不同的概念。利率是一定时期的利息与本金之比,能够反映本金的名义收益,但不能准确衡量投资者在一定时期内的全部收益状况。能够准确衡量投资者在一定时期内持有证券获得的全部收益的指标是**收益率**(return rate,RET),按单利计算,有以下三种收益率。

(1)名义收益率,即证券的票面收益与票面金额的比率。计算公式为

$$i_n = \frac{C}{F} \times 100\%$$

式中,i_n 为名义收益率;C 为票面收益(年利息);F 为票面金额。

(2)当期收益率,即证券的票面收益与其当期市场价格的比率。计算公式为

$$i_c = \frac{C}{P} \times 100\%$$

式中,i_c 为当期收益率;P 为当期市场价格。

(3)实际收益率,也称持有期收益率,是指证券持有期的利息收入与证券价格变动的总和与购买价格之比,即卖出价格与买入价格之差(也称为"资本利得")加上利息收入后与购买价格之比。计算公式为

$$i_r = \frac{C + \dfrac{P_1 - P_0}{T}}{P_0} \times 100\%$$

式中,i_r 为实际收益率;P_1 为证券的卖出价格;P_0 为证券的买入价格;T 为证券持有期(以年计算)。

例如,某债券的票面金额为100元,10年还本,每年利息为7元,其名义收益率就是7%。若当期市场价格是95元,则当期收益率就是7.368%($=7/95 \times 100\%$)。某人以95元买入该债券,并在2年后以98元的价格将其出售,则其实际收益率为8.95%($=[7+(98-95)/2]/95 \times 100\%$)。

大多情况下,收益率是指实际收益率,为什么在票面利率为7%的债券投资中能得到8.95%的收益率呢?要寻找其原因,我们需要将实际收益率的计算公式转换为更为简明的收益率公式:

$$i_r = \frac{C}{P_t} + \frac{P_{t+1} - P_t}{P_t}$$

上式等号右边第一项实际是当期收益率 i_c,即票面收益除以期初买入价格 $\dfrac{C}{P_t} = i_c$;右边第二项实际是资本利得率 g(rate of capital gain),即证券价格相对于最初买入价格的变动率:

$$\frac{P_{t+1} - P_t}{P_t} = g$$

因此,收益率的公式可以表示为

$$i_r = i_c + g$$

上式表明,证券的收益率等于当期收益率与资本利得率之和,因此对有些证券而言,收益率与利率是有差别的。尤其是在证券价格剧烈波动引起较大的资本利得或损失的情况下,二者的差别就更大了。

三、影响利率水平的主要因素

确定利率水平并不是人们单纯的主观行为，必须遵循客观经济规律，综合考虑影响利率变动的各种因素，并根据经济发展和资金供求状况灵活调整。从宏观的角度看，决定利率水平的因素主要有以下几个。

(一) 平均利润率

平均利润率是影响利率水平的基本因素。在市场经济条件下，资金可以自由流动，会从低利润率的行业流向高利润率的行业。企业之间的这种竞争，最终使各行业的利润率趋于均衡，形成平均利润率。企业不可能把得到的利润全部付给债权人，因此企业借款利率不会高出其平均利润率。通常情况下，利率也不会低于零。所以，从理论上讲，利率在平均利润率与零之间波动。由于平均利润率不好衡量，我们用资本边际生产效率替代。一般地，资本边际生产效率越高，企业所能承受的利率就越高。

(二) 借贷资本的供求

如上所述，从理论上看，利率的取值介于零和平均利润率之间，但在利率水平的具体确定上，利率的高低取决于金融市场上借贷资本的供求情况。因为利率是资金的价格，一般来说，当借贷资本供不应求时，利率上升；反之，当供过于求时，利率下降。

(三) 物价水平

物价水平对利率变动有重要影响。物价上涨，货币就会贬值。如果存款利率低于物价上涨率，就意味着客户存款的购买力不但没有增加，反而减少了；如果贷款利率低于物价上涨率，则意味着银行贷款的实际收益不但没有增加，反而减少了。所以，为保持实际利率水平不变，名义利率是跟踪物价的（如费雪效应所示）。利率与物价的变动具有同向运动趋势，物价上涨时，利率上升；物价下跌时，利率下降。

(四) 中央银行的贴现率

中央银行的贴现率，也称再贴现率，通常是各国利率体系中的基准利率，它的变动会对利率水平产生决定性影响。中央银行提高贴现率，相应提高了商业银行的借贷资金成本，市场利率会因此而提高；反之，中央银行降低贴现率，就会降低市场利率。

(五) 经济周期

经济周期对利率变动具有重大影响。社会经济发展存在明显的运行周期，主要包括危机、萧条、复苏和繁荣四个阶段，它对利率波动有很大影响。在危机阶段，往往出现"现金为王"的现象，大家一般不愿贷出资金。此时，利率急剧上升，达到最高水平。在萧条阶段，中央银行为了刺激宏观经济，会实行宽松的货币政策，导致利率迅速下降，达到最低水平。在复苏阶段，利率比较平稳。在繁荣阶段，由于实体经济向好，企业资金需求旺盛，利率会逐渐上升。

(六) 国家经济政策

国家经济政策对利率起着调控作用。国家在一定时期制定的经济发展战略决定了资金的需求状况以及对资金流向的要求。政府可以利用财政政策和货币政策对利率水平与利率结构进行调节,从而利用利率的杠杆作用调节国民经济的发展。

(七) 国际利率水平

在开放市场经济条件下,资本可以自由流动,国际利率的变动也会引起国内利率的变动。如果国内利率高于国际利率水平,资本将大量涌入,导致国内金融市场资金供大于求,国内利率下降,直至与国际利率水平持平;反之,如果国内利率低于国际利率水平,则资本将流出,国内资金供不应求,国内利率上升,直至与国际利率水平持平。

四、利率在经济中的作用

利率是一个重要的经济杠杆,对经济有着极其重要的调节作用。这种作用主要通过以下几个途径来实现。

(一) 利率变动的储蓄效应

利率变动的储蓄效应,是指利率变动通过影响储蓄来影响经济运行。利率对储蓄的作用取决于利率对储蓄的替代效应与收入效应的综合结果。

所谓利率对储蓄的替代效应,是指储蓄随利率的提高而增加的现象,反映人们有较强的通过增加利息收入而增加财富积累的偏好。因为利率提高时,人们会认为减少当前消费,增加将来消费比较有利,从而鼓励其增加储蓄。所谓利率对储蓄的收入效应,是指储蓄随利率的提高而降低的现象,反映人们在利息收入随利率提高时希望进一步改善生活水准的偏好。因为利率提高时,储蓄者将来的利息收入增加,会使其认为自己较为富有,从而增加当前消费,可能反而会减少储蓄。因此,当替代效应大于收入效应时,储蓄利率弹性大于零,储蓄随利率同方向变动;当替代效应小于收入效应时,储蓄利率弹性小于零,储蓄随利率反方向变动;当替代效应等于收入效应时,储蓄利率弹性等于零,利率变动不能影响储蓄变动。

因此,利率如何影响储蓄,进而影响消费,须视替代效应与收入效应的综合变化而定。就低收入者而言,利率提高,主要会发生替代效应(因为他们没有太多的存款以收取利息,利率提高也不会增加将来的收入),故利率提高会增加储蓄,减少当前消费。就高收入者而言,利率提高,主要会发生收入效应,从而可能会减少储蓄。就全社会而言,利率的提高究竟会增加还是减少储蓄,则由这些人增加和减少储蓄的加总净额来决定。如果用 i、S、C、AD、Y 分别表示利率、储蓄、消费、社会总需求和国民经济产出水平,则利率变动的作用过程如下所示。

$$i\uparrow \Rightarrow \begin{cases} S\uparrow \to C\downarrow \to \text{AD}\downarrow \to Y\downarrow \text{(储蓄的替代效应)} \\ S\downarrow \to C\uparrow \to \text{AD}\uparrow \to Y\uparrow \text{(储蓄的收入效应)} \end{cases}$$

(二) 利率对投资的影响

一般地,利率与投资成反比关系。因为利率的高低直接影响投资的成本。因此,一般来说,降低利率意味着企业投资成本降低,从而会增加投资,促进经济增长;提高利率则意味着企业投资成本上升,从而会减少投资,抑制经济增长。但是,在利率如何通过影响投资从而对经济发挥调节作用的传递机制方面,经济学家存在争议。

根据托宾（Tobin）的 q 理论，q 定义为企业的市场价值除以企业的重置成本。若 $q>1$，即企业的市场价值大于企业的重置成本，企业能在股票市场上得到一个比重新购买的投资品要高的价格。因而，企业可以通过发行较少的股票买到更多新的投资品，投资支出便会增加。按照这一理论，当货币政策工具变动导致货币供应量（M_S）上升时，利率（i）下降，市场流动性增加，引起股价（$P_股$）上涨，企业的市场价值上升，从而 $q>1$，投资支出（I）上升，促进国民经济产出水平（Y）增加，其传递机制应为

$$M_S \uparrow \to i \downarrow \to P_股 \uparrow \to q>1 \to I \uparrow \to Y \uparrow$$

其中，$P_股$ 为股票价格。

货币学派认为，现代经济中存在三种价格，即新产品价格、资本货物价格和证券价格。当中央银行降低利率时，证券价格将上升，商业银行会出售有价证券，致使其超额准备金增加。在这种情况下，商业银行开始增加贷款投资，而这会降低市场利率，并使真实资本价格上升，企业的利润增加。在追求利润最大化这一动机的驱使下，企业便会加大新产品开发力度，增加投资，从而扩大新产品市场，促进经济增长。其作用过程如下：

$$M_S \uparrow \to i \downarrow \to P_股 \uparrow \to 银行出售证券 \to 银行超额准备金 \uparrow \to 贷款 \uparrow \to 市场利率 \downarrow$$
$$\to 真实资本价格 \uparrow \to 新产品开发 \uparrow \to I \uparrow \to 新产品市场扩大 \to Y \uparrow$$

（三）利率在宏观经济中的作用

利率作为宏观政策调控的重要经济杠杆之一，其调控作用归纳如下。

1. 积累功能 在市场经济条件下，资本短缺往往成为制约一国或地区经济发展的"瓶颈"，这在发展中国家表现得尤为明显。由于经济运行的周期性和资本运动的增值性以及企业和个人收入与支出的不完全一致性等，尽管一些企业和个人会出现资金不足的情况，但就整个社会而言，总会有一定数量的闲散资金存在。当然，对闲散资金的运用必须是有偿的，这种有偿性就通过利息支付来实现。在一般情况下，闲散资金的聚集量同利率成正比。利率的调整具有动员和积聚资金的调节功能。

一般而言，筹集资金的途径主要有两条：一是通过财政渠道用行政办法筹措资金，二是通过金融市场用经济办法积聚资金。显然，后一条途径更有效且更有潜力可挖，因为它符合市场经济的要求。随着国民经济的发展，社会富余资金日渐增多，筹资渠道不断拓宽，因此利用利率杠杆来积聚资金的作用也日渐明显。

2. 调节功能 利率变化能引起社会经济多方面的变化，这就是利率的宏观调节功能，主要表现在以下两个方面。

首先是调节国民经济结构的功能。利率引导资金流向的功能会使信贷资金从效益差的企业流向效益好的企业，从而优化了生产结构。如果某些部门和项目的贷款利率高，其贷款额就会减少；反之，贷款额就会增加。利率引起借贷资金在社会生产各部门之间的自由流动，从而调节了社会生产比例和国民经济结构。

其次是调节货币供求的功能。各国中央银行都将稳定货币价值作为其货币政策的最终目标之一，而稳定货币价值的前提是货币供求的基本平衡。在各国中央银行运用货币政策工具对信贷规模进行间接调控时，利率是货币政策的主要中间变量。调节利率成为

货币政策对经济产生作用和影响的有效途径。

3. 抑制通货膨胀的功能　在一个市场化程度较高的社会中，利率是预防和调节通货膨胀的重要手段之一。运用高利率可抑制投资的过度增长，从而防止通货膨胀率变得过高；当经济萧条时，通过降低利率，则可防止通货膨胀率变得过低。利率的这一功能已被西方国家反复使用。2004年至2006年7月美国联邦储蓄体系（简称美联储）连续17次上调联邦基金利率以抑止通货膨胀就是一个佐证。

4. 平衡国际收支的功能　利率平衡国际收支的功能，是指利率变动通过影响一国的对外经济活动，从而影响宏观经济的运行和实现国际收支的基本平衡。这表现在两个方面：一是对进出口的影响，二是对资本输出输入的影响。当利率提高时，企业生产成本增加，产品价格提高，出口竞争力下降，出口量减少，从而会引起一国对外贸易的逆差；相反，降低利率会增加出口生产企业的竞争力，改善一国的对外贸易收支状况。从资本输出输入看，在高利率的诱惑下，外国资本会迅速地流入，特别是短期套利资本，可以暂时改善一国的国际收支状况。

总之，利率是重要的经济杠杆，对宏微观经济运行都发挥着重要的调节作用。

当然，要使利率充分发挥杠杆作用，对经济起到有效的调节，必须具备一些基本的条件，主要有如下方面。

一是经济的信用化已达到一定程度。利率本身属于货币与信用的范畴，是通过调节货币与信用的关系来调节价值与利益的关系，进而调节微观经济活动和宏观经济总量的。因此，只有在经济的信用化达到一定程度，连接价值利益关系的主要枢纽成为货币与信用后，利率才能充分发挥对经济的调节作用。

二是微观经济主体的独立性程度及其对利率的敏感性程度。这就要求资金借贷双方都是自主经营、自负盈亏的法人主体。只有当资金的借贷双方是具有健全的利益驱动和风险约束机制的法人主体时，利率变化才能影响到经济主体的经营和投资行为，从而对经济发挥调节作用。

三是市场化的利率决定机制。利率作为资金价格，以金融市场的存在为前提。只有在发育程度较高的金融市场上，金融资产的种类和数量有了一定的规模之后，利率才有其形成和存在的基础。

四是健全和完善的金融机构体系。当一国存在众多拥有利率自主权的商业性金融机构时，它们会根据中央银行基准利率和资金供求变化，相应调整自己的利率水平，进一步影响到企业、居民的经济行为，从而改变社会总需求，实现既定的货币政策目标。

五是中央银行运用间接手段调控经济。中央银行在货币政策操作中，将利率作为宏观经济调控的重要手段之一。

第二节　利息的计算与运用

一、单利与复利

利率的出现使各种金融工具的利息可以计算、量化，但不同的计算方法会得出不同的结果。利息有两种基本的计算方式，即单利和复利。

（一）单利

单利（simple interest），是指以本金为基数计算利息，而借贷期内产生的利息不再加入本金计算下期利息的一种利息计算方法，即在当期产生的利息不作为下一期的本金，只是把每一期产生的利息累加到投资期末。利息的计算公式为 $I = P \times r \times n$，本利和为 $S = P + I = P(1 + r \times n)$。式中，$I$ 为利息；P 为本金；r 为年利率；n 为借贷期限；S 为本金与利息之和，简称本利和。

例如，一笔 5 年期限、年利率为 6% 的 10 万元贷款，在单利计息的情况下，贷款到期时利息总额为 30 000（= 100 000 × 6% × 5）元，本利和为 130 000（= 100 000 + 30 000）元。

（二）复利

复利（compound interest），俗称"利滚利"，是指本期产生的利息自动计入下一计息期的本金，连同原来的本金一并计息的一种利息计算方法。其对应的计算公式为：本利和为 $S = P(1 + r)^n$，利息为 $I = S - P$。

承上例，在复利计息的情况下，本利和大约为 133 823 [= 100 000 × (1 + 6%)⁵] 元，利息则为 33 823（= 133 823 - 100 000）元。可见，按复利计息的利息比按单利计息的利息多 3 823（= 33 823 - 30 000）元。显然，复利反映了利息的本质，因为利息在未清偿时也相当于债权人借给债务人使用的资本，应算为债权人的本金范畴。这样处理对债权人、债务人双方较为公平、合理。

如果一年内计息次数（或复利次数）为 m 次，此时复利计息情况下的本利和为

$$S = P(1 + r/m)^{mn}$$

承上例，如果改为每月计息一次，则一年内计息次数为 12 次，5 年后的本利和为

$$S = 100\,000 \times (1 + 6\%/12)^{12 \times 5} = 134\,885(元)$$

可得利息为 34 885 元，比每年计息一次的利息多 1 062（= 34 885 - 33 823）元。可见，复利计息次数越多，利息就越多，因而对债权人越有利。

最极端的例子是计算瞬间复利或连续复利，即复利计息次数趋于无限多。计算连续复利的公式为

$$S = e^{rn}P$$

式中，$e = 2.71828\cdots$，即自然对数的基。那么在同样的条件下，连续复利会不会是一个天文数字呢？仍以上面的条件为例，连续复利为 $S = e^{rn}P = e^{0.06 \times 5} \times 100\,000 = 134\,986$（元），利息为 $I = 134\,986 - 100\,000 = 34\,986$（元）。

可见，即使复利计息次数趋于无限多，与一年计息一次相比，利息也不过多了 1 163（= 34 986 - 33 823）元。

（三）复利计算下的名义利率与实际利率

当计息周期小于一年的时候，一个问题就会出现：如何将名义利率转化为实际利率呢？推导过程如下。设年名义利率为 i，一年内计息次数为 m 次，则计息期利率为 i/m，则一年后本利和为

$$S = P(1 + i/m)^m$$

利息为
$$I = P(1 + i/m)^m - P$$
换算成年实际利率 r，则为
$$r = \frac{P(1 + i/m)^m - P}{P} = (1 + i/m)^m - 1$$

这就是在复利计息的情况下年名义利率 i 与年实际利率 r 的换算公式，二者的关系是：当 $m = 1$ 时，即一年计算一次利息时，年名义利率等于年实际利率；当 $m > 1$ 时，即一年计息多次时，年实际利率大于年名义利率。计算次数越多，年实际利率越高。

例如，在每月计息一次的情况下，对于年名义利率为 12% 的贷款，其年实际利率为 12.68%：
$$r = \left(1 + \frac{i}{m}\right)^m - 1 = \left(1 + \frac{12\%}{12}\right)^{12} - 1 = 12.68\%$$

再如，如果有一笔贷款，按月计息，月利率为 0.8%，该贷款的年利率是多少呢？根据上面的公式，该贷款的年利率应为 $(1 + 0.8\%)^{12} - 1 = 10.03\%$，而不是 9.6%（$= 12 \times 0.8\%$）。

同样，当 $m \to +\infty$，即按连续复利计息时，年实际利率的计算公式为
$$年实际利率 = \lim_{m \to \infty}\left[(1 + i/m)^m - 1\right] = \lim_{m \to \infty}\left[(1 + i/m)^{m/i}\right]^i - 1 = e^i - 1$$

例如，对于一笔年利率为 12% 的贷款，在连续复利计息的情况下，其年实际利率为 12.75%（$= e^i - 1 = e^{0.12} - 1$）。

因此，一年内计息次数越多，其折合成的年实际利率就越高（12.75% > 12.68%）。

二、现值

（一）现值的概念

复利公式在经济生活中应用很广，现值就是一例。准确来讲，**现值**（present value，PV），是指将未来某一时点或某一时期的货币金额（现金流量）折算至基准年的数值，也称贴现值。它是对未来现金流量以恰当的贴现率进行贴现后的价值。将前述复利公式进行一般化处理，即用 FV 代表未来某一时点的资金，称为**终值**（future value）；用 PV 代表现在的一笔资金，即现值，则得到以年为时间单位计算的现值公式为

$$PV = \frac{FV}{(1 + r)^n}$$

以小于年的时间单位计算的现值公式为

$$PV = \frac{FV}{(1 + r/m)^{n \times m}}$$

未来一系列现金流量的现值公式为

$$PV = \frac{CF_1}{(1 + r)^1} + \frac{CF_2}{(1 + r)^2} + \cdots + \frac{CF_n}{(1 + r)^n}$$

通俗地说，通过利率可以计算出现在的一笔资金在未来值多少，也可以计算出未来的一笔资金等于今天的多少，这就是终值与现值的概念。

| 专栏 3-1 |

彩票中奖的价值是多少

现值的概念非常有用。一种有趣的用途是确定彩票中奖金额究竟价值多少。例如,加利福尼亚州政府通过广告宣称,它有一项彩票的奖金为 100 万美元,但那并不是奖金的真正价值。事实上,加利福尼亚州政府承诺在 20 年内每年付款 5 万美元。你当然十分兴奋,可是你真的赢得 100 万美元了吗?

从现值的意义来讲不是这样的,你所得到的 100 万美元折算成今天的价值要少得多。如果我们假定利率是 10%,第一次支付的 5 万美元显然等于今天的 5 万美元。但第 2 年支付的 5 万美元用今天的价值来衡量,只有 50 000 美元/(1 + 0.10) = 45 454.5 美元,远远小于 5 万美元。接下来一年支付的 5 万美元的现值为 50 000 美元/(1 + 0.10)^2 = 41 322.3 美元,依此类推。将所有这些现值相加,结果为 468 246 美元。你仍然会十分兴奋,但由于懂得现值的概念,你清楚地意识到自己受到了广告的愚弄。因为事实上你并没有赢得 100 万美元,你所得到的还不到 100 万美元的一半。

(二) 现值的运用

现值公式是一个非常重要的公式,在整个金融学的学习中会反复使用。需要注意的是,在计算现值时使用的利率通常被称为**贴现率**[⊖](discount rate),即把终值转化为现值的利率。

从上述公式可以看出,现值的基本特征是:①终值越大,现值越大;②时间越短,现值越大(这一点很好地体现了货币的时间价值);③贴现率越小,现值越大。

应用一:评价未来资金与现在资金的价值关系

例如,如果从现在起 2 年后要买 15 000 元的东西,假定利率为 10%,那么现在需要存多少钱呢?这就是一个求现值(本金)的问题,代入上面的现值公式,可得到:

$$PV = FV/(1+i)^n = 15\,000/(1+10\%)^2 = 12\,396.7 \text{(元)}$$

即大约要存入 12 396.7 元,你在 2 年后才能取出 15 000 元。换句话说,在利率为 10% 的情况下,现在的 12 396.7 元与 2 年后的 15 000 元的价值是相等的。

应用二:评价有价证券的理论价格

例如,某国债的面值是 1 000 元,票面利率为 10%,期限为 4 年,假定某投资者要求的收益率为 8%,其市场价格应为多少?将该国债的投资收益(包括本金)根据 8% 的收益率贴现为现值,此现值之和就是该国债的理论价格:

$$P = PV = \frac{100}{1+0.08} + \frac{100}{(1+0.08)^2} + \frac{100}{(1+0.08)^3} + \frac{100+1\,000}{(1+0.08)^4} = 1\,066.24 \text{(元)}$$

该国债的理论价格为 1 066.24 元,即只有以 1 066.24 元购买,投资者才会实现 8% 的收益率。

⊖ 贴现率一词在经济学或金融学的教材中经常被提到,但是在不同的地方有不同的含义。在这里,它是指已知终值求现值的计算中使用的利率,即贴现过程中的利率。而在其他地方,如货币政策的贴现率,它是指中央银行对商业银行贴现票据时使用的利率。

三、到期收益率

（一）到期收益率的概念

在上面计算现值时，我们都先假定收益率是多少，再将未来一笔资金贴现为现值。在现值公式中，给定利率和现金流量，计算出来的值就是现值。现在将问题倒过来，给定未来现金流量和现值，要计算利率（收益率），这个利率就是到期收益率。

到期收益率是一个非常重要的利率概念，甚至被经济学家视为衡量利率最为精确的指标。例如，在利率的期限结构理论（见本章第四节相关内容）中，收益曲线描述了到期收益率与期限的关系，尽管人们会简化为利率与时间的关系。另外，在上面计算现值时是给定利率的，实际上，这一利率就是到期收益率或必要回报率。因此，到期收益率是一个非常关键的利率指标。

到期收益率（yield to maturity，YTM），是指使某金融工具未来所有收益的现值等于其当前市场价格的利率。简单地说，到期收益率刚好使得某种金融工具的现值与其现行市场价格相等。以债券为例，按单利计算的债券到期收益率，是指买入债券后持有至期满得到的收益（包括利息收入和资本损益）与买入债券的市场价格之比，也就是持有至到期时的实际收益率。计算公式为

$$\text{到期收益率} = (\text{票面利息} \pm \text{本金损益})/\text{市场价格}$$

例如，某种债券的票面金额为 100 元，10 年还本，每年利息为 7 元，张三以 95 元买入该债券并持有至到期，那么他每年除了得到 7 元的票面利息外，还获得 0.5 [=(100-95)/10] 元的本金盈利。这样，他每年的实际收益就是 7.5 元，其到期收益率为 7.90%（=7.5/95）。

在实践中，到期收益率多数按复利计算，且由于债券等固定收益证券的利息收入容易获得，在计算其价格时只须确定贴现率（利率）即可。因此，作为利率精确指标的到期收益率在债务工具中使用普遍。其计算公式根据不同的债务工具有所不同，下面分别介绍。

（二）到期收益率的估算与运用

为了更好地理解到期收益率，下面考虑四种典型债务工具到期收益率的计算：息票债券、银行贷款、贴现债券和永久债券。

1. 息票债券的到期收益率　息票债券（coupon bond）又称附息债券，是指按期支付定额利息，到期偿还本金的债券。息票债券的概念，早期是源于这种债券的券面上都印有"息票"或"息票附券"，以此作为按期（一般为 6 个月或 1 年）支付利息的凭据。债券持有人在持有期内从债券上剪下息票附券，凭此领取本期的利息。当然，现在已没有息票债券这种息票附券的形式了，只是规定票面利率而已。息票债券往往适用于期限较长或在持有期限内不能兑现的债券。息票债券一般采用固定利率，也是最常见的债券付息方式。息票债券的到期收益率公式为

$$P = \frac{C}{1+r} + \frac{C}{(1+r)^2} + \frac{C}{(1+r)^3} + \cdots + \frac{C+F}{(1+r)^n}$$

或简单地表示为

$$P = \sum_{t=1}^{n} \frac{C}{(1+r)^t} + \frac{F}{(1+r)^n}$$

式中，r 为到期收益率；P 为债券的当前价格；C 为每期利息；F 为面值。

例如，对于面值为 1 000 元，票面利率为 10% 的 20 年期息票债券，某投资者平价购买并持有至到期，该债券的到期收益率是多少？

根据到期收益率公式，有：

$$1\,000 = \frac{100}{1+r} + \frac{100}{(1+r)^2} + \frac{100}{(1+r)^3} + \cdots + \frac{1\,000 + 100}{(1+r)^{20}}$$

计算得 $r = 10\%$，即该息票债券的到期收益率为 10%。这一结果与债券的票面利率相等，表明到期收益率等于票面利率有着严格的前提条件，即息票债券的价格等于其面值。一旦债券的当前价格不等于其面值，那么到期收益率也就不再等于票面利率了，它可能低于或高于票面利率，这取决于债券当前价格是高于还是低于面值。

根据上面的计算公式可知，息票债券的到期收益率与其票面利率之间存在着以下关系：第一，债券当前价格高于面值（溢价出售）时，到期收益率低于票面利率；第二，债券当前价格低于面值（折价出售）时，到期收益率高于票面利率；第三，债券当前价格等于面值时，到期收益率等于票面利率。

以上关系不难看出，息票债券的到期收益率与债券当前价格是负相关的。也就是说，随着债券价格上升，到期收益率会下降；反之，随着债券价格下降，到期收益率会上升。

2. 银行贷款的到期收益率 首先，以简单贷款为例，即贷款人向借款人提供一定数额的资金，借款人在到期日前一次性归还本金及利息。许多货币市场工具都属于这种类型，如对企业发放的短期商业贷款和对个人发放的小额装修贷款等。根据到期收益率的概念，简单贷款的到期收益率十分易于计算。例如，杰克向银行借款 10 万元，期限为 1 年，1 年后偿还银行 11 万元本利和，问银行发放这笔贷款的到期收益率是多少呢？

根据现值的定义有：

$$PV = \frac{CF}{(1+r)^n}$$

式中，PV 为贷款金额 10 万元；CF 为 1 年后的现金流 11 万元；n 为 1。因此，有：

$$10\ \text{万元} = \frac{11\ \text{万元}}{1+r}$$

计算得 $r = 0.10 \times 100\% = 10\%$，可以看出，到期收益率与贷款的利率相等。于是得出结论，对于简单贷款来说，贷款利率等于到期收益率。

再来看固定支付贷款，所谓固定支付贷款，也称分期偿还贷款，是指贷款人向借款人提供一定数量的资金，在约定的若干年内，借款人在每个偿还期（如每年或每月）偿还固定的金额给贷款人，其中既包括本金，也包括利息。例如，如果你向银行借款 1 000 美元，银行要求你在 25 年内每年偿还 126 美元，那么这笔贷款的到期收益率是多少呢？

根据到期收益率的定义，我们有：

$$1\,000 = \frac{126}{1+r} + \frac{126}{(1+r)^2} + \cdots + \frac{126}{(1+r)^{25}}$$

式中，r 就是这笔贷款的到期收益率。更一般地，对于任何固定支付贷款，有：

$$L = \frac{FP}{1+r} + \frac{FP}{(1+r)^2} + \cdots + \frac{FP}{(1+r)^n}$$

式中，L 为贷款额；FP 为固定支付额；n 为贷款期限。

式中的贷款额、固定支付额和贷款期限都是已知的，只有到期收益率是未知的。因此，我们可以从这个等式中求解到期收益率 r。这一计算比较烦琐，但许多财务计算器都能提供根据贷款额 L、固定支付额 FP、贷款期限 n 等信息求解到期收益率的程序。

3. 贴现债券的到期收益率　贴现债券（discount bond），又称零息债券（zero-coupon bond），是指在票面上不规定利率，发行时按某一折扣率（贴现率），以低于面值的价格发行，到期按面值偿还本金的债券。发行价格与面值之差即为利息。例如，投资者以 70 元的发行价格认购了面值为 100 元的 5 年期债券，那么在 5 年到期后，投资者可兑付到 100 元的现金，其中 30 元的差价即为债券的利息，年利率平均为 8.57%｛=［(100－70)/70］/5×100%｝。美国的短期国库券和日本的贴现国债，都是较为典型的贴现债券。我国于 1996 年开始发行贴现国债，期限分别为 3 个月、6 个月和 1 年。

贴现债券的到期收益率 r 的计算公式为

$$P = \frac{F}{(1+r)^n}$$

假设某公司发行的贴现债券的面值是 1 000 元，期限为 4 年，如果这种债券的销售价格为 750 元，则：

$$750 = \frac{1\,000}{(1+r)^4}$$

解得 $r = 7.5\%$。

4. 永久债券的到期收益率　永久债券是指定期支付固定息票利息，没有到期日，不必偿还本金的一种债券。假设永久债券每年年末支付利息 C，债券市场价格为 P，则其到期收益率 r 的计算公式为

$$P = \frac{C}{1+r} + \frac{C}{(1+r)^2} + \frac{C}{(1+r)^3} + \cdots$$

根据无穷递减等比数列的求和公式可知，上式等号右边部分等于 C/r，因此永久债券的到期收益率计算公式可以简化为

$$r = \frac{C}{P}$$

例如，每年可得到利息收入 100 元、市场价格为 1 000 元的永久债券，到期收益率则为 10%（=100/1 000×100%）。

以上介绍了四种典型的债务工具的到期收益率计算方法。了解到期收益率的含义之后，我们就不难正确回答可能容易迷惑的问题，如永久债券不偿还本金，零息债券不支付利息，还有投资者买吗？答案是肯定有人买，因为它们如果能够给持有者带来合适的到期收益率，就会有投资者购买。

第三节 利率决定理论

在整个利率理论中，利率的决定无疑是最基本的内容。下面介绍四种主要的利率决定理论，包括古典利率理论、流动性偏好理论、可贷资金理论和 IS – LM 模型的利率决定理论。

一、古典利率理论

古典利率理论是对 19 世纪末至 20 世纪 30 年代西方国家各种不同利率理论的一种总称。该理论严格遵循古典经济学重视实物因素的传统，主要从生产消费等实际经济领域探求影响资本供求，进而决定利率的因素，因而它是一种实物利率理论，也被称为储蓄投资利率理论。

（一）古典利率理论的主要思想

古典利率理论认为，利率由两种力量决定：一是可供利用的储蓄，即资本供给，主要由家庭提供；二是资本需求，主要来源于商业部门的投资需求。

1. 资本供给来自社会储蓄，储蓄是利率的增函数 古典学派认为，资本供给主要来自社会储蓄，储蓄取决于人们对消费的时间偏好。不同的人对消费的时间偏好不同，有的人偏好当前消费，有的人则偏好未来消费。古典利率理论假定个人对当前消费有特别的偏好，因此鼓励个人和家庭多储蓄的唯一途径就是对人们牺牲当前消费予以补偿，这种补偿就是利息。也就是说，利息是对等待或者延期消费的补偿。利率越高，意味着对这种等待的补偿也就越多，储蓄也会相应增加。由此得出，一般情况下，储蓄是利率的增函数。如图 3-1 中的 S 曲线所示，储蓄随利率的上升而上升。

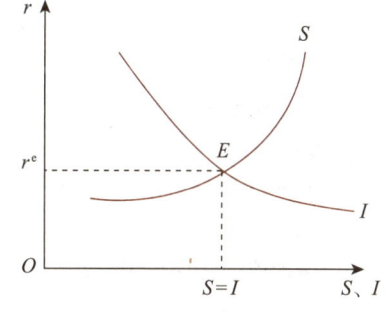

图 3-1 古典利率理论

2. 资本需求来自社会投资，投资是利率的减函数
古典学派认为，资本需求来自投资。各个企业在做投资决策时，一般会考虑两个因素：一是投资的预期收益率，即资本的边际收益率；二是资本市场上的筹资成本，即利率。只要投资的预期收益率高于利率，投资就有利可图，促使企业进行借贷和投资。而当利率降低时，预期收益率大于利率的可能性增大，投资需求就会不断增加，即投资是利率的减函数。如图 3-1 中的 I 曲线所示，投资随利率的上升而下降。

3. 均衡利率是储蓄与投资相等时的利率 古典学派认为，利率由储蓄和投资的相互作用所决定，只有当储蓄者愿意提供的资金与投资者愿意借入的资金相等时，利率才能达到均衡水平。如图 3-1 中的 E 点所示，此时，均衡利率为 r^e。若现行利率高于均衡利率，则必然发生超额储蓄供给，为使储蓄减少，必然诱使利率下降直至接近均衡利率；反之，若现行利率低于均衡利率，则必然发生超额投资需求，拉动利率上升直至接近均衡利率。

(二) 古典利率理论的主要特点

古典利率理论具有以下几个特点。

1. 古典利率理论是一种局部均衡理论 古典利率理论认为，储蓄和投资仅是利率的函数，与收入无关。储蓄与投资的均衡决定均衡利率。利率的功能仅仅是促使储蓄与投资达到均衡，而不影响其他变量。因此，古典利率理论是一种局部均衡理论。

2. 古典利率理论是实物利率理论 古典利率理论认为，储蓄由等待或延期消费等实际因素决定，投资则由投资的预期收益率等实际因素决定。由这些实际因素决定的利率当然就与货币因素无关，利率不受任何货币因素影响。货币就像覆盖在实物经济上的一层面纱，与利率的决定全然无关。

3. 古典利率理论使用的是流量分析方法 古典利率理论对某一时间段内储蓄流量与投资流量的变动进行分析，因此是一种流量分析方法。

4. 古典利率理论认为利率具有自动调节资本供求的作用 根据古典利率理论，利率具有自动调节储蓄和投资的功能。因为当储蓄大于投资时，利率将下降，较低的利率会促使人们减少储蓄，扩大投资；反之，当储蓄小于投资时，利率将上升，较高的利率又刺激人们增加储蓄，减少投资。因此，只要利率是灵活变动的，资本的供求就不会出现长期的失衡，供求平衡会自动实现。

古典利率理论的缺陷主要是它忽略了除储蓄和投资以外的其他因素，如货币因素对利率的影响。另外，古典利率理论认为，利率是储蓄的主要决定因素。可是现代经济学家发现，收入是储蓄的主要决定因素。最后，古典利率理论认为，对资金的需求主要来自工商业企业的投资。然而，如今消费者和政府都是重要的资金需求者，同样对资金供求有着重要影响。

古典利率理论支配理论界达200年之久，直到20世纪30年代西方经济危机发生，人们发现运用古典利率理论已经不能解释当时的经济现象，于是出现了流动性偏好理论、可贷资金理论及IS-LM模型的利率决定理论。

二、流动性偏好理论

凯恩斯学派在利率决定问题上的观点与古典学派的观点正好相反。凯恩斯学派的利率决定理论是一种货币理论，认为利率是由货币供求关系决定的，并创立了流动性偏好理论。

(一) 利息是人们牺牲流动性的报酬

凯恩斯认为，人们存在一种流动性偏好，即企业和个人为了进行日常交易或者预防将来的不确定性而愿意持有一部分货币，由此产生了货币需求。

凯恩斯假定人们可储藏财富的资产只有货币和债券两种，其中所说的货币包括通货（没有利息收入）和支票账户存款（在凯恩斯生活的年代，一般不付或支付很少的利息）。由此可见，货币的收益率为零，但它能提供完全的流动性；债券可以取得利息收入，但只有转换成货币之后才具有支付能力。而且，由于未来的不确定性，持有债券可能出于各种原因而遭受损失。所以，人们在选择其财富持有形式时，大多倾向于选择货币。通常情况下，货币供给是有限的，人们要取得货币，就必须支付一定的报酬作为对方在一定时期内放弃货币、牺牲流动性的补偿。凯恩斯认为，这种为取得货币而支付的报酬就是利息，利息完全是一种货币现象。

（二）利率由货币供给与货币需求所决定

1. 货币供给曲线 凯恩斯认为，在现代经济体系里，货币供给是由一国中央银行所控制的外生变量，而中央银行在决定货币供给的多寡时考虑的主要因素是社会公众福利，不是利率水平的高低。所以，如图 3-2 中的 M_s 曲线所示，货币供给曲线是一条不受利率影响的垂线。当中央银行增加货币供给时，货币供给曲线向右移动；反之，货币供给曲线向左移动。即假定所有其他条件不变，利率会随着货币供给的增加而下降。对此，经济学家米尔顿·弗里德曼将货币供给增加会降低利率的结论称作"流动性效应"。

2. 货币需求曲线 在凯恩斯的分析中，对于货币而言，唯一的替代性资产债券的预期收益率等于利率 r。他认为，在其他条件不变的情况下，利率上升，相对于债券来说，货币的预期收益率下降，货币需求减少。我们也可以按照机会成本的逻辑，来理解货币需求与利率之间的负向关系。机会成本是指由于没有持有替代性资产（这里是指债券）而失去的利息收入（预期收益率）。随着债券利率 r 上升，持有货币的机会成本增加，于是货币的吸引力下降，货币需求相应减少。因此，如图 3-2 中的 M_d 曲线所示，货币需求曲线是一条向右下方倾斜的曲线，它表明货币需求是利率的减函数。

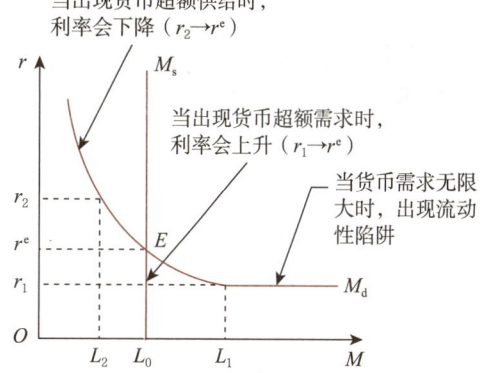

图 3-2 流动性偏好理论

在凯恩斯的流动性偏好理论中，收入效应和价格效应会引起货币需求曲线的位移。

收入效应是指随着收入的增加所引起的货币需求曲线右移。一方面，随着经济的扩张与收入的增加，财富增长，人们愿意持有更多的货币来储藏价值；另一方面，随着经济的扩张与收入的增加，人们愿意利用货币这一交易媒介进行更多的交易，于是他们就希望持有更多的货币。因此，凯恩斯认为，在经济周期扩张阶段，假定其他经济变量不变，利率随着收入的增加而上升。

价格效应是指随着物价水平上升而导致任何一个利率水平上的货币需求增加，推动需求曲线向右位移。凯恩斯认为，人们关注的是按照不变价格来衡量的货币量，即按照所能购买到的产品和服务的数量来衡量的货币量。当物价水平上升时，相同名义量的货币所能购买的产品和服务的数量减少了。人们为了将实际货币量恢复到原先水平，就希望持有更多名义量的货币，货币需求便增加，货币需求曲线右移。因此，凯恩斯认为，在货币供给和其他经济变量不变的情况下，利率随着价格水平的上升而上升。

3. 均衡利率水平的决定及变动 当 $M_s = M_d$，即货币供给与货币需求相等时所决定的利率就是均衡利率 r^e，如图 3-2 中的 E 点所示。假定在经济周期的扩张阶段，收入逐步提高，货币需求将会随之提高。如表 3-1 中的第一幅图所示，需求曲线由 M_1^d 向右移

动至 M_2^d，新的均衡点位于货币需求曲线 M_2^d 和货币供给曲线 M^s 的交点，即点 2，均衡利率水平由 r_1 上升至 r_2。

同理，当物价水平提高时，人们为了保持其实际货币量不下降，会增加对名义货币的需求量，促使货币需求曲线从 M_1^d 向右移动至 M_2^d（见表 3-1 中的第二幅图）。均衡点从点 1 移动至点 2，而均衡利率水平由 r_1 上升至 r_2。

与收入、物价对利率变动的影响不同，货币供给增加将导致利率水平下降。如表 3-1 中的第三幅图所示，若货币当局由于执行扩张型货币政策而形成的货币供应量提高，将导致货币供给曲线由 M_1^s 移动至 M_2^s，均衡点从点 1 移动至点 2，即供给曲线 M_2^s 与需求曲线 M^d 的交点，均衡利率水平由 r_1 下降至 r_2，即当货币供给增加的时候（在其他变量保持不变的条件下），利率将会下降。在综合考虑上述凯恩斯的流动性偏好理论之后，我们归纳出影响均衡利率的三个因素，即收入、物价水平和货币供给，如表 3-1 所示。

表 3-1 收入、物价水平和货币供给变动引发的均衡利率变动

变量	变量的变动	在任何一个给定利率水平上货币需求量（M^d）或货币供给量（M^s）的变化	利率变动	
收入（收入效应）	↑	M^d ↑	↑	
物价水平（价格效应）	↑	M^d ↑	↑	
货币供给（流动性效应）	↑	M^s ↑	↓	

注：该表只列示了变量上升的情况，变量下降时的情况与上述变化正好相反。

（三）流动性陷阱

凯恩斯的流动性偏好理论存在一种特殊的情况，就是"流动性陷阱"。它是凯恩斯提出的一种假说，是指当利率水平降低到不能再低时，人们就会产生利率只可能上升而不会继续下降的预期，货币需求弹性变得无限大，即无论增加多少货币，都会被人们储存起来。因此，即使货币供给增加，也不会导致利率下降。如图 3-2 所示，当利率降到一定水平如 r_1 时，投资者对货币的需求趋于无限大，货币需求曲线的尾端逐渐变成一条水平线，这就是"流动性陷阱"。

按照流动性偏好理论,假定货币需求不变,当货币供给量增加时,利率必然会下降,从而刺激投资和消费,进而带动整个经济的增长。当遇到"流动性陷阱"时,就意味着即使中央银行再增加货币供给量,人们也不会增加投资和消费,利率也不会下降,货币政策就达不到刺激经济的目的。因此,凯恩斯认为,当遇到"流动性陷阱"时,货币政策无效。

(四)流动性偏好理论的特点

1. 利率纯粹是一种货币现象,与实际因素无关 流动性偏好理论认为,利率是由货币市场上货币的供求均衡决定的。货币供给量增加,利率下降,而影响货币需求的收入效应和价格效应则可能导致利率上升。货币供求的均衡决定了利率水平。

2. 货币供给只有通过利率才能影响经济运行 中央银行的货币政策通过变动货币供给量,可以影响总体经济活动,但只是在它首先影响利率时才会影响总体经济活动。即货币供给与货币需求的变化必须首先引起利率的变动,再由利率的变动影响投资支出,从而影响经济运行。如果货币供给曲线与货币需求曲线的平坦部分(即"流动性陷阱")相交,则利率不受任何影响,从而货币政策无法影响经济运行。

3. 是存量分析方法 凯恩斯的流动性偏好理论是一种存量理论,即认为利率是由某一时点的货币供求量所决定的。

然而,该理论也存在缺陷。凯恩斯学派的流动性偏好理论纠正了古典利率理论忽视的货币因素,然而它又走上了另一个极端,将储蓄与投资等实际因素完全不予以考虑,这显然也是不合适的。

|专栏3-2|

货币供给增长能降低利率吗

按照流动性偏好理论,似乎可以得出货币供给增长会降低利率的结论,这个结论具有十分重要的政策意义。政治家们据此认为要降低利率,就必须追求更快的货币供给增长速度。

经济学家米尔顿·弗里德曼将货币供给增加会降低利率的结论称作流动性效应。但是,他认为流动性效应并不能反映全部事实,货币供给增加无法保证"其他所有条件不变"的假定,它对经济所产生的其他效应会导致利率上升。如果这些效应足够大的话,那么就可能出现利率随货币供给增加而上升的结果。

如上所述,我们分析了影响利率变动的收入效应、价格效应和流动性效应。这里再补充一个因素,即预期通货膨胀效应。它是指由货币供给增加而导致的通货膨胀上升,使得人们对未来物价水平有一个较高的预期,从而推动利率进一步上升,即利率随预期通货膨胀率的上升而上升。它与价格效应的区别是,预期通货膨胀效应与人们预计的未来价格水平波动相联系,而价格效应是指已经发生的价格水平的变动对利率的影响。

在全部效应中,只有流动性效应说明货币供给增长率的提高能够降低利率。相反,收入效应、价格效应和预期通货膨胀效应都表明,提高货币供给增长速度会提高利率。其中,哪一个效应的影响最大?它们需要多长时间才能产生效果?这些问题的解答,对于判断提高货币供给增长速度究竟会提高还是降低利率起着关键作用。图3-3给出了三种可能性，对于经济学家和政策制定者而言，一个重要的问题是要判断这三种情形中哪一种最接近现实情况。

一般来说，流动性效应的作用是最快的。当货币供给增加，打破了原先的资产组合均衡时，人们可以马上到金融市场上把多余的货币转换成债券，从而使债券价格上升，利率下降。另外，从货币供给的实际过程也可以发现，流动性效应立刻就能发挥作用。这是因为，货币供给增加通常是通过中央银行在公开市场上买入债券来进行的，因而货币供给增加的同时伴随着债券需求的增加，从而就伴随着流动性效应。

相反，货币对实际经济的影响需要一定的时间，因此货币供给增加的收入效应和价格效应往往有一定的滞后性。预期通货膨胀效应作用的快慢则取决于人们形成预期的方式。如果人们只是根据过去通货膨胀的高低来预期未来的通货膨胀率，也就是所谓的适应性预期，则必须等到物价开始上升之后，预期通货膨胀效应才开始发挥作用。在此情况下，由于驱使利率上升的收入效应、价格效应和预期通货膨胀效应都滞后于流动性效应，所以货币供给的增加将先引起利率的下降，经过一段时间后使利率上升的因素开始发生作用，从而使利率又逐渐上升，并可能超出货币供给增加之前的水平。

但是，只要人们是理性的，他们就不可能只会被动地根据过去的通货膨胀来预期未来的通货膨胀。相反，他们会从过去的错误中吸取教训，从而较早地形成较为准确的通货膨胀预期。例如，假定过去的一次次经历

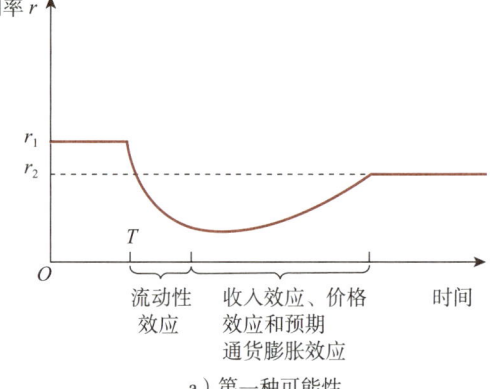

a）第一种可能性

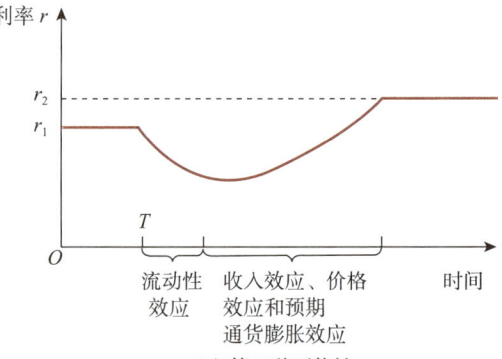

b）第二种可能性

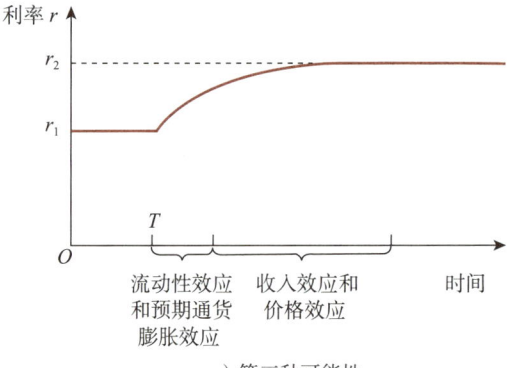

c）第三种可能性

图3-3 流动性效应、收入效应、价格效应和预期通货膨胀效应

都表明，货币供给每增加10%，3个月后物价水平就会上涨5%，6个月后物价水平会上涨7%。那么当下一次货币供给增加10%时，人们可能马上就形成这样的通货膨胀预期，而不必等到物价真的上升之后。这样，预期通货膨胀效应就与流动性效应同时发生作用，如果前者大于后者，那么不仅短暂的利率下降不会发生，而且会马上出现利率的上升。理性的通货膨胀预期还可能使价格效应发挥作用的时间大大提前。这是因为，通货膨胀预期一旦形成，就会影响到产品和服务的供求。例如，买者将提前购买，卖者则囤积居奇，其结果是价格水平的上升预期大大提前。

综上所述,在适应性预期的条件下,货币供给的增加将先通过流动性效应使利率下降,然后再通过收入效应、价格效应和预期通货膨胀效应使利率缓慢上升,并有可能使利率高于原先的水平。但是,随着人们金融经验的增长,货币供给的增加使利率下降的时间越来越短,甚至可能根本不导致利率的下降,而直接导致利率的上升。[⊖]

三、可贷资金理论

凯恩斯流动性偏好理论存在的缺陷,导致它一经提出就遭到了许多经济学家的批评。1937年,凯恩斯的学生罗伯逊在古典利率理论的基础上提出了可贷资金理论。这一理论得到了瑞典学派重要代表俄林等人的支持,并成为一种较为流行的利率理论。

(一) 可贷资金理论的基本思想

可贷资金理论作为新古典学派利率决定理论的代表,一方面肯定了古典学派考虑储蓄和投资对于利率的决定作用,并指出忽视货币因素是不妥当的;另一方面指出凯恩斯完全否定实际因素和忽视流量分析是错误的,但肯定了凯恩斯关于货币因素对利率的影响作用的观点。可贷资金理论的宗旨是将货币因素与实际因素、存量分析与流量分析综合为一种新的理论体系。

1. 可贷资金供给与可贷资金需求的构成 该理论认为,可贷资金需求来自两部分:第一,投资 I,这是可贷资金需求的主要部分,它与利率负相关;第二,货币的储藏 ΔH,这是指储蓄者并不把所有的储蓄都贷放出去,而是以现金形式保留一部分在手中。显然,货币的储藏也是与利率负相关的,因为利率是货币储藏的机会成本。

可贷资金供给也来自两部分:第一,储蓄 S,即家庭、企业和政府的实际储蓄,它是可贷资金供给的主要来源,与利率同方向变动;第二,货币供给的增加量 ΔM_S,因为中央银行和商业银行也可以分别通过增加货币供给和信用创造来提供可贷资金,它与利率正相关。

2. 利率由可贷资金的供给与需求所决定 按照可贷资金理论,利率是使用借贷资金的代价,取决于可贷资金供给 (L_S) 与可贷资金需求 (L_D) 的均衡点,故可贷资金利率理论可以用如下公式表示。

$$可贷资金需求\ L_D = I + \Delta H$$
$$可贷资金供给\ L_S = S + \Delta M_S$$

当利率达到均衡时,则有:

$$S + \Delta M_S = I + \Delta H$$

式中,四项因素均为利率的函数,如图3-4所示。可贷资金供给曲线 L_S 与可贷资金需求曲线 L_D 的交点 E 所决定的利率 r_e 即为均衡利率。

⊖ 米什金. 货币金融学:美国商学院版 [M]. 蒋先玲, 等译. 北京: 机械工业出版社, 2020: 96-98.

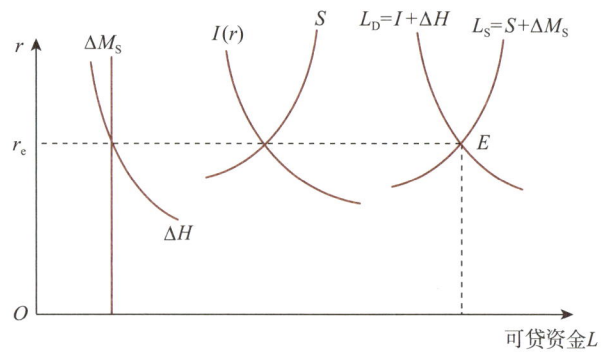

图 3-4　可贷资金理论

(二) 对可贷资金理论的评价

可贷资金理论具有以下特点。

1. 它兼顾了货币因素和实际因素对利率的决定作用　可贷资金理论的主要特点是兼顾了货币因素和实际因素。它实际上是试图在古典利率理论的基础上,也考虑了货币供求的变动等货币因素对利率的影响,以弥补古典利率理论只关注储蓄、投资等实际因素的不足,所以被称为新古典利率理论。

2. 它同时使用了存量分析和流量分析方法　该理论在决定可贷资金供求时使用了储蓄、投资、货币储藏与货币供给等变量。前两个变量是流量指标,是在一定时期内发生的储蓄与投资量;后两个是存量指标,是在一定时间点上的货币供给与需求量。

可贷资金理论的最大缺陷是,在利率决定的过程中,虽然考虑了商品市场和货币市场,但是忽略了两个市场各自的均衡。可贷资金市场实现均衡,并不能保证商品市场和货币市场同时达到均衡。因此,新古典学派的可贷资金理论尽管克服了古典利率理论和流动性偏好理论的缺点,但是不能兼顾商品市场和货币市场,因而仍然是不完善的。

四、IS-LM 模型的利率决定理论

古典利率理论、流动性偏好理论及可贷资金理论虽然都存在各自的缺陷,但有一个共同缺点,即没有考虑收入因素。事实上,如果不考虑收入因素,利率就无法确定。因为储蓄与投资都是收入的函数,收入增加将导致储蓄增加,因此不知道收入,也就无法知道储蓄,利率也无法确定。投资引起收入变动,同时投资又受到利率的制约,因此如果事先不知道利率,也无法得到收入。所以,在讨论利率决定因素时,必然要引入收入因素,而且收入与利率之间存在着相互决定的作用,两者必须是同时决定的。这就是希克斯和汉森对利率决定理论改进的主要观点,而他们的 IS-LM 模型也被认为是解释名义利率决定过程的最成功理论。

(一) IS-LM 模型中 IS 曲线和 LM 曲线的导出

从新古典学派的相关阐述中,我们得到在各种收入 (Y) 水平下的一组储蓄 (S)

曲线，如图 3-5a 中的 $S(Y_1)$ 和 $S(Y_2)$ 所示。将其与投资需求曲线 I 一并考虑，可知当储蓄供给等于投资需求时，r_1 对应 Y_1，r_2 对应 Y_2，如此等等，可以得到希克斯－汉森的 IS 曲线，如图 3-5b 所示。换句话说，新古典学派的阐述告诉我们，在不同的利率水平下，会对应着不同的收入水平（给定投资需求曲线和储蓄曲线组）。

从凯恩斯的相关阐述中，我们得到在不同收入水平下的一组流动性偏好曲线，即货币需求曲线，如图 3-5c 中的 $M(Y_3)$ 和 $M(Y_4)$ 所示。将其与由货币当局决定的货币供给曲线 M_s 一并考虑，可知当货币需求等于货币供给时，r_3 对应于 Y_3，r_4 对应于 Y_4，如此等等，可以得到希克斯－汉森的 LM 曲线（L 代表流动性，M 代表货币数量），如图 3-5d 所示。该曲线告诉我们，在不同的收入水平下，会对应着不同的利率水平（给定货币数量和流动性偏好曲线组）。

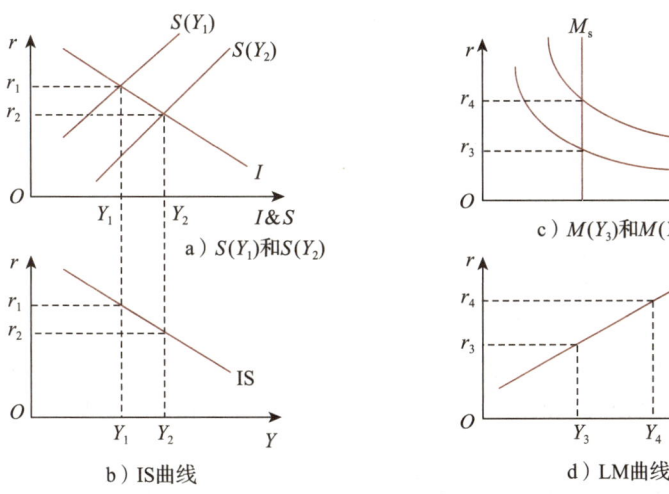

图 3-5 IS 和 LM 曲线的导出

可见，IS 曲线和 LM 曲线都是两个变量的函数：利率和收入。因此，如图 3-6 所示，仅仅是投资等于储蓄（IS 曲线）无法确定利率，仅仅是货币需求等于货币供给（LM 曲线）也无法确定利率，只有当 IS 和 LM 两条曲线相交时，才能同时决定均衡的利率 r^e 和收入 Y^e。

在图 3-6 中，IS 曲线和 LM 曲线的交点 E 所决定的收入 Y^e 和利率 r^e，就是使整个经济处于一般均衡状态的唯一的收入和利率。由于 E 点同时是 IS 曲线和 LM 曲线上的点，因此 E 点所决定的收入 Y^e 和利率 r^e 能同时维持商品市场和货币市场的均衡，所以两者是真正的均衡收入和均衡利率。E 点为一般均衡点，处于这点以外的任何收入和利率的组合，都会通过商品市场和货币市场的调整而达到均衡。

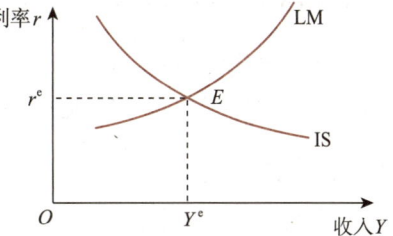

图 3-6 IS-LM 模型决定的均衡利率

(二) IS-LM 模型的利率决定理论的贡献

1. IS-LM 模型考虑了收入在利率决定中的作用 与前三种理论相比，IS-LM 模型在分析利率决定时考虑了收入的重要作用，而且收入与利率是相互作用的关系。

2. IS-LM 模型使用的是一般分析法 IS-LM 模型尝试从一般均衡的角度进行分析，结合多种利率决定理论，在兼顾商品市场和货币市场的同时，考虑了它们各自的均衡。IS-LM 模型认为，只有在储蓄与投资、货币供给与货币需求同时相等，商品市场和货币市场同时达到均衡的条件下，收入和利率同时被决定时，才能得到完整的能使利率得到明确决定的利率理论。

因此，该理论被认为是解释名义利率决定过程的最成功的理论。IS-LM 模型已成为宏观经济学中一个极为重要的基本模型。但是，以上利率决定理论都没有把国外因素对利率产生的影响考虑进去。蒙代尔和弗莱明则在 IS-LM 模型的基础上加入了国际收支因素，提出了 IS-LM-BP 模型。该模型认为，在开放经济的条件下，国内实体经济部门、国内货币部门和国外部门同时达到均衡时，一国的国民经济才能达到均衡状态，有兴趣的读者可参见国际金融学或国际经济学教材中的分析。

第四节 利率结构决定理论

上一节主要讨论的是利率决定理论，这似乎给人一种印象，那就是市场上好像只有一种利率。如果你真的这么认为，那就大错特错了。事实上，金融市场上的利率可以说是多如牛毛，各种不同种类、期限的债券，其利率往往各不相同。我们前面的讨论忽略了这些差异，目的是集中探讨利率的总体走势是由哪些因素决定的。但是，正如人们在进行股票投资时既要有宏观分析，又要有个股分析一样，仅仅了解利率的总体走势是不够的，我们还必须了解各种债券利率之间的关系，也就是利率结构，而这正是本节所要讨论的内容。我们将首先考察期限相同的各债券利率之间的关系，即利率的风险结构；然后再考察风险相同而期限不同的各债券利率之间的关系，即利率的期限结构。

一、利率的风险结构

利率的风险结构（risk structure of interest rate），是指期限相同的各种债券因风险不同而产生的利率差异。造成这种利率差异的原因主要有以下几个方面。

(一) 违约风险

违约风险，也称"信用风险"，是指当债券到期时债券发行人无力或不愿意兑现债券本息而给投资者带来损失的风险。不同公司发行的债券，违约风险不尽相同，因而利率水平自然就会有差异。

1. 违约风险主要取决于发行人的信誉 比如一个面临巨额亏损的公司，其违约风险相当大；相反，国债通常被认为没有违约风险，因为政府能够通过增加税收来保证其偿还能力。因此，国债被称为**无风险债券**（risk-free bond）。一般来说，公司债券的违约风险大于国债。

要了解债券的信用风险，有一种方法就是了解该债券的信用等级。信用等级是证券评级机构对债券发行人的信用、偿还能力进行客观评价的反映。投资者根据债券信用等级，可以迅速判断出其信用风险程度的高低，从而降低投资风险。对于企业而言，信用等级与筹资成本和筹资效果密切相关，信用等级高的企业可以以较低的融资成本筹集资金，节约发行费用。

在美国，公募的债券需要经过诸如标准普尔公司、穆迪投资者服务公司这样的信用评级机构评级，并申报证券交易委员会（SEC），经批准后才能发行。这几家信用评级机构是投资界公认的最具权威性的信用评级机构。标准普尔公司的信用等级标准从高到低可划分为 AAA 级、AA 级、A 级、BBB 级、BB 级、B 级、CCC 级、CC 级、C 级和 D 级。穆迪投资者服务公司的信用等级标准从高到低可划分为 Aaa 级、Aa 级、A 级、Baa 级、Ba 级、B 级、Caa 级、Ca 级和 C 级。由此可见，两家机构的划分大同小异，前四个级别的债券信誉高，违约风险小，是"投资级"（investment-grade）债券，从第五级开始的债券信誉低，是"投机级"债券或"垃圾债券"（junk bond），具有很高的违约风险和投机性。

2. 违约风险影响债券利率的原因——风险溢价　通常，将有违约风险的债券与无违约风险的债券的信用利差称为风险溢价或**风险升水**（risk premium），它表明投资者承担风险的额外收益。具有违约风险的债券总是有一个正的风险溢价，而且违约风险越高，风险溢价越高，从而其利率也就越高。下面用债券市场的供求分析方法来解释具有违约风险的公司债券风险溢价为正的原因，以及为何违约风险越高，风险溢价就越高，如图 3-7 所示。

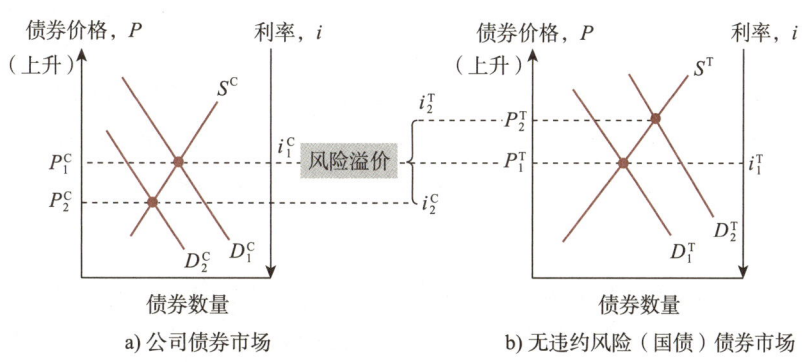

图 3-7　公司债券违约风险产生的原因

为便于理解，假定最初公司债券与国债的违约风险相同，在这种情况下，两种债券具有相同的特征（即风险与期限相同）。因此，它们的均衡价格与利率都相等，即 $P_1^C = P_1^T$，$i_1^C = i_1^T$，公司债券的风险溢价（$i_1^C - i_1^T$）为零。

现在，假定由于公司受到重大损失而导致违约的可能性大增，公司债券的违约风险提高，预期收益率下降。此时，公司债券的需求下降，导致公司债券的需求曲线左移至 D_2^C。在其他条件不变的情况下，公司债券的价格下降至 P_2^C。由于债券价格与利率负相关，公司债券的均衡利率上升至 i_2^C。与此同时，相对于公司债券，无违约风险的国债变得更受欢迎，需求曲线右移至 D_2^T，价格上升至 P_2^T，国债均衡利率下降至 i_2^T。结果，公司债券与无违约风险的国债的风险溢价从零上升至 $(i_2^C - i_2^T)$。由此得出结论，具有违约风险的债券的风险溢价总为正，且风险溢价随着违约风险的上升而增加。

通常，债券的信用利差随着经济周期的扩张而缩小，随着经济周期的收缩而扩大。在经济收缩时期，信用利差大。投资者信心不足，更愿投资于高信用等级债券以规避风险，而公司由于收入下降，现金流减少，为了吸引投资者购买公司债券，发行人必须提供较高的利率，因此会产生较高的信用利差。反之，在经济扩张时期，信用利差小。

（二）流动性

影响利率风险结构的第二个因素是流动性。正如第一章所述，资产的流动性是指能够迅速转换为现实购买力而不受损失的能力。一些债券的还本付息可能不成问题，但缺乏流动性。也就是说，在到期日之前，持有者很难将它转让出去以获得现金，这也会影响到债券的需求，从而影响债券利率。

1. 流动性不同的债券具有不同的利率　由于人们总是偏好流动性较高的资产（假定其他条件相同的话），因此资产的流动性越强，在市场上受欢迎的程度就越高，需求就越大，价格就越高，从而利率就越低；反之，流动性越低的债券，其利率就越高。由于国债交易广泛、最容易出手且交易费用低廉，所以国债是流动性最强的资产，利率也就最低。公司债券的交易量要远远小于国债，在紧急情况下可能难以找到公司债券的买主，出售费用会相对较高，其流动性就小于国债，利率就高。

2. 流动性影响利率的原因——流动性升水　流动性升水（liquidity premium），是指由于流动性因素而产生的利率差额。比如，公司债券的流动性较差，当投资者需要资金时很难将其迅速出售，由此会给投资者带来一定的损失。因此，对于流动性差的公司债券，为了吸引投资者购买，就必须对投资者给予一定的补偿。这种补偿就是流动性升水，具体表现为公司债券与国债的利率差额。通常，流动性越高，利率就越低（价格较高）。相应地，由于国债流动性高，其债券需求增加，导致国债价格上升，利率下降。

（三）税收差异

相同期限的债券之间的利率差异，除了受债券的违约风险、流动性影响外，还要受到税收差异的影响，因为债券持有人真正关心的是债券的税后实际利率。如果不同种类债券的利息收入的税率不同，这种差异就必然要反映到税前利率上来。通常，享受免税的待遇越高，利率就越低。

自 20 世纪 40 年代以来，美国联邦政府债券的利率一直比美国许多州和地方政府发行的市政债券的利率要高。因为根据美国税法的规定，市政债券的利息收入可以免交联邦所得税，因而其税前利率自然要低于利息收入需缴纳联邦所得税的联邦政府债券。

当然，总体来讲，国债的利息收入可以免税，公司债券的利息收入则要缴纳一定比例的所得税。所以，在期限和风险相同的条件下，公司债券的利率要高于国债的利率。总之，利率的风险结构可以由三个因素解释：违约风险、流动性和税收差异。

二、利率的期限结构理论

在债券的违约风险、流动性及税收差异这三个因素均相同的情况下，不同期限的债券利率差异又是如何形成的呢？这就是利率的期限结构理论所要回答的问题。

利率的期限结构（term structure of interest rate），是指具有相同风险结构的债券，其利率由于距离到期日的时间长短不同而呈现的差异。反映风险相同但期限不同的债券到期收益率（或利率）与期限之间关系的曲线称为**收益曲线**（yield curve）。收益曲线通常有水平型、渐升型和渐降型三种典型的类型，如图 3-8 所示。

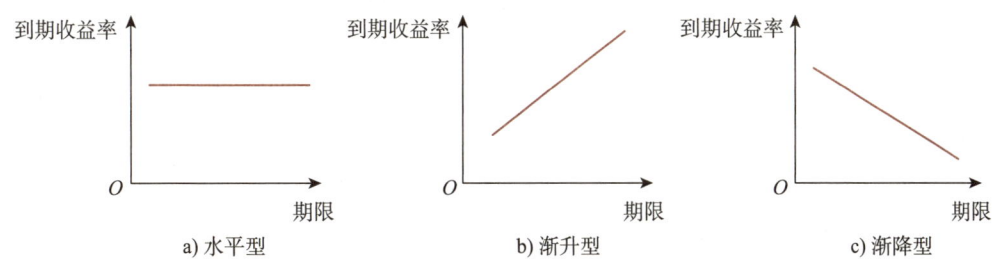

a) 水平型　　　　b) 渐升型　　　　c) 渐降型

图 3-8　三种典型的收益曲线

根据图 3-8，如果收益曲线向上倾斜，表明随着期限的延长，利率提高，即长期利率高于短期利率；如果收益曲线呈水平状，表明长期利率等于短期利率；如果收益曲线向下倾斜，则表明长期利率低于短期利率。当然，收益曲线也可以有更为复杂的形式，如凸起型或凹陷型等。经济学家在对这些不同形状的收益曲线分析解释的过程中形成了各自不同的利率的期限结构理论。此外，利率的期限结构理论还必须解释以下三个重要的经验事实。

第一个事实：不同期限的债券的利率随时间一起波动。即长期利率上升，短期利率也随之上升；短期利率上升，长期利率也随之上升。

第二个事实：短期利率较低时，收益曲线倾向于向上倾斜；短期利率较高时，收益曲线倾向于向下倾斜。

第三个事实：收益曲线往往是向上倾斜的。

究竟是什么因素决定了收益曲线的形状或者利率的期限结构呢？经济学家给出了多种假说，这里介绍三种：纯粹预期假说、市场分割假说、流动性升水假说。纯粹预期假说虽然能够很好地解释上述三个事实中的前两个，却不能说明第三个事实；市场分割假说可以解释第三个事实，却无法很好地解释前两个事实。由于前两种理论都有它们的优势与局限，所以正确理解利率期限结构的方法是将两种理论的特点结合起来，从而得到能够解释上述三个事实的流动性升水假说。

（一）纯粹预期假说

1. 长期利率与短期利率的关系　　纯粹预期假说是利率的期限结构理论中最主要的理论。言其"纯粹"，是因为它假设人们对于特定期限没有任何偏好，投资者仅仅关心债券的预期收益。换句话说，对投资者而言，只要某种债券的预期收益率更高，投资者就会毫不犹豫地转向持有该债券,而不管其期限的长短。同时还假设金融市场是有效率的,人们在不同期限的债券之间进行套利没有转换成本。这样,充分套利的结果必然是任何有利可图的机会都会被消除,当市场均衡时,长期利率是该期限内预期的短期利率的平均值。

为了证明上述结论,我们进行一个简单的分析。假设现在有 1 元钱,欲进行 2 年的投资,将有两种投资策略。

第一,短期策略:投资 1 年期债券,到期后取出本息再投资 1 年期债券。

第二,长期策略:投资 2 年期债券,并持有至到期。

设 i_t 为 1 年期债券利率(短期利率);i_{t+1}^e 为预期 1 年后的 1 年期债券利率(预期的短期利率);i_{2t} 为 2 年期债券利率(长期利率)。

按复利计算,短期投资策略的利息收入为 $(1+i_t)(1+i_{t+1}^e)-1$,长期投资策略的利息收入为 $(1+i_{2t})^2-1$。在金融市场广泛存在套利投机活动的情况下,追求利润最大化的市场参与者会根据收益高低不断地进行套利活动,这将有助于消除不合理的利率差别。当市场均衡时,无论选择一次性长期投资还是多次连续性短期投资,预期收益相同:

$$(1+i_t)(1+i_{t+1}^e)-1=(1+i_{2t})^2-1$$

因此,

$$i_{2t}=\sqrt{(1+i_t)(1+i_{t+1}^e)}-1$$

更一般地,

$$i_{nt}=\sqrt[n]{(1+i_t)(1+i_{t+1}^e)\cdots(1+i_{t+(n-1)}^e)}-1$$

因此,可以得出结论,长期利率等于债券到期日前预期的短期利率的几何平均值。由于这一计算方法较为烦琐、不够直观,所以在一般的分析中,往往借助于算术平均法来简化计算,思路如下。

仍以两期为例,首先将均衡条件 $(1+i_t)(1+i_{t+1}^e)-1=(1+i_{2t})^2-1$ 展开,可得:

$$1+i_t+i_{t+1}^e+i_t i_{t+1}^e=1+2i_{2t}+i_{2t}^2$$

鉴于利率的数值往往很小(百分之几),而两个如此之小的数值的乘积就会更小,因此在不严格的分析之中,往往将 $i_t i_{t+1}^e$ 和 i_{2t}^2 忽略掉,从而上式可简化为

$$i_{2t}=\frac{i_t+i_{t+1}^e}{2}$$

更一般地,

$$i_{nt}=\frac{i_t+i_{t+1}^e+i_{t+2}^e+\cdots+i_{t+(n-1)}^e}{n}$$

即长期利率等于债券到期日前预期的短期利率的算术平均值。

例如,在当前市场上 1 年期债券的利率是 6%,预期下一年的 1 年期债券的利率是 6.25%,再下一年的 1 年期债券的利率是 7%,那么当前市场上 3 年期债券的利率就为 6.42%〔=(6%+6.25%+7%)/3〕。

2. 解释收益曲线的形状 有了以上对长短期利率关系的解释,就可以对收益曲线

的形状进行解释了。该假说认为，利率的期限结构取决于人们对未来短期利率的预期。无论是算术平均法还是几何平均法，得出的对于利率期限结构特点的判断都是一致的。基本结论有以下三条。

第一，如果预期未来短期利率上升，则长期利率就会高于短期利率，收益曲线向上倾斜。

第二，如果预期未来短期利率下降，则长期利率就会低于短期利率，收益曲线向下倾斜。

第三，如果预期未来短期利率保持不变，则长期利率就会等于短期利率，收益曲线呈水平状。

纯粹预期假说可以解释前面所提到的第一个事实：不同期限的债券的利率随时间一起波动。一般来说，短期利率具有今天上升、明天进一步上升的特点。因此，短期利率上升将提高人们对未来短期利率上升的预期。由于长期利率与未来短期利率预期的平均值相关，所以短期利率上升也将促使长期利率上升，使得短期利率与长期利率同方向变动。

纯粹预期假说也可以解释前面所提到的第二个事实：短期利率较低时，收益曲线倾向于向上倾斜；短期利率较高时，收益曲线倾向于向下倾斜。因为如果现在短期利率低，人们预期它将升至某个正常水平，这会导致未来短期利率预期平均值上升，长期利率将大大高于当前的短期利率，收益曲线因此向上倾斜。相反，如果现在短期利率高，人们预期它将回落，未来短期利率预期平均值将低于现在的短期利率，长期利率将降至短期利率以下，收益曲线因此向下倾斜。

该假说的缺陷在于无法解释前面所提到的第三个事实：收益曲线往往是向上倾斜的。因为根据该假说的逻辑，向上倾斜的收益曲线具有这样的含义：未来短期利率预期平均值总是上升的。这与现实中利率的波动不符，现实中短期利率有可能上升，也可能下降，但是不可能一直保持单边上升的趋势。

（二）市场分割假说

纯粹预期假说假定投资者没有严格的期限偏好，对此，市场分割假说提出了完全不同的假设。它假定市场由具有不同投资期限偏好的投资者组成，每种投资者都偏好或只投资于某个特定品种的债券。所以，不同期限的债券完全不可相互替代，一种期限债券的预期收益率对另一种期限债券的需求没有任何影响，从而各种期限债券的利率只是由该种债券的供求决定。也就是说，市场是分割的。

1. 市场分割的原因 造成市场分割的原因有很多，这里主要从风险角度进行解释。假设投资者是风险厌恶者，个人或机构为避免未来遭遇不愿承受的风险和损失，就不会选择偏离自己未来支出计划的期限。不同的投资者有不同的支出计划，就会形成不同期限债券各自的市场。短期内有支出计划的，就会偏好短期债券；长期内有支出计划的，就会偏好长期债券。但相对来说，长期的支出计划总是更难早做筹划，所以对短期债券的需求更多一些。

类似的道理，不同的金融机构也有可能偏好不同期限的债券市场。商业银行出于流动性管理的需要，会偏好持有期限较短的债券，特别是政府债券，以便在有资金需求时可以顺利变现。但人寿保险公司没有迫切保持流动性的需要，所以它更倾向于持有期限较长的债券，以便获得更理想的收益。从债券发行者看，它们也会按照自己的业务特点，选择发行合适期限的债券。

2. 市场分割假说对收益曲线形状的解释 根据市场分割假说，收益曲线的不同形状是由不同期限债券的市场供求差异决定的。如果在长期债券市场出现供给大于需求的情形，短期债券市场却出现供给小于需求的情形，长期债券价格会下降，导致长期利率上升，而短期债券价格会上升，导致短期利率下降，这就有可能出现长期利率高于短期利率的现象，收益曲线向上倾斜；反之，就会出现短期利率高于长期利率的现象，收益曲线向下倾斜。

市场分割假说可以解释前面所提到的第三个事实，即收益曲线往往是向上倾斜的。在现实经济中，人们更偏好期限较短、风险较小的债券，因而对短期债券的需求相对于长期债券而言更旺盛。而债券发行者一般倾向于发行长期债券以满足自身发展的需要，因而短期债券的供给相对于长期债券要少得多，使得一般的短期债券价格较高、利率较低，长期债券价格较低、利率较高。因此，收益曲线向上倾斜。

但是，它无法解释前面提到的第一个事实和第二个事实。因为它将不同期限的债券市场看成完全分割的市场，所以一种期限债券的利率上升不会影响其他期限债券的利率。例如，当长期债券供给增加而需求不变时，其价格下跌，长期利率上升，但短期债券投资者并不会因此转向购买长期债券，长期债券的利率变动也就不会对短期债券的利率造成影响。所以，长期债券的供求关系只决定其本身的利率水平。同样，短期债券的供求关系也只决定其本身的利率水平，因此不能解释为什么不同期限债券的利率是一起波动的。该理论也不能确定长期债券能否随短期债券供求而变化，而第二个事实恰恰是短期利率较低时，收益曲线倾向于向上倾斜，短期利率较高时，收益曲线倾向于向下倾斜。

鉴于纯粹预期假说和市场分割假说都无法全面解释前面提到的三个事实，必须将二者结合起来，这就推导出了流动性升水假说。

（三）流动性升水假说

1. 流动性升水假说的内涵 流动性升水假说认为，不同期限债券可以互相替代，这就决定了一种期限债券的预期收益率可以影响其他期限债券的预期收益率。同时，该理论也承认投资者对不同期限债券的偏好。换句话说，不同期限债券可以相互替代，但不能完全替代。由于投资者倾向于投资期限较短的债券，这些债券的利率风险相对较小，因此只有当正的流动性升水存在时，投资者才愿意投资期限较长的债券。

流动性升水假说认为，长期债券的利率等于债券到期日前短期利率预期平均值加上该债券随供求条件而变化的流动性升水。借助于纯粹预期假说的结论，考虑流动性升水之后的长期利率与短期利率的关系可以表示为

$$i_{nt} = \sqrt[n]{(1+i_t)(1+i_{t+1}^e)\cdots(1+i_{t+(n-1)}^e)} - 1 + L_{nt}$$

$$i_{nt} = \frac{i_t + i_{t+1}^e + i_{t+2}^e + \cdots + i_{t+(n-1)}^e}{n} + L_{nt}$$

式中，L_{nt} 为 n 年期债券的流动性升水，它是时间的递增函数，具有期限越长，数值越大

的基本特点，即 $0 = L_{1t} < L_{2t} < \cdots < L_{nt}$。因此，债券期限越长，流动性越差，流动性升水越高，利率水平就会越高。

我们可以用简单的例子来说明流动性升水假说的含义。例如，假定在今后5年内，预期1年期利率分别为5%、6%、7%、8%和9%，由于投资者偏好持有短期债券，设1年期至5年期债券的流动性升水分别为0、0.25%、0.5%、0.75%和1%。于是，

2 年期债券的利率为：$\dfrac{5\% + 6\%}{2} + 0.25\% = 5.75\%$

3 年期债券的利率为：$\dfrac{5\% + 6\% + 7\%}{3} + 0.5\% = 6.5\%$

4 年期债券的利率为：$\dfrac{5\% + 6\% + 7\% + 8\%}{4} + 0.75\% = 7.25\%$

5 年期债券的利率为：$\dfrac{5\% + 6\% + 7\% + 8\% + 9\%}{5} + 1\% = 8\%$

因此，1年期至5年期的利率分别为5%、5.75%、6.5%、7.25%和8%，此时，收益曲线是向上倾斜的。

2. 对收益曲线形状的解释　流动性升水假说对收益曲线形状的解释如图3-9所示。在图3-9a中，如果预期短期利率上升，加上流动性升水，则使收益曲线陡峭地上升。在图3-9b中，如果预期短期利率不变，加上流动性升水，收益曲线也会轻微地上升，而不是如纯粹预期假说所解释的那样呈水平状。在图3-9c中，如果预期短期利率轻微下降，加上流动性升水，则收益曲线呈水平状，而不是如纯粹预期假说解释的那样呈下降形状。在图3-9d中，如果预期短期利率大幅下降，加上流动性升水，则收益曲线也只是平缓下降。

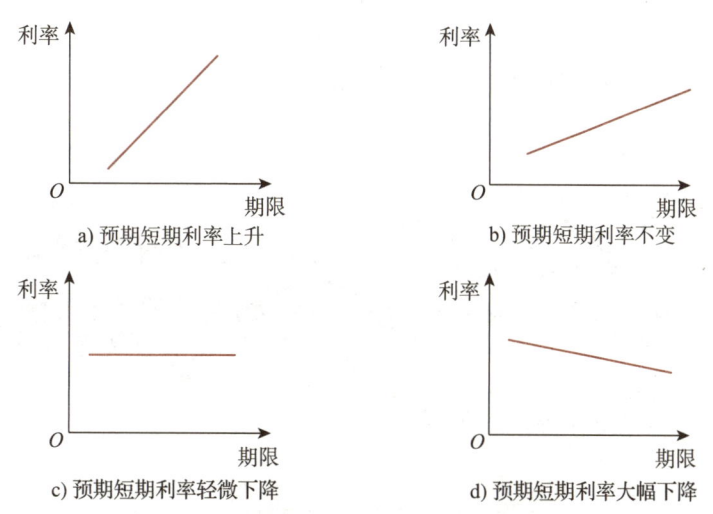

图3-9　流动性升水假说对收益曲线的解释

根据流动性升水假说可以解释前述第一个事实。短期利率上升，会导致未来短期利率的平均值更高，长期利率随之上升，因而不同期限债券的利率随时间一起波动。

该假说也能对前述第二个事实做出解释。如果短期利率偏低，投资者通常预期它将升至某个正常水平，即预期短期利率上升，加上流动性升水，长期利率将大大高于当前

短期利率，因此收益曲线随之陡峭地向上倾斜；相反，如果短期利率偏高，人们通常预期其将大幅下降，使得短期利率的预期平均值大大低于当前短期利率，即使加上流动性升水，长期利率仍然低于当前短期利率，收益曲线向下倾斜。

该假说还能解释前述第三个事实。由于投资者偏好短期债券，所以随着债券期限延长，期限补偿也相应增加。即使未来短期利率的预期平均值保持不变，长期利率也将高于短期利率，从而使得收益曲线往往是向上倾斜的。

|专栏 3-3|

收益曲线倒挂意味着什么

收益曲线倒挂（inverted yield curve），也称利率倒挂，是指利率期限结构中出现长期利率水平低于中短期利率水平的现象。

流动性升水假说认为，在正常的市场中，由于人们偏好中短期流动性的资金，中短期金融工具价格高企，因此中短期利率水平会低于长期利率水平。

但是，进入21世纪后，世界上出现了多次收益曲线倒挂的现象。在2008年金融危机中，出现了长期利率水平低于中短期利率水平的现象，并且这种现象持续存在，也被称为"格林斯潘长期利率之谜"问题。2018年11月，美债收益率（5年期－3年期）和美债收益率（5年期－2年期）先后倒挂，2019年3月，美债收益率（10年期－3个月期）也开始倒挂，2019年8月，美债收益率（10年期－2年期）也曾一度倒挂等。美债收益率倒挂情况如图3-10所示，随着美债倒挂范围的持续扩大和程度的不断加深，市场对美国经济前景的担忧也在加重。

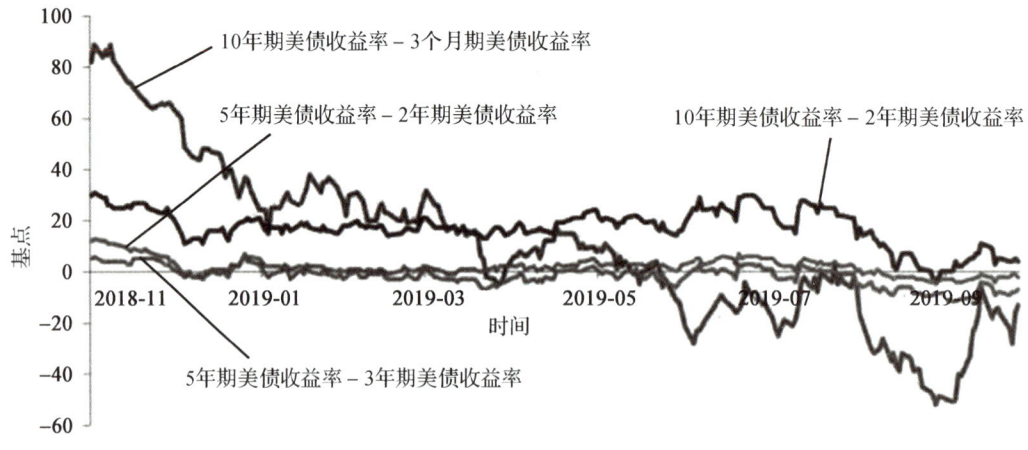

图3-10　美债收益率倒挂情况

收益曲线为何倒挂

首先是投资者对未来经济增长前景不明朗的预期导致长期利率下降。通常来讲，短期利率反映的是金融市场的兴衰，而长期利率反映的是实际经济状况的兴衰。收益曲线反映的就是短期利率和长期利率之间的关系。收益曲线倒挂表明市场愿意压低长期利率，这间接表明了投资者对于未来的经济增长前景不明朗。

其次是投资者预期未来通货膨胀偏低进而预期未来利率会下降。当人们预期长期经济疲软时，会形成中央银行将维持低利率政策的预期，从而预期未来短期利率下降，根据纯粹预期假说，长期利率会更低，而在中短期情形中，资金紧张，流动性紧张，这会引发中短期利率上升进而出现利率倒挂的情况，收益曲线将向下倾斜。

收益曲线倒挂真的是经济衰退的信号吗

一种观点认为，收益曲线倒挂预示着经济衰退的到来。以2年期和10年期美国国债利率为例，单纯从收益曲线与经济衰退的历史长周期关系来看，的确是在大多数时候有很高的相关性，从20世纪80年代以来的过去40多年中几乎每次收益曲线倒挂后都在或长或短的时间后出现衰退，这也是美国国债收益曲线倒挂后市场担心的主要原因。

另一种观点认为，在实际操作中，单纯地依赖这一指标存在一定时间判断上的麻烦，预测的"择时"效果并不理想。原因在于从历史经验来看，收益曲线倒挂和经济衰退之间的间隔并不固定，而且有时候可以相隔很久，从历史经验来看，分别在18个月、12个月和23个月后，差异较大。这说明，我们不能单纯只依赖这一个指标作为判断依据，目前还没有一个可以遵循的较为准确的历史规律。

资料来源：中金研报：美债收益曲线倒挂可能意味着什么？http://mini.eastday.com/a/190815072632638-2.html。

 复利原理的启示："复利"是成功人生的秘诀

扫码详尽了解

本章小结

1. 利息是借贷关系中债务人支付给债权人的报酬。利息本质上是剩余价值的一种特殊表现形式。在现实生活中利息被广泛应用，表现为利息被看作是收益的一般形态且存在着"收益的资本化"现象。

2. 利率是一定时期的利息收益与本金之比。在众多利率体系中起中心利率作用的是基准利率。

3. 到期收益率是一个非常重要的利率概念。它甚至被经济学家视为衡量利率的最为精确的指标，是指使某金融工具未来所有收益的现值等于其当前市场价格的利率。

4. 利率的计算方法主要有单利和复利。单利，是指以本金为基数计算利息，而借贷期内产生的利息不再加入本金计算下期利息的一种利息计算方法。复利，是指本期产生的利息自动计入下一计息期的本金，连同原来的本金一并计息的一种利息计算方法，俗称"利滚利"。

5. 影响利率水平的因素包括平均利润率、借贷资本的供求、物价水平、中央银行的贴现率、经济周期、国家经济政策和国际利率水平等。

6. 古典利率理论把利息看成是等待或延期消费的报酬。该理论认为，利率取决于储蓄和投资，且利率具有自动调节储蓄和投资的功能。凯恩斯的流动性偏好理论把利息看成是在一定时期内放弃货币、牺牲流动性所得的报酬，因而把利率看成是一种纯粹由货币供求所决定的货币现象。该理论认为，当利率低到某一水平时，存在"流动性陷阱"。在"流动性陷阱"条件下，货币政策失效。可贷资金理论则认为利率是实际因素和货币因素共同作用的结果。该理论认为，利率是由可贷资金的供求来决定的。IS-LM模型的利率决定理论从货币市场和商品市场的全面均衡来分析利率的决定机理。

7. 利率的风险结构，是指期限相同的各种债券因风险不同而产生的利率差异，或者说期限相同的金融资产因违约风险、流动性差异和税收差异而产生的不同利率关系。

8. 利率的期限结构，是指风险结构相同的各种债券的利率与期限之间的关系。描述风险相同但期限不同的债券的到期收益率与期限之间关系的曲线称为收益曲线。它有三种典型的类型，即向上倾斜的收益曲线、向下倾斜的收益曲线和水平的收益曲线。

9. 纯粹预期假说强调不同期限债券间的完全替代性。该假说认为，若预期的未来短期利率高于现行短期利率，则当前长期债券利率高于短期债券利率，收益曲线向上倾斜；反之，若预期的未来短期利率低于现行短期利率，则当前长期债券利率低于短期债券利率，收益曲线向下倾斜；如果投资者预期短期利率保持不变，则收益曲线呈水平状。

10. 市场分割假说认为所有的投资者偏好于使其资产寿命与债务寿命相匹配的投资。人们对特定期限的债券有着特别的偏爱。在市场分割假说下，各种期限债券的利率由该债券的供求所决定，从而决定了收益曲线的形状。

11. 流动性升水假说认为，由于长期债券缺乏流动性，人们对于流动性高的债券更为偏爱。因此，长期债券的利率等于长期债券期限内短期债券利率水平的平均值加上流动性升水。在该理论下，即使人们预期未来短期利率保持不变，收益率曲线也会向右上方倾斜。即使人们预期未来短期利率下降，收益曲线也可以是水平线。

复习思考题

1. 解释下列概念：利率、费雪效应、收益的资本化、基准利率、流动性陷阱、到期收益率、利率的风险结构、利率的期限结构、收益曲线、息票债券、永久债券。
2. 简述到期收益率与票面利率的区别和联系。
3. 简述流动性偏好理论的主要内容。
4. 简述影响利率的主要因素。
5. 简述利率的期限结构理论的主要观点。
6. 简述利率的风险结构的主要内容。
7. 货币供给增加对利率影响的流动性效应、收入效应、价格效应和预期通货膨胀效应有何不同？
8. 已知实际利率为4%，名义利率为8%，那么市场预期的通货膨胀率将是多少？说明原因。
9. 假设某公司债券的面值为100元，票面利率为6%，5年到期，当前价格为115元。如果张某购买了该债券并持有2年，2年后以112元卖出该债券。

（1）计算当前收益率。

(2) 计算实际收益率。

10. 假设当前利率为3%，一张票面利率为5%，票面额为1 000元的5年期债券价格是多少？当利率上升为4%时，债券价格将会发生什么变化？

11. 假设预期理论是利率期限结构的合理解释，以下给定未来5年内的1年期利率，请分别计算1年期到5年期的利率，并画出收益曲线。

    (1) 5%、7%、7%、7%、7%。

    (2) 5%、4%、4%、4%、4%。

12. 一笔为期3年的投资在3年内每年年末分别取得如下收益：第1年450元，第2年600元，第3年650元。市场利率为10%，则该笔投资的终值是多少元？

13. 如果年利率为10%，你将选择下面哪种情况？

    (1) 现在的100元。

    (2) 以后10年内每年年末的12元。

    (3) 每年年末的10元，且这种状况一直持续。

(4) 现在是5元，年支付金额以5%的速度增长且一直持续下去。

14. 债券的票面利率为8%，面值为1 000元，距离到期日还有6年，到期收益率为7%，在如下几种情况下分别求债券的现值。

    (1) 每年支付一次利息。

    (2) 每半年支付一次利息。

    (3) 每季度支付一次利息。

15. 当下列情况发生时，利率将如何变化？

    (1) 债券风险增大。

    (2) 收入增加。

    (3) 货币供给增加。

    (4) 人们的预期通货膨胀率上升。

16. 讨论货币供给增加对利率的影响。

复习思考题部分答案
扫码收听

❖ 本章拓展内容

- 利率如何影响市场
- 什么是信用评级

第二篇
PART 2

金融市场篇

第四章　金融市场及其构成
第五章　金融衍生工具市场

第四章
CHAPTER 4

金融市场及其构成

§ **学习目标**

了解金融市场的基本特征及功能

用数学语言描述金融市场的风险与收益的关系

理解资产组合投资的基本原理

理解货币市场的特点及主要构成

描述一级市场与二级市场的内涵及关系

了解一级市场发行制度的种类与特点

了解我国多层次资本市场的构成

§ **本章导读**

金融市场是一个令人着迷的领域。在这个市场中，资金从那些拥有闲置货币的人手中转移到资金短缺的人手中，将资金从没有生产用途的人向有生产用途的人转移，从而提高了生产效率。但是金融市场又是一个充满波动的市场，金融市场的剧烈震荡甚至能引发金融危机，对一国经济造成严重冲击。这个时候，我们自然想知道：什么是金融市场？我们为什么需要金融市场？金融市场是如何运转的？对此，在本章我们将从金融市场的特征开始进入学习，重点理解收益与风险的关系及资产组合理论的基本思想，并分析货币市场的基本构成、资本市场的结构与交易类型等内容。本章将主要分析金融市场的传统交易方式。下一章再分析更令人眼花缭乱的金融衍生工具市场。

第一节 金融市场概述

金融市场（financial market），是指货币资金融通和金融资产交换的场所。在这个市场上，各类经济主体进行资金融通，交换风险，从而提高整个社会资源配置的效率。参与金融市场的各类经济主体包括个人、企业、政府、金融机构和中央银行五类，它们根据自己的需要选择充当资金供给方（投资方）或资金需求方（筹资方）。

一、金融市场的特征

随着现代市场经济的发展,金融市场也在不断发展,它不仅和人们的生活发生着日益紧密的联系,而且处于现代市场体系的核心地位。同商品市场相比,金融市场有着自己的特点。

(一) 交易对象为金融工具

金融工具,是指在金融活动中产生的能够证明金融交易金额、期限、价格的合法凭证,是一种具有法律效力的契约。既包括政府债券、公司股票和债券、商业票据、银行可转让大额定期存单,也包括金融期货、期权等衍生金融资产,这些金融工具是一定金额货币资金的载体。有时,人们将金融工具与金融资产相互替代。实际上,金融资产与金融工具是有区别的:通常,金融工具是从筹资者角度讲的,即通过发行金融工具筹集资金;金融资产则是从投资者角度讲的,即通过买卖金融资产赚取投资收益。

金融工具具有流动性、偿还期、风险性、收益性等特征,具体如下。

流动性,是指金融工具可以迅速变现而不致遭受损失的能力。金融工具一般都可以在金融市场上买卖,对持有者来说,可以随时将金融工具卖出,获取现款,收回投资。判断金融工具的流动性包含两个方面:一是能不能方便地随时自由变现;二是变现过程中损失的程度和所耗费的交易成本的高低。凡能随时变现且不受损失的金融工具,其流动性就高;凡不易随时变现,或变现中蒙受价格波动的损失,或在交易中要耗费较多的交易成本的金融工具,其流动性就低。

偿还期,是指金融工具一般都标明期限,即发行日至到期日的时间,债务人到期必须偿还信用凭证上所标明的债务,债权人则到期收回债权金额。就偿还期而言,对持有人来说,更有实际意义的是持有期。虽然金融工具一般都有偿还期,但也存在着特例,如股票只支付股息,没有偿还期。实际上,由于有价证券可以买卖转让,这样对持有者来说,就可以把无期化为有期、长期化为短期。

风险性,是指金融工具的本金遭受损失的风险。金融工具的风险主要有两类。一类是信用风险,即债务人不履行合同,不能按约定的期限和利息还本付息的风险。信用风险的大小,首先取决于债务人的信誉和经营能力,其次取决于金融工具的类型。另一类是市场风险,即因经济环境、市场利率或者证券市场上不可预见的一些因素的变化,导致金融工具价格下跌,从而给投资人带来损失。

收益性,是指金融工具能为其持有人带来一定的收入。收益的大小是通过收益率来反映的,具体可详见前面提到的各种收益率指标。

一般来说,风险与期限成正比关系,收益率与流动性成反比关系,风险性与流动性成反比关系,流动性与偿还期成反比关系,偿还期越短,债务人信誉越高,流动性就越大。总之,期限越长,流动性(变现的能力)越差,风险就会越高,相对的收益就越高。

(二) 交易价格表现为资金的合理收益率

金融市场上交易对象的价格体现为不同期限资金借贷的合理收益率。在金融市场上，金融资产的交易过程就是它的定价过程，而金融资产的价格反映了货币资金需求者的融资成本和货币资金供给者的投资收益。因而，金融资产的定价机制也是金融市场的核心机制。无风险资产一般只包含无风险利率——基础收益，而风险资产的收益率还包含风险溢价——风险收益。了解基础收益和风险收益的区别和各自的决定机制，对于投资成功至关重要。

（三）交易目的表现为让渡或获得资金的使用权

金融市场上的交易目的主要体现为使用权而不是所有权的交易，这与商品市场有显著的区别。资金盈余单位以各种方式让渡一定时期一定数量资金的使用权，是为了获得利息或收益；而资金短缺单位则通过各种渠道获得一定时期一定数量资金的使用权，代价是要支付资金使用成本。

（四）交易场所表现为有形或无形

传统的商品市场往往是一个有固定场所的有形市场，而金融市场不一定都有固定的场所。金融市场大致分两种情况：一是交易所方式，或称有形市场，即交易者集中在有固定地点和交易设施的场所内进行金融产品交易，如常见的银行、证券交易所就是典型的有形市场；二是柜台方式，或称无形市场，是指交易者分散在不同地点（机构）或采用电信手段进行交易的市场，如场外交易市场和全球外汇市场就属于无形市场。

二、金融市场的分类

金融市场是一个大系统，这一系统由许多具体的、相互独立但又有紧密关联的市场组成，可以按不同的划分标准进行分类。以下进行主要类型的介绍。

（一）按照资金筹集方式的不同，金融市场可划分为债权市场和股权市场

资金需求者在金融市场上可以通过两种方式筹集资金。最常见的方式是通过各种**债务工具**（debt instrument）来筹集资金。由债务工具交易形成的市场被称为债权市场。如发行债券或申请抵押贷款，这种工具是一种契约型合同，标明在未来某一时间，由借款者（债务人）向贷款者（债权人）支付合约约定的利息及偿还本金。1年以内到期的债务工具被称为短期债务工具，到期日在1~10年的债务工具被称为中期债务工具，到期日在10年或者更长的债务工具被称为长期债务工具。

另一种方式是通过**股权凭证**（equity certificate）来筹集资金，包括发行股票、认购权证及存托凭证、股权基金、风险投资基金等。由股权交易所形成的市场被称为股权市场。股权凭证承诺持有者按份额享有公司的净收益和资产。通常，股权凭证的持有者可以得到定期支付（股利，dividend）。由于这种工具没有到期日，因此被视为长期证券。

虽然公众对于股票市场比其他金融市场更加熟悉，但无论在发达国家还是在发展中国家，债权市场的规模通常都远远大于股权市场的规模，其原因参见第二章第二节金融机构存在的理论基础。

（二）按照金融工具的交割时间，金融市场可划分为现货市场和期货市场

现货市场（spot market），是指现金交易市场，即买者付出现款，收进证券或票据；

卖者交付证券或票据，收进现款。这种交易一般是当天成交、当天交割，原则上最多不能超过 3 个营业日。

期货市场（futures market），是指在成交日之后合约规定的特定日期，如几周、几个月之后进行交割。较多采用期货交易形式的市场，主要是证券市场、外汇市场、黄金市场等。20 世纪 70 年代以来，金融期货交易的形式越来越多样化，期货交易量已大大超过现货交易量。

（三）按照金融工具交易的顺序，金融市场可划分为一级市场和二级市场

一级市场（primary market），是指筹集资金的公司或政府机构将其新发行的股票或债券等证券销售给最初购买者的金融市场。一级市场的主要功能是筹集资金。投资银行（证券公司）是一级市场上协助证券发行的重要金融机构。

二级市场（secondary market），是指交易已经发行的证券的金融市场。当一个人在二级市场上买入证券时，出售证券的人通过让渡证券获取了货币收入。但是，发行该证券的公司却没有得到新的资金。公司只有在一级市场上首次发行证券时，才能获取资金。但无论如何，二级市场仍发挥着以下两个重要功能。一是流动性功能。二级市场使投资者可以更加容易和快捷地出售金融工具，提高了金融工具的流动性，也就增强了金融工具在金融市场上的接受度，从而使得发行公司在一级市场上的销售变得更加容易。二是价格发现功能。二级市场决定了发行公司在一级市场销售证券的价格，因为投资者在一级市场上购买证券的价格，不会高于其对二级市场上该证券价格的预期。二级市场上证券价格越高，发行公司在一级市场上销售证券的价格就越高，它们所筹集到的资金规模也就越大。

（四）按照金融工具的期限，金融市场可划分为货币市场和资本市场

货币市场（money market），是指交易期限在 1 年及 1 年以下的短期资金融通的市场，包括银行同业拆借市场、银行间债券市场、大额定期存单市场、商业票据市场等子市场。这一市场的金融工具期限一般很短，流动性高，类似于货币，因此被称为货币市场。货币市场是金融机构调节流动性的重要场所，是中央银行货币政策操作的基础。

资本市场（capital market），是指交易期限在 1 年以上的长期资金融通的市场，主要包括银行的长期借贷市场和有价证券市场，如股票市场、债券市场等。由于交易期限较长，流动性较低，资金主要用于实际资本的形成，所以被称为资本市场。其作用是满足工商企业的中长期投资需求和解决政府财政赤字的需要。

本章后面部分将对货币市场和资本市场进行详细介绍。

三、金融市场的功能

金融市场通过组织金融工具的交易，发挥着重要的经济功能。

（一）融通资金功能

融通资金功能，即实现储蓄向投资转化的功能，这是金融市场最主要、最基本的功

能。金融市场借助市场机制，聚集了众多交易主体，创造和提供了各种金融工具与融资平台，为投资者和筹资者开辟了广阔的投融资途径。在这个过程中，金融市场发挥着融通资金的"媒介器"作用。

金融市场这一功能的重要性在于，有多余资金的经济主体往往并不是有投资机会的主体。我们假设张某拥有1 000元的积蓄，可是找不到合适的投资机会，那么他就只能持有1 000元现金而无任何额外收益。同时李某有一个需要1 000元并能赚得年收益200元的投资机会。假定张某能与李某取得联系，将1 000元贷给他。李某支付100元的利息，自己也能获得100元的投资收益。这样，二人都能从中获利。但是，在缺乏金融市场的情况下，张某与李某也许永远不会碰在一起。没有金融市场，很难实现资金从投资者向筹资者的转移。

金融市场为资金供求双方提供了调节资金余缺的市场交易机制，从而促进储蓄向投资转化，进而促进经济发展。

（二）优化资源配置功能

优化资源配置功能，是指金融市场通过定价机制自动引导资金的合理配置，进而引导资源从低效益部门向高效益部门流动，从而实现资源的合理配置和有效利用。

假定金融市场上证券的交易价格能反映企业真实的内在价值（包括企业债务的价值和股东权益的价值），则通过金融市场的价格信号，就能引导资金流向最有发展前景、最有经济效益，并且能为投资者带来最大利益的行业和部门（因为此类公司的证券价格会一路走高，吸引人们购买），从而引导资金合理流动，实现资源的有效配置和合理利用。

（三）信息传递功能

信息传递功能，是指金融市场发挥经济信息集散中心的作用，成为一国经济、金融形势的"晴雨表"。首先，从微观角度看，金融市场能够为证券投资者提供信息。例如，通过上市公司公布的财务报表来了解企业的经营状况，从而为投资决策提供充分的依据。其次，从宏观角度看，金融市场交易形成的价格指数作为国民经济的"晴雨表"，能直接或间接地反映国家宏观经济运行状况。

（四）分散和转移风险功能

分散和转移风险功能，是指金融市场的各种金融工具在收益、风险及流动性方面存在差异，投资者可以很容易地采用各种证券组合来分散投资于单一金融资产所面临的非系统性风险，从而提高投资的安全性和盈利性。但需要明确的是，金融市场只能针对某个局部分散或转移风险，不能从总体上消除风险。同时，金融市场也发挥着提供流动性的功能，其中包括长短期资金的相互转换、小额资金和大额资金的相互转换和不同区域资金的相互转换。这种转换有利于灵活调度资金，为投资者和筹资者进行对冲交易、套期保值交易等提供便利，使其可以利用金融市场来转移和规避风险。

（五）经济调节功能

金融市场为宏观管理当局实施宏观调控提供了场所。例如，金融市场能从总体趋势上反映国家货币供给量的变动趋势，中央银行可以根据金融市场上的信息反馈，通过公开市场业务、调整贴现率等手段来调节资金的供求关系，从而保持社会总供求的均衡。在中央银行货币政策工具中，以短期国债为主要交易工具的公开市场业务操作就需要借助货币市场平台。中央银行可以在该平台上影响商业银行的超额准备金和同业拆借市场利率，进而影响金融机构的信用扩展能力。

四、金融资产的收益与风险

在进入金融市场进行交易之前，我们非常有必要了解收益与风险这一对基本的矛盾。在金融市场上，收益与风险是做任何投资决策时必须考虑的一对矛盾，因为收益与风险是对称的，高风险对应高收益，低风险对应低收益。或者说，所有的收益都是要经过风险调整的。俗话说，"天上不会掉馅饼，掉下来的一定是陷阱"。在1952年哈里·马科维茨（Harry Markowitz）的相关研究发表之前，人们对收益与风险的理解大多处于感性阶段。马科维茨第一次用比较精确的数学语言刻画了收益与风险，从而为资产定价乃至现代金融理论的发展奠定了基础。

（一）单个资产收益与风险的度量

1. 单个资产的预期收益率 对于金融资产而言，收益率是不确定的。因此，收益实际上就是投资者在投资之前对未来各种收益率的加权平均值，即预期收益率。从数学角度看，预期收益率实际上是指收益率这个随机变量的数学期望值，计算公式为

$$E(r) = \sum_{i=1}^{n} r_i P(i) \tag{4-1}$$

式中，$E(r)$ 表示某种资产的预期收益率；n 表示可能遇到的 n 种情况；r_i 表示该资产在第 i 种情况下的收益率；$P(i)$ 表示第 i 种情况出现的概率，n 种情况出现的概率之和等于1。

例如，假定某投资者将1 000元投资于某金融资产，持有期为1年。投资者认为该资产1年后有30%的可能上涨到1 500元（情况一），有40%的可能下跌到900元（情况二），有30%的可能下跌到800元（情况三），如表4-1所示。

表4-1 某金融资产收益的分布情况

可能的情况	概率（%）	期末总价/元	收益率（%）
情况一	30	1 500	50
情况二	40	900	-10
情况三	30	800	-20

注：收益率的计算公式是，收益率=(期末财富-期初财富)/期初财富。

根据预期收益率的计算公式，可知投资者的预期收益率为5%：

预期收益率 = 30% × 50% + 40% × (-10%) + 30% × (-20%) = 5%

从预期收益率的计算可以看出，结果是均值，实际收益率很可能偏离预期收益率。

2. 单个资产收益率的风险 在金融投资中，风险是指未来收益的不确定性。它描述的是价格或收益的波动程度，可以用收益对预期收益率的偏离程度来反映。因此，引

入数学上的方差概念,我们就可以对风险进行定量分析。方差的公式为

$$\sigma^2 = \sum_{i=1}^{n} [r_i - E(r)]^2 P(i) \tag{4-2}$$

在实践中,人们习惯用方差的平方根,也就是标准差来衡量风险,即

$$\sigma = \sqrt{\sigma^2} \tag{4-3}$$

上例中,投资者取得5%的预期收益率的风险是29.75%:

$$\sigma = \sqrt{(50\% - 5\%)^2 \times 30\% + (-10\% - 5\%)^2 \times 40\% + (-20\% - 5\%)^2 \times 30\%} = 29.75\%$$

(二)资产组合的预期收益率

金融学的一个基础假设是投资者不喜欢风险,而降低风险的一种有效方法就是构建多样化的资产组合,或者说"不把所有的鸡蛋放在一只篮子里"。这时,投资者就需要计算投资组合的预期收益率和风险。

例如,假设两种不同的证券,其收益分布情况如表4-2所示。证券A的预期收益率为6.2%,标准差为8%。证券B的预期收益率为5%,标准差为4.6%。

表4-2 两种不同证券的收益分布情况 (%)

可能的情况	概率	证券A的收益率	证券B的收益率
情况一	35	12	10
情况二	40	10	5
情况三	25	-8	-2

1. 资产组合的预期收益率计算 资产组合的预期收益率,是指资产组合中所有资产预期收益率的加权平均值,计算公式为

$$E(r_p) = \sum_{j=1}^{m} E(r_j) w_j \tag{4-4}$$

式中,$E(r_p)$ 表示资产组合的预期收益率;$E(r_j)$ 表示资产组合中 j 资产的预期收益率;w_j 表示 j 资产在资产组合中所占的比重;m 是资产组合中的资产数目。

假定投资者选择表4-2中的两种证券进行组合投资,A、B证券各投资50%,则这一组合投资的预期收益率为5.6%:

$$E(r_p) = 6.2\% \times 50\% + 5\% \times 50\% = 5.6\%$$

2. 资产组合的风险 首先必须明确,资产组合的风险并不等于单个资产风险的简单加权平均。因为资产组合的风险不仅与组合中单个资产的风险有关,还与各种资产之间的相互关系有关,简单的加权平均计算并没有反映出组合内各种资产收益率之间的相互关系。在考虑投资资产组合时,我们不仅要关注组合内单个资产的风险,还要考虑不同资产之间的相互关系。以股票组合为例,我们发现煤炭股和电力股的市场表现是不一致的。一般来说,当煤炭价格上涨时,煤炭公司的股票价格通常都会上涨;而电力公司(主要是指火力发电公司)由于发电成本上升,其股票价格通常都会下跌。反之,当煤炭价格下降时,煤炭公司的股票价格会下跌;而电力公司的股票价格会上涨。如果投资者同时投资这两种股票,则这两种股票的收益率波动在一定程度上相互抵消。对于由这

两种股票构成的资产组合,收益率的变化幅度就没有单个股票投资的变化幅度大,因而风险会降低。为了反映资产组合中各种资产收益率之间的关系,我们需要引入统计学上协方差和相关系数的概念。

协方差(covariance),是指描述两个随机变量协同变化程度的方差。在金融投资中,用资产组合中每种金融资产的可能收益与其预期收益之间的离差之积,乘以相应情况出现的概率后进行加总,所得总和就是该资产组合的协方差。

$$Cov(X,Y) = E[(X - E(X))(Y - E(Y))] \tag{4-5}$$

式中,$E(X)$ 与 $E(Y)$ 分别为两个随机变量 X 与 Y 的数学期望,$Cov(X,Y)$ 为 X 与 Y 的协方差。你可能注意到,协方差的公式与前面介绍的方差公式很相似。实际上可以把它们视为同一公式,因为一个随机变量的方差就是这个随机变量与自身的协方差。在协方差公式里,把 Y 和它的数学期望换成 X 和它的数学期望,就能够领会这一点。

注意到在这个公式里,当 X 的结果大于它的数学期望时,如果 Y 的结果也大于它的数学期望,则括号里的项都是正数,它们的乘积也是正数。与之相似,当 X 的结果小于它的数学期望时,如果 Y 的结果也小于它的数学期望,则括号里的项都是负数,它们的乘积将是正数。因此,当 X 和 Y 沿相同方向变化时,X 和 Y 的协方差为正数,即两个随机变量成正相关关系。在金融投资中,这就表明两种资产的收益率成正相关关系。相反,如果 X 和 Y 沿相反方向变化,那么括号中的乘积将为负数,结果是二者的协方差为负数,二者成负相关关系。在金融投资中,这就表明两种资产的收益率成负相关关系。

因此,协方差的符号(正或负)可以反映出资产组合中两种资产之间不同的相互关系:如果协方差为正,就表明两种资产的收益率呈同向变动趋势,即在任何一种情况下同时上升或同时下降;如果协方差为负,则反映出两种资产的收益率具有反向变动关系,即在任何一种情况下一种资产收益率的上升伴随着另一种资产收益率的下降;如果协方差为零,则表明两种资产的收益率之间没有相关关系。而且,协方差的绝对值越大,则表明这两种资产收益率的关系越密切;绝对值越小,则表明这两种资产收益率的关系越疏远。

现在,我们来计算表 4-2 中证券 A 与证券 B 的协方差:

$$Cov(A,B) = (12\% - 6.2\%)(10\% - 5\%) \times 35\% + (10\% - 6.2\%)(5\% - 5\%) \times 40\% + (-8\% - 6.2\%)(-2\% - 5\%) \times 25\% = 0.0035$$

即证券 A 与证券 B 的协方差为 0.0035,表明这两个金融资产之间存在正相关关系。但是,这种关系对资产组合风险的影响是大还是小呢?这就要引入相关系数的概念了。

相关系数(correlation coefficient),经常用希腊字母 ρ 表示,它等于两种资产的协方差除以两种资产各自的标准差的乘积,即将协方差进行标准化。X 与 Y 的相关系数在数学上被定义为

$$\rho_{XY} = \frac{Cov(X,Y)}{\sigma_X \cdot \sigma_Y} \tag{4-6}$$

式中,$Cov(X,Y)$ 为 X 与 Y 的协方差;σ_X 和 σ_Y 分别为 X 与 Y 的标准差。

相关系数的一个重要性质是它总是在 -1 至 +1 之间。相关系数为正值,表示两种资产收益率呈同方向变化;相关系数为负值,表示两种资产收益率呈反方向变化。相关

系数的绝对值越大，表明两种资产之间的相关性越高。如果相关系数为 1，表明两种资产完全正相关；如果相关系数为 -1，表明两种资产完全负相关；如果相关系数为 0，则表明两种资产不相关或相互独立。直观地说，相关系数为 0，意味着 X 的结果不受 Y 的结果的影响。

现在，我们来计算表 4-2 中证券 A 与证券 B 的相关系数。由前面的计算可知：

$$\rho_{AB} = \frac{0.0035}{8\% \times 4.6\%} = 0.95$$

结果表明，证券 A 与证券 B 存在较强的正相关关系。那么由这两种资产构成的组合能否达到降低风险的目的呢？下面我们来介绍资产组合的标准差公式。

计算资产组合风险的标准差公式为

$$\sigma_p = \Big[\sum_{i=1}^{n} w_i^2 \sigma_i^2 + 2 \sum_{0 < i < j \leqslant n} w_i w_j \sigma_i \sigma_j \rho_{ij} \Big]^{\frac{1}{2}} \tag{4-7}$$

式中，σ_p 表示资产组合收益率的风险；下标 i、j 表示第 i、j 种资产；ρ_{ij} 表示第 i 种资产收益率和第 j 种资产收益率之间的相关系数。

从资产组合的标准差公式可以看出，资产组合的风险不仅依赖于各个资产本身的风险，还依赖于各个资产之间的相关系数。由于资产组合的标准差公式中，等号右边加号左边的项的取值为正，加号右边的项的大多数变量都为正数，只有相关系数的取值在 -1 至 +1 之间，因此我们得出结论，当相关系数小于 1 时，资产组合的风险小于单个资产风险的加权平均值，相关系数越小，越趋向于 -1，通过多样化投资降低风险的效果越好。

如果投资组合由两种资产构成，即 $n = 2$，则有：

$$\sigma_p = \big[w_1^2 \sigma_1^2 + w_2^2 \sigma_2^2 + 2 w_1 w_2 \sigma_1 \sigma_2 \rho_{12} \big]^{\frac{1}{2}} \tag{4-8}$$

以表 4-2 的数据为例，通过上述计算我们发现 A、B 的相关系数为 0.95，则该资产组合的标准差为

$$\sigma_p = \big[0.5^2 \times 0.08^2 + 0.5^2 \times 0.046^2 + 2 \times 0.5 \times 0.5 \times 0.08 \times 0.046 \times 0.95 \big]^{\frac{1}{2}} = 6.2\%$$

显然，由证券 A 和证券 B 构成的资产组合的风险小于证券 A 的风险，但大于证券 B 的风险。不难求出组合后的风险仅略低于两种证券的加权风险 6.3% [= (8% + 4.6%)/2]。这是因为两种资产之间的相关系数接近于 1，所以这种组合降低风险的效果并不是很理想。因此，在进行组合投资时，不要盲目地实施多样化投资。

（三）系统性风险与非系统性风险

系统性风险的概念首次出现在诺贝尔经济学奖得主威廉·夏普（William Sharpe）于 1964 年发表的《资本资产价格：一个风险条件下的市场均衡理论》一文中。为了解释分散投资降低风险的原因，夏普将上述马科维茨组合理论的资产总风险分解为系统性风险（systematic risk）和非系统性风险（unsystematic risk）。

所谓**系统性风险**，也称不可分散风险或不可控风险，是指具有同类股票和债券的所有证券共同面临的证券风险部分，是不能通过分散而消除的那类风险。通俗地讲，即资产组合中无法消除的风险被称为系统性风险。

反之，可以通过构造充分多样化的投资组合完全消除的风险就被称为非系统性风

险。非系统性风险是由企业自身的某种原因引起证券价格波动的风险。它只存在于相对独立的范围，或者个别行业中，是企业内部的微观因素。这种风险产生于某一企业或某一行业的独特事件，如破产、违约等，与整个证券市场不发生系统性的联系。

因此，资产组合总风险＝系统性风险＋非系统性风险。

随着资产组合中资产数量的增加，非系统性风险呈递减趋势，而系统性风险一般表现为不变的常数，如图4-1所示。

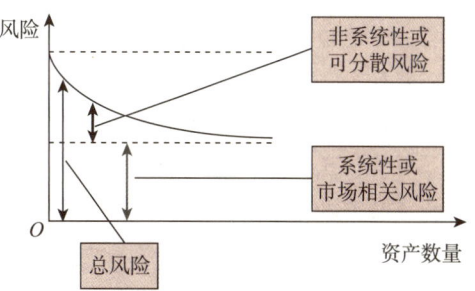

图4-1 资产组合的总风险构成

| 专栏4-1 |

集中还是分散，这是一个问题

杰克先生和罗宾逊先生是邻居。有一天，一个小孩子在街头玩棒球，不小心打破了杰克先生的窗户，他花了10美元才修好。后来，小孩子又把罗宾逊先生的窗户打破了，但是他只花了10美分就修好了，其原因就是罗宾逊先生家的窗户是多格的。这个故事被用来说明分散投资对于回避风险的重要性。另一个经常被用来说明分散投资重要性的例子是鸡蛋和篮子。不过，把鸡蛋（资金）放到不同的篮子（投资品种）里，真的可以降低风险吗？

1. 选择几个互不相关的篮子

投资者亏损时，经常会发现自己手头持有了一堆股票，各种质地、各种行业属性的股票都可能存在于资产组合中。投资者的困惑通常就是，为什么分散投资仍然没有避免风险。实际上，即使是分散投资，在面对宏观经济回落、行业发展趋势恶化等系统性风险时，也无法避免资产缩水。或者我们可以这样理解，最重要的不是把鸡蛋放到几个篮子里，而是选择几个互不相关的篮子。否则，如果几个装满鸡蛋的篮子同时落下，人们可能根本没有时间去考虑究竟该接住哪一个篮子。

2. 分散化降低了获利能力

实际上，除了在面对系统性风险时难以规避资产缩水，分散投资的另一个不足之处在于，这种投资策略在一定程度上降低了资产组合的获利能力。举个简单的例子：同样为10元的初始资金，股票价格均为1元，组合A由10只股票组成，每只股票买1股；组合B由5只股票组成，每只股票买2股。假设在组合A的这些股票中，组合A也购买了组合B的5只股票。其后这5只股票的价格翻了一倍，而其他的股票价格没有变化，则组合A、组合B的收益率分别为50%和100%。很显然，由于组合A投资过于分散，那些没有上涨的股票拉低了组合A的收益率。

曾有人这样描述：分散投资获得巨大财富，这是投资的谎言之一。从来没有一个人因为分散投资进入亿万富翁俱乐部。

3. 集中投资是大师的选择

对于分散和集中，那些投资大师们又是如何选择的呢？索罗斯说："当你对一笔交易有信心时,你必须全力出击。持有大头寸需要勇气,或者说用巨额杠杆挖掘利润需要勇气,但是如果你对某件事情判断正确,你拥有多少都不算多。"投资大师将集中投资的成功前提阐述得非常明确——必须判断准确。准确的判断是集中投资的必要前提条件之一。

实际上,集中是投资决策的必然结果,而不是投资手段。在时间和精力有限的情况下,你有可能去了解少部分股票所有需要了解的信息,但是绝对不可能了解一大批股票所有需要了解的信息,简单地说就是投资者只能去研究相对少的投资品种。从另一个角度看,分散投资成功的大前提仍然是判断的准确性。如果没有准确的判断,单纯依靠在不同的金融市场或者同一市场的不同投资品种上分散投资,是不可能取得良好的投资效果的。

第二节 货币市场

货币市场,是指期限在1年以内(包括1年)的债务工具的发行和交易市场,又称短期金融市场,是最早和最基本的金融市场组成部分。

货币市场的基本特征如下。第一,货币市场的参与者以机构投资者为主。货币市场对参与者的资信要求较高,因此其主要参与者是各类金融机构,如商业银行、证券公司、基金管理公司等。其中又以商业银行为主,它们是市场上最活跃的成分,所占的交易量最大,对资金供求与利率波动的影响也最大。第二,货币市场交易的金融工具流动性高、收益率低。货币市场交易的金融工具大多是期限在1年以内(包括1年)的短期信用工具,信用好、违约风险低、流动性强,但由于其期限短,这些金融工具的收益率也较低。第三,货币市场交易的目的主要是解决短期资金需要。由于货币市场上的各种金融工具大都在1年期以下,有的甚至期限只有1天,因此在这一市场进行交易的主要目的是满足短期资金周转需要。

货币市场主要由以下几部分构成:同业拆借市场、票据市场、国库券市场、大额可转让定期存单市场、回购协议市场。

一、同业拆借市场

(一)同业拆借市场的概念及其产生

1. 同业拆借市场的定义　同业拆借,是指金融机构之间进行短期资金融通的资金借贷业务。同业拆借市场,又称**银行同业拆借市场**(inter-bank market)或同业拆放市场,是指银行与银行之间、银行与其他金融机构之间以及其他金融机构之间进行短期临时性头寸调剂的市场。

2. 同业拆借市场的产生　同业拆借市场最早产生于银行之间为调剂准备金余缺而买卖超额准备金所形成的市场。各国在相继确立中央银行制度后,都通过立法或其他形式要求各金融机构将一定比例的存款(称为法定存款准备金)存入中央银行。此外,各金融机构为了方便清算,也愿意将一部分资金存入中央银行,形成超额存款准备金。各金融机构,特别是商业银行的资产负债的变动,必然引起其在中央银行的法定存款准备金在短期内出现不足或盈余。由于大多数国家的中央银行对法定存款准备金不支付利息,但是如果商业银行在中央银行的法定存款准备金未达到要求要接受惩罚，因此就出现了这样的情形：法定存款准备金多余的银行把多余的部分（超额存款准备金）短期拆借出去以获取利息收入，而法定存款准备金不足的银行又必须设法借入资金以弥补存款准备金。这样，银行之间短期拆借超额存款准备金的市场就应运而生了。

1921年，美国纽约形成了调剂联邦储备银行会员银行的准备金头寸的联邦基金市场。美国的存款金融机构在联邦储备银行（美国的中央银行）的准备金账户上的存款资金被称为联邦基金，而同业拆借就是准备金账户上的存款资金不足或有余的金融机构之间以转账方式进行的借贷活动，所以美国的同业拆借市场被称为联邦基金市场。相应地，其拆借利率就被称为联邦基金利率。

目前，同业拆借市场所进行的短期资金融通已经不仅仅限于弥补或调剂准备金头寸，同业拆借市场已经发展成为各金融机构弥补流动性不足和充分运用资金进行有效资产负债管理的重要场所。

（二）同业拆借市场的特点

1. 交易的同业性 同业拆借市场有着严格的市场准入条件，一般只在实力强、信誉好和经常有业务往来的金融机构之间进行。而非金融机构如工商企业、政府部门及个人或非指定的金融机构，不能进入同业拆借市场。

2. 融资期限的短期性 同业拆借的期限一般较短，以半天、1天、2天或7天为主，最短也可能只有几个小时或隔夜拆借，最长不超过1年。

3. 交易金额的大宗性和无担保性 同业拆借的金额较大，以英国伦敦同业拆借为例，交易数量最少为25万英镑，最高可达几百万英镑。而且，同业拆借市场一般不需要担保或抵押，完全是一种协议和信用交易，双方都以自己的信用担保。

4. 拆借利率低且具有参考性 同业拆借的拆款按日计息，拆息与拆借本金之比被称为拆借利率（interbank offered rate，IBOR）。一般来说，同业拆借利率是以中央银行再贷款利率和再贴现率为基准，根据社会资金的松紧程度和供求关系由拆借双方自由议定的。由于拆借双方都是商业银行或其他金融机构，其信誉比一般工商企业要高，拆借风险较小，加上拆借期限较短，因而利率较低。

5. 交易简便的无形市场 参与同业拆借的机构基本都在中央银行开立存款账户，通常采取电话协商等资金拆借方式达成拆借协议，之后通过各自在中央银行的存款账户自动划账清算，也可能向资金交易中心提出供求和报价，由资金交易中心进行撮合成交，并进行资金划账。

我国内地银行同业拆借市场成立于1996年1月3日，参与交易的机构是商业银行、证券公司、财务公司、基金公司、保险公司等，并成为中国人民银行进行公开市场操作的场所。中国人民银行负责编制并发布这一市场形成的利率，称为中国银行同业拆借利率（China inter-bank offered rate，CHIBOR）。2007年1月4日，由全国银行间同业拆借中心发布的上海银行间同业拆放利率（Shanghai inter-bank offered rate，SHIBOR），逐渐取代CHIBOR成为我国内地货币市场的参考利率。

| 专栏 4-2 |

上海银行间同业拆放利率简介

上海银行间同业拆放利率（以下简称 SHIBOR）以位于上海的全国银行间同业拆借中心为技术平台计算、发布并命名，是由信用等级较高的银行组成报价团自主报出的人民币同业拆出利率计算确定的算术平均利率，也是单利、无担保、批发性利率。目前，对社会公布的 SHIBOR 期限包括隔夜、1 周、2 周、1 个月、3 个月、6 个月、9 个月及 1 年。

SHIBOR 报价银行现由 18 家商业银行组成，分别为工商银行、农业银行、中国银行、建设银行、交通银行、招商银行、中信银行、光大银行、兴业银行、浦发银行、北京银行、上海银行、汇丰银行、华夏银行、广发银行、邮储银行、国家开发银行和民生银行。报价银行是公开市场一级交易商或外汇市场做市商，以及在中国货币市场上人民币交易相对活跃、信息披露比较充分的银行。中国人民银行成立 SHIBOR 工作小组，依据《上海银行间同业拆放利率（SHIBOR）实施准则》确定和调整报价银行团成员，监督和管理 SHIBOR 运行，规范报价行与指定发布人的行为。

全国银行间同业拆借中心受权 SHIBOR 的报价计算和信息发布，每个交易日根据各报价行的报价，剔除最高、最低各 4 家银行的报价，对其余报价进行算术平均计算后得出每一期限品种的 SHIBOR，并于 11：00 对外发布。

SHIBOR 促进了货币市场的快速发展，在市场化产品定价中得到广泛运用，如 SHIBOR 对债券产品定价的指导性持续增强。市场发行以 SHIBOR 为基准的浮息债券和短期融资券规模逐年上升。中国金融市场正在形成以 SHIBOR 为基准的定价群，各种利率之间的比价关系日趋合理、清晰。

二、票据市场

票据市场是短期资金融通的主要场所，是直接联系产业资本和金融资本的枢纽。作为货币市场的一个子市场，在整个货币体系中，票据市场是最基础、交易主体最广泛的组成部分。

由于商业票据和银行承兑汇票是投资者进行短期投资和金融机构进行流动性管理的重要工具，商业票据市场和银行承兑汇票市场也就成为票据市场的最主要的两个子市场。

（一）商业票据市场

1. 商业票据市场的起源及发展 商业票据起源于商业本票（promissory note），是最古老的货币市场工具之一。

最初的商业本票是建立在商业信用基础上的。所谓商业信用，是指工商企业之间进行商品交易时，以延期付款或预付款等形式相互提供的信用。商业信用的具体方式有很多，如赊销商品、委托代销、分期付款、预付定金、预付货款及补偿贸易等。在商业信用中，由出票人签发，承诺自己在见票时无条件支付确定金额给收款人或持票人的付款承诺书就是本票。本票按其出票人身份，可以分为银行本票和商业本票。前者是指银行或其他金融机构作为出票人签发的本票,后者是指以银行或其他金融机构以外的法人或自然人作为出票人签发的本票。本票的基本特征如下。第一,自付票据。本票由出票人本人对持票人付款。第二,基本当事人少。本票的基本当事人只有出票人和收款人两个。第三,无须承兑。由于本票由出票人本人承担付款责任,无须委托他人付款,所以本票无须承兑就能保证付款。

但是到了19世纪初,商业本票的性质出现了变化,美国的许多大企业发行纯粹融资性的本票,并逐渐脱离了与商品交易的联系。这就是融通票据,也即**商业票据**(commercial paper,CP),或称金融票据,是指由资信好的大企业或金融公司等机构以融资为目的而开出的无担保的短期本票。因此,商业票据的签发并不需要有真实商业交易发生,它仅仅是为筹资目的而直接签发的一种特殊票据。当事人一方作为票据的债务人签发票据,另一方作为债权人给予承兑。当商业票据签发并承兑后,票据签发人就可以将票据抵押给银行获得票据抵押贷款,以达到融资的目的。出票人则于票据到期前将款项交给承兑人由其归还银行贷款。因此,在商业票据的关系中,出票人是资金需求者,是真正的债务人;而承兑人和银行则是真正的债权人。

最初的商业票据发行者主要是纺织厂、烟草公司和铁路公司等大型工商企业,而购买者主要为资金充裕的商业银行。20世纪20年代后,商业票据的形式进一步发生变化,发行人主要是各类消费信贷机构,通用汽车金融服务公司(General Motors Acceptance Corporation,GMAC)成为首家发行商业票据的消费信贷公司。进入20世纪60年代,商业票据市场在发达国家迅速发展起来,使其在票据市场的比重越来越大。

2. 商业票据市场的特点　商业票据市场得以迅速发展的原因在于其显现出以下特性。

第一,商业票据市场是一个发行市场。商业票据的一级市场的规模大而二级市场的规模很小,大多数投资者都是将其持有至到期。这是因为,商业票据本身的期限很短,持有者不会过多地考虑流动性问题,无转让的动机。而且,发行人在必要时可以提前赎回票据,从而使投资者无变现压力。商业票据的发行方式有两种——直接发行与间接发行。前者是指发行人直接面向市场投资者发行商业票据,这种方式适合那些发行数额较大且需要经常发行商业票据的大公司。后者是指发行人通过证券交易商发行,这种方式适合不经常发行或发行数额较小的发行人,这样发行人既可以充分利用证券交易商已经建立的销售网络,并争取到尽可能好的利率和折扣,又可以节省自己建立销售网络的成本开支。

第二,商业票据采用信用发行方式,无须抵押,发行程序简便。一个原因是商业票据的发行人多是实力雄厚、信誉良好的大型工商企业、公共事业单位、银行持股公司及金融公司等。另一个原因是商业票据的期限很短,平均期限只有20~45天。

第三,商业票据的发行成本低。商业票据的利率和发行成本均比同期银行贷款利率和贷款成本要低。商业票据一般采用贴现方式发行,到期时面值与发行价格之差即为投资者的利息收益。

第四,商业票据有助于提高发行者的信誉。这是因为,只有实力雄厚、信誉卓越、财务状况良好、知名度高的大公司才能进入商业票据市场,商业票据发行本身就是公司实力强大、信誉良好的证明。正因如此,商业银行成为商业票据的主要投资者。

(二) 银行承兑汇票市场

汇票（bill of exchange）也是建立在商业信用的基础之上的一种票据。在商业信用中，由出票人签发，委托汇票付款人在见票时或者在指定日期向收款人或者持票人无条件支付确定金额的支付命令书就是汇票。按汇票出票人的不同，可分为商业汇票和银行汇票。

汇票的基本特征如下。①汇票是由一人向另一人签发的书面无条件支付命令，要求对方（接受命令的人）即期、定期或在可以确定的将来时间，向指定人或持票人支付一定金额。②汇票有三方当事人，即出票人、付款人和收款人。出票人是签发票据并委托他人按票据文义付款的命令方；付款人是支付票款的受托方，但在承兑前对汇票不负付款责任，承兑后即为票据的第一债务人；收款人是汇票享有收款权利的一方。一般而言，汇票的出票人和付款人不是同一人。商业汇票的出票人通常是卖方或债权人；付款人通常是买方或债务人；收款人可以是出票人，也可以是出票人指定的第三人。银行汇票是银行在收到汇款人款项后签发的支付凭证，因此银行汇票的出票人就是付款行。③汇票是委付（委托他人付款）证券。汇票的出票人仅仅是签发票据的人，不是票据的付款人，必须另行委托付款人支付票据金额。所以说汇票是委付证券，而不是自付证券。④汇票必须承兑。所谓承兑，是指付款人在票据上签名盖章，写明"承兑"字样，以承诺票据到期保证付款的一种票据行为。由于汇票是委付证券，汇票通常都需要由付款人进行承兑，以确认其愿意承担绝对的付款义务。在付款人承兑前，汇票上所载的付款人并无绝对的付款义务。

由于汇票必须承兑，而承兑人多数都是银行，所以就形成了银行承兑汇票市场，即专门交易银行承兑汇票的市场。与商业票据市场不同，票据经银行承兑，信用风险就大大降低了。

1. 银行承兑汇票市场的起源及发展　银行承兑汇票最早起源于英国。19世纪的伦敦已成为国际贸易和金融中心，世界各地的借款人汇集于此。由于许多外国借款人不被当地的投资者认可，由其签发的汇票很难转让。当时伦敦的私人银行虽然有较为成熟的资信鉴别技术，但苦于没有足够的资金，无力直接向外国借款人贷款。这时它们发现利用自己娴熟的资信鉴别技术，对外国借款人的汇票进行承兑，将自己的信用借给外国借款人，对其债务进行担保，即可收取一定的费用，取得收入。在这种情况下，银行承兑汇票得以产生。

银行承兑汇票（bank's acceptance bill，BA）是商业汇票的一种，是指应汇票出票人申请，银行同意在指定日期无条件支付确定金额给收款人或持票人的汇票。一般情况下，承兑行会要求申请人存入与票据金额等值的或相当于票据金额一部分的保证金至票据到期时解付。

第二次世界大战后，银行承兑汇票在国际贸易中得以充分运用。在国际贸易中，由于对进出口双方之间的信用不甚了解，出口商担心对方不付款或不按时付款，进口商担心对方不发货或不按时发货，交易就很难进行。这时，便需要银行从中做担保。一般地，进口商首先要到本国银行（开证行）开出信用证，表示开证行愿意为进口商进行信用担保。信用证授权国外出口商开出以开证行为付款人的汇票，可以是即期的也可以是远期的。如果是即期汇票，则开证行见票即付；如果是远期汇票，开证行就会对该汇票进行承兑，承兑后的汇票就是银行承兑汇票，承兑行也就承担了不可撤销的第一付款人责任。当然，承兑行要收取一定比例的承兑费。

银行承兑汇票经由出口商的往来银行交还给出口商（即出票人），出口商可以马上以其向往来银行申请贴现，回笼资金。贴现银行持有该承兑汇票，作为承兑行的债权人，可以在到期日向承兑行进行兑付，当然也可以转贴现或再贴现以使资金提前回笼。对于承兑行来说，它会在汇票到期前要求进口商将足额资金存入该银行，以免承兑行为进口商长时间垫款。

后来，银行承兑汇票广泛运用于国内贸易。一般地，首先银行应国内购货方的请求，对国内销货方签发并向购货方索取款项的汇票进行承兑，由此，承兑行就承担了不可撤销的第一付款人责任。之后，销货方收到银行承兑汇票，就可以在到期时要求承兑行付款，也可以通过向其他银行贴现的方式提前获得流动资金。

2. 银行承兑汇票的二级市场 与商业票据市场不同，银行承兑汇票市场有大量的二级市场交易，即银行承兑汇票持有人通过二级市场提前获取资金更为重要。银行承兑汇票可通过贴现、转贴现和再贴现三种方式将汇票提前变现。

贴现（discount），是指票据的持有人将未到期的承兑汇票转卖给银行，从而融通资金的交易活动。银行在买进承兑汇票时，会扣除自贴现日至汇票到期日的利息，将净款支付给持票人。转贴现，是指贴现银行将已贴现但仍未到期的承兑汇票再向其他银行办理贴现的票据转让行为。再贴现，是指贴现银行将已贴现但仍未到期的承兑汇票向中央银行办理贴现的票据转让行为。

在贴现过程中，贴现率及实际收益率的计算公式有：

$$发行价格 = 票面面额 - 贴现利息$$
$$贴现利息 = 票面面额 \times 贴现率 \times 期限/360$$
$$贴现率 = 贴现利息/票面 \times 360/期限 \times 100\%$$
$$实际收益率 = 贴现利息/发行价格 \times 360/期限 \times 100\%$$

例4-1：某企业欲将3个月后到期、面值为50 000元的银行承兑汇票出售给银行，银行按照8%的贴现率贴现，贴现利息就为1 000$\left(=50\,000 \times 8\% \times \dfrac{90}{360}\right)$元。因此，银行支付给持票人的金额就是49 000（=50 000 - 1 000）元。

例4-2：如果投资者以97元的折扣价格购买期限为180天、面值为100元的银行承兑汇票，其贴现率和实际收益率分别是多少？

答：贴现率 = [(100 - 97)/100] × 360/180 × 100% = 6%

实际收益率 = (3/97) × 360/180 × 100% = 6.19%

因此，贴现率不等于票据的投资收益率。

（三）中国的票据市场——短期融资券市场

中国的票据市场在明清时代曾有相当的规模。解放初期，在商品交易过程中，票据仍然广泛使用，只是到20世纪50年代初，在全国实行信用集中，取消商业信用，以银行结算划拨取代商业票据。从此，票据融资和票据市场的概念从经济生活中消失。进入20世纪90年代，中国人民银行再度倡导发展票据市场，不过，当时的票据市场上大多是商业银行进行的票据承兑、贴现和再贴现业务。2005年5月25日，《短期融资券管理办法》《短期融资券承销规程》《短期融资券信息披露规程》出台，允许符合条件的企业在银行间债券市场向合格机构投资者发行短期融资券，推动了我国票据市场的进一步发展。

短期融资券是指具有法人资格的非金融企业在银行间债券市场发行并约定在一定期限内（通常为1年以内）还本付息的有价证券。其最长期限不超过1年。其特点是：第一，在银行间债券市场公开发行；第二，需要进行信用评级；第三，利率不受限制；第四，强制信息披露；第五，发行人多为非金融企业。短期融资券的发行标志着以短期融资券为代表的票据市场在我国资本市场上正式启动。

三、国库券市场

（一）国库券与国家信用

国库券是国家信用的表现形式。所谓**国家信用**（fiscal credit），是指以国家为债务人，从社会上筹措资金以满足财政需要的一种信用形式。国家信用的债务人是政府，债权人是国内外的银行、企业和居民。国家从国内金融市场筹资，形成国家内债；从国际金融市场筹资，则形成国家外债。国家信用的主要目的是弥补财政赤字和满足国家投资资金需要。

一般地，财政赤字有四种弥补方法：发行货币、向银行透支、举借外债和举借内债。前两种方法都会对货币流通产生负面影响，即导致货币的财政发行，容易引发通货膨胀。后两种方法也就是国家信用的主要形式，对货币流通只有结构上的影响，而不会影响货币发行总量，因而成为各国政府弥补财政赤字和解决政府投资资金的主要方法。同时，当经济出现衰退、有效需求不足时，国家可以通过增发国债筹措资金，以此增加政府投资性支出，从而推动经济复苏进程，进而调节国民经济。

国家信用的典型形式是发行国库券和中长期公债券。国库券，简称国债，是指政府为解决财政先支后收的矛盾而发行的短期政府债券。国库券的期限大多在1年以下，以1个月、3个月及6个月居多。公债券则是政府为满足国家经济建设需要而发行的期限在1年以上的政府债券。其期限一般在1年以上、10年或10年以上。政府发行公债券，往往是为了进行大型重点项目投资或较大规模的建设，但在发行时并不注明具体用途和投资项目。

作为国家信用的典型形式，国库券和公债券的区别如下。第一，发行目的不同。国库券是因为财政季节性、临时性的收支不一致而发行的。而且，国库券还是中央银行公开市场操作的重要交易对象。公债券是为弥补财政长期赤字或为刺激经济增长而发行的。第二，还本付息的来源不同。国库券原则上以国库收入作为还本付息的来源，但各国做法不一。我国政府的具体做法是，利息支出由经常性收入（主要是税收）支付，本金的偿还依靠借债，即借新债还旧债，这也是国际通行的做法。而公债券一般以国债资金投资的建设项目收益为还本付息的来源。第三，期限不同。国库券一般为1年以内的短期债券，公债券一般是中长期债券。

在实际操作中，通常将国库券与公债券统称为国债，其中以短期的国库券为主。例如，美国政府发行的国库券期限分别为 1 个月、3 个月和 6 个月不等，是流动性最好的货币市场工具。不过，我国进行了超长期国债发行的实践。在 2024 年 6 月 14 日，我国财政部首次发行了 50 年期的超长期特别国债，这标志着目前期限最长的超长期国债品种的发行。此前，20 年期和 30 年期的超长期特别国债已经相继发行并上市交易。超长期国债一般是指发行期限在 10 年以上的国债，包括 20 年、30 年和 50 年三个期限品种。这次 50 年期超长期特别国债的发行，丰富了我国国债市场的期限结构，为投资者提供了更多的选择。

（二）国库券的特点及其市场作用

国库券具有以下特点：第一，不记名并以贴现折价发行；第二，低风险性，一般被认为没有信用风险，俗称"金边债券"；第三，期限短、流动性高，拥有非常发达的二级市场。

作为重要的货币市场，国库券市场的作用体现在：第一，它是弥补国家财政赤字的重要场所；第二，它为商业银行的二级存款准备金提供了优良的资产，因为它比现金资产等一级存款准备金具有更高的收益；第三，它为中央银行宏观调控提供了平台，中央银行通过国库券的公开市场操作可以灵活地调控货币供应量；第四，增加了社会投资渠道。国库券信用好、流动性强、收益免税，是机构投资者和居民个人短期投资的理想工具。

（三）国库券的发行与流通

国库券的发行、流通转让都是在国库券市场进行的。

1. 国库券的发行　国库券的发行多采用贴现发行方式，即通常按面值折扣出售，到期按面值兑现。贴现利息（面值与发行价格之差）与面值之比被称为贴现率。根据前述商业票据贴现的公式可以推出国库券的发行价格公式：

$$发行价格 = 面值 \times \left(1 - 贴现率 \times \frac{发行期限}{360}\right)$$

在美国，发行价格多采取投标方式决定。在美国，证券交易商在进行国库券交易时，通常采用双向式挂牌报价，即同时报出买入价和卖出价，两者的差额即为交易商的收益，交易商不再附加佣金。

2. 国库券的流通转让　在国库券流通市场上，市场参与者有商业银行、中央银行、证券交易商、企业和个人投资者。国库券流通的方式有到期前贴现转让、二级市场转售及到期兑现。比如，在英国，票据贴现就是国库券二级市场上最为活跃的市场品种，持有国库券的机构和个人如需转让，可向贴现所申请办理贴现。英格兰银行实施公开市场操作，也以贴现所为中介，先向贴现所买进或卖出国库券，然后贴现所再对商业银行进行买卖。

中华人民共和国成立后，政府曾先后多次发行公债券和国库券。例如，1950 年，中央政府为了控制通货膨胀，稳定物价，恢复国民经济，第一次发行人民胜利折实公债。1953年，我国进入有计划的大规模经济建设时期，为了筹集建设资金，满足经济建设的资金需要，发行了经济建设公债。1954—1958年，我国又连续发行了经济建设公债。后来受一些因素的影响，我国未再发行国债。改革开放以后，为了适应国民经济长期发展的需要，解决建设资金的不足，平衡财政收支，国务院于1981年1月颁布了《中华人民共和国国库券条例》，决定发行国库券。1994年以前，其每年的发行规模为100亿~200亿元。1994年以后，由于中央银行停止向财政透支与贷款以及中央银行公开市场操作的需要，国库券的发行规模迅速扩大。根据中国人民银行相关数据，2023年国库券发行规模达到11万亿元。

四、大额可转让定期存单市场

大额可转让定期存单市场是银行可转让定期存单发行和买卖的场所。大额可转让定期存单市场的主要参与者是货币市场基金、商业银行、政府和其他非金融机构投资者。

（一）大额存单的含义及其产生背景

大额存单，即**大额可转让定期存单**（negotiable time certificates of deposit，CDs），它是一种特殊的定期存单，是指由商业银行或储蓄机构发行，证明某一固定金额的货币存在银行或储蓄机构的存款凭证。对发行银行来说，存单与定期存款没有区别。但由于存单可以流通，因此对持有人来说，其流动性高于定期存款。

大额存单最早产生于20世纪60年代的美国。20世纪50年代末，美国金融市场利率走高，而由于受到Q条款⊖的限制，商业银行无法对活期存款支付利息，定期存款也有利率上限。由于定期存款利率低于货币市场利率水平，导致客户大量流失而转向货币市场，银行的可贷资金大幅下降，形成了所谓的存款"非中介化"，即"脱媒"现象。为了改变这种不利局面，花旗银行首先采取措施，于1961年2月开始对大公司和其他客户发行大额存单。大额存单一问世即受到市场的追捧，其他银行相继效仿。后来，英国、日本等国家的银行也先后开办了此项业务。现在，大额存单几乎成为发达国家商业银行的一种重要负债工具。特别是在国际金融市场上，大额存单由于其良好的流动性，而成为银行主动负债的最重要工具之一。

大额存单的成功不仅有力地支持了银行资产负债业务的扩张，而且使商业银行的经营思想发生变化，开始由资产管理转为负债管理。大额存单作为银行主动负债的管理工具，体现着银行负债端的自主定价能力，拓宽了银行负债产品市场化定价范围，是利率市场化推进的关键环节。从国际经验看，美国、日本、韩国等多国在利率市场化过程中都曾以发行大额存单作为推进金融改革的重要手段。

（二）大额存单的特点

（1）不记名，不能提前支取，但可以流通转让。普通定期存单是记名的，一旦遗失，可以凭有效身份证件到银行办理挂失手续。如要提前支取，储户可持身份证及存折

⊖ Q条款是指美国在1933年颁布的《格拉斯-斯蒂格尔法》（Glass-Steagall Act）中，对于存款利率设定最高限制的条款。

到银行办理有关手续提取存款。但大额存单是不记名、不挂失、不能提前支取的。大额存单的持有人可于存单到期日之前在市场上将其转让，银行在到期日对最后持有人付款。

（2）大额存单按固定单位发行，面额较大，如 100 元、500 元、1 000 元、5 000 元、10 000 元、50 000 元、100 000 元及 500 000 元等几种。在美国，大额可转让存单的最低面额是 10 万美元，在市场上交易的最低单位为 100 万美元。20 世纪 80 年代末至 90 年代，我国商业银行也曾发行过大额存单。根据《中国人民银行关于大额可转让定期存单管理办法》的规定，我国大额可转让定期存单对个人发行部分，其面额不得低于 500 元；对单位发行部分，其面额不得低于 5 万元。

（3）利率一般高于同期存款利率。大额存单有固定利率也有浮动利率，且其利率一般比同档定期存款高。例如，1987 年中国银行和工商银行发行的大额存单利率比同期存款上浮 10%。这主要是因为大额存单的风险较大，二级市场对它们的需求较少等。

从以上特点可以看出，通过发行大额存单，银行获得了稳定的资金来源，增加了一种负债工具；而对投资者来说，也多了一种短期投资工具。

（4）付息方式多样化。大额存单提供了按月付息、按季付息、按年付息等多种付息方式，使客户提前获得一定资金的流动性。

（三）大额存单的流通

大额存单的流通包括转让未到期的大额存单及兑现到期的大额存单本息。大额存单到期后到银行领取本息的过程与普通定期存款相同。复杂的是它的二级市场流通转让行为。转让时，一方面，购买者需按票面利率付给出售者以前那段时间的利息；另一方面，交易双方还需要对转让时市场利率与票面利率的利差进行相应处理。

由于存单凭证上的票面利率一经确定就是固定的，存单的出售者在转让存单时，市场利率可能与存单的票面利率不一致。在二级市场上购买存单的人，要按当时的市场利率计算。因为他若不在二级市场上购买存单，而到银行直接购买原始存单，是依据这时的市场利率来确定票面利率的。而在二级市场上购买的存单到期时，银行是按票面利率支付利息的。比如说，存单转让时，市场利率为 10%，而存单票面利率为 9%，市场利率高于存单票面利率 1%，因此存单的出售者要把这 1% 的利息支付给存单的购买者。这就是说，若市场利率高于存单票面利率，存单的出售者要向购买者支付利差；若市场利率低于存单票面利率，则存单的购买者要向出售者支付利差。

根据前述现值的应用原理，存单在转让日的现值为

$$PV = \frac{F\left(1 + r_n \times \frac{T}{360}\right)}{1 + r_m \times \frac{t_2}{360}}$$

式中，PV 为大额存单在转让日的现值；F 为存单面值；r_n 为存单的年票面利率；r_m 为存单在转让日的市场利率；T 为存单期限；t_2 为从存单转让日至到期日的实际天数，即剩余期限。

大额存单的流通和转让可以通过下面的时间轴来理解：

大额存单到期一次性还本付息的终值为：$FV = F(1 + r_n \times T/360)$，该终值为买家未来获得的价值。

由于在到期日前就要转让，因此，上述终值在转让日的贴现值即为存单转让价格：

$$PV = F(1 + r_n \times T/360)/(1 + r_m \times t_2/360)$$

例如，有一张大额存单，面值为100万元，年利率为6%，90天到期，某投资者持有30天后欲将其转让，当时市场年利率为5.5%，则该存单的转让价格约为1 005 780元。

$$PV = \frac{1\,000\,000 \times \left(1 + 6\% \times \dfrac{90}{360}\right)}{1 + 5.5\% \times \dfrac{60}{360}} \approx 1\,005\,780（元）$$

另外，如果银行每月对存单结息，则意味着存单出卖人在持有期间已收取了存款利息，此时在计算存单转让价格时，就要将已获收益从存单现值计算中扣除，在转让日（持有期）前已发生的利息为 $C = F \times r_n \times t_1/360$，其中 t_1 为从存单发行日至转让日的实际天数，即持有期限，此利息应从未来收益中扣除，因此，存单转让价格 $P = PV - C$，即

$$P = \frac{F\left(1 + r_n \times \dfrac{T}{360}\right)}{1 + r_m \times \dfrac{t_2}{360}} - F \times r_n \times \dfrac{t_1}{360}$$

| 专栏 4-3 |

我国大额存单近年来热度升温

与西方国家相比，我国大额存单市场的发展比较晚。我国第一张大额存单面世于1986年，最初由交通银行发行。1989年经中国人民银行审批，其他专业银行也陆续开办了此项业务，大额存单的发行者仅限于各类专业银行，不准许其他非银行金融机构发行。大额存单的投资者以个人为主，企业为数不多。当时大额存单的利率比同期存款利率上浮10%，同时又具有可流通转让的特点，集活期存款流动性和定期存款盈利性的优点于一身，因而面世以后即深受欢迎。由于缺乏全国统一的管理办法，期限、面额、利率、计息、转让等方面的制度建设曾一度出现混乱。加之我国还未形成完整的二级流通市场，1996年中国人民银行重新修订了《大额可转让定期存单管理办法》，对大额存单的审批、面额、期限、利率和发行方式进行了明确。然而，由于没有形成统一的大额存单交易市场，大额存单出现了很多问题，甚至盗开和伪造银行存单进行诈骗等犯罪活动一度十分猖獗。中国人民银行于1997年暂停审批大额存单的发行申请，大额存单业务因而实际上被完全暂停，大额存单最终淡出人们的视野。

2015年6月，中国人民银行发布《大额存单管理暂行办法》（以下简称《暂行办法》），标志着我国大额存单发行工作重新启动。同年6月2日，中国人民银行正式决定推出大额存单产品，投资人包括个人、非金融企业等。同时规定，个人投资人认购大额存单起点金额不

低于30万元,机构投资人认购大额存单起点金额不低于1 000万元。大额存单期限包括1个月、3个月、6个月、9个月、1年、18个月、2年、3年和5年共9个品种。大额存单发行利率以市场化方式确定。固定利率存单采用票面年化收益率的形式计息,浮动利率存单以上海银行间同业拆放利率为浮动利率基准计息。就公开信息看,各家银行有关大额存单的几个关键数字也几乎"同步":个人认购起点金额为30万元人民币,机构投资人认购起点金额为1 000万元;利率按照对应期限的中国人民银行基准利率上浮40%;此外,各家银行的大额存单都可保本保息,支取灵活。

但是,直到2016年3月,中国银行开售2016年首期个人大额存单并同步推出转让功能,才意味着客户可以在大额存单到期前将其转手变现,标志着我国的大额存单终于可以转让了。此前,持有大额存单的投资人如果急需用钱,通常选择提前支取。对此,部分银行采取了靠档计息的优惠政策,按照已满期限计息。比如购买1年期大额存单,到了7个月时提前赎回,则前6个月可以按照半年期大额存单票面利率计息。不过,也有个别银行规定,大额存单提前支取,只能按照活期基准利率计算利息。转让功能推出后,未到期的大额存单多了变现的渠道。截至2019年第一季度,大额存单发行机构从最开始的9家扩展至1 197家,大额存单的发行量也从每季度不及万亿增至4.44万亿元。截至2023年9月末,大额存单余额已经达到23.5万亿元。

大额存单的推出被认为是我国利率市场化的"最后一千米"。

自2018年第三季度开始,大额存单的发行量开始明显增加。2018年第四季度和2019年第一季度的发行量分别同比增长了95.68%和97.33%,创造了历史最高增长率,其主要原因在于2018年4月大额存单的自律约束利率上限进一步放开。国有银行、股份制银行和城商行、农商行的大额存单利率浮动上限,分别由之前的1.4倍、1.42倍、1.45倍调整到1.5倍、1.52倍、1.55倍。随着银行理财打破刚兑、股票等风险投资行情不佳,一些投资者转向无风险投资,因此大额存单的购买热情也逐渐高涨。

2023年上半年,随着银行普遍下调利率,储户们开始把目光转向大额存单市场,大额存单抢购难度陡然增加。

然而,2022年以来,我国利率不断下降,大额存单的利率优势已经没有了。一方面,存款利率经历了多轮下调,大额存单利率也一降再降。另一方面,有银行主动调整大额存单的期限结构,两年期以上的大额存单出现"缺货"或停售。

五、回购协议市场

(一) 回购协议的定义及分类

1. 回购协议的定义　回购协议(repurchase agreement,也称REPO),也称回购交易,是指证券卖方出售证券时向证券买方承诺在指定日期以约定的价格再买回证券的交易,从买方角度,又叫逆回购协议。

回购交易通过将现货交易与远期交易相结合,以达到融通短期资金的目的。因此,从本质上看,回购协议是一种短期质押贷款协议。融资方以持有的证券作为质押,取得一定期限内的资金使用权,到期以按约定的条件购回证券的方式还本付息;融券方则以获得证券质押权为条件,暂时放弃资金的使用权,在到期日归还对方质押的证券,收回融出的资金,并取得一定的利息收入。例如,某大型企业(如中国石油天然气集团有限公司,简称中石油)在银行账户上有 100 万元的闲置资金,可以进行一周的贷放。中石油利用闲置的 100 万元向银行购买国库券,并签订回购协议,银行同意在一周后按照略高于中石油购买价格的回购价格购回这些国库券。这个回购协议其实就相当于中石油向银行发放了 100 万元的贷款,在银行购回这些国库券归还贷款之前,中石油持有该银行的 100 万元国库券。回购协议目前是银行短期资金的重要来源,而这一市场的最重要的贷款人是大型企业。

2. 回购协议的分类

(1)从交易的主动性出发,回购协议分为正回购与逆回购。正回购,即通常意义上的回购概念。逆回购,是从正回购的对方来说的,是指资金供给者在买入证券的同时承诺约定日期再按约定的价格将证券出售给对方的交易。回购交易运用得比较多的还有中央银行。比如,在我国银行间债券市场上,中国人民银行公开市场业务债券交易就通常采用回购交易方式进行,以熨平流通领域内短期因素对货币市场的冲击。其中,正回购为中国人民银行向债券一级交易商卖出有价证券,并约定在未来特定日期买回有价证券的交易行为。正回购为中国人民银行从市场收回流动性的操作,正回购到期则为中国人民银行向市场投放流动性的操作。逆回购为中国人民银行向债券一级交易商购买有价证券,并约定在未来特定日期将有价证券卖给一级交易商的交易行为。逆回购为中国人民银行向市场投放流动性的操作,逆回购到期则为中国人民银行从市场收回流动性的操作。一般春节前或国庆节前夕,中国人民银行会进行逆回购操作以向金融机构短期投放流动性,满足货币流通市场的需要。

(2)按照交易场所的不同,回购协议分为场内回购和场外回购。场内回购,是指在证券交易所、期货交易所、证券交易中心、证券交易报价系统内,由其设计并经主管部门批准的标准化回购业务,如我国上海证券交易所开展的证券回购业务。场外回购,是指在证券交易所和证券交易中心之外的证券公司、信托投资公司证券部、国债服务中心、商业银行证券部及银行同业之间进行的证券回购交易。我国的场外回购交易主要是指在银行间市场进行的回购交易。

(二)回购协议市场的定义及特点

1. 回购协议市场的定义及形成　回购协议市场(repurchase agreement market),简称回购市场,是指通过回购协议进行短期资金融通交易的场所。回购市场的资金需求者主要是商业银行,商业银行通过这个市场进行短期资金融通。1969 年,美国联邦政府在法律中明确规定,银行运用政府债券通过回购协议融入的资金,可以不受法定存款准备金的限制,促使银行踊跃参与回购交易。回购市场的资金供给者主要是工商企业,主要是为了提高其流动资金的使用效率。中央银行也在这个市场进行公开市场操作。我国的回购交易始于 1993 年的国债回购业务。上海证券交易所于 1993 年 12 月 15 日发布了《关于国债交易市场回购业务的通知》,正式开办了以国债为主要品种的回购交易业务。参与国债回购交易的市场主体包括中央银行、商业银行及财务公司、保险公司、证券投资基金、证券公司等非银行金融机构以及非金融机构法人。因此,严格意义上讲,回购市场不是一个完全独立的市场形态,它其实是一种证券买卖方式。

2. 回购协议市场的特点

（1）流动性强。回购协议多以短期为主，流动性强。例如，上海证券交易所的国债回购交易品种共有9种：1天、2天、3天、4天、7天、14天、28天、91天和182天等。

（2）安全性高。回购协议一般期限较短，又有100%的债券做抵押，所以投资者可以根据资金市场行情的变化，及时抽回资金，避免长期投资的风险。

（3）收益稳定并较银行存款收益高。回购利率是市场公开竞价的结果，一般可获得平均高于银行同期存款利率的收益。

（4）银行通过回购交易融入资金，无须缴纳存款准备金和存款保险费，融资成本较低。例如，某银行有100万元国债暂时不拟出售，某公司有100万元资金，20天以后才用。双方达成一笔20天期的回购协议，约定到期按10%的年利率购回国债，于是银行就可以通过回购协议卖出国债融入资金100万元。然后，再将100万元融资做一笔20天期的贷款，按年利率10.5%计息，这样就可以赚取0.5%的利差。

第三节 资本市场

资本市场，又称长期资金市场，是指融资期限在1年以上的长期资金的交易市场。其交易对象主要是政府中长期债券、公司债券和股票以及银行中长期贷款。因此，广义的资本市场又分为证券市场和银行中长期信贷市场。狭义的资本市场仅是指证券市场。证券市场是股票和债券的发行与流通市场。由于证券市场在资本市场中占据越来越重要的地位，因此本节主要介绍狭义的资本市场，即股票和债券的发行与流通市场。

资本市场的主要特征是：第一，融资期限长，至少在1年以上，股票甚至没有偿还期限；第二，这一市场的主要功能是满足长期投资性资金盈利增值的需要；第三，交易的金融工具流动性小、风险大、收益高。

一、资本市场工具

狭义的资本市场，即股票和债券的发行与流通市场。

（一）股票

股票是股份公司发行的用以证明投资者的股东身份，并据以获得股利的一种所有权凭证，是金融市场上重要的长期投资工具。股票作为一种现代企业制度和信用制度发展的产物，主要分为普通股和优先股两种类型。

1. 普通股 普通股（common stock），是股份公司资本构成中最普通、最基本的股票类型，是指其投资收益随企业利润变动而变动的一种股份。公司的经营业绩好，普通股的收益就高；反之，收益就低。因而，普通股也是风险最大的一种股份。

普通股的特点可概括如下。第一，股利不稳定。普通股的股东有权获得股利，但必须是在公司支付利息和优先股的股利之后才能分得，一般视公司净利润的多少而定。第二，具有对公司剩余资产的分配权。当公司因破产或结业而进行清算时，普通股股东有权分得公司剩余资产，但必须在公司债权人、优先股股东之后，才能分得资产。第三，拥有发言权和表决权。普通股股东有权参加股东大会，就公司重大问题进行发言和投票表决，但是要遵循"一股一票"的原则。第四，拥有优先认股权。当公司增发新普通股时，现有普通股股东有权优先购买新发行的股票，以保持其对企业所有权的原百分比不变，从而维持其在公司中的权益。

2. 优先股 优先股（preferred stock），一般是公司成立后为筹集新的追加资本而发行的证券，是指优先于普通股领取固定股利的一种股票形式。

相对于普通股而言，其主要特点如下。第一，股利固定。优先股的股利相对固定，当公司经营状况良好时，优先股股东不会因此获得高额收益。第二，优先的盈余分配权及剩余资产分配权。当公司盈余进行分配时，优先股要先于普通股取得固定数量的股利。同样，在公司破产后，优先股在剩余资产的分配权上也要优先于普通股，但是必须排在债权人之后。第三，无表决权和发言权。在通常情况下，优先股股东的表决权会在很大程度上被加以限制甚至取消，从而不能参与公司的经营管理。第四，不享有优先认股权。综合以上几个特点来看，优先股比普通股安全性更高。

（二）债券

债券（bond），是指债务人发行的承诺按约定的利率和日期支付利息并偿还本金的债务凭证。它反映了筹资者和投资者之间的债权债务关系，和股票一样是有价证券的重要组成部分。债券可以按照不同的角度进行多种分类。例如，按利息支付方式不同，债券可以分为息票债券和贴现债券。这里仅按债券发行主体进行介绍。

按债券发行主体，债券分为政府债券、金融债券、公司债券和企业债券。

1. 政府债券 政府债券，是指由政府及其所属机构发行的债券，包括中央政府债券、地方政府债券。中央政府债券，主要是指国库券和公债券，是国家信用的载体，是指一国中央政府发行的债券，是政府以国家信用筹措资金的一种方式。

地方政府债券，又称**市政债券**（municipal bond），是指有财政收入的地方政府及地方公共机构发行的债券。地方政府债券一般用于交通、通信、住宅、教育、医院和污水处理系统等地方性公共设施的建设。地方政府债券起源于19世纪20年代的美国，当时城市建设需要大量的资金，地方政府部门开始通过发行地方政府债券筹集资金。到了20世纪70年代以后，地方政府债券在世界其他国家逐步兴起。

按照比较一致的看法，地方政府债券大体上可分为两类：一般责任债券（general obligation bond，GOs）和收益债券（或收入债券，revenue bond）。一般责任债券是由州、市、县或镇（政府）发行的，以发行者的税收能力为后盾，由发行者的税收收入为偿还保障的一种地方政府债券。收益债券是由为了建造某一基础设施而依法成立的代理机构、委员会和授权机构，如修建医院、大学、机场、收费公路、供水设施、污水处理系统、区域电网或者港口的机构或公用事业机构等所发行的一种地方政府债券。其偿债资金来源于这些设施有偿使用带来的收益。经国务院批准，2014年上海、浙江、广东、深圳、江苏、山东、北京、江西、宁夏、青岛共十个区域试点地方政府债券自发自还，地方债发行由此终结了由财政部统一代理发行的时代。中国版"市政债券"正式亮相。

2. 金融债券 金融债券，是指银行及非银行金融机构依照法定程序发行并约定在一定期限内还本付息的债务凭证。金融债券的利率通常低于一般的企业债券利率，但高于风险更小的国债和银行储蓄存款利率，其一般为中长期债券。

3. 公司债券和企业债券　公司债券，是公司依照法定程序发行的、约定在一定期限还本付息的有价证券，它反映了发行债券的公司和债券投资者之间的债权债务关系。在成熟金融市场中，公司债券是各类公司获得中长期、低成本债务性资金的主要方式，在 20 世纪 80 年代后，又成为推进利率市场化的重要力量。

我国的公司债券起步于 1984 年企业债券的推出，2005 年后得到迅速发展。所谓企业债券是指企业依照法定程序发行，约定在一定期限内还本付息的有价证券。企业债券是中国金融市场特有的债券产品，是我国改革开放之后出现的最早的企业融资工具。

企业债券一直由国家发展和改革委员会（以下简称"国家发改委"）主管，2023 年国务院机构改革后，企业债券的发行审核职责划入中国证券监督管理委员会（以下简称"证监会"）。另外，我国还有由中国人民银行主管的非金融企业债务融资工具，由证监会主管的公司债券。目前，我国公司债券市场是这三种主要公司债券品类共存的格局。其中，公司债券主要在交易所市场发行与流通，非金融企业债务融资工具主要在银行间市场发行与流通，企业债券可同时在两个市场发行与流通。

另外，企业债券是在我国债券市场发展初期诞生的特有产品，相对于"正统"的公司债券，其特点主要表现在：一是发行主体"国有"程度高，主要是中央政府部门所属机构、国有独资企业或国有控股企业；二是发债资金用途需符合国家产业政策和行业发展方向，且与政府审批项目关联性大，主要限制在基础设施建设、固定资产投资和技术革新改造等方面；三是发行实行核准制，需根据法律法规和有关文件规定，经国家发改委对发债申请材料进行审核后，方可发行；四是在一定程度上具有政府"隐性担保"性质，信用级别向中高等级集中，因此总体来看违约率较低。

目前，相对于公司债券和非金融企业债务融资工具，企业债券发行规模已相对较小。总体来看，我国公司债券市场主要有以下几个方面的特点。

（1）信用等级分布较为集中。在成熟的金融市场，公司债券信用等级差异很大，主要取决于发债公司的资产质量、经营状况、盈利水平和可持续发展能力等。不同信用等级的公司发行债券的价格和成本有着明显差异，因此还诞生了低评级甚至无评级公司均可融资的高收益债券市场。我国的公司债券市场，发行人信用等级较为集中，以中高评级发行人为主，无评级、低评级发行人发债融资的比例极小，且在较长一段时间内存在隐性的"刚性兑付"保障，因此直到 2014 年，公司债券市场才出现首例违约事件。

（2）多头监管格局下多种发行方式共存。在成熟的金融市场，公司债券发行通常实行登记注册制，且监管机构往往要求发债主体进行充分的信息披露，特别重视债券存续期内的市场监管工作。我国公司债券发行方式因主管部门和债券品类不同而有所区别。非金融企业债务融资工具实行注册制，在中国银行间市场交易商协会注册；企业债券和公开发行的公司债券实行核准制，由中国证监会实施审核；非公开发行的公司债券实行备案制。

（3）债券投资者群体较为单一。在成熟的金融市场，公司债券的投资者群体较为多元化。以美国为例，保险公司、境外投资者和共同基金是公司债券市场的主要投资者，此外还包括个人投资者、养老金、州政府等。而我国公司债券投资者主要为集合投资计划（collective investment scheme），它是对各类理财、资管产品等非法人产品的统称，商业银行等机构投资者，其他类型投资者占比较小。同时，我国公司债券的大部分投资者选择持有债券至到期，亦使得我国公司债券市场流动性相对偏低。

（4）债券违约回收率偏低、违约处置周期较长。在成熟的金融市场，债券市场构建了覆盖事前、事中、事后的全生命周期违约应对机制，包括市场化、法制化的债券违约事后处置机制，即便是违约债券也具有一定的流动性。相较而言，我国公司债券市场缺乏统一、有效的市场化处置流程和模式，投资者保护机制不太健全，相关法律法规基础也较为薄弱。

（5）公司债券在企业融资结构中占比低于银行贷款。在成熟的金融市场，尤其是美国，发行公司债券作为直接融资方式，相对于间接融资具有较强的成本优势，因此是企业选择中长期债务融资的主要方式。而在我国，由于长期以来形成了以间接融资为主的金融体系，企业通过银行贷款融资的比例通常大于发行债券。

按照交易顺序，无论是股票市场还是债券市场，都存在一级市场和二级市场的划分。

二、一级市场

（一）一级市场的含义及特征

一级市场（primary market），也称发行市场，是指筹集资金的公司或政府机构将其新发行的股票和债券等证券销售给最初购买者的金融市场。

凡新公司成立发行股票，老公司增资补充发行股票，政府及工商企业发行债券等，均构成一级市场交易的内容。因此，一级市场可以细分为初次发行市场和再发行市场。初次发行也称**首次公开发行**（initial public offering，IPO），是指公司第一次发行新证券的行为。再发行主要是指老公司增资补充发行证券的行为，如配股和转增股本。一级市场有以下几个主要特点。

（1）一级市场是一个抽象市场或无形市场，其买卖活动并没有局限在一个固定的场所。

（2）一级市场的买卖是一次性行为，其价格由发行公司决定，并经过有关部门核准。投资者以同一价格购买证券。

（3）一级市场具有将储蓄转化为资本的功能。在一级市场上，资金需求者可以通过发行股票、债券等证券筹集资金，有助于促进闲散资金转化为长期建设资金。

（4）一级市场是证券经纪人市场。在证券发行过程中，发行人一般不直接同证券购买者进行交易，需要由中介机构办理，即证券经纪人。它们是一级市场上协助证券首次公开发行的重要金融机构，帮助承销证券。

（二）发行制度

证券发行人在申请发行证券时必须遵循的一系列程序化的规范被称为证券发行制度，具体包括发行监管制度、发行定价与发行配售等。证券发行制度主要有注册制和核准制两种模式。

1. 注册制 注册制，是指证券监管机构公布发行上市的必要条件，公司只要符合所公布的条件即可发行上市。

这种制度强调发行人在申请发行证券时，必须依法将公开的各种资料完全准确地向证券监管机构申报。证券监管机构的职责是对申报文件的全面性、准确性、真实性和及时性做形式审查，不对发行人的资质进行实质性审核和价值判断，而是将发行人证券的良莠留给市场判断。因此，它并不禁止质量差、风险高的证券上市，只要公布的信息具有充分的真实性和公开性即可。注册制的基础是强制性信息公开披露原则，遵循"买者自行小心"理念。

一般来说，在成熟市场经济国家（如美国）的证券市场，注册制比较普遍。注册制要求市场的发行方、投资方和中介机构有高度的自律性与业务操作的规范性。

2. 核准制 核准制，是指发行人在申请发行证券时，不仅要充分公开企业的真实情况，而且必须符合有关法律和证券监管机构规定的必备条件，证券监管机构有权否决不符合规定条件的证券发行申请。

核准制与注册制类似的地方是遵循强制性信息公开披露原则，但核准制还要求申请发行证券的公司必须符合有关法律和证券监管机构规定的必备条件。证券监管机构除了进行注册制所要求的形式审查外，还关注发行人的法人治理结构、营业性质、资本结构、发展前景、管理人员素质、公司竞争力等，并据此做出发行人是否符合发行条件的判断。核准制遵循的是强制性信息公开披露与合规性管理相结合的原则，其理念是"买者自行小心"和"卖者自行小心"并行。

另外，相对股票而言，债券的发行一般还要经过信用评级。债券信用评级始于20世纪的美国，是指专门从事信用评级的机构通过一定程序，根据科学的指标体系，对发行债券的偿还能力及其资信情况进行客观公正的评级，从而供投资者参考。债券信用评级最主要的作用是方便投资者了解债券的信用等级信息，降低投资者获取信息的成本。债券到期时，发行者不能按时偿还本息从而给投资者造成损失的可能性被称为信用风险。债券信用评级可以引导债券投资者规避信用风险，理性投资。

| 专栏4-4 |

标准普尔公司的信用评级标准

标准普尔公司	
债券级别	级别含义
AAA	偿还债务能力极强
AA	偿还债务能力很强
A	偿还债务能力颇强，但还债能力较易受外在环境及经济状况变动等不利因素影响
BBB	有足够的还债能力，市场参与者认为的最低投资评级
BB	持续的重大不稳定情况或恶劣的经济条件可能令发债人没有足够的能力偿还债务
B	发债人目前仍有能力偿还债务，但恶劣的商业、金融或经济情况可能减弱发债人偿还债务的能力和意愿
CCC	目前有可能违约，发债人须依赖良好的商业、金融或经济条件才有能力偿还债务。如果商业、金融、经济条件恶化，发债人可能会违约
CC	目前违约的可能性较高
C	提交破产申请或采取类似行动，但仍能偿还债务
D	发债人未能按期偿还债务

(三) 发行方式

1. 直接发行和间接发行 根据证券发行是否通过证券承销机构作为媒介，证券发行可以划分为直接发行和间接发行。

直接发行，是指证券发行人不通过证券承销机构，而是自己直接将证券推销给投资者的一种证券发行方式，如公司内部发行证券和股利再投资。采用直接发行的方式可以使发行公司直接控制发行过程，程序比较简单，同时，也可节约各种手续费，降低发行成本。但直接发行也存在着不足之处：直接发行的社会影响小，不利于提高公司的知名度；当发行量较大时，很难迅速获得所需资本；当实际认购额达不到预定金额时，剩余部分必须由证券发行公司的主要发起人或董事来承担，发行风险较大。因此，直接发行在证券发行市场上并不多见，只占很小的一部分。市场上绝大部分证券的发行都采取间接发行的方式。

间接发行，是指证券发行人不直接参与证券的发行过程，而是委托证券承销机构出售证券的一种发行方式。通常情况下，证券承销机构主要由投资银行、证券公司、信托投资公司等金融机构来承担。间接发行的筹资数量较大，所需时间较短，发行风险也比较小，而且有利于提高发行公司的知名度。所以，虽然发行人需要支付一定比例的佣金，提高了发行成本，但间接发行这一方式仍然在证券发行市场上占据主要地位。证券间接发行可以进一步划分为以下几种形式。

（1）包销，又称**确定包销**（firm commitment），是指承销机构以低于发行的价格从发行人手中购进将要发行的全部证券，然后出售给投资者。承销机构必须在指定期限内，将包销证券所筹集的资金全部交给发行人。如果证券没有全部销售出去，承销机构只能自己"吃进"。这样，发行失败的风险就从发行人转移至承销机构。当然，承销机构承担风险是要获得补偿的，这种补偿通常就是通过扩大包销差价（包销价格与市场价格之差）来实现的。对于发行人而言，无须承担证券销售不出去的风险，而且可以迅速筹集资金，因而包销特别适合那些资金需求量大、社会知名度低且缺乏证券发行经验的发行人。

（2）代销，又称**尽力销售**（best effort），是指承销机构只作为发行人的证券销售代理人，按照规定的发行条件尽力推销证券，将发行结束后未售出的证券退还给发行人，承销机构不承担发行风险。因此，采用这种方式时，承销机构与发行人之间纯粹是代理关系，承销机构代为推销证券而收取代理手续费。代销一般在以下情况下采用：①承销机构对发行人信心不足；②信用度很高、知名度很大的发行人为减少发行费用而主动向承销机构提出代销；③包销谈判失败。

（3）助销，又称**余额包销**（stand-by underwriting），是指承销机构先代为推销证券，然后未销售出去的余额再由承销机构自己买进。这种方式能够保证证券全部销售出去，从而减少了发行人的风险。在美国，助销长期以来曾是证券承销的主要方式。但是随着证券市场的发展，包销逐渐占据了主要地位。不过，股东行使其优先认股权时，通常采用助销方式，即上市公司在增发股票之前，向现有股东按其目前所持有股份的比例提供优先认股权，在股东按优先认股权认购股份后若还有余额，承销机构有义务全部买进这部分剩余股票，然后再转售给公众投资者。

2. 公募和私募　按照发行的对象是公众投资者还是特定的少数投资者，证券发行可以划分为公募和私募。

公募（public offering），又称公开发行，是指在市场上面向公众投资者（非特定的投资者）公开发行证券的方式。在公募发行的情况下，发行人必须遵守有关事实全部公开的原则，向相关管理部门和市场公布其各种财务报表及资料，经主管部门批准后方可发行。公募须得到投资银行或其他金融机构的协助。

公募发行的好处在于：第一，公募以众多的投资者为发行对象，可以在短时间内迅速筹集到大额资金；第二，公募发行的证券可以申请在交易所上市，有利于增强证券的流动性，提高发行人的社会信誉。公募发行的不足在于：发行过程比较复杂，登记核准所需时间较长，且发行费用较高。

私募（private offering），又称非公开发行，是指发行人只对特定的投资者推销证券。私募的发行范围小，一般以少数与发行人或经办人有密切关系的投资者为发行对象。私募通常在以下几种情况下使用。①以发起方式设立公司。采用发起方式设立公司时，由发起人全额出资，无须发行证券。②内部配股。即股份公司按照股票面值向原有普通股股东分配该公司增发的新股。③私人配股。即股份公司将新股票分售给除股东以外的本公司职工、往来客户等与公司有特殊关系的第三者。

私募发行有利于节省费用，降低发行成本，但证券流动性差，在一定时间内不能在市场上公开出售转让。

三、二级市场

二级市场（secondary market），即证券流通市场，是指对已经发行的证券进行买卖、转让和流动的市场，为已经发行的证券提供了流通的场所。在二级市场上销售证券的收入属于出售证券的投资者，而不属于发行该证券的公司。股票二级市场的主要场所是证券交易所，但也存在场外交易市场；债券二级市场则主要以场外交易市场为主。

一级市场与二级市场有着相互依存的关系。一级市场是二级市场存在的前提，没有证券发行，自然谈不上证券的再买卖。二级市场为一级市场提供了流动性，从而促进一级市场的发展。否则，新发行的证券就会由于缺乏流动性而难以推销，从而导致一级市场萎缩，以致无法存在。二级市场主要可以划分为场内交易市场（证券交易所）和场外交易市场（也称柜台交易市场或店头市场）。

（一）二级市场股票价格指数

二级市场中的股票价格指数变动能反映出整个社会的经济情况，通常股票价格指数被称为一国国民经济的"晴雨表"。这是因为在一个完善成熟的证券市场，股票价格能够反映市场上的所有信息。这样证券市场就能够完整地反映每一家上市企业的经营状况，就能通过股价变动提前预测一国经济发展状况。例如，在2008年金融危机的时候，美国经济大幅下行，失业率上升，股票市场的表现也不好。而2012年美国劳工指标开始复苏后，美国股票价格指数也开始回升。2012年2月18日，美国道琼斯工业平均指数回到金融危机前的水平，纳斯达克指数创11年来新高。因此，要了解一国国民经济发展状况，就有必要关注一国股票价格指数。

那么，什么是股票价格指数？世界上主要有哪些关键的股票价格指数呢？

1. 股票价格指数的定义　股票价格指数，简称股价指数，是由证券交易所或金融服务机构编制的表明股票行情变动的一种供参考的指示数字。由于股票价格起伏无常，投资者必然面临市场价格风险。对于具体某一种股票的价格变化，投资者容易了解；而对于多种股票的价格变化，要逐一了解，既不容易，也不胜其烦。为了适应这种情况和需要，一些金融服务机构就利用自己的业务知识和熟悉市场的优势，编制出股票价格指数公开发布，作为市场价格变动的指标。投资者可以据此检验自己投资的效果，并用以预测股票市场的动向。同时，新闻记者、企业主乃至政界领导人等也以此为参考指标，来观察、预测社会政治和经济发展形势。

2. 股票价格指数的计算方法　计算股票指数，要考虑三个因素：一是抽样，即在众多股票中抽取少数具有代表性的成分股；二是加权，按单价或总值加权平均，抑或不加权平均；三是计算程序，计算算术平均数、几何平均数，或兼顾价格与总值。由于上市股票种类繁多，计算全部上市股票的价格平均数或指数的工作是艰巨而复杂的，因此人们常常从上市股票中选择若干种富有代表性的样本股票，并计算这些样本股票的价格平均数或指数，用以表示整个市场的股票价格总趋势及涨跌幅度。

计算股票指数时，往往把股票指数和股票价格平均数分开计算。按定义，股票指数即股票价格平均数。但从两者对股票市场的实际作用而言，股票价格平均数是反映多种股票价格变动的一般水平，通常以算术平均数表示。人们通过对不同时期股票价格平均数的比较，可以认识多种股票价格变动水平。而股票指数是反映不同时期股票价格变动情况的相对指标，也就是将第一时期的股票价格平均数作为另一时期股票价格平均数基准的百分数。通过股票指数，人们可以了解计算期股票价格比基期股票价格上升或下降的百分比率。由于股票指数是一个相对指标，因此就一个较长的时期来说，股票指数比股票价格平均数能更精确地衡量股票价格的变动。

3. 世界上几种著名的股票指数

（1）道琼斯股票指数。这是世界上历史最为悠久的股票指数。它的全称为道琼斯股票价格平均指数。它是在 1884 年由道琼斯公司的创始人查尔斯·道编制的。最初的道琼斯股票价格平均指数根据 11 种具有代表性的铁路公司股票，采用计算算术平均数的方法编制而成，发表在查尔斯·道自己编辑出版的《每日通信》上。其计算公式为

股票价格平均指数 = 入选股票的价格之和/入选股票的数量

自 1897 年起，该指数开始分成工业与运输业两大类。其中，工业股票价格平均指数包括 12 种股票，运输业股票价格平均指数则包括 20 种股票，并且其开始在道琼斯公司出版的《华尔街日报》上公布。1929 年，道琼斯股票价格平均指数又增加了公用事业类股票，使其所包含的股票达到 65 种，并一直延续至今。

现在的道琼斯股票价格平均指数以 1928 年 10 月 1 日为基期，因为这一天收盘时的道琼斯股票价格平均指数恰好约为 100 美元，所以就将其定为基准日。而以后股票价格同基期相比计算出的百分数，就成为各期的股票价格指数。所以现在的股票指数普遍用点来做单位，而股票指数每一点的涨跌就是相对于基准日的涨跌百分数。

目前，道琼斯股票价格平均指数共分为四组。第一组是工业股票价格平均指数，由

30 种有代表性的大工商业公司的股票组成，且随着经济发展而变大，大致可以反映美国整个工商业股票的价格水平。第二组是运输业股票价格平均指数，包括 20 种有代表性的运输业公司的股票，即八家铁路运输公司、八家航空公司和四家公路货运公司。第三组是公用事业股票价格平均指数，由代表着美国公用事业的 15 家煤气公司和电力公司的股票所组成。第四组是平均价格综合指数，是综合前三组股票价格平均指数的 65 种股票而得出的综合指数。我们现在通常引用的是第一组——工业股票价格平均指数。

道琼斯股票价格平均指数是目前世界上影响最大、最有权威性的一种股票价格指数。一是因为，其所选用的股票都具有代表性，这些股票的发行公司都是本行业具有重要影响的著名公司，其股票行情为世界股票市场所瞩目，各国投资者都极为重视。为了保持这一特点，道琼斯公司经常对其编制的股票价格平均指数所选用的股票予以调整，用具有活力的、更有代表性的公司股票替代那些失去代表性的公司股票。自 1928 年以来，仅用于计算道琼斯工业股票价格平均指数的 30 种工商业公司股票已有 30 次更换，几乎每两年就有一个新公司的股票代替老公司的股票。二是因为，公布道琼斯股票价格平均指数的新闻载体——《华尔街日报》是金融业最有影响力的报纸。三是因为，这一股票价格平均指数自编制以来从未间断，可以用来比较不同时期的股票行情和经济发展情况，成为反映美国股市行情变化最敏感的股票价格平均指数之一，是观察市场动态和从事股票投资的主要参考。当然，由于道琼斯股票价格平均指数是一种成分股指数，它包括的公司数量仅占目前全部上市公司数量的极少部分，而且多是热门公司，也未将近年来发展迅速的服务性行业和金融业公司包括在内，所以它的代表性也一直受到人们的质疑。

（2）标准普尔 500 股票指数。除了道琼斯股票价格平均指数外，标准普尔 500 股票指数在美国也很有影响，它是美国最大的证券研究机构即标准普尔公司编制的股票价格指数。该公司于 1923 年开始编制并发布股票价格指数，最初采选了 230 种股票，编制了两种股票价格指数；从 1976 年 7 月 1 日开始，改为 400 种工业股票、20 种运输业股票、40 种公用事业股票和 40 种金融业股票。几十年来，虽然有股票更迭，但其股票数量始终保持为 500 种。

（3）日经道琼斯股票价格指数（日经平均股票价格指数）。它是由日本经济新闻社编制并公布的反映日本股票市场价格变动的股票价格平均指数。该指数从 1950 年 9 月开始编制，最初是根据在东京证券交易所第一市场上市的 225 家公司的股票算出修正平均股票价格，当时称为"东证修正平均股票价格"。1975 年 5 月 1 日，日本经济新闻社向道琼斯公司买进商标，采用美国道琼斯公司的修正法计算，这种股票指数也就改称"日经道琼斯平均股票价格指数"。1985 年 5 月 1 日在合同期满 10 年时，两家机构经商议将名称改为"日经平均股票价格指数"。

按计算对象的采样数量不同，该指数分为两种。一种是日经 225 种平均股票价格指数，其所选样本均为在东京证券交易所第一市场上市的股票，样本选定后原则上不再更改。1981 年，其选定制造业 150 家，建筑业 10 家，水产业 3 家，矿业 3 家，商业 12 家，路运及海运 14 家，金融保险业 15 家，不动产业 3 家，仓库业、电力和煤气 4 家，服务业 5 家。由于日经 225 种平均股票价格指数自 1950 年一直延续下来，因而其连续性及可比性较好，成为考察和分析日本股票市场长期演变及动态的最常用与最可靠指标。该指数的另一种是日经 500 种平均股票价格指数，是从 1982 年 1 月 4 日开始编制的。由于其采样包括 500 种股票，其代表性就相对更为广泛，但它的样本是不固定的，每年 4 月份要根据上市公司的经营状况、成交量和成交金额、市价总值等因素对样本进行更换。

（4）《金融时报》股票指数。英国《金融时报》股票指数的全称是"伦敦《金融时报》工商业普通股股票价格指数"，是由英国《金融时报》公布发表的股票指数。该股票指数包括从英国工商业中挑选出来的具有代表性的 30 家公开挂牌普通股股票。它以 1935 年 7 月 1 日作为基期，基点为 100 点。该股票指数以能够及时显示伦敦股票市场情况而闻名于世。

（5）恒生指数。恒生指数是中国香港股票市场上历史最久、影响最大的股票价格指数，由恒生银行于 1969 年 11 月 24 日开始发布。恒生股票价格指数包括从香港 500 多家上市公司中挑选出来的 33 家有代表性且经济实力雄厚的大公司股票作为成分股，分为 4 大类：4 种金融业股票、6 种公用事业股票、9 种地产业股票和 14 种其他工商业（包括航空和酒店）股票。这些股票占港股市值的一半以上，因该股票指数涉及各个行业，具有较强的代表性。

自 1969 年发布以来，恒生股票价格指数经过了多次调整。目前，香港交易所发布了恒生指数、恒生中国企业指数、恒生科技指数等重要股票指数。

（6）上证股票指数和深证股票指数。上证股票指数是由上海证券交易所编制的股票指数，于 1991 年 7 月 15 日正式发布。该股票指数的样本为所有在上海证券交易所挂牌上市的股票，其中新上市的股票在挂牌的第二天纳入股票指数的计算范围。该股票指数的权数为上市公司的总股本。由于我国上市公司的股票有流通股和非流通股之分，其流通量与总股本并不一致，所以总股本较大的股票对股票指数的影响就较大，上证股票指数就常常成为机构大户造市的工具，使股票指数的走势与大部分股票的涨跌相背离。上证股票指数的发布几乎是和股市行情变化同步的，它是我国股民和证券从业人员研判股票价格变化趋势的必不可少的参考依据。

深证股票指数是由深圳证券交易所编制的股票指数，以 1991 年 4 月 3 日为基日。该股票指数的计算方法基本与上证股票指数相同，其样本为所有在深圳证券交易所挂牌上市的股票，权数为股票的总股本。由于以所有挂牌的上市公司为样本，其代表性非常广泛。它与在深圳证券交易所上市的股票的行情同步发布，是股民和证券从业人员研判在深圳证券交易所上市的股票价格变化趋势必不可少的参考依据。前些年，由于深圳证券交易所的股票成交量不如上海证券交易所那么活跃，深圳证券交易所现已改变了股票指数的编制方法，采用成分股指数，其中只有 40 只股票入选并于 1995 年 5 月开始发布。现在深证股票指数并存着两个类型，一个是综合指数，另一个是现在的成分股指数。

（二）二级市场的构成

二级市场的交易组织形式主要有证券交易所和柜台交易市场。

1. 证券交易所　证券交易所，又称场内交易市场或交易所市场，是指专门的、有组织的、有固定地点的证券买卖集中交易的场所。交易所市场是股票流通市场的最重要组成部分,也是交易所会员、证券自营商或证券经纪人在证券市场内集中买卖上市股票和债券的场所,是二级市场的主体。

目前,发达国家或经济高速发展的发展中国家普遍设有证券交易所。例如,美国纽约证券交易所是世界上最大的证券交易所。1792 年 5 月 17 日,24 名证券交易商聚集在华尔街的一棵梧桐树下,组成了一个临时的证券交易行进行证券交易,并达成了《梧桐树协议》,这个临时的证券交易行就是纽约证券交易所的前身。伦敦证券交易所成立于 1773 年。成立于 1602 年的荷兰阿姆斯特丹证券交易所是世界历史上第一个股票交易所,也是世界上最早的证券交易所。证券交易所及其交易具有以下特征。

(1) 证券交易所是特殊法人。证券交易所在法律上具有独立的地位,依法定条件设立。但它自身不参与交易,除了提供服务充当交易组织者的角色,还需执行法律法规赋予它的一些监管职能。它履行或者设定严格的证券上市、交易规则,在法定权限内对上市公司、会员等进行监督。

(2) 证券交易所是证券交易的组织者。证券交易所为证券交易各方提供场地设施和各种服务,如通信系统,计算机设备,办理证券的结算、过户等,使证券交易各方能迅速、便捷地完成各项证券交易活动。

(3) 证券交易所交易是通过封闭市场完成的。投资者必须委托证券经纪公司完成交易,而不得直接进入证券交易所大厅,更无法与交易对手当面协商交易。

(4) 证券交易所是集中竞价交易的场所。所谓集中竞价,即若干卖方和若干买方通过集合竞价或连续竞价,按照时间优先和价格优先的原则,确定每项买卖的成交价格。通过这种公开和竞争的方式产生的交易价格,较为公平合理。

2. 柜台交易市场 柜台交易市场,是指分散在证券交易所大厅以外的各种证券交易机构柜台上进行的证券交易活动所形成的无形市场,因此又称**店头交易**(over-the-counter,OTC)市场或场外交易市场。其典型代表是美国的 NASDAQ 系统(全国证券交易商协会自动报价系统,National Association of Securities Dealers Automated Quotations)。柜台交易市场的特点可概括为以下几点。

(1) 柜台交易市场是一个分散的无形市场。柜台交易市场是由众多证券公司、投资银行及普通投资者分别交易组成的,基本属于一个分散且无固定交易场所的无形市场,主要依靠电话、电报、传真和计算机网络联系成交。

(2) 柜台交易市场是开放型市场。无论是借助当面协商或者电话通信等方式,投资者总可在某一价位上买进或者卖出所持证券。参与柜台交易的主体不完全是证券交易商。投资者既可以委托证券交易商代其买进或卖出证券,也可以自行寻找交易对手,还可以与证券交易商直接进行交易,完全不受证券交易所的地理位置限制。

(3) 柜台交易市场的组织方式采取做市商制度。所谓做市商制度,是指做市商持有某些证券存货和资金,并以此承诺维持这些证券的双向买卖交易的一种制度。这些维持双向买卖交易的证券公司被称为**做市商**(market-maker)。在做市商制度下,证券的买卖双方无须等待对方的出现,只要有做市商出面承担另一方的责任,交易便可完成。做市商制度以 NASDAQ 市场最为著名和完善。美国证券交易商协会(NASD)规定,证券公司只有在该协会登记注册后才能成为 NASDAQ 市场的做市商。在 NASDAQ 市场上市的每只证券至少要有两家做市商(目前平均每只证券有 10 家做市商,一些交易活跃的股票有40家或更多的做市商)。在开市期间,做市商必须就其负责做市的证券一直保持双向买卖报价,即向投资者报告其愿意买进和卖出的证券数量与买卖价位。NASDAQ市场的电子报价系统自动对每只证券的全部做市商报价进行收集、记录和排序,并随时将每只证券的最优买卖报价通过其显示系统报告给投资者。如果投资者愿意以做市商报出的价格买卖证券,做市商必须按其报价以自有资金或证券与投资者进行交易。

(4)柜台交易市场以不通过证券经纪人的直接交易为主。柜台交易市场与证券交易所的区别在于不采取经纪制,投资者直接与证券公司进行交易。在交易过程中,证券公司先行垫入资金买进若干证券作为库存,然后开始挂牌对外进行交易。其以较低的价格买进,再以略高的价格卖出,从中赚取差价,但其加价幅度一般受到限制。证券公司既是交易的直接参加者,又是市场的组织者,制造出证券交易的机会并组织市场活动,因此被称为做市商。

(5)柜台交易市场的交易对象以未能在证券交易所批准上市的股票和债券为主,但也包括一部分上市证券。因此,它是一个拥有众多证券种类和证券公司的市场。由于证券种类繁多,每家证券公司只固定地经营若干种证券。在美国,债券交易主要在柜台交易市场进行。尽管国债和评级较高的公司债券可以在交易所流通交易,然而几乎所有的联邦债券、联邦机构债券、市政债券以及大部分公司债券都集中在柜台交易市场进行。其原因在于交易所严格的监管制度、准入条件和交易费用等限制了债券的场内流通。

(6)柜台交易市场是一个以协商定价方式进行证券交易的市场。柜台交易市场是按标购标售(bid and ask)方式进行交易的市场,证券买卖采取"一对一"的交易方式,对同一种证券的买卖不可能同时出现众多的买方和卖方,也就不存在公开的竞价机制。具体来说,即证券公司对自己所经营的证券同时挂出买入价和卖出价,并无条件地按买入价买入证券和按卖出价卖出证券,最终的成交价是在牌价基础上经双方协商决定的不含佣金的净价。证券公司可根据市场情况随时调整所挂的牌价。

(7)柜台交易市场的管理比证券交易所宽松。由于柜台交易市场分散,缺乏统一的组织和章程,不易管理和监督,其交易效率也不及证券交易所,易产生投机行为等。但是,随着1971年美国NASDAQ系统的推出,通过借助计算机将分散于全国的柜台交易市场连成网络,其在管理和效率上都有很大提高,从而有效地控制了投机行为的发生。

因此,柜台交易市场为政府债券、金融债券,以及按照有关法规公开发行,而又不能或一时不能在证券交易所上市交易的股票提供了流通转让的场所,为这些证券提供了流动性,为投资者提供了兑现及投资的机会。可以说,柜台交易市场是证券交易所的必要补充。

| 专栏 4-5 |

我国证券交易市场的发展

上海证券交易所

1990年11月,经国务院授权,由中国人民银行批准成立上海证券交易所(简称"上交所"),这是中华人民共和国成立以来内地的第一家证券交易所,于当年12月19日正式营业,是我国"主板市场"之一。它是不以营利为目的的法人,归属中国证监会直接管理,其主要职能包括：提供证券交易的场所和设施；制定证券交易所的业务规则；接受上市申请，安排证券上市；组织、监督证券交易；对会员、上市公司进行监管；管理和公布市场信息。上交所市场交易采用电子竞价交易方式，所有上市交易证券的买卖均须通过计算机进行公开申报竞价，由主机按照价格优先、时间优先的原则自动撮合成交。

截至2024年3月28日，上交所拥有2 273家上市公司，股票市价总值46.82万亿元。一大批国民经济支柱企业、重点企业、基础行业企业和高新科技企业通过上市，既筹集了发展资金，又转换了经营机制。经过多年的持续发展，上交所已成为中国内地总市值最大的市场。

科创板市场（sci-tech innovation board，也称STAR market），由国家主席习近平于2018年11月5日在首届中国国际进口博览会开幕式上宣布设立，是独立于现有主板市场的新设板块。该板块是注册制试点板块。设立科创板并试点注册制是提升服务科技创新企业能力、增强市场包容性、强化市场功能的一项资本市场重大改革举措。通过发行、交易、退市、投资者适当性、证券公司资本约束等新制度以及引入中长期资金等配套措施，力争在科创板实现投融资平衡、一二级市场平衡、公司的新老股东利益平衡，并促进现有市场形成良好预期。

2019年6月13日，科创板正式开板，7月22日，科创板首批公司上市。截至2024年3月28日，科创板上市公司数量已经达到570家，股票总市值5.2万亿元。

深圳证券交易所

深圳证券交易所（Shenzhen Stock Exchange，英文简称SZSE，中文简称"深交所"）成立于1990年12月1日，是为证券集中交易提供场所和设施，组织和监督证券交易，履行国家有关法律、法规、规章、政策规定的职责，实行自律管理的法人。深交所的主要职能包括：提供证券交易的场所和设施；制定业务规则；审核证券上市申请、安排证券上市；组织、监督证券交易；对会员进行监管；对上市公司进行监管；管理和公布市场信息；中国证监会许可的其他职能。

截至2024年3月28日，深交所拥有2 851家上市公司，股票市价总值29.34万亿元。

中小企业板市场（简称"中小板"），是深交所为了鼓励自主创新而专门设置的中小型公司聚集板块。板块内的公司普遍具有收入增长快、盈利能力强、科技含量高的特点，而且股票流动性好，交易活跃。中小板于2004年5月正式推出，其上市基本条件与主板市场完全一致，主要包括主板市场拟发行上市企业中具有较好成长性和较高科技含量、流通股本规模相对较小的公司。2021年2月，经国务院同意，中国证监会正式批复深交所合并主板与中小板。合并深交所主板与中小板是全面深化资本市场改革的一项重要举措。合并深交所主板与中小板是坚持问题导向的改革之举，有利于优化深交所板块结构，形成主板与创业板各有侧重、相互补充的发展格局，更好满足不同发展阶段企业的融资需求，增强深交所的服务功能。

创业板市场，是2009年10月经国务院批准在深交所设立的，定位于服务自主创新企业和其他成长型创业企业。创业板又称二板市场（second-board market），即第二股票交易市场，是与主板市场（main-board market）不同的一类证券市场，专为暂时无法在主板上市的创业型企业、中小企业和高科技产业企业等需要进行融资和发展的企业提供融资途径与成长空间的证券交易市场。创业板市场是对主板市场的重要补充，在资本市场中占有重要的位置。在上市门槛、监管制度、信息披露、交易者条件、投资风险等方面和主板市场有较大区别。在创业板市场上市的公司大多从事高科技业务，具有较高的成长性，但往往成立时间较短，规模较小，业绩也不突出，但有很大的成长空间。可以说，创业板市场是一个门槛低、风险大、监管严格的股票市场,也是一个孵化科技型、成长型企业的摇篮。

截至 2024 年 3 月 28 日,创业板上市公司数量为 1 341 家,总市值 10.3 万亿元。

北京证券交易所

2021 年 9 月 2 日晚,国家主席习近平在 2021 年中国国际服务贸易交易会全球服务贸易峰会致辞中宣布,继续支持中小企业创新发展,深化新三板改革,设立北京证券交易所,打造服务创新型中小企业主阵地。2021 年 9 月 3 日,中国证监会就北京证券交易所有关基础制度安排向社会公开征求意见。同一天,北京证券交易所有限责任公司正式成立。

北京证券交易所(简称"北交所")是经国务院批准设立的中国第一家公司制证券交易所,受中国证监会监督与管理。经营范围包括依法为证券集中交易提供场所和设施、组织和监督证券交易以及证券市场管理服务等业务。

2021 年 9 月 10 日,北交所官方网站上线试运行。2021 年 11 月 15 日,北交所在北京市西城区金融街金阳大厦正式开市;2021 年 11 月 19 日,发售的 8 只北交所主题基金全部售罄,完成了"开市首秀"。2022 年 11 月 21 日,北交所首个指数——北证 50 成分指数正式发布实时行情。2023 年 2 月 13 日,北交所融资融券交易业务正式上线。2023 年 2 月 20 日,北交所正式启动股票做市交易业务。截至 2023 年 7 月 13 日,北交所上市公司数量为 207 家,股票总市值为 2 641.76 亿元。至此,我国多层次资本市场体系架构基本确立。

(三) 二级市场的交易机制

既然证券交易所是二级市场的核心组成部分,下面重点介绍证券交易所的交易机制。

1. 证券交易所的组织形式　证券交易所的组织形式主要有公司制和会员制。

公司制的证券交易所是以股份公司形式成立并以营利为目的的法人实体,一般由银行、证券公司、信托公司以及各类民营公司共同出资建立,按性质可分为官商合办和纯私人投资两种形式。公司制的证券交易所自身不在本交易所内参与证券买卖,从而保证了交易所交易的公平和公正。但由于公司制的证券交易所是营利性公司组织,在市场交易情绪高涨时,可能会提高费用或扩大会员人数以赚取更多利润,从而带来交易成本的增加和助长投机交易。实行公司制的证券交易所的国家或地区主要有加拿大、日本、中国香港、澳大利亚、新加坡等。

会员制的证券交易所是由会员自愿组成并不以营利为目的的社会法人实体,一般由证券公司、投资银行等证券公司组成。会员制的证券交易所只限于本交易所会员入场交易,以便于管理。美国、欧洲大多数国家以及巴西、泰国和印度尼西亚等国的证券交易所均实行会员制,我国上海证券交易所和深圳证券交易所也实行会员制。

2. 证券交易所的参与者　无论哪种组织形式的证券交易所,其交易均实行代理制,即普通投资者或没有席位的证券公司不能在证券交易所内直接进行交易,而必须委托取得会员资格的证券公司代其在证券交易所内买卖证券。证券交易所内的参与者按其在交易市场上活动的性质,可以分为四类。这里主要依据了纽约证券交易所内的参与者划分方式,具体到每个市场是有区别的。

第一,**佣金经纪人**(commission broker),在证券交易所内专门负责接收和执行由本公司场外传来的客户委托。即代理客户进行证券买卖,充当交易双方的中介,并从中收取佣金。

第二，**场内经纪人**（floor broker），专门负责帮助手中委托单过多而忙不过来的佣金经纪人执行委托，并从中获取佣金。

第三，**场内交易商**（floor trader），是指在交易所内以自己的名义买卖证券，赚取价差的证券交易商。证券交易商的自营业务客观上起到了活跃证券市场，维护交易连续性的作用，但其"双刃剑"的特征也很明显。因为证券交易商资金雄厚，又有信息优势，极易操纵市场，造成证券价格的非正常波动。

第四，**特种交易商**（specialist），其有两个基本的职责：一是保管和执行各经纪人送来的条件委托单，并收取佣金；二是随时准备以自己的账户买进或卖出所负责的一种或数种股票，以维护市场的公正和有序。因此，特种交易商在证券交易所中起到做市商的作用。

3. 证券交易所的交易过程　　投资者如果有买卖上市证券的需要，需在证券经纪人处开设账户，取得委托买卖证券的资格。其需要进行证券买卖时，须向证券经纪人发出指令；证券经纪人将投资者的指令传递给在交易所的场内交易员；交易员则按指令要求进行交易，成交之后，由计算机自动进行证券的交割与过户。交割是指买方付款取货与卖方交货收款的手续。过户手续仅对股票购买方而言，如为记名股票，买方须到发行股票的公司或委托部门办理过户手续，方可成为该公司股东。

投资者发出的委托指令通常有三种：市价委托、限价委托和停损委托。

第一，市价委托，是指投资者只规定某种证券的名称、数量，对价格由证券经纪人随行就市，不做限定，要求证券经纪人在规定的时间期限内，按照市场上的最优价格进行交易的一种委托指令。市价委托由于不对价格做任何限制而可以迅速被执行，其目的在于迅速捕捉有利的交易机会。在一般情况下，市价委托在下跌的市场中的作用要比其在上升的市场中的作用更大，因为股票价格下跌的速度要比上升的速度快得多。因此，买进市价委托的数量要小于卖出市价委托的数量。

第二，限价委托，是指投资者指示证券经纪人在某一特定价位或者在比该价位更为有利的价位上买卖证券的一种交易指令。例如，投资者可能指示其证券经纪人，要求证券经纪人在每股价格达到 30 元以上时，把手中的股票卖出去；或者指示证券经纪人在每股价格达到 15 元以下时买入股票。限价委托的优点是能够按照比当前市场价格低的价格买进，按照比当前市场价格高的价格卖出。因此限价买进委托的价格通常在当前市场价格以下，而限价卖出委托的价格通常在当前市场价格以上。

第三，停损委托，是指当价格朝不利的方向波动达到某一临界点时，投资者指示证券经纪人立即买卖证券的一种交易指令。例如，投资者可能指示其证券经纪人，当价格下降到每股 10 元时，就把手中的股票卖出去，以避免进一步的损失；或者指示证券经纪人在每股价格上升至 15 元时买入。

限价委托与停损委托被称为条件委托，即只有在证券价格达到一定范围时才会被执行。

（四）二级市场的交易方式

二级市场上最普遍和传统的证券交易方式主要有现货交易和信用交易。

1. 现货交易

（1）现货交易的内涵及特点。**现货交易**（spot transaction），是指证券交易的买卖双方在达成一笔交易后的 1～3 个营业日内进行交割的证券交易方式。现货交易是证券交易中最古老的交易方式。最初的证券交易都是采用这种方式进行的。现货交易有以下几个显著的特点：①成交和交割基本上同时进行；②实物交易，即卖方必须实实在在地向买方转移证券，没有对冲；③在交割时，购买者必须支付现款，由于在早期的证券交易中大量使用现金，所以现货交易又被称为现金现货交易；④交易技术简单，易于操作。

（2）现货交易规则。在实际操作中，现货交易规则表现为"T+N"制，这里的 T 表示交易日，N 表示交割日。T+0 是指交易日当天交割，也就是即时交割；T+1 是指交易日后的第一个营业日交割，即隔日交割；T+2 是指交易日后的第二个营业日交割；T+3 是指交易日后的第三个营业日交割。一般 T+0 的交易可以在完成上一笔买入交易后马上操作下笔卖出交易，而 T+1 就要等待第二天再进行卖出交易。有的国家甚至允许成交后四五个营业日内完成交割。究竟成交后几日交割，一般都是按照证券交易的规定或惯例办理，各国不尽相同。

在我国，1995 年元旦前，沪、深两市实行的是 T+0 交易规则，由于投机猖獗，市场动荡较大，于是在 1995 年元旦后，沪、深两市改为 T+1 交易规则。目前，香港交易所内的所有交易均采用 T+2 交易规则。在国际上，1987 年世界性股灾后，为了降低证券市场的风险、提高安全系数，一些国家提出了证券交易规则的国际标准——T+3。它们认定，T+3 是较为理想而适中的交易规则。它们倡导并希望世界各地股票市场都能采用这一"国际标准"。1995 年 5 月 17 日，美国证券交易委员会正式将证券交易规则从原先的 T+5 改为 T+3。日本股票交易规则也采用 T+3。总之，交割期短于 2 个营业日（即 T+2）较少见，同时，交割期长于 5 个营业日（即 T+5）也不多见。相比之下，T+3 模式大受各国证券交易所欢迎并广泛流行。

2. 信用交易 信用交易，又称**保证金交易**（margin trading），是指客户按照法律规定在买卖证券时，只向证券公司交付一定比例的保证金，由证券公司提供融资或者融券进行交易的一种证券交易方式。客户在采用这种方式买卖证券时，必须在证券公司处开立保证金账户，并存入一定数量的保证金，剩余部分的应付证券或应付价款则由证券公司代为垫付，因而又被称为"垫头交易"。我国也称之为"融资融券"业务。在发达国家的证券市场中，信用交易是一种普遍现象。

信用交易有两种方式：一种是保证金买长交易，另一种是保证金卖短交易。

（1）保证金买长交易。我国称之为"融资交易"，是指投资者预期某种证券价格上涨时，仅支付一部分保证金，而向证券公司借入资金买入证券的交易。投资者等价格涨到一定程度时卖出该证券，归还证券公司借款及相应利息。由于投资者主要以借入资金买进证券，而且要将买入的证券作为抵押物抵押在证券公司账户中，投资者手中既无足够的资金也不持有证券，所以这种交易方式也被称为买空交易。

例如，投资者张先生的信用账户中有现金 90 万元作为保证金，经分析判断后，他认为 X 公司股票在当前价格 18 元/股的基础上将会继续上涨。证券公司规定，X 公司股票的折算率为 0.6，融资保证金比例为 90%。张先生先使用自有资金以 18 元/股的价格买入了 5 万股，这时张先生的信用账户自有资金余额为 0。然后他用融资买入的方式买入 X 公司股票，此时他可融资买入的最大金额为 60（=90×0.6/90%）万元。如果买入价格仍为 18 元/股，则张先生可融资买入的最大数量为 8.33 万股。

这意味着张先生用 90 万元便可买到价值 150 万元的股票。至此张先生与证券公司建立了债权债务关系，其负债为融资买入证券的金额 60 万元，资产为 8.33 万股 X 公司股票市值。如果 X 公司股票的价格为 17 元/股，则投资者信用账户的资产为 142 万元，维持担保比例约为 236%（=资产142 万元/负债 60 万元×100%）。如果随后几个交易日该股票价格连续下跌，收盘价为 10 元/股，则投资者信用账户的维持担保比例降为 138%（=资产 83 万元/负债 60 万元×100%），已经接近证券交易所规定的最低维持担保比例 130%。

最后，如果张先生以 9 元/股的价格将信用账户内的 8.33 万股证券全部卖出，所得 75 万元中的 60 万元用于归还融资负债，信用账户资产仅为现金 15 万元。

如果不采用融资交易，而是采用现货交易，则最初的 5 万股股票的现在价值为 45 [5×(18−9)] 万元。如果全部售出，可得 45 万元，而信用交易下只剩 15 万元。可见，由于在信用交易中引入了杠杆，交易风险随之放大。

（2）保证金卖短交易。我国称之为"融券交易"，是指投资者预期某种证券价格下跌时，在支付一部分保证金后向证券公司借入证券以便卖出的交易。投资者等价格跌到一定程度后再买回同样的证券归还证券公司，以牟取价差。由于投资者手里没有真正的证券，交易过程是先卖出后买回，而且卖出证券所得收益抵押在证券公司账户中，因此这种交易方式也被称为卖空。如果卖空的证券价格上涨，证券公司要向卖空客户追收增加的保证金，否则将以投资者的保证金购回证券平仓。如果卖空证券跌到投资者预期的价格，投资者买回证券，并归还给证券公司。

例如，投资者李先生以信用账户中的自有现金 90 万元作为保证金，经分析判断后，认为 X 公司股票 18 元/股的价格将会进一步下降，于是选定该股票进行融券卖出。证券公司规定，X 公司股票的融券保证金比例为 90%。因此，投资者可融券卖出的最大金额为 100（=90/90%）万元。李先生以此价格发出融券交易委托，可融券卖出的最大数量为 5.55（=100/18）万股。由于股票交易只能进行整数交易，故李先生决定融券 5 万股。至此投资者与证券公司建立了债权债务关系：负债金额为以每日收盘价计算的 5 万股 X 公司股票，资产为融券卖出冻结的 90 万元资金及信用账户内的 90 万元现金。

若 X 公司股票的收盘价涨到 18.5 元/股，则李先生的负债金额为 92.5（=18.5×5）万元，维持担保比例为 195%（=资产180 万元/负债92.5 万元×100%）。如果随后几个交易日该股票价格连续上涨，收盘价为 28 元/股，李先生的信用账户的维持担保比例仅为 129%（=资产 180 万元/负债 140 万元×100%），低于交易所规定的最低维持担保比例 130%。至此，证券公司在当日收盘清算后向李先生发送追加保证金通知，要求其信用账户的维持担保比例在两个交易日内恢复至 150% 以上。

而如果李先生以 28 元/股的价格买券 5 万股偿还给证券公司，买入证券时先使用融券冻结资金 90 万元，再使用信用账户内的自有现金 50 万元。买券还券成交后，李先生的信用账户内融券负债清偿完毕，资产仅为现金 40 万元，亏损率高达 55.6%。

专栏 4-6

你应该持有股票吗

你应该持有股票吗？答案是肯定的，尤其是如果你还非常年轻的话。很多人抛售股票转而投资于债券（或是其他的生息资产），但是要知道债券也是有风险的，即便是国债，仍然有利率风险和通货膨胀风险。尽管持有股票表面上看充满风险，但历史经验证明长期持有一个分布良好的股票投资组合的风险并没有那么大。所以，对投资者而言，真正的问题就是怎样购买股票。

购买股票时，有五个方面的问题需要仔细考虑：能否买得起，流动性如何，分散性如何，管理性如何，成本有多高。共同基金预先设定好了投资组合，并把上述几个问题归结到了其中的某一个。但问题是有成千上万的共同基金，我们怎么去选择呢？因此，以下几点我们必须牢记在心。

（1）能否买得起。

大多数共同基金允许小额的初始投资。你甚至能以低于 1 000 美元的额度开始投资。

（2）流动性如何。

如果你碰到紧急情况，就需要快速地回收资金，所以投资时你需要确定能否轻松地撤回你的投资。

（3）分散性如何。

绝大多数共同基金的投资组合要比单个投资者的投资组合的分散性要强得多。即便如此，在投资购买前你仍然要仔细审查。

（4）管理性如何。

共同基金提供了投资组合的专业管理。投资者一定要慎重考虑，因为基金的投资决策是由专人制定的（故又称管理基金），所以其很有可能比指数基金（盯住类似标准普尔 500 指数的基金）表现得更糟糕。

（5）成本有多高。

共同基金的经理提供服务，当然也要获取报酬。共同基金通常每年支付基金总规模的 1.5% 作为基金经理的年薪，而指数基金只支付 0.5% 或更少。毫无疑问，两者之间的差距非常显著。例如，按年收益率为 8% 计算的话，一笔 10 000 美元的投资 20 年后是 46 610 美元。如果每年支付给基金经理 1% 的酬劳，年收益率只有 7%，则 20 年后的投资收益为 38 697 美元，相比原来降低了 7 913 美元。

所以，综合考虑以上几个方面的话，很多人就会转而购买指数基金。通常，指数基金更容易被公众所购买且流动性较强，并且有很好的分散性且更便宜（付给基金经理的报酬更少）。因此，请记住一句话：投资前一定要多打听询问。

警惕校园贷：天下没有免费的午餐

扫码详尽了解

立德树人专题

❖ 本章小结

1. 金融市场,是指货币资金融通和金融资产交换的场所。各类经济主体在这个市场上进行资金融通,交换风险,从而提高整个社会资源配置的效率。
2. 金融市场通过组织金融工具的交易,发挥着融通资金、优化资源配置、信息传递、分散和转移风险及经济调节等功能。
3. 金融资产的收益与风险是一对孪生兄弟。收益实际上就是投资者在投资之前对未来各种收益率的加权平均值,即预期收益率。风险描述的是价格或收益的波动程度,一般用方差或标准差来衡量风险的大小。降低风险的办法之一是进行资产组合投资。当相关系数小于1时,资产组合的风险小于单个资产风险的加权平均值,相关系数越小,通过多样化投资降低风险的效果越好。
4. 货币市场,是指期限在1年以内(包括1年)的债务工具的发行和交易市场,是最早和最基本的金融市场组成部分。货币市场是金融机构调节流动性的重要场所,是中央银行货币政策操作的基础。货币市场的组成部分有同业拆借市场、票据市场、国库券市场、大额可转让定期存单市场、回购协议市场。
5. 资本市场,是指融资期限在1年以上的长期资金的交易市场。其交易对象主要是政府中长期债券、公司债券和股票以及直接从银行获得的中长期贷款。因此,广义的资本市场又分为证券市场和银行中长期信贷市场。狭义的资本市场仅是指证券市场。
6. 证券发行制度主要有注册制和核准制两种模式。债券的发行还必须经过信用评级。
7. 证券发行方式主要有公募和私募两种方式。公募,又称公开发行,是指在市场上面向公众投资者(非特定的投资者)公开发行证券的方式。私募,又称非公开发行,是指发行人只对特定的投资人推销证券的发行方式。
8. 二级市场上最普遍和传统的证券交易方式主要有现货交易和信用交易。现货交易,是指证券交易的买卖双方在达成一笔交易后的1~3个营业日内进行交割的证券交易方式。信用交易,又称"保证金交易",是指客户按照法律规定在买卖证券时,只向证券公司交付一定比例的保证金,由证券公司提供融资或者融券进行交易的一种证券交易方式。

❖ 复习思考题

1. 解释下列概念:金融市场、系统性风险、货币市场、资本市场、商业票据、汇票、银行承兑汇票、贴现、承兑、转贴现、短期融资券、普通股、优先股、金融债券、国库券、做市商制度。
2. 比较货币市场与资本市场的特点。
3. 简述金融市场的功能。
4. 如何理解金融市场上收益与风险的关系?
5. 简述银行同业拆借市场的特点。
6. 简述商业票据的特点。
7. 什么是大额存单?其特点和意义有哪些?
8. 回购协议的功能是什么?举例加以说明。
9. 国库券有何特点?国库券市场的功能是什么?
10. 商业票据市场和银行承兑汇票市场有何联系与区别?
11. 简述股票与债券的区别和联系。
12. 论述普通股与优先股的概念,并分析它们的特点。
13. 按发行主体不同,债券有哪些种类?
14. 我国现行的股票发行制度有哪几种?有何不同?

15. 简述公募与私募的异同。
16. 比较一级市场与二级市场的异同。
17. 比较证券交易所和柜台交易市场的交易机制特点。
18. 某企业持有 3 个月后到期的 1 年期汇票，面额为 2 000 元，银行确定该票据的贴现率为 5%，则贴现金额是多少？
19. 某投资者持有本金为 30 万元的大额可转让定期存单，已知存单票面利率为 8%，到期期限为 270 天。该投资者持有 90 天后即转让，转让时的市场利率为 10%，则该大额可转让定期存单的转让价格为多少？
20. 在下列三个证券中，一个不喜欢风险的投资者会选择哪种证券？

  证券 A：$r=10\%$，$\sigma=20\%$
  证券 B：$r=14\%$，$\sigma=15\%$
  证券 C：$r=15\%$，$\sigma=15\%$

21. X 和 Y 两种证券的收益率概率分布状况如下：

证券 X		证券 Y	
概率	收益率	概率	收益率
0.3	−5%	0.3	−7%
0.4	3%	0.4	0%
0.3	15%	0.3	8%

  （1）计算证券 X 和证券 Y 的预期收益率与方差。
  （2）计算证券 X 和证券 Y 的收益率的相关系数。
  （3）如果以 40% 和 60% 的比例构建由以上两种证券构成的资产组合，其预期收益率和风险是多少？

22. 下表是证券 L、K 和 N 的收益率的期望和标准差：

证券	期望	标准差
L	0.30	0.10
K	0.20	0.06
N	0.16	0.04

L 和 K 的相关系数为 0.5，L 和 N 的相关系数为 0.2，K 和 N 的相关系数为 0.3。在 L、K 和 N 的证券组合中，L 和 K 所占比重都为 30%，N 所占比重为 40%，求该证券组合的预期收益率和标准差。

23. 收集近两年债券市场违约的案例，并分析其违约原因。如何避免债券投资的违约风险呢？
24. 资产组合能降低系统性风险吗？为什么？

复习思考题部分答案
扫码收听

第五章
CHAPTER 5

金融衍生工具市场

§ **学习目标**

了解金融衍生工具的概念、基本特征、分类等
熟悉远期、期货、期权、互换的特点及区别
了解期货交易的基本流程,并掌握套期保值的基本原理
了解信用衍生产品的产生原因及主要种类

§ **本章导读**

经济学家告诉我们:大多数人是不喜欢风险的,转移金融风险的需求产生了金融衍生工具。自20世纪60年代以来,随着利率、汇率等市场风险的增大和金融管制的逐步放松,在新的金融理论和信息技术的支持下,金融创新日益活跃,金融衍生工具大量出现。金融衍生工具的出现不仅丰富了金融市场交易品种,而且由于其交易结构设计的复杂性,还推动了金融产品定价方式及理论的发展。金融衍生工具市场虽然历史短暂,却因为其在套期保值、投机和套利行为中的巨大作用而飞速发展。金融衍生工具市场已成为现代金融市场体系的重要组成部分,是当今世界最具有创新活力和发展潜力的崭新市场。对此,本章将分析远期、期货、期权、互换及信用衍生产品等主要金融衍生工具的基本原理,以便读者体会金融衍生工具市场的魅力。

第一节 金融衍生工具市场概述

一、金融衍生工具的基础知识

(一)金融衍生工具的概念

金融衍生工具(financial derivatives),又称金融衍生产品、派生金融工具,是相对于原生金融工具而言的,是指一种根据事先约定的事项进行支付的金融合约,其合约价格取决于或派生于原生金融工具或基础资产的价格及其变化。正如巴塞尔银行监管委员会的定义,金融衍生工具是一种金融合约,其价值取决于相关比率、基础资产的价值或某一指数。

金融衍生工具是由基础资产派生出来的。虽然基础资产的种类不多，但是借助各种技术在此基础上设计出的金融衍生工具种类繁多。

(二) 金融衍生工具的基本特征

(1) 跨期性。金融衍生工具是交易双方通过对利率、汇率、股价等因素变动趋势的预测，约定在未来某一时间按照一定条件进行交易或决定是否交易的合约。无论是哪一种金融衍生工具，都会影响交易者在未来一段时间内或未来某时点上的现金流，跨期交易的特点十分突出。这就要求交易者对利率、汇率、股价等因素的未来变动趋势做相应的判断，而判断的准确性如何直接决定着交易行为的盈亏。

(2) 杠杆性。金融理论中的杠杆性是指能以较少的资金投入控制较多的投资，俗称"以小搏大"。金融衍生工具在运作时多采用财务杠杆方式，即采用缴纳保证金的方式进入交易，参与者只需投入少量资金，即可进行资金量巨大的交易。例如，金融期货和期权的杠杆比率可以在50%以上。这种"以小搏大"的杠杆效应在一定程度上决定了金融衍生工具交易的不确定性或高风险性。

(3) 虚拟性。虚拟性本来的含义是指信用制度下，金融活动与实体经济偏离或完全独立的那一部分经济形态。金融衍生工具的虚拟性，是指人们进行交易的对象是虚拟化的价格、信用和风险，而不是真正的交易合约的基础资产本身。例如，美元期货交易的买方并不会真的执行该合约而购买美元。这种虚拟性导致金融衍生工具价格的波动脱离现实的资产运动，即投资于金融衍生工具的损失与基础资产价格的波动没有直接的关系。

(4) 不确定性或高风险性。金融衍生工具的杠杆性与虚拟性决定了其不确定性或高风险性的特征，尤其是金融衍生工具的杠杆性在放大收益的同时，也放大了风险。其体现在：第一，金融衍生工具是远期交易，金融衍生工具的交易结果取决于交易者对基础资产未来价格的预测和判断的准确程度。基础资产价格的变幻莫测决定了金融衍生工具交易盈亏的不稳定性，这是金融衍生工具带有不确定性或高风险性的重要原因。第二，金融衍生工具的交易属于表外交易，由于不在资产负债表上体现交易盈亏，损失具有隐蔽性，一旦风险变为现实，可能给投资者带来灾难性的影响。例如，巴林银行(Barings Bank) 成立于1763年，仅因其新加坡分行经理尼克·里森从事期货与期权交易失败，导致其于1995年2月26日破产。

二、金融衍生工具的分类

(一) 根据基础资产不同分类

根据基础资产不同，金融衍生工具可以分为股权类衍生工具、利率类衍生工具、货币类衍生工具和信用类衍生工具等。股权类衍生工具包括股票期权、股票价格指数期权、股票价格指数期货、可转换债券、与股权相关的债券等。利率类衍生工具包括利率期货、债券期货、债券期权、利率互换、互换期权、远期利率协议等。货币类衍生工具包括远期外汇合约、外汇期货、外汇期权、货币互换等。信用类衍生工具包括信用违约互换、信用违约期权等。

(二) 根据交易形式不同分类

根据交易形式即合约类型，金融衍生工具可以分为远期合约、期货合约、期权合约和互换合约四大类，这种分类方式是最基本和最普遍的分类方式。本章后面将以该分类方式进行详细介绍。

(三) 根据交易场所不同分类

根据交易场所不同，金融衍生工具可分为场内金融衍生工具和场外金融衍生工具。场内金融衍生工具是在交易所交易的金融衍生工具，主要有期货合约和期权合约。场外金融衍生工具是指交易双方直接成为交易对手的衍生工具，不同于场内交易，由于每笔交易的清算是由交易双方相互负责进行的，其交易参与者仅限于信用程度高的客户。互换交易和远期交易是具有代表性的场外交易衍生产品。

三、金融衍生工具产生的原因

金融衍生工具产生于20世纪70年代，随着布雷顿森林体系的解体和世界性石油危机的发生，利率和汇率都出现了剧烈波动。宏观经济环境的变化使金融机构原有的经营模式和业务种类失去了市场，于是，金融机构开始了大量的金融创新活动。金融衍生工具产生和迅速发展的主要原因有以下几点。

1. 转移风险的需要　20世纪70年代，随着美元的不断贬值，布雷顿森林体系解体，国际货币制度由固定汇率制走向浮动汇率制，各国货币汇率开始剧烈波动。加上1973年和1978年两次石油危机使西方国家经济陷于滞胀，通货膨胀风险、利率风险和汇率风险都急剧增大，从而迫使金融投资机构、企业寻找可以规避风险，进行套期保值的金融工具，金融衍生工具便应运而生。

2. 金融管制的放松及技术进步的推动　20世纪80年代开始的金融自由化改革进一步推动了金融衍生工具的发展。各国政府逐渐放松了金融管制。例如，美国《存款机构放松管制和货币控制法》废除了《格拉斯－斯蒂格尔法案》中的Q条例，规定从1980年3月起分6年逐步取消对定期存款和储蓄存款的最高利率限制。除此之外，通信技术、信息处理技术的进步等有利条件也促进了金融衍生工具飞速发展。先进技术的出现，不仅使实施套期保值、套利和其他风险管理策略的成本大大降低，也打破了少数大型金融机构垄断金融信息的局面，从而使金融衍生工具供给量大大增加。

3. 金融业的竞争给金融机构带来的压力所致　金融自由化和金融管制的放松，导致了金融市场的全球化。这也使金融业的竞争日益加剧，从而促使金融机构不断进行金融创新，推出新的金融衍生工具。这些金融衍生工具交易效率高、成本低，具有很强的市场竞争力。因此，20世纪90年代以后，世界各大金融机构将开展金融衍生工具业务的收入视为主要的收入来源。

4. 金融衍生工具自身的特性决定　20世纪70年代以来，期权定价模型等衍生工具估价模型和技术取得了突破并有了长足的进展。这有利于投资者更为准确地对衍生工具进行估价、风险管理，有利于衍生工具的发行和使用，从而促进了衍生工具的快速发展。

第二节　金融远期市场

一、金融远期合约的内涵

（一）什么是远期合约

远期合约（forward contract），是远期合约交易的简称，是一种相对简单的金融衍生工具，是指交易双方达成的在未来某一日期（远期）按照约定价格进行某种资产交易的协议。

在远期合约中，双方约定交易的资产称为标的资产，约定的价格称为协议价格。同意以约定的价格卖出标的资产的一方，称为**空头**（short position）或空方；同意以约定的价格买入标的资产的一方，称为**多头**（long position）或多方。金融衍生工具可以帮助投资者避险是基于这样的原则：通过持有额外的空头来抵消多头，或通过持有额外的多头来抵消空头。例如，如果某投资者买入一种证券，即持有多头，就可以签约在未来某日出售该证券（持有空头），从而实现避险的目的。相反，如果某投资者卖出一种证券，并约定在未来某日交割，即持有空头，就可以签约在未来某日购入该证券（持有多头），从而实现避险的目的。这一避险原理适合所有的金融衍生工具交易。

（二）远期合约的特点

远期合约作为最简单的金融衍生工具具有以下特征。

（1）远期合约是场外交易。远期合约是通过现代化通信方式在场外（柜台市场）进行的，由银行给出双向标价，直接在银行与银行之间、银行与客户之间进行。因此，远期合约的交易双方互相认识，而且每一笔交易都是双方面对面进行的，交易成功意味着双方接受了彼此的信用风险。

（2）远期合约是非标准化合约。远期合约的规模和内容按交易者的需要而制定，是非标准化合约，不像后面论述的期货、期权那样是标准化合约。因此，远期合约的合约金额和到期日都是灵活的，有时只对合约金额的最小额度做出规定，到期日可以根据客户的需求而定。

（3）远期合约交易不需要保证金。远期合约在到期日才执行。交易者需要考虑交易对手风险，即合约对方可能因为价格对其不利而不再履行合约义务的风险。因此，远期市场上的交易者需要有良好的信誉，并且通过调整远期价差来转移风险。

（4）远期合约以实物交割为主。远期合约是实物交易，表示买方和卖方达成协议，在未来的某一特定日期，交割一定质量和数量的特定货币或特定商品，不像期货、期权那样只需在交割日前以反向交易的方式来结束。90%以上的远期合约最终要进行实物交割，因此其投机程度大大减少，"以小博大"的可能性被降至最低。

远期合约主要有远期利率协议、远期外汇交易等。远期外汇交易可参见国际金融学的相关教材，此处重点介绍远期利率协议。

二、远期利率协议

(一) 什么是远期利率协议

远期利率协议(forward rate agreement,FRA),是关于利率交易的远期合约,其中双方约定在未来某一特定日期,基于名义本金,对从现在到未来某一确定期限的协议利率与参照利率之间的差额进行支付。协议利率为双方在合同中约定的固定利率,是名义本金的计息基础。

远期利率协议具有以下基本特征:①远期利率协议是一种表外工具,不涉及实质性的本金借贷。在一份远期利率协议中,买方名义上答应去借款,卖方名义上答应贷款。因此,远期利率协议的本金称为"名义本金"。②远期利率协议是有约束力的合约,没有双方的同意,不可撤销,也不可转让给第三方。③远期利率协议采用场外市场交易,一般通过银行提供的场外市场进行交易。④远期利率协议期限较短,最长期限通常不超过两年,以一年期以内的远期利率协议最为常见,也可根据客户的实际需要进行变通安排。

远期利率协议的买方支付以协议利率计算的利息,卖方支付以参照利率计算的利息。远期利率协议适合需要对未来利率变动进行套期保值、持有大额资金的机构客户。我国银行的远期利率协议的交易起点金额一般为等值 500 万美元,也可以根据客户的实际需要进行调整。

(二) 远期利率协议的内容

在实际交易中,远期利率协议的内容主要涉及:协议金额,即借贷的名义本金;交易日,即远期利率协议成交的日期;基准日,即决定参照利率的日子(交割日前 2 天);交割日,即名义贷款或存款开始日,也是利差支付的结算日;到期日,即名义贷款或存款的到期日;协议期限,即结算日至到期日的天数;协议利率,即协议中双方商定的固定利率;参照利率,即某种市场利率;结算金额,即在交割日,根据协议利率和参照利率之间的差额计算出来,由交易一方付给另一方的金额。远期利率协议的时间轴如图 5-1 所示。

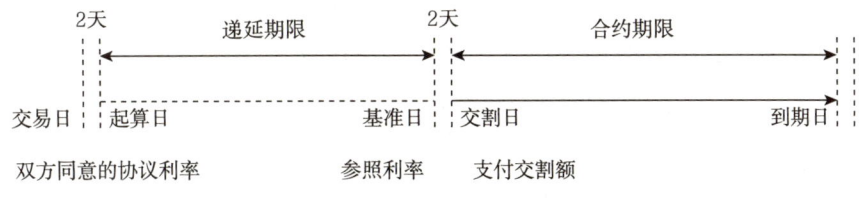

图 5-1 远期利率协议的时间轴

在结算日,远期利率协议的利差支付可按以下步骤进行。

第一步,计算远期利率协议期限内的利差。该利差根据当天参照利率(通常是在交割日前 2 个营业日使用 LIBOR 来决定交割日的参照利率)与协议利率之差来计算,其计算方法与货币市场计算利息的惯例相同,等于名义本金乘以利差再乘以期限(年)。

第二步,按照惯例,远期利率协议差额的支付发生在名义贷款或存款开始日(即利息起算日），而不是到期日，因此利息起算日所交割的差额要按参照利率进行贴现。

$$结算金额 = \frac{(参照利率 - 协议利率) \times 名义本金 \times \frac{合同天数}{天数计算惯例}}{1 + 参照利率 \times \frac{合同天数}{天数计算惯例}}$$

按照惯例，美元按一年360天计算，英镑按一年365天计算。

第三步，计算的结算金额有正有负。当结算金额 >0 时，由远期利率协议的卖方向买方支付结算金额；当结算金额 <0 时，则由远期利率协议的买方向卖方支付结算金额。

远期利率协议的价格是指从利息起算日开始的一定期限的协议利率，例如，3 个月后的 6 月期贷款或存款的利率表示为 "3×9"。远期利率协议的报价方式和货币市场拆出拆入利率的表达方式类似，但远期利率协议报价多了合约指定的协议利率期限，如表 5-1 所示。

表 5-1 远期利率协议市场报价举例

7月13日	美元远期利率协议
3×6	8.08%~8.14%
2×8	8.16%~8.22%
6×9	8.03%~8.09%

对表 5-1 报价中第三行 "6×9，8.03%~8.09%" 的市场术语做如下解释："6×9" 代表期限是 6 个月对 9 个月的远期协议，即从交易日（7 月 13 日）起的 6 个月后（即下一年 1 月 13 日）为利息起算日，而交易日后的 9 个月末为到期日，协议利率的期限为 3 个月。它们之间的时间关系如图 5-2 所示。

"8.03%~8.09%" 为报价方报出的远期利率协议买卖价：前者是报价银行的买价，若与询价方成交，则意味着报价银行（买方）在交割日支付 8.03% 的利率（协议利率）给询价方（卖方），并从询价方处收取参照利率。后者是报价银行的卖价，若与询价方成交，则意味着报价银行（卖方）在交割日从询价方（买方）处收取 8.09% 的利率（协议

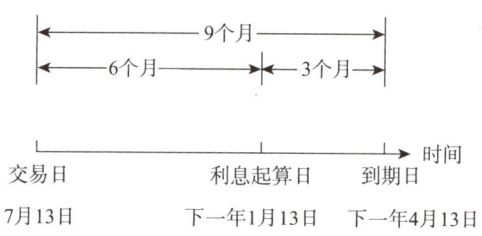

图 5-2 远期利率协议的时间关系

利率），并支付参照利率给询价方。因此，远期利率协议交易中的买方支付的是以协议利率计算的利息，卖方支付的是以参照利率计算的利息。

（三）远期利率协议的功能

远期利率协议是防范未来利率变动风险的一种金融工具。用远期利率协议防范未来利率变动的风险，实质上是用在远期利率协议市场获得的盈利抵补现货资金市场的风险，其特点是预先锁定将来的利率。协议利率是买方所支付的固定利率；参照利率是卖方所支付的市场利率。因此，通过此合约，买方可锁定未来的借款利率，卖方可锁定未来的投资收益，即买方用以规避利率上涨的风险，而卖方可免除利率下降的风险。另外，由于远期利率协议的买卖双方并不交换名义本金，仅针对利息差额做结算，所以资金占用量较小。这就给双方提供了一种管理利率风险，而无须改变其资产负债表结构的有效工具。当然，对于对未来有预期的投资者而言，也可以通过买卖远期利率协议来赚

取利率变动的收益。买方可享受利率上涨带来的好处，卖方可享受利率下跌带来的好处。

例如，假定 A 公司预期在未来的 3 个月内借款 100 万元，借款期限为 6 个月。银行贷款利率报价以 LPR 为基准。现在 LPR 为 5%，公司希望筹资成本不高于 5.5%。为了控制筹资成本，该公司与 B 银行签署了一份远期利率协议。而作为交易对手的 B 银行，由于担心未来利率会下降，希望资金投资收益率在 5% 以上。在此协议中，A 公司充当买方，B 银行充当卖方。

假定远期利率协议的利率为 5.25%，名义本金为 100 万元，协议期限为 6 个月，自现在起 3 个月内有效。这在市场上被称作 3×9 远期利率协议。现在，假定 3 个月后 LPR 为 5.6%，则作为卖方的 B 银行应向作为买方的 A 公司进行利差支付。支付金额为

$$\frac{1\,000\,000 \times (5.6\% - 5.25\%) \times \frac{6}{12}}{1 + 5.6\% \times \frac{6}{12}} \approx 1\,702(元)$$

即 3 个月后，B 银行向 A 公司支付利差 1 702 元，以补偿 A 公司按市场利率 5.6% 借款 100 万元而增加的成本损失（由于这个利差损失是在借款之日发生的，而不是在借款到期时，所以必须支付利差的现值）。

3 个月后 A 公司为满足其生产需要，就按此时的市场利率 5.6% 借入一笔金额为 100 万元、期限为 6 个月的资金，其借入资金的利息成本为

$$1\,000\,000 \times 5.6\% \times \frac{6}{12} = 28\,000（元）$$

但由于 A 公司承做了上述远期利率协议，可获得远期利率协议的收入 1 702 元，因此其实际借款成本为

$$\frac{28\,000 - 1\,702}{1\,000\,000} \times \frac{12}{6} \times 100\% = 5.259\,6\%$$

即与远期利率协议的协议利率成本大致相等，也就是说，作为远期利率协议买方的 A 公司将借款成本锁定在远期利率协议的协议利率上，从而规避了市场利率上升的风险。

三、远期合约的利弊

远期合约的优点在于可以灵活地满足交易双方的需求，这意味着它可以使投资者完全规避其资产或负债的利率风险和汇率风险。但是，远期合约存在两个方面的问题，严重制约了其作用的发挥。

第一，交易对手问题，也称流动性问题，是指实现远期交易的难易程度问题。远期合约的非标准化特征，决定了合约本身的不可交易性，即不能将一份远期合约在二级市场上转手买卖。因此，远期合约的流动性低。远期交易中很难寻找到交易对手，虽然经纪人能够匹配，但是要找到交易条件完全一致的交易对手所花费的成本仍然很高。

第二，违约风险问题。远期交易中合约双方的损益是完全对称的。在远期合约的有效期内，合约的价值随着相关基础资产市场价格的波动而变化。若合约到期时以差

额结清的话，当市场价格高于协议价格时，应由卖方向买方支付价差；若市场价格低于协议价格，则由买方向卖方支付价差。一方的损失就是另一方的收益，这就是远期合约交易双方损益的对称性特征，如图 5-3 所示。

而且，由于没有对冲机制，随着基础资产市场价格变化幅度的扩大，双方的损益规模会很大。因此，当价格变动对某方不利时，某方很可能不愿意履行合同；或者远期合约到期时，一方已经破产而不复存在，远期合约也就无从履行。由于没有外部组织对该合约予以担保，受损一方只能诉诸法律，但这一过程的成本很高。因此，由于缺乏流动性和违约风险的存在，金融机构运用远期合约时受到了很大的限制。

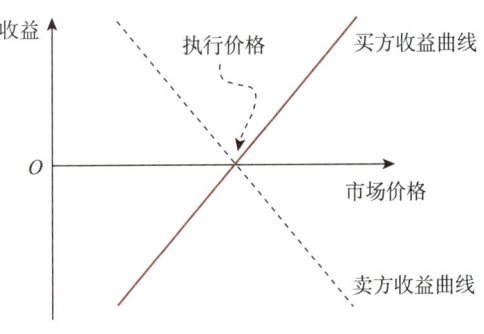

图 5-3　远期合约交易双方的损益

第三节　金融期货市场

由于远期合约缺乏流动性，存在违约风险，因此需要找到另一种规避金融风险的方法。1975 年芝加哥期货交易所推出的金融期货合约就提供了这样一种方法。

一、金融期货合约的含义、特点及交易制度

（一）金融期货合约的含义

期货合约，简称**期货**（futures），是在远期合约的基础上发展起来的一种标准化买卖合约。它是指由期货交易所统一制定，规定在将来某一特定时间和地点交割一定数量标的物的标准化远期合约。金融期货合约，就是指以金融工具为标的物或基础资产的期货合约。金融期货合约是金融期货交易的对象，期货交易参与者通过在期货交易所买卖期货合约，转移价格风险，获取风险收益。

金融期货产生于 20 世纪 70 年代，随着布雷顿森林体系的解体，世界进入浮动汇率制，各种货币之间的汇率频繁、剧烈波动，外汇风险较之固定汇率制下急速增大。各类金融商品的持有者面临着日益严重的外汇风险威胁，规避风险的要求日趋强烈，市场迫切需要一种便利有效的防范外汇风险的工具。在这一背景下，金融期货应运而生。

第一份金融期货合约源于 1972 年美国芝加哥商业交易所设立的国际货币市场分部，此部门推出了外汇期货交易，包括英镑、加拿大元、德国马克、法国法郎、日元和瑞士法郎期货合约。1975 年 10 月，芝加哥期货交易所推出了第一份抵押债券的利率期货合约，同年开始交易美国政府国库券期货合约，从而成为世界上第一个推出利率期货合约的交易所。此后，多伦多、伦敦等地也开展了金融期货交易。第一份股票价格指数期货合约的交易于 1982 年在堪萨斯交易所展开。我国目前有五大期货交易所，分别是上海期货交易所、郑州商品交易所、大连商品交易所、广州期货交易所和中国金融期货交易所。

（二）金融期货合约的特点

金融期货交易有一定的交易规则，这些规则是期货交易正常进行的制度保证，也是期货市场运行机制的外在体现。

1. 集中交易制度　金融期货在期货交易所或证券交易所进行集中交易。期货交易所是专门为期货交易提供交易场所和所需的各种软硬件设备，组织、管理期货交易的机构。它们大体分为两类：一类是专门为了金融期货交易而设立的，如伦敦国际金融期货交易所和新加坡国际货币交易所等；另一类是传统的期货交易所或者证券交易所因开设金融期货而形成的金融期货分部，如芝加哥期货交易所和东京证券交易所。

2. 标准化的期货合约　金融期货合约的数量、质量、交货时间和地点等是标准化的，是由期货交易所设计，经主管机构批准后向市场公布的标准化合约。期货合约的标准化条款一般包括以下内容。

（1）交易数量和单位（contract size）。每种金融期货合约都规定了统一的、标准化的数量和数量单位，统称交易单位。例如，美国芝加哥商业交易所规定，每份欧元期货合约的交易单位为125 000欧元，每份英镑期货合约的交易规模为62 500英镑。交易单位的标准化，既方便了期货合约的流通，也简化了期货交易的结算。其缺陷是在一定程度上限制了人们根据自己的需要确定交易数量。

（2）交割期，是指交易所规定的各种期货合约到期进行实物交割的月份，一般规定几个交割月份，由交易者自行选择。所谓交割，是指金融期货合约因到期未平仓而进行实际交割的行为。例如，在芝加哥商业交易所的国际货币市场（IMM）上，所有外汇期货合约的交割月份都是一样的，为每年的3月、6月、9月和12月，称为标准交投月。交割月的第三个星期三为该月的交割日。最后交易日，是指期货合约停止买卖的最后截止日期。每种期货合约都有一定的限制，到期就要停止合约的买卖，准备进行实物交割。例如，芝加哥商业交易所的国际货币市场规定，所有外汇期货的最后交易日为交割月最后营业日往回数的第二个营业日。

3. 每日价格最大波动幅度限制　俗称"每日涨跌停板制度"，是指交易所为了防止期货价格发生剧烈波动，而对期货合约每日价格波动的最大幅度做出的一定限制。即期货合约的成交价格不能高于或低于该合约上一交易日结算价格的一定幅度，达到该幅度则暂停该合约的交易。期货的涨跌停板制度和股票一样，只是幅度依据品种的不同而不同，一般是3%~5%。例如，芝加哥期货交易所的长期国债期货每日价格最大变动幅度为不高于或低于上一交易日结算价格3点，即每张合约最大波动幅度为3 000（=3×1 000）美元。

4. 金融期货交易实现保证金制度和每日结算制度　为了控制期货交易的风险和提高效率，期货交易所的会员经纪公司必须向结算所缴纳结算保证金，而期货交易双方在成交时都要经过经纪人（期货经纪公司）向结算所缴纳一定数量的保证金。结算所是期货交易的专门清算机构，通常附属于交易所，以独立的公司形成组建。保证金是合约买卖双方在结算所暂时储存的、为维持其头寸地位而缴纳的抵押资金。结算所实行无负债的每日结算制度，又被称为逐日盯市制度，即由结算所进行逐日结算。如有盈余，可以支取；如有损失且账面保证金低于某一水平，必须及时补足。如果客户未在要求的时间内及时追加保证金，期货公司会将该客户的合约强行平仓，强行平仓的相关费用和发生的损失由客户承担。

5. 对冲机制 结束期货头寸的方式一般有两种：一是对冲，在期货合约到期前通过反向操作结束原有头寸，即买卖与原期货头寸数量相等、方向相反的期货合约；二是在期货到期时通过现金或现货方式交割。通常，只有极少比例的期货合约以第二种方式结束交易，大多数期货交易都会以对冲方式结束，即期货交易者的目的不是期货合约的标的资产，而是通过期货合约价格的波动来套期保值或投机。从这个角度讲，期货无"货"。

| 专栏 5-1 |

中国金融期货交易所

中国金融期货交易所（简称"中金所"）是经国务院同意、中国证监会批准设立的，专门从事金融期货、期权等金融衍生品交易与结算的公司制交易所。中金所由上海期货交易所、郑州商品交易所、大连商品交易所、上海证券交易所和深圳证券交易所共同发起，于 2006 年 9 月 8 日在上海正式挂牌成立。成立中金所，发展金融期货，对于深化金融市场改革，完善金融市场体系，发挥金融市场功能，适应经济新常态，具有重要的战略意义。

中金所的主要职能是：组织安排金融期货等金融衍生产品的上市交易、结算和交割，制定业务管理规则，实施自律管理，发布市场交易信息，提供技术、场所、设施服务，以及中国证监会许可的其他职能。

中金所采取全电子化交易方式，以高效安全的技术系统为强大后盾，在借鉴国内外交易所先进技术成果和设计理念的基础上，建立了一个结构合理、功能完善、运行稳定的金融期货交易运行平台。目前，中金所上市品种有 7 个，分别是沪深 300 股指期货、上证 50 股指期货、中证 500 股指期货、中证 1000 股指期货 4 个权益类产品，以及 2 年期国债期货、5 年期国债期货和 10 年期国债期货 3 个利率类产品。

二、金融期货的种类

金融期货基本上可分为三大类：货币期货、利率期货和股票价格指数期货。

（一）货币期货

货币期货（foreign exchange futures），也叫外汇期货，是指交易双方约定在未来某一时间，依据现在约定的汇率以一种货币买卖另一种货币的标准化合约。它是以外汇为标的物的期货合约，主要用来规避汇率风险，是金融期货中最早出现的品种。目前，货币期货交易的主要品种有美元、英镑、欧元、日元、瑞士法郎、加拿大元、澳大利亚元等。

（二）利率期货

利率期货（interest rate futures），是指交易双方约定在未来某一日期，按约定条件买卖一定数量的某种长短期信用工具的标准化期货合约。利率期货交易的对象有长期国库券、政府住宅抵押证券、中期国债、短期国债等。由于这些标的物都是固定收益证券，其价格与市场利率密切相关，故称为利率期货。利率期货合约最早于1975年10月由芝加哥期货交易所推出，在此之后利率期货交易得到迅速发展。虽然利率期货的产生较外汇期货晚了三年多，但其发展速度比外汇期货快得多，应用范围也比外汇期货更广泛。在期货交易比较发达的国家和地区，利率期货早已超过农产品期货而成为成交量最大的一个类别。在美国，利率期货的成交量甚至已占到所有期货成交量的一半以上。

利率期货有以下特点。①利率期货价格与利率呈反方向变动。由于利率与固定收益证券价格成反比，因此利率期货价格与利率呈反方向变动。即利率越高，利率期货价格越低；利率越低，利率期货价格越高。②利率期货的交割方法特殊。利率期货主要采取现金交割方式，较少部分采用实物交割。

现金交割，是指到期未平仓期货合约进行交割时，用结算价格来计算未平仓合约的盈亏，以现金支付的方式结算期货合约的交割方式。这种交割方式主要用于金融期货标的物无法进行实物交割的期货合约。例如，短期利率期货的交割，主要是以银行现有利率为转换系数来确定期货合约的交割价格。

实物交割，是指期货合约的买卖双方于合约到期时，根据交易所制定的规程，通过转移期货合约标的物的所有权，将到期未平仓合约进行了结的行为。实物交割目前也是利率期货中国债期货交易一般采用的方式。但是，由于期货交易不以现货买卖为目的，因此在期货交易中真正进行实物交割的合约并不多。交割过多，表明市场流动性差；交割过少，表明市场投机性强。

（三）股票价格指数期货

股票价格指数期货，简称股指期货，是指以股票价格指数为标的物的标准化期货合约，双方同意在将来某一特定日期，按约定的价格买卖某种标的指数，到期后通过现金结算差价。最具代表性的股指期货有美国的道琼斯股指期货、标准普尔500股指期货、纳斯达克股指期货、英国的金融时报股指期货、中国香港的恒生股指期货、日本的日经225股指期货、韩国的KOSPI200股指期货等。

股指期货是一种典型的"数字游戏"，因为它买卖的不是任何一种具体的商品或金融资产，而是无法实际交割的"数字"。股指期货合约到期只能以现金方式交割，而不能以实物交割。若股票价格指数高于期货价格，则卖者向买者支付现金差额；反之，则买者向卖者支付现金差额。在具体交易时，股指期货的合约价值一般由期货交易所规定，用指数的点数乘以事先规定的单位金额来加以计算，即合约价值＝股票指数×合约乘数。例如，标准普尔500指数规定每点代表500美元，我国香港恒生指数每点代表50港元、沪深300指数每点代表300元等。

专栏 5-2

沪深 300 股指期货合约的具体条款

项　目	具体内容
合约标的	沪深 300 指数
合约乘数	每点 300 元
报价单位	指数点
最小变动价位	0.2 点
合约月份	当月、下月及随后两个季月
每日价格最大波动限制	上一个交易日结算价的 ±10%
最低交易保证金	合约价值的 8%
最后交易日	合约到期月份的第三个周五，遇国家法定节假日顺延
交割日期	合约到期月份的第三个周五，遇国家法定节假日顺延
交割方式	现金结算
交易代码	IF
上市交易所	中国金融期货交易所

三、金融期货的基本功能

期货市场的两大基本功能包括套期保值和价格发现。

（一）套期保值

所谓**套期保值**（hedge），是指投资者在现货市场和期货市场，对同一种类的金融资产同时进行数量相等但方向相反的买卖活动，即买进或卖出金融资产现货的同时，卖出或买进同等数量的该种金融资产期货，使两个市场的盈亏大致抵消，以达到防范价格波动风险的目的。因此，套期保值实际上是在"现"与"期"之间、近期和远期之间建立一种对冲机制，以使价格风险降到最低限度，实现其规避风险的目的。

套期之所以能够保值，是因为同种特定资产的期货和现货的主要差异在于交货日期不一致，而它们的价格则受相同的经济因素与非经济因素的影响和制约。而且，期货合约到期必须进行实物交割的规定，使现货价格与期货价格具有趋合性，即当期货合约临近到期日时，两者价格的差异接近于零。因而，在到期日之前，期货和现货价格具有高度的相关性。在相关的两个市场中，反向操作必然有相互冲销的效果。

例如，假定在 2016 年 5 月 29 日，某投资者所持有的股票组合总价值为 1 000 万元，当时的沪深 300 指数为 4 979 点。该投资者预计未来 3 个月内股票市场会出现下跌，但是由于其股票组合在下半年具有较强的分红和送股潜力，于是该投资者决定用 2016 年 9 月到期的沪深 300 股指期货合约来对其股票组合实施空头套期保值。

假设 2016 年 5 月 29 日 IF1609 沪深 300 股指期货的价格为 4 570 点，则该投资者需要卖出7张［即1 000万元/(4 570点×300元/点)］IF1609合约。如果2016年9月1日沪深300指数下跌至3 485点（下跌30%），该投资者的股票组合总市值也跌至700万元，损失300万元。但此时IF1609沪深300股指期货的价格相应下跌至3 141点（下跌31%左右），于是该投资者平仓其期货合约（即买进7张IF1609合约），将获利(4 570 − 3 141)点×300元/点×7 = 300.09万元，正好弥补在股票市场的损失，从而实现套期保值。相反，如果股票市场上涨，股票组合总市值也将增加。但是随着股指期货价格的相应上涨，该投资者在股指期货市场的空头持仓将出现损失，也会大致抵消在股票市场的盈利，从而实现套期保值的目的。

需要特别注意的是，在实际交易中，盈亏正好相等的完全套期保值往往难以实现：一是期货合约的标准化使套期保值者难以根据实际需要选择合适的数量和交割日；二是套期保值会受基差风险的影响。基差风险是指保值工具与被保值工具之间价格波动不同步所带来的风险。基差（basis）即现货成交价格与交易所期货价格之间的差，其金额不是固定的。基差的波动给套期保值者带来了无法回避的风险，直接影响套期保值效果。

（二）价格发现

价格发现，也称价格形成，是指在一个公开、公平、高效、充满竞争的期货市场上，通过期货交易形成的期货价格，具有公正性、预期性、连续性的特点，能够比较真实地反映未来商品价格变动的趋势。

期货市场之所以具有价格发现功能，主要是因为期货价格的形成具有以下特点。

（1）公正性。由于期货交易集中在交易所进行，而交易所作为一种有组织、规范化的统一市场，集中了大量的买者和卖者，通过公开、公平、公正的竞争形成价格，它基本上反映了真实的供求关系和变化趋势。

（2）预期性。与现货市场相比，期货市场价格对未来市场供求关系变动有预测作用。期货市场大大改进了价格信息质量，期货市场价格信息是企业经营决策和国家宏观调控的重要依据。

（3）连续性。期货价格是不断反映供求关系及其变化趋势的一种价格信号。期货合约的买卖转手次数相当频繁，这样连续形成的价格能够连续不断地反映市场的供求关系及变化。

（三）投机交易

期货市场为投资者提供了一个进行投机的平台。通过观察市场动态和分析市场趋势，投资者可以判断出市场价格是否偏离其实际价值，从而进行投机操作。期货市场的投机者不仅利用价格短期波动进行投机，还利用同一种商品或同类商品在不同时间、不同交易所之间的差价变动来进行套利交易。这种投机使不同品种之间和不同市场之间的价格，形成一个较为合理的价格结构。

期货投机交易通过主动承担期货市场风险，促进市场流动性，保障了期货市场价格发现功能的实现，适度的期货投机能够减缓价格波动。

第四节 金融期权交易

一、金融期权交易的内涵

(一) 什么是金融期权

期权（options），又译为选择权，是指合约买方向卖方支付一定期权费后，获得一种在未来某一特定时间，以特定价格买进或卖出一定数量的某种特定商品的权利。**金融期权**（financial options），则是以金融基础资产或金融期货合约为标的物的期权交易形式。在金融期权交易中，期权买方向期权卖方支付一定期权费后，就获得了能在未来某一特定时间，以某一特定价格向期权卖方买进或卖出一定数量的某种金融基础资产或金融期货的权利。

金融期权合约的基本特征包括以下三点。

第一，期权交易本质上是一种权利的买卖。这种权利可以是按协议价格买进某种金融资产的权利，也可以是按协议价格卖出某种金融资产的权利。也就是说，期权的购买方可能是合约标的资产的买方，也可能是合约标的资产的卖方。即卖方确立了一种权利供买方交易，故将卖方称为"立权人"。

第二，买卖双方的权利和义务具有不对称性。期权的买方由于向卖方支付了期权费，即权利金，因而取得了某种权利，但不承担任何义务。而期权的卖方由于收取了期权费，从而只有应买方的要求被动买卖某种金融资产的义务，却没有选择的权利。

第三，期权交易中将涨和跌分开进行交易。例如，投资者担心某种资产价格将上涨，可以买进该资产的看涨期权。其付出的费用是支付给卖方的一笔期权费，得到的权利是在到期日，当市场价格高于执行价格时，可以按照执行价格从卖方手中买进该资产或者按照执行价格结算差额；当市场价格低于执行价格时，可以放弃执行。相反，如果投资者担心某种资产价格下跌，可以买进看跌期权。按照执行价格买进看跌期权后，一旦到期日市场价格在执行价格以下，买方有权按照执行价格将该资产卖给期权的卖方或者得到其中的差价。

(二) 金融期权合约的构成要素

从期权的定义可以看出，期权合同至少要包括以下要素。

1. 期权购买者和期权出售者 **期权购买者**（buyer），也称**期权持有者**（holder），是期权的权利方，在支付一定期权费后，就获得了在合约所规定的某一特定时间，以事先确定的价格（执行价格）向期权出售者买进或卖出一定数量金融资产的权利。当然，其也可以根据需要和当时的金融市场形势放弃执行这种权利。

期权出售者（seller），又称**期权签发者或立权人**（writer），是期权的义务方，在收取期权购买者支付的期权费后，就必须承担在规定时间内，应期权购买者的要求履行该期权合约的义务。只要期权购买者要求行使其权利，期权出售者就必须无条件地履行期权合约。因此，在期权交易中，交易双方的权利与义务存在着明显的不对称性。

2. 执行价格 执行价格，就是期权合约中约定的协议价格，也是期权购买者在行使其权利时所实际执行的价格。执行价格一经确定，在期权合约有效期内，无论期权的标的物价格上涨或下降到什么水平，只要期权购买者要求执行合约，期权出售者都必须以执行价格履行其义务。

3. 期权费　期权费（premium），又称"权利金"，是期权买方为获取期权合约所赋予的权利而向期权卖方支付的费用。它是买卖期权的交易价格，因此也称为期权价格。由于期权提供了灵活的选择权，对买方十分有利，同时也意味着对卖方不利，因而卖方必须制定合理的期权费才能保证自己不会亏损。在国外成熟的期权市场上，期权的流动性很高，有专门的定价公式，如布莱克－斯科尔斯定价公式。期权费一经支付，则不论期权购买者执行还是放弃该权利，均不予退还。

初学者容易混淆的概念有期权费、执行价格、交易佣金。简单来说，期权费是期权合约的市场价格，即期权价格，是变化的。执行价格是期权合约中规定的标的资产的买卖价格，是协议价格，是固定不变的。交易佣金，是指期权的买方在购买期权时向交易所或期货公司等支付的一定比例的手续费。

4. 权利类型　期权合约还要规定权利类型，即是买权还是卖权。如果是买权，则期权买方所购买的就是未来按执行价格从期权卖方手中买进标的资产的权利；如果是卖权，则期权买方所购买的就是未来按执行价格向期权卖方出售标的资产的权利。

二、金融期权的基本种类

（一）按照期权的权利内容，金融期权分为看涨期权和看跌期权

看涨期权（call option），也称买入期权，是指期权买方支付一定期权费后拥有在规定时间，以执行价格从期权卖方手中买入一定数量标的资产的权利。当标的资产的市场价格上升到高于期权执行价格时，期权买方就选择执行期权，按执行价格从期权卖方手中购买相关标的资产，然后再按市场价格卖出，以赚取差价。扣除期权费后，剩余的就是期权买方的净利润。相反，当标的资产的市场价格下降到低于期权执行价格时，期权买方就选择放弃执行期权合约，则仅损失期权费。当然，一般操作是，当市场价格高于执行价格时，仅由期权卖方向期权买方支付价差。

看跌期权（put option），又称卖出期权，是指期权买方支付一定期权费后拥有在规定时间，以执行价格向期权卖方出售一定数量标的资产的权利。当标的资产的市场价格下降到低于期权执行价格时，期权买方就选择执行期权，按市场价格低价买进，然后再按执行价格向期权卖方出售相关标的资产，以赚取差价。扣除期权费后，剩余的就是期权买方的净利润。相反，当标的资产的市场价格上升到高于期权执行价格时，期权买方就选择放弃执行期权合约，则仅损失期权费。同样地，一般操作是，当市场价格低于执行价格时，仅由期权卖方向买方支付价差。

（二）按照期权行权的时间，金融期权分为欧式期权和美式期权

欧式期权（European option），是指期权买方只能在期权到期日当天行使其选择权利的期权。因此，在欧式期权交易中，合约交割日等于合约到期日。目前我国的外汇期权交易大多采用欧式期权合同方式。

美式期权（American option），是指期权买方可以在期权到期日之前的任何一个营业日行使其权利的期权。因此，美式期权的合约交割日早于或等于合约到期日。目前，在世界主要的金融期权市场上，美式期权的交易量远大于欧式期权的交易量。由于美式期权赋予买方更多的选择，而卖方则时刻面临着履约的风险，因此美式期权的期权费相对较高。另有一种修正的美式期权，也称百慕大期权或大西洋期权，是指可以在期权到期日之前的一系列规定日期执行权利的期权。

（三）按交易地点不同，金融期权划分为交易所期权和柜台期权

交易所期权是一种标准化的期权，是指在证券交易所大厅内以集中交易的方式进行买卖的期权。1973年芝加哥期权交易所正式成立，进行统一化和标准化的期权合约买卖。由于期权合约的标准化，期权合约可以方便地在交易所转让给第三人，并且交易过程也非常简单，最后的履约也得到了交易所的担保。这样不但提高了交易效率，也降低了交易成本。

柜台期权，是指在交易所外进行交易的期权。期权柜台交易中的期权卖方一般是银行，而期权买方一般是银行的客户。银行根据客户的需要，设计出相关品种，因而柜台交易的品种在到期期限、执行价格、合约数量等方面具有较大的灵活性。目前的外汇期权交易中大部分的交易是柜台交易，中国银行部分分行于2013年开办的"期权宝"业务采用的就是柜台交易。

（四）按标的资产不同，金融期权主要包括股票期权、利率期权和外汇期权

1. 股票期权　股票期权（stock option），是指买方交付期权费后，即取得在合约规定的到期日或到期日以前，按执行价格买入或卖出一定数量的相关股票的权利。

股票期权的另一种普遍的情形是指雇员股票期权（employee stock owner，ESO），即企业在与雇员签订合同时，授予雇员未来以签订合同时约定的价格（执行价格）购买一定数量公司普通股的选择权。雇员有权在一定时期后出售这些股票，获得股票市场价格和执行价格之间的差价，但在合同期内，期权不可转让，也不能得到股息。在这种情况下，经理人的个人利益就同公司股价表现紧密地联系起来，使得股票期权成为应用最广泛的前瞻性激励机制。因为只有当公司的市场价值上升的时候，享有股票期权的雇员方能得益。对于企业来讲，既节省了向雇员支付的高薪，又使雇员通过执行期权获得丰厚的收益，还可享受以期权支付薪水的减税好处。

雇员股票期权具有如下几个显著特征：第一，同普通的期权一样，雇员股票期权也是一种权利，而不是义务，经营者可以根据情况决定是否购买公司的股票；第二，这种权利是公司无偿赠送给其雇员的，也就是说，雇员在受聘期内按协议获得这一权利；第三，虽然股票期权是公司无偿赠送的，但是期权的标的资产——公司股票并不是如此，即股票需要雇员用资金去购买。

我国正规的交易所股票期权是2015年2月9日在上海证券交易所上市的50ETF期权。上证50ETF期权的推出不仅宣告了中国期权时代的到来，也意味着我国已拥有全套主流金融衍生品。它是上海证券交易所统一制定的、规定买方有权在将来特定时间以特定价格买入或者卖出约定股票或者跟踪股票指数的交易型开放式指数基金（ETF）等标

的资产的标准化合约。上证 50ETF 期权合约基本条款的主要内容如表 5-2 所示。

2. 利率期权 利率期权，是指买方支付期权费后，即取得在合约有效期内或到期时，以一定的利率（价格）买入或卖出一定面值的债务工具的权利。利率期权合约通常以政府短期、中期、长期债券及大额可转让存单等利率工具为标的资产。

利率期权是一个规避短期利率风险的有效工具。借款人通过买入一项利率期权，可以在利率水平向不利方向变化时得到保护，而在利率水平向有利方向变化时得益。利率期权有多种形式，常见的有利率上限、利率下限、利率上下限。

表 5-2 上证 50ETF 期权合约基本条款的主要内容

合约标的	上证 50 交易型开放式指数证券投资基金（即上证 50ETF）
合约类型	看涨期权和看跌期权
合约单位	10 000 份
合约到期月份	当月、下月及随后两个季月
执行价格	9 个（1 个平值合约、4 个虚值合约、4 个实值合约）
执行价格间距	3 元或以下为 0.05 元，3~5 元（含）为 0.1 元，5~10 元（含）为 0.25 元，10~20 元（含）为 0.5 元，20~50 元（含）为 1 元，50~100 元（含）为 2.5 元，100 元以上为 5 元
执行方式	到期日执行（欧式）
交割方式	实物交割（业务规则另有规定的除外）
到期日	到期月份的第四个星期三（遇法定节假日顺延）
执行日	同合约到期日，执行指令提交时间为 9:15~9:25、9:30~11:30、13:00~15:30

利率上限（interest rate cap），又称利率封顶，是指客户与银行达成一项协议，双方确定一个利率上限水平。在此基础上，利率上限的卖方向买方承诺：在规定的期限内，如果市场利率（参考利率）高于协定利率上限，则卖方向买方支付市场利率高于协定利率上限的差额部分；如果市场利率低于或等于协定利率上限，则卖方无任何支付义务。同时，买方由于获得了上述权利，必须向卖方支付一定数额的期权手续费。金融机构设计利率上限是为了提供某种保险，保证浮动利率借款的利率不超过某一确定的水平。如中国银行住房贷款固定贷款期权实质上就是利率上限期权，例如，某借款者购买了 5.62% 的利率上限，该利率上限期权为借款者提供了保险，确保约定时间内所支付的借款利率是当前市场利率与上限利率中的较小者。因此，利率上限实际上可以看成是一系列浮动利率欧式看涨期权的组合。

利率下限（interest rate floor），又称利率封底，是指客户与银行达成一个协议，双方规定一个利率下限。在此基础上，卖方向买方承诺：在规定的有效期内，如果市场利率低于协定利率下限，则卖方向买方支付市场利率低于协定利率下限的差额部分；若市场利率大于或等于协定利率下限，则卖方没有任何支付义务。作为补偿，卖方向买方收取一定数额的手续费。同理，利率下限实际上可以看成是一系列浮动利率欧式看跌期权的组合。

利率上下限（interest rate collar），又称利率两头封，是指将利率上限和利率下限两种金融工具结合使用。具体地说，购买一个利率上下限，是指在买进一个利率上限的同时卖出一个利率下限，以收入的手续费来部分抵消需要支出的手续费，从而达到既防范利率风险，又降低成本的目的。而卖出一个利率上下限，则是指在卖出一个利率上限的同时买入一个利率下限。

假设 A 公司有金额 500 万美元、期限为 6 个月，以 LIBOR 计息的浮动利率债务。从公司的角度出发，公司既希望在市场利率降低的时候能够享受到低利率的好处，又想避免市场利率上涨时利息成本增加的风险。这时 A 公司可以选择与银行做利率期权交易，向银行买入协定利率为 6% 的 6 个月利率上限期权。如果 6 个月之后，LIBOR 上升到 7%（大于原来的协定利率），那么 A 公司就会选择行使该期权。此时作为期权卖方的银行，就应当向其支付市场利率和协议利率的差价 5 万美元 [= 500 万 ×（7% − 6%）]。作为期权合约买方的 A 公司由于判断正确，有效地固定了其债务成本。

如果 LIBOR 的走势出现了下跌，低于 6% 的话，此时 A 公司就可以选择放弃执行该期权，而以较低的市场利率支付债务利息，其损失仅仅是一笔期权费。

专栏 5-3

我国推出挂钩 LPR1Y/LPR5Y 的利率期权

2020 年 1 月 2 日，中国外汇交易中心发布《关于试点利率期权业务有关准备事项的通知》，为更好地发挥银行间利率衍生产品对实体经济的支持作用，满足市场成员利率风险管理需求，完善利率风险定价机制，经中国人民银行批复同意，全国银行间同业拆借中心于 2020 年 2 月 24 日起试运行利率期权交易及其相关服务。

这次推出的是挂钩 LPR1Y/LPR5Y 的利率互换期权、利率上/下限期权。

所谓利率互换期权，是期权合约购买者有权在合约到期日或到期日前的某一天按合约规定的条件与合约初始出售者进行利率互换的期权合约。按照通用的期权分类方式，利率互换期权同样可分为看涨和看跌两种。

看涨利率互换期权允许买方在合约有效期满或期满之前的任何一天执行一个利率互换协议，收取浮动利率，支付固定利率，而卖方则必须收取固定利率，支付浮动利率。

看跌利率互换期权允许买方在合约有效期满或期满之前的任何一天执行一个利率互换协议，收取固定利率，支付浮动利率，而卖方则必须支付固定利率，收取浮动利率。

同时，该期权类型为欧式期权，属于场外利率期权，场外利率期权不是标准化合约。虽然每一类场外利率期权都有一些共性的要素，但利率上/下限、合约期限可以由交易双方协商确定。在交易方式上，交易中心提供点击成交和对话报价两种方式。点击成交时做市商报出的合约相对更标准化一些，而对话报价可以由双方更自由地协商合约内容。

表 5-3 是全国银行间同业拆借中心推出的利率期权的主要要素。

表 5-3 全国银行间同业拆借中心推出的利率期权的主要要素

项　目	内　容
推出日期	2020 年 2 月 24 日
期权品种	利率上/下限期权、利率互换期权
期权类型	欧式期权
挂钩利率	LPR1Y/LPR5Y
交易时间	9：00~12：00、13：30~17：00
交易方式	对话报价、点击成交

资料来源：中信期货研究部。

此前，我国贷款利率以基准利率为参考，基准利率的变动一般也较少，而且变动时间间隔不确定，因此难以推出贷款利率风险管理的产品。此次推出的利率期权挂钩的是 LPR 利率，随着我国贷款定价转向每月报价一次的 LPR 利率，利率变动也相对频繁，基于 LPR 报价利率推出利率期权产品相对而言比较可行，且运用利率期权管理贷款利率风险的需求也会显著增加。

从国际市场经验来看，场外利率期权规模为利率互换的 10%～20%。当前我国挂钩 LPR 的利率期权市场的培育需要一些时间。不过，市场参与者具备利率互换的经验，未来挂钩 LPR 的利率期权发展可能相对较快。

3. 外汇期权　外汇期权，又称**货币期权**（currency option），即期权买方在向期权卖方支付相应期权费后获得一项权利，有权在约定的到期日按照双方事先约定的协定汇率向期权卖方买进或卖出约定货币的交易。外汇期权既为客户提供了外汇保值的方法，又为客户提供了从汇率变动中获利的机会，具有较大的灵活性。

三、金融期权交易的特点

金融期权交易的最大特点是，允许交易者在获取价格有利变化的好处时，能大大降低价格不利变动的损失。因此，当价格变动对自己不利时，交易者选择放弃执行期权，仅损失期权费，而不是价差。从图 5-4 可以看出，金融期权交易双方的盈亏具有非对称性的特点，具体如下。

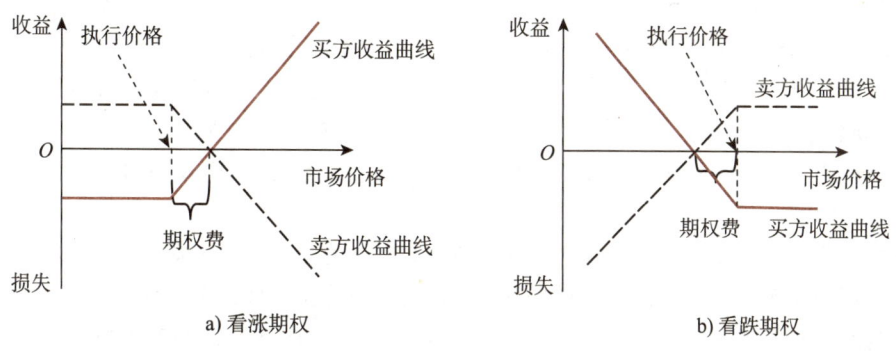

图 5-4　金融期权交易双方的盈亏

（1）期权买方的最大损失是期权费，期权卖方的最大收益也是期权费。

（2）期权买方的潜在收益是无限大的。相反，期权卖方的潜在损失也是无限大的。以看涨期权为例，对于看涨期权的买方来说，当市场价格高于执行价格时，他会行使买权，取得收益；当市场价格低于执行价格时，他会放弃权利，仅损失期权费。因此，期权对于买方来说，可以实现"有限的"损失和"无限的"收益。

在这种看似不对称的条件下，期权卖方的存在有如下原因。①卖出看涨期权，价格有可能不涨反跌；卖出看跌期权，价格则有可能不跌反涨。而且更容易出现的情形是，价格虽涨，但涨不到执行价格；价格虽跌，但跌不破执行价格。②卖方一般都是金融机构投资者，可以通过对冲操作规避风险。其实，期权卖方的作用类似于销售意外伤害保险产品的保险公司，期权买方相当于投保人。在保险交易中，尽管权利义务不对称（保费缴纳额与理赔额不相等），但是并不妨碍保险产业的发展，这一原理与期权类似。

（3）对于看涨期权的交易双方来讲，其盈亏平衡点出现在"市场价格 = 执行价格 + 期权费"这一点上。对于看跌期权的交易双方来讲，其盈亏平衡点出现在"市场价格 = 执行价格 - 期权费"这一点上。

（4）期权合约买卖双方的损益之和等于零，即期权本身是一个零和博弈。期权市场作为一个整体，没有净收益或损失。

专栏5-4

如果用期权来支付你的部分工资，你愿意吗

如果某家公司在雇用你时，希望用期权来支付你的部分工资，你应该接受吗？你在做决定之前，最好多打听一下相关事宜。现在，就让我们来仔细了解一下你应该注意些什么。许多公司提供自己公司股票的期权给雇员，并将其看成工资支付的一种替代品。公司雇员获得了看涨期权，该期权赋予其以固定价格（期权执行价格）购买该公司股票的权利，而执行价格通常就是分配期权时的市场价格。通常，期权的到期日从1年到10年不等，正由于期权是长期性质的，所以其拥有实质性的价值。但是提供期权作为工资支付的一部分也有一个小陷阱，即拥有期权的雇员不被允许将期权出售给第三方，他们必须在有效期内持有期权并决定是否对公司执行该项期权。

不过，公司股票的价格可能会暴涨，这样期权就会为其持有者带来丰厚的收益。举个极端的例子，从2005年1月到2006年1月，微软的股价从2美元/股上升到116美元/股。如果某员工以执行价格2美元/股持有1 000股微软的股票期权，他通过行使该项期权就可以获得114 000美元的净收益。在期权这个博弈游戏中，尽管微软的员工是赢家，但是还有很多输家。如那些持有安然和世通公司股票期权的员工，他们在2001年公司破产的时候什么也拿不到。

那我们应该怎么办呢？如果获取期权的条件是工资的降低，那么就等于我们在付费获取该期权，所以在我们做决定前一定要想清楚。期权几乎就像彩票，它只给了我们一个发生概率很小的获取较大收益的机会，所以用自己工资的一部分投资于自己工作的公司是很有风险的。如果公司破产或自己被解雇的话，那我们持有的公司期权就会变得一文不值。因此，在把高薪转化成较低的薪水和期权之前，我们一定要慎重考虑。

第五节　金融互换交易

除了远期、期货和期权外，交易者还使用另一种重要的金融衍生工具来管理风险——互换。

一、金融互换合约的内涵

（一）什么是金融互换合约

金融互换合约（financial swap contract），也称**互换交易**（swap transaction），是当事

人利用各自筹资成本的相对优势，以商定的条件在不同货币或相同货币的不同利率的资产或债务之间进行交换，以规避利率风险、降低融资成本的一种场外金融衍生工具。

互换交易中交换的具体对象可以是不同种类的货币、债券，也可以是不同种类的利率、汇率、价格指数等。在一般情况下，交易双方根据市场行情约定支付率（汇率、利率等），以确定的本金额为依据相互为对方进行支付。

一般地，互换交易包括两个主要组成部分：一是互换双方根据互换协议的安排，先各自在自己具有相对优势的市场上融资，并相互交换；二是互换协议到期后，互换双方将互换的资金还给对方，或者将利息按期支付给对方。

（二）金融互换交易产生的动因

金融互换交易是继 20 世纪 70 年代初出现金融期货后，又一个典型的金融市场创新业务。第一份互换合约出现在 1981 年 8 月。这次著名的互换交易发生在世界银行与 IBM 之间，是由所罗门兄弟公司安排成交的。从那以后，互换市场有了飞速发展。目前，许多大型的跨国银行和投资银行机构都提供互换交易服务。

互换产生的根本动因是互换双方存在着比较优势。根据国际贸易比较优势理论，只要双方存在比较优势，就能从国际贸易中获利，互换交易正是利用了比较优势理论。互换交易双方的比较优势源于其信用等级之差。一般地，信用等级较高的机构与信用等级较低的机构筹集固定利率资金的利差，比筹集浮动利率资金的利差要大。因此，如果各借款人都在其具有比较优势的市场上筹资，然后再相互交换相应的利息支付，那么双方都能降低融资成本。

二、金融互换交易的种类及其交易原理

按照基础资产的种类，互换合约包括商品互换与金融互换。商品互换是一种特殊类型的金融交易，交易双方为了规避商品价格风险，同意交换与商品价格有关的现金流。金融互换最主要和最常见的形式是利率互换与货币互换。互换合约中规定的交换货币如果是同种货币，则为利率互换；而不同种类货币的互换，则为货币互换。

（一）利率互换

1. 利率互换的定义及功能 利率互换（interest rate swap，IRS）是互换交易中发展最早又最为普遍的互换，是交易双方约定在未来一定期限内，根据约定数量的名义本金按照不同计息方法进行利息交换的金融合约。利率互换有多种形式，其中固定利率与浮动利率的互换是目前最为普遍的标准型利率互换。其基本做法是：持有同种货币资产或负债的交易双方（也称为互换对手），以一定的本金为计息基础互为对方支付利息，其中一方以固定利率交换浮动利率，另一方以浮动利率交换固定利率，通过互换达到降低成本的目的。当然，在实际操作中，利率互换的交易双方只需由一方向另一方支付两种利息的差额即可，即双方轧差结算。若固定利率高于浮动利率，则由固定利率支付方向浮动利率支付方支付利差；若固定利率低于浮动利率，则由浮动利率支付方向固定利率支付方支付利差。归纳起来，利率互换可以实现以下功能。

（1）降低筹资成本。由于投资者的信用等级不同，因此筹资的利率也不同。利率

互换可以利用这种比较优势进行互换套利,以降低筹资成本。

(2) 对利率风险保值。对于一种货币来说,无论是固定利率的持有者还是浮动利率的持有者,都面临着利率变化的风险。对固定利率的债务人来说,如果利率下降,其债务负担相对较高;对于浮动利率的债务人来说,如果利率上升,则其债务成本也会增高。因此,利用互换可以规避利率波动风险。

2. 利率互换的交易流程　下面以案例分析来阐述我国人民币利率互换的交易过程。

例如,A 公司和 B 公司都需要 1 000 万元的贷款,其各自在浮动利率资金市场和固定利率资金市场融资的利率及比较优势如表 5-4 所示。

表5-4　A 公司和 B 公司的融资成本比较 (1)

借款方	固定利率	浮动利率
A 公司	9.00%	SHIBOR+0.30%
B 公司	10.50%	SHIBOR+1.00%
成本差异	1.50%	0.70%
比较优势	A 公司	B 公司

由表5-4可知,A 公司无论在固定利率市场还是浮动利率市场都具有成本优势,即 A 公司具有绝对优势。这表明 A 公司的信用等级高于 B 公司。但是,从二者在不同市场上的融资成本差异来看,A 公司在固定利率市场上的融资成本比 B 公司节约1.50%,大于它在浮动利率市场上的成本优势(在浮动利率市场上,A 公司比 B 公司只节约0.70%)。所以,A 公司在固定利率市场上存在比较优势。相应地,B 公司在浮动利率市场上存在比较优势。因为它在固定利率市场上的融资成本比 A 公司高出1.50%,而在浮动利率市场上仅比 A 公司高出0.70%。

可见,两家公司之间存在 0.80%(=1.50%-0.70%)的利差可以分割。于是,按照比较优势原理,A 公司将在固定利率市场上融资,B 公司将在浮动利率市场上融资,然后两家公司达成互换协议,过程如下所示。

互换开始阶段:两家公司各自在其具有比较优势的市场上筹集资金,即 A 公司与银行签订固定利率贷款合同,取得利率为9.00% 的1 000万元借款。B 公司与银行签订浮动利率贷款合同,取得利率为SHIBOR+1.00%的1 000万元借款。这表明利率互换交易的本金是各自筹集的,只是在利息支付阶段,彼此替对方支付利息。但为了计算利息,必须确定本金额,从这一角度讲,利率互换合约的本金往往被称为"名义本金"(这一点类似于远期利率协议的"名义本金")。

互换执行阶段:A 公司将固定利率交换给 B 公司使用,假设交换的固定利率为9.20%;B 公司将浮动利率交换给 A 公司使用,假设报价为SHIBOR。这表明在利息支付日,A 公司将向 B 公司支付相当于 SHIBOR 的利率,B 公司再补上1.00%,然后偿还给贷款银行。与此同时,B 公司向 A 公司支付9.20%的利率,A 公司再向贷款银行偿还9.00%的固定利率,即彼此替对方偿还利息。当然,以上互换利率是互换协议中谈判确定的,与各自从银行贷款的利率是有差别的。

互换交易的流程如图 5-5 所示。

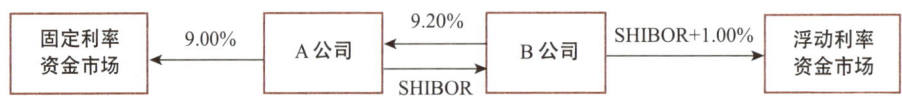

图5-5　互换交易的流程

我们可以看到，A公司的利息现金流有三笔，分别是：①支付给固定利率资金市场贷款人（贷款银行）9.00%的利息；②支付给B公司SHIBOR的利息；③从B公司收到9.20%的利息。所以，A公司的融资成本为浮动利率SHIBOR减去固定利率0.20%。而A公司如果自己直接筹措浮动利率资金，成本是SHIBOR+0.30%，互换交易使A公司节约了0.5%（没有考虑浮动利率与固定利率计算习惯的不同，以下类似）的成本。B公司的利息现金流也有三笔，分别是：①支付给浮动利率资金市场贷款人（贷款银行）SHIBOR+1.00%的利息；②支付给A公司9.20%的利息；③从A公司收到SHIBOR的利息。由此，B公司的融资成本为固定利率10.20%。而B公司如果自己直接筹措固定利率资金，成本是10.5%，互换交易使B公司节约了0.3%的成本。也就是说，互换合约给双方带来的收益之和为0.8%，恰好等于固定利率成本差异与浮动利率成本差异之差。

当然，这不是两家公司进行利率互换的唯一报价方式，它们也可以选择其他的互换比率来分割这部分利差收益。另外，由于信息不对称，两家公司恰好能达成互换的可能性极小。因此，在互换市场上，银行等金融机构发挥着重要的中介作用。金融机构利用自己掌握的众多客户信息资源，为公司寻找互换的机会，并从中获取一定的收益。通常将在互换业务中充当中介作用的银行称为互换银行，一般由投资银行担任。

（二）货币互换

1. 货币互换的定义及功能　货币互换（currency swap）也是常见的互换，是指交易双方按照协议汇率交换等值的两种货币，并约定在将来一定期限内按照该协议汇率相互换回原来的货币。在货币互换中，本金和利息一起交换，这一点不同于利率互换。或者简单地说，货币互换是指交易双方在一定期限内用一种一定数量的货币与另一种一定数量的货币进行的交换。

货币互换也是由不同信用级别的机构在不同市场的比较优势而产生的。归纳起来，互换交易中的货币互换可以实现以下功能。

（1）套利。通过货币互换得到直接融资不能得到的所需信用等级、收益率的资产，或是得到比直接融资成本更低的资金。

（2）对货币风险保值。随着经济金融日益全球化，公司的资产和负债开始以多种货币计价，货币互换可用来规避汇率风险，对现存资产或负债的汇率风险保值，锁定收益或成本。

（3）规避外币管制。在一些实行外汇管制的国家，从这些国家汇出或向这些国家公司内部贷款的成本很高甚至是不可能的，因此通过货币互换就可解决此类问题。

2. 货币互换的交易原理　货币互换的一般程序是：交易双方先以约定的协议汇率进行本金的互换，再按照原债务利率进行利息支付的互换，最后在互换到期日，双方以协议汇率换回原本金。下面举例加以说明。

假设A公司和B公司在美元市场和日元市场的融资成本如表5-5所示。造成融资成本差

表5-5　A公司和B公司的融资成本比较（2）

借款方	美元借款利率	日元借款利率
A公司	8.50%	6.00%
B公司	10.50%	6.50%
成本差异	2%	0.5%
比较优势	A公司	B公司

异的原因可能是 A 公司的信用等级高于 B 公司。因此，在美元和日元固定利率市场上，A 公司都具有绝对优势。但是，A 公司可能是美国本土公司，因此在美元贷款上相对日元贷款更有优势。相应地，B 公司可能是日本本土公司，因此在日元贷款上更具优势。现在，假定 A 公司需要筹措日元资金，B 公司需要筹措美元资金。即它们的比较优势与它们的需求错位，于是它们可以通过签订货币互换协议来完成此交易。

A 公司和 B 公司可能会通过互换银行安排如图 5-6 所示的货币互换。货币互换协议规定，A 公司需要的日元本金与 B 公司需要的美元本金数额根据汇率换算后是等值的，且期初与期末的汇率不发生变化，因此这样的互换交易是存在一定的汇率风险的。

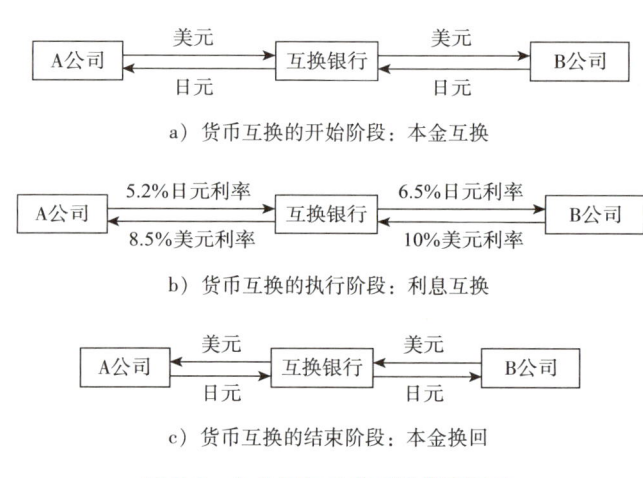

图 5-6 A 公司与 B 公司的货币互换

在这种安排下，互换的收益计算如下。

A 公司的年利息分别是：①支付美元固定利率 8.50%；②支付给互换银行日元固定利率 5.20%；③从互换银行收到美元固定利率 8.50%。所以，A 公司每年的现金净流出为日元利率 5.20%，相对其自己筹借日元贷款而言，节约了 0.80%（=6.00% - 5.20%）的日元融资成本。

B 公司的年利息分别是：①支付日元固定利率 6.50%；②支付给互换银行美元固定利率 10.00%；③从互换银行收到日元固定利率 6.50%。所以，B 公司每年的现金净流出为美元利率 10.00%，相对其自己筹借美元贷款而言，节约了 0.50%（=10.50% - 10.00%）的美元融资成本。

互换银行的年现金流为：①在美元资金市场上，从 B 公司收到 10.00% 的利率，向 A 公司支付 8.50% 的利率，赚取 1.50% 的利差；②在日元资金市场上，从 A 公司收到 5.20% 的利率，向 B 公司支付 6.50% 的利率，损失 1.30% 的利差。这样，其收益为 0.20%（=1.50% - 1.30%）的利差。

这样，以上三家机构在货币互换交易中的收益恰好等于美元利率成本差异与日元利率成本差异之差。当然，这也不是两家公司进行货币互换的唯一报价方式，还可以选择其他的互换比率来分割这部分利差收益。这与利率互换的原理是相同的。

第六节　信用衍生产品交易

近年来,一种新型的衍生产品进入市场并用于规避信用风险,这就是信用衍生产品。**信用衍生产品**(credit derivatives)是国际互换与衍生产品协会(International Swaps and Derivatives Association,ISDA)在1992年创造的一个名词,用于描述一种新型的场外交易合约。信用衍生产品的雏形形成于1993年,由于其本身具有的独特吸引力,交易量增长迅猛,速度惊人。下面介绍几种主要的信用衍生产品。

一、信用衍生产品的定义

近年来,随着金融工程理论的提出、发展和日趋成熟,各种各样的金融衍生工具相继出现,使人们对风险的管理变得更加主动和有效。但是,以前的风险管理主要是针对市场风险和利率风险的防范与规避,而作为最主要的风险之一,信用风险一直是风险管理中的盲区。仅仅靠加强对交易对手的监督和保证金制度的实施,已不能满足规避信用风险的要求,客观上需要有一种新的手段来主动规避信用风险,于是信用衍生产品应运而生。

根据国际互换与衍生产品协会给出的定义,信用衍生产品是用来分离和转移信用风险的各种工具与技术的统称。其功能是将一方的信用风险转移给另一方,从而使投资者能够通过增加或减少信用风险敞口头寸,达到管理信用风险的目的。

具体地,信用衍生产品是以贷款或债券的信用状况作为基础资产的金融衍生工具,其实质是一种双边金融合约。在这一合约下,交易双方对约定金额的支付取决于贷款或债券支付的信用状况。信用状况一般与违约、破产、拒付、信用等级下降等情况相联系。

二、信用衍生产品的种类及其避险原理

信用衍生产品按其表现形式,大致可分为信用违约互换、信用违约期权、信用联结票据、总收益互换、信用利差衍生产品等基本种类。下面简要介绍信用违约互换、信用违约期权和信用联结票据转移、分散与规避信用风险的内在机理。

(一)信用违约互换

信用违约互换(credit default swap,CDS)又称信用违约掉期,是一种能够将参照资产的信用风险从信用保护的买方转移给信用保护的卖方的金融合同,其中希望规避信用风险的一方称为信用保护买方,而愿意承担风险,向风险规避方提供信用保护的一方称为信用保护卖方。因此,信用违约互换就是将基础资产的信用风险从信用保护购买方转移给信用保护出售方的交易。其中,违约保护买方定期向卖方支付一定保险费(称为信用违约互换点差),以取得在事先规定的违约事件发生时获得相应补偿的好处。通过支付一笔保险费,信用保护买方可以保护自己免遭信用风险发生而带来的损失,以达到规避信用风险的目的。

信用违约互换原理如图5-7所示。

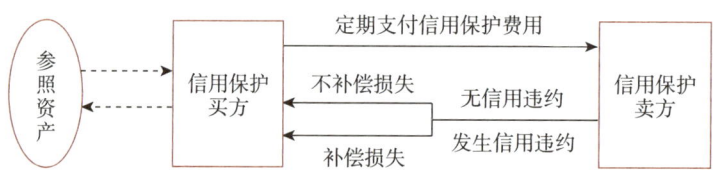

图 5-7 信用违约互换原理

通常 CDS 交易发生在两个参与主体之间。信用保护买方一般为银行，卖方通常为投资银行或主承销商。

举个简单的例子，假如 A 借钱给了 B，每年得到一定的利息，到期 B 还本付息，但是借出去的钱总有一定风险，万一 B 未能按时将钱还给 A，则 A 会遭受损失。此时 C 提供一项服务，只要 A 支付给 C 一定的利息或保险费用，若 B 未能按时偿付 A 的本息，由 C 来对 A 进行偿付。这个 A 和 C 达成一致协议所签订的合约就是 CDS。此外，C 还可能将 CDS 打包后再卖给其他人，这样风险就会层层传递下去。

在 CDS 交易过程中，交割是违约事件发生后一项重要的操作。CDS 的交割有两种方式：实物交割和现金交割。实物交割是指违约互换的买方将违约资产以面值卖给违约互换的卖方；现金交割是指资产不需要转移，违约互换的卖方需要向买方支付基础资产面值与违约后资产的市值之间的差价。由于实物交割对可交割的债务有一定的要求，以及实物交割操作过程的复杂性，现金交割逐渐成为市场主流。

参照资产可以是某一资产，也可以是一揽子资产。如果一揽子资产中出现任何一笔违约，信用保障的卖方必须向对方赔偿损失。当对应资产是银行贷款时，赔付金额等于贷款未收回部分及相关费用；当对应资产是债券时，赔付金额是违约后在某一预定日期上对应债券价格低于面值的差价。

例如，如果某家银行觉得，自己承担了过多对通用汽车贷款的信用风险，那么它可以把 10 亿美元的通用汽车贷款，与另一家银行 10 亿美元的福特汽车贷款进行互换。通过这个交易，两家银行都能慎重地分散各自的风险，同时维持与重要客户的关系。

CDS 是国外债券市场中最常见的信用衍生产品。例如，债券持有者通过购买 CDS，定期向 CDS 的出售方支付一定费用，而一旦出现信用类事件（主要是指债券发行主体无法偿付本息），CDS 的购买方有权将债券以面值递送给违约互换出售方而获得赔付，从而有效规避债券投资的信用风险。由于 CDS 产品定义简单，容易实现标准化，交易简捷，自 20 世纪 90 年代以来，该金融产品在国外发达金融市场上得到了迅速发展。

因此，CDS 类似于针对债券违约的保险，可以在保留资产所有权的前提下向交易对手出售资产所包含的信用风险，进而对冲信用风险。其实 CDS 也可以看作 CDS 购买方买入的一份看跌期权，CDS 出售方赚取的是参照资产按时还款时的期权费用（即 CDS 合约金）。CDS 具有把信用风险从资产的其他特征中分离出来的功能，可以用来分散银行承担的信用风险，这对于降低我国间接融资比率高导致的信用风险过度集中于银行的风险，具有重要的推广作用。

因此，对于投资者来说，一种规避信用风险的方法是根据信用评级直接要求信用利差补偿，另一种就是购买诸如信用违约互换等信用衍生品。如果投资组合中企业债券发债主体较多,行业分布集中度低,则直接要求每只债券给予一定信用利差的补偿,即可有效降低组合整体信用风险损失。但如果组合中企业债券发债主体不多,行业集中度高,不能有效分散信用风险,购买信用违约互换即成为更现实的做法,会产生与通过要求一定的信用利差来降低组合风险的同等作用。

(二) 信用违约期权

信用违约期权(credit default option,CDO)是一种选择权,是指以违约事件的发生与否作为标的物的期权合约。其中,期权的买方(即风险规避者)通过向卖方支付一笔期权费,来获取在未来参照资产发生违约事件时要求期权卖方执行赔偿支付的权利。信用违约期权的买方是信用保护购买方,卖方则是信用保护出售方。例如,银行可在发放贷款时购买一个信用违约期权:当贷款违约事件发生时,期权卖方向银行支付违约贷款的面值;假如贷款按时得到清偿,那么信用违约期权就自动终止。因此,银行的最大损失就是从期权卖方那里购买信用违约期权所支付的价格。其交易原理如图5-8所示。

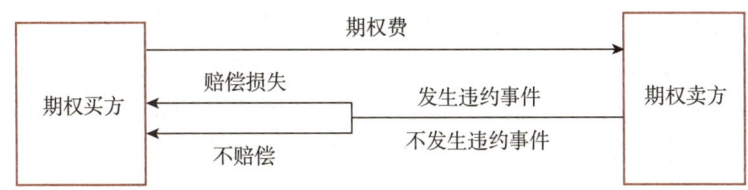

图5-8 信用违约期权的交易原理

信用违约期权与前述的信用违约互换区别不大,因为在信用事件发生后,期权的购买方总会执行期权以获得补偿。不同的是,在信用违约互换中存在相当于名义贷款本金转移的问题,即信用保护购买方可以以贷款本金为基数按双方商定的基点支付费用,而信用违约期权不存在这个问题。另外,在支付方式上,信用违约互换是在合约有效期内定期多次支付信用保护费用,而信用违约期权一次性支付期权费。

(三) 信用联结票据

信用联结票据(credit-linked note,CLN)是为特定目的发行的一种有价证券。其特征体现在,该证券在发行时往往注明,其本金的偿还和利息的支付取决于约定的基础资产的信用状况。信用联结票据的投资者承担的不是票据发行人的风险,而是与该票据所联系的参照主体(资产或债券)的风险。信用保护购买方向投资者发行与信用风险相联系的票据,投资者为获得高额收益而承诺承担信用风险的责任。如在到期时,没有发生信用违约事件,信用保护购买方需支付票据的票面价值及高额利息;假如发生了信用违约事件,则只偿还部分金额。

例如,某银行向A公司发放了一笔价值为1 000万元的贷款,同时向投资者发行与这笔贷款的信用风险相联系的1 000万元的票据。如果在有效期内,A公司按时还贷,则银行到期向投资者支付票据上规定的高额收益率(一般高于同类债券利率);如果A公司违约,则银行向投资者支付的金额将大幅下降,甚至会低于投资者最初所支付的1 000万元本金。这样,通过信用联结票据,银行不仅将对A公司的信用风险转移给了投资者,还可以收回贷款本金并用于其他项目的投资。当然,这一好处的代价就是银行要支付高额的票面利率，信用联结票据的交易原理如图 5-9 所示。

因此，CLN 实际上相当于固定收益债券（或贷款）和 CDS 相结合的信用衍生产品，即在发行固定收益债券（或贷款）的同时买入 CDS，将两者绑定作为

图 5-9　信用联结票据的交易原理

一个 CLN 来发行。CLN 在发行的债券（贷款）里绑定了相关的信用风险，所以这种票据的收益率会高过一般的固定收益债券。但高收益对应着高风险，所以 CLN 的发行者通过高收益的方式把相应的信用风险转嫁给了 CLN 的购买者。这样在未发生标的资产信用违约的情况下，CLN 的购买者将会获得高额收益率。但是如果发生标的资产信用违约，CLN 的购买者只能获得标的资产中的违约回收率（即违约后本金的补偿率）对应的那一部分金额。

三、我国信用衍生产品市场

我国信用衍生产品市场分为场外市场和场内市场两部分。信用衍生产品场外市场是指银行间市场，在我国银行间市场发行及交易的用于管理信用风险的信用衍生产品被称为"信用风险缓释工具"；信用衍生产品场内市场是指交易所市场，在深圳证券交易所和上海证券交易所上市交易的信用衍生产品称为"信用保护工具"。

（一）银行间信用衍生产品市场

2021 年 4 月 13 日，中国银行间市场交易商协会（以下简称"交易商协会"）修订了《银行间市场信用风险缓释工具试点业务规则》（交易商协会公告〔2021〕11 号），自发布之日起实行。该规则是在 2016 年 9 月 23 日公布的《银行间市场信用风险缓释工具试点业务规则》的基础上修订形成的，经交易商协会第三届理事会第十二次会议审议通过，并经中国人民银行备案同意。2022 年 8 月 31 日，交易商协会发布《中国场外信用衍生产品交易基本术语与适用规则（2022 年版）》（以下简称"适用规则"），通过向金融衍生产品市场参与者提供信用衍生产品交易的交易确认书或相关交易文件所使用术语的基本定义与适用规则，以降低市场交易成本，提高交易效率，促进信用衍生产品市场发展。

信用风险缓释（credit risk mitigation，CRM）工具，是指用于管理信用风险的信用衍生产品，可分为合约类产品和凭证类产品。合约类产品有两种：信用风险缓释合约（credit risk mitigation agreement，CRMA）和信用违约互换（credit default swap，CDS）；凭证类产品有两种：信用风险缓释凭证（credit risk mitigation warrant，CRMW）和信用联结票据（credit-linked note，CLN）。

信用风险缓释合约是指交易双方达成的，约定在未来一定期限内，信用保护购买方按照约定的标准和方式向信用保护出售方支付信用保护费用，由信用保护出售方就约定的标的债务向信用保护购买方提供信用风险保护的金融合约。它是一种合约类信用风险缓释工具。2010 年 11 月 5 日，中债信用增进投资股份有限公司与中国工商银行股份有限公司签署贷款信用风险缓释合约交易确认书，正式达成了以银行贷款为标的的"信用风险缓释合约"交易，共 7 笔，合计名义本金 5 亿元人民币，期限小于等于 1 年。这是我国第一笔贷款信用风险缓释合约。CRMA 的显著特点是参照债券类型更加丰富，涉及

境内银行永续债、中资美元债、境外金融机构"点心债券"[一]、熊猫债券[二]以及其他境内信用债券等。CRMA 的主要业务模式为信用保护购买方通过购买保护，实现对冲单一债券投资风险或释放参照实体授信额度的目的。

CRMA 的运行机制如图 5-10 所示。

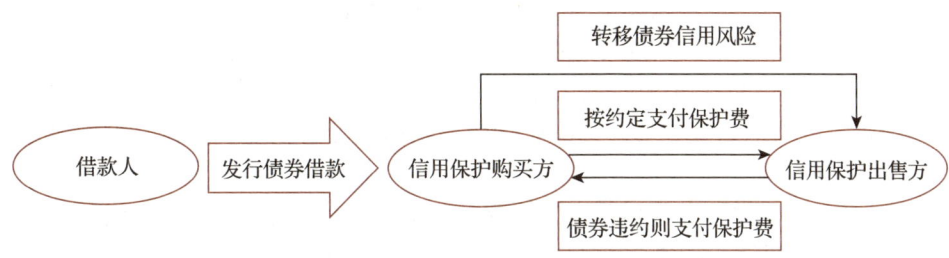

图 5-10　CRMA 的运行机制

CRMW 是指由已在交易商协会备案的标的实体以外的机构创设的，为凭证持有人就标的债务提供信用风险保护的一种标准化的，可在二级市场进行转让的有价凭证。中国银行间市场交易商协会于 2010 年 11 月 19 日称，3 家创设机构正式发布 CRMW 创设公告，首批 4 只 CRMW 共计名义本金 4.8 亿元。这是我国第一批 CRMW。CRMW 创设凭证期限主要在 1 年以上，参照债券品种方面，债券类型主要为定向工具、超短期融资券、中期票据、短期融资券、资产支持证券、熊猫债券等，其中，定向工具成为 CRMW 创设机构主要参照的标的。投资者在购买标的债券的同时可以选择是否购买其附加的 CRMW。如果选择购买，则需要定期向创设机构支付一定的费用，未来如果标的债券发生违约情况，投资者可以依据凭证创设约定向创设机构索取赔付；如果不选择购买，就需自行承担标的债券的违约风险。从投资的角度看，"CRMW＋标的债券"相当于将信用风险降至创设机构信用水平。

CRMW 的运行机制如图 5-11 所示。

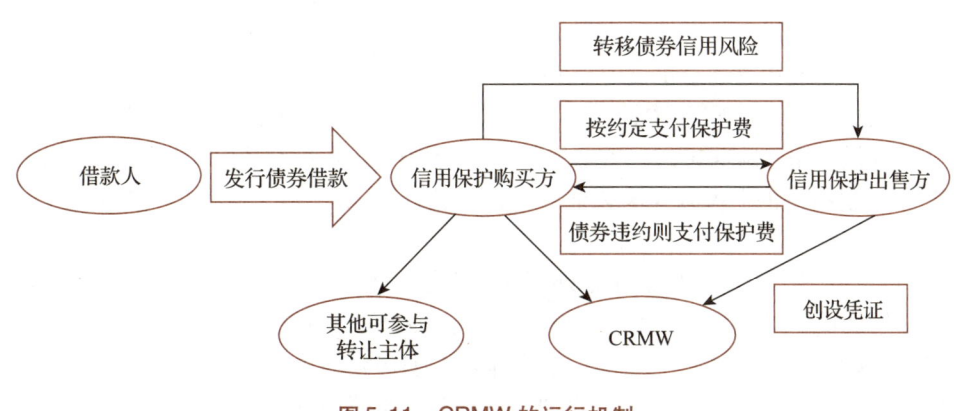

图 5-11　CRMW 的运行机制

[一] 点心债券，是指在中国香港发行的人民币债券。因为点心债券的规模与整个人民币债券的规模相比实在太小，因此得名。

[二] 熊猫债券，是指境外机构在中国发行的以人民币计价的债券。它与日本的"武士债券"、美国的"扬基债券"一样，都属于外国债券。

CRMA 和 CRMW 被业内认为是中国对世界信用衍生产品市场的一个创新，类似于国际上的 CDS。二者的区别在于，CRMA 是合约类凭证，是两个交易对手之间签订的一对一的关于信用风险的合同，类似于双方的担保和被担保，不可在二级市场流通转让；CRMW 是一种特殊的、更标准化的凭证，类似于第三方卖给你的债券保险单，这个保险单可以在市场上流通，可以理解为一种产品，创设机构创设 CRMW 后，始终作为信用风险保护的提供方，购买了这种产品的机构获得了创设机构提供的信用风险保护。

CDS 与 CRMA 产品结构类似，区别在于 CDS 的标的为一个或多个参考实体。CDS 分为单名 CDS 和 CDS 指数，其中，CDS 指数是根据一篮子参考实体相关信息编制的单名 CDS 等产品的集合。

CLN 是指由已在交易商协会备案的创设机构向投资人创设的一种标准化且可在二级市场进行转让的、投资人的投资回报与参考实体信用状况挂钩的附有现金担保的信用衍生产品，属于一种凭证类信用风险缓释工具。CLN 对于创设机构的好处体现在不用进行资产剥离就可以转移贷款风险；对于投资者来说，CLN 使其获得比投资无风险资产更高的收益。2022 年，CLN 的参照债券大幅扩容，由往年的境内债券扩容到境外中资美元债和自贸区债券。2021 年之前，CLN 的参照债券均为境内企业在境内债券市场发行的短期融资券和中期票据。2022 年，CLN 的参照债券主要是境内企业在中国香港市场或上海自贸区直接或通过 SPV 间接发行的中资美元债或自贸区债券。CLN 的典型业务模式为创设机构在境外投资参照美元债，帮助中资企业成功发行美元债，根据投资情况创设 CLN 产品对冲信用风险并回收现金流，从而帮助 CLN 投资者实现间接投资参照债券的效果。CLN 本质上可以看作"CDS + 债券"，其联结的是参照实体的信用风险，投资人以认购凭证的本金在参考实体发生信用事件时承担相应损失，投资人投入本金认购 CLN 后，定期收取利息和信用风险保护费的双重收益，CLN 是把投资人的投资回报和参考实体的信用状况挂钩，若参考实体未发生违约情况，则投资人可获得投入的本金、利息及保护费；若参考实体发生违约情况，则投资人需用本金向创设机构进行赔付。

我国"适用规则"规定：信用保护购买方，是指接受信用风险保护的一方。信用保护购买方可以是特定的实体，也可以是能够根据在相关交易有效约定或创设发行文件中设定的条件在现在或未来确定其身份的某一类实体。在 CRMW 中，信用保护购买方为该凭证的投资者；在 CLN 中，信用保护购买方为该票据的创设机构。信用保护出售方，是指提供信用风险保护的一方。一笔信用衍生产品交易必须有信用保护出售方，在 CRMW 中，信用保护出售方为该凭证的创设机构；在 CLN 中，该票据的投资者实质上为信用保护出售方。

2023 年 10 月，交易商协会联合外汇交易中心、上海清算所发布《中国场外金融衍生品市场发展报告（2022 年度）》。报告显示，2022 年我国银行间市场信用衍生产品（信用风险缓释工具）成交 338 笔，名义本金总计 530.6 亿元，同比增长 42.8%。其中，凭证类产品（CRMW 和 CLN）共创设 202 笔，名义本金合计 293.45 亿元，同比略降 1.42%；合约类产品（CRMA 和 CDS）共达成交易 136 笔，名义本金合计 237.19 亿元，同比大幅增长 243.50%。其中，CDS 名义本金为 23.95 亿元。整体来看，银行间市场信用风险缓释工具仍以标准化程度较高的 CRMW 为主，因为，CRMW 的发行伴随着"支持企业债券融资"的功能。截至 2022 年 5 月底，CRMW 存续 276 亿元，涉及标的主体 83 家。从标的主体的企业属性看，民营企业、城投公司占比较高，分别为 38%、

37%。从标的主体的主体评级看，低评级主体占比较高，AA、AA + 评级分别占比 46%、38%。在创设机构方面，以商业银行为主，创设的 CRMW 存量规模为 219 亿元，占比 79%；其次是担保公司和证券公司，分别占比 14%、6%。

（二）交易所信用衍生产品市场

交易所市场的信用衍生产品包括两类信用保护工具，是指信用保护出售方和信用保护购买方达成的，约定在未来一定期限内，信用保护购买方按照约定的标准和方式向信用保护出售方支付信用保护费用，由出售方就约定的一个或多个参考实体或其符合特定债务种类和债务特征的一个或多个、一类或多类债务向购买方提供信用风险保护的金融工具。

信用保护工具分为信用保护合约和信用保护凭证两类。信用保护合约与 CRMA 和 CDS 产品结构类似，但为交易所产品，由交易双方签署，相关权利与义务限于合约签署双方，不可转让。其中，组合型信用保护合约（简称 CDX 合约）是指合约交易双方达成的，以特定 CDX 组合项下全部参考实体或其符合特定债务种类和债务特征的全部债务为保护对象的信用保护合约。信用保护凭证由凭证创设机构创设，就一个或多个参考实体或其符合特定债务种类和债务特征的一个或多个、一类或多类债务向凭证持有人提供信用保护，并可以通过交易系统转让。

根据中国证券业协会披露，2022 年交易所市场共有 11 家证券公司创设信用保护工具，规模共计 117.70 亿元，同比增加 217.42%。

合理利用衍生工具，方能服务于实体经济

扫码详尽了解

立德树人专题

本章小结

1. 金融衍生工具，是指一种根据事先约定的事项进行支付的金融合约，其合约价格取决于或派生于原生金融工具或基础资产的价格及其变化。金融衍生工具的基本特征是跨期性、杠杆性、虚拟性、不确定性或高风险性。

2. 远期合约，是指交易双方达成的在未来某一日期，按照约定价格进行某种资产交易的协议。远期合约主要有远期利率协议、远期外汇交易等。

3. 期货交易，是指交易双方在集中性的期货交易市场以公开竞价方式进行标准化远期合约的交易。金融期货主要包括货币期货、利率期货、股票价格指数期货三个品种。

4. 期权，又译为选择权，是指合约买方向卖方支付一定期权费后，获得一种在未来某一特定时间，以特定价格买进或卖出一定数量的某种特定商品的权利。期权交易的主要种类有看涨期权和看跌期权。

5. 金融互换合约，也称互换交易，是指当事人利用各自筹资成本的相对优势，以商定的条件在不同货币或同一币种的不同利率的资产或债务之间进行交换，以避免将来由汇率和利率变动而引起的风险。互换产生的根本动因就是互换双方存在着比较优势。
6. 信用衍生产品是用来分离和转移信用风险的各种工具与技术的统称。其功能是将一方的信用风险转移给另一方，从而使投资者能够通过增加或减少信用风险敞口头寸，达到管理信用风险的目的。信用衍生产品主要分为三种形式：信用违约互换、信用违约期权和信用联结票据。

◆ 复习思考题

1. 解释下列概念：金融衍生工具、远期合约、远期利率协议、股票价格指数期货、看涨期权、看跌期权、信用违约互换、信用联结票据、货币互换、利率互换、信用风险缓释合约、信用风险缓释凭证、信用保护工具。
2. 比较金融期货与金融远期的区别。
3. 金融期货交易的主要种类有哪些？
4. 描述金融期货的主要功能。
5. 分析期权交易的盈亏状况。
6. 简述期货套期保值的基本原理。
7. 试述几种主要的信用衍生产品的避险原理。
8. 投资者如何通过信用违约互换（CDS）规避债券投资信用风险？
9. 假定 A 公司的资金管理人于某预知 3 个月后将有一笔 100 万美元的收入入账，并计划将该笔资金进行 3 个月的短期投资，同时预测美元利率将下降。
请回答以下问题。
（1）于某应如何利用远期利率协议规避利率风险？
（2）假定银行报出的 3×6 远期利率协议的协议利率为 5.5%~6%。若 3 个月后市场利率下跌为 5.2%，则该远期利率协议的结算金额是多少？此时 A 公司的投资收益率是多少？
10. 投资者 A 和 B 分别是欧式看涨期权的买方与卖方，他们就 X 股票达成看涨期权交易，期权的执行价格为 50 元/股。期权费为 3 元/股，假定在到期日时 X 股票的市场价格可能为 50 元/股、53 元/股、54 元/股，请分析该期权的执行情况，并画图表示双方的盈亏情况。
11. A 公司需要浮动利率资金。它可以在信贷市场上以半年期的 SHIBOR 加上 20 个基点，或在债券市场上以 11.05% 的年利率筹措长期资金。与此同时，B 公司需要固定利率资金。它能够在信贷市场上以半年期的 SHIBOR 加上 30 个基点，或在债券市场上以 11.75% 的年利率筹措长期资金。试分析这两家公司是否存在利率互换交易的动机？如何进行互换交易？互换交易的总收益是多少？
12. 浏览中国金融期货交易所网站，我国主要金融期货品种的主要内容有何联系？

复习思考题部分答案
扫码收听

第三篇
PART 3

银行篇

第六章　商业银行及经营管理
第七章　中央银行
第八章　银行监管

第六章 CHAPTER 6

商业银行及经营管理

§ **学习目标**

描述银行业的历史渊源及组织结构
理解商业银行的性质与功能
了解商业银行的主要资产负债业务
了解商业银行是如何进行业务创新的
理解商业银行的经营原则
掌握商业银行经营管理理论的发展逻辑

§ **本章导读**

现代高科技日新月异，智能手机业务向纵深发展，互联网与金融市场的紧密性越来越强。移动网络及智能手机的出现不仅使金融服务更为普及、个性化，交易更为便利，而且也使传统的金融服务及银行业与之相比显得相对落伍。那么，传统银行业会被淘汰吗？答案当然是否定的。其实，这些危言耸听的言论，大多基于这样一个假设：面对挑战，银行业无动于衷、坐以待毙。事实上，银行业早已不是沉睡的"巨人"。就拿互联网金融来说，我国银行业在努力打造自身的互联网渠道，在创新产品和提升客户体验的同时，更是迈出了跨界、综合经营的步伐。所以，传统银行业面临的是如何"再造"的问题。对此，在本章，我们将考察银行业是如何运作的，在分析银行的起源及组织结构的基础上，重点分析银行如何取得资金、发放贷款，银行又是如何管理资产、负债及表外业务以赚取收益的。当然，商业银行是最重要的金融机构，也是与一般公众打交道最多的金融机构。例如，很多人从商业银行获取贷款用于购买住房或汽车，大部分人也将他们的一部分金融财富以活期存款、定期存款或者其他存款的形式存放在银行。因此，本章的讨论有助于了解一国间接融资的概况和内容。

第一节 商业银行概述

一、银行业的起源和发展

无论从历史上还是逻辑上，银行业都是现代金融机构体系的源头。因此，了解银行业的产生与发展，有助于了解整个金融机构体系的产生与发展。通常在提到"银行"时，若前面不加修饰语，就是指"商业银行"。商业银行是通过存款、贷款、汇兑等业务，承担信用中介的金融机构，是一国最重要的金融机构组成部分。

银行一词，源于意大利语"banca"，其原意是长凳、椅子，是最早的货币兑换商的营业用具。在英语中，"banca"转化为"bank"，意为存钱的柜子。在我国，之所以将"bank"翻译为"银行"，这与我国经济发展的历史有关。在我国历史上，白银一直是主要的货币材料之一。"银"往往代表的就是货币，而"行"则是对大商业机构的称谓，所以把办理与银钱有关的大商业机构称为"银行"。

银行是商品货币经济发展到一定阶段的产物，它的产生大体上分为三个阶段。

（一）货币经营业

银行业是从货币经营业中发展起来的。货币经营商是指专门经营货币兑换、保管与汇兑业务的组织，是银行早期的萌芽。其主要业务如下。①铸币及货币金属的鉴定和兑换。货币经营商对不同铸币的形状、重量、成色进行鉴定。②货币保管。货币所有者出于安全、便利等原因，常常需要将货币委托给货币经营商保管。这种保管与现代的存款最根本的不同在于，货币所有者不仅不会有利息所得，反而需要向货币经营商支付保管费。③汇兑。往来于各地的商人或其他人士，为了避免自身携带大量金属货币的风险和麻烦，可以在甲地将金属货币交付给货币经营商（银钱业主），取得其汇兑文书，并持汇兑文书在乙地取款，或直接委托货币经营商将货币资金交付给乙地的商人。

（二）早期银行业

从世界历史来看，银行的起源应该追溯到13世纪后期的意大利，这与当时意大利所处的地理位置和经济优势是密不可分的。作为世界贸易中心，意大利自然成为各国商人的云集地。为了便于商品交换，需要把各地的货币兑换成当地货币，于是货币经营商就出现了，专门从事货币兑换业务。随着保管业的发展，货币经营商凭借保管经验逐渐判断出其手中保管的货币资金的运动规律之后，就进行了一次大胆的尝试。即只保留一部分存款以备客户提款之需，将其他存款以贷款方式运用出去以赚取利息，这就是最早的银行贷款业务。同时，商人们找到卖主后，从原来自己到货币经营商处取回货币再支付给卖主，到仅仅将保管凭条交给卖主，由卖主自己持保管凭条到货币经营商处领取款项，这就是银行支票业务的雏形。至此，货币经营商就演变成近代意义上的银行。成立于1587年的威尼斯银行，是世界历史上比较具有近代意义的银行。

（三）现代银行业

早期的银行规模一般比较小，抵御风险的能力比较弱。因此，虽然它们接受客户的存款并为其办理转账结算，但贷款对象主要是政府，贷给商人的资金很少，而且利率很高，远远不能满足资本主义工商业发展的需要。1694年，在政府的扶持下，英国成立了第一家股份制商业银行——英格兰银行，它的成立标志着现代银行业的诞生和现代商业银行制度的确立。英格兰银行的贴现率大大低于早期银行业的贷款利率，严重动摇了高利贷在金融领域的垄断地位。到18世纪末19世纪初，各主要资本主义国家纷纷建立了规模巨大的股份制商业银行。这些银行资金雄厚、业务全面，有很强的规模经济效益，因而可以收取较低的利率，极大地促进了工商业的发展。与此同时，原有的高利贷机构也在竞争的压力下，逐渐适应新的经济条件向现代银行转变。银行业在整个经济体系中的地位和作用也在这一过程中与日俱增，成为最重要的经济部门之一。

在我国，明朝中期就形成了具有银行性质的钱庄，到清朝又出现了票号。中国人创办的第一家银行是1897年成立的中国通商银行。它也是我国第一家发行纸币的银行，总行设于上海黄浦路，同年先后在北京、天津、汉口、广州等地开办分行，1921年以后还在南京、宁波、汉口成立了三家分行。这是中国传统金融业迈向现代的标志。

二、商业银行的组织制度

一个国家商业银行的组织形态受该国的社会经济环境和经济发展程度的影响。从历史上看，商业银行的组织制度主要有五种。

（一）单一银行制

1. 单一银行制的内涵 单一银行制，又称单元银行制，是指由于法律上禁止或限制商业银行设立分支机构，银行业务完全由各个相互独立的商业银行总行经营而不设立分支机构的银行组织制度，目前只有美国还部分地存在这种模式。根据1927年的《麦克法登法案》，美国曾长时期实行单一银行制，禁止银行跨州经营和设立分支机构，甚至在某些州内也不准设立分支机构。这种制度安排与美国的政治制度直接相关。美国是实行联邦制的国家，其银行的设立实行双轨注册：设立银行既可向联邦政府注册，成为国民银行，也可向某些州政府注册，成为州银行[⊖]。各州又有很大的立法权。为了避免银行跨州经营和设立分支机构可能导致的资金流失和对本州银行形成的竞争压力，各州对跨州经营均给予立法禁止和限制。而联邦政府也认为这一举措对避免银行业垄断势力的出现大有好处。

随着银行业的技术变革使远距离银行业务成为可能，美国难以维持对银行设立分支机构的限制，1994年的《瑞格-尼尔跨州银行与分支机构有效性法案》取消了对银行跨州设立分支机构的限制。

2. 单一银行制的优缺点 单一银行制的优点是：①可以防止银行垄断，有利于自由竞争；②有利于银行与地方政府和工商企业协调关系，集中全力为本地区经济服务；③银行具有独立性和自主性，其业务经营的灵活性也较大；④银行管理层次少，有利于管理层旨意的快速传导，便于管理目标的实现。

单一银行制的缺点也是十分明显的：①在电子网络技术应用日益普及的条件下，单一银行制使用高新技术的应用成本较高，从而不利于银行采用最新的管理手段和工具，使银行业务发展和金融创新受到限制；②银行业务过度集中于某一地区或某一行业，容易受到该地区经济的束缚，经营风险增加，同时由于银行规模小，抗风险能力较弱，难以有效抵抗大的经济金融波动风险；③单一银行制本身与经济的横向开放性发展矛盾，

⊖ 凡是国民银行都必须加入联邦储备银行体系成为联邦储备银行的会员银行，州银行是否要成为联邦储备银行的会员银行可自己选择。一般地，国民银行是规模较大、资金比较雄厚的商业银行，州银行的规模大多比较小。

使银行无法适应经济发展的需要,削弱了银行的竞争力。

因此,美国在20世纪70年代后就逐渐开始放松对银行设立分支机构的限制。美国国会于1994年通过了《瑞格－尼尔跨州银行与分支机构有效性法案》,消除了本国和外国银行跨州设立分支机构的壁垒,开始开展全方位的跨州银行业务。这是20世纪90年代美国银行业改革的重要成果,标志着美国银行制度已从法律上终结了单一银行制。但是由于历史原因,美国银行的分支机构数量仍然有限,银行总行数量众多仍是美国银行业的一大特点。

(二) 总分行制

1. 总分行制的内涵　总分行制,又称分支行制,是指在大城市设立总行,并在该市及国内外各地根据需要设立分支机构的银行制度。在这种制度下,分支行的业务和内部事务统一遵照总行的规章与指示办理。目前世界上大多数国家的商业银行都采取这种银行组织制度。

2. 总分行制的优缺点　总分行制的优点十分明显。①实现规模效应。遍布各地的分支机构,便于银行吸收存款,扩大经营规模,实现规模经营,提高银行竞争力。②实现分散经营的好处。由于有大量的分支机构,便于资产在地区和行业上分散,从而有利于分散风险,提高银行的安全性。③提高银行管理效率。一方面,其业务经营受地方政府干预小,可以避免过多的行政干预,便于银行使用现代化管理手段和工具,加快资金周转速度;另一方面,银行总行数量少,便于中央银行进行宏观管理。

当然,总分行制也存在一定的缺陷。①容易形成垄断,不利于银行竞争,在一定程度上阻碍整个银行业的发展。②增加了银行内部的控制难度。因为总分行制银行规模庞大、内部层次多、机构庞杂,上级行(或总行)对下级行的情况不可能总是及时掌握并做出处理,在执行重要决策时往往会出现一定偏差。

但总体来看,总分行制更能适应现代化经济发展的需要,因而受到各国政府和银行业的青睐,成为当代商业银行的主要组织形式。

(三) 银行控股公司制

1. 银行控股公司制的内涵　银行控股公司制或持股公司制,又称集团银行制,是指由某一银行集团成立股权公司,再由该公司控制或收购两家以上的银行而建立的一种银行制度。例如,花旗集团就是银行持股公司,它控制着300多家银行。

银行控股公司是金融控股公司的一种,其内部可以实行单一银行制,也可以实行总分行制,成为规避限制开设分行法规的一种策略。因此,银行控股公司在美国最为流行,并且有着为数众多仅控制一家银行股权的控股公司。1999年美国颁布的《金融服务现代化法案》在法律上确立了银行控股公司制度的地位。目前,美国的银行控股公司可以直接或间接经办诸如各种放款、投资、信托、租赁、保险、咨询和信息服务等多种金融业务,并可获准在其他行业中设立与银行业务有密切关联的子公司,如金融公司、信用卡公司等。

2. 银行控股公司制的优缺点　银行控股公司制的优点主要是:①能有效地扩大资本总量,增强银行实力,提高银行抵御风险的能力和竞争能力;②银行控股公司可以同时控制大量的非银行企业，这就为它所控制的银行提供了稳定的资金来源和客户关系。

当然，银行控股公司制的缺点也是明显的，即容易形成银行业的集中和垄断，不利于银行业竞争，并在一定程度上限制了银行经营的自主性，不利于银行的创新活动。

（四）连锁银行制

连锁银行制，是指两家以上商业银行受控于同一个人或同一集团，但又不以股权公司的形式出现的银行制度。在这种银行制度下，表面上不存在控股公司，这些银行保持独立，掌握各自的业务和经营政策，具有自己的董事会。但事实上由某个人或集团持有这些银行的股份，并控制这些银行的经营决策。这种银行制度往往以大银行为中心，确定银行业务模式，形成集团内部联合，统一指挥，投资大型行业，以获取高额利润。

事实上由于其受某个人或某集团的控制，又不易获取银行所需的大量资本，不利于银行自主发展。许多连锁制银行纷纷转化为总分行制银行，或组成控股公司。因此，现代连锁制银行主要存在于国际银行业务中。

（五）代理银行制

代理银行制，也有往来银行制之称，是指银行间签有代理协议，委托对方银行代办指定业务的银行制度，双方互为代理行。在国际上，代理关系非常普遍。至于在一国国内，代理制度最为发达的阶段是美国实行单一银行制的时期。它一方面可以弥补分支机构数量少的缺陷，另一方面可以让优势不同的银行相互代理，起到优势互补的作用。例如，大银行与小银行之间签订代理协议后，大银行可以为小银行办理诸如汇票承兑、同业拆借等小银行不能直接经营或经营起来效率不高的业务活动，并可以为小银行提供诸如业务培训、客户拓展等服务；而小银行则可利用自身资金来源相对稳定的优势弥补大银行资金来源相对不稳定的不足，也可提供支票付款的服务。20 世纪末，代理银行制又在巴西流行起来。为满足其缺乏银行分支机构的需要，巴西自 1999 年开始逐步放松并支持代理银行制的发展。例如，巴西历史最悠久的布拉德斯科银行（Banco do Estado de Sao Paulo S. A.）通过与邮政部门合作建立了庞大的代理银行制，从而使银行深入到农村，使偏远地区的人们享受到金融服务。

三、商业银行的性质与职能

（一）商业银行的性质

商业银行是以营利为目的，以多种金融负债筹集资金，以多种金融资产为经营对象，具有信用创造功能的金融中介机构。商业银行不同于其他经济主体的性质表现在以下三点。

1. 商业银行是企业　商业银行与一般工商企业一样，是以营利为目的的企业。它也具有从事业务经营所需要的自有资本，依法经营，照章纳税，自负盈亏。它与其他企业一样，以获取利润为经营目标。

2. 商业银行是特殊的企业　商业银行又是不同于一般工商企业的特殊企业。其特殊性具体表现在如下几个方面。一是经营对象的特殊性。工商企业经营的是具有一定使用价值的商品，从事商品的生产和流通；而商业银行以金融资产为经营对象，经营的是货币和货币资本。其经营内容包括货币收付、借贷，以及各种与货币运动有关的或者与之相联系的金融服务。从社会再生产过程看，商业银行的经营是工商企业经营的条件。因此，同一般工商企业的区别使商业银行成为一种特殊的企业——金融企业。二是企业责任的特殊性。由于商业银行对整个社会经济的影响要远远大于一般工商企业，因此商业银行除了追求自身利润最大化外，还承担着部分社会责任，例如配合中央银行调节经济。

3. 商业银行是特殊的金融企业　商业银行又不同于专业银行。商业银行的业务更综合、功能更全面，经营一切金融"零售业务"（门市服务）和"批发业务"（大额信贷业务），为客户提供全面的金融服务；而专业银行只集中经营指定范围内的业务和提供专门服务。因此，商业银行又有"金融百货公司"和"万能银行"之称。

（二）商业银行的职能

商业银行的职能由其性质所决定。商业银行具有以下五个基本职能。

1. 信用中介职能　信用中介职能体现为银行为客户办理存款、贷款业务，这就是银行信用活动。所谓银行信用（banker's credit），是指银行及其他金融机构以货币形式，通过存款、贷款等业务活动提供的信用。银行信用是现代信用经济中的重要形式，银行信用的产生标志着一国信用制度的发展与完善。

信用中介职能是商业银行最基本、最能反映其经营活动特征的职能。这一职能的实质，是通过银行的负债业务，把社会上的各种闲散货币集中到银行，再通过资产业务，把它投向经济体系中的各部门；商业银行是作为货币资本贷出者与借入者的中介，来实现资本的融通，并从吸收资金的成本与发放贷款利息收入、投资收益的差额中获取收益，形成银行利润的。

2. 支付中介职能　商业银行除了作为信用中介，融通货币资本以外，还执行着支付中介的职能，即商业银行是社会经济活动中的出纳中心和支付中心。通过存款在账户上的转移来代理客户支付，在存款的基础上为客户兑付账款等，商业银行成为工商企业、团体和个人的货币保管者、出纳者及支付代理人。以商业银行为中心，形成经济过程中无始无终的支付链条和债权债务关系。支付中介和信用中介两者相互促进，构成了银行借贷资本的整体运动。

3. 信用创造职能　商业银行在信用中介和支付中介的基础上，产生了信用创造职能。商业银行是能够吸收各种存款的银行，并用其所吸收的各种存款发放贷款；在支票流通和转账结算的基础上，贷款又转化为存款；在这种存款不提取现金或不完全提现的基础上，就增加了商业银行的资金来源；最后在整个银行体系，形成数倍于原始存款的派生存款（详细参见第十章货币供求相关内容）。

长期以来，商业银行是各种金融机构中唯一能吸收活期存款，开设支票存款账户的机构，在此基础上产生了转账和支票流通，具有了信用创造职能。

4. 金融服务职能　金融服务职能是商业银行业务综合化和全能化的具体体现。商业银行在激烈的行业竞争中不断创新业务，利用自身优势为客户提供多种金融服务，主要包括各种代理、信息咨询、融资服务、财务管理、信托等不影响资产负债表的业务，一般称为"表外业务"。

金融服务职能大大拓展了商业银行的业务范围，增加了利润增长点，而且丰富了人们的生活。金融服务已成为当代商业银行的重要职能，尤其是随着互联网金融的迅速崛起和银行向综合化、全能化趋势发展，银行的金融服务职能越来越强化。

5. 经济调节职能 商业银行作为特殊的企业，还负担着调节经济的职能。它是指商业银行通过其信用中介活动，调剂社会各部门的资金，同时在中央银行货币政策和其他国家宏观政策的指引下，实现经济结构与产业结构等方面的调整。此外，商业银行通过其在国际市场上的融资活动，还可以调节本国的国际收支状况。

商业银行因其广泛的职能，对整个社会经济活动的影响十分显著，在整个金融体系乃至国民经济中居于特殊而重要的地位。

四、商业银行与现代金融的经营模式

商业银行的经营模式大致可分为职能分工型与全能型两大类。相应地，现代金融经营模式大致可分为分业经营模式与混业经营模式两大类。

（一）职能分工型商业银行与分业经营模式

1. 职能分工型商业银行 职能分工型商业银行，是指在国家以法律的形式规定金融机构只能分别专营某种金融业务的情况下，商业银行主要经营短期工商信贷业务和支票存款业务。

这一经营模式深受"真实票据论"传统思想的影响和支配，资金融通具有明显的商业流转性质。在这种经营模式下，商业银行不得兼营证券业务，主要从事短期工商信贷业务；长期信贷业务、证券投资业务、保险业务等则由专业银行或非银行金融机构来经营。

2. 分业经营模式的内涵 职能分工型商业银行所对应的是现代金融的分业经营模式，这是指对金融机构的业务范围进行某种程度的分业管制。按照分业管制的程度不同，分业经营有三个层次。一是指金融业与非金融业的分离，金融机构不能经营非金融业务，也不能对非金融机构持股。二是指银行、证券和保险三个子行业的分离，商业银行、证券公司和保险公司只能经营各自的银行业务、证券业务和保险业务，一个子行业中的金融机构不能经营其他两个子行业中的业务。三是指银行、证券和保险各子行业内部有关业务的进一步分离，比如在银行业内部，经营长、短期银行存贷款业务的金融机构的分离，经营政策性业务和商业性业务的金融机构的分离；在证券业内部，经营证券承销业务、证券交易业务、证券经纪业务和证券做市商业务的金融机构的分离；在保险业内部，经营财产保险业务、人身保险业务、再保险业务的金融机构的分离等。

通常所说的分业经营，是指第二个层次的分业，即银行业、证券业和保险业之间的分离，更多情况下，特指商业银行业与投资银行业或证券业之间的分业经营。

3. 分业经营模式的两个发展阶段演变 **第一阶段**：分业经营的形成。对金融机构业务范围的管制始于美国。美国银行业长期实行双轨制，州银行负责州内业务，而国民银行则要接受联邦政府监督。1864年，美国政府根据《国民银行法》设立了货币监理署（OCC），专门对在联邦政府注册的国民银行进行监管，限制国民银行经营证券、保险等非银行业务。但《国民银行法》对州银行没有约束力,一些州允许本州银行在多个州内开设分支机构,另一些州则禁止本州银行在州外开设任何分支机构。所有国民银行都不得开设分支机构。因此,越来越多的国民银行放弃了特许状(这通常也意味着它们离开了美联储体系)。美国政府于 1927 年颁布的《麦克法登法案》(McFadden Act)旨在迫使各州在设立分支机构的权利上令国民银行与州银行基本平等,规定只在已允许州银行开设分支的州内扩大国民银行设立分支机构的权利。到了 20 世纪 20 年代末,美国的商业银行与投资银行几乎融为一体,商业银行在证券市场上扮演着越来越重要的角色。1929—1933 年的大萧条导致美国政府于 1933 年出台了《格拉斯-斯蒂格尔法案》(Glass-Steagall Act)(也称《1933 年银行法》)。该法案将投资银行业务和商业银行业务严格地划分开,禁止银行包销和经营公司证券,只能购买由美联储批准的债券,以保证商业银行避开证券业的风险,由此,美国金融业奠定了分业经营的基本模式。1956 年的《银行控股公司法》以及 1970 年的《银行控股公司法修正案》中,增加了银行业务与保险业务分离的条款,这进一步完善了美国金融业的分业经营模式。

美国金融业的分业经营模式,同时对其他很多国家金融体系的形成产生了巨大的影响。日本在 1948 年《证券交易法》中,复制了美国的银行业、证券业的分业经营模式,韩国等国家后来也实行了类似的分业经营模式。

第二阶段:分业经营模式在西方国家的终结。1933—1963 年,美国的商业银行和投资银行都能遵守《格拉斯-斯蒂格尔法案》的分业规定。然而,从 1963 年开始,无论是商业银行还是投资银行都开始尝试突破限制,并且在大多数时候,它们的努力得到了司法判决的支持。实际上在 1999 年《金融服务现代化法案》通过以前,美国的分业经营模式已经解体,混业经营模式已经成为普遍现象,美国的大商业银行已成为典型的美国式全能银行,《金融服务现代化法案》只是对已经发生的混业经营模式从法律上进行了认定。在主要发达国家中,美国是最后一个从立法上正式废除分业经营模式的国家,在此之前,曾参照美国实行分业经营模式的日本、韩国等国家已通过立法废除了分业经营的管制。所以,《金融服务现代化法案》的通过,可以看作分业经营模式在西方主要国家的终结。

4. 分业经营模式的评价 分业经营模式具有如下优点。第一,有利于提供专业化的业务及培养专业化的管理人才。一般证券业务要根据客户的不同要求,不断提高其专业技能和服务,而商业银行业务则更注重于与客户保持长期稳定的关系。第二,有利于银行业内部协调管理。分业经营为每种业务发展创造了一个稳定而封闭的环境,避免了竞争摩擦和混业经营可能出现的综合性银行集团内部的竞争和内部协调困难问题。第三,有利于银行业安全稳健经营。分业经营有利于保证商业银行自身及客户的安全,阻止商业银行将过多的资金用在高风险的活动上。

分业经营也存在着不足之处。第一,不利于金融业的充分竞争。以法律形式所构造的每种业务相分离的运行系统,使得各类业务难以开展必要的业务竞争,具有明显的竞争抑制性。第二,不利于金融业资源共享。分业经营使商业银行和证券公司缺乏优势互补的平台,证券业难以利用、依托商业银行的资金优势和网络优势,商业银行也不能借助证券公司的业务来推动其本源业务的发展。第三,分业经营也不利于银行进行公平的国际竞争,尤其是面对规模宏大、业务齐全的国际大型全能银行时,单一型商业银行很难在国际竞争中占据有利地位。

(二) 全能型商业银行与混业经营模式

1. 全能型商业银行　全能型商业银行，是指银行可以经营一切金融业务，提供全面的金融服务，包括贷款业务、证券业务、信托业务等。与传统模式的商业银行相比，全能型商业银行除了提供短期商业性贷款以外，还提供长期贷款，甚至可以直接投资股票和债券，帮助公司包销证券，参与企业的决策与发展，并为企业提供必要的财务支持和咨询服务。

金融混业经营有两层含义。狭义上的概念是指银行业和证券业之间的经营关系，这一层面上的金融混业经营，是指商业银行与投资银行业务的交叉经营。广义上的概念是指所有金融行业之间的经营关系，这一层面上的金融混业经营，是指银行、证券公司、保险公司等机构的业务互相渗透、交叉，而不仅仅局限于自身分营业务的范围。通常所指的混业经营是指狭义上的概念。全能型商业银行模式又被称为"混业经营"模式。

2. 混业经营模式的形式　从目前看，金融混业经营主要有以下两种模式。一是全能银行模式。在一个法人机构内，持有一个或多个金融业务许可证，可以经营多种甚至所有的金融业务，即"一个法人、一个或多个许可证、多种业务、交叉经营"。二是金融控股公司模式。多个法人通过控股权结合在一起，形成母子公司组织架构的金融集团。母公司作为一级法人，持有金融业务许可证，可以经营某类金融业务，也可以不经营金融业务，只通过股权控制实行集团的整体利益最大化。被控股的子公司是二级法人，分别持有不同的金融业务许可证，经营不同的金融业务，各子公司之间存在着防范风险传染的"防火墙"。这两种模式的典型代表分别是德国的全能银行和美国的金融控股公司。

德国的金融混业经营采取了全能银行模式，从某种程度上说，全能银行模式是金融混业经营的高级阶段。德国全能银行模式具有如下特点。

（1）银行业在金融体制中占据主导地位。德国银行业在金融体制中占据重要地位，且银行融资额也在金融体制中占据主导地位。银行间接融资在德国金融市场上占据着最重要的地位。

（2）全能银行能够从事任何一种或多种金融业务。《德国联邦银行法》规定，银行业务包括存贷款业务、贴现业务、经纪人服务、保管箱服务、投资基金业务、担保业务、资金转账业务、证券承销业务和电子银行业务等几乎所有金融业务。

（3）银行广泛持有企业股权。在德国，银行可以持有非金融机构股权，对非金融机构派出董事参与日常管理。

金融控股公司是美国金融混业经营的主要形式。根据1992年巴塞尔金融集团联合论坛颁布的《对金融控股集团的监管原则》的定义，金融控股公司，是指在同一控制权下，完全或主要在银行业、证券业、保险业中至少两个不同的金融行业提供服务的金融集团。金融控股公司根据母公司的行业属性，可以被分为两类：一类是控股公司为金融企业的金融控股公司，更具体地说是银行控股公司；另一类是控股公司为非金融企业的金融控股公司。因此，银行控股公司只是金融控股公司的一种。

金融控股公司是美国金融混业经营的主要形式，在金融控股公司模式下，母公司通过股权投资可以控制银行子公司、证券子公司、信托子公司、保险子公司，在金融控股公司内部可以涉及几乎所有金融子行业，这样就扩大了金融控股公司的业务范围，可以形成规模效应，同时可以进行有效的业务互补。

（1）金融控股公司内的各个金融机构是具有独立法人地位的实体，而不是母公司的分公司。各机构虽然与母公司有产权关系的联系，要受母公司一定程度的控制和影响，但各机构要独立承担民事责任。母公司只是以股东的身份，以所拥有的在各机构中的资本规模承担责任。因此，金融控股公司实行的是"二级法人制"。

（2）金融控股公司由多家金融机构组成，且金融业是集团的主营行业。金融控股公司的业务应至少包括银行业、证券业、保险业中两种以上的行业，这既是金融控股公司概念的规定，也是集团金融特性的体现。

（3）整个金融控股公司以产权作为各个金融机构联系的纽带，而不是通过划分市场协议。这是控股公司与卡特尔、辛迪加等垄断组织的重要区别。卡特尔、辛迪加等垄断组织一般是通过有关采购和销售价格等协议来瓜分市场的，产品往往同质，以保证各自垄断组织的利益。而控股子公司一般在经营过程中独立贯彻集团整体的方针目标，各公司可以接受母公司的管理和技术支持，但各公司间不存在协议性的销售和采购行为。

（4）金融控股公司的控股子公司可以跨金融行业，控股子公司可以从事银行业、证券业、保险业，也可以涉及不同行业。跨金融行业与其所在国的法律相关。以美国为例，美国的《银行控股公司法》和《金融服务现代化法案》对金融控股公司与银行控股公司所控股的对象并没有加以限制，即控股公司资本可以同时在不同金融机构间进行控制。因此美国金融行业内部涉及的金融业务品种较多。

（5）金融控股公司一般采用金字塔式的垂直型控股方式，即金融控股公司母公司掌握子公司半数以上或多数的股份。

3. 混业经营模式的优缺点 混业经营模式具有如下优势。第一，规模经济。从理论上说，在投资规模或经营成本既定的情况下，业务量越大，其单位成本越低，从而效益越高。由于混业经营的金融机构的金融资源由不同业务部门或机构共同分享，其总体经营成本通常应低于每一机构单独经营时的成本总和。第二，分散风险，调整灵活。从业务多样化的角度看，由于混业经营的金融机构从事不同领域的业务，其业务波动的周期与基础多有不同，因此，当其中一个部门或机构的业务出于某种原因陷入低谷时，有其他部门或机构的收益冲抵，并可以随时进行内部调整，果断转入其他市场，而不至于对该金融机构本身产生重大乃至致命的影响。第三，金融服务多样化。混业经营的金融机构既能为客户提供全方位、低价位的金融服务，又有利于自身参与竞争，提高竞争能力特别是国际竞争力。

混业经营模式也有如下不足。第一，道德风险。这是当年美国通过《格拉斯－斯蒂格尔法案》的原因之一。如果缺乏健全的金融监管体系支持，混业经营模式难以阻止道德风险问题的产生。第二，管理难度大。混业经营的金融机构往往从事多种业务，而试图巩固在每一领域内的地位需要大量的资源，而且将面临来自各方面的激烈竞争。另外，在一个机构框架内同时管理、协调多类业务也极为不易。第三，风险传递。通常可能出现的连锁反应是：经济形势严峻→投资者信心减退→抛售股票→股票下跌→混业经营的金融机构受到严重损失→银行信用危机→银行挤兑→全社会信用危机→出现金融危机。这种风险传递的危机在分业经营的专业性金融机构之间是较为容易避免的。

第二节 商业银行的资产负债表业务

商业银行的业务可以分为表内业务和表外业务,其中表内业务是指记入资产负债表中的项目,包括负债业务和资产业务,而表外业务是指不列入银行资产负债表且不影响资产负债表总额的业务。本节重点介绍商业银行的资产负债表及其表内业务。

一、商业银行的资产负债表简介

资产负债表,是银行主要的财务报表之一,反映银行总的资金来源和资金运用情况。资产负债表包括三大项目:资产、负债和所有者权益。资产负债表的左方代表商业银行持有的资产总额(即资金运用);右方代表商业银行的负债总额和银行资本(即资金来源)。资产负债表的左右两边始终相等,即:

$$资产总额 = 负债总额 + 银行资本$$

这是一个事后的会计恒等式,变形后有银行资本 = 资产总额 − 负债总额,即银行资本为资产总额减去负债总额后的差额。一旦银行的负债超过资产,即银行资本为负值,就意味着银行可能破产。下面是一个简化的商业银行资产负债表(见表6-1)。

表6-1 简化的商业银行资产负债表

资产	负债与资本
现金资产	存款
库存现金	活期存款
准备金存款	储蓄存款
同业存款	定期存款
在途资金	借款
贷款	从中央银行借款
工商贷款	同业拆借
消费者贷款	其他借入资金
不动产贷款	其他负债
银行间贷款	
其他贷款	所有者权益
投资	资本
政府债券	盈余公积金
其他有价证券	未分配利润
其他资产	资本公积金

二、商业银行的负债业务与所有者权益

商业银行的负债业务与所有者权益(即银行资本)构成了银行的资金来源。也就是说,银行的全部资金来源包括吸收的外来资金和自有资本两部分。一般来说,商业银行的资金来源中自有资本所占比重很小,大部分是吸收的外来资金。外来资金渠道包括吸收存款和借款,其中又以吸收存款为主。所以,商业银行又有"存款银行"或"存款货币银行"之称。

(一) 存款业务

存款业务是银行的"被动负债"业务，是指银行接受客户存入的货币款项。存款人可随时或按约定时间支取款项。它是银行的传统业务，在负债业务中占最主要的地位。传统的分类方法是将存款分为活期存款、定期存款和储蓄存款三大类。当前实际生活中存款品种虽然繁多，但都无外乎是这三种存款的变化。

1. 活期存款 活期存款（demand deposit），也称支票存款，是商业银行特有的存款业务，是指可由存款人随时支取和转账的存款种类。这种存款支用时一般须使用银行规定的支票，因此活期存款也叫支票存款。由于各种经济交易包括信用卡、商业零售等都是通过活期存款账户进行的，所以在国外又把活期存款账户称为交易账户。活期存款的流动性最高，如第一章所述，是狭义货币供应量 M1 的重要组成部分。

2. 定期存款 定期存款（time deposit），是指客户与银行预先约定存款期限的存款业务。存款期限通常为 3 个月、6 个月和 1 年不等，期限最长的可达 5 年或 10 年。利率根据期限的长短不同而存在差异，但都要高于活期存款。对于银行来说，由于定期存款期限较长，因而成为银行稳定的资金来源。定期存款的流动性低于活期存款，因而被看成广义货币供应量 M2 的组成部分。

3. 储蓄存款 储蓄存款（saving deposit），主要是指针对居民个人为了积蓄货币和取得一定利息收入而开立的存款种类。储蓄存款也可分为活期储蓄存款和定期储蓄存款。储蓄存款具有如下三个特点。一是开设客户主要是居民个人。储蓄存款多数是个人为了积蓄购买力和财富而进行的存款。二是监管当局对商业银行的储蓄存款业务有严格的规定。为了保障储户的利益，各国对经营储蓄存款业务的商业银行都有严格的管理，并要求银行对储蓄存款负有无限清偿责任。三是储蓄存款一般为存折或存单形式，不能签发支票进行转账结算。储蓄存款的流动性低于活期存款，也属于广义货币供应量 M2 的组成部分。

(二) 存款业务的创新

除上述各种传统的存款业务以外，为了吸收更多存款，打破有关法规限制，西方商业银行在存款工具上有许多创新，如大额可转让定期存单、可转让支付命令账户、自动转账服务账户、货币市场存款账户、协定账户等。

1. 大额可转让定期存单 大额可转让定期存单是 1961 年由美国花旗银行推出的定期存款创新：不记名并可流通转让；存款起点有限制；不能提前支取，但可在二级市场流通转让；既可采用固定利率计算利息，也可采用浮动利率计算利息（详见第四章）。

2. 可转让支付命令账户 可转让支付命令账户（negotiable order of withdrawal account，NOW 账户）是 1972 年由美国马萨诸塞州储蓄银行推出的新型存款账户，是一种可使用支付命令书进行转账和提现的储蓄存款账户。其基本特点是：第一，以支付命令书代替支票进行转账结算，且没有转账次数限制；第二，可按平均余额支付利息；第三，账户开立人限定为个人和非营利机构。NOW 账户的出现，打破了商业银行对支票账户的长期垄断，是对长期以来活期存款不付息制度的一次重大革命，也是一种重要的金融创新产品。

1982年后，**超级可转让支付命令账户**（super negotiable order of withdrawal account, Super-NOW 账户）出现了，是 NOW 账户的创新发展。它是美国在 1982 年根据《加恩·圣吉曼存款机构法案》推出的，除了具有普通 NOW 账户的特点外，还规定了起存额和平均余额的限制，起存额为 2 500 美元，日常平均余额不得低于起存额。因此，其利率高于普通 NOW 账户，从而更受个人投资者的青睐。不过，一般认为，20 世纪 90 年代后它已与普通 NOW 账户一样，二者无实质差别。

3. 自动转账服务账户　20 世纪 70 年代，针对美国法律"不允许对活期存款付息"的规定，美国银行业发明了**自动转账服务**（automatic transfer service, ATS）账户。它是将两个账户自动连接在一起的存款创新业务。在这种业务下，客户在银行开立两个子账户——活期存款账户和储蓄存款账户，同时保证活期存款账户上的余额在 1 美元或以上。客户平时将款项存在储蓄存款账户上，以享受储蓄存款高利息收入的好处。而当客户开出支票准备提现或转账时，银行自动将支票数额从储蓄存款账户转到活期存款账户上，以便为客户进行支票结算。因此，ATS 账户结合了储蓄存款账户和活期存款账户的优点，可以保证客户在未使用支票转账之前从储蓄存款账户获得相应的利息。当然，使用该账户的客户需要向银行支付一定的服务费。

4. 货币市场存款账户　20 世纪 70 年代初，美国出现了一种新型共同基金，即**货币市场共同基金**（money market mutual fund, MMMF）。20 世纪 70 年代初，美国仍对金融机构实行利率管制，而货币市场工具则采用浮动利率，许多中小投资者无法进入货币市场（因有最低交易额规定），货币市场共同基金利用这一机会应运而生。这种基金吸收小额资金，然后在货币市场上投资，如投资大额存单、银行承兑汇票及国库券等。由于投资者是购买投资基金而不是往银行存款，所以从基金得到的利润不受存款利率的限制。同时，其还允许基金的投资者签发金额不低于 500 美元的支票，从而吸引了大量的储蓄者将资金从银行取出转投 MMMF。银行客户大量流失，出现了"脱媒危机"。为此，商业银行和储蓄机构要求美国国会对 MMMF 附加储备要求和其他限制，美国国会最终虽然没有批准存款机构的要求，但允许商业银行和储蓄机构发行一种新型的金融工具，即**货币市场存款账户**（money market deposit account, MMDA）。

MMDA 是处于银行内的 MMMF，具有如下特点。第一，不限定开户对象。企业和个人均可开户，有存款限额规定，但起点不高，最低为 2 500 美元。第二，无利率上限的限制。在规定的限额以上，银行按照较高的货币市场利率计息；在规定的限额以下，按 NOW 账户计息。第三，可通过签发支票或电话通知向第三者支付或转账，但每月不超过 6 次。商业银行可对 MMDA 支付较高的利息，从而有利于吸收存款，扩大资金来源。

5. 协定账户　协定账户（agreement account, AA）是前述 ATS 账户的创新发展，是指按照约定，存款可以在储蓄存款账户、活期存款账户、货币市场存款账户三种账户之间自动转账的账户。

协定账户具有如下特点。第一，银行与客户达成一种协议，客户授权银行可将款项存在储蓄存款账户、活期存款账户或货币市场存款账户上。第二，对储蓄存款账户和活期存款账户，一般都规定一个最低余额。超过最低余额的款项由银行自动转入同一客户的货币市场存款账户上，以便取得较高的利息。第三，对低于最低余额的账户，银行自动将同一客户在货币市场存款账户的款项转入储蓄存款账户或活期存款账户。货币市场存款账户的收益率高于储蓄存款的利率,故协定账户保证了客户获得尽可能多的收益。可以看出,协定账户是银行对自动转账服务账户的进一步创新发展。

专栏 6-1

我国银行加大负债端产品创新迫在眉睫

负债管理是商业银行最核心的业务之一,负债端产品的创新对于做好负债管理,乃至整个商业银行的资产负债管理至关重要。然而,一直以来,相较于资产端以及中间业务产品的创新,我国商业银行负债端产品的创新较为滞后。随着利率市场化的推进,商业银行在负债端的创造力即将得到解放,可以预见商业银行负债端产品创新必然迎来爆发式增长。

创新理念:从产品导向走向客户导向。商业银行通过综合分析存款目标市场的经济发展情况、人口分布情况、社会文化背景、法律法规、生产消费条件,特别是通过对目标客户的收入状况、消费习惯、现金流结构、储蓄动机、心理特征等进行分析,掌握客户的目标函数,在充分细分的基础上进行产品设计。

定义维度:从单一走向多元。通过产品定义中多个维度的不同设置与组合,进行负债端产品创新。例如,兴业银行为满足客户馈赠亲友、收藏留念等需求,推出了礼仪存单产品(类似的产品还包括南京银行的金梅花贺喜存单,中国银行的礼仪存折、纪念存单等)。该产品的定义中就包含了服务对象、凭证的种类与样式、起存金额、存期、结息方式等要素。

内涵与附加服务:从低端走向高端。随着负债端产品的内涵与附加服务从低端走向高端,负债端产品也在不断升级换代。例如,中国银行的个人联名账户产品可以为 2~3 人设置共管账户。该行的智慧账户、主办账户包含了账户管理、资金归集、智能定存、综合查询等功能。农业银行的"聪明账"产品具有自动约转和便捷消费功能,按照客户的要求,借助该行较先进的业务系统使客户资金在活期账户与定期账户之间灵活切换。

(三)借款业务

商业银行的借款业务,通常被称为"主动型负债",是商业银行以各种方式从金融市场上借入款项获得资金的负债业务。

1. 从中央银行借款 中央银行是商业银行的最后贷款人。商业银行资金不足时,可以向中央银行借款。一般来说,商业银行向中央银行借款,其主要目的在于缓解资金暂时不足的矛盾,而非用来获利。

商业银行向中央银行借款主要有两种形式:第一,再贴现,是指经营票据贴现业务的商业银行将其买入的未到期的票据向中央银行再次申请贴现,也叫间接借款;第二,再贷款,是指商业银行以自身持有的证券、票据做抵押向中央银行取得的贷款,也叫直接借款。再贴现和再贷款不仅是商业银行筹措短期资金的重要渠道,同时也是中央银行重要的货币政策工具。

2. 金融机构之间的借款 金融机构之间的借款有三种方式。一是同业拆借,是指金融机构之间临时性的资金融通行为,主要用于维持日常性的资金周转。它的主要作用是商业银行解决短期资金余缺问题。二是转贴现，是指金融机构为了取得资金，将未到期的已贴现商业汇票再以贴现方式向另一金融机构转让的票据买卖行为。三是回购协议，回购的对象一般是国库券。

3. 发行金融债券　金融债券，是指银行等金融机构作为筹资主体面向社会发行的定期付息、到期还本的债务凭证。发行金融债券是商业银行筹集长期资金来源的重要途径。

我国商业银行金融债券从发行目的看，可分为一般性债券和资本性债券。一般性债券，是商业银行优化其中长期资产结构，支持专项信贷而发行的债券。目前，一般性债券中有四类主题债券，分别是小微企业贷款专项金融债、"三农"专项金融债、绿色金融债和创业创新专项金融债。商业银行创设这些主题债券主要是为补充项目贷款额度。小微企业贷款专项金融债的募集资金用于发放小型、微型企业贷款，缓解小微企业融资难、融资贵的问题；"三农"专项金融债则是为补齐农村地区信贷投放资金缺口，专项发放涉农贷款而创设的；绿色金融债旨在为绿色项目建设提供长期资金支持；创业创新专项金融债用于支持符合国务院、各级主管部门和监管机构产业政策的"双创"产业项目贷款发放。一方面，发行部分主题债券能够降低银行的融资成本，另一方面，也能缓解"资产－负债"的期限错配问题。资本性债券，也称次级债券，是商业银行为解决其资本金不足而发行的，按照《巴塞尔协议Ⅰ》规定可记入附属资本的长期次级债券。其偿还顺序落后于一般性债券，但优先于股本。

4. 从国际金融市场贷款　20世纪80年代以来，发达国家的商业银行广泛地在国际金融市场上通过吸收存款，发行大额存单、商业票据、金融债券等方式获取资金。其中，从欧洲货币市场⊖借入欧洲美元⊖最为普遍。欧洲货币市场对各国商业银行有很大的吸引力，因为它是一个完全自由开放的、富有竞争力的市场：①欧洲货币市场不受任何国家的政府管制和纳税限制，如没有缴纳法定存款准备金的要求；②其存款利率相对较高，放款利率相对较低，存贷利差较小，因此无论对存款人还是借款人，都具有吸引力；③资金高度灵活、手续简便，业务方式主要以信用为基础。例如，短期借款甚至不签协议，无须担保品，通过电话和传真即可完成。

（四）所有者权益

所有者权益，是指银行的自有资本，它代表着对商业银行的所有权。与其他企业相同，所有者权益包括实收资本或股本、资本公积金、盈余公积金、未分配利润。

实收资本或股本是商业银行最原始的资金来源，是筹建银行时所实缴资本或发行股票面值的合计金额。资本公积金，包括以股票溢价、法定资产重估增值部分和接受捐赠的财产等形式所增加的资本。它可以按照法定程序转增资本金，即计提法定公积金。这部分资金不能用于分配股息或红利，只能用于弥补经营亏损，或将其转化为股本。盈余

⊖ 简单地讲，欧洲货币市场是指在货币发行国以外进行该国货币存贷的市场，俗称"离岸金融市场"，产生于20世纪60年代，20世纪90年代后迅速发展起来。

⊖ 欧洲美元一般是指存放在美国境外银行，不受美国政府的相关法律法规限制的美元存款，或是从这些银行借到的美元贷款。由于这种境外存款、借贷业务开始于欧洲，因此称为欧洲美元。它与美国境内流通的美元是同样的货币，具有同样的价值。它们之间的区别只是账务上的处理方式和法律监管不同。

公积金，是商业银行按照规定从税后利润中提取的用于商业银行自我发展的一种积累，包括法定盈余公积金（达到注册资本金的 50%）和任意盈余公积金。未分配利润，是商业银行实现的利润中尚未分配的部分，在其未分配前与实收资本或股本具有同样的作用。

三、商业银行的资产业务

商业银行的资产业务，是指商业银行对资金加以运用的业务，是银行获取收益的主要途径。从商业银行的资产负债表中可以看出，商业银行的资产业务主要包括现金资产、贷款和证券投资三大类。

（一）现金资产

现金资产是银行资产中流动性最高的部分，因为它能直接满足对外支付的需要。现金资产通常并不给银行带来直接的收益，但它是银行维持正常经营所必需的资产业务。现金资产由库存现金、在中央银行存款、同业存款和在途资金组成。

1. 库存现金　库存现金，是指商业银行为应付每天的现金收支活动而保存在银行金库内的纸币和硬币。库存现金属于非营利性资产，而且所需的防护和保险费用较高，因此商业银行通常仅保持必要的、适度的库存现金。

2. 在中央银行存款　在中央银行存款，也叫"准备金存款"，包括法定存款准备金和超额存款准备金。在实行中央银行制度的国家，为了确保商业银行的支付能力，也为了便于货币政策的实施，通常要求吸收存款的银行必须按一定法定比率缴存资金于中央银行，这部分资金被称为法定存款准备金。另外，为了银行间票据清算和银行自身安全的需要，商业银行通常会在中央银行存入超过法定比率的资金，超出法定比率的存款就是超额存款准备金。超额存款准备金是商业银行可自主运用的资金。中国人民银行对法定存款准备金视同一般性存款支付利息。因此，我国商业银行在中央银行存款属于低利或微利性资产。

3. 同业存款　同业存款，是银行存放在其他商业银行的款项。商业银行为了便于同业之间结算收付和相互代理业务，大都相互开立了活期账户。存放在其他银行的存款可随时支用，视同现金资产。

4. 在途资金　在途资金，又称"托收中现金"。银行在为客户办理支票结算的过程中向其他银行收款的支票，支票所载金额在未划入本行收款账户前占用的银行资金是在途资金。例如，当存款人将一张以 A 银行为付款人的支票存入 B 银行时，B 银行会在负债方记上该存款人相应金额的存款，但实际上这笔资金尚需要一定的清算过程和时间，才能够从 A 银行的账户转入 B 银行的账户。在这一清算过程完成之前，该存款人实际上占用了 B 银行的资金，B 银行只能在其资产方中以"在途应收资金"形式加以体现。在收到资金后，B 银行或是增加其在中央银行准备金账户的存款，或是增加其同业存款。这项资产在银行界被称为"浮存"或"浮金"。在途资金也是一种非营利性资金，商业银行应尽量缩短收款时间以提高资金的使用效率。

（二）贷款和票据贴现

贷款，又称放款，是银行将其所筹集的资金按一定的利率贷放给客户，并按约定期限收回的资产业务。贷款是银行最重要的资产业务。

1. 贷款方式 按贷款有无抵押品来划分，贷款方式可分为担保贷款和信用贷款。担保贷款又具体分为抵押贷款、质押贷款和保证贷款。抵押贷款和质押贷款都需要借款人或第三方为贷款的偿还提供抵押物、质押物。一旦借款人不能履行债务责任，贷款银行可通过处置抵押物或质押物来挽回损失。二者的区别在于：在抵押贷款中，抵押物的占有权仍属于借款人；而在质押贷款中，质押物的占有权已转移给了贷款银行。保证贷款，是指由第三方以其动产或不动产为借款人的偿还做出保证，如果借款人到期不能履行债务责任，由保证人代为履行还款义务的一种贷款方式。信用贷款是仅凭借款人的信用而发放的贷款。在银行贷款总额中，信用贷款的占比一般很低。

商业银行的另外一种特殊的贷款方式即票据贴现，它是商业银行传统的信贷业务，是指银行买进客户未到期的合格票据，扣除一定的贴息，把余下资金融通给客户的业务。贴现对象为商业票据、国库券等。贴现本质上相当于以票据为抵押的贷款，因而也被称为"贴现贷款"。

当然，贴现与贷款仍然存在一些区别。第一，利息收取时间不同。贷款是事后收取利息，而票据贴现实行预收利息的方法，即在买进票据时从票据面额中预扣利息。第二，借款人身份不同。贷款通常是以购货人（付款人）为借款对象，而票据贴现通常是以持票人（收款人）为借款对象。第三，融资期限不同。贷款的期限可长可短，而票据贴现的期限一般较短，通常在一年以下。第四，流动性不同。贷款只有到期才能收回本息，流动性较差，而通过商业银行贴现的票据还可以采用转贴现、再贴现融通资金，流动性较强。第五，风险性不同。在贴现业务中，银行保留了对票据出售人的追索权，实际上是保留了对承兑银行的追索权，因而票据贴现风险较低。而贷款到期时，若借款人无力还贷，银行只能对借款人行使抵押权。一般地，抵押权的行使成本高于追索权。因此，贷款的风险高于票据贴现。正因为如此，贴现已成为西方商业银行的重要资产业务之一。

2. 信贷原则 银行在办理信贷业务时都要遵循一些基本原则，这些原则对于贷款投向、条件、用途、方式和数额等起着制约作用。西方商业银行最古老的信贷原则是"真实票据论"原则，其基本要求是贷款应以有真实交易背景的商业票据为根据。因此，贷款发放对象主要是以赊销方式销售商品的企业，这些企业以商业汇票为抵押取得贷款。随着经济金融的进一步发展，这一原则日益显示出其不严谨性。因此，这一原则在西方早已不再作为银行经营的原则（详见本章后面的商业银行的经营管理理论）。

之后，各国商业银行根据实际情况的变化，发展了多种多样的信贷原则。其中，比较流行的贷款信用分析方法有信贷"6C"原则，即着重考察借款人的以下六个方面。①**品德**（character），是指借款人的作风、观念以及责任心等。借款人过去的还款记录是银行判断借款人品德的主要依据。②**能力**（capacity），是指借款人归还贷款的能力，包括借款企业的经营状况以及企业负责人的才干和个人背景等。③**资本**（capital），是指借款人的自有资本。它是影响借款人偿债能力的重要因素。④**担保品**（collateral），是指借款人提供的还款抵押品。银行必须考虑抵押品的价值、保管难易程度及变现能力等。⑤**经营条件**（condition），是指借款人所处的经营环境及其稳定性，包括竞争状况、劳资关系、行业前景及宏观经济和政治形势等。⑥**连续性**（continuity），是指借款人经营前景的发展趋势。

(三) 证券投资：买卖政府债券和金融债券

1. 商业银行证券投资的目的　商业银行的证券投资业务，是指商业银行将资金用于购买有价证券的活动。商业银行投资于有价证券，一是为了获得收益（利息收入和证券增值的收益）；二是为了实现资产多样化，以分散风险；三是提高资产的流动性，例如投资信用可靠的政府债券及其他货币市场上的短期证券；四是合理避税。各国政府在发行国债和市政债券时，均有税收优惠，银行可以通过合理的证券组合达到有效避税、增加收益的目的。

2. 商业银行证券投资的对象　商业银行证券投资的主要对象是信用可靠、风险较小、流动性较强的政府及其所属机构的证券以及金融债券，如公债券、国库券、市政债券等。

此外，一些财务实力雄厚、信誉较高的公司债券，也是商业银行证券投资的对象。至于投资于公司股票，在实施金融分业经营的国家，政府的管理是极其严格的：或严禁商业银行涉足此类活动，或给予苛刻的限制，比如只允许银行将其自有资金及盈余的一个极小比例用于股票投资。在实施全能银行制度的国家中，虽无严格的管理，但不少国家在股票投资数量上也有限制性的规定，而且一般不允许银行对企业参股。

根据《中华人民共和国商业银行法》的规定，我国商业银行不得从事信托投资和证券经营业务，不得投资非自用不动产，不得向非银行金融机构和企业投资。因此，我国商业银行证券投资的领域主要是债券。自 2005 年 12 月中国人民银行对商业银行的公司债券投资解禁以后，我国商业银行可以投资的债券有三类：政府债券、金融债券和公司债券。除此之外，其他投资对象还包括商业票据、央行票据、回购协议、银行承兑汇票及创新的金融工具，如期权、期货等。

| 专栏 6-2 |

绿色金融跨越式发展，银行创新成重要推动力量

绿色金融是指金融部门把环境保护作为一项基本政策，在投融资决策中考虑潜在的环境影响，把与环境条件相关的潜在收益、风险和成本融合进银行的信贷决策中，通过对社会经济资源的引导，促进社会的可持续发展的一种融资模式。根据 2016 年 8 月 31 日中国人民银行等七部委发布的《关于构建绿色金融体系的指导意见》，绿色金融是指为支持环境改善、应对气候变化和资源节约高效利用的经济活动，即对环保、节能、清洁能源、绿色交通、绿色建筑等领域的项目投融资、项目运营、风险管理等所提供的金融服务。2023 年 11 月的中央金融工作会议指出，高质量发展是全面建设社会主义现代化国家的首要任务，金融要为经济社会发展提供高质量服务。其中明确，"做好科技金融、绿色金融、普惠金融、养老金融、数字金融五篇大文章"。本次会议将绿色金融放在了十分重要的位置。

2021 年 10 月，国务院印发《2030 年前碳达峰行动方案》，方案提出，完善绿色金融评价机制，建立健全绿色金融标准体系。大力发展绿色贷款、绿色股权、绿色债券、绿色保险、绿色基金等金融工具，设立碳减排支持工具，引导金融机构为绿色低碳项目提供长期限、低成本资金。

2023年上半年，中国工商银行主承销绿色债券21只，募集资金合计1 087.33亿元。中国农业银行绿色债券投资规模为1 311亿元，中国银行境内发行绿色债券300亿元，中国建设银行发行绿色债券约150亿元；2023年12月6日，中国农业银行伦敦分行在伦敦证券交易所举行首只绿色债券上市仪式。本次挂牌上市的3年期3亿美元浮息绿色债券，是中国农业银行发行的首只挂钩新基准利率SOFR的浮息绿色债券，净募集资金将用于合格绿色项目的融资或再融资。本次绿色债券发行依据的《绿色融资框架》也获得了国际评级机构穆迪SQS2（优秀）的可持续发展质量分数。

绿色信贷业务持续推进。除创新绿色筹融资机制外，加大绿色信贷投放力度，也是银行发展绿色金融的重要内容。根据中国人民银行统计，2023年二季度末，本外币绿色贷款余额为27.05万亿元，同比增长38.4%，比上年末低0.1个百分点，高于各项贷款增速27.8个百分点，比年初增加5.45万亿元。其中，投向具有直接和间接碳减排效益项目的贷款分别为9.6万亿元和8.44万亿元，合计占绿色贷款的66.7%。

绿色金融产品创新层出不穷。在实践中，商业银行还持续加大绿色金融产品的创新力度。在实践中，商业银行还持续加大绿色金融产品的创新力度，除绿色债券、绿色信贷外，商业银行也综合运用绿色租赁、绿色基金、绿色理财、绿色信托、绿色保险等金融工具，广泛支持和培育绿色产业。

四、资产证券化业务

资产证券化业务是商业银行盘活存量资产的一种创新手段，而通过盘活存量资产增加了资金来源，也可以说是一种负债业务的创新。所以，资产证券化可以看成是与资产、负债都关联的第三类业务。

（一）什么是资产证券化

资产证券化，是指将已经存在的信贷资产集中起来，通过一定的结构安排，对资产中的风险与收益要素进行分离和重组，进而转换为在金融市场上可以出售的流通证券的过程，即资产证券化的本质是将贷款或应收账款转换为可流通的金融工具的过程。

这里仅仅是指狭义的资产证券化，即信贷资产证券化，它包括住房抵押贷款支持的证券化（mortgage-backed securitization，MBS）和资产支持的证券化（asset-backed securitization，ABS）。当然，除此之外，广义的资产证券化包括一切将应收账款证券化的过程，如企业应收账款证券化等。

中国于20世纪90年代末开始尝试资产证券化产品的发行，但直到2005年才进入产品的标准化阶段。其标志是2005年中国发行的两款信贷资产证券化产品，分别是国家开发银行发行的开元信贷资产支持证券和中国建设银行发行的建元个人住房抵押贷款支持证券。由于具有较大规模的基础资产，中国的资产证券化业务将有巨大的发展空间。

（二）资产证券化的运行程序

一般来说，一个完整的资产证券化融资过程的主要参与者有发起人、投资者、特别目的公司、承销商、投资银行、信用增级机构或担保机构、资信评级机构、托管人及律师等。通常来讲，资产证券化的基本运作程序主要有以下几个步骤。

（1）重组现金流，构造证券化资产。发起人（一般是发放贷款的金融机构，也可以称为原始权益人）根据自身的资产证券化融资要求，确定资产证券化目标，对自己拥有的能够产生未来现金收入的信贷资产进行清理、估算和考核，并将这些资产汇集成一个资产池。

（2）组建特别目的公司，实现真实出售，达到破产隔离。特别目的公司（special purpose vehicle，SPV）是专门从事资产证券化业务的机构。SPV 以该资产池的未来现金流为支撑发行证券，并用发行证券所募集的资金来支付购买资产池的价格。SPV 是实现资产转化成证券的"介质"，是实现破产隔离的重要手段。

（3）完善交易结构，进行信用增级。为完善资产证券化的交易结构，SPV 要与发起人指定的资产池服务公司签订贷款服务合同，与发起人一起确定托管银行并签订托管合同，与银行达成必要时提供流动性支持的周转协议，与券商达成承销协议等一系列程序。同时，为加强所发行证券的信用等级，SPV 会采取一些信用增级手段，提供信用增级手段的人被称为信用增级（credit enhancement）者。

（4）资产证券化的信用评级。资产支持证券的信用评级为投资者提供证券选择的依据，因而构成资产证券化的又一重要环节。信用评级由国际资本市场上的广大投资者承认的独立私营评级机构进行，信用评级考虑因素不包括利率变动等导致的市场风险，而主要考虑资产的信用风险。

（5）安排证券销售，向发起人支付。在信用提高和评级结果向投资者公布之后，由承销商负责向投资者销售资产支持证券，销售的方式可采用包销或代销。SPV 从承销商处获取证券发行收入后，按约定的购买价格，把发行收入的大部分支付给发起人。至此，发起人的筹资目的已经达到。

（6）挂牌上市交易及到期支付。资产支持证券发行完毕到证券交易所申请挂牌上市后，即实现了金融机构信贷资产的流动性目的，但资产证券化的工作并没有全部完成。发起人要指定一个资产池管理公司，或亲自对资产池进行管理，负责收取、记录由资产池产生的现金收入，并将这些收款全部存入托管行的收款账户。

信贷资产证券化运行示意图如图 6-1 所示。

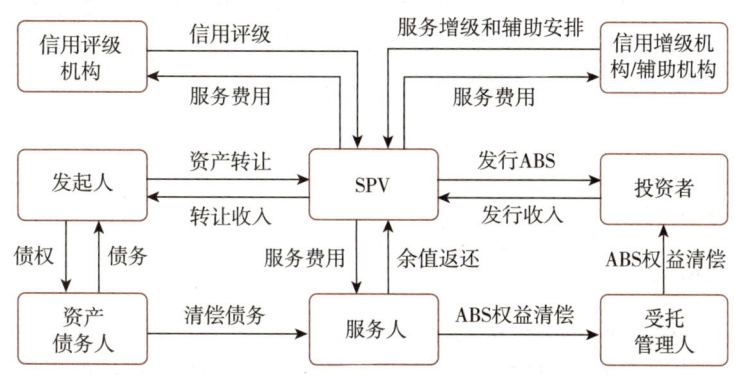

图 6-1　信贷资产证券化运行示意图

(三) 资产证券化对商业银行的意义

资产证券化的创新在于使商业银行可以通过盘活存量资产来融资，这样做的好处包括以下五点。

(1) 有助于减少商业银行的信用集中风险。在资产证券化前，信贷资产集中于商业银行，一旦债务人违约，其风险由银行自身承担。而信贷资产证券化后，通过资产真实出售给 SPV，并以此资产为支撑发行证券，一旦债务人违约，承担风险的人就变成了证券投资者、信用增级者与银行（银行通常会回购一定比例的证券），从而降低了银行的风险。

(2) 有助于商业银行实现规模效应。通过信贷资产证券化，盘活了信贷资产，使应收账款提前变现，从而增加了银行可支配资金总额，银行可以以此来提供新的信贷产品，有助于增加信贷资产规模，实现规模效应。

(3) 有助于改善商业银行的资产负债表。通过资产证券化，将原来属于应收账款的资产变为现金资产，同时通过资产真实出售给 SPV，使证券化资产从银行的资产负债表移出，从而有助于改善银行的资产负债表。

(4) 有助于降低商业银行的融资成本。在信贷资产证券化过程中，通常要通过外部信用增级（如保险）和内部信用增级（如将证券设计为高级和次级两个品种或提供超额抵押）手段来提高证券化信贷资产的信用等级，从而降低票面利率，减少变现成本或融资成本。

(5) 有助于提高商业银行的资本充足率。资本充足率（详见第八章银行监管相关内容），是指银行的资本总额与其风险资产总额之比。其中，风险资产总额等于银行的各项资产余额乘以其对应的风险系数之后的总和。例如，在风险系数的确定上，住房抵押贷款的风险系数是 100%，而现金资产的风险系数是 0%，这就意味着通过资产证券化将资本充足率的分母变小了，从而提高了资本充足率，增强了银行抗风险的能力。

第三节　商业银行的表外业务

商业银行除了承办常规的放款与证券投资业务外，还利用其自身在机构、资金、技术、信誉、信息等方面的优势，为客户提供广泛服务，并从中获取手续费收入。特别是 20 世纪七八十年代以来，由于直接金融市场的发展，商业银行的贷款业务有所萎缩，表外业务在银行中的地位变得日益重要，表外业务收入也越来越成为商业银行收入的重要来源。

一、表外业务的内涵

(一) 表外业务的定义

表外业务（off-balance sheet business），是指商业银行从事的按照现行的会计准则不记入资产负债表内，不形成现实资产负债，但能够引起当期收入表变动的业务。这类业务对银行的资产负债表没有直接影响，但与表内的资产、负债业务关系密切，并在一定条件下会转为表内资产、负债业务的经营活动，因此也称为**或有资产**（contingencies received）和**或有负债**（contingencies given）业务。当其业务或交易发生时，并不必然形成资产和负债，因此不在其资产负债表中反映。然而，这些或有事项在一定的条件下有可能转变为现实的资产或负债，从而在未来可能在资产负债表中得到反映（在《巴塞尔协议Ⅱ》中，或有资产和或有负债具有潜在的风险，应在银行财务报表的附注中予以揭示）。

（二）中间业务的定义

容易与表外业务概念混淆和替代的概念是**中间业务**（middleman business），是指商业银行从事的按会计准则不列入资产负债表，不影响其资产负债总额，但能带来收益，使收入表发生变动的经营活动。通常，银行不需动用自己的资金，而仅以中介的身份代客户办理各种委托事项，并从中收取手续费，也称无风险业务。因此，中间业务就是银行提供的金融服务性业务，包括结算业务、商业信用证业务、代收业务、代客买卖业务、信托业务、租赁业务、咨询和情报服务业务、电子计算机服务业务、代理融通业务、出租保管箱业务等。

（三）表外业务与中间业务的比较

广义的表外业务泛指所有能给银行带来收入，而又不在资产负债表中反映的业务。即广义的表外业务包括银行的金融服务性业务与或有资产和或有负债业务。根据这一定义，则中间业务也算表外业务。狭义的表外业务，也就是通常提及的表外业务，仅仅是指或有资产和或有负债业务。表外业务与中间业务的关系如图6-2所示。表外业务与中间业务的共同之处在于：①它们都属于收取手续费的业务，并且都不直接在资产负债表中反映出来；②二者存在着一部分的重合。例如，商业信用证业务属于中间业务，是银行提供的一种结算业务。但是，从银行自身的角度看，它又具有担保业务的性质。在这一业务中，银行以自身的信誉来为进出口商之间的交货、付款做担保，因此也属于表外业务。

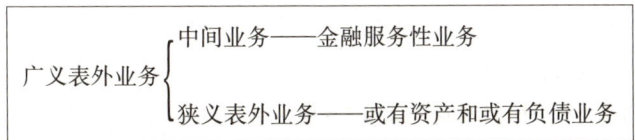

图6-2 表外业务与中间业务的关系

但是，表外业务与中间业务还是有很大区别的，主要表现在银行对它们所承担的风险是不同的。在中间业务中，银行一般处在中间人或服务人的地位，不承担任何资产/负债方面的风险。表外业务虽然不直接反映在资产、负债各方，即不直接形成资产负债表的内容，却是一种潜在的资产或负债。在一定条件下，表外业务可以转化为表内业务。因此，银行要承担一定的风险。

表外业务是20世纪80年代以来西方国家银行业发展的重点。20世纪80年代以来，西方各国银行间竞争日益激烈，存贷利差缩小，信贷风险加大，资本管制加强，使得众多的银行纷纷寻求他路，表外业务就成了西方商业银行发展业务和扩大盈利的一个重要手段。表外业务的崛起，给面临困境的西方商业银行带来了很多发展机会，将银行业从低谷中拯救出来，并为其提供了有效的获利手段。因此，本节重点介绍表外业务的内容，关于中间业务的详细内容有兴趣的读者可参见商业银行管理的相关书籍。

二、表外业务的主要种类

根据巴塞尔银行监管委员会的相关界定和一些西方国家银行业协会的建议，表外业务一般分为以下四大类：承诺类、金融担保类、贸易融资类和金融衍生工具业务类。

（一）承诺类

承诺业务，是指商业银行承诺在未来某一时期内或者某一时间，按照约定条件向客户提供约定的信用业务的一类新型表外业务，如贷款承诺和票据发行便利等。

1. 贷款承诺　贷款承诺，是指商业银行与客户达成的一种具有法律约束力的正式协议，银行承诺在未来某一时期或某一时间，按照约定条件提供贷款给借款人，并向借款人收取承诺费的一种授信业务。1993 年 12 月，美国联邦储备系统理事会发布修订后的条例 H。条例 H 中的附录 A 认为，承诺是指任何致使一家银行承担以下义务的具有法律约束力的协定：①以贷款或租赁形式提供信用；②购买贷款、证券或其他资产；③参与一项贷款或租赁。此外，承诺还包括透支便利、循环信贷安排、住房权益和抵押信用额度以及其他类似交易。从形式上看，贷款承诺是承诺的重要构成内容，透支便利和循环信贷安排等都是其具体表现形式。银行根据贷款承诺金额，按一定比例向客户收取承诺费。即使在规定的期限内，客户并没有借用贷款，承诺费也照收不误。承诺费率一般为承诺额度的 0.25%～0.75%。客户一旦贷款，这笔资金就成为银行的贷款资产，成为收取利息的表内业务。

贷款承诺主要有备用贷款承诺和循环贷款承诺两种形式。前者是银行与客户签约，在合约期内，客户有权要求银行在合约规定的额度内提供贷款。贷款承诺的有效期从开出之日起到正式签订借款合同止，一般为 6 个月，最长不超过 1 年。后者是指在一个较长的合约期内，借款人在满足合约规定的条件下可以循环使用贷款额度，随借随还，还款后能再借，一般期限为 3～5 年。

贷款承诺在信贷市场中扮演着重要的角色。在竞争性信贷市场上，贷款承诺的存在可以满足借款者未来不确定性信贷的需要，客户一旦获得银行的贷款承诺，未来获得可靠现金来源的可能性大大提高；对承诺方而言，贷款承诺可以使其尽早做出资金安排，并可以通过建立长期客户关系来最大化其信贷市场份额。此外，贷款承诺还可以降低信息不对称引发的风险并减少交易成本，从而提高金融市场的整体效率。

总之，贷款承诺是典型的含有期权性质的表外业务。相当于客户拥有一个看涨期权，当其需要资金融通，而此时市场利率高于贷款承诺中规定的利率时，客户就可以要求银行履行贷款承诺，对客户按事先商定的条件发放贷款；反之，则可以选择不要求银行履行贷款承诺。对于银行来说，贷款承诺在贷款被正式提取之前属于表外业务，一旦履行，该笔业务就转化为表内业务（贷款业务）。

2. 票据发行便利　票据发行便利（note-issuance facilities，NIFs），又称票据发行融

资安排,是商业银行与客户之间签订的具有法律约束力的中期循环融资保证协议。在协议期限(一般是 5~7 年)内,银行保证客户以自己的名义发行系列短期票据(一般是 3~6 个月),银行则负责包销或提供未售出部分的等额贷款。银行为这一承诺收取手续费。

票据发行便利使借款人得到了直接从货币市场上筹得低成本资金的保证,并能按短期利率获得银行长期贷款的承诺。银行不但收取手续费,而且维持了与客户的良好关系。在该业务中,银行实际上充当了包销商的角色,从而产生了或有资产。

票据发行便利是 1981 年在欧洲货币市场上基于传统的欧洲银行信贷风险分散的要求而产生的一种金融创新工具。它具有如下优势。第一,融资成本低。由于其所发行的是短期票据,所以比直接的中期信贷的筹资成本要低。第二,借贷灵活性大。借款人可以较自由地选择提款方式、取用时间、期限和额度,比中期信贷具有更大的灵活性。第三,流动性高。短期票据都有发达的二级市场,变现能力强。第四,风险分散。由于安排票据发行便利的银行在正常情况下并不贷出足额货币,只是在借款人需要资金时提供机制把借款人发行的短期票据转售给其他投资者,保证借款人在约定时期内连续获得短期循环资金,这样就分散了风险,投资人或票据持有人只承担短期风险,而银行则承担中长期风险,这样就把原来由一家机构承担的风险转变为多家机构共同分担,对借款人、银行、票据持有人都有好处。

(二) 金融担保类

金融担保是银行根据交易中一方的申请,为申请人向交易的另一方出具履约保证,承诺当申请人不能履约时,由银行按照约定履行债务或承担责任的行为。担保类业务虽不占用银行的资金,但形成银行的或有负债,银行为此要收取一定费用。银行开办的担保类业务主要有商业信用证、备用信用证、银行保函及票据承兑等比较传统的表外业务。

1. 商业信用证　商业信用证(letter of credit,LC)是在国际贸易中,银行应进口方的请求向出口方开立的在一定条件下保证付款的凭证,通常简称信用证。信用证既是客户的结算工具,又是开证银行的书面承诺付款文件,因而也属于银行担保类业务的传统品种。

在国际贸易活动中,买卖双方可能互不信任:买方担心预付款后,卖方不按合同要求发货;卖方担心在发货或提交货运单据后买方不付款。因此需要银行作为买卖双方的保证人,代为收款交单,以银行信用代替商业信用。银行在这一活动中所使用的工具就是信用证。

可见,信用证是银行有条件保证付款的证书,成为国际贸易活动中常见的结算方式。按照这种结算方式的一般规定,买方先将货款交存银行(开证保证金),由银行开立信用证,通知异地卖方开户银行转告卖方,卖方按合同和信用证规定的条款发货,在卖方所交单据(货运提单、发票、汇票等)与信用证完全相符条件下,开证行代买方付款。

2. 备用信用证与银行保函　备用信用证(standby credit letter,SCL),是指开证行保证在开证申请人未能履行其应履行的义务时,受益人凭备用信用证的规定向开证行开具汇票，并随附开证申请人未履行义务的声明或证明文件，即可得到开证行偿付的一种担保信用证。备用信用证通常用作投标、还款、履约保证金的担保业务。如果到时开证申请人履约无误，则备用信用证就成为备而无用的结算方式。因此，备用信用证属于银行的表外业务。

备用信用证和商业信用证都是银行（开证行）应申请人的请求，向受益人开立的，在一定条件下凭规定的单据向受益人支付一定款项的书面凭证。商业信用证要求受益人提交货运单据。备用信用证要求受益人提交关于申请人违约的声明或证明。

银行保函（banker's letter of guarantee，LG），又称银行保证书，是指银行（保证人）应申请人的请求，向第三人（受益人）开立的一种书面担保凭证，保证在申请人未能按双方协议履行其责任或义务时，由银行代其履行某种支付责任或经济赔偿责任。

银行保函与备用信用证都是银行因申请人的违约向受益人承担赔付的责任，都是一种银行信用。二者都提供了一种担保功能，而且作为付款唯一依据的单据，都是受益人出具的违约声明或有关证明文件。二者存在的最大不同在于适用的国际惯例不同，备用信用证主要受《国际备用信用证惯例》制约，而国际商会制定的《见索即付保函统一规则》规定了独立银行保函的相关条款。

3. 票据承兑　票据承兑是一种传统的银行担保类业务，银行在汇票上签章，承诺在汇票到期日支付汇票金额的行为即为承兑。当汇票到期前或到期时，客户应将款项送交银行或由自己办理兑付。如果到期时客户无力付款，则该承兑银行必须承担付款责任。由于票据的兑付一般无须银行投入自己的资金，而是用客户的资金办理，为此银行要向客户收取一定的手续费。

（三）贸易融资类

贸易融资业务，是指服务于国际及国内贸易的短期资金融通业务，包括信用证、托收、汇款等业务项下的授信及融资业务等。因为贸易融资具有明显的自偿性特点，商业银行在审查进口企业具有经营正常、下游客户稳定、销售回款有保障且周期短、货物变现能力强的特点后，就可提供商品质押融资业务，如打包放款、票据贴现、银行承兑汇票等。虽然银行提供了贷款，占用了资金，但由于拥有了商品质押保证，一旦销售货款到账，银行的贷款就可收回。因此，贸易融资业务被称为或有风险的表外业务。

不过，作为银行表外业务的贸易融资业务，更多的是指结构贸易融资业务。它是指商业银行创造性地运用传统的和非传统的融资方式，根据国际贸易项目以及项目社会环境的具体情况要求，将多种融资方式进行最佳组合，并使买卖双方获得全程的信息和信用风险管理服务，是一种集信息、财务、融资于一体的综合性金融工具。目前国际上常用的工具主要有出口信贷（包括买方信贷、卖方信贷）、银团贷款、银行保函、出口信用保险、福费廷、国际保理等。

这类表外业务是中间业务与表外业务重合的部分，因为它们在某种情况下会给银行带来风险，不同于其他中间业务，如代收业务，银行可以稳定地收取手续费收入。以上内容的详细论述参见国际金融、商业银行或国际结算相关课程中的介绍。

(四) 金融衍生工具业务类

各类金融衍生工具如互换、期货、期权、远期合约、利率上下限等，其具体内容见第五章，在此不再重复介绍。

我国原银监会在 2016 年 11 月公布的《商业银行表外业务风险管理指引（修订征求意见稿）》中，根据表外业务特征和法律关系，将我国商业银行的表外业务分为担保承诺类、代理投融资服务类、中介服务类、其他类等。其中，担保承诺类业务包括担保类、承诺类等按照约定承担偿还责任的业务。担保类业务是指商业银行对第三方承担偿还责任的业务，包括但不限于银行承兑汇票、保函、信用证、信用风险仍在银行的销售与购买协议等。承诺类业务是指商业银行在未来某一日期按照事先约定的条件向客户提供约定的信用业务，包括但不限于贷款承诺等。代理投融资服务类业务指商业银行根据客户委托，为客户提供投融资服务但不承担代偿责任，不承诺投资收益的表外业务，包括但不限于委托贷款、委托投资、代客非保本理财、代客交易、代理发行和承销债券等。中介服务类业务指商业银行根据客户委托，提供中介服务，收取手续费的业务，包括但不限于代理收付、财务顾问、资产托管、各类保管业务等。其他类表外业务是指上述业务种类之外的其他表外业务。

第四节 商业银行的经营管理

一、商业银行的经营管理原则

商业银行的经营管理原则是商业银行制定和实施银行战略过程中所运用的指导性原则。我国商业银行以安全性、流动性、效益性为经营管理原则，实行自主经营，自担风险，自负盈亏，自我约束。

(一) 安全性原则

安全性，是指银行资产免遭损失，保障安全的可靠性程度。安全性原则对于商业银行的经营管理具有特殊的作用。第一，商业银行的高负债特点。商业银行的资金主要来自社会公众的负债，一旦发生资产损失，只能用有限的资本来冲销。因此，资产的安全性，即资产的质量对于商业银行的稳健经营至关重要。第二，商业银行资产负债约束的不匹配性。在负债方面，银行对存款人负有到期偿还的责任和义务，否则易导致客户"挤兑"而使银行面临破产风险，这决定了负债的"硬约束性"。在资产方面，如果借款人到期不能还款，银行只能承受这一损失，这决定了资产的"软约束性"。这种约束的不对称性，决定了银行资产安全性管理的重要性。第三，商业银行经营的高风险性。商业银行的上述经营特点使其面临着比一般企业更高的风险，如流动性风险、利率风险、市场风险、汇率风险及国家风险等。一旦这些风险事件变为现实，就会减少银行的利润，甚至使其亏损，严重时有可能导致银行破产。

因此，安全性原则不仅是银行获利的客观前提，也是银行生存和发展的基础；不仅是银行经营管理本身的要求，也是社会发展和安定的需要。

银行安全性有多种衡量指标，其中重要的一种衡量指标是股本乘数或权益乘数

（equity multiplier，EM），等于银行总资产与银行总股本之比，即 EM = A/E。其中，A 代表银行总资产，E 代表银行总股本。股本乘数表明银行每 1 元股本（股东所有）可以支持多少规模的资产，进而决定银行的多少资产要由借债来解决。因为股本必须承担金融机构资产的损失，所以乘数越大，银行倒闭的风险也越高。将股本乘数公式变形得：

$$EM = \frac{A}{E} = \frac{1}{1 - \frac{L}{A}}$$

上式表明，股本乘数可直接衡量银行的融资杠杆率，股本乘数与银行的资产负债率成正向关系，资产负债率越高，股本乘数越大。但是股本乘数越大，金融机构给予股东高额收益的可能性也越高，因为可以推出：

$$ROE = \frac{R}{E} = \frac{R}{A} \times \frac{A}{E} = ROA \times EM$$

式中，ROE 为股本收益率，ROA 为资产收益率。上式表明，给定资产收益率，股本乘数越高，股本收益（盈利）率就越高。那么，股东将倾向于接受更高的股本乘数，即更少数量的资本，而这意味着银行安全性的降低。因此，安全性原则是银行经营管理中必须要考虑的一个问题。

（二）流动性原则

流动性，是指商业银行能够随时应付客户提现和满足客户借贷的能力。流动性在这里有两层意思，即资产的流动性和负债的流动性。资产的流动性是指银行资产在不受损失的前提下随时变现的能力。负债的流动性是指银行能经常以合理的成本吸收各种存款和其他所需资金。因此，为了保持流动性，银行可从两方面着手，一是资产有足够的流动性，二是有较多的融资渠道和较强的融资能力。

现金是流动性最强的资产。如前所述，银行保留的现金资产包括库存现金、准备金存款、同业存款、在途资金。这些是银行的第一准备，是银行满足流动性和安全性需要的第一道防线。银行持有的短期证券如国库券、市政债券，也具有较强的流动性。这些资产能在较短的时间内转变为现金，并且具有一定的收益，称为银行的第二准备，是银行满足流动性和安全性需要的第二道防线。

判断银行的流动性有很多指标。例如，根据我国商业银行法规定，商业银行贷款流动性资产余额与流动性负债余额比例不得低于 25%，对同一借款人的贷款余额与商业银行资本余额比例不得超过 10% 等流动性管理指标。

（三）效益性原则

效益性，是指银行在为其所有者追求利润最大化的同时，兼顾企业效益和社会效益。商业银行作为经营性企业，获取利润是其终极目标，也是其生存的必要条件。因为只有获取了足够的利润，银行才能扩大自身规模，巩固自身信誉，提高竞争力，以在激烈的市场竞争中立于不败之地。同时，银行要增强主动为经济社会发展服务的自主性。

作为效益性指标的盈利性，可参考以下指标：一是股权收益率或普通股收益率，它等于银行净收益与（普通股）股权资本之比；二是资产收益率，它等于银行净收益与银行总资产之比。

从本质意义上讲，安全性、流动性和效益性三者是统一的。只有在安全性有保障的前提下，银行才可能广泛开展负债业务，获得资金来源，也才能在经营中获取利润，为股东增加价值；只有在保持较高效益性的条件下，银行才能获得公众的认可，才可能增加资本的积累，增强抵御风险和履行付款责任的能力；只有在流动性有保证的背景下，银行才可能持续经营，为获取利润奠定基础。

在实际经营活动中，安全性与流动性能做到较好的统一，而效益性与安全性、流动性却容易发生冲突。通常，效益性高的资产风险大、流动性差，而安全性高、流动性强的资产效益性较低。因此，银行必须在安全性、流动性和效益性三者之间不断寻求最佳平衡点，这也正是银行管理的难点所在。

二、商业银行的经营管理理论及方法

为了做到安全性、流动性与效益性三者的和谐统一，商业银行必须依据一定的经营管理理论，并形成一套行之有效的经营管理方法。商业银行的经营管理理论及方法大体经历了资产管理理论→负债管理理论→资产负债综合管理理论的演变过程。

（一）资产管理理论及方法

银行管理的早期阶段是注重资产管理而不注重负债管理，在资产管理中又侧重于流动性管理，因此资产管理理论又称流动性管理理论。20世纪60年代以前，它在商业银行管理理论中占有主导地位。在商业银行以短期融资为主的早期发展阶段，由于资金来源主要是活期存款，企业的资金需求也比较单一，因而这一时期商业银行的经营管理理论的重点主要放在资产方面。

资产管理理论认为，银行资金来源的规模和结构是银行自身无法控制的外生变量，完全取决于客户存款的意愿和能力。银行不能主动地扩大资金来源，而资产业务的规模与结构则是其自身能够控制的变量。银行应主要通过对资产规模、结构和层次的管理来保持适当的流动性，实现其经营管理目标。资产管理相继出现过商业贷款理论、可转换理论和预期收入理论三个发展阶段。

1. 商业贷款理论 商业贷款理论，又叫真实票据说，是在18世纪英国银行管理经验的基础上发展起来的，最早见于亚当·斯密的《国富论》。该理论认为，银行的资金来源以易于波动的活期存款为主，为应付存款人难以预料的提存，银行资产必须保持一定的流动性。对此，银行不应发放长期贷款或进行长期投资，而应发放短期的、自偿性的贷款。所谓自偿性贷款，是指在生产或购买商品时所借的款项，可以用生产出来的商品或出售商品的款项予以偿还，如票据贴现和商品抵押贷款。

商业贷款理论使银行贷款与真实生产密切联系，不大可能产生过度的金融泡沫，有助于银行稳健、安全地经营。该理论指出了商业银行资产的流动性与负债的流动性之间的匹配关系，有利于防止由银行盲目贷款而造成的流动性风险。同时，这一理论为商业银行从事票据贴现业务提供了理论依据。

但这一理论的缺陷也是不能忽视的。第一，它没有考虑客户贷款需求的多样化，制约了银行业务的拓展。客户的贷款需求不仅有短期的，还有中长期的，如抵押贷款和消费贷款。第二，忽视了银行存款的相对稳定性。因为即使是活期存款，从总体上看也总是有一定的稳定余额，可以进行长期放款。第三，没有考虑到贷款清偿的外部条件。即使是自偿性贷款也是有风险的，在经济萧条时期，即使是以商品作为抵押的短期放款，仍可能由于买卖链条中断而引发不良贷款风险。

2. 可转换理论 可转换理论，也称资产转换理论，是美国的莫尔顿于 1918 年在《政治经济学杂志》上发表的"商业银行及资本形成"中提出的。该理论认为，为了保持银行资产的流动性，银行不能仅依赖于发放短期性和自偿性贷款。商业银行可以将其资金的一部分投资于具备转让条件的证券，因为这些资产能够随时出售，转换为现金，同样能保持银行的流动性目标。

可转换理论的产生，同样有其特定的历史背景。该理论提出的时间，正值第一次世界大战之后，美国因军费需要，大量发行债券，政府债券市场空前发展。这些政府债券信誉好、期限短、容易转让，成为银行乐于持有的资产。银行逐渐认识到，保持流动性的关键在于所持有的资产能否顺利变现，即资产的转换。这种转换既可以通过证券出售的方法实现，也可以通过向中央银行申请再贴现来实现。

可转换理论不仅满足了政府发行的需要，也有益于银行流动性管理的改善，提高了商业银行的流动性与盈利性，同时也扩大了商业银行的经营范围，使其可以从事债券投资。时至今日，银行的主要流动性资产仍然是政府债券。这一理论为商业银行从事证券投资业务提供了理论依据。

但可转换理论并非无懈可击。当金融市场崩溃，人们竞相抛售证券，证券的市场价格大跌时，银行也很难不遭受损失地将所持有的债券顺利转让。可转换是有前提的，要求证券资产质量较高，同时还要求市场环境稳定，否则银行就有可能陷入无法通过变现来获取流动性的窘境。此外，这一原则的应用还受制于中央银行的货币政策，若中央银行提高贴现率，则银行难以通过再贴现方法来获取满意的流动性资金。

3. 预期收入理论 预期收入理论产生于第二次世界大战后。当时，政府在经济重建和恢复过程中实施鼓励消费的经济政策，人们对中长期贷款的需求增加。银行看到了新的发展机会，逐渐认识到银行贷款能否如期收回，归根到底是由借款人的未来收入来保证的。在这样的背景下，1949 年美国经济学家赫伯特·普鲁克诺（Herbert Prochnow）在《定期放款与银行流动性理论》一书中提出了预期收入理论。这一理论认为，商业银行贷款的流动性与安全性在于借款人的预期收入。只要借款人的预期收入有保证，即使借款人需要长期贷款或借款人只能提供无法很快变现的资产作为抵押品，银行也可以放心地提供贷款。

预期收入理论的提出，推动了商业银行业务向经营中长期设备贷款、消费贷款和住房抵押贷款等方面扩展，获利能力有较大提高。但它显然也有缺陷：首先，银行对借款人未来收入的预测无法保证总是准确的；其次，资产期限长对流动性仍有影响，在其他条件相同的情况下，单从流动性来讲，仍然是短期优于长期。

以上三种资产管理理论，分别反映了商业银行在不同发展阶段经营管理的特点，在保证银行资产流动性方面也各有侧重。商业贷款理论主要是通过短期贷款来保证流动性，可转换理论主要通过证券资产的转让来保证流动性，预期收入理论则主要从借款人的未来收入来保证资产的安全性与流动性。不论商业银行以什么样的经营理论为指导，短期贷款仍然是商业银行的重要资产业务。因此，资产管理的各种理论之间并不是相互排斥的，而是一种相互补充的关系，反映了商业银行资产业务不断发展和完善的演进过程。各种理论的产生都为银行的资产管理提供了新的思路，推动了资产业务的不断拓展。

(二) 负债管理理论及方法

负债管理理论最早出现于20世纪50年代的美国。进入20世纪60年代，由于利率管制使商业银行深感其吸收资金的能力被削弱了，同时因融资方式的多样化，直接融资现象大量发生，以致出现融资"非中介化"或"脱媒"现象。商业银行一方面感到资金紧缺，竞争激烈；另一方面又受到流动性的巨大压力，不得不从货币市场筹集资金来保证资产流动性的要求，因而在银行经营管理中出现了一种新的理论——负债管理理论。

负债管理理论的核心是，主张用借入资金的办法来保持银行负债的流动性，从而增加资产业务，提高银行收益。负债管理为保持银行流动性开创了新的途径：由单纯依靠吸收存款的被动性负债方式，发展成拓展筹资渠道的主动性负债方式，为银行扩大资产规模和范围创造了条件。负债管理理论经过了传统的银行券理论和存款理论、现代的购买理论和销售理论的演变与发展过程。

1. 银行券理论和存款理论　银行券理论和存款理论是传统的负债管理理论，它们都是消极的负债管理理论。银行券理论是最古老的负债管理理论。该理论认为，商业银行应以贵金属作为发行准备来发行银行券，银行券数额与贵金属发行准备数额之间的比例应视经济形势而变动，以避免滥发的后患。这一理论的核心是强调负债的适度性。

银行券理论存在于中央银行制度产生以前。当时，商业银行拥有货币发行权，银行开出的保管凭证逐渐变成了支付凭证，即银行券，构成了银行早期的负债。这时的负债管理要求银行保有一定量的贵金属作为发行准备，以保证银行券价值的稳定性。中央银行制度产生以后，各国政府授权中央银行垄断货币的发行，银行券不复存在，这一理论也就不复存在了。

存款理论是在各国中央银行收回货币发行权后诞生的。存款理论的基本思想是：对银行来说，存款始终是具有决定性作用的。存款是商业银行最主要的资金来源，是银行各项业务运行的基础。没有存款，银行业务的运行就成了无源之水，无本之木。因此，银行应尽最大努力去扩大存款，甚至主张"存款立行"。该理论还认为，存款人最为关心的是存款的安全，一旦存款人认为存款缺乏安全，就会出现挤兑，危及银行安全。因此，存款理论建议银行要注重稳健经营。但是，存款规模能否扩大最终取决于存款人的意志，银行相对处于"被动"地位。而且，银行还要支付存款利息，以作为存款人出让资金使用权的收益。

2. 购买理论和销售理论　传统的负债理论侧重于银行的安全性和流动性，而银行的盈利性受到一定程度的削弱。20世纪60年代以后逐渐形成的现代负债管理理论强调，银行可以积极主动地筹措资金，从而扩大银行资产规模，提高盈利性，其主要包括购买理论和销售理论。

购买理论将资金视为产品，认为银行可以主动从外界购买资金作为增加流动性的手段，如美国将同业拆借称为"购入联邦基金"（purchased federal fund）就是一例。购买理论产生于20世纪50年代至20世纪60年代。该理论产生的背景是金融工具的创新、货币市场的发展、金融管制和金融业竞争的加剧,从而促使商业银行主动争取其他渠道的存款和借款,以增加负债规模。

银行购买资金的目的是增强流动性,从而比资产管理更加主动和灵活。尤其是在通货膨胀条件下实际利率甚至为负利率时,以高价购入资金的成本实际上并不算高。因此,购买理论开创了保持银行流动性的新途径:只要资产收益大于负债成本,就应该进行主动性负债,以获取利差收入。购买理论促进了银行主动负债业务的发展,如发行金融债券、同业拆借等。

销售理论则将自己发行的负债凭证作为产品,认为银行可以出售这类产品以获取资金。销售理论产生于20世纪80年代,它认为银行是金融产品的制造企业。银行负债管理的中心任务是推销这些产品,以获得所需的资金和所期待的收益。销售理论强调银行可以推销其金融产品以获取资金。在这种思想的支配下,"银行营销"便成为一个专业性的课程,银行"客户经理制"日益得到重视。在这一原则的支配下,商业银行的理财产品销售业务得以迅速发展。

积极的负债管理使得银行在遇到存款准备金不足时,可以从负债方面想办法,寻找新的资金来源,而不必受制于现有的资金头寸。因此,这有利于银行管理的灵活性,便于扩大资产规模。但是,积极的负债管理并不是没有缺陷的,突出表现为以下两点。

第一,导致银行成本上升。因为银行在有流动性需求时去寻找资金,无论是购买行为还是销售行为都比较被动,有可能不得不接受较为苛刻的价格条件,从而导致融资成本上升。

第二,导致风险增加。融资成本上升后,银行就有可能冒更高的风险,投资于高风险资产,甚至"有毒"资产。而且,当遇到金融市场整体资金紧张时,银行难以在需要资金时恰好找到资金。或者,即使金融市场没有出现问题,但当银行自身财务状况恶化时,也难以从市场中找到能够满足自身流动性的资金。

所以,20世纪70年代后,兼顾资产和负债两方面的资产负债综合管理理论就逐渐产生了。

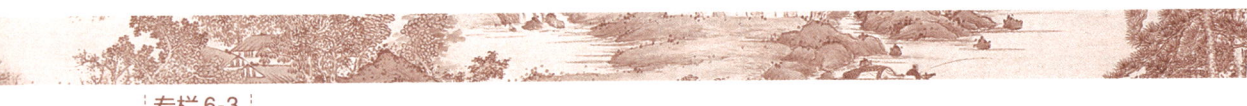

| 专栏6-3 |

银行客户经理们都在忙些什么

客户经理制是现代商业银行在开拓业务中建立的以客户为中心,集推销金融产品、传递市场信息、拓展管理客户于一体,为客户提供全方位服务的一种金融服务方式。

在客户经理制下,银行产生了一个庞大的职业队伍——客户经理。银行客户经理是银行与客户交流的桥梁,其工作主要是以客户为中心,处理客户存贷款及其他中间业务,并负责维护客户关系。

如果想成为出色的银行客户经理,就要有较强的公关能力、系统的营销策略、强烈的服务意识,能够积极调动商业银行的各项资源为客户提供全方位、一体化的服务。客户经理的职责如下所示。

(1) 主动寻找客户,通过各种渠道与客户建立业务联系,向客户营销、推介产品和服务。

(2）随时收集客户的各种信息，包括组织结构、核心人物、生产信息、销售信息、行业和产品市场信息以及各种信息的变化情况，每周按指定时间把相关信息录入客户关系管理系统。

(3）调查客户需求，分析市场形势，研究客户的现实情况和未来发展，发现客户对相关业务的潜在需求，根据客户需求推荐相关业务并与客户探讨业务合作方案，把客户的需求与产品有机地结合起来。

(4）定期拜访客户，维系与客户的良好关系，根据客户现有业务量、未来发展和可能带来的综合业务收益，定期对客户价值做出判断，写出关于客户（行业）的综合评价报告和业务建议报告。

(5）客户经理具有客户调查、营销方案设计、业务建议和客户管理的权限，但不具有决策权。

(6）处理或协助相关部门处理与客户有关的业务纠纷。

因此，成为一名优秀的银行客户经理需要综合的知识储备和能力储备。

（三）资产负债综合管理理论及方法

以上资产和负债管理是分别进行的，主要针对的是流动性风险和违约风险的管理，没有涉及价格波动导致的市场风险。事实上，利率作为资金使用的价格，是经常变动的。利率变动将会同时影响资产负债表的两边，这就要求同时进行资产和负债的管理，即资产负债综合管理。

对于利率的频繁波动，最简单的对应方法是：发放浮动利率贷款或借入浮动利率资金。但这样一来，如果利率上升，浮动利率贷款获益，浮动利率借款的成本也上升了，因此仍然需要进行复杂的资产负债综合管理。缺口管理日益成为各国商业银行普遍采用的综合管理技术，其中又有利率敏感性缺口管理和久期缺口管理，下面分别加以介绍。

1. 利率敏感性缺口管理 利率的变化会同时影响银行部分资产和负债的价值变动。以利率上升为例，若资产的利息收入对利率变化比较敏感，则资产的利息收入就会增加很多；若负债的利息支出对利率变化比较敏感，则负债的利息支出就会上升很多。这种资产负债对利率变化的变动差异通常用利率敏感性缺口来分析。所谓利率敏感性缺口，是指银行资产的利息收入与负债的利息支出受市场利率变化影响的大小，用利率敏感性资产（如浮动利率贷款）与利率敏感性负债（如发行的浮动利率债券）之差表示：

利率敏感性缺口(GAP) = 利率敏感性资产(RSA) - 利率敏感性负债(RSL)

也可以用利率敏感性比率来描述：

利率敏感性比率(SR) = 利率敏感性资产(RSA)/ 利率敏感性负债(RSL)

利率敏感性缺口管理就是对利率敏感性资金缺口进行管理，以实现净利息的利润最大化。

根据利率敏感性资产与利率敏感性负债的大小对比，我们可以定义三类缺口：当利率敏感性资产大于利率敏感性负债时，称为正缺口；反之，称为负缺口；当利率敏感性资产等于利率敏感性负债时，称为零缺口。显然，稳健的利率敏感性缺口管理法，就是使银行持有零缺口。这样，无论利率怎样变化，资产的利息收入和负债的利息支出都可以以相同的幅度变化，从而相互抵消，银行的损益无变化。

但是，如果能准确地判断利率的走势，积极的利率敏感性缺口管理就显得有价值了。我们可以根据利率的走势采取适当的正缺口或负缺口策略，使银行的总体利润水平得以上升。

（1）当预测市场利率上升时，银行尽量持有正缺口。因为当利率果真上升时，银行利息收入的增加值将大于银行利息支出的增加值，从而使银行的总体利润水平上升，获利能力增强。

（2）当预测市场利率下降时，银行尽量持有负缺口。因为当利率果真下降时，银行利息收入的减少值将小于银行利息支出的减少值，从而使银行的总体利润水平上升，获利能力增强。

现在用 A 银行的资产负债表作为例子加以说明，如表 6-2 所示。

表 6-2　A 银行的资产负债表

资　　产		负　　债	
利率敏感性资产	20 亿美元	利率敏感性负债	50 亿美元
可变利率贷款		可变利率的 CDs	
短期证券		MMDAs	
固定利率资产	80 亿美元	固定利率负债	50 亿美元
储备资产		支票存款	
长期债券		储蓄存款	
长期证券		长期 CDs	

根据表 6-2，该银行的利率敏感性缺口为负缺口：

$$GAP = RSA - RSL = 20 \text{ 亿美元} - 50 \text{ 亿美元} = -30 \text{ 亿美元}$$

假设此时市场利率下降 5%，则利率敏感性资产的利息收入将减少 1 亿（= 5% × 20 亿）美元，利率敏感性负债的利息支出减少 2.5 亿（= 5% × 50 亿）美元。结果，该银行的利息支出将节约 1.5 亿（= 2.5 亿 - 1 亿）美元，银行的总体利润水平上升。

反之，假定利率上升 5%，则来自资产的利息收入增加了 1 亿（= 5% × 20 亿）美元，来自负债的利息支出增加了 2.5 亿（= 5% × 50 亿）美元。所以，净损失为 1.5 亿美元。这一情况印证了上述原理：若预测利率上升，则应选择利率敏感性正缺口，而该行持有负缺口，利率的上升导致了损失的发生。

利率敏感性缺口、利率变动方向与银行利润水平的关系可用表 6-3 说明。

表 6-3　利率敏感性缺口、利率变动方向与银行利润水平的关系

利率敏感性缺口	利率变动方向	银行利润水平变动情况
正缺口	上升	上升
	下降	下降
负缺口	上升	下降
	下降	上升
零缺口	上升	无变动
	下降	

根据表6-3，当预期市场利率上升的时候，银行应主动营造敏感性正缺口。这可以通过缩短资产到期日，延长负债到期日，增加利率敏感性资产，减少利率敏感性负债来实现。这样，当市场利率上升的时候能扩大净利息差额。当预期市场利率下降的时候，银行应主动营造敏感性负缺口。这可以通过延长资产到期日，缩短负债到期日，减少利率敏感性资产，增加利率敏感性负债来实现。这样，当市场利率下降的时候能扩大净利息差额。

利率敏感性缺口管理的局限性在于：第一，利率走势难以准确预测；第二，利率敏感性资产价值和负债价值对市场利率变化的敏感程度不完全一致；第三，银行在资产和负债的选择方面并不总是拥有主动权，而是受制于顾客要求、法律规定和市场影响等因素，这意味着银行很难根据利率的变化在敏感性资产与负债之间随意进行调整。第四，该方法对利率不敏感的资产或负债未予以考虑，但其实市场利率的变化对不敏感的资产或负债的市场价值也是有影响的。

2. 久期缺口管理 久期缺口管理是一种更为综合的利率风险管理方法，它以银行净值（股东权益）最大化为管理目标。所谓**久期**（duration），也称持续期，是由美国经济学家弗雷德里克·麦考利（F. Macaulay）于1938年提出的。久期最初用来衡量固定收益证券的实际偿还期，也可以用来计算市场利率变化时债券价格的变化程度。20世纪70年代以后，随着西方商业银行面临的利率风险加大，久期的概念便应用于商业银行的资产负债管理之中。

久期，是指在一定的利率水平下，银行实际收回某种金融工具的投资本金和利息的时间。它等于金融工具各期现金流发生的时间乘以各期现金流现值与该金融工具现值总和的商，相当于用每年现金流现值与总现金流现值之比作为权数，对现金流量发生的时间进行加权，用数学公式表示如下：

$$D = 1 \times \frac{\frac{CF_1}{(1+r)}}{\sum_{t=1}^{n} \frac{CF_t}{(1+r)^t}} + 2 \times \frac{\frac{CF_2}{(1+r)^2}}{\sum_{t=1}^{n} \frac{CF_t}{(1+r)^t}} + \cdots + n \times \frac{\frac{CF_n}{(1+r)^n}}{\sum_{t=1}^{n} \frac{CF_t}{(1+r)^t}}$$

即

$$D = \sum_{t=1}^{n} t \left[\frac{CF_t}{(1+r)^t} \bigg/ \sum_{t=1}^{n} \frac{CF_t}{(1+r)^t} \right] \tag{6-1}$$

这就是久期的标准模型。

式中，D 为金融工具的久期；t 为金融工具每期现金流发生的时间；CF_t 为 t 时期的预期现金流量；r 为金融工具的到期收益率，也就是贴现率。这一公式里括号中的分母就是金融工具的现值，分子则是 t 时期现金流的现值。

现举例加以说明，假设某息票债券的票面金额为 1 000 美元，期限为 10 年，票面利率为 10%。当市场利率为 20% 时，该债券的久期是多少？

根据久期的上述公式，久期的计算如表6-4所示。

表 6-4 久期的计算

(1) 年	(2) 息票现金流 (票面利率10%)	(3) 现值（$i=20\%$）= PV_t	(4) 权重（%）= $\dfrac{PV_t}{\sum PV}$	(5) 加权久期 (1)×(4)
1	100	83.33	14.348	0.143 48
2	100	69.44	11.957	0.239 14
3	100	57.87	9.965	0.298 95
4	100	48.23	8.305	0.332 20
5	100	40.19	6.920	0.346 00
6	100	33.49	5.767	0.346 02
7	100	27.91	4.806	0.336 42
8	100	23.26	4.005	0.320 40
9	100	19.38	3.337	0.300 33
10	100	16.15	2.781	0.278 10
10	1 000	161.51	27.808	2.781 00
合计		580.76	100.000	5.722 04

久期度量的是资产价格相对于市场利率变化的变动幅度。但是久期的标准模型很难直观地反映金融工具价格对市场利率变化的敏感程度，因此我们得出以下修正模型[⊖]：

$$D^* = -\frac{\Delta P}{\Delta r} \times \frac{1}{P} = \frac{D}{1+r}$$，由此可以得到价格变化的近似百分比为

$$\frac{\Delta P}{P} = -\Delta r \frac{D}{1+r} = -\Delta r \times D^* \qquad (6\text{-}2)$$

式中，D^* 为修正久期；P 为金融工具的市场价格；ΔP 为金融工具的价格变动；Δr 为市场利率的变动。由于利率变动对证券价格变动的影响是反向的，故其变动关系用负数表示。可见，修正的久期公式衡量的是金融工具价格对利率的弹性。它把金融工具的久期与利率变动联系起来，使其不再仅仅是一个时间概念，而可以应用于度量利率风险的大小。式 (6-2) 表明，当利率变动幅度非常小（通常在1%）时，金融工具价格变动的近似额为

$$\Delta P = -D^* \Delta r \times P \qquad (6\text{-}3)$$

这说明，久期越长，金融工具对利率变动就越敏感，其价格变动也越大。

下面定义久期缺口的概念。

久期缺口 = 资产加权久期 − 负债加权久期 ×（总负债/总资产）

⊖ 修正久期的推导。债券价格：$P = \sum_{t=1}^{n} \dfrac{CF_t}{(1+r)^t}$，债券价格对收益率求一阶偏导数，则可得：$\dfrac{dp}{dr} = \dfrac{-1\,CF_1}{(1+r)^2} + \dfrac{-2\,CF_2}{(1+r)^3} + \dfrac{-3\,CF_3}{(1+r)^4} + \cdots + \dfrac{-n\,CF_n}{(1+r)^{n+1}} = -\dfrac{1}{1+r}\left[\dfrac{1\,CF_1}{(1+r)^1} + \dfrac{2\,CF_2}{(1+r)^2} + \cdots + \dfrac{n\,CF_n}{(1+r)^n}\right] = -\dfrac{1}{1+r} \sum_{t=1}^{n} \times \dfrac{t\,CF_t}{(1+r)^t}$，将上式两边同时除以价格（现值）$P$，则 $\dfrac{dp}{dr} \times \dfrac{1}{P} = -\dfrac{1}{1+r} \times \dfrac{\sum_{t=1}^{n} \dfrac{t\,CF_t}{(1+r)^t}}{P}$，根据上面久期的定义，则有：$\dfrac{dp}{P} = -\dfrac{D}{1+r} \times dr$，整理有：$-\dfrac{1}{P} \times \dfrac{dp}{dr} = \dfrac{D}{(1+r)}$，等式左边就是修正久期 D^*。

用符号表示为

$$D_{gap} = D_A - D_L \times \frac{P_L}{P_A} \tag{6-4}$$

式中，D_{gap} 表示久期缺口；D_A 表示资产加权久期；D_L 表示负债加权久期；P_L 表示总负债；P_A 表示总资产。其中，$D_A = \sum_{i=1}^{m} W_i^A D_{Ai}$，$W_i^A$ 表示第 i 项资产占总资产的权重，D_{Ai} 表示第 i 种资产的久期；同理，$D_L = \sum_{j=1}^{m} W_j^L D_{Lj}$，$W_j^L$ 表示第 j 项负债占总负债的权重，D_{Lj} 表示第 j 种负债的久期。

令 ΔP_A、ΔP_L 分别代表银行总资产、总负债的市场价值变化情况，利用式 (6-2)，有下式成立：

$$\Delta P_A = -\frac{D_A}{1+r} \times \Delta r \times P_A$$

$$\Delta P_L = -\frac{D_L}{1+r} \times \Delta r \times P_L$$

再令 ΔP_E 代表银行净值的市场价值变化情况，由于 $\Delta P_E = \Delta P_A - \Delta P_L$，将上面的两式代入此式，则有：

$$\Delta P_E = D_A(-\Delta r)\frac{1}{1+r}P_A - D_L(-\Delta r)\frac{1}{1+r}P_L = -\frac{\Delta r}{1+r}P_A \left(D_A - D_L\frac{P_L}{P_A}\right)$$

$$\Delta P_E = -\frac{\Delta r}{1+r}P_A D_{gap} \tag{6-5}$$

至此表示银行可以使用久期缺口来测量其资产负债的利率风险对银行净值的影响。由式 (6-5) 可知，当久期缺口为正值时，银行净值与市场利率呈反方向变动，即银行净值随着利率的上升而下降，随利率的下降而上升；当久期缺口为负值时，银行净值与市场利率呈同方向变动；当久期缺口为零时，银行净值不受利率波动的影响。而且，久期缺口的绝对值越大，银行净值对利率的变化就越敏感，银行的利率风险也就越大。

银行可根据这一原理，在对利率进行预测的基础上，适当调整其资产负债的到期日结构，缩短或者延长久期，即主动调整资产或负债对利率的敏感性。因为久期短的资产或负债对利率不敏感，久期长的资产或负债对利率敏感。调整久期就是要适应利率变化的要求，扩大资产收益或减少损失，提高银行净值。比如，当预期利率上升时，银行应尽量减小资产久期，扩大负债久期，使银行持有久期负缺口；当预期利率下降时，银行则应将久期缺口向正缺口调整。

例如，假定你是一家银行的经理，该银行拥有 100 亿美元的资产，其平均久期为 4 年，同时拥有 90 亿美元的负债，其平均久期为 6 年。初始利率为 7%，当利率上升 2% 时，该银行净值将会发生什么变化？若利率下降 2%，净值又如何变化？

根据久期缺口公式可知，$D_{gap} = [4 - 6 \times (90/100)] = -1.4 < 0$，为负值。当利率上升 2% 时，该银行净值的市场价值变化如下：

$$\Delta P_E = -\frac{\Delta r}{1+r}P_A D_{gap} = -\frac{2\%}{1+7\%} \times 100 \times (-1.4) = 2.6 (亿元)$$

可见，在利率上升的情况下，银行保持久期负缺口会增加净值。

当利率下降2%时，该银行净值的市场价值变化如下：

$$\Delta P_E = -\frac{\Delta r}{1+r} P_A D_{gap} = -\frac{-2\%}{1+7\%} \times 100 \times (-1.4) = -2.6(亿元)$$

可见，在利率下降的情况下，银行保持久期负缺口会导致净值遭受损失。

久期缺口管理为银行出于维护净值的目的而进行资产负债综合管理，提供了有力的工具。与利率敏感性缺口管理相比较，久期缺口管理是一种更为先进的利率风险计量方法。利率敏感性缺口管理侧重于计量利率变动对银行短期收益的影响，而久期缺口管理则能计量利率风险对银行净值的影响，从而有利于对利率变动的长期影响进行评估，更为准确地估算利率风险对银行的影响。但是，久期缺口管理仍然存在一定的局限性：第一，与利率敏感性缺口管理类似，久期缺口管理要求银行对利率走势的预测非常准确；第二，即使利率预测准确，由于银行资产和负债的未来现金流的估计存在很大的不确定性，所以久期的计算有可能遇到困难，导致得出的久期值可能不准确；第三，当利率变动幅度较大（大于1%）时，金融工具价格的变化与利率的变动无法近似为线性关系，因此根据久期缺口管理分析的结果就不再准确。

包商银行破产，储户的存款怎么办

扫码详尽了解

立德树人专题

本章小结

1. 银行业起源于货币经营业，它是在货币保管业务的基础上演变而来的。
2. 商业银行的组织制度主要有单一银行制、总分行制、银行控股公司制、连锁银行制及代理银行制五种。
3. 商业银行是特殊的金融企业，它履行着信用中介、支付中介、信用创造、金融服务及经济调节的职能。
4. 商业银行的负债业务主要包括吸收存款和借款，其中又以吸收存款为主。所以，商业银行又有"存款银行"或"存款货币银行"之称。商业银行的资产业务是银行获取收益的主要途径，主要包括现金资产、贷款和证券投资三大类。
5. 资产证券化是银行的资产创新业务。它是指将已经存在的信贷资产集中起来，通过一定的结构安排，对资产中的风险与收益要素进行分离和重组，进而转换为在金融市场上可以出售的流通证券的过程，即资产证券化的本质是将贷款或应收账款转换为可流通的金融工具的过程，这使得信贷资产的流动性提高了。
6. 商业银行还经营表外业务，是指商业银行从事的按照现行的会计准则不记入资产负债表内，不形成现实资产负债，但能够引起当期收入表变动的业务。根据巴塞尔银行监管委员会的相关界定和一些西方国家银行业协会的建议，表外业务一般分为以下四大类：承诺类、金融担保类、贸易融资类和金融衍生工具业务类。

7. 商业银行的经营管理原则是安全性、流动性和效益性原则。银行必须在安全性、流动性、效益性三者之间不断寻求最佳平衡点。
8. 商业银行的资产管理侧重于流动性管理，先后经历了商业贷款理论、可转换理论和预期收入理论三个发展阶段。
9. 商业银行的负债管理理论认为，银行可以通过主动借入资金来保持流动性，先后经历了传统的银行券理论和存款理论以及现代的购买理论和销售理论的演变与发展过程。
10. 资产负债综合管理的基本思想是将资产和负债两个方面加以对照及做对应分析。缺口管理日益成为各国商业银行普遍采用的综合管理技术，其中又有利率敏感性缺口管理和久期缺口管理。利率敏感性缺口定义为，利率敏感性资产与利率敏感性负债之差。久期缺口定义为

$$D_{gap} = D_A - D_L \times \frac{P_L}{P_A}$$

即久期缺口等于资产加权久期－负债加权久期×(总负债/总资产)。
11. 利率敏感性缺口管理认为，当预期利率上升时，银行应尽量保持资产缺口或利率敏感性正缺口；反之，当预期利率下降时，银行应尽量保持负债缺口或利率敏感性负缺口。久期缺口管理认为，当预期利率上升时，银行应尽量使久期缺口更接近负缺口；而当预期利率下降时，银行应将久期缺口向正缺口调整。

复习思考题

1. 解释下列概念：银行控股公司制、可转让支付命令账户、自动转账服务账户、绿色金融、法定存款准备金、银行信用、资本性债券、贷款承诺、票据发行便利、备用信用证、银行保函、资产证券化、表外业务、自偿性贷款、久期、利率敏感性缺口。
2. 试述商业银行的组织结构类型。
3. 如何理解商业银行的性质？
4. 商业银行的主要职能有哪些？
5. 简述商业银行的主要负债业务。
6. 商业银行的资产业务有哪些？
7. 什么是信贷资产证券化？资产证券化对商业银行有何意义？
8. 简述商业银行所有者权益的构成。
9. 列出商业银行存款业务创新的品种及特点。
10. 比较商业银行贴现业务与贷款业务的异同。
11. 简述商业银行贷款"6C"原则的主要内容。
12. 简述商业银行证券投资业务的特点。
13. 简述商业银行的表外业务的特点及其主要种类。
14. 商业银行的经营原则是什么？
15. 试述商业银行的经营管理理论的发展脉络。
16. 当预测利率处于不同的波动阶段时，银行应如何配置利率敏感性资金？为什么？
17. 简述负债管理理论的发展演变过程及意义。
18. 假设某息票债券的票面金额为1 000美元，期限为5年，票面利率为5%。当市场利率为10%时，该债券的久期是多少？
19. 假定某银行拥有3 500万元固定利率资产、5 000万元利率敏感性资产、4 500万元固定利率负债和4 000万元利率敏感性负债。请对该银行进行利率敏感性缺口管理，并说明当利率下降0.50%时，该银行的利润将如何变化。你可以采取哪些行动来降低该银行的利率风险？

20. 假定某银行拥有 1 000 亿美元的资产，其平均久期为 4 年，拥有 900 亿美元的负债，其平均久期为 6 年。请对该银行进行久期缺口管理，假设初始利率为 5%，说明如果利率上升 0.5%，银行的净值如何变化。你可以采取哪些行动来降低银行的利率风险？

复习思考题部分答案
扫码收听

◆ 本章拓展内容

■ 银行理财产品有没有风险

第七章 CHAPTER 7

中央银行

§ **学习目标**

理解中央银行产生的必要性
了解中央银行的性质与组织结构
掌握中央银行的职能
理解中央银行资产负债表的结构与内容
了解基础货币变动的因素

§ **本章导读**

在各种金融机构中,中央银行属于特殊的一类,虽然也被称为"银行",但它并不是商业银行那种意义上的"银行",而是一个政府管理机构。尽管它几乎出现在每天的财经新闻播报里,但是我们没有人去那里办过任何个人金融业务。中央银行的特殊性使其以维护整个国民经济的稳定和发展为经营目标。因为中央银行的行为会影响利率、信贷规模和货币供应量,而这些变量不仅会影响金融市场,甚至对于总产出和通货膨胀都有直接的影响。为了理解中央银行在金融体系和整个经济中发挥的作用,我们必须了解中央银行是如何运作的,是谁控制着中央银行并决定了其行为。本章通过对中央银行的介绍,将为后面关于货币政策、货币供给等方面的讨论奠定基础。

在本章里,我们将考察现代中央银行的产生与发展、中央银行的目标和组织结构,并着重关注中央银行的性质与职能以及中央银行的主要业务。

第一节 中央银行的产生与发展

中央银行的出现及相应中央银行制度的形成,并不是人为的主观臆造,而是一种历史发展的产物。通过对中央银行制度的历史考查可以发现,中央银行的产生是商品经济、货币信用制度及银行体系发展到一定阶段的必然结果。

一、中央银行产生的必要性

中央银行，是指专门从事货币发行，办理对一般银行的业务以及执行国家货币政策的银行，是一国最高的货币金融管理机构，在各国金融体系中居于主导地位。中央银行是银行业发展到一定阶段之后的产物。具体来说，它的产生是适应了以下几方面需求的结果。

（一）统一银行券发行的需要

在金本位制下，为了便利流通和节省流通费用，商业银行大多发行各自的银行券代替铸币流通。最初，几乎每家银行都拥有银行券发行权，市场上流通的银行券五花八门。这种由众多银行分散发行银行券的局面逐步暴露出其严重的缺陷。①为数众多的中小银行资金实力薄弱，其发行的银行券常常不能兑现，某些"野猫银行"（wild cat bank）则有意设在遥远地区，使人们难以向其兑现。尤其在危机时期，不能兑现的情况非常普遍，从而使货币流通陷入混乱局面。②银行券优劣不同使银行券流通受到限制，不利于商品流通范围的进一步扩大。众多分散的小银行，其信用活动领域存在地区限制，它们所发行的银行券只能在有限的区域内流通，从而限制了商品跨地区流通。

随着资本主义经济的发展，商品流通范围的扩大客观上要求信用货币的发行权走向集中统一，以保证货币流通的稳定，确保银行券成为能够在全国范围内广泛流通的一般信用货币。而这样的银行券显然只能由信誉卓著、资金实力雄厚，且有权威，在全国范围内有信用活动的大银行发行。这些大银行所发行的银行券在流通中逐渐排挤了小银行的银行券。在这种基础上，国家即以法律形式限制或者取消一般银行发行银行券的权力，而将信用货币发行权集中到几家银行，以至于最终集中到一家大银行。这家大银行就是中央银行的雏形。例如，1803年，法兰西银行在巴黎地区获得为期15年的货币发行垄断权；1826年，英格兰银行获得在伦敦城65英里⊖以内地区的货币发行垄断权。

（二）统一全国票据清算的需要

随着银行业务不断扩大，银行每天收受票据的数量日益增多，各银行之间的债权债务关系错综复杂。在银行业的发展初期，银行间的往来与票据交换往往是单独进行的，没有统一的清算系统，效率低下且极不安全。

于是，新的票据交换和清算制度出现了。刚开始时，银行的收款人员自发地聚集在某一固定的地点，交换手中所持有的由对方付款的票据，并相互结清差额。在此基础上，1773年英国伦敦成立了世界上最早的票据清算所，即集中办理同城或同一区域内各银行间应收应付票据的交换和资金清算的场所。银行早期的票据清算所虽然对清算效率的提高发挥了极为重要的作用，但一般仅局限于同城内的票据清算，而且清算后的差额仍须以现金（金属货币）清偿，不方便的因素依然存在，

⊖ 1英里=1 609.44米。

因此客观上需要有一个更权威的、全国性的、统一的清算中心。中央银行建立后，这一职责非常自然地就由有政府背景的中央银行承担起来。因为现代商业银行都在中央银行开立了账户，中央银行就可以通过银行账户为商业银行提供便利的票据清算了。

(三) 最后贷款人角色的需要

最后贷款人，是指在商业银行发生资金困难而无法从其他银行或金融市场筹措资金时，中央银行对其提供资金支持的功能。

在经济发展的过程中，随着工商企业对银行贷款的需求不断增长，银行的贷款规模也随之扩大。当银行的贷款不能按期收回，或者受经济周期波动的影响而陷入资金周转困境时，银行往往陷入流动性不足的局面，严重时甚至会引发存款人挤兑现象，很多银行因无法应对流动性危机而破产倒闭。这既不利于经济发展，也不利于社会稳定，因此客观上需要一家权威性机构适当集中各商业银行的存款准备金作为后盾，在必要时为商业银行提供货币资金，发挥最后贷款人的角色，即流动性支持。这一机构就是中央银行。

(四) 金融宏观调控的需要

银行业竞争激烈，很多银行由于经营不善而在竞争中破产倒闭。银行的破产倒闭会给经济社会造成极大的震动和破坏。为了建立公平、有效和稳定的银行经营秩序，尽可能避免和减少银行的破产与倒闭，政府需要对金融业进行监督管理。而政府对金融业直接施加行政干预既是不经济的，也不具备相应的技术手段和操作工具，因此客观上需要有一个能代表政府意志，与商业银行有业务联系，能够运用经济手段制约银行业务的金融机构专门负责金融业的管理、监督、协调等工作。这一机构就是中央银行。中央银行是最早承担起金融监管职责的机构，也是目前绝大多数国家金融监管的最主要机构，在金融监管尤其是银行监管方面发挥着重要作用。

因此，目前世界各国大都设立了中央银行或类似中央银行的机构。它在金融体系中处于核心地位，担负着发行货币，制定和执行货币政策，调节和控制国民经济的发展等重任。

二、中央银行产生的两条主要途径

1. 由商业银行演变而来　中央银行产生的第一条途径，是由资本实力雄厚、社会信誉卓著、与政府有特殊关系的大商业银行逐步发展演变而来。在演变过程中，政府根据客观需要，不断赋予这家大银行某些特权，从而使之逐步具备中央银行的某些性质，并最终发展成为中央银行，如英国的中央银行——英格兰银行。成立于1694年的英格兰银行，是最早真正发挥现代中央银行各项职能的金融机构，被称为中央银行的鼻祖，之后各国在建立中央银行时纷纷仿效英格兰银行。

英格兰银行成立的最初目的是，筹集120万英镑、年息8%的贷款给英国国王威廉三世，以支持其在欧洲大陆的军事行动。当时，正值战争时期（1689—1697年），庞大的战争开支使英国政府入不敷出，英国财政陷入困境。为了弥补财政支出，英国皇室特许英格兰银行于 1694 年 7 月 27 日成立。因此，英格兰银行在成立时是一个较大的股份制银行，其实力和声誉高于其他银行，并且同政府有着特殊的关系。但它经营的仍是一般银行业务，如对一般客户提供贷款、存款以及票据贴现等。

英格兰银行在成立之初，英国政府就给予它一项其他商业银行没有的特权，即允许英格兰银行成为第一家无发行准备却能发行银行券的商业银行。在以后的发展中，英格兰银行不断补充资本，同时降低对政府的贷款利率，并以此为条件，促使英国国会通过法案，限制其他银行的货币发行权。1844 年，英国国会通过《英格兰银行条例》（通常简称《比尔条例》），规定英格兰银行具有独立的货币发行权，从而强化了英格兰银行货币发行的特权地位。

19 世纪，英国的商业银行发生了多次银行危机，引起了社会的广泛关注。在 1875 年的银行危机中，英格兰银行采取行动帮助有困难的银行，开始充当最终贷款人的角色。而且，商业银行在资金短缺时一般向贴现行贴现，而贴现行在资金短缺时就直接向英格兰银行申请贷款。英格兰银行表面上是贴现行的最终贷款人，实际上间接地充当整个银行系统的最终贷款人。

另外，英格兰银行无论是成立的初衷，还是在以后的业务中，都与政府有着千丝万缕的联系。当政府资金短缺时，英格兰银行马上进行资金融通，如直接对政府贷款，代政府发行国库券和各种长期债券等。除此之外，英格兰银行还代理国库和全权管理国家金库。至此，英格兰银行实际上已演变为英国的中央银行。

1946 年 2 月，英国颁布《英格兰银行法》，将英格兰银行的全部股本收归国有。英格兰银行也从此成为国有的中央银行，彻底改变了它自 1694 年以来尽管不断向政府贷款且与政府紧密合作，却一直保留的私营银行身份。它不再是为本身牟取利润的私营银行，也不再在商业业务上与普通银行竞争。该法案还终止了英格兰银行在名义上的独立性，使其成为国家机器的一个组成部分。

除了英格兰银行以外，瑞典国家银行、法兰西银行等中央银行的前身也是一些实力强大、信誉良好的商业银行，这些银行通过借助政府的力量享有某些特权，逐步行使中央银行的职能，最终成为一国的中央银行。

2. 由政府出面通过法律规定直接组建　　中央银行产生的另一条途径，是由政府出面通过法律规定直接组建一家银行作为一国的中央银行。如成立于 1913 年的美国联邦储备系统（以下简称美联储），是美国的中央银行。美联储的建立，标志着中央银行制度在世界范围的基本确立。美联储的成立经历了一个长期的摸索过程。此前，美国先后成立过美国第一银行和第二银行。这两家银行都具有一定的中央银行性质，但自身经营目标不明确，均在 20 年经营期满后被迫停业。

美国独立战争后，联邦政府为了筹集财政资金，模仿英格兰银行的做法经国会特许批准于 1791 年成立了美国第一银行，资本金为 1 000 万美元，其中 20% 由政府出资，营业期限为 20 年。其主要业务是发行货币，接受政府存款和向政府机构提供贷款，以及办理票据贴现和接受私人存款。同时，通过拒绝州银行过度发行的银行券兑换黄金的要求，达到管理州银行、整顿货币发行纪律的目的。这些带有中央银行性质的业务，引起了州银行和反对加强联邦权力的农业州的普遍不满与反对。1811 年，美国第一银行经营许可期满，美国国会否决了第一银行的展期申请，第一银行被迫解散。之后，州银行承担发行货币和代理国库的业务，且数量迅速增加。

1816年，美国第二银行取得经营许可证。该银行的资本金为3 500万美元，联邦政府拥有20%的股本，其他与美国第一银行基本相同。但是，由于主张建立强大中央银行的支持者（联邦制拥护者）与主张进一步分权的反集权主义者（反联邦制者）之间的摩擦始终不断，1836年期满后，美国第二银行也被迫关闭。美国第二银行停业后，由于不再有能够向银行体系提供准备金并使之避免银行业恐慌的最后贷款人，银行危机先后爆发。特别是1907年银行危机所造成的大批银行倒闭和存款人的大量损失，终于使美国公众相信，需要有一个中央银行来防止悲剧重演。

1908年5月，美国国会建立了国家货币委员会，用以专门调查研究各国银行制度，1912年决定建立既兼顾各州利益又能满足银行业集中管理需要的联邦储备制度。1913年12月23日，国会通过了《联邦储备法》。根据该法规定，美联储的主要任务是提供一种有弹性的货币（也就是今天常说的"最后贷款人"），为商业票据提供再贴现，并对银行实施更有效的监管。美联储初步具有"发行的银行""银行的银行"和"政府的银行"的职能，这使得现代中央银行制度终于在美国得以建立。

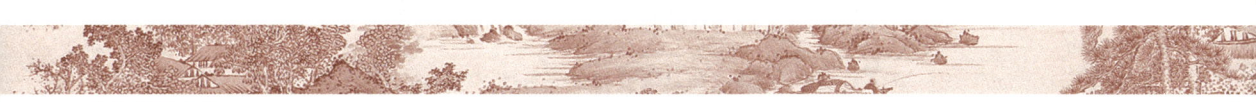

| 专栏 7-1 |

走进美联储

在美国历史上，公众始终对中央银行充满了敌意。创建美联储的政治家们是如何建立起这样一个体系，使其成为美国最具声望的机构之一的呢？

答案是这样的，美联储的创始人意识到，如果权力过分集中于华盛顿或纽约这些美国人通常不喜欢的城市，那么美国的中央银行可能得不到足够的公众支持以确保其有效地运作。因此，他们决定成立一个由12个分散在美国各地的联邦储备银行组成的分散化的体系，以确保在货币政策决策过程中各地区的意见都会被考虑到。此外，各地区的联邦储备银行被设计成具有准私营性质的机构，由居住在各个地区并且代表当地利益的私人部门的董事们监督，这些董事与联邦储备银行行长有着密切的联系。美联储的这一特殊结构促进了美联储对地区事务的关注。如果没有这种特殊结构，美联储可能没有这么受公众欢迎，所发挥的作用也会比现在大大减弱。

美国《联邦储备法》的设计者试图在地区之间，私人部门和政府之间，以及银行家、工商业者和公众之间实现分权。这一最初的分权，使得美联储演变为包括下列实体的组织：联邦储备银行（Federal Reserve Banks）、联邦储备理事会（Board of Governors of the Federal Reserve System）、联邦公开市场委员会（Federal Open Market Committee，FOMC）、联邦咨询委员会以及2 900余家会员商业银行。图7-1显示了这些实体之间的相互关系，以及它们与将在第九章讨论的中央银行三大货币政策工具（公开市场操作、再贴现率和法定存款准备金）之间的关系。

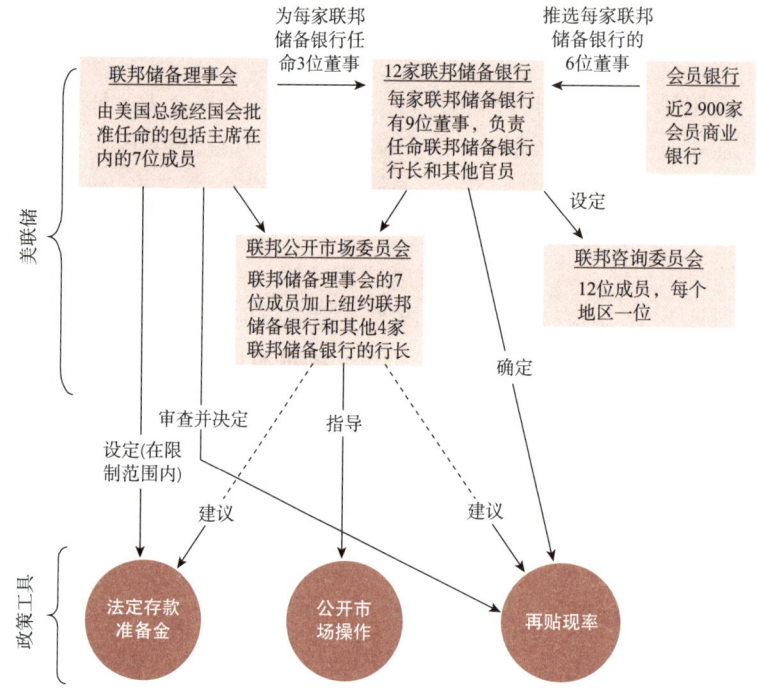

图 7-1 美联储的结构及其与货币政策工具的关系

注: 虚线表明联邦公开市场委员会对法定存款准备金要求和贴现率的制定起"建议"作用。

资料来源: 弗雷德里克 S. 米什金:《货币金融学: 美国商学院版》(原书第 4 版), 蒋先玲等译, 机械工业出版社, 2016 年, 第 306 页。

三、中央银行的历史演变

中央银行的产生与发展, 经历了一个漫长的历史阶段, 它是伴随着资本主义银行业的发展而产生的。中央银行的产生与发展经历了三个阶段, 即萌芽和建立阶段、普遍推广阶段、强化阶段。

(一) 萌芽和建立阶段

中央银行的萌芽和建立阶段为 1656—1843 年。这一时期有代表性的中央银行是瑞典国家银行和英格兰银行。

最先具有中央银行名称的是瑞典国家银行。它原是 1656 年由私人创办的银行, 后于 1668 年由政府出面改组为国家银行, 对国会负责, 但直到 1897 年才独占货币发行权, 成为真正的中央银行。因此瑞典银行虽然在英格兰银行之前设立, 但若以是否具有垄断货币发行权为标准, 则其只能排在英格兰银行之后。

如前所述, 成立于 1694 年的英格兰银行, 是最早真正发挥现代中央银行各项职能的金融机构, 被称为中央银行的鼻祖, 标志着中央银行的诞生。这一阶段成立的中央银行主要有法兰西银行 (1800 年)、芬兰银行 (1812 年)、荷兰银行 (1824 年)、奥地利国家银行 (1816 年)、挪威银行 (1817 年)、丹麦银行 (1871 年) 等。

此阶段的中央银行具有以下特点。

（1）基于政府的需要而设立，如为政府筹措经费，发行货币，代理国库等。这时的中央银行还只是政府的银行和发行的银行，没有履行银行的银行和管理金融的银行的功能。

（2）兼营商业银行业务。在中央银行出现的初期，大商业银行演变为中央银行，履行中央银行的职责，但并没有放弃从事原来的商业银行业务。因此，这种机构同时身兼二职，既是中央银行，又是商业银行。

（3）不论是由大商业银行演变而来的中央银行，还是由国家直接设立的中央银行，一般多是私人股份银行或私人与政府合资的银行充当中央银行，政府只是部分参股。

（4）不具备完全调节与控制金融市场的能力。由于各方利益集团的博弈和技术的不足以及货币制度的不完善，早期的中央银行不具备完全调节与控制金融市场，干预和调节国民经济的能力，金融危机时有发生。

（二）普遍推广阶段

1844年到第二次世界大战结束是中央银行的普遍推广阶段。如前所述，1844年，英国国会通过《英格兰银行条例》，规定英格兰银行具有独立的货币发行权，其他银行不得增发钞票，从而正式确立了英格兰银行的中央银行的地位，由此奠定了现代中央银行组织的模式。到1900年，主要的西方国家都设立了中央银行。

这一时期成立的有代表性的中央银行当属成立于1913年的美联储。如果从1656年最早成立中央银行的瑞典国家银行算起，到1913年美国建立美联储为止，中央银行的创立经历了257年的曲折历程。

当然，这一时期大量新设或改组的中央银行主要集中于20世纪20年代以后，这归因于布鲁塞尔国际金融会议。1920年，布鲁塞尔国际金融会议决定：凡是还未成立中央银行的国家，应尽快成立中央银行，以改变第一次世界大战后期汇率和金融混乱的局面。1922年，日内瓦国际会议又一次建议各国，尤其是新成立的国家尽快成立中央银行。

20世纪初到第二次世界大战结束是中央银行历史上发展最快的一个时期，这一时期的中央银行制度具有以下特点。

（1）大部分中央银行是依靠政府的力量创建的。与前一时期相比，这一时期的大部分中央银行都不是由商业银行自然演进而成的，而是依靠政府的力量创建的，而且在较短时期内数量迅速增加，是中央银行历史上发展最快的一个时期。

（2）设立中央银行的区域扩大了。不仅经济发达的欧洲国家普遍设立了中央银行，经济欠发达的美洲、亚洲和非洲等国家也纷纷设立了中央银行。设立中央银行已成为全球性的普遍现象。

（3）中央银行管理金融的职能得到加强。由于该阶段发生了20世纪30年代的大萧条，大量金融机构的倒闭给社会经济造成巨大的震荡和破坏，使人们认识到金融机构和金融体系保持稳定的必要性，中央银行日益成为管理宏观金融的重要机构，中央银行的职能逐步扩展。

（三）强化阶段

从中央银行的发展历史来看，如果说萌芽和建立阶段是中央银行的自然演变，普遍推广阶段是政府力量推动中央银行的迅速创建时期，那么第二次世界大战以后至今的发展时期，则是政府对中央银行控制的加强和中央银行宏观经济调控职能进一步强化的时期，即强化阶段。

第二次世界大战后，很多国家的经济陷入困境，为了重振经济，各国开始信奉凯恩斯的国家干预主义理论。中央银行作为国家银行的职能得以强化，各国纷纷利用中央银行干预和调节经济，中央银行由此得到重大发展。

与此对应的是政府对中央银行的控制也在加强，一些原来是私有股份制的中央银行被收归国有，中央银行的政府机构色彩浓厚起来。强化阶段的中央银行制度具有以下特点。

（1）专门行使中央银行职能。过去的中央银行一般都兼营部分商业银行的业务。第二次世界大战后，这些中央银行逐步放弃商业银行业务，专门行使中央银行职能。新成立的中央银行则一开始就不办理商业银行业务。

（2）中央银行国有化。如英国、法国两国在第二次世界大战后，分别将英格兰银行和法兰西银行收归国有。目前只有少数国家的中央银行还有私人股份，如美联储，各会员银行可以按一定比例认购12个地区联邦储备银行的股份。

（3）干预和调节经济的功能得到加强。现代中央银行日益运用法定存款准备金、再贴现率和公开市场操作等政策工具对经济金融进行宏观调控。中央银行的货币政策日益成为重要的宏观经济政策组成部分。

（4）各国中央银行加强国际合作。第二次世界大战后，国际货币基金组织、世界银行、亚洲开发银行等国际性和区域性的金融组织成立了，绝大多数国家的中央银行都代表本国政府参加了这些国际金融组织，从而加强了各国中央银行之间的国际合作。

四、中央银行在中国的发展

（一）早期中央银行实践

中央银行在我国出现较晚，最早具有中央银行形态的是清政府时期的户部银行。户部银行于1905年8月（光绪三十一年）在北京西郊民巷开业，是模仿西方国家中央银行建立的我国最早的中央银行。1908年，清政府将户部银行改称为大清银行，赋予它经理国库及发行铸币等特权，但它并不是真正意义上的中央银行。第一，它不是银行的银行。当时的户部银行和后来的大清银行都经营大量的商业银行业务，如拆息放款、收存款项、保管要物、票据贴现、买卖金银等。第二，它不是发行的银行。清末是中国银行业的初创时期，这段时期许多银行（不是所有银行），诸如大清银行、中国通商银行、交通银行等都有银行券的发行权，大清银行并未也不可能独占货币发行权。因此，只能说大清银行是一家有某些中央银行性质的国家银行。

1924年8月，孙中山在广州成立了中央银行。1926年，北伐军在武汉成立了中央银行。这两家银行由于存在的时间都很短，所以并没有真正行使中央银行的基本职能。

1927年，相关部门制定了《中央银行条例》，并于1928年11月成立了"中央银行"，总部在上海。那时的"中央银行"完全仿效西方先进国家中央银行组建规范，在制度上符合国际中央银行惯例。"中央银行"享有发行纸币,经理国库,募集和经理内外债的特权。当然,"中央银行"成立之初,尚未完全独占货币发行权,当时具有货币发行权的还有中国银行○、交通银行○和中国农民银行等几家银行。1942 年 7 月 1 日,根据《钞票统一发行办法》,中国银行、交通银行和中国农民银行三家银行发行的钞票及准备金全部移交给"中央银行",由"中央银行"独占货币发行权,同时由"中央银行"统一管理国家外汇。

1932 年 2 月,中国共产党在江西瑞金成立了"中华苏维埃共和国国家银行"(简称苏维埃国家银行)并发行货币。各根据地建立了相对独立、分散管理的根据地银行,并各自发行在本根据地内流通的货币。

1948 年 12 月 1 日,中国人民银行以华北银行为基础,合并北海银行、西北农民银行,在河北省石家庄市组建并发行人民币,成为中华人民共和国的中央银行,并确定人民币为法定本位币。1949 年 2 月,中国人民银行将总行迁往北京。中国人民银行成立初期的主要任务是运用经济、行政、法律手段稳定物价,调控金融秩序。

(二)中华人民共和国的中央银行

中国人民银行(The People's Bank of China,PBOC),简称央行,是中华人民共和国的中央银行,是中华人民共和国国务院组成部门,在国务院领导下,制定和执行货币政策,防范和化解金融风险,维护金融稳定。

1983 年以前,中国人民银行是"大一统"的"一身二任"的"复合式"中央银行体制。中国人民银行身兼中央银行和专业银行两项职能,隶属于财政部,充当财政出纳的角色,其职能没有充分发挥。

1983 年 9 月,国务院发布了《关于中国人民银行专门行使中央银行职能的决定》,规定中国人民银行专门行使中央银行的职能,不再兼办工商信贷和储蓄业务,专门负责领导和管理全国的金融事业,并设立中国工商银行接管中国人民银行的专业银行业务。从 1984 年起,中国人民银行专门行使中央银行职能,有了明确的货币政策目标及宏观金融调节手段,宏观调控方式逐渐由直接控制向间接控制转换。

1995 年 3 月 18 日,第八届全国人民代表大会第三次会议通过了《中华人民共和国中国人民银行法》,首次以国家立法形式确立了中国人民银行作为中央银行的地位,标志着中央银行体制走向了法制化、规范化轨道,是中央银行制度建设的重要里程碑。该法规定,中国人民银行在国务院领导下,制定和执行货币政策,防范和化解金融风险,维护金融稳定。

第二节 中央银行制度

由于各国的社会制度、政治体制、经济发展水平、金融业务发达程度等千差万别,

○ 辛亥革命后,孙中山先生领导的南京临时政府将上海大清银行改组为中国银行。袁世凯上台后,又将北京大清银行改为中国银行并于 1912 年 8 月正式对外营业,先前上海的中国银行遂改为中国银行上海分行。

○ 交通银行始建于 1908 年(光绪三十四年),是中国早期的四大银行之一,也是中国早期的发钞行之一,其发钞历史长达 33 年,也是发钞时间最长的银行。它是中国第一家股份制商业银行。

因而各国的中央银行制度也各有差异。本节将从以下几方面阐述中央银行制度。

一、中央银行的所有制形式

按所有制形式，各国的中央银行可划分为以下五大类。

（一）全部资本归国家所有的中央银行

全部资本归国家所有是目前世界上大多数国家的中央银行所采用的所有制形式。这既包括直接由国家拨款设立的中央银行，也包括国有化后的中央银行。这类中央银行包括英国、法国（英法两国在第二次世界大战后将私有的中央银行收归国有）、德国、加拿大、澳大利亚、荷兰、挪威、印度等 50 多个国家的中央银行，中国人民银行也属于这种类型。

（二）国家资本与民间资本共同组建的中央银行

这类中央银行的资本由国家资本和民间资本共同持有，民间资本包括企业法人和自然人的股份，但国家资本大多在 50% 以上。而且，法律上一般都对非国家股份持有者的权利做了限定，如只允许有获得股利的权利而无经营决策权，因此中央银行的私人股份属于无投票权的优先股，属于这类的有日本、比利时、奥地利、墨西哥、土耳其等国的中央银行。以日本银行为例，日本银行成立于 1882 年 10 月，资本金为 1 亿日元，其中政府出资 55%，民间出资 45%，这一比率至今没有改变。日本银行的私人股东每年领取最高为 5% 的股利。

（三）全部股份由私人持有的中央银行

对于这类中央银行，国家不持有任何股份，全部资本为私人持有，这类中央银行经政府授权行使中央银行职能，美国、意大利和瑞士等少数国家是这种情况。

美联储的正式结构由 12 家地区联邦储备银行、约 2 900 家会员银行、联邦储备理事会、联邦公开市场委员会和联邦咨询委员会组成。12 家地区联邦储备银行都属于私营公用事业的股份机构，其股东便是该储备区内作为美联储会员的私人股份商业银行。这些私人股份商业银行购买自己所在储备区的联邦储备银行股份，但股利支付不得超过年率 6%。虽然会员银行拥有地区联邦储备银行股份，但是它们并不享有所有权的好处：①它们对地区联邦储备银行的收益没有要求权，不论地区联邦储备银行收益如何，只能得到年率 6% 的股利；②它们对美联储如何使用它们的"财产"没有发言权；③会员银行对于董事中的每一个职位，通常只能"推选"一位候选人，这位候选人还常常是由地区联邦储备银行行长提名的（联邦储备银行行长又通常由联邦储备理事会提名）。其结果是会员银行实质被排除在美联储的决策过程之外，没有任何实际的权力。

（四）无资本金的中央银行

这种类型的中央银行在建立之初没有资本金，而由国家授权行使中央银行的职能，中央银行运用的资金主要是各金融机构的存款和流通中的货币。目前，韩国的中央银行——韩国银行是唯一没有资本金的中央银行。1950 年，韩国银行成立时，原定注册资本为 15 亿韩元，全部由政府出资，但 1962 年《韩国银行法》的修改使韩国银行成为

"无资本的特殊法人"。该银行每年的净利润按规定留存准备金之后，全部汇入政府的"总收入账户"，会计年度中如发生亏损，首先用留存的准备金弥补，不足部分由政府的支出账户划拨。

（五）资本为多国共有的中央银行

这种类型的中央银行是指其资本不为某一国家所独有，而是由主权独立的两国以上的国家所共有的。这类中央银行主要是指跨国中央银行，比如由喀麦隆、乍得、刚果共和国、赤道几内亚、加蓬和中非共和国组成的中非货币联盟所设立的中非国家银行以及欧洲中央银行等。

上述分析表明，从历史上来看，中央银行制度的形成和发展存在着从私有到国有的转化，也存在中央银行法律地位的转化，即从最初的特权商业银行发展到准国家机关，最终成为国家机关。英格兰银行从1694年成立时的特许，到1844年《英格兰银行条例》，再到1946年《英格兰银行法》的国有化，就是一个突出代表。

二、中央银行的组织结构

从组织结构上看，中央银行可划分为以下四种类型。

（一）单一式中央银行制度

单一式中央银行制度是最主要的，也是最典型的中央银行制度形式。它是指国家设立专门的中央银行机构，使之全面、纯粹地行使中央银行职能的制度。单一中央银行制又有如下两种具体情形。

1. 一元式中央银行　一元式中央银行制，是指一国只设立一家统一的中央银行机构来行使中央银行的权力和履行中央银行的全部职能。它一般采用总分行制的形式，通常在首都设立总行，根据客观经济和宏观调控的需要在全国范围内设立若干分支机构。一元式中央银行制度的特点是权力集中、职能齐全，根据需要在全国各地建立分支机构。目前世界上绝大多数国家都采用这种中央银行体制，中国人民银行便是如此。

2. 二元式中央银行　二元式中央银行制，是指在一国国内设立中央和地方两级中央银行机构，中央级机构是最高权力或管理机构，地方级机构也有相应的独立权力，虽然要接受中央级机构的监督管理，两级机构分别行使各自的职权。这是一种联邦式的、具有相对独立性的两级中央银行制度，美国等国家的中央银行属于此类。

（二）复合中央银行制度

复合中央银行制度，是指在一国内不设立专门的中央银行机构，而是由一家大银行来扮演中央银行和商业银行两个角色，即"一身二任"。这种体制主要存在于改革前的东欧等国，我国在1983年以前也实行这种中央银行制度。

（三）跨国中央银行制度

跨国中央银行制度，是指由参加货币联盟的所有成员国联合组成的中央银行制度。如前所述，第二次世界大战后，地域相邻的一些欠发达国家建立了货币联盟，并在联盟内成立参加国共同拥有的统一的中央银行。这种跨国的中央银行发行共同的货币，执行统一的金融政策。

（四）准中央银行制度

准中央银行制度，是指某些国家或地区只设立类似中央银行的机构，或由政府授权某个或某几个商业银行，行使部分中央银行职能的体制。

例如，新加坡中央银行的职能由新加坡金融管理局和新加坡货币局两个法定机构共同承担。根据1970年9月2日通过的《新加坡金融管理局法》，金融管理局（Monetary Authority of Singapore）于1971年1月成立。作为新加坡事实上的中央银行，金融管理局的主要职能是制定和实施货币政策，监管金融业，为金融机构和政府提供各种服务等。根据《1967年货币法》成立的新加坡货币局享有在新加坡共和国发行货币的独占权。货币局以100%的外汇资产（包括黄金、英镑或其他外汇）为保证发行新元。1972年6月英镑浮动后，新加坡将干预货币由英镑转为美元。由于新元有100%的外汇资产为保证，有助于增强人们对新元的信心，从而有助于维持物价和汇率的稳定。

专栏7-2

建设现代中央银行制度的中国实践

1948年12月1日，我国以华北银行为基础，合并北海银行、西北农民银行，在河北省石家庄市组建了中国人民银行，并发行人民币。中国人民银行成为中华人民共和国成立后的中央银行，人民币成为法定本位币。中国人民银行成立至今，特别是改革开放以来，在体制、职能、地位、作用等方面，都发生了巨大而深刻的变革。建设现代中央银行制度一直是中国人民银行机构改革发展的宗旨。党的二十大报告指出："深化金融体制改革，建设现代中央银行制度，加强和完善现代金融监管，强化金融稳定保障体系，依法将各类金融活动全部纳入监管，守住不发生系统性风险底线。"这为中国人民银行机构、职能改革指明了方向。

（一）中国人民银行的创建与国家银行体系的建立（1948—1952年）

1948年12月1日，中国人民银行在河北省石家庄市宣布成立。华北人民政府当天发出布告，由中国人民银行发行的人民币在华北、华东、西北三区的统一流通，所有公私款项收付及一切交易，均以人民币为本位货币。1949年2月，中国人民银行由石家庄市迁入北平（今北京）。1949年9月，中国人民政治协商会议通过《中华人民共和国中央人民政府组织法》，把中国人民银行纳入政务院的直属单位系列，接受财政经济委员会指导，与财政部保持密切联系，赋予其国家银行职能，承担发行国家货币、经理国家金库、管理国家金融、稳定金融市场、支持经济恢复和国家重建的任务。

在国民经济恢复时期，中国人民银行在中央人民政府的统一领导下，着手建立统一的国家银行体系：一是建立独立统一的货币体系，使人民币成为境内流通的本位币；二是迅速普建分支机构，形成国家银行体系；三是实行金融管理，禁止外国货币流通，统一管理外汇;四是开展存款、放款、汇兑和外汇业务,促进城乡物资交流,为迎接经济建设做准备。

到1952年国民经济恢复时期终结时,中国人民银行作为中华人民共和国的国家银行,建立了全国垂直领导的组织机构体系;统一了人民币发行,很快使人民币成为全国统一的货币;对各类金融机构实行了统一管理。中国人民银行充分运用货币发行和货币政策,实行现金管理,开展"收存款、建金库、灵活调拨",运用折实储蓄和存放款利率等手段调控市场货币供求,扭转了中华人民共和国成立初期金融市场较混乱的状况,终于制止了历史遗留下来的恶性通货膨胀问题。

(二) 计划经济体制时期的国家银行(1953—1978年)

在统一的计划经济体制中,自上而下的人民银行体制,成为国家吸收、动员、集中和分配信贷资金的基本手段。中国人民银行作为国家金融管理和货币发行的机构,既是管理金融的国家机关,又是全面经营银行业务的国家银行。

实行"统存统贷"的信贷管理办法,将银行信贷计划纳入国家经济计划,成为国家管理经济的重要手段。高度集中的国家银行体制,为大规模的经济建设进行全面的金融监督和服务。中国人民银行担负着组织和调节货币流通的职能,统一经营各项信贷业务,在国家计划实施中具有综合反映和货币监督功能。这种格局一直延续到1978年,其间虽有几次变动,但基本格局变化不大。

(三) 从国家银行过渡到中央银行体制(1979—1992年)

日益发展的经济和金融机构的增加,迫切需要加强金融行业的统一管理和综合协调,由中国人民银行来专门承担中央银行职责,成为完善金融体制、更好发展金融行业的紧迫议题。1982年7月,国务院批转中国人民银行的报告,进一步强调"中国人民银行是我国的中央银行,是国务院领导下统一管理全国金融的国家机关",以此为起点开始了组建专门的中央银行体制的准备工作。

1983年9月17日,国务院做出决定,由中国人民银行专门行使中央银行的职能,并具体规定了中国人民银行的10项职责。从1984年1月1日起,中国人民银行开始专门行使中央银行的职能,集中力量研究和实施全国金融的宏观决策,加强信贷总量的控制和金融机构的资金调节,以保持货币稳定;同时新设中国工商银行,中国人民银行过去承担的工商信贷和储蓄业务由中国工商银行专业经营;中国人民银行分支行的业务实行垂直领导;设立中国人民银行理事会,作为协调决策机构;建立存款准备金制度和中央银行对专业银行的贷款制度,初步确定了中央银行制度的基本框架。

(四) 逐步强化和完善现代中央银行制度(1993年至今)

这一阶段又可分为三个时期,即省分行制、大区分行制和恢复省分行制时期。

1993年,按照国务院《关于金融体制改革的决定》,中国人民银行进一步强化金融调控、金融监管和金融服务职责,划转政策性业务和商业银行业务。

1995年3月18日,全国人民代表大会通过《中华人民共和国中国人民银行法》,首次以国家立法形式确立了中国人民银行作为中央银行的地位,标志着中央银行体制走向了法制化、规范化的轨道,是中央银行制度建设的重要里程碑。

1998年10月,国务院向各省级行政区、各部委批转了《人民银行省级机构改革实施方案》。该方案决定撤销省级分行,在9个中心城市设立大区分行(正局级);与此同时,在不设分行的省会设置中心支行(副局级)。

按经济区设置分支机构旨在减少地方对金融的不当干预，也有利于中央银行履行货币政策职能、维护金融监管的公正性。

2003年，按照党的十六届二中全会审议通过的《关于深化行政管理体制和机构改革的意见》和十届人大一次会议批准的国务院机构改革方案，将中国人民银行对银行、金融资产管理公司、信托投资公司及其他存款类金融机构的监管职能分离出来，并和中央金融工委的相关职能进行整合，成立中国银行业监督管理委员会。同年12月27日，十届全国人民代表大会常务委员会第六次会议审议通过了《中华人民共和国中国人民银行法（修正案）》。有关金融监管职责调整后，中国人民银行新的职能正式表述为"制定和执行货币政策，防范和化解金融风险，维护金融稳定"。

随着地方领导干部金融理念的进步，商业银行自主性增强，市场化、法治化营商环境的形成，设置大区分行的必要性明显减弱。与此同时，大区分行也显现出一些不适应，如与省级政府主管经济的基本格局不适应、与地方党政机关对金融风险处置承担属地责任的要求不适应。在此背景下，成立省级分行，可以与地方党政机关负责的经济金融工作更好地衔接，形成中央与地方相互协调配合的工作合力。

2023年8月18日，中国人民银行31个省、自治区、直辖市分行，深圳、大连、宁波、青岛、厦门5个计划单列市分行和317个地（市）分行挂牌。同时，中国人民银行各分行加挂国家外汇管理局分局牌子，各省、自治区分行加挂分行营业管理部牌子。

恢复省级分行挂牌是落实2023年3月《党和国家机构改革方案》的重要举措。改革方案提出，统筹推进中国人民银行分支机构改革，按行政区划设置中国人民银行省级分行，不再保留县支行，职能上收至地（市）分行。此外，将中国人民银行对金融控股公司等金融集团的日常监管职责、有关金融消费者保护职责划入新成立的国家金融监管总局。

改革后的中国人民银行组织架构将形成总行—省级分行—地市分行三级管理体制，专注于货币政策制定与执行、宏观审慎管理、金融稳定等职能，是建设现代中央银行制度的重要举措。

资料来源：中国人民银行网站，http://www.pbc.gov.cn/rmyh/105226/105433/index.html。

第三节 中央银行的性质与职能

一、中央银行的性质

中央银行的性质是通过国家法律赋予中央银行的特有属性，这一属性可以表述为中央银行是国家赋予其制定和执行货币政策，对国民经济进行宏观调控和管理监督的特殊的金融机构。这一性质表明，中央银行既是特殊的金融机构，又是特殊的国家机关。

（一）中央银行是特殊的金融机构

中央银行的性质集中体现在中央银行是一个"特殊的金融机构"，具体表现如下。

1. 业务的特殊性 与商业银行相比，中央银行的业务特殊性体现在如下方面。①经营目的的特殊性。中央银行不以营利为目的，不能与商业银行和其他金融机构处于平等的地位，因此也不能开展平等的竞争。②经营对象的特殊性。中央银行不与普通的企业和个人进行业务往来，其业务对象仅限于商业银行、其他金融机构以及政府等。③业务性质的特殊性。中央银行在业务经营过程中拥有某种特权，如中央银行享有发行货币的特权，这是商业银行所不能享有的权力。除此之外，它还肩负集中存款准备金、代理国库、管理国家黄金和外汇储备、维护支付清算系统的正常运行等特殊职能。

2. 地位的特殊性　　中央银行就其所处的地位而言，处于一个国家金融体系的中心环节。它是全国货币金融的最高权力机构，也是全国信用制度的枢纽和金融最高管理当局。可见，中央银行的地位非同一般，它是国家货币政策的体现者，是国家干预经济生活的重要执行者，是政府在金融领域的代理。它的宗旨是维持一国的货币和物价稳定，促进经济增长，保障充分就业和维持国际收支平衡。

(二) 中央银行是特殊的国家机关

作为国家管理金融业和调控宏观经济的重要部门，中央银行具有一定的国家机关性质，负有重要的公共责任。虽然国家赋予中央银行各种金融管理权，但它与一般的政府行政管理机构仍然存在明显不同。其特殊性表现如下。

1. 履行管理职能的手段不同　　中央银行行使管理职能时，不是单凭行政权力行使其职能，而是通过经济和法律的手段，如信贷、利率、汇率、存款准备金、有关法律等去实现，其中尤以经济手段为主，如调整基准利率和法定存款准备金率，在公开市场上买卖有价证券等。这些手段的运用具有银行业务操作的特征，这与主要依靠行政手段进行管理的国家机关有明显不同。

2. 履行管理职能的方式不同　　中央银行对宏观经济的调控是间接的、有弹性的，即通过货币政策工具操作，首先调节金融机构的行为和金融市场的变量，再影响到企业和居民个人的投资与消费，从而影响整个宏观经济。其调控方式具有一定的弹性，也具有一定的时间差，即时滞。而一般的国家行政机关的行政决议可以迅速且直接地作用于各微观主体，如税率的调整缺乏弹性，政策效果呈现出刚性。

3. 履行管理职能时拥有一定的独立性　　中央银行相对于政府具有一定的独立性，而一般的国家行政机关本身就是政府的组成部分之一。

二、中央银行的职能

中央银行的职能是其性质的具体体现。中央银行的性质和宗旨决定了其有三项基本职能：发行的银行、银行的银行和政府的银行。

(一) 发行的银行

1. 发行的银行的界定　　所谓发行的银行，是指中央银行集中和垄断货币的发行权，成为全国唯一的现钞发行机构，这是中央银行的最本质特征。中央银行正是因为垄断了货币发行权，才相应地有了其他一些职能。由中央银行垄断货币发行权，是统一货币发行，稳定货币价值的基本保证。

这里必须明确一点，发行的银行所指的"货币发行"这个概念中的"货币"，通常专指银行券或现钞，而不包括存款形态的货币。目前世界上几乎所有国家的现钞都由中央银行发行，而对于辅币的铸造、发行，有些国家由中央银行管理，有些国家则由财政部负责，发行收入归国家财政统一管理。

作为发行的银行，中央银行需要承担两方面的责任：一是保持货币流通顺畅；二是有效控制货币发行量，稳定币值。中央银行垄断货币发行权，并不意味着中央银行可以任意决定货币发行量。在实行金本位制的条件下，中央银行依靠足额发行准备或部分发行准备来保证其发行银行券的可兑换性。因而，中央银行必须集中足够的黄金储备。作为保证银行券发行与流通的物质基础，黄金储备数量成为银行券发行数量的重要制约因素。即使在货币流通均转化为不可兑现的纸币流通后，一国政府所提供的信用担保也足以保证一国货币的稳定。因此，此时的中央银行必须根据经济发展的需要来决定货币发行量，并有责任规范货币发行，以确保货币价值的稳定。如果滥用货币发行权，其结果必然是通货膨胀、货币贬值，严重时中央银行所发行的现钞甚至形同废纸。因此，国家必须对中央银行的货币发行进行适当的控制。

2. 现钞发行程序　至于中央银行发行货币的程序，下面以我国的人民币发行为例进行说明。

人民币的具体发行是在由中国人民银行设置的发行基金保管库（简称发行库）和商业银行的业务库之间划拨来办理的。所谓发行基金，是指中国人民银行保管的已印制好而尚未进入流通的人民币票券。发行库在中国人民银行总行设总库，下设分库、支库，在不设中国人民银行机构的县，发行库委托商业银行代理。各商业银行在对外营业的基层网点设立业务库。业务库保存的人民币，作为商业银行办理日常现金收付业务时的备用金。为避免业务库存放过多现金，通常由上级银行和同级中国人民银行为业务库核定库存限额。

现金发行的具体操作程序是：当商业银行基层网点现金不足时，可从其在当地中国人民银行的存款账户中提取现金。于是，人民币从发行库转移到商业银行基层网点的业务库，这就意味着这部分人民币现钞进入了流通领域，这一过程被称为"出库"。当商业银行基层网点收入的现金超过其业务库的库存限额时，超过的部分应自动送交当地人民银行。该部分人民币现钞进入发行库，意味着退出流通领域，这一过程被称为"入库"。

总之，中央银行发行货币并不仅仅是印制新钞票并投入流通，还要负责现钞的整个动态流通过程。在现代经济社会中，现钞的动态流通过程可以被称为货币物流（currency logistics），具体来说是指现钞的印制、调拨、保管、投放、流通、回笼，反复流转，从新到旧，由整到残，直至最终退出流通并被销毁，以及与之相关的信息流等的整个物理性过程。

（二）银行的银行

银行的银行有以下几层意思：一是中央银行的业务对象是商业银行和其他金融机构及特定的政府部门；二是中央银行在与其业务对象之间的业务往来中仍表现出银行所固有的"存、放、汇"等业务特征；三是中央银行在为商业银行提供支持和服务的同时，也是商业银行的监督管理者。作为银行的银行，中央银行的职能具体体现在以下几个方面。

1. 集中存款准备金 按法律规定，商业银行和其他金融机构都要按法定比例向中央银行缴纳存款准备金。同时，商业银行出于流动性考虑，也会将一定比例的资金存放于中央银行构成超额存款准备金。因此，中央银行集中和保管存款准备金，包括商业银行等金融机构的法定存款准备金和超额存款准备金。

中央银行集中保管存款准备金具有如下意义。第一，加强存款机构的清偿能力。如遇到金融机构资金周转困难时，通过中央银行加以调剂，既能保障存款人的资金安全，又能防止银行因发生挤兑而倒闭。第二，有利于中央银行控制商业银行的信贷规模和货币供应量。因为中央银行有权根据宏观调控的需要，变更、调整法定存款准备金率，使存款准备金制度成为一个重要的货币政策工具。第三，中央银行吸收超额存款准备金有利于为商业银行等金融机构办理资金清算。

2. 充当最后贷款人 最后贷款人，是指在商业银行发生资金困难而无法从其他银行或金融市场筹措资金时，中央银行对其提供资金支持。

最后贷款人一词最早由沃尔特·巴杰特（Walter Bagehot）于1873年提出。他主张当某家银行出现流动性不足时，中央银行有责任予以贷款支持，帮助其渡过难关，从而避免银行破产倒闭带来的巨大负面效应。最后贷款人可以发挥以下作用：一是支持陷入资金周转困难的商业银行及其他金融机构，以免银行挤兑规模的扩大，最终导致整个银行业的崩溃；二是通过为商业银行办理短期资金融通，调节信用规模和货币供应量，传递和实施宏观调控意图。中央银行对商业银行和其他金融机构办理再贴现与再抵押贷款的融资业务时，执行的就是最后贷款人的职能。

3. 组织全国票据清算中心 中央银行为各商业银行及其他金融机构相互间应收应付的票据进行清算，这就履行了最后清算人的职能。商业银行及其他金融机构在中央银行开立账户，并在中央银行拥有存款（超额存款准备金账户）。这样，商业银行收付的票据就可以通过其在中央银行的存款账户划拨款项，办理结算。中央银行将结算轧差直接增减各银行的准备金，从而清算彼此之间的债权债务关系。此时，中央银行充当了全国票据清算中心的角色。

中央银行参与组织管理全国清算，首先，加快了资金周转速度，减少了资金在清算中的占有时间和清算费用，提高了清算效率；其次，解决了非集中清算带来的问题，如不安全性以及在途资金占有过多等困难；最后，有利于中央银行及时掌握各商业银行的头寸状况，便于中央银行行使金融监管的职能。目前，大多数国家的中央银行已成为全国资金的清算中心。

例如，《中华人民共和国中国人民银行法》明确规定，中国人民银行有履行"维护支付、清算系统的正常运行"的职责，"应当组织或者协助组织银行业金融机构相互之间的清算系统，协调银行业金融机构相互之间的清算事项，提供清算服务"。

（三）政府的银行

所谓政府的银行，也称为国家的银行，是指中央银行代表国家从事金融活动，对一国政府提供金融服务，贯彻执行国家货币政策，实施金融监管，其具体表现如下。

1. 代理国库收支 中央银行代理经办政府的财政预算收支，政府的收入和支出都通过财政部门在中央银行系统内开设的各种账户来进行。其具体包括按国家预算要求代收国库库款，按财政支付命令拨付财政支出，向财政部门反映预算收支执行情况，经办其他有关国库事务等。

2. 代理政府债券的发行　当一国政府为调剂政府收支或弥补政府开支不足而发行政府债券时，通常由中央银行来代理政府债券的发行，并代办债券到期时的还本付息等事宜。

3. 为政府提供信用　中央银行作为国家的银行，在国家财政出现入不敷出时，一般负有提供信贷支持的义务。这种信贷支持主要有两种方式：一是直接向政府提供贷款或对政府财政透支；二是购买政府债券。第一种方式通常用以解决财政收支的暂时性不平衡，因而是短期融资，这种信贷对总的货币流通影响一般不大。但在财政赤字长期化情况下，政府如果利用中央银行的信用弥补自己的支出，就会破坏货币发行的独立性，威胁到货币币值的稳定。因而，许多国家都限制财政向中央银行的无限制借款。对于第二种方式，又有两种情况。一是直接在一级市场上购买政府债券，中央银行所支付的资金就成为财政收入，等同于直接向政府融资。因此，一些国家的中央银行法就禁止中央银行以直接的方式购买政府债券。例如《中华人民共和国中国人民银行法》第二十九条明确规定：中国人民银行不得对政府财政透支，不得直接认购、包销国债和其他政府债券。二是间接在二级市场上购买政府债券，即公开市场操作。公开市场操作能够让资金间接流向财政。因而，公开市场操作已成为各国中央银行积极采用的一项重要货币政策工具。

4. 充当政府的金融代理人，代办各种金融事务　作为国家的银行，中央银行充当政府金融代理人的内涵是多方面的：保管和管理国家黄金与外汇储备；制定和执行货币政策，调节货币供应量，实施宏观金融的监督和管理；代表政府参加国际金融组织和国际金融活动；对金融业实施监管等。

专栏 7-3

货币当局与中央银行是一回事吗

"货币当局"的英语是"monetary authorities"，"中央银行"的英语是"central bank"，这两者是否是指同一个机构呢？

简单地说，货币当局是指有权发行通货（currency）的国家机构。在美国，美联储和财政部都有权发行通货，因此美国的货币当局包括美联储和财政部。在我国，现在只有中国人民银行才能发行货币，所以我国的货币当局一般就是指中国人民银行。

从这个角度分析，货币当局是一个功能概念，而不是一个机构概念，大多情况下是指中央银行，而且包括执行中央银行职能的其他政府机构。

国际货币基金组织（IMF）公布的《货币与金融统计手册》对"货币当局"的解释是："在有些国家中央银行的部分职能由中央政府（财政部）代为履行，如货币发行，持有国际储备以及与 IMF 进行的交易。这些交易包括份额认缴、持有的特别提款权和特别提款权的分配，在这种情况下，应当编制货币当局账户，将涉及中央政府履行的中央银行职能数据和中央银行概览的数据一同纳入货币当局账户。"

因此，货币当局和中央银行是两个相互联系但又不完全相同的概念。这取决于各国中央银行成立的历史背景及所承担的职能是否由一家中央银行全部履行。例如，货币发行、货币政策的制定与执行、银行监管、干预本币汇率、管理国际储备等职能不完全单独由中央银行负责时，仅仅用"中央银行"一词就不足以概括其功能，此时用"货币当局"较为妥当。如果以上职能全部由中央银行履行，中央银行就是该国的货币当局。

资料来源：汪洋. 中央银行的逻辑[M]. 北京：机械工业出版社，2015：61.

第四节 中央银行的主要业务

中央银行的各项职能具体体现在其各种业务活动中，这些业务活动通过资产负债表表现出来。由于其业务的特殊性，使其资产负债不同于普通的商业银行，中央银行通过其自身的业务操作来调节商业银行和其他金融机构的资产负债，进而实现对宏观金融的调控。

一、中央银行的资产负债表业务

中央银行的资产负债表是中央银行全部业务活动的综合会计记录。中央银行通过自身的业务操作来调节商业银行的资产负债和社会货币总量。因此，在介绍中央银行的具体业务之前，我们有必要先了解中央银行的资产负债表（见表7-1）。

中央银行的资产负债表由资产、负债和资本三大项构成。与一般经济体先有资金来源（负债或资本）业务，然后才会发生相应的资产业务迥然不同，中央银行的资产负债表业务的逻辑是先有资产业务，然后才会发生负债业务。

表7-1 中央银行资产负债表

资产	负债及资本
国外净资产	储备货币（基础货币）
外汇（储备）	货币发行
货币黄金	流通中现金
其他国外资产	库存现金
对政府债权：中央政府	流通中数字人民币
对其他存款性公司债权	金融性公司存款
对其他金融性公司债权	其他存款性公司存款
对非金融性部门债权	其他金融性公司存款
其他资产	非金融机构存款
	发行债券
	国外负债
	政府存款
	自有资金
	其他负债

（一）资产项目

从资产项目来看，如果以国内资产和国外资产划界的话，那么中央银行的资产就可以分为国外净资产（主要是国际储备部分）和国内资产（中央银行向国内机构提供融资）两大类。所谓国外净资产，就是本国中央银行对外资产与对外负债的差额，即对非居民净债权。对外资产主要是一国中央银行持有的国际储备，包括货币黄金和特别提款权、外汇储备和在 IMF 的头寸等内容。对外负债主要是本国中央银行对非居民的负债，如外国政府机构和金融机构在本国中央银行的负债。

国内资产包括中央银行对各级政府、金融机构和其他部门提供的资金。具体来说，对政府债权，是指中央银行对各级政府提供的融资，包括透支、贷款以及购买的政府债券等。对其他存款性公司债权，是指中央银行对这类机构提供的再贷款、再贴现、逆回购、中期借贷便利等操作所形成的债权。对非金融性部门债权，是人民银行对老少边穷地区发展、地区经济开发、重点沿海港口城市和经济特区开发等发放的专项贷款，体现了人民银行作为中央银行的职能。对其他金融性部门债权，是指人民银行向其他金融性公司，如证券、基金、保险公司等发放的再贷款。

因此，资产业务是中央银行发挥自身职能的重要手段。中央银行的资产业务主要包括贷款业务、再贴现业务、证券买卖业务及黄金外汇储备业务等。

（二）负债项目

从负债项目来看，既可以从部门来划分，也可以从是否属于基础货币（也就是储备货币）的口径来划分。这里主要从后一角度来讨论。

中央银行负债端占比最大的项目是**储备货币**（reserve money），又称基础货币，是中央银行为广义货币和信贷扩张提供支持的负债，作为经济中货币总量的基础，其具体包括货币发行、金融性公司存款和非金融机构存款。

所谓货币发行，就是中央银行发行的货币最终流通到全社会其他部门甚至流通到海外。就封闭经济而言，中央银行发行的货币最终在两大类机构手中：一类是国内企业和居民持有的现钞，又称"流通中现金"；另一类是其他存款性公司持有的现钞，又称"库存现金"，这部分现钞在有的国家又被视为超额存款准备金的一部分。两者的主要差异体现为前者计入货币供应量，后者则不计入货币供应量。

金融性公司存款主要包括其他存款性公司存款和其他金融性公司存款。

其他存款性公司存款是指准备金存款，包括中央银行要求商业银行必须持有的准备金，即**法定准备金**（required reserve），和商业银行自愿持有的超过法定准备金的部分，即**超额准备金**（excess reserve）两项内容。例如，中央银行要求商业银行每吸收 100 元存款，必须将其中的一部分（比如 10%）以准备金的形式持有，这一比例（10%）被称为**法定准备金率**（required reserve ratio）。超额准备金是预防存款流出的保障措施，持有这些超额准备金的成本是其机会成本，即把这些超额准备金贷放出去所能获得的利率和作为准备金获得的利率之差。

因此，基础货币（B），通常是指流通中的通货（C）和银行体系准备金存款（R）之和，即 $B = C + R$。基础货币实际上是中央银行对社会大众的负债总额，由于可以支撑数倍的货币供应量，也被称为高能货币或强力货币。

具体到我国，储备货币由货币发行、金融性公司存款和非金融机构存款三项构成。其中，货币发行由流通中现金（M0）和库存现金组成，从 2022 年 12 月起，货币发行含"流通中数字人民币"。金融性公司存款包括其他存款性公司存款和其他金融性公司存款两个项目。不过,从 2011 年起,中央银行不再将其他金融性公司存款计入储备货币,因此,此项目长期余额为 0。非金融机构存款,主要是支付机构存放在中央银行的客户备付金。为防止非银行支付机构违规使用预收的客户代付货币资金,中央银行自 2017 年起开始实施集中存管。不计入储备货币的金融性公司存款这一项主要反映的是证券公司、信托投资公司等非存款性金融机构在中央银行的存款,不是基础货币的一部分。中央银行负债中还有一项重要内容是政府存款,即(各级)政府将其存款存放在中央银行形成的款项。

除了发行无利息的现钞之外,有的中央银行还会发行附利息的证券,并且在其负债方的占比较大。如 2003 年以来,中国人民银行发行的各种期限的中央银行票据就是如此。

(三)中央银行对基础货币的控制

由上述分析我们对中央银行资产负债表进行简化,简化的中央银行资产负债表的资产方主要是国外净资产、对政府债权和对其他存款性公司债权,负债方主要是流通中现金和准备金存款,即基础货币。简化的中央银行资产负债表如表 7-2 所示。

表 7-2 简化的中央银行资产负债表

资产	负债及资本
国外净资产	基础货币
对政府债权:中央政府	流通中现金
对其他存款性公司债权	准备金存款

如前所述,中央银行是由资产项目引起负债项目发生变化的。而中央银行的主要职能是通过控制基础货币规模,进而调控货币供应量。那么,中央银行的资产业务如何引起基础货币的变动呢?

根据表 7-2,我们可以得出基础货币的变动主要来自三方面的资产业务变化:国外净资产、政府证券及贴现贷款。具体反映在,中央银行通过在公开市场上买卖外汇资产、政府债券及银行贴现贷款的方式对基础货币进行控制。

1. 中央银行买入外汇资产对基础货币的影响 如果中央银行在外汇市场上从商业银行那里买入外汇资产,这一交易的结果是,资产方"国外净资产"增加,负债方"准备金存款"也相应增加,如表 7-3 所示。

表 7-3 中央银行买入外汇资产在其资产负债表中的体现

资产	负债及资本
国外净资产(增加)	基础货币(增加)
对政府债权:中央政府	流通中现金
对其他存款性公司债权	准备金存款

由于引起准备金存款增加,即基础货币增加,这部分基础货币再经由商业银行的信贷投放派生出大量的支票存款和现金货币,从而引起货币供应量的增加。这就是货币投放的外汇占款渠道。**外汇占款**(funds outstanding for foreign exchange),是指本国中央银行通过收购外汇资产而相应投放的本国货币。外汇占款统计在货币当

局资产负债表中国外净资产项下的"外汇"中,其变动对负债方基础货币的投放产生影响。

1994年汇率并轨后,我国外汇市场供求关系改变,由原来的供不应求转变为供过于求,我国外汇占款大量增加,外汇占款成为我国基础货币投放的主渠道,引起了社会有关层面的关注。但是,自2004年人民币汇率形成机制进一步完善后,中央银行外汇占款在基础货币的投放中呈现逐年下降趋势。

2. 中央银行在银行间债券市场买入国债对基础货币的影响 当中央银行在银行间债券市场买入有价证券时,其交易对手是金融机构,买卖的标的一般是国债。所以,在中央银行资产负债表中,资产方"对政府债权"增加,负债方"准备金存款"增加,因此基础货币增加,如表7-4所示。

表7-4 中央银行在银行间债券市场买入国债在其资产负债表中的体现

资　产	负债及资本
国外净资产 对政府债权:中央政府　(增加) 对其他存款性公司债权	基础货币 流通中现金　(增加) 准备金存款

3. 中央银行对商业银行进行再贴现或再贷款对基础货币的影响 中央银行对其他存款性公司的债权主要通过向商业银行提供再贴现或再贷款来体现。

当中央银行对商业银行进行再贴现或再贷款时,其资产方"对其他存款性公司债权"增加,而负债方"准备金存款"增加,即基础货币发生变动,如表7-5所示。

表7-5 中央银行对商业银行的再贴现或再贷款在其资产负债表中的体现

资　产	负债及资本
国外净资产 对政府债权:中央政府　(增加) 对其他存款性公司债权	基础货币 流通中现金　(增加) 准备金存款

综合以上分析可以看出,中央银行可以通过资产项目影响负债项目的变动。从理论上讲,中央银行资产负债表具有无限扩大的可能性。但是,中央银行作为一国货币金融管理者,会根据经济发展的客观需要而有序进行资产业务。

(四)中央银行的资本金项目

最后一项是中央银行的资本金项目。如前所述,根据出资者的不同,中央银行的所有者就有不同的类型。当前中央银行的资本金主要有政府出资、地方政府或国有部门出资、私人部门出资和成员国中央银行出资四种情形。当然,纵观世界各国,不论中央银行采取何种出资形式,出资者对于中央银行货币政策的制定与执行都无权干预。这也使得中央银行的出资者以及出资形式不像货币政策的变化那样引人注目。这是中央银行与一般企业的显著不同之处。

专栏 7-4

中国货币当局资产负债表
2022 年 12 月货币当局资产负债表

(单位:亿元人民币)

项目	2022.01	2022.02	2022.03	2022.04	2022.05	2022.06	2022.07	2022.08	2022.09	2022.10	2022.11	2022.12
国外资产	225 696.18	225 836.31	226 202.31	226 267.60	225 477.56	225 365.84	225 614.78	225 575.68	224 439.67	224 736.66	225 813.47	226 906.56
外汇	213 200.55	213 262.43	213 494.82	213 318.52	213 228.67	213 187.48	213 179.97	213 157.68	213 127.04	213 137.49	213 773.49	214 712.28
货币黄金	2 855.63	2 855.63	2 855.63	2 855.63	2 855.63	2 855.63	2 855.63	2 855.63	2 855.63	2 855.63	2 985.10	3 106.95
其他国外资产	9 640.00	9 718.25	9 851.87	10 093.45	9 393.26	9 322.73	9 579.18	9 562.37	8 457.00	8 743.54	9 054.88	9 087.71
对政府债权	15 240.68	15 240.68	15 240.68	15 240.68	15 240.68	15 240.68	15 240.68	15 240.68	15 240.68	15 240.68	15 240.68	15 240.68
其中:中央政府	15 240.68	15 240.68	15 240.68	15 240.68	15 240.68	15 240.68	15 240.68	15 240.68	15 240.68	15 240.68	15 240.68	15 240.68
对其他存款性公司债权	134 700.09	137 638.35	129 348.52	120 160.20	119 480.95	126 805.26	119 635.40	117 690.14	128 810.82	129 059.88	129 030.57	143 132.29
对其他金融性公司债权	4 112.28	4 114.28	4 118.03	4 119.28	1 770.79	1 743.96	1 742.60	1 745.62	1 754.61	1 569.33	1 555.92	1 557.00
对非金融性部门债权												
其他资产	23 376.00	23 399.38	23 816.35	23 548.27	23 349.79	23 398.86	23 394.00	24 390.16	27 156.48	28 264.71	29 886.98	29 947.25
总资产	403 125.23	406 229.00	398 725.89	389 336.03	385 319.77	392 554.60	385 627.47	384 642.28	397 402.27	398 871.25	401 527.62	416 783.78
储备货币	331 197.31	328 648.67	335 458.34	326 823.44	325 085.37	334 251.89	324 197.28	325 624.09	341 831.63	332 953.50	334 805.67	360 956.03
货币发行	111 876.69	104 182.46	100 737.77	100 856.54	100 710.16	101 228.76	101 513.24	102 295.88	104 051.11	103 575.52	104 835.63	110 012.57
金融性公司存款	194 279.92	204 313.02	215 231.70	206 134.42	204 605.98	212 469.45	202 092.89	202 148.65	216 253.70	208 542.63	208 722.10	227 876.54
其他存款性公司存款	194 279.92	204 313.02	215 231.70	206 134.42	204 605.98	212 469.45	202 092.89	202 148.65	216 253.70	208 542.63	208 722.10	227 876.54
非金融机构存款	25 040.69	20 153.20	19 488.86	19 832.48	19 769.22	20 553.68	20 591.16	21 179.56	21 526.82	20 835.35	21 247.93	23 066.92
不计入储备货币的金融性公司存款	6 040.61	6 918.20	7 090.10	7 321.34	6 446.57	6 441.40	6 025.74	6 273.57	5 315.85	4 963.83	5 163.92	5 208.41
发行债券	950.00	950.00	950.00	950.00	950.00	950.00	950.00	950.00	950.00	950.00	950.00	950.00
国外负债	1 036.28	1 633.74	1 188.03	1 186.55	1 293.58	1 312.63	1 553.83	1 537.76	1 465.69	1 686.47	1 718.39	1 574.47
政府存款	49 781.39	54 659.49	42 002.79	43 329.60	46 413.92	45 748.00	50 123.39	47 047.66	43 738.05	53 509.52	52 363.28	41 272.91
自有资金	219.75	219.75	219.75	219.75	219.75	219.75	219.75	219.75	219.75	219.75	219.75	219.75
其他负债	13 899.89	13 199.15	11 816.88	9 505.35	4 910.57	3 630.93	2 557.47	2 989.46	3 881.28	4 588.18	6 306.62	6 602.21
总负债	403 125.23	406 229.00	398 725.89	389 336.03	385 319.77	392 554.60	385 627.47	384 642.28	397 402.27	398 871.25	401 527.62	416 783.78

注:
1. 自 2017 年起,对国际金融组织相关本币账户以净头寸反映。
2. "非金融机构存款"为支付机构交存中国人民银行的客户备付金存款。这里的"支付机构",是指在收付款人之间作为中介机构提供下列部分或全部货币转移服务的机构;"客户备付金"是指支付机构为办理客户委托的支付业务而实际收到的预收待付货币资金。可以理解为:对于第三方支付机构,用户面临的风险在于,用户预付的第三方支付机构的资金,俗称沉淀资金,极有可能被挪作他用,或者被套取。因此,在 2013 年 6 月 7 日,中国人民银行公告〔2013〕第 6 号公布《支付机构客户备付金存管办法》加强对支付机构客户备付金管理。
3. 2021 年 8 月起,由于国际货币基金组织进行 SDR 分配,我国 SDR 持有量增加,按 8 月末 SDR 兑人民币汇率折合人民币 2 679 亿元,计入 8 月末"其他国外资产"科目。
4. 自 2022 年 12 月起,"货币发行"含流通中数字人民币。

资料来源:中国人民银行调查统计司。

二、中央银行的支付清算业务

清算是每一笔经济业务及其对应资金运动的终结,中央银行通过其支付清算系统,实现金融机构之间债权债务的清偿以及资金的顺利转移,对于加速资金周转,提高资金配置效率有着重要意义。中央银行的支付清算是其最常见的业务活动。

(一) 支付清算体系的构成

支付清算体系,是指一个国家或地区对于金融机构及社会经济活动产生的债权债务关系进行清偿的系统。这个过程包括清算机构、支付系统及支付清算制度等。

1. 清算机构　清算机构,是指提供资金清算服务的中介机构。在不同国家,清算机构具有不同的组织形式,如票据交换所、清算中心、清算协会等。清算机构大都实行会员制度,会员缴纳会费并遵守清算机构的规章制度。大部分国家的中央银行是作为清算机构的成员直接参与支付清算业务的,也有少部分国家的中央银行不直接加入清算机构,而是通过实行监督、审计等方式为金融机构提供支付清算服务。

2. 支付系统　支付系统(payment system),是指由提供支付清算业务的中间机构和实现支付指令传送及资金清算的专业技术手段共同组成,用以实现债权债务清偿和资金转移的一种金融安排。中央银行在支付系统中通常负责监督管理,控制支付系统所面临的各类风险。一些国家由中央银行直接拥有并经营大额支付系统,从而保证货币政策的有效传导和金融体系的健康运转。

目前较为重要的几个支付系统有:环球银行金融电信协会(The Society for Worldwide Interbank Financial Telecommunication,SWIFT)、纽约清算所银行同业支付系统(Cleaning House Interbank Payment System,CHIPS)、泛欧实时全额自动清算系统(Trans-European Automated Real-time Gross Settlement Express Transfer,TARGET)、中国现代化支付系统(China National Advanced Payment System,CNAPS)。

3. 支付清算制度　支付清算制度,是指对清算业务的规章制度、操作管理、实施范围、实施标准的规定和安排。中央银行一般综合本国经济运转情况协同相关部门制定符合本国国情的支付清算制度。由于很多国家的金融机构同业间的业务发展较为迅速,业务量较大,因此一些中央银行还制定了同业间清算制度,用以保证同业间市场的健康运转。

(二) 支付清算体系的运作

中央银行为实现支付清算体系的运转,通常会设立中央清算中心和地方分中心。金融机构在中央银行开立存款或清算账户后,金融机构之间的债权债务关系便通过其在中央银行开立的账户进行借贷记录和资金划转。支付清算体系的运作通常包括四个内容:票据交换和清算、异地跨行清算、证券和金融衍生工具交易清算及跨国清算。

1. 票据交换和清算　票据交换和清算是支付清算最基本的手段之一,在有些国家由中央银行负责管理,而在有些国家则交由私营的清算机构组织运行,但最终都要通过各金融机构或清算机构在中央银行开立的账户完成。票据交换和清算的具体运作流程是：银行在收到客户提交的票据后，根据相应的票据交换方式，将代收的票据交付付款行，并取回其他银行代收的以己方为付款行的票据，从而进行债权债务的抵消和资金的清偿。

2. 异地跨行清算 其业务运行原理为：付款人向其开户行发出支付通知；开户行向当地中央银行地方分支机构发出支付指令；中央银行则将资金从该银行账户中扣除，并向汇入银行所在地中央银行分支机构发出向汇入银行支付的指令；汇入银行所在地区中央银行地方分支机构在收到指令之后，向汇入银行发出通知；最后由汇入银行告知收款人。

3. 证券和金融衍生工具交易清算 鉴于证券和金融衍生工具交易规模大、不确定因素多、风险较高等特点，很多国家为证券和金融衍生工具交易设立了专门的清算服务系统。有些国家的中央银行也直接参与到支付清算活动中，以更好地监督管理清算业务。例如，美国的政府证券交易主要通过美联储 Fedwire 簿记证券系统完成资金的最后清算，我国的证券清算专门由中国证券登记结算有限责任公司完成。

4. 跨国清算 跨国清算服务具有全局性和涉外性，同时又涉及不同国家的币种、不同的支付清算安排，需要借助跨国支付系统及银行往来账户实现跨国银行间清算。欧美大银行于 1973 年开发了 SWIFT 系统。目前该系统已经成为各国普遍使用的跨国支付清算系统，保证了国家间资金的正常流转和债权债务的及时清偿，促进了各国间经济业务的发展。

我国建立的跨国清算系统是人民币跨境支付系统（cross-border interbank payment system，简称 CIPS），是经人民银行批准专司人民币跨境支付清算业务的批发类支付系统，致力于提供安全、高效、便捷和低成本的资金清算结算服务，是我国重要的金融市场基础设施，在支持上海国际金融中心建设、推动金融业双向开放、增强金融服务实体经济能力、服务"一带一路"资金融通、助力人民币国际化等方面发挥着重要作用。

分两期建设并运营。2015 年 10 月 8 日，CIPS 系统（一期）上线运行，同步上线的有 19 家直接参与者和 176 家间接参与者，参与者范围覆盖 6 大洲 50 个国家和地区。2018 年 5 月 2 日，CIPS 系统（二期）全面投产，将 CIPS 系统运行时间由"5×12 小时"延长至"5×24 小时+4 小时"，实现对全球各时区金融市场的全覆盖，支持全球的支付与金融市场业务，满足全球用户的人民币业务需求。在实时全额结算模式基础上引入定时净额结算机制，实现流动性更为节约的混合结算机制，满足参与者的差异化需求。

CIPS 的建成运行是我国金融市场基础设施建设的又一里程碑事件，标志着人民币国内支付和国际支付统筹兼顾的现代化支付体系建设取得重要进展，对推动人民币成为全球主要的支付货币、推进人民币成为特别提款权（SDR）篮子货币发挥了重要作用。截至 2019 年末，CIPS 系统共有 33 家直接参与者，903 家间接参与者，分别较上线初期增长 74% 和 413%，覆盖全球 6 大洲 94 个国家和地区，CIPS 系统业务实际覆盖 167 个国家和地区的 3 000 多家银行法人机构。

(三) 我国主要的支付清算体系

由于我国的金融基础设施处于发展进程中，支付清算体系也处于不断完善中，加上资金支付清算机制复杂，因此在这里，仅介绍现行运行的几个重要的支付清算系统或平台。

1. 中央银行会计核算数据集中系统　中央银行会计核算数据集中系统（accounting data centralized system，简称ACS），是中央银行会计数据的高度集中处理系统，通过业务流程再造实现内部管理扁平化，支持金融机构提高资金管理水平，并提供多元化的服务。它具备严密的风险防范和安全管理机制，以及健全完善的灾难备份功能。中国人民银行在总行设立数据处理中心，包括业务处理中心和信息管理中心。总行为核算主体，分支机构为业务终端。主要对金融机构账务数据进行集中处理和业务监督。

2. 中国现代化支付系统　中国现代化支付系统（CNAPS）项目的总体设计始于1991年，1996年11月进入工程实施阶段并正式启动。2002年10月8日，该系统正式在中国人民银行清算总中心上线运行。中国现代化支付系统是世界银行技术援助贷款项目，主要提供跨行、跨地区的金融支付清算服务，能有效支持公开市场操作、债券交易、同业拆借、外汇交易等金融市场的资金清算，并将银行卡信息交换系统、同城票据交换所等其他系统的资金清算统一纳入支付系统处理，是中国人民银行发挥中央银行作为最终清算者和金融市场监督管理者的职能作用的金融交易与信息管理决策系统。

中国现代化支付系统由大额实时支付系统和小额批量支付系统两个系统组成。大额实时支付系统实行逐笔实时处理支付指令，全额清算资金，旨在为各银行和广大企事业单位以及金融市场提供快速、安全、可靠的支付清算服务。小额批量支付系统实行批量发送支付指令，轧差净额清算资金，旨在为社会提供低成本、大业务量的支付清算服务，支撑各种支付业务，满足社会各种经济活动的需求。在物理结构上，中国现代化支付系统建立了两级处理中心，即国家处理中心（NPC）和城市处理中心（CCPC）。国家处理中心分别与各城市处理中心相连，其通信网络采用专用网络，以地面通信为主，卫星通信备份。

目前，中国正在努力进一步完善中国支付系统的电子网络和管理机制。中国支付系统正在随着中国银行体制改革的深入而逐步完善。

3. 非银行支付机构网络支付清算平台　随着电子商务的迅速发展，为了保证线上交易的便利性和安全性，2017年经中国人民银行批准成立了非银行支付机构网络支付清算平台（简称"网联"）。其运行机构是网联清算有限公司。网联作为全国统一的清算系统，主要处理非银行支付机构发起的涉及银行账户的网络支付业务，实现非银行支付机构及商业银行一点接入，提供公共、安全、高效、经济的交易信息转接和资金清算服务，组织制定并推行平台系统及网络支付市场相关的统一标准规范，协调和仲裁业务纠纷，并将提供风险防控等专业化的配套及延展服务。因此，网联与银联的区别在于网联作为清算机构只连接双边金融机构，而不触及商户，是一个通过网联平台与各家银行对接的清算平台。

网联清算有限公司及非银行支付机构网络支付清算平台的建立，实现了网络支付资金清算的集中化、规范化、透明化运作，节约连接成本，提高清算效率，保障客户资金安全，并推动行业机构资源共享和价值共赢，实现市场长远健康发展。

[专栏7-5]

我国中央银行票据走向国际金融市场

中央银行票据（central bank bill，以下简称央行票据），是中央银行为调节商业银行超额准备金而向商业银行发行的短期债务凭证，其实质是中央银行债券。中国人民银行通过中国人民银行债券发行系统发行央行票据，其发行的对象是公开市场业务一级交易商。根据2023年度公开市场业务一级交易商名单，公开市场业务一级交易商有51家，其成员包括商业银行、证券公司等。

2015年12月20日，中国人民银行在伦敦发行了50亿元人民币1年期央行票据。据称获得了300亿元人民币的认购，获5倍超额认购，这意味着中国人民银行首次试水离岸债券。（离岸债券是指借款人在本国境外市场发行的以本国货币为面值的债券。离岸人民币债券就是在中国境外地区发行的以人民币计价的债券。）发行获得了成功，人民币国际化进程中又迎来了一个里程碑事件。

为丰富离岸人民币产品种类，中国人民银行加大在香港发行人民币央行票据。2023年9月20日，中国人民银行在香港成功发行150亿元6个月期人民币央行票据，中标利率3.38%，发行规模创下同期限香港央行票据有记录以来最高，发行投标申请额为473.84亿元，表明人民币资产对投资者具有较强的吸引力。在香港发行的短期央行票据属于高信用等级的投资产品，既满足了离岸市场投资者对人民币金融资产的投资需求，又有利于进一步完善我国离岸市场的人民币收益曲线，此外还将回收部分离岸市场的人民币流动性，稳定人民币汇率，这不仅向国际投资者表明了我国货币政策的立场，也有利于投资者信心的提升。

中国的数字人民币发行计划往前迈了一大步

扫码详尽了解

立德树人专题

本章小结

1. 中央银行的产生是统一银行券发行、统一全国票据清算、最后贷款人角色及金融宏观调控的需要。

2. 中央银行的产生一般有两条途径：一是由资本实力雄厚、社会信誉卓著、与政府有特殊关系的大商业银行逐步发展演变而来；二是由政府出面通过法律规定直接组建一家银行作为一国的中央银行。

3. 中央银行在萌芽和建立阶段多是基于政府的需要而设立的。普遍推广阶段的大部分中央银行都是依靠政府的力量成立的。强化阶段的中央银行专门行使中央银行职能，中央银行基本都被国有化了，且干预和调节经济的功能得到加强，各国中央银行加强了国际合作。

4. 1948年12月1日，我国以华北银行为基础，合并北海银行、西北农民银行，在石家庄组建了中国人民银行，1949年2月中国人民银行迁入北京。从1984年起，中国人民银行专门行使中央银行的职能。1995年3月，《中华人民共和国中国人民银行法》颁布，从法律上进一步明确了中国人民银行作为我国中央银行的性质和基本职能。

5. 从组织结构上看，中央银行可划分为四种类型：单一式中央银行制度、复合中央银行制度、跨国中央银行制度及准中央银行制度。

6. 中央银行是国家赋予其制定和执行货币政策，对国民经济进行宏观调控和管理监督的特殊的金融机构。这一性质表明，中央银行既是特殊的金融机构，又是特殊的国家机关。

7. 中央银行履行的基本职能是：发行的银行、银行的银行和政府的银行。

8. 基础货币（B），是指流通中的通货（C）和银行准备金存款（R）之和，即 $B = C + R$。基础货币实际上是中央银行对社会大众的负债总额，由于可以支撑数倍的货币供应量，也被称为高能货币或强力货币。

9. 中央银行的资产负债表由资产、负债和资本三大项构成。与一般经济体先有资金来源（负债或资本）业务，然后才会发生相应的资产业务迥然不同，中央银行的资产负债表业务的逻辑是先有资产业务，然后才会发生负债业务。

10. 中央银行可以通过在公开市场上买卖外汇资产、政府债券及银行贴现贷款的方式对基础货币进行控制。

◆ 复习思考题

1. 解释下列概念：最后贷款人、发行的银行、银行的银行、政府的银行、基础货币、外汇占款。
2. 为什么要有中央银行？中央银行的形成有哪两种途径，请分别举例说明。
3. 中央银行的组织结构有哪些类型？这些类型各有哪些代表性国家？
4. 如何理解"中央银行是特殊的金融机构"？
5. 中央银行为什么要垄断货币发行？
6. 中央银行资产负债表的构成内容有哪些？其特点是什么？
7. 中央银行在一级市场购买国债和在银行间债券市场购买国库券，这两笔交易在中央银行资产负债表上有何不同？为什么各国法律一般禁止中央银行的第一种行为？
8. 假定中央银行对商业银行进行再贴现业务，这一交易在中央银行资产负债表上如何记录？
9. 中央银行的资产业务如何引起基础货币的变动？
10. 中央银行支付清算服务的主要内容有哪些？
11. 请找出近两年中国人民银行（货币当局）资产负债表的数据，并分析其变化特点。
12. 我国储备货币的构成有哪些？

复习思考题部分答案
扫码收听

本章拓展内容

- 欧洲中央银行与欧洲货币政策
- 中央银行诞生记

第八章
CHAPTER 8

银行监管

§ 学习目标

了解银行业的高风险特征
描述银行挤兑的囚徒困境
理解银行监管的理论依据
掌握银行监管的主要内容
了解《巴塞尔协议》的演变及主要内容

§ 本章导读

2012年以来,以金融自由化、影子银行、资管繁荣为特征的金融扩张,在促进经济金融发展的同时,也出现了侵害投资者权益、影响金融稳定的种种乱象。因此,党的十八大以来,相关部门就提出了"整治金融乱象,加强金融监管协调,提高金融服务实体经济的效率和水平"的监管基调。党的二十大报告指出,"深化金融体制改革,建设现代中央银行制度,加强和完善现代金融监管,强化金融稳定保障体系,依法将各类金融活动全部纳入监管,守住不发生系统性风险底线"。2023年10月30日至31日召开的中央金融工作会议指出,"金融系统要切实提高政治站位,胸怀'国之大者',强化使命担当,下决心从根本上解决这些问题[一],以金融高质量发展助力强国建设、民族复兴伟业"。因此,理解银行监管的必要性,掌握相关银行监管的主要内容就显得十分重要。

在本章我们将首先分析银行业面临的风险及其传染性特征以及金融市场的失灵,这可以解释银行监管的必要性;然后介绍几种主要的银行监管理论以及银行监管的主要措施;最后,我们还会讨论银行监管的国际合作产物——《巴塞尔协议》的演变及主要内容。在介绍理论知识的过程中,我们将介绍我国近年来银行监管的最新改革成果。

㊀ 这些问题是指,金融领域各种矛盾和问题相互交织、相互影响,有的还很突出,经济金融风险隐患仍然较多,金融服务实体经济的质效不高,金融乱象和腐败问题屡禁不止,金融监管和治理能力薄弱。

第一节　银行监管的必要性

在市场经济中，银行是经营货币信用业务的特殊企业，银行业已成为现代社会经济高速发展的巨大支撑力量。银行业的稳定与发展效果如何也会影响到社会的稳定，所以，世界各国普遍重视对银行业的监管。归纳起来，银行监管的必要性在于银行的高风险性以及风险的传染性和金融市场的失灵，促使政府有必要对金融机构和市场体系进行外部监管。

一、银行业的高风险特征及其传染性

（一）银行业的高风险特征

根据巴塞尔银行监管委员会（简称巴塞尔委员会）1997年9月公布的《有效银行监管的核心原则》，银行业有可能面临以下八种主要风险：信用风险、利率风险、市场风险、国别风险、流动性风险、操作风险、法律风险和声誉风险。

1. 信用风险　信用风险，是指银行的借款人或交易对象不能按事先达成的协议履行义务而给银行带来损失的潜在可能性，也包括由于借款人的信用评级和履约能力变动，导致其债务的市场价值发生变动而给银行造成损失的可能性。信用风险是伴随着信用活动而存在的，信用活动的特性之一就是跨期性，即承诺先于履约。正是这种跨期性，使信用活动天然具有信用风险，而银行是经营货币信用业务的企业。显然，对于商业银行来说，信用风险无疑是其经营活动中最重要的风险。

2. 利率风险　利率风险，是指银行的财务状况在利率出现不利波动时遭受损失的可能性。它不仅影响银行的盈利水平，也影响其资产、负债和表外项目的经济价值。利率风险贯穿于资产负债业务经营活动的全过程。

利率风险的产生取决于两个条件：一是市场利率发生波动；二是银行的资产与负债期限不匹配。只要这两个条件同时存在，银行就存在利率风险。银行利率风险的大小取决于利率波动的大小以及银行资产与负债期限不匹配的程度。例如，对于某个时期被重新定价的银行资产来说，其将面临到期日利率下降、利息收入减少的风险；而对于某个时期被重新定价的银行负债来说，其将面临到期日利率上升、利息支出增加的风险。

例如，2007年美国次级抵押贷款市场风暴的直接原因，就是美国的利率上升和住房市场持续降温。次级抵押贷款，是指一些贷款机构向信用程度较差和收入不高的借款人提供的贷款。美国次级抵押贷款市场通常采用固定利率和浮动利率相结合的还款方式，即购房者在贷款后的最初几年以固定利率偿还贷款，其后以浮动利率偿还贷款。在2006年之前的5年里，由于美国住房市场持续繁荣，加上前几年美国利率水平较低，美国的次级抵押贷款市场迅速发展。随着美国住房市场的降温，尤其是短期利率的提高，次级抵押贷款的还款利率大幅上升，购房者的还贷负担大为加重。同时，住房市场的持续降温也使购房者出售住房或者通过抵押住房再融资变得困难。这种局面直接导致大批次级抵押贷款的借款人不能按期偿还贷款，进而引发"次贷危机"，并演变成2008年全球金融危机。

3. 市场风险　市场风险，是指因市场价格（利率、汇率、股票价格和商品价格）的不利变动而使银行表内和表外业务发生损失的风险。顾名思义，市场风险实际包括利率风险、汇率风险、股票价格风险和商品价格风险四大部分，分别是指由于利率、汇率、股票价格和商品价格的不利变动所带来的风险。由于目前我国银行从事股票和商品业务有限，因此其市场风险主要表现为利率风险和汇率风险。与其他风险相比，市场风险往往更加复杂、更加隐蔽，危害程度相当大，会造成银行的"猝死"并引致系统风险。如20世纪90年代以来，巴林银行、日本大和银行和美国长期资本管理公司等国际著名金融机构的巨额亏损及倒闭，都与市场风险直接有关。

4. 国别风险　国别风险，是指由于某一国家或地区的政治、经济、社会变化及事件，导致该国家或地区的债务人没有能力或者拒绝偿付商业银行债务，或使商业银行在该国家或地区的商业存在遭受损失，或使商业银行遭受其他损失的风险。国别风险可能由一国或地区经济状况恶化、政治和社会动荡、资产被国有化或被征用、政府拒付对外债务、外汇管制或货币贬值等情况引发。国别风险的主要类型包括主权风险、转移风险、传染风险、货币风险、宏观经济风险、政治风险以及间接国别风险。

下面介绍国别风险中的主权风险和转移风险。**主权风险**（sovereign risk），是指东道国政府或政府机构的违约行为给贷款方造成的风险，东道国政府或政府机构可能出于其自身利益的考虑，拒绝履行偿付债务责任或拒绝承担担保责任，从而给贷款方造成损失。**转移风险**（transfer risk），是指因东道国政府的政策或法规禁止或限制资金转移而给商业银行造成的风险，如商业银行在东道国的存款、收入等可能无法汇出或贷款本金无法收回的风险。除此以外，国家风险还包括由于东道国政治因素变动所造成的风险。这些变动包括战争、政变、骚乱等，它们对外国贷款人和投资人的经济利益有同样的威胁。

国别风险管理是巴塞尔委员会有效银行监管核心原则之一，是金融稳定评估的重要内容。2023年11月24日，国家金融监督管理总局印发了《银行业金融机构国别风险管理办法》（以下简称"本办法"），本办法适用于在我国境内依法设立的商业银行、农村信用合作社等吸收公众存款的金融机构以及政策性银行。

5. 流动性风险　流动性风险是商业银行所面临的重要风险之一。所谓流动性风险，是指商业银行虽然有清偿能力，但无法及时获得充足资金或无法以合理成本及时获得充足资金以应对资产增长或支付到期债务的风险。流动性风险如不能有效控制，将有可能损害商业银行的清偿能力。

2020年新冠疫情暴发后，美联储的"大放水"导致流动性泛滥。以服务科技企业为主的硅谷银行，存款规模暴增1 100多亿美元，由于信贷投放渠道有限，硅谷银行大量配置债券（美国国债、抵押支持债券等），形成久期错配和利率风险错配。2022年以来美联储大幅加息，美债收益率大幅上行，硅谷银行持有的债券类资产出现严重"浮亏"。2022年，受美联储加息和科技行业融资不景气的影响，硅谷银行存款不断减少，带来流动性压力，虽然公司增加了100多亿美元的短期借贷，但是无法满足流动性需求。2022年3月，公司出售了210亿美元的债券，这笔交易坐实了18亿美元的亏损，市场将此解读为银行出现流动性问题，随即出现挤兑，据称当天的转账需求达到420亿美元，约占硅谷银行总资产的20%，2天后硅谷银行宣布倒闭。硅谷银行倒闭后，美联储快速行动，向银行体系提供了流动性支持，美国政府也向储户提供了存款保险。然而，与"币圈"关系密切的签字银行（Signature Bank）也倒闭了，第一共和银行、嘉信理财也出现了挤兑。危机开始向欧洲传染。瑞士第二大银行瑞信银行由于常年经营不善，外加硅谷银行事件引发的恐慌，导致其股票和债券价格暴跌，2023年6月12日，瑞士银行宣布正式完成了对瑞士信贷集团的收购。

6. 操作风险 操作风险，是指不完善或有问题的内部程序、员工和信息科技系统以及外部事件给银行造成损失的风险。它包括内部欺诈、外部欺诈、业务操作、业务中断或系统失败、内部流程管理等多种银行业所面临的风险。近年来，国际上频繁发生的操作风险事故使商业银行遭受了巨额损失，进一步体现出操作风险管理的重要性。

2008年9月15日上午10:00，拥有158年历史的美国第四大投资银行——雷曼兄弟公司向法院申请破产保护，消息瞬间通过电视、广播和网络传遍世界各地。令人匪夷所思的是，德国国家发展银行于10:10通过计算机自动付款系统，向雷曼兄弟公司即将冻结的银行账户转入了3亿欧元。这是一笔涉及外汇互换协议的交易，互换交易的指令输入计算机后，通常由计算机自动完成。德国国家发展银行于18日晚发表声明，银行的三名高管受到了停职处罚。

7. 法律风险 商业银行的日常经营活动或各类交易应当遵守相关的商业准则和法律原则。在这个过程中，因为无法满足或违反法律要求，导致商业银行因不能履行合同而发生争议/诉讼或其他法律纠纷，从而给商业银行造成经济损失的风险，即为法律风险。《巴塞尔协议Ⅱ》首次将**法律风险**（legal risk）纳入了国际银行资本充足率监管框架，要求国际活跃银行采用规定的方法计量法律风险，并以此为基础确定其资本标准。

因此，法律风险是商业银行面临的一种特殊风险，其特殊性主要表现在以下三个方面。一是相对于商业银行面临的其他风险来说，法律风险的发生具有隐蔽性。在日常经营管理中，违反法律相关规定的具体业务处理或管理行为并不都会即时产生法律风险，大多数是在交易行为的后续管理阶段或对方当事人主张自己的权利时才产生法律风险，所以法律风险产生时，商业银行往往已错过弥补问题的最佳时间。二是法律风险的产生具有或然性。商业银行在经营管理活动中，违反了某些禁止性规定和强制性规定会造成很大的法律风险隐患，但并非所有的法律隐患都会转化成法律风险。如贷款担保手续虽然不完善，但借款人按时偿还了本金和利息，则法律隐患就归于消灭，不会成为法律风险。三是法律风险涉及范围广，几乎覆盖了商业银行所有的经营管理活动。

8. 声誉风险 声誉风险，是指由商业银行经营、管理及其他行为或外部事件导致利益相关方对商业银行负面评价的风险。引起商业银行声誉风险的事件被称为声誉事件。重大声誉事件，是指造成银行业重大损失、市场大幅波动，影响社会经济秩序稳定的声誉事件。

对商业银行形象带来负面影响的各种因素都会构成声誉风险，比如与客户的冲突以及任何基层员工的违规行为和犯罪行为。商业银行对员工的待遇、产品和服务的传递与提供、法律风险的处理以及危机应对方式等，也都容易形成声誉风险。

（二）银行业风险的传染效应

银行业的高风险导致银行业的内在不稳定性，这种不稳定性的典型表现就是银行挤兑及其引起的银行危机具有的传染效应。

1. 什么是银行挤兑　银行挤兑，也称**挤提**（bank runs），是指存款人同时大量支取现金的现象，是一种突发性、集中性、灾难性的流动性危机。在出现挤兑时，市场银根异常紧缩、借贷资本短缺、利率不断上涨，迫使一些银行和金融机构倒闭或停业，发生银行恐慌（bank panic）甚至银行业危机。

一般来说，在发生大规模金融危机期间，挤兑现象会非常严重，同时正是由于挤兑，导致金融危机更加严重。比如 1998 年的东南亚金融危机、俄罗斯金融危机、2008 年的美国金融危机以及 2022 年美国史无前例的加息导致的区域性银行流动性危机，都出现了银行挤兑现象。

2. 银行挤兑源于银行与存款人之间存在信息不对称　银行是存款人与借款人之间的融资中介，银行与客户之间存在着信息不对称：一方面，银行既无法准确预测存款人的提款时间与支取金额，也无法准确预测借款人需要贷款的金额和时间；另一方面，存款人无法准确了解银行资产的营运质量，难以区分健康、有清偿力的银行与不健康、清偿力差的银行。因此，如果存款人察觉到一家银行的资产质量下降、风险过大，就会尽快提取存款，形成对一家银行的挤兑。一家银行出现了挤兑，可能造成集体恐慌、对类似银行的挤兑甚至大规模银行挤兑，形成银行业危机，即公众失去对银行体系的信任。

挤兑的发生往往是因为谣言和取款者不能取款而对银行产生怀疑。这些信息散播开来，会引起该银行储户的恐慌，从而使不急需用款的储户也急于取款，引发银行挤兑。虽然大数定律保证了银行储户不会同时取款，只要有稳定的存款基础，银行便可以保持足够的流动性以满足储户日常取款的需求，但是如果一些突发性事件使储户的提现速度加快，那么对每一个储户而言，最明智的选择是尽快加入挤兑的行列中去。即使银行的经营是稳健的，即使所有储户都能意识到，如果不进行挤兑更有利于整体的利益，但挤兑行为仍会发生。这是由于一旦银行经营发生意外变动，储户将面临个体理性行为和储户集体行为的冲突，出现所谓的囚徒困境。囚徒困境是博弈论的非零和博弈中具有代表性的一个例子，是反映个人的最佳选择并非团体的最佳选择的一种现象。现实中的价格竞争、环境保护等方面，也会频繁出现类似情况。戴蒙德-迪布维格的囚徒困境模型说明了银行挤兑的发生机制。

戴蒙德（Douglas Diamond）是美国芝加哥大学商业研究所金融学教授。迪布维格（Philip Dybvig）是圣路易斯华盛顿大学商学院金融学教授。他们在 1983 年以博弈论为基础对银行业的挤兑行为进行了独到的分析，提出了戴蒙德-迪布维格模型，也称囚徒困境模型。

囚徒困境模型认为，银行挤兑往往是由于谣言四起，储户不再放心将钱存在银行。在这种情况下，每个储户会算计到以下情况。第一，给定其他储户提款的条件下，自己面临两种选择——提款或不提款。假设提款不会遭受损失，但若不提款，则会使存款全部损失掉，所以最优策略是提款。第二，给定其他储户不提款的条件下，自己面临两种选择——提款或不提款。假设提款可以使得自己要么得到额外的好处，要么至少可以得到本该得到的好处，所以最优策略仍是提款。因此，权衡的结果是，无论其他储户采取何种行为，对某一储户而言，其最佳选择是参与挤兑。即使全体储户事先达成共谋——在金融机构遇到风险事件时不采取挤兑行为以提高共同利益，储户也不会有主动执行这种共谋的内在动机。单个储户的理性选择是在银行尚有支付能力时抢先提款。于是，储户越提款，银行持有的储备现金就越少，便越有可能倒闭。银行越存在倒闭的可能性，储户就越有理由提款，这一被"循环加强逻辑"控制的过程，最终导致银行挤兑的发生。除非采取某些措施恢复公众的信心，否则银行挤兑通常以银行倒闭告终，银行危机也会因此出现。

3. 银行危机的传染性 银行危机是指银行过度涉足高风险行业，或遭受挤兑从而导致破产倒闭的危机。银行危机具有"多米诺骨牌"效应。一般来说，如果某一银行出现支付危机，由于信息不对称、信息的外部性以及银行之间的信贷关系，银行挤兑得以在银行之间进行传染，从而给整个银行业带来风险。这种传染性借助于信息传染渠道和信贷传染渠道而可能引发金融风险。

（1）信息传染。由于信息的外部效应，当储户观察到银行经营业绩之间的强相关性时，信息传染就会发生。例如，一旦某一银行经营失败发生挤兑，其他银行的储户就会对由该银行倒闭所提供的噪声信号做出反应，即意味着有类似资产的其他银行也可能倒闭。该信息会引起储户和其他债权人对其他银行的挤兑，即使这些银行的经营情况正常。这样，单个银行的挤兑会在银行系统中传染，导致其他银行出现挤兑。这是因为，由于信息不对称，知情较少的当事人不知道自己的利益是否受到了忽视甚至损害，他只能凭借所观察到的市场信号加以判断并做出反应。但由于无法分辨出信息的真伪，所以他很容易受到错误信息的误导。而且，相信错误信息的人越多，错误信息就越会被误认为是真实的信息，因而错误信息就越可能得到更多人的相信，使人们基于这种判断做出对银行不利的反应。

（2）信贷传染。金融自由化和国际化使得银行之间的相互联系与依赖大大加强，形成更为复杂的债权债务关系。突出表现就是银行之间通过同业往来，即通过各种大额交易的借贷关系联系在一起，一家银行出现问题容易通过银行间借贷迅速蔓延。

例如，银行同业贷款包括支付系统中借方余额、货币市场上隔夜和定期银行间贷款等。银行同业贷款一般既没有担保品，也没有保险，却在银行资产负债表中占有相当大的比重，因此任何一个环节出了问题都会牵一发而动全身，引起连锁反应。比如，当一家银行出现问题，无法偿还对其他银行的债务时，就会造成其他银行资金紧张，可能导致更多的银行出现问题，最终演变成银行业危机。

（三）银行危机引发银行业系统风险

对于由银行危机的传染性而引发的风险，经济学家称之为"银行业系统风险"。所谓银行业系统风险，是指系统性事件造成的连锁反应而给银行业带来的风险。银行业系统风险使银行危机的社会成本加大。银行业系统风险带来的社会经济成本包括直接成本和间接成本。银行业系统风险的直接成本很高，股东、存款人、其他债权人和政府都会直接承担损失，如银行股东财富的流失、存款人债权的减少、政府增加救助的财政投入等。银行业系统风险还会导致负外部性，带来巨大的间接成本，如银行信贷萎缩，大规模收回贷款而造成生产的中断、产出的下降，甚至可能导致支付系统的崩溃。

鉴于银行业系统风险所造成的直接成本和间接成本很高，所以政府介入进行银行监管以降低这些成本，就显得十分必要。

| 专栏 8-1 |

系统风险与系统性风险是一回事吗

自 2008 年国际金融危机爆发以来,金融"系统风险"一直是一个热门话题,而与之相伴的是金融术语"系统性风险"与"系统风险"的混淆误用呈愈演愈烈之势。鉴于金融术语的科学性和单义性,界定好"系统性风险"与"系统风险"这两个金融核心术语的边界和内涵,就显得十分迫切和必要。

系统性风险是指所有证券共同面临的风险,这类风险不能通过分散投资而消除。

而系统风险不同于系统性风险。国际清算银行(BIS)将"系统风险"定义为一种内生性风险,是指整个金融体系可能存在的风险及其可能对金融体系本身,并对实体经济所造成的负面冲击;国际货币基金组织认为"系统风险"是由金融体系中部分或全部金融机构的破产倒闭引起的金融服务功能的失效,并且可能对实体经济造成严重的负面冲击。由此可以看出,"系统风险"是指经济冲击引起某一家或几家金融机构的倒闭,这种效应在金融体系内迅速传染、传导和扩散,造成金融系统功能的严重损害,并波及实体经济的或然性。因此,归纳起来,系统风险与系统性风险的区别在于以下三点。

第一,二者的内外生性不同。"系统性风险"具有外生性,是指经济政策等外部因素形成的不能消除的外部风险;"系统风险"却表现为内生性,在金融系统内形成,并由金融系统传导放大,并不来自系统外部的破坏性事件。

第二,二者的关注主体不同。"系统性风险"关注微观层面,其主体是金融市场投资者,强调个体投资所面临的不可消除的市场风险;而"系统风险"要关注宏观层面,其主体是金融机构,客体主要是金融机构的经营活动,是指整个金融系统的风险。

第三,二者的传导性不同。"系统性风险"的损失是局限性的,一般仅限于证券投资的投资者本身,不会影响整个系统的运行,基本上没有传导性。"系统风险"的主要特征是传导性,金融危机的爆发通常是由小事件引发的,当金融体系的机构密切相互关联时会引发系统风险。这种关联机制导致恶性循环,致使小事件演化传导成大危机,这就是系统风险的"放大机制"。系统风险不仅可以使整个金融体系瘫痪,而且会波及实体经济,造成经济衰退和社会动荡。

总而言之,"系统性风险"是指有规律的、经常出现的资产组合的风险;"系统风险"是指影响全局的、崩溃性的、极端情形下的金融体系的风险。换句话说,"系统性风险"是指资产组合无论怎样分散投资,都不能消除的风险;"系统风险"是指与爆发极端"金融危机"相关联的金融机构所发生的风险。

资料来源:张立华,张顺顺. 系统性风险与系统风险 [J]. 中国金融,2017 (8).

二、金融市场的失灵

由于存在着自然垄断、负外部效应和信息不对称,这极易造成金融市场的失灵,从而导致金融资源的配置效率降低。为纠正市场失灵,维护公共利益,将金融市场失灵现象引发的损失减少到最低限度,并防范可能由此产生的银行危机,政府有必要切实加强银行监管。银行监管作为一种公共产品,是降低或消除金融市场失灵的手段。

(一) 银行业的自然垄断特征

自然垄断是经济学中一个传统的概念。早期的自然垄断概念与资源条件的集中有关,主要是指由于资源条件的分布集中而无法竞争或不适宜竞争所形成的垄断。在现代,这种情况引起的垄断已不多见。现代意义上的自然垄断与规模经济紧密相连,是指一个企业能以低于两个或者更多企业的成本为整个市场供给一种产品或者服务,如果相关产量范围存在规模经济,自然垄断就产生了。一个自由的金融体系在市场竞争机制的作用下迟早会出现垄断。因为金融业务同样存在着规模经济,即规模越大,则成本越低,收益越高。如果一家银行的规模庞大、分支机构众多,其就有可能为客户提供多元化的服务,从而吸引更多的客户。而当一家银行占据了相当多的市场份额后,其他类似的银行进入市场的障碍就会加大。垄断可能造成价格歧视等降低资源配置效率及消费者利益的不良现象,对社会产生负面影响,也会降低银行的服务质量,减少金融产品的有效产出,造成社会福利的损失,所以应该通过监管消除垄断。

(二) 银行风险的负外部效应

外部效应,是指在实际经济活动中,生产者或者消费者的活动对其他生产者或消费者带来的非市场性影响。这种影响可能是有益的,也可能是有害的。有益的影响被称为外部效益、外部经济性或正外部性,有害的影响被称为外部成本、外部不经济性或负外部性。银行的负外部效应主要体现在,一家银行出现问题所引起的社会成本要大于银行自身的成本。因为一家银行的危机有可能引起"多米诺骨牌效应",最终导致整个金融系统的崩溃。著名的科斯定理(Coase theorem)认为,在不存在交易成本和谈判成本的条件下,经济的外部性可以通过当事人的谈判得到纠正,从而达到社会效益最大化。科斯定理认为要解决外部性问题无须政府干涉,只要产权明晰,私人会走到一起进行协调以消除负外部效应的不良影响。但是,由于"搭便车"现象难以避免,各方协调的成本太高,因此人们倾向于以加强监管的方式来消除负外部效应。因此,对银行体系的监管,可以阻断银行负外部效应引起的"多米诺骨牌效应"。

(三) 信息不对称

信息不对称现象具有普遍性,总是存在一方比另一方拥有更多信息的情况(参见第三章相关内容)。银行业的信息不对称不仅存在于借款者与银行之间,而且存在于存款者与银行之间。存款者无法知道银行的经营状况,而且也无法监管资金的用途。特别是中小客户,他们无法得到关于银行安全性、流动性的信息,因此容易受到各种传闻的影响。当某一家或几家银行出现支付困难时,他们便纷纷加入挤兑行列,使得那些原本正常经营的银行也被认为出了问题。这样,挤兑从一家银行迅速传染到其他银行甚至整个金融体系。

因此,为了克服市场失灵,政府需要出面,根据法律规章的规定,强制性地要求市场中的信息优势主体主动披露必要的信息,让广大信息弱势群体掌握这些公开信息,尽可能降低信息不对称的程度,从而降低银行挤兑蔓延的可能性。

第二节　银行监管的理论依据

以上分析围绕银行业高风险特征及其传染性和金融市场失灵来说明银行监管的必要性，而在理论上也存在多种解释银行监管必要性的观点，从而形成了银行监管理论。银行监管理论，是在政府管制理论的基础上，结合对银行业特殊性的分析发展并完善起来的。目前，银行监管的理论依据主要有社会利益论、金融风险论、投资者利益保护论以及管制供求论和公共选择论。它们的论证虽然各有自己的侧重点，但相互之间也有一定的交叉。

一、社会利益论

社会利益论假定政府拥有完全信息，政府是为社会整体福利服务的以及政府具有完全信用。在这三个假设的基础上，该理论认为只有通过政府对金融机构的监管，才能够克服市场失灵所带来的负面影响，并改善金融机构的治理水平，从而提高金融运行的效率以及维护金融体系的稳定。其理由包括以下两个方面。

1. 社会公众利益的高度分散化和市场的失灵　社会利益论认为，金融监管的基本出发点是要维护社会公众的利益。一方面，社会公众利益存在高度分散化的缺陷。这是因为，存款者数量众多且分散，在监督银行的活动中，免费"搭便车"现象十分严重。而且，相对于银行而言，存款者力量弱小，在法律诉讼存在固定成本的情况下，单个存款者很难运用法律武器来保护自己。另一方面，市场是有缺陷的，表现为市场存在着信息不对称、高交易成本以及不完全竞争等问题，私人不可能去监管那些实力雄厚的金融机构。因此，代表公众利益的政府有必要在一定程度上介入金融经济生活，通过管制来纠正或消除市场缺陷，以达到提高社会资源配置效率的目的。

2. 单个金融机构的行为往往存在着一定的负外部性　历史经验表明，单个金融机构的行为往往存在着一定的负外部性。例如，在其他条件不变的情况下，一家银行可以通过资产负债的扩大、资产相对资本的扩大来增加其盈利，这当然会使风险增大。但由于全部的风险成本并不会完全由该银行来承担，而是由整个金融体系乃至整个社会经济体系来承担，这就会使该银行具有足够的动力通过增加风险来提高其获利水平。如果不对其实施监管和必要的限制，社会公众的利益就很有可能受到损害。

社会利益论的基本思想主要体现在两个方面：一方面，鼓励政府参与银行的经营和管理，实现对金融的直接控制；另一方面，通过强化政府金融监管的权力，发挥政府在金融监管中的作用，可以弥补市场不完全性所带来的负面影响。

当然，管制也会带来额外的成本，可能会对金融体系运行效率产生不利影响。但该理论认为，只要监管适度，就可以在增进社会公众整体利益的同时，将管制的成本降到最低水平。

二、金融风险论

该理论主要从关注金融风险的角度，论述了对金融业实施监管的必要性。该理论的观点包括以下两个方面。

1. 银行业是一个特殊的高风险行业　银行业的资本只占很小的比例，大量的资产业务都要靠负债来支撑，这种高负债率的特点，决定了银行业是一个特殊的高风险行业。如前所述，在银行经营过程中，面临着利率风险、市场风险、流动性风险等，使得银行业成为风险集聚的中心。而且，银行机构为获取更高收益而盲目扩张资产的冲动，加剧了银行业的高风险和内在不稳定性。当社会公众对其失去信任而集中大量提取存款时，银行就会发生支付危机甚至破产。

2. 银行业具有发生支付危机的连锁效应　银行业作为整个国民经济的中心枢纽，任何一个环节出现问题，都会引起牵一发而动全身的后果。不仅使单个金融机构陷入某种危机，还极易给整个金融体系造成连锁反应，进而引发普遍的金融危机。进一步地，由于现代信用制度十分发达，一国的金融危机还会影响到其他国家，并可能引发区域性甚至世界性金融动荡，这就是人们常说的存在于金融体系内的"多米诺骨牌效应"。2007年美国次贷危机演变成2008年国际金融危机就是例证。

因此，金融风险的这些内在特性，决定了必须有一个权威机构对银行业实施适当的监管，以确保整个金融体系的安全与稳定。

三、投资者利益保护论

投资者利益保护论主要是基于银行合约的参与者——存款者的微观视角，着眼于保护一般存款者（金融商品消费者）的合法权益，来论述银行监管的必要性。其观点包括以下两个方面。

1. 银行与存款者之间存在着复杂的委托－代理关系　该理论认为，银行作为金融商品的提供者，与金融商品的消费者即存款者之间实际上存在着委托－代理关系：存款者是委托人，银行是代理人。存款者把钱存入银行，希望银行能按自己的利益选择行为。但是，由于商业银行经营业务的特殊性，委托－代理关系更为复杂，即商业银行往往能以很少的自有资本吸收大量的存款，债权融资在商业银行的资金中占有相当高的比重。这意味着商业银行在其公司治理中自然要面对众多的债权人，这有别于一般的企业。因此，为避免银行经营者在应对债权人时可能会损害众多中小存款者的利益，政府需要对银行进行监督。

2. 银行与存款者之间的信息不对称　现实中，银行与存款者之间存在着严重的信息不对称。例如，银行经营者对自己银行经营风险的了解会比存款者更全面、更透彻，存款人无法知道银行的经营状况，也无法监管资金的用途。特别是广大中小存款者，他们无法得到关于银行安全性、合理性的信息。因此，银行就有可能利用这一信息优势为自己牟取利益，而将风险或损失转嫁给存款者。

因此，该理论认为有必要对信息优势方（主要是银行金融机构）的行为加以规范和约束，以此为投资者创造公平、公正的投资环境，保护投资者利益，从而促进整个金融体系的健康发展。

四、管制供求论和公共选择论

1. 管制供求论　管制供求论将银行监管本身看成是存在供给和需求的特殊商品，是经济学供求分析法在银行监管理论中的运用。

银行监管的需求来自从监管中获利的行为主体。比如，现有的银行机构可能希望通过银行监管来限制潜在的竞争者，从而提高自己的利益；接受银行服务的消费者希望通过监管促使银行提高服务质量，降低服务收费来为自己获得利益。

银行监管的供给来自为了某种目的而愿意提供监管服务的监管机构。比如，监管者为了得到对自身政绩的肯定而愿意提供监管服务，有些监管人员为了得到某种额外好处也愿意加强银行监管等。

因此，管制供求论认为，是否提供管制以及管制的性质、范围和程度最终取决于管制供求双方力量的对比。根据管制供求论，监管者具有通过过度监管来规避监管不力的动机。

2. 公共选择论　公共选择论与管制供求论有很多相似之处：同样运用供求分析法来研究各利益集团在监管制度提供过程中的相互作用。二者的不同之处在于，该理论强调"管制寻租"的思想，即监管者和被监管者都寻求管制以牟取私利。监管者将管制当作一种"租"，主动地向被监管者提供以获益，被监管者则利用管制来维护自身的既得利益。

总体来说，银行监管理论是现代经济学的前沿理论之一。经济学家对监管问题的研究日益重视，但到今天也没有形成统一、完整的理论体系。随着人们对监管问题的重视，相信会有更多的研究成果问世。

第三节　金融监管体制

一、金融监管的含义及目标

（一）金融监管的含义

金融监管，是指政府金融管理当局依据国家法律法规的授权对金融业（包括金融机构以及它们在金融市场上的业务活动）实施监督、约束、管制，使之依法稳定运行的行为总称。从词义上讲，金融监管是指金融监督和金融管理。金融监督，是指金融管理当局对金融机构实施的全面性、经常性的检查和督促，并以此促进金融机构依法稳健地经营和发展。金融管理，是指金融管理当局依法对金融机构及其经营活动实施的领导、组织、协调和控制等一系列活动。

金融监管有狭义和广义之分。狭义的金融监管，是指中央银行或其他金融管理当局依据国家法律规定对整个金融业（包括金融机构和金融业务）实施的监督管理。广义的金融监管在上述含义之外，还包括了金融机构的内部控制和稽查、同业自律性组织的监管、社会中介组织的监管等。本章仅介绍狭义的金融监管中对银行的监管。

（二）金融监管的主要目的

目前各国无论采用哪一种监管组织体制，其监管目标基本是一致的，通常称作三大目标体系：第一，维护金融业的安全与稳定；第二，保护存款人利益；第三，维持金融业的运作秩序和公平竞争。

二、金融监管的原则

金融监管的原则是由金融监管的目标决定的。尽管由于各国的具体情况及法规不同，金融监管主体、对象及监管的内容和方式存在一定的差异，但其基本原则是相似的。

（一）依法监管原则

虽然各国金融管理体制不同，但在依法管理上是一致的。这包括两个方面的含义：一是金融机构必须接受国家金融管理当局的监督管理；二是实施监管必须依法，要有法律依据。这样才能保证管理的权威性、严肃性、强制性、一贯性、有效性。

（二）合理适度竞争原则

金融监管应遵循合理适度竞争原则。虽然竞争和优胜劣汰是一种有效的机制，但是金融管理的重心应该放在创造适度竞争的环境上，既要避免金融高度垄断、排斥竞争以免丧失效率和活力，又要防止过度竞争、恶性竞争以免波及银行业的安全稳定，引起经常性的银行破产以及剧烈的社会动荡。

（三）自我约束与外部强制相结合的原则

一方面，金融监管不能完全依靠外部强制管理。外部强制再严格也是有限的，如果金融机构不配合，就难以收到预期的效果。另一方面，金融监管也不能将希望全部寄托于金融机构自身自觉、自愿的自我约束。因此，金融监管必须将自我约束与外部强制相结合。

（四）安全稳健与经济效益相结合的原则

促使各金融机构安全稳健经营是金融监管的重要目标和原则。一方面，监管当局必须采取各种预防和补救措施，督促金融机构依法经营，降低风险；另一方面，金融监管不应消极地、单纯地防范风险，而应与提高经济效益相协调。金融监管要为金融业的发展提供良好的环境，从而使其为社会开展优质有效的金融服务。事实上，安全稳健经营与提高经济效益是相结合的。只有安全稳健经营，才能降低风险，进而提高经营效益；只有提高经营效益，才能提高金融机构的利润和抗风险能力，实现安全稳健经营。

三、金融监管体制的类型

金融监管体制，是指一国对金融机构和金融市场实施监督管理的一整套机构及组织结构的总和。从广义上讲，金融监管体制包括监管目标、监管范围、监管理念、监管方式、监管主体的确立、监管权限的划分等。从狭义上讲，金融监管体制则主要是指监管机构的确立及其权限的划分。根据监管机构的多少，各国金融监管体制大致可以划分为以下三类。

（一）一元多头式金融监管体制

一元多头式金融监管体制，也称单元多头式或集权多头式金融监管体制，是指全国的金融监管权集中于中央，地方没有独立的权力，在中央一级由两家或两家以上监管机构共同负责的一种监管体制。一元多头式金融监管体制以德国、法国、日本（1998年以前）为代表，尤以德国最为典型。

德国金融监管体制源于1961年通过的《银行法案》。该法授权成立联邦银行监督局，并规定由该局在德意志联邦银行的配合下对银行业进行统一监管。除此以外，德国的金融监管机构还有负责对证券机构和证券业务监管的联邦证券委员会、负责对保险机构与保险业务监管的联邦保险监督局。

这种体制运行效率的关键在于各金融监管机构之间的合作，具备这些条件的国家不多。这种体制也面临着机构重叠、重复监管的问题。

（二）二元多头式金融监管体制

二元多头式金融监管体制，也称双元多头式、双线多头式或分权多头式金融监管体制，其主要特征是中央和地方都对金融机构或金融业务拥有监管权，且不同的金融机构或金融业务由不同的监管机构实施监管。二元多头式金融监管体制以美国、加拿大等联邦制国家为代表。

美国的金融监管属于典型的二元多头式金融监管体制，由多个主体共同开展监管，也被称为"伞式监管"。总体来看，美国金融监管体制是分散的，同时存在多个重叠的监管机构，多个部门同时履行金融监管职能。另外，美国的金融监管实行双轨制，即联邦和各州都有权对金融机构的注册进行审批并实施监督。目前，联邦一级的监管机构主要有财政部、美联储、金融稳定监管委员会、货币监理署、证券交易委员会等，州一级的金融监管机构在职能和机构运行等方面均有较大的独立性。

二元多头式金融监管体制的优点是：能较好地提高金融监管的效率；防止金融权力过分集中，因地制宜地选择监管部门；有利于金融监管专业化，提高对金融业务服务的能力。该体制也存在一些缺点：管理机构交叉重叠，易造成重复检查和监督，影响金融机构业务活动的开展；金融法规不统一，易使不法金融机构钻监管的空子，加剧金融领域的矛盾和混乱；降低货币政策与金融监管的效率。

（三）集中单一式金融监管体制

集中单一式金融监管体制，也称集权式或一元集中式金融监管体制，是指由一家金融监管机构对金融业实施高度集中的监管，代表国家有日本（1998年后）、英国（1997年后）。

日本对金融机构的监管主要由金融厅承担。金融厅负责对银行业、证券业、保险业、信托业和整个金融市场进行集中监管，保证金融市场功能的运转。日本银行和日本存款保险公司对部分金融机构实施监督检查并起到一定的维护金融体系稳定的作用。

1979年，英国的银行法正式赋予英格兰银行金融监管的职权。直到1997年前，英格兰银行在承担执行货币政策和维护金融市场稳定的职责的同时，还肩负着金融监管的责任。20世纪90年代，英国爆发了一连串的影响国际金融秩序的重大金融事件（如国际商业信贷银行破产案、巴林银行倒闭、国民西敏寺银行危机等），英国政府进行了金融监管体制改革，1997年10月28日，英国政府成立了全能的金融监管机构——金融服务局（Financial Service Authority，简称 FSA）。它是 2008 年国际金融危机前英国金融监管体系的核心。作为单一监管机构，FSA 肩负了审慎监管和行为监管的双重职责，范围覆盖银行、证券、保险等所有金融行业。在 FSA 成立的同时，英格兰银行的职责被调整为仅负责货币政策和支付清算基础设施的监督。另外，金融稳定委员会负责协调 FSA、英格兰银行和财政部之间的工作。

采用这种监管体制的发达市场经济国家还有澳大利亚、新西兰、意大利、瑞典、瑞士等。发展中国家如巴西、泰国、印度等，也实行这一监管体制。集中单一式金融监管体制的优点是：①金融管理集中，监管政策与标准具有一致性，有利于金融机构之间的公平竞争；②有助于防止多头式监管体制下不同机构之间相互推卸责任或重复监管，从而提高监管效率；③有助于降低监管成本，因为在单一监管机构内部负责不同监管领域的部门可以共享监管资源，获得规模经济的效果。同时，对被监管者来说，只与一个监管机构打交道，也可以在一定程度上减少成本。但是，这种监管体制也有一定的弊端，如监管机构权力巨大且过于集中，缺乏权力的制衡和监督，在执行监管时易使监管部门滋生官僚化作风，对已经出现的问题反应迟缓，甚至可能导致权力腐败现象的发生。

以英国为例，2008 年国际金融危机中，英国银行业备受冲击，FSA 被指监管不力，于是由英国财政部主导了监管体制改革，其结果是形成了 2013 年 4 月开启的"双峰"监管体制。在新的监管体制下，英格兰银行的监管权力得到了提升，英格兰银行内设金融政策委员会（FPC）、下设审慎管理局（PRA），负责宏观审慎监管，监管对象涉及所有事关金融稳定的重要金融机构以及金融基础设施；撤销 FSA，成立金融行为监管局（FCA），负责行为监管和消费者权益保护职责，以及不受 PRA 监管的金融机构的微观审慎监管和行为监管。此外，存款保险职责由金融服务赔偿计划（FSCS）承担，独立于英国监管机构，向财政部负责；养老金监管职责直接由英国政府的养老金监管局（TPR）负责。

四、我国金融监管机构体系

（一）我国金融监管体制的演进

1984 年开始，中国人民银行专司中央银行职能，自此我国有了真正意义上的金融监管。大体上讲，我国金融监管体制可分为以下几个阶段。①统一监管阶段（1984—1992年）。在这一阶段，中国人民银行作为全能的金融监管机构，对金融业采取统一监管的模式。②"一行两会"阶段（1992—2003 年）。1992 年 10 月，国务院决定将证券监管职能从中国人民银行分离出来，成立中国证券监督管理委员会（简称中国证监会），依法对全国证券市场进行统一监管，这是我国分业监管的起点。1998 年 11 月 18 日，成立中国保险监督管理委员会（简称中国保监会），原中国人民银行行使的保险监管权交由该会行使，我国分业金融监管体制进一步完善。③"一行三会"阶段（2003—2018 年）。2003 年 3 月，十届全国人大一次会议审议批准了国务院机构改革方案，授权成立了中国银行业监督管理委员会（简称中国银监会）。至此，由中国人民银行、中国银监会、中国证监会、中国保监会组成的"一行三会"分业监管格局正式形成。④"一委一行两会"阶段（2018—2023 年）。2018 年 3 月，国务院发布金融监管改革的相关方案，将中国银监会与中国保监会职责整合，组建成立中国银行保险监督管理委员会，共同接受国务院金融稳定发展委员会的监管协调，"一委一行两会"的新格局就此形成。⑤"一行一局一会"阶段（2023年至今）。

（二）我国"一行一局一会"的金融监管体系新格局

2023年5月18日上午，国家金融监督管理总局（金融监管总局）在北京金融大街甲15号正式揭牌，标志着我国金融监管体系从"一委一行两会"进入"一行一局一会"新格局。

1. 国家金融监督管理总局

此机构是在中国银行保险监督管理委员会的基础上组建的国务院直属机构。2023年3月，中共中央、国务院印发了《党和国家机构改革方案》，决定在中国银行保险监督管理委员会的基础上组建国家金融监督管理总局，不再保留中国银行保险监督管理委员会。同年5月18日，国家金融监督管理总局揭牌。

相比中国银行保险监督管理委员会，国家金融监督管理总局的监管职责有了新变化。方案明确，将中国人民银行对金融控股公司等金融集团的日常监管职责、有关金融消费者保护职责，中国证券监督管理委员会的投资者保护职责划入国家金融监督管理总局。国家金融监督管理总局统一负责除证券业之外的金融业监管，强化机构监管、行为监管、功能监管、穿透式监管、持续监管，统筹负责金融消费者权益保护，加强风险管理和防范处置，依法查处违法违规行为，作为国务院直属机构。

金融消费者与投资者是金融市场中重要的参与者，但同时也是金融市场中的弱势群体。随着近年来金融业务形态不断变化，金融风险的隐蔽性、复杂性也越来越强，金融消费者权益受侵害问题日益突出。此次改革将金融消费者和投资者保护部门从中国人民银行和中国证券监督管理委员会下属的部门分离出来划入国家金融监督管理总局，实际上是体现了国家对于投资者保护工作的高度重视，是"以人民为中心"的金融发展观的集中体现。我国金融市场的投资者群体中，95%以上为中小投资者，投资者风险意识比较淡薄，投资专业知识相对比较匮乏。鉴于我国投资者这样的特点，以及投资者保护工作涉及链条长、范围广的特征，亟须通过加强监管合力，做好事前、事中、事后的全流程监管，来强化投资者保护。而此次将投资者保护职责划入国家金融监督管理总局，正是将投资者保护理念深度嵌入市场交易、机构监管、稽查执法等各个环节的制度安排。

2. 中国人民银行

在有关金融监管职责调整后，中国人民银行的现代中央银行职责更加完善，中国人民银行新的职能正式表述为"制定和执行货币政策、维护金融稳定、提供金融服务。"同时，明确界定："中国人民银行为国务院组成部门，是中华人民共和国的中央银行，是在国务院领导下制定和执行货币政策、维护金融稳定、提供金融服务的宏观调控部门。"这种职能的变化集中表现为"一个强化、一个转换和两个增加"。"一个强化"，即强化与制定和执行货币政策有关的职能。中国人民银行要大力提高制定和执行货币政策的水平，灵活运用利率、汇率等各种货币政策工具实施宏观调控；加强对货币市场规则的研究和制定，加强对货币市场、外汇市场、黄金市场等金融市场的监督与监测，密切关注货币市场与房地产市场、证券市场、保险市场之间的关联渠道、有关政策和风险控制措施，疏通货币政策传导机制。"一个转换"，即转换实施对金融业宏观调控和防范与化解系统性金融风险的方式。由过去主要是通过对金融机构的设立审批、业务审批、高级管理人员任职资格审查和监管指导等直接调控方式，转变为对金融业的整体风险、金融控股公司以及交叉性金融工具的风险进行监测和评估，防范和化解系统性金融风险，维护国家经济金融安全；转变为综合研究制定金融业的有关改革发展规划和对外开放战略，按照我国加入世界贸易组织的承诺，促进银行、证券、保险三大行业的协调发展和开放，提高我国金融业的国际竞争力，维护国家利益；转变为加强与外汇管理相配套的政策的研究与制定工作，防范国际资本流动的冲击。"两个增加"，即增加反洗钱和管理信贷征信业两项职能。今后将由中国人民银行组织协调全国的反洗钱工作，指导、部署金融业反洗钱工作，承担反洗钱的资金监测职责，并参与有关的国际反洗钱合作。由中国人民银行管理信贷征信业，推动社会信用体系建设。这些新的变化，进一步强化了中国人民银行作为我国的中央银行在实施金融宏观调控、保持币值稳定、促进经济可持续增长和防范化解系统性金融风险中的重要作用。

3. 中国证券监督管理委员会

在新的金融监管体系中，中国证券监督管理委员会实现了两个变化：一是由国务院直属正部级事业单位，提升为国务院直属机构；二是监督范围的变化，将原来负责的投资者保护职责划归国家金融监督管理总局。其他职责不变。

在新的监管体系中，中国人民银行、国家金融监督管理总局、中国证券监督管理委员会构成了我国金融监管"三大件"。国家金融监督管理总局统一负责除证券业之外的金融业监管，负责协调监管职能、加强金融监管协作以及深化金融改革等任务。新的监管体系实现从多头监管到集中监管的转变，有利于形成统一的监管标准，降低金融机构接受监管的成本，推动金融机构经营效率提升；将进一步加强金融一体化的协调，防止监管部门条块分割导致的监管真空，避免监管套利。

因此，此次改革意味着我国金融监管体系的精细化、规范化水平有了明显提高，对于促进金融业健康发展和防范金融风险具有重要的意义。

同时，为了加强党对金融工作的集中统一领导，我国成立了中央金融委员会。2023年3月，中共中央、国务院印发了《党和国家机构改革方案》，决定组建中央金融委员会，不再保留国务院金融稳定发展委员会及其办事机构，将国务院金融稳定发展委员会办公室职责划入中央金融委员会办公室。中央金融委员会是党中央决策议事协调机构。其主要职责是：加强党中央对金融工作的集中统一领导，负责金融稳定和发展的顶层设计、统筹协调、整体推进、督促落实，研究审议金融领域重大政策、重大问题等。中央金融委员会办公室作为中央金融委员会的办事机构，列入党中央机构序列。

恢复中央金融工作委员会。中央金融工作委员会（简称中央金融工委）是党中央派出机关，成立于1998年，后于2003年撤销。2023年3月，中共中央、国务院印发了《党和国家机构改革方案》，组建中央金融工作委员会，将中央和国家机关工作委员会的金融系统党的建设职责划入中央金融工作委员会。其主要职责是：统一领导金融系统党的工作，指导金融系统党的政治建设、思想建设、组织建设、作风建设、纪律建设等。

专栏 8-2

强化"五大监管",构建中国特色金融监管体系

2023年10月,中央金融工作会议再次强调"依法将所有金融活动全部纳入监管,全面强化机构监管、行为监管、功能监管、穿透式监管、持续监管"。由此提出了构建强化"五大监管"的中国特色金融监管体系的格局。

1. 机构监管

机构监管是现代金融监管体系较为初始的形式,就是监管机构以金融机构的法律性质或注册类型(如银行、证券公司、保险公司等)为基础确定监管对象。具体是指对金融机构的组织结构、治理机制、内部控制等方面进行监管,以确保金融机构的稳健运营和风险防控。机构监管的目标是保护金融机构的稳定性和健康发展,维护金融市场的秩序和公平性。

在实行机构监管的金融体系中,各类金融机构通常分业进行经营,同一种类型的金融机构均由同一监管机构监管。我国传统的金融监管模式是机构监管,例如在"一行三会"阶段是按照银行、证券、保险三种不同的机构类型来实施监管的。这种监管模式的特点是"谁发牌照谁监管",该模式存在一些不足之处,容易造成监管空白、监管标准不统一等,导致监管套利等问题出现。

2. 行为监管

行为监管是指对金融机构的经营行为进行监管,包括对其业务活动、风险管理合规性等方面进行监督和检查。行为监管的目标是确保金融机构的经营行为符合法律法规和监管规定,防止违规行为与不当行为对金融市场和金融体系的稳定性造成损害。

3. 功能监管

功能监管是以金融机构所从事的金融业务性质(如银行、证券、保险等业务)明确监管机构,每种类型的金融业务都有对应的功能监管机构,即依据金融机构的功能或金融产品的特性而实施的对金融产品的横向全链条的穿透式监管。功能监管的概念源于美国经济学家罗伯特·默顿及其合作者的研究。在持续的竞争和创新中,金融机构提供金融产品的种类和服务的范围在不断变化,金融机构与市场之间的边界也逐渐开始交叉,传统的机构监管者会面临监管重叠和监管空白并存的尴尬局面。因此,默顿认为从机构监管转向功能监管将是不可避免的趋势,主张对发挥同一金融功能的不同金融机构所开展的类似业务实行相同的监管。实施功能监管能够弥补机构监管的不足,功能监管是以金融产品的性质和基本功能来设计监管要求的。因此,与机构监管模式相比,功能监管根据产品实质的不同来实施监管要求,在某种程度上能够让监管标准更加统一,提高监管的公平性,减少套利行为。所以,功能监管的目标是确保金融机构按照规定履行其特定的职责和义务,保障金融市场的正常运行和投资者的合法权益。

4. 穿透式监管

穿透式监管是指通过对金融机构的内部运作和风险管理进行全面深入的监管,以发现和防范潜在的风险与问题。穿透式监管可以分为三个层面,第一是产品穿透,第二是投资穿透,第三是股权穿透。穿透式监管的目标是提高监管的全面性和准确性,防止监管漏洞和盲区,确保金融机构的风险管理和内部控制有效运行。2016年10月,国务院办公厅发布《互联网金融风险专项整治工作实施方案》，首次提出"穿透式监管"概念。"穿透式监管"以风险控制为核心，以资产管理为对象，主要针对各类理财、投资类资金的来源和投向等各个环节实施全过程管控。监管部门要求"穿透"投资者的证券账户，要求"一户一码"和账户实名制。2023年金融监管机构改革后，"穿透式监管"是在"一行一局一会"的监管框架下进行的，通过中央金融委员会发挥宏观审慎功能，逐步实现对各个金融机构业务的规范以及资金的穿透式监管，更有利于确保金融安全。

5. 持续监管

持续监管是指对金融机构进行长期持续的监管，不仅关注其短期经营状况，还关注其长期发展和风险管理能力。持续监管的目标是及时发现与解决金融机构的风险和问题，防止金融风险的积累和蔓延。

为了达到更好的监管效果，各种监管方式需要相互配合和协调。

（三）中国特色的"双峰"金融监管模式

从国际金融监管经验看，主要发达国家的金融监管体系通常有统一监管、分业监管和"双峰监管"三种模式。其中，"双峰监管"模式是把监管职能划分为行为监管和审慎监管。英国经济学家迈克尔·泰勒及其追随者在1995年提出了金融监管的"双峰"（twin peaks）模式，他们认为金融监管的目标应该是双峰的：一是通过审慎监管，来维护金融机构的稳健经营、金融体系的稳定，从而防范系统风险；二是通过行为监管，来纠正金融机构的机会主义行为，防范欺诈和不公平交易，保护金融参与者的利益。按照监管职能设立两个监管机构，将审慎监管和行为监管分开。审慎监管负责维护金融体系和机构的安全与稳健运行，行为监管负责公平交易，以保护金融消费者的合法利益。审慎监管和行为监管，类似骆驼的两个峰，所以称为"双峰"监管。将金融监管机构分成两个，一个维护金融体系稳定，另一个保护消费者，即"审慎监管+行为监管"的"双峰"。英国经济学家迈克·泰勒做了一个形象的比喻，审慎监管像医生，目标是治病救人，发现了问题会积极采取措施加以医治；而行为监管类似警察执法，发现违法、违纪行为后会立即处罚，对当事人严肃问责。在金融监管实践中，既需要"医生"又需要"警察"，二者既相互独立又相互补充，这种安排可以避免监管职能在不同监管部门间重叠，并解决金融监管目标等方面的矛盾冲突，从而更好地维持金融体系的稳定。

2017年，根据第五次全国金融工作会议要求，在"一行三会"之上设立国务院金融稳定发展委员会。2018年3月，经党的十九届三中全会和十三届全国人大审议通过，将原银监会和原保监会的职责进行整合，组建中国银行保险监督管理委员会，形成"一行两会"格局。2023年3月，《党和国家机构改革方案》开启了新一轮金融监管体制改革，对金融监管体系进行了系统性重塑：顶层设计层面，组建中央金融委员会，不再保留国务院金融稳定发展委员会；国家部委层面，设立国家金融监督管理总局取代原银保监会，推进中国人民银行分支机构改革，将企业债审批发行职责从国家发展改革委划拨给证监会；地方政府层面，剥离地方金融监督管理局管理职能，建立以中央金融管理部门地方派出机构为主的地方金融监管体系，统筹优化中央金融管理部门地方派出机构设置和力量配备。2023年金融监管机构改革后，金融监管形成了新格局，从根本上理顺了机构监管和功能监管的关系。具有中国特色的'双峰监管'进一步显露端倪。

中国人民银行主要负责货币政策和宏观审慎监管；国家金融监督管理总局统一负责除证券业之外的金融业监管和金融消费者权益保护；证监会负责资本市场监管，增加企业债券发行审核等职责。国家金融监督管理总局统一负责除证券业之外的金融监管，有助于减少监管空白和监管交叉，落实好行为监管和功能监管。中国人民银行作为中央银行，剥离金融控股公司监管和消费者权益保护等职责，完善分支机构改革，有助于建设现代中央银行制度。

第四节　银行监管的主要内容

政府监管银行的目的主要有两个：保护存款人利益和保持银行体系的稳定。前者被称为微观审慎性监管，后者被称为宏观审慎性监管。政府监管银行的方式主要由两大部分组成：谨慎性监管体系与政府安全网，后者又包括存款保险制度和最后贷款人制度。

一、谨慎性监管体系

谨慎性监管，即预防性监管，是银行监管中经常性的且最有效的事前安全措施，主要包括市场准入监管、业务范围监管、经营过程监管和对有问题金融机构的处理。

（一）市场准入监管

市场准入，即对银行金融机构的开业申请加以审查，将不合格的申请人挡在银行业大门之外的监管措施。由于银行业的巨大外部性，使得银行业效率的提高不能主要依靠银行业内部的优胜劣汰方式来实现，大量的银行进入或退出不利于金融业的稳定，也会给经济发展带来巨大隐患。因此，银行业不应是一个自由进入的行业，而应该实行市场准入制度。

审批制已经成为现代商业银行准入的通行制度。一般来说，审批新的商业银行要着重考虑以下几个因素：①最低注册资本限额；②完善的公司治理结构和内控制度；③高级管理人员的素质；④银行业竞争状况和经济发展状况。例如，《中华人民共和国商业银行法》第十一条规定，设立商业银行，应当经国务院银行业监督管理机构审查批准。未经国务院银行业监督管理机构批准，任何单位和个人不得从事吸收公众存款等商业银行业务，任何单位不得在名称中使用"银行"字样。

（二）业务范围监管

监管当局对银行业务范围的监管，是指金融机构一旦成立，应按照许可的营业范围从事金融活动，不得越线。例如，许多国家的金融法律都规定，存款货币银行只能经营短期信贷业务，长期融资由投资银行办理，非银行金融机构不得经营创造存款货币功能的支票存款业务；一般银行业务与信托业务必须分开，机构必须分设。

当然，自20世纪90年代以来，随着金融自由化的发展，商业银行已经通过多种途径渗透到证券、保险等各个行业，金融业之间的界限日益模糊，金融机构业务范围的监管有放松化趋势。

(三) 经营过程监管

银行一经批准成立和注册登记，领取营业执照，就要按规定定期向监管当局提交经营报告，披露银行的资产和负债、收入和红利、产权结构、外汇经营等详细情况。监管当局还要对银行进行至少每年一次的审计检查，以确定银行的金融状况。对银行的审计检查包括现场检查和非现场检查两种。

1. 现场检查　现场检查，是指监管人员直接深入到金融机构进行业务检查和风险判断分析。监管人员亲临现场，通过查阅报表、账册、文件等资料，进行咨询调查，分析、检查和评价银行的经营情况。现场检查包括定期全面检查和不定期专项检查。

现场检查是银行监管的重要手段和方式。监管人员主要检查银行账目，看其持有资产是否符合有关规定。如果检查出银行持有高风险资产，监管人员可以强制银行将其清理。如果查出某些贷款无法收回，监管人员可以强制银行宣布这些贷款无价值，并从账面上加以清除。检查完毕后，监管人员要写出关于银行"有没有问题"的检查报告。如果监管人员认定银行没有充足的资本或者认定银行有不诚实的行为，则可以在报告中宣布该银行是"有问题的银行"，这一检查结果将会使该银行受到更加频繁的检查。

现场检查的主要特点是较强的直观性、及时性、灵活性和深入性。

2. 非现场检查　非现场检查，也称常规检查，是指监管当局对银行金融机构报送的报表、数据按一定的标准和程序进行分析，从而揭示银行经营过程中出现的情况。根据原银监会2016年2月发布的《中国银监会非现场监管暂行办法》（银监发〔2015〕53号），非现场监管是指通过收集银行业金融机构以及行业整体的业务活动和风险状况的报表数据、经营管理情况及其他内外部资料等信息，对银行业金融机构以及行业整体风险状况和服务实体经济情况进行分析，做出评价，并采取相应措施的持续性监管过程。机构监管部门应当根据日常监管、风险评估和现场检查结果，对银行业金融机构法人开展监管评级。商业银行的监管评级应当执行《商业银行监管评级内部指引》。2021年9月发布的《商业银行监管评级办法》（以下简称《办法》），在继承传统"CAMELS"评级体系的基础上强调公司治理、数据治理、差异化监管的作用，与监管重点和热点密切结合，在一定程度上弥补了监管短板，堵住了风险点，提高了银行的风险管理意识。"CAMELS"评级体系源自"联邦监督管理机构内部统一银行评级体系"，包括六个指标，即资本充足性、资产质量、经营管理水平、盈利水平、流动性和市场风险敏感度，由于前五个指标的第一个英文字母合在一起正好构成一个英文单词"CAMEL"（骆驼），因此也称为"骆驼"评级体系。

（1）资本充足性监管。对银行实行**资本充足性**（capital adequacy）监管是十分必要的。这是因为，银行的自有资本在其经营活动中具有重要的意义。它可以为银行的损失提供最后一道保障；可以提高公众对银行的信心，维护银行的稳健性；可以为银行的资产业务提供低成本的资金等。因此，各国监管当局都十分重视商业银行的资本充足程度。在具体的监管过程中，各国监管当局采用了不同的比率要求，主要有资本充足率、资本与存款比率等。如2023年11月1日，国家金融监督管理总局发布《商业银行资本管理办法》，自2024年1月1日起正式实施。其中规定，资本充足率不得低于8%。《巴塞尔协议》的系列协议也规定了银行资本充足率的国际标准。

（2）资产质量监管。**资产质量**（asset quality），即资产的优劣程度。对贷款资产而言，它包含三重含义：一是反映贷款资产的安全性大小，即商业银行收回贷款本金的可能性；二是反映贷款资产的合法合规性情况，及时发现商业银行贷款业务有无违法违规行为；三是贷款资产的效益性，着重反映商业银行贷款资产的增值和获利能力。这三重含义的有机统一，构成了资产质量的完整内涵。

通常，衡量贷款资产质量的方法是贷款的五级风险分类法，即根据内在风险程度将商业银行贷款划分为正常、关注、次级、可疑、损失五类。其中，正常贷款是指借款人能够履行合同，没有足够理由怀疑贷款本息不能按时足额偿还的贷款；关注贷款是指尽管借款人目前有能力偿还贷款本息，但存在一些可能对偿还产生不利影响因素的贷款；次级贷款是指借款人的还款能力出现明显问题，完全依靠其正常营业收入无法足额偿还贷款本息，即使执行担保，也可能会造成一定损失的贷款；可疑贷款是指借款人无法足额偿还贷款本息，即使执行担保，也肯定要造成较大损失的贷款；损失贷款是指在采取所有可能的措施或一切必要的法律程序之后，本息仍然无法收回，或只能收回极少部分的贷款。后三类被称为不良贷款。

1998年5月，中国人民银行参照国际惯例，结合中国国情，制定了《贷款分类指导原则》，正式实施贷款五级风险分类法。2023年2月，原银保监会会同中国人民银行发布《商业银行金融资产风险分类办法》（以下简称《办法》），该《办法》已于2023年7月1日起正式施行。《办法》相较于《贷款风险分类指引》，将贷款风险分类拓展至表内金融资产，表外项目中按照表内资产相关要求开展风险分类；将逾期天数纳入五级风险分类划分的重要考核标准。具体来说，《办法》加入了逾期天数作为定量指标的五级风险分类划分标准，将本金、利息或收益逾期（操作性或技术性原因导致的7天内的短期逾期除外）计入关注类；本金、利息或收益逾期超过90天、270天和360天分别计入次级类、可疑类和损失类。

（3）经营管理水平监管。**经营管理水平**（management）是一个综合指标，它反映的是银行经营者的决策能力、协调能力、技术能力、风险控制能力和适应环境变化的能力，主要考察银行业务政策、业务计划、管理者经历与经验及水平、职员培训情况等一些非定量因素。

因为没有量化指标作为参考，对经营管理水平的评估过程相对较复杂。大多数监管者并不深谙银行复杂的管理工作，比如激励人的艺术，驾驭多变的营运过程，如何令客户满意和积累收益，而且很难直接从数量上对各种管理能力进行客观界定，所以评估过程就变得非常困难。

（4）盈利水平监管。**盈利水平**（earnings）主要考察银行在过去一两年里的净收益情况，以资产收益率为主要监管指标，它是指税后净收益与银行总资产之比。资产收益率的高低决定了股东的收入情况及银行弥补损失和充足资本的能力。一般来说，其根据金融机构资产规模的大小加以区别。例如，对于小于1亿美元总资产的银行，此比例在1.15%以上为一等，达到0.95%为二等，达到0.75%为三等，小于0.75%为四等，净亏损则为五等。

（5）流动性监管。对银行**流动性**（liquidity）的监测和控制是金融监管的重要内容。各国金融管理当局一般都规定了法定存款准备金率，即银行必须将其存款的一定比例以库存现金和在中央银行存款的形式持有，以此作为保持银行流动性的最低要求。此外,各国还规定了其他一些比例性指标来确保商业银行的流动性,如现金比率、流动比率、速动比率、贷款集中度比率等。例如,《中华人民共和国商业银行法》(2015年修订)规定,流动性资产余额与流动性负债余额的比例不得低于25%;对同一借款人的贷款余额与商业银行资本余额的比例不得超过10%。

(6) 市场风险敏感度监管。随着金融创新的发展,为了对迅速增加而又广泛复杂的经营风险进行监控,从1991年起,美国联邦储备委员会及其他监管部门对已有评级体系进行了重新修订,增加了第六个评估内容,即**市场风险敏感度**(sensitivity of market risk)。市场风险敏感度,主要考察利率、汇率、商品价格及股票价格的变化对金融机构的收益或资本可能产生不良影响的程度。

为完善我国商业银行同质同类比较和差异化监管,2021年9月22日,原银保监会印发《商业银行监管评级办法》(以下简称《办法》),结合我国银行风险特征和监管重点,设置了包括资本充足、资产质量、公司治理与管理质量等9项评级要素,并将银行监管评级结果分为1~6级和S级。《办法》规定了银行监管评级要素包括:资本充足(15%)、资产质量(15%)、公司治理与管理质量(20%)、盈利状况(5%)、流动性风险(15%)、市场风险(10%)、数据治理(5%)、信息科技风险(10%)、机构差异化要素(5%)共9项要素,数值越大反映机构风险越大,被评为6级的银行将被依法安排重组、实行接管或实施市场退出。

(四) 对有问题金融机构的处理

各国监管当局都非常重视对有问题金融机构的处理,避免因单个金融机构经营不善而引起大的社会震动。对于那些面临严重困境的金融机构,监管当局除责令其采取纠正措施之外,还可能从维护行业稳定的角度出发,通过提供临时性贷款予以必要的紧急援助。如果这些措施仍不能使其摆脱困境,监管当局则可能尽力促成其他金融机构对该金融机构进行兼并或收购。如果这种努力仍未见效,监管当局或者直接出面接管该金融机构,或者宣布该机构倒闭,并对其进行清算。归纳起来,对有问题金融机构的处理方式有以下几种。

1. 重新注资 对于陷入暂时流动性困境的银行金融机构,通过重新注入资金的办法,可以改善其资产负债结构,以此摆脱金融困境,渡过难关。

"政府对银行注资"这一问题产生的背景源于《巴塞尔协议Ⅰ》。自《巴塞尔协议Ⅰ》出台以来,各国政府和银行界为得到国际社会的普遍认可,竞相通过政府注资或政策推动使国内银行业,特别是国有银行业达到《巴塞尔协议Ⅰ》标准,并以获得更高档次的评级目标左右改革方向,这就是所谓的《巴塞尔协议Ⅰ》约束效应。后来,当银行金融机构陷入流动性困境时,政府便广泛运用这一手段拯救陷入危机的银行,一般可采取中央银行注资、政府"输血"、存款保险机构注资等方法。

2. 接管 接管,是指金融监管当局通过一定的接管组织,依照法定的条件和程序,全面控制被接管银行金融机构的业务活动。一般有两种情况:一种是银行经管不善而濒临破产时,由中央银行指定的其他银行接管;另一种是中央银行或其指定银行对严重违法的银行进行接管。金融机构被接管之后,可以选择:①拍卖;②请求政府或者存款保险机构重新注入资金,改组并转让给其他金融机构;③宣布破产清算,使该金融机构完全退出市场。

接管是以保护金融机构债权人利益，恢复金融机构的正常经营能力为目的的一种行政性挽救措施，被接管的银行金融机构的债权债务关系不因接管而变化。因此，从法律上讲，对银行的接管是中央银行依法对金融机构业务经营实施的强制性干预措施，体现了中央银行对金融业实施监管的法律职能。例如，2015年10月13日，肯尼亚中央银行宣布采取特殊金融管制措施，接管肯尼亚帝国银行，以保护该行储户和债权人的利益不受损害。之后，肯尼亚中央银行将依据肯尼亚存款保险公司提供的建议，决定肯尼亚帝国银行是否申请破产。

3. 收购或合并　　收购，是指一家健康的金融机构以现金或股票交易的方式，收购陷入危机的金融机构的全部或大部分股权。例如，2008年9月14日，美国银行（Bank of America Corp.）宣布以大约440亿美元的价格收购已有近百年历史的美林公司（Merrill Lynch & Co.）。

合并，是指一家健康的金融机构与一家陷入困境的金融机构通过合并两者的全部资产和负债，形成一家新的金融机构。正常情况下的合并，是指两家以上的金融机构依据契约及法令合并为一个金融机构的行为。例如，1998年4月6日，美国花旗公司（Citi Corp.）和旅行者公司（Traveller Group）宣布合并，合并后的新集团定名为花旗集团，能够提供包括商业银行、保险、基金管理、证券交易等业务在内的全方位金融服务。2016年8月25日，Nordea金融集团和DNB银行宣布合并，整合了它们分别位于立陶宛、拉脱维亚和爱沙尼亚的业务。合并后新银行在爱沙尼亚注册，并成为波罗的海地区的第二大银行，其贷款额将达到130亿欧元，储蓄存款额约为80亿欧元，市场份额可达到26%。

收购与合并是较受各国推崇的针对有问题金融机构的处理方式。首先，通过金融机构的收购与合并，可以用较低的成本稳定金融秩序，防止金融机构退出市场的负面效应在整个金融体系蔓延。其次，收购与合并避免了金融机构的破产，从而保留了金融机构多年经营产生的商誉、人力资本等无形资产的价值。

4. 破产清算　　破产清算，是指金融机构不能偿还到期债务或者资不抵债，不能正常经营时，由法院宣布其破产并组成清算组对金融机构法人进行清理，将破产财产公平地分配给债权人，并最终消灭金融机构法人资格的程序。例如，2008年金融危机之后，美国第四大投资银行雷曼兄弟申请破产。

破产清算的目的是对无偿还能力的金融机构实行强制性管理，防止挤兑。破产清算将导致以下后果：金融机构的股东失去全部股本或部分股本，附属债务的债权人将失去部分或全部资金，没有参加存款保险计划的银行存款者将得不到补偿，金融机构的剩余资产将被拍卖用来偿还债务。

破产清算这一处理方式，不仅给有问题的金融机构本身和债权人利益带来损害，而且对国民经济体系影响深远。因此，各国推崇的还是重新注资、接管或者提供适当的优惠政策促使有问题的金融机构被其他机构收购或与其他机构合并，尽量令其转危为安。破产清算作为金融机构市场退出方式的最后选择，是各国都竭力避免的一种处理方式。

二、政府安全网

银行监管的政府安全网由存款保险制度和最后贷款人制度构成。

(一) 存款保险制度

存款保险制度属于辅助性的事后稳定器。

1. 存款保险制度的界定 所谓存款保险制度,是指一种为存款人利益提供保护和稳定金融体系的制度安排,在这一制度安排下,吸收存款的金融机构根据其存款的数额按规定的保险费率,向存款保险机构投保,当金融机构破产而无法满足存款人的提款要求时,由存款保险机构承担支付法定保险金的责任。

美国是世界上最早建立存款保险制度的国家。在20世纪初的经济大萧条中,美国先后有9 755家银行倒闭,存款人损失约14亿美元,美国金融体系遭受重创。为了应对危机,美国国会采取了一系列行动,包括1933年6月通过了《格拉斯－斯蒂格尔法》。根据这一法案,由联邦政府出面于1933年创建了联邦存款保险公司(Federal Deposit Insurance Corporation,FDIC),从而开创了现代银行存款保险制度的先河。该公司于1934年1月1日开始提供存款保险,20世纪60年代中期以来,随着金融业日益自由化、国际化的发展,金融风险明显上升,绝大多数西方发达国家相继在本国金融体系中引入存款保险制度,印度、哥伦比亚等部分发展中国家也进行了这方面的有益尝试。

存款保险制度主要是为了保护存款人利益,稳定银行体系而采取的措施。一方面,存款保险制度使存款人在银行发生危机时,可以从保险公司得到补偿;另一方面,存款保险制度也在一定程度上降低了公众去银行集中提取存款的可能,从而有利于银行体系的稳定。

2. 存款保险机构的运行机理

(1) 存款保险制度的构成要素。存款保险制度由保险人、投保人、受益人、保险标的构成。

保险人,即存款保险公司,经营存款保险业务,与投保银行签订保险合同,收取保险费,投保人倒闭时对存款人进行补偿。保险人的权利包括:决定是否承保与保险费率高低;要求投保人按规定缴纳保险费;取消投保人的保险资格;检查投保人的财务与业务状况,有权要求投保人提供有关财务与业务报告等。同时,保险人的义务有:投保人出现困难后,有责任予以援助;投保人倒闭后调查原因和损失情况;组织力量进行破产清偿;支付保险赔偿等。投保人,即自愿或强制投保的银行,与保险人签订保险合同,缴纳保险费。受益人,即在存款保险中直接受益的存款人和间接受益的投保人与金融体系。保险标的,即存款人在投保人处开立的账户中的存款。

(2) 存款保险制度的框架结构。存款保险制度的框架结构主要包括对机构设置、保险资格、保险费率、保险额度及对有问题投保银行的处理等方面的规定。

存款保险机构的设置一般有三种方式:一是政府出资设立,以美国、英国为代表;二是银行机构自发设立,以德国、法国、意大利为代表,通常是银行同业出资,以协会形式存在;三是政府与银行机构共同设立,以日本为代表,政府和商业银行共同出资。

保险资格的确定也有三种情况:一是强制投保,如日本、英国;二是自愿投保,如德国、意大利；三是强制与自愿相结合，对某些机构要求强制性投保，对某些机构实行自愿投保。但是，大多数国家都通过法律形式建立了强制存款保险制度，要求商业银行参加存款保险，并服从存款保险制度的管理。例如，美国法律要求国民银行、联邦储备体系成员银行必须参加存款保险，不是联邦储备体系成员的州银行和其他金融机构可自愿参加存款保险。实际上，美国几乎所有的银行都参加了存款保险。

保险费率的确定大致有两种情况：一是固定费率，即对不同风险水平的投保银行按同一费率计算保险费；二是差别费率，即根据不同银行的风险水平确定不同的保险费率，目的是在存款保险体系中引入定价机制，限制投保银行过度涉险。以美国联邦存款保险公司为例，1999 年以前，保费按固定费率收取，后来改按差别费率收取。保险费率确定的依据是，先按资本充足情况将投保银行分为上、中、下三组，再按监管情况分为 A、B、C 三组，然后分别确定不同档次的保险费率。保险费率最高为 0.27%，最低为 0。

至于存款保险额，绝大多数国家实行非全额赔偿的部分存款保险制度，即对每位存款人承保的存款数额规定有最高保险额。最高保险额因各国经济发展水平、居民储蓄状况和保险制度完善程度的不同而不同。其具体又有四种情况：一是以美国为代表的限额内完全赔偿；二是以德国为代表的限额内简单比率赔偿；三是以爱尔兰和意大利为代表的分段比率递减赔偿；四是以英国为代表的比率与限额相结合赔偿，按存款的 75% 计算赔偿金额，同时规定每一位存款人获得的赔偿最高不超过 2 万英镑。

对有问题投保银行的处理一般有以下方法：一是资金援助法，即投保银行出现暂时性清偿力不足，通过贷款提供资金援助使其渡过难关；二是兼并转让法，即对于问题严重的投保银行，存款保险机构主持由健康银行进行兼并或转让；三是清算赔偿法，即投保银行被依法宣布倒闭，存款保险机构受托对该银行进行清算，支付存款赔偿。

3. 我国的存款保险制度　我国国务院于 2015 年 2 月 17 日发布《存款保险条例》，规定自 2015 年 5 月 1 日起施行。

（1）投保机构。该条例规定在中华人民共和国境内设立的商业银行、农村合作银行、农村信用合作社等吸收存款的银行业金融机构（以下统称投保机构），应当依照本条例的规定投保存款保险。投保机构应当按照存款保险基金管理机构的规定费率，每 6 个月缴纳一次保费。

（2）存款保险基金。投保机构向存款保险基金管理机构缴纳保费，形成存款保险基金，存款保险基金管理机构依照本条例的规定向存款人偿付被保险存款，并采取必要措施维护存款以及存款保险基金的安全。被保险存款包括投保机构吸收的人民币存款和外币存款。但是，金融机构同业存款、投保机构的高级管理人员在本投保机构的存款以及存款保险基金管理机构规定不予保险的其他存款除外。

（3）保额规定。存款保险实行限额偿付，最高偿付限额为人民币 50 万元。同一存款人在同一家投保机构所有被保险存款账户的存款本金和利息合并计算的资金数额在最高偿付限额以内的，实行全额偿付；超出最高偿付限额的部分，依法从投保机构清算财产中受偿。

（二）最后贷款人制度

1. 最后贷款人的含义　所谓**最后贷款人**（lender of last resort，LOLR）制度，是中

央银行作为银行的银行的一项职责，是指银行体系由于遭遇不利的冲击引起对于流动性的需求大大增加，而银行体系本身又无法满足这种需求时，中央银行向银行体系提供流动性，以确保银行体系稳健经营的一种制度安排。

1797 年，弗朗西斯·巴林（Francis Baring）在《关于建立英格兰银行的考察》中指出，一切有清偿力问题的银行在危机时刻可以向英格兰银行借款，并将英格兰银行的这种行为称为"最后手段"，这是关于最后贷款人的首次阐述。该思想后经亨利·桑顿（Henry Thornton）和沃尔特·巴杰特的进一步完善，逐渐形成古典的最后贷款人理论。20 世纪 30 年代至 20 世纪 70 年代，尽管世界范围内的金融体系整体保持稳定，但某些潜在的危机问题未引起足够的重视。其间，人们对金融危机的关注逐渐淡化，在最后贷款人理论上也没有形成大的突破。但是，自 20 世纪 70 年代开始，随着金融一体化、国际化趋势明显增强，货币非黄金化及各国汇率制度弹性的增加，危机浪潮又席卷了全球。通货膨胀压力、石油冲击、布雷顿森林体系瓦解，一系列金融不稳定事件的发生，使得各国中央银行运用最后贷款人职能应对危机的实践日益丰富，并促进了现代最后贷款人制度的完善。

2. 最后贷款人制度的运行机理

（1）最后贷款人的职责与目标。最后贷款人的首要职责是保持流通中的货币供应量。这是古典的最后贷款人理论的主要观点。桑顿、巴杰特认为，最后贷款人是一种货币功能，而不是银行或信用功能。因此，当金融恐慌来临时，中央银行首先应维持流通中的货币供应量，进而保障整个经济的正常运转。中央银行之所以能承担此项重任，与其自身特点是分不开的。首先，中央银行拥有货币发行权，可以通过创造基础货币来满足任何紧急性的流动性需求。其次，中央银行是黄金外汇储备的保管人，当挤兑发生时，可以通过暂时增加自身的货币发行量来满足这些提款需求，防止流通中的货币供应量的急剧萎缩。

最后贷款人的目标是维护整个经济体系的整体利益，而不是救助某个特定的金融机构。本质上，最后贷款人的目标是维护金融稳定。所以，最后贷款人的支持对象应该是整个金融体系，而不是单个金融机构。也可以说，最后贷款人不应当阻止银行倒闭的发生，但是应该减轻倒闭所引发的溢出效应、传染效应或"多米诺骨牌效应"。最后贷款人没有责任救助那些管理不善的金融机构并应该允许它们破产。如果让那些根本不健全的金融机构继续运行，将大大增加道德风险。所以，最后贷款人实际上充当了宏观经济管理者的角色。

当然，中央银行并不是最后贷款人的唯一承担主体。部分经济学家认为，除了中央银行之外，其他机构也可以成为最后贷款人。例如美国的财政部、清算中心和 1907 年的摩根集团都承担过最后贷款人的角色，加拿大的财政部和外汇管理局等都曾对出现危机的银行进行了援助，成功执行了最后贷款人的职责。当一国出现系统性问题时，除非这些系统性问题只包括一小部分潜在损失，中央银行可以自行消化，独立解决，否则应该由政府、监管部门和中央银行共同解决。在大规模的系统性危机中，Goodhart，Schoenmaker（1995）认为，危机应该由政府来买单，同时政府也有权决定社会各方如何应对危机和由谁来承担损失。

（2）最后贷款人的执行利率。巴杰特认为，为了避免道德风险，中央银行不能无偿、随意援助，甚至应该采取"惩罚性利率"。这就是著名的"巴杰特规则"。例如，2008 年国际金融危机期间，美联储给美国国际集团提供了 380 亿美元的高利率贷款。最后贷款人向借款者提供具有惩罚性利率贷款的做法，可能发挥以下几个作用。①提高资源配置效率。惩罚性的高利率将促使银行在向中央银行申请最后贷款前，充分利用市场资源和融资渠道获得流动性，阻止银行对中央银行资金的过分依赖，从而提高整个金融体系的效率。②实现公正分配。借款银行为它们从最后贷款人处得到的保护付出了代价。③确保最后贷款人政策的短期性。惩罚性利率可以确保借款银行在危机结束后迅速偿还贷款，使最后贷款行为不过分偏离中央银行维持长期货币稳定的轨道。

但是，在现代金融环境下，巴杰特规则中以惩罚性利率提供贷款的观点受到了挑战。在实际情况中，给予单个具有清偿力的银行的紧急性贷款通常不会加收罚息，而是通常以当前的市场利率发放。这可能源于以下几种考虑。一是惩罚性利率未充分考虑问题银行的承受能力及救助目的。如果用惩罚性利率进行贷款，将会使借款银行得不到有效的救助，反而会加重危机。二是惩罚性利率可能向市场传递银行出现严重问题的信号，反而会加剧银行挤兑。三是惩罚性利率使道德风险更加严重。由于高利率提高了受援助的成本，很可能使银行管理者为复苏而孤注一掷，更加倾向于采取高风险、高收益的战略来摆脱困境。

综合历史考察，我们发现，最后贷款人很少依照惩罚性利率提供流动性贷款，绝大部分中央银行以市场利率或是低于市场利率的优惠利率提供流动性贷款。

（3）最后贷款人的援助方式。最后贷款人的援助方式有两种：通过公开市场操作向整个金融市场提供流动性；通过贴现窗口提供流动性或直接贷款给个别金融机构。前者被称为最后贷款人的货币观点，后者被称为最后贷款人的银行观点。现实中，中央银行往往在实施最后贷款人职责时，将贴现窗口和公开市场操作结合起来进行。如在 2007—2008 年的国际金融危机中，美联储既采取公开市场操作直接向银行同业市场的参与者提供流动性，又通过贴现窗口向花旗集团、摩根大通公司等多家机构提供巨额资金支持。

（三）政府安全网的缺陷

虽然政府安全网可以保护存款人和其他债权人，防止危机发生或者减轻危机的影响，但是人们对它的评价却是毁誉参半的。政府安全网引起的以下问题使其受到人们的质疑。

1. 道德风险与政府安全网　政府安全网引起的最严重的问题是引发了道德风险。交易的一方倾向于从事那些损害其交易对手利益的活动。以存款保险制度为例，存款保险被视为看跌期权。银行是看跌期权的买方，支付保险费；存款保险公司是看跌期权的卖方，收取保险费（期权费）。当银行经营亏损给存款人造成损失时，银行会行权，即损失由存款保险公司负担；而当银行因承担风险获利时，则由股东和管理层分享收益，收益与存款保险公司无关。这样一种制度设计使存款保险制度从推出之初，就面临道德风险问题。其原因就在于存款保险制度的存在进一步加大了投保银行从事冒险活动的动力，进而导致保险理赔事件的发生。举例来说，那些已经购买了免赔额较低的汽车车损险的司机，其驾驶行为很可能会更加轻率，因为一旦发生事故，保险公司会支付大部分的汽车修理费。

因此,道德风险是政府在设计安全网的时候所要考虑的主要问题。因为在存在政府安全网的情况下,存款人和债权人已经知道,银行倒闭时他们不会遭受损失。所以,即使怀疑银行从事过高风险的交易活动,他们也不会通过提款行为以市场力量对银行予以惩罚。结果是,政府安全网下的银行会有更大的动力去从事那些风险水平更高的交易,即使随后陷入困境,纳税人也会为其行为买单。银行就好像在进行这样的赌博:"赢了我发财,输了纳税人买单。"

2. 逆向选择与政府安全网　存款保险制度等政府安全网的另一个问题源于逆向选择,即那些最有可能造成保险项目所保障的逆向结果(银行破产)的人,正是那些最积极利用保险的人。举例来说,与驾驶技术优秀的司机相比,驾驶技术不佳的司机更加愿意投保免赔额较低的汽车保险。由于受政府安全网保护的存款人和债权人没有理由对银行的行为施加约束,所以那些爱好冒险的企业家发现,金融行业是最具诱惑力的行业——因为他们明白有存款保险制度这样的保障就能够从事高风险的活动了。

3. "太大而不能倒闭"与政府安全网　由于大型金融机构的倒闭可能会引发金融灾难,因而金融监管者自然不愿意它们倒闭,这就出现了**"太大而不能倒闭"问题**(too-big-to-fail problem)。

"太大而不能倒闭"政策存在的一个问题是,它增强了大银行的道德风险动机。如果联邦存款保险公司只对限额在25万美元以下的存款人全额偿付,那么银行破产的话,高于25万美元的存款人就会遭受损失。这样存款人就会有动力通过密切关注银行业务活动,或者在发现银行风险水平过高时通过提取存款等方式,对银行予以监督,从而降低银行风险。然而,一旦存款人发现银行"太大而不能倒闭",就没有动力来监督银行了。即使发现银行从事过度冒险的业务,他们也不会提取存款。因为他们相信无论怎样做,大银行都不会破产,存款人不会受到损失。这种"太大而不能倒闭"的政策导致的结果是,大银行可能冒更高的风险,从而加大了其倒闭的可能性。

在政府安全网所延伸的非银行金融机构领域,"太大而不能倒闭"问题同样会引发道德风险动机,使债权人清楚地知道金融机构会得到救助,因而没有动力去监督这些机构,从而加大了金融危机爆发的可能性。事实上,在全球金融危机的起始阶段,贝尔斯登、雷曼兄弟和美国国际集团(AIG)等被认为"太大而不能倒闭"的金融机构在经营中的确承担了过高的风险,它们之后的倒闭引发了大萧条之后最为严重的金融危机。

第五节　银行监管的国际合作:《巴塞尔协议》

金融业的国际化和跨国银行的发展必将导致金融监管的国际合作。在这方面首先推动的是跨国银行的国际监管。在此,本书对由国际清算银行发起成立的巴塞尔委员会在跨国银行的国际监管合作方面的成果(即《巴塞尔协议》)进行介绍。

一、《巴塞尔协议Ⅰ》

(一)《巴塞尔协议Ⅰ》产生的历史背景

1974年,德国赫斯塔特银行和美国富兰克林国民银行倒闭,这是两家著名的国际性银行。它们的倒闭使监管机构在惊愕之余,开始全面审视拥有广泛国际业务的银行监管问题,最终使银行监管的国际合作从理论认识上升到了实践层面。1975年2月,由十国集团的各国中央银行行长建立了巴塞尔银行监管委员会(简称巴塞尔委员会)。巴塞尔委员会虽然不是严格意义上的银行监管国际组织,但事实上已成为银行监管国际标准的制定者。自成立以来,巴塞尔委员会制定了一系列重要的银行监管规定。这些规定虽不具有法律约束力,但已得到世界各国监管机构的普遍认同。中国于2009年3月加入了巴塞尔委员会。

《巴塞尔协议》就是由巴塞尔委员会成员的中央银行在瑞士巴塞尔达成的若干重要协议的统称。其目的在于:第一,通过制定银行资本与其资产的比率,确定计算方法和标准,以促进国际银行体系的健康发展;第二,制定统一的标准,以消除国际金融市场上各国银行之间的不平等竞争。

1988年7月,巴塞尔委员会通过了《关于统一国际银行的资本计算和资本标准的协议》,通常简称为《巴塞尔协议Ⅰ》。

(二)《巴塞尔协议Ⅰ》的主要内容

1. 资本的分类 该协议把银行资本划分为核心资本和附属资本两档。

第一档:核心资本,又称一级资本,包括股本和公开储备,这部分至少占全部资本的50%。股本,包括已经发行并全额缴付的普通股和永久性非累积的优先股;公开储备,是指以公开的形式,通过保留盈余与其他盈余如未分配利润、资本公积、盈余公积和少数股权等形式形成的资本。

第二档:附属资本,又称二级资本,包括未公开储备、资产重估储备、普通准备金、混合资本工具及次级债务等。未公开储备,是指未在银行资产负债表中公开标明的储备。这部分储备未公开,缺乏透明度,所以只能算作附属资本。资产重估储备,一般通过两种形式生成:一种是反映在资产负债表上的银行自由房产的正式重估;另一种是隐蔽价值或者潜在的重估储备,是银行持有证券的市场价格相对于历史成本的名义增值。因为这种潜在收益尚未实现,证券市场价格和历史成本的差额一般打55%的折扣后才能计入附属资本。普通准备金,是指银行为应付意外损失而从收益中预先提留的资金。混合资本工具,是指具有股本和债务混合特性的资本工具,优先股是这种资本工具最典型的例子。作为混合资本工具,它们必须是无担保的、从属的,并且是足额缴付的;它们不可由持有者主动要求赎回,也不可在未经监管当局同意的情况下赎回;其利息或股息虽不可以减免,但在银行经营状况不佳时可以延迟支付。次级债务,是指偿还次序优于公司股本权益,但低于公司一般债务的一种债务形式。

为便于与银行资产负债表中的所有者权益区分,人们通常将核心资本和附属资本称为监管资本。

2. 风险权重的计算标准 该协议制定出了对资产负债表上各种资产和各项表外项目的风险度量标准,并将资本与加权计算出来的风险挂钩,以评估银行资本所应具有的适当规模。

该协议根据资产类别、性质以及债务主体的不同,将银行资产负债表的表内项目划分为0、10%、20%、50%和100%五个风险档次。

对于表外资产项目，规定四级"信用换算系数"，即 0、20%、50% 和 100%，用以计量表外资产的风险程度：

$$表外风险资产 = \sum 表外资产额 \times 信用换算系数 \times 表内同等性质资产的风险系数$$

在此基础上，该协议提出了**风险加权资产**（risk weighted asset）的概念：

$$风险加权资产 = \sum 资产类型 \times 风险权重$$

3. 资本与资产的标准比例　该协议提出了资本充足率的概念：

$$银行资本充足率 = 总资本/风险加权资产$$

规定资本对风险资产的比率，即资本充足率不得低于 8%，其中核心资本对风险加权资产的比重不低于 4%。

在推进全球银行监管一致化和可操作性方面，《巴塞尔协议Ⅰ》具有划时代的意义。它在国际银行界建立了一套国际通用的以加权方式衡量表内外风险的资本充足率标准，极大地影响了国际银行监管和风险管理的进程。但随着金融领域竞争的加剧与金融创新的日新月异，《巴塞尔协议Ⅰ》的主要不足之处也逐渐显现出来。例如，它忽略了市场风险和操作风险，片面强调信用风险，而且对信用风险的判断过于简单化，对信用风险的划分也不细致；针对市场风险的规定过于笼统，并且缺乏可操作性；而对于破坏性极大的操作风险，相关的考虑更是接近空白。

二、《巴塞尔协议Ⅱ》

（一）《巴塞尔协议Ⅱ》出台的背景

自 20 世纪 90 年代以来，国际银行的运行环境和监管环境发生了很大变化，主要表现在以下三个方面。

（1）《巴塞尔协议Ⅰ》中风险权重的确定方法遇到了新的挑战。这表现在信用风险依然存在的情况下，市场风险和操作风险等对银行业的破坏力日趋显现。在银行资本充足率基本正常的情况下，以金融衍生商品交易为主的市场风险频频发生，诱发了国际银行业中多起重大银行倒闭和巨额亏损事件。而《巴塞尔协议Ⅰ》主要考虑的是信用风险，对市场风险和操作风险考虑不足。

（2）危机的警示。1997 年亚洲金融危机的爆发和危机蔓延所引发的金融动荡，使得金融监管当局和国际银行业感到重新修订现行的国际金融监管标准已刻不容缓，需要加强金融监管的国际合作，以维护国际金融体系的稳定。

（3）技术可行性。学术界以及银行业自身都在银行业风险的衡量和定价方面做了大量细致的探索性工作，建立了一些较为科学可行的数学模型。现代风险量化模型的出现，在技术上为巴塞尔委员会重新制定新协议提供了可能。

在以上背景下，1999 年 6 月，巴塞尔委员会首次公布了关于修改资本充足率框架的征求意见稿，并于 2004 年 6 月正式发布了《统一资本计量和资本标准的国际协议：修订框架》，简称《巴塞尔协议Ⅱ》，于 2006 年年底在十国集团开始实施，同时允许各国确定一段时间的过渡期或双轨并行期。

(二)《巴塞尔协议 II》的主要内容

《巴塞尔协议 II》较 1988 年的《巴塞尔协议 I》复杂得多，但也更为全面，其基本内容由互为补充的三大支柱组成，即最低资本要求、监管当局的监管和市场约束。

1. 支柱之一：最低资本要求　最低资本要求仍然是《巴塞尔协议 II》的重点。其中，有关资本的定义和最低资本充足率 8% 的要求没有发生变化，但对于风险加权资产的计算问题，《巴塞尔协议 II》在原来只考虑信用风险的基础上，进一步考虑了市场风险和操作风险；总的风险加权资产等于由信用风险计算出来的风险加权资产，加上根据市场风险和操作风险计算出来的风险加权资产。计算公式如下：

$$银行资本充足率 = 总资本 / [\,由信用风险计算出的风险加权资产 + (由市场风险计算出的风险加权资产 + 由操作风险计算出的风险加权资产) \times 12.5\,]$$

2. 支柱之二：监管当局的监管　监管当局的监管，是为了确保各银行建立起合理有效的内部评估程序，用于判断其面临的风险状况，并以此为基础对其资本是否充足做出评估。监管当局在实施监管的过程中，应当遵循以下四项原则：第一，银行应当具备与其风险相适应的评估总资本的一整套程序，以及维持资本水平的战略。第二，监管当局应当检查和评价银行资本充足率及其实施战略，以及银行监测和确保满足监管要求的能力；若对最终结果不满意，监管当局应采取适当的监管措施。第三，监管当局应希望银行的资本充足率高于最低监管要求，并应有能力要求银行持有高于最低监管要求的资本。第四，监管当局应争取及早干预，从而避免银行的资本低于抵御风险所需的最低水平；如果得不到保护或恢复则需迅速采取补救措施。为保证最低资本要求的实现，《巴塞尔协议 II》要求监管当局可以采用现场检查和非现场检查等方法审核银行的资本充足情况。在资本水平较低时，监管当局要及时采取措施予以纠正。

3. 支柱之三：市场约束　市场约束旨在通过市场力量来约束银行，其运作机制主要是依靠利益相关者（包括银行股东、存款人、债权人等）的利益驱动。出于对自身利益的关注，利益相关者会在不同程度上和不同方面关心其利益所在银行的经营状况，特别是风险状况，为了维护自身利益免受损失，在必要时采取措施来约束银行。由于利益相关者关注银行的主要途径是银行所披露的信息，因此，该协议要求银行披露信息的范围包括资本充足率、资本构成、风险敞口及风险管理策略、盈利能力、管理水平及过程等。作为第三支柱的市场约束是对第一支柱、第二支柱的补充。

贯穿于《巴塞尔协议 II》三大支柱的核心是，鼓励银行改善风险管理系统，应用先进的风险计量方法正规、系统地分析各种风险敞口的违约概率和损失率，进而更加有效地管理和更加精准地控制银行面临的种种风险，以获得更强的核心竞争力，取得更高的收益。

人们普遍支持该协议的框架，赞同采用风险敏感度较高的资本管理制度，但同时普遍认为该协议太复杂，难以立即统一实施。实际上，各国的实施时间有一定差异。

三、《巴塞尔协议 III》

2008 年国际金融危机爆发后，原有国际银行业监管准则中核心资本充足率偏低，银行高杠杆经营缺乏控制,流动性监管标准缺失等问题暴露出来。针对这些情况,巴塞尔委员会对银行业监管标准进行了全面的完善和修订。2010年9月,巴塞尔委员会通过了《增强银行业抗风险能力》和《流动性风险计量、标准与监测的国际框架》两个文件,简称《巴塞尔协议Ⅲ》。

《巴塞尔协议Ⅲ》对此前《巴塞尔协议》的缺陷进行了全面修订:①更加强调资本吸收损失的能力。大幅提高对核心一级资本充足率的最低要求,一级资本充足率由原来的4%提高到6%;同时要求银行在达到核心一级资本充足率4.5%(原来的比例是2%)的基础上,需进一步分别满足2.5%的资本留存缓冲和0~2.5%的逆周期资本缓冲。②加强对系统重要性金融机构的监管。为防范"太大而不能倒闭"导致的道德风险和系统性风险,对系统重要性银行提出了1%的附加资本要求。③引入杠杆率监管要求。为了防止银行以较少资本支撑较多资产的高杠杆化行为,要求商业银行的杠杆率(核心资本/资产总额)不低于3%,同时,为防范风险加权资产计算过程中的模型风险,避免杠杆率计算的人为判断参数,参与杠杆率计算的资产总额采取了简单的表内外资产加总之后替代风险加权资产。④引入新的流动性监管标准,对商业银行提出流动性覆盖比率(LCR,优质流动性资产储备/未来30日的资金净流出量)和净稳定资金比率(NSFR,可用的稳定资金/业务所需的稳定资金)的考核要求,两个流动性比率指标均为100%,旨在约束商业银行资金来源与资金运用的过度期限错配,增加长期的稳定资金来源,提高银行抵御流动性风险的能力(见表8-1)。

表8-1 《巴塞尔协议Ⅲ》对银行业监管提出的新要求

项目	具体指标	最低要求(%)	实施时间/年	达标时间/年
资本充足率	核心一级资本充足率	4.5	2013	2015
	一级资本充足率	6	2013	2015
	总资本充足率	8	2019年前仍为8%	
	资本留存缓冲	2.5	2016	2019
	逆周期资本缓冲	0~2.5	由各国自主确定	
	系统重要性银行附加资本	1	2013	2018
杠杆率	杠杆率	3	2013	2018
流动性比率	流动性覆盖比率	100	2015	2018
	净稳定资金比率	100	2015	2018

四、中国版《巴塞尔协议Ⅲ》：银行资本管理新规

为推动中国银行业实施新的国际监管标准,增强银行的国际竞争力和银行体系的稳健性,2012年6月,原银监会公布《商业银行资本管理办法(试行)》,确立了我国商业银行资本监管制度,在推动银行提升风险管理水平、对接国际监管规则等方面发挥了积极作用。近年来,随着我国经济金融形势和商业银行风险特征的发展变化,资本监管面临一些新问题,有必要根据新情况进行调整。国家金融监督管理总局对《商业银行资本管理办法(试行)》进行了修订,这有利于促进银行持续提升风险管理水平,引导银行更好地服务实体经济。

2023年11月1日,国家金融监督管理总局发布《商业银行资本管理办法》(以下

简称资本管理新规），自 2024 年 1 月 1 日起正式实施。资本管理新规进一步完善了我国商业银行资本监管规则，推动银行强化风险管理水平，提升服务实体经济质效。资本管理新规主要在以下几个方面进行了修改和完善。

（1）改进资本充足率的计算方法。一是严格资本定义。提高监管资本的损失吸收能力。将监管资本从二级分类（一级资本和二级资本）修改为三级分类，即核心一级资本、其他一级资本和二级资本，严格规定核心一级资本的扣除项，如商业银行应从核心一级资本中全额扣除商誉、其他无形资产（土地使用权除外）、由经营亏损引起的净递延所得税资产等，提升资本工具吸收损失的能力。二是优化风险加权资产计算方法，扩大资本覆盖的风险范围；采用权重法或内部评级法计量信用风险加权资产，实施差异化的银行账簿信用风险敞口分类和信用风险加权资产计量规则。内部评级法未覆盖的风险敞口应采用权重法计量信用风险加权资产；明确市场风险和操作风险的资本要求。在市场风险方面，资本管理新规通过确定风险因子和敏感度指标计算资本要求，取代原基于头寸和资本系数的简单做法；重构内部模型法，采用预期尾部损失（ES）方法替代风险价值（VaR）方法，捕捉市场波动的肥尾风险。在操作风险方面，资本管理新规以业务指标为基础，引入内部损失乘数作为资本要求的调整因子。

（2）提高资本充足率的监管要求。一是明确三个层次的资本充足率的最低要求，即核心一级资本充足率、一级资本充足率、资本充足率分别不得低于 5%、6%、8%。二是引入逆周期资本监管框架。规定应在最低资本要求的基础上计提不低于风险加权资产的 2.5% 的储备资本，由核心一级资本来满足；在最低资本要求和储备资本要求之上计提逆周期资本。逆周期资本的计提与运用规则由中国人民银行会同国家金融监督管理总局另行规定。三是增加系统重要性银行的附加资本要求。即在最低资本要求、储备资本要求和逆周期资本要求外，系统重要性银行还应计提附加资本。

（3）建立杠杆率监管标准。资本管理新规中提到的杠杆率，是指商业银行持有的、符合规定的一级资本净额与调整后表内外资产余额的比率，此比率不得低于 4%。

（4）构建差异化的资本监管体系。资本管理新规参照国际上的适配性监管原则将所有银行大体分为三档，以匹配不同的资本监管方案。其中，规模较大或跨境业务较多的银行划为第一档，对标资本监管国际规则；规模较小、跨境业务较少的中小型银行纳入第二档，实施相对简化的监管规则；第三档主要是规模更小且无跨境业务的银行，包括大部分小型农商银行和村镇银行，进一步简化资本计量要求，大幅度降低资本监管要求，从而避免中小型银行资本监管成本过高，引导其聚焦县域和小微金融服务。

（5）完善调整第二支柱监督检查规定。强化监督检查，优化压力测试，进一步提升监管有效性。如明确第二支柱资本要求应建立在最低资本要求、储备资本要求和逆周期资本要求及系统重要性银行附加资本要求之上；资本规划应考虑风险评估结果、压力测试结果、未来资本需求、风险管理水平和外部经营环境；银行应将压力测试作为风险识别、监测和评估的重要工具，将轻度压力测试下的资本缺口转化为资本加点，将声誉风险情景纳入本机构的压力测试体系，作为新增内容，以突出声誉风险压力测试的重要性等。

（6）全面提升第三支柱信息披露标准和内容。提高信息披露标准，强化相关定性信息和定量信息披露，增强市场约束，并规定了过渡期。

资本管理新规既保持与国际标准的基本一致性,又充分考虑了中国银行业的特殊性,如核心一级资本充足率高 0.5%;大幅下调居住用房地产风险敞口的风险权重(普遍下调 15%~25%)、地方政府一般债券的风险权重和对投资级公司以及中小企业的风险权重;构建差异化资本监管体系,使资本监管与银行规模和业务复杂程度相匹配,降低中小型银行合规成本等,将国际标准与中国实际相结合,实现了国际标准的中国化。

资本管理新规的实施,将更好地发挥资本要求对商业银行资源配置的导向性作用,引导银行优化资产结构,加大服务实体经济力度,以高质量发展为中国式现代化提供有力的金融支撑。

专栏 8-3

国际清算银行市场风险监管的新发展:交易账户基础评估法

2007—2008 年全球经历了大规模的金融危机,很多银行都受到了重大的资本损失,欧美一些著名的金融机构不得不破产,被收购或接受政府救助。面对全球性的银行市场风险资本监管出现的重大问题和失误,2009 年上半年,国际清算银行(BIS)提出对《巴塞尔协议Ⅱ》的市场风险资本充足率框架再次进行重大修订,最后形成了"《巴塞尔协议 2.5》"。在将近 3 年之后,BIS 在 2012 年 5 月首次提出将交易账户基础评估(FRTB)作为银行市场风险资本充足率的最新管理框架。BIS 出台了一系列有关文件,详细阐述并进一步完善了基于交易账户基础评估的银行市场风险资本充足率管理框架的全面改革意见。

1988 年,BIS 通过《巴塞尔协议Ⅰ》推出银行风险资本充足率的概念与计算方法。但是这个版本的协议仅考虑了银行的信用风险资本充足率,其估算方法也比较简单(引入了风险加权资产的概念)。直到 1996 年 BIS 推出修订后的《巴塞尔协议Ⅰ》,加入了市场风险资本充足率。2005 年 BIS 推出《巴塞尔协议Ⅱ》,又加入了操作风险资本充足率。在 2016 年 BIS 正式推出《巴塞尔协议Ⅲ》,引入了流动性风险资本充足率。由此,用了将近 30 年的时间,BIS 终于将银行风险资本充足率的概念完整化,即银行资本充足率涉及的风险主要包括四个部分:信用风险、市场风险、操作风险和流动性风险。

2016 年 1 月《巴塞尔协议Ⅲ》出台,BIS 正式推出了修订后基于交易账户基础评估的银行市场风险最低资本充足率标准,其主要内容包括:重新划分了交易账户和银行账户的边界。

在《巴塞尔协议Ⅲ》框架下,银行除了银行账户(banking book)之外还有交易账户(trading book)。交易账户包括股权、债券、私募股权、资产证券化、房地产、基金投资、金融衍生品等。此外,还包括在银行账户和交易账户之间的风险转移(利率、信用或股权)、外汇交易(包括对冲外汇风险的外汇期权交易)和大宗商品交易等。市场价格变化可能引起的资本损失,主要来自大宗商品价格、股权价格、利率、信用息差和外汇等方面。因此,来自交易账户的风险包括违约风险、利率风险、信用息差风险、股权风险、外汇风险和大宗商品风险;来自银行账户的风险包括外汇风险和大宗商品风险。

此外,BIS 还更新了市场风险的内部模型法和标准法,引入了市场流动性风险。更重要的是,《巴塞尔协议Ⅲ》要求,在金融市场陷入困境的情况下,测量市场风险的方法要从风险价值（VaR）方法转换为预期尾部损失（ES）方法。从分布曲线来看，VaR 是在某个可能性下的一个损失估计值，而 ES 方法计算的是在尾部超过某一个可能性的平均损失估计值。

2019 年 1 月，BIS 正式推出最新修订的基于交易账户基础评估的市场风险最低资本充足率标准。

资料来源：https://new.qq.com/omn/20191014/20191014A03FJ600.html.

提升服务实体经济质效，《商业银行资本管理办法》发布

扫码详尽了解

专题 立德树人

本章小结

1. 银行高负债率的特点决定了银行业是一个特殊的高风险行业。巴塞尔银行监管委员会 1997 年 9 月公布的《有效银行监管的核心原则》中提出，银行业有可能面临以下八种主要风险：信用风险、利率风险、市场风险、国家风险、流动性风险、操作风险、法律风险和声誉风险。

2. 银行业的高风险导致银行业的内在不稳定性，这种不稳定性的典型表现就是银行挤兑及其引起的银行危机具有的传染效应。银行挤兑，是指存款人集中性大量提取存款的行为，是一种突发性、集中性、灾难性的流动性危机。

3. 由于存在着自然垄断、负外部效应和信息不对称，这极易造成金融市场的失灵，从而导致金融资源的配置效率降低。为纠正市场失灵，维护公共利益，将金融市场失灵现象引发的损失减少到最低限度，并防范可能由此产生的银行危机，政府有必要切实加强银行监管。

4. 银行监管的理论依据主要有社会利益论、金融风险论、投资者利益保护论以及管制供求论与公共选择论。它们的论证虽然各有自己的侧重点，但相互之间也有一定的交叉。

5. 政府监管银行的方式主要由以下内容组成，即谨慎性监管体系、存款保险制度和最后贷款人制度，它们共同筑起银行安全网。其中，后两者被称为政府安全网。

6. "骆驼"评级体系是监管当局对商业银行及其他金融机构的业务经营、信用状况等进行的一整套规范化、制度化和指标化的综合等级评定制度。其中的五项考核指标，即资本充足性、资产质量、经营管理水平、盈利水平和流动性所对应的英文单词的第一个字母组合在一起为"CAMEL"，正好与"骆驼"的英文名称相同。

7. 存款保险制度，是指一种为存款人利益提供保护和稳定金融体系的制度安排，在这一制度安排下，吸收存款的金融机构根据其存款的数额按规定的保险费率，向存款保险机构投保，当金融机构破产而无法满足存款人的提款要求时，由存款保险机构承担支付法定保险金的责任。存款保险制度属于辅助性的事后稳定器。

8. 最后贷款人制度，是中央银行作为银行的银行的一项职责，是指银行体系由于遭遇不利的冲击引起对于流动性的需求大大增加，而银行体系本身无法满足这种需求时，中央银行向银行体系提供流动性，以确保银行体系稳健经营的一种制度安排。
9. 金融业的国际化和跨国银行的发展必将导致金融监管的国际合作。由国际清算银行发起成立的巴塞尔委员会在跨国银行的国际监管合作方面取得了一定的成果。
10. 1988年，《巴塞尔协议Ⅰ》将银行资本划分为核心资本和附属资本两档；制定出对资产负债表上各种资产和各项表外项目的风险度量标准；提出了资本充足率的概念，银行资本充足率＝总资本/风险加权资产，规定资本充足率不得低于8%，其中核心资本占风险加权资产的比重不得低于4%。
11. 2004年6月，巴塞尔委员会正式发布了《巴塞尔协议Ⅱ》，它包括最低资本要求、监管当局的监管和市场约束三大支柱。
12. 2010年9月，巴塞尔委员会通过了《巴塞尔协议Ⅲ》。协议将一级资本充足率的下限从现行要求的4%上调至6%。另外，协议维持总资本充足率8%不变，但是在核心一级资本充足率4.5%的基础上，需进一步分别满足2.5%的资本留存缓冲和0～2.5%的逆周期资本缓冲。
13. 2023年11月1日，国家金融监督管理总局发布《商业银行资本管理办法》，自2024年1月1日起正式实施。《商业银行资本管理办法》主要在以下几个方面进行了修改和完善：①改进资本充足率的计算方法；②提高资本充足率的监管要求；③建立杠杆率监管标准；④构建差异化的资本监管体系；⑤完善调整第二支柱监督检查规定；⑥全面提升第三支柱信息披露标准和内容。

复习思考题

1. 解释下列概念：信用风险、市场风险、利率风险、流动性风险、操作风险、系统风险、银行挤兑、存款保险制度、巴杰特规则、核心资本、附属资本。
2. 如何理解银行业的高风险特征？其面临的主要风险种类有哪些？
3. 如何理解银行挤兑的传染性？
4. 金融市场失灵的表现有哪些？为什么政府对银行的监管有助于纠正市场失灵？
5. 金融监管的目的与原则是什么？
6. 金融监管体制有哪几种基本类型？
7. 简述"骆驼"评级体系的主要内容。
8. 简述贷款的五级风险分类法的主要内容。
9. 简述存款保险制度的主要内容。
10. 评述存款保险制度的缺陷。
11. 简述《巴塞尔协议Ⅲ》的主要内容。
12. 我国金融监管新格局的构成有哪些？
13. 如何理解中国特色的"双峰"金融监管模式？

复习思考题部分答案
扫码收听

本章拓展内容

- 希腊银行挤兑危机
- 解读次贷危机

第四篇
PART 4

宏观调控篇

第九章　货币政策
第十章　货币供求
第十一章　通货膨胀与通货紧缩

第九章 货币政策

CHAPTER 9

§ **学习目标**

了解货币政策的基本框架
理解货币政策目标之间的对立与统一关系
了解货币政策中介目标选择问题
理解法定存款准备金政策、再贴现政策及公开市场操作的运作机制及优缺点
掌握货币政策影响实体经济的几种传导机制

§ **本章导读**

  从现在开始,我们进入宏观金融调控基本原理的学习。宏观金融调控的主要政策之一是货币政策。货币政策在国家宏观经济政策中居于十分重要的地位,它与财政政策一起构成国家调节经济的两大宏观政策。近年来,我国不断用货币政策工具为实体经济发展营造稳健宽松的货币环境。例如,2023年以来,稳健的货币政策精准施策、持续发力,中国人民银行综合运用多种货币政策工具,发挥总量和结构双重功能,加大逆周期调节力度,为实体经济提供了更有力的金融支持,夯实了实体经济发展的"底盘"。货币政策工具使用更加灵活,结构性货币政策工具的加强运用是亮点之一。理解以上内容就需要扎实掌握货币政策理论知识。因此,在本章我们将带领读者从货币政策目标、货币政策工具及货币政策传导机制三大部分,对货币政策进行系统分析,来揭开货币政策的神秘面纱。

第一节 货币政策目标

  所谓货币政策是指中央银行为实现既定的经济目标而运用各种政策工具调节货币供应量和利率,进而影响宏观经济的方针和措施的总和。

  货币政策目标,是指中央银行采取调节货币和信用的措施所要达到的目的。按照中央银行对货币政策的影响力、影响速度及施加影响的方式,货币政策目标可划分为两个层次：最终目标和中介目标。

一、货币政策最终目标

最终目标，是指货币政策在一段较长的时期内所要达到的目标。最终目标相对固定，基本上与一国的宏观经济目标一致，因此最终目标也被称为货币政策的战略目标或长期目标。

（一）货币政策最终目标的内容

概括地讲，大多数货币当局制定的货币政策所追求的最终目标主要有四个：稳定物价、充分就业、经济增长和国际收支平衡。

1. 稳定物价 稳定物价，又称稳定币值，是指社会一般物价水平在一定时期内大体保持稳定，不发生明显的波动，也就是要求既要防止物价上涨，又要防止物价下跌。

由于在现代信用货币流通条件下，物价波动总体呈上升趋势，因此货币政策的首要目标就是将一般物价水平的上涨幅度控制在一定范围内，以防止通货膨胀率过高。至于物价水平控制的范围，依据各国国情不同，所设定的容许幅度也有差异。但从各国货币政策的实际操作来看，大都比较保守，一般要求物价上涨率应控制在 5% 以下，以 2%~3% 为宜。

从历史角度看，稳定物价是最早出现的货币政策目标，这一目标的确立可以追溯到 20 世纪 30 年代以前。众所周知，20 世纪 30 年代以前，自由主义经济思潮盛行，西方经济学家普遍持"货币面纱观"，主张货币中性论。他们认为，货币对于实际经济的作用过程，就像罩在人脸上的纱巾对人本身的相貌、身体健康等没有本质影响一样，货币的变动除了对价格产生影响外，并不会引起诸如储蓄、投资、经济增长的变动。如果说在一定的条件下，货币的变动在短期内还具有增加实际产出的效应，从长期来看，其也只能增加名义产出量，而不能提高实际产出量。在这种理论中，货币对实体经济领域没有实质的影响，货币的变动只是影响社会一般物价水平。因此，西方经济理论界普遍认为中央银行的基本职责就是保证流通中的货币供应量适应商品流通的需要，以防止货币贬值和物价上涨。

2. 充分就业 所谓充分就业，是指有劳动能力并愿意参加工作的人，都能在较合理的条件下找到合适的工作，此时劳动力市场处于均衡状态。是否实现充分就业，是通过失业率的高低来体现的。一般来说，中央银行把充分就业目标定于失业率不超过 4% 为宜。

必须说明，充分就业不代表人人都有工作。失业可以分为由需求不足而造成的周期性失业，以及由经济中某些难以克服的原因而造成的自然失业。消灭了周期性失业的就业状态就是充分就业，充分就业与自然失业的存在并不矛盾，充分就业时仍然有一定的自然失业。这是因为，经济中有些失业的原因是难以克服的，劳动力市场往往是不完善的。人们把实现了充分就业时的失业率称为自然失业率，当失业率等于自然失业率时就实现了充分就业。

另外，还有两种失业情况也不包括在充分就业目标中：一种是摩擦性失业，即由短期内劳动力供求失调或季节性原因而造成的失业；另一种是自愿失业，即劳动者不愿意接受现行的工资水平,或自愿放弃工作机会而不愿意寻找工作所造成的失业。这两部分失业在社会失业量中所占的比重非常小。

20 世纪 30 年代,大萧条震撼了整个世界。在这次大萧条中,美国的物价水平下跌了 22%,实际国民生产总值减少了 31%,失业率高达 25%。1936 年,凯恩斯的《就业、利息和货币通论》问世,系统地提出了国家调节经济的理论,以解决失业问题。第二次世界大战结束后的 1946 年,美国国会通过就业法案,将充分就业列入经济政策的目标。从此,充分就业成为货币政策的主要目标之一。

3. 经济增长　经济增长是针对国民经济发展状况这一宏观问题而设置的宏观经济目标,是指经济在一个较长的时期内始终处于稳定增长的状态,一个时期比另一个时期更好一些,不出现大起大落,不出现衰退。经济增长的核算通常依靠国内生产总值(GDP)、国民总收入(GNI)等统计数据,以前者为主。基本方法是一般以本年度的 GDP 对比往年的 GDP,而得出经济增长的百分比。如果一个国家的 GDP 增长率为负数,即当年 GDP 比往年减少。通常情况下,GDP 连续两个半年持续减少,会被称为经济衰退。

经济增长的目的是增强国家实力,提高人民生活水平。但是,经济增长并不一定代表发展。批评家们往往质疑经济增长的实际意义,因为经济增长的衡量尺度是 GDP,而 GDP 的增长不一定代表了生产力的发展。举例来讲,假如高速公路上相向而来的两辆汽车顺利错身而过,则对本年度 GDP 不会有任何统计上的影响;相反,如果两辆车发生了车祸,则需要出动警车、救护车,并且增加了清理路面的工作、保险金的赔偿以及未来新车的需求等,这在 GDP 上可能会有上百万美元的增加。然而这一事件的本质是一个意外,而不是生产力的发展。

世界各国由于发展阶段和发展条件不同,在增长率的选择上也往往存在差异。大多数发展中国家较发达国家更偏好高的经济增长率,也因此对货币政策提出了相应的要求。这些国家通常认为人均 GDP 大于 5% 的经济增长率是可接受的。

经济增长指标作为货币政策的最终目标,起源于 20 世纪 50 年代后。自 20 世纪 50 年代起,世界经济得到了迅速的恢复和发展。

4. 国际收支平衡　国际收支状况是一个国家同世界其他国家之间的经济关系的反映。国际收支平衡,是指一国对其他国家的全部货币收入和货币支出持平,略有顺差或略有逆差。国际收支平衡又可分为静态平衡和动态平衡。静态平衡是指以 1 年内的国际收支平衡为目标,而动态平衡是指以一定周期内(如 3 年、5 年)的国际收支平衡为目标。目前在国际收支管理中,动态平衡正受到越来越多的重视。由于国际收支状况与国内市场的货币供应量有着密切关系,所以对于开放条件下的宏观经济而言,国际收支平衡也成为一国货币政策目标之一。

自 20 世纪 60 年代开始,美国国际收支出现逆差且不断扩大,并最终导致布雷顿森林体系解体,美元大幅贬值。因此,美国在 20 世纪 70 年代初确立将国际收支平衡列为货币政策目标。随着浮动汇率制的实施,各国国际收支状况都出现了剧烈动荡,并对国内经济产生了不利影响,这种状况随后也促使其他国家纷纷将国际收支平衡作为货币政策目标之一。

（二）货币政策最终目标之间的相互关系

上述四大目标几乎具有同等重要的社会福利含义，但在实际的政策操作中，它们不总是协调一致的，往往相互间存在矛盾。

1. 诸目标之间的统一关系 从长期看，货币政策的最终目标是一致的，不但彼此之间没有矛盾，而且相互依存、相互促进，不存在舍其一而保留其他目标的问题。

（1）经济增长是其他目标的物质基础。经济增长可以扩大社会总供给，提供更多的就业机会和就业渠道，增强进出口实力，从而有利于其他三个目标的实现。

（2）稳定物价是经济增长的前提。持续、稳定、协调的经济增长是以合理的经济结构为条件的，而合理的经济结构必须有合理的价格结构和准确的价格信号作为引导，只有稳定的物价水平，才能向经济提供准确的价格信号。因此，稳定物价是经济增长的前提条件。

（3）充分就业与经济增长相互促进。充分就业意味着资源的充分利用，意味着企业更乐于进行资本设备投资以提高生产率，从而促进经济增长。相反，经济增长也可以提供更多的就业机会和就业渠道，从而促进充分就业目标的实现。

（4）国际收支平衡有助于其他目标的实现。国际收支平衡为其他三个目标的实现提供了有利的外部环境。因为国际收支平衡有助于稳定国内物价，有利于国际资源的充分利用，从而扩大国内生产能力，提供更多的国内就业机会，促进经济增长。

2. 诸目标之间的矛盾关系 从短期看，在货币政策的实际操作过程中，各目标间往往存在矛盾，短期内的矛盾尤为突出，导致政策目标的选择只能有所侧重而很难兼顾。一般认为，除经济增长与充分就业之间存在正相关关系，具有较多的一致性之外，其他几个目标之间都存在矛盾。

（1）充分就业和稳定物价之间存在着矛盾，表现为失业率较高的物价稳定或通货膨胀率较高的充分就业。对二者关系最经典的描述是菲利普斯曲线。它是用来表示失业率与通货膨胀率之间关系的曲线，由新西兰经济学家菲利普斯于1958年在《1861—1957年英国失业率和货币工资变动率之间的关系》一文中最先提出。此后，经济学家对此进行了大量的理论解释，尤其是萨缪尔森和索洛将原来表示失业率与货币工资变动率之间交替关系的菲利普斯曲线，发展为用来表示失业率与通货膨胀率之间交替关系的曲线。

1958年，菲利普斯根据英国1861—1957年失业率和货币工资变动率的经验统计资料，提出了一条用以表示失业率和货币工资变动率之间交替关系的曲线。这条曲线表明，当失业率较低时，货币工资增长率较高；反之，当失业率较高时，货币工资增长率较低，甚至是负数。根据成本推动的通货膨胀理论，货币工资增长率可以代表通货膨胀率，因此，这条曲线就可以表示失业率与通货膨胀率之间的交替关系，如图9-1所示，失业率高，表明经济处于萧条阶段，这时工资与物价水平都较低，从而通货膨胀率也就低；反之，失业率低，表明经济处于繁荣阶段，这时工资与物价水平都较高，从而通货膨胀率也就高。失业率和通货膨胀率之间存在着反方向变动的关系。

因此，对于中央银行而言，可能的选择只有三种：①通货膨胀率较高的充分就业，如图 9-1 中的 A 点；②失业率较高的物价稳定，如图 9-1 中的 B 点；③在通货膨胀率和失业率的两极之间进行组合，即所谓的相机组合，如图 9-1 中 A、B 之间的区域。

但是，菲利普斯曲线无法解释 20 世纪 70 年代以后西方国家出现的高失业率和严重通货膨胀并存的"滞胀"现象。

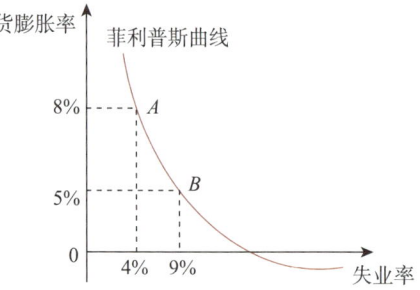

图 9-1　失业率与通货膨胀率之间的关系

（2）物价稳定与经济增长之间存在着矛盾和冲突，表现为可能会出现经济增长缓慢的物价稳定或通货膨胀率较高的经济繁荣。但是，人们对于这个问题颇有争议：有人认为，通货膨胀可作为经济增长的推动力；也有人认为，通货膨胀与经济增长是形影不离的；还有人认为，除非保持物价稳定，否则不能实现经济增长。

总体来说，稳定物价与经济增长是货币政策目标的核心内容，但短期内这两个目标往往存在着冲突。比如，在经济衰退时期采取扩张性货币政策，以刺激需求，刺激经济增长和减少失业，但这常常会造成流通中的货币供应量大于与经济发展相适应的货币需求量，导致物价上涨。相反，在经济扩张时期为了抵制通货膨胀，保持物价稳定而采取紧缩性货币政策，减少货币供应量，这又往往会阻碍经济增长并使就业机会减少。可见，短期内稳定物价与经济增长之间有一定的矛盾，但是从长期看，经济的增长与发展为保持物价稳定提供了物质基础，两者在根本上是统一的。因此，选择这两个目标的一个最优结合点，便成为货币政策选择的一个重要问题。

（3）经济增长与国际收支平衡之间也存在一定的矛盾和冲突。一般地，国内经济的增长，一方面会导致贸易收支的逆差，因为经济增长会导致国民收入的增加和支付能力的增强，如果此时出口贸易的增长不足以抵消增长的进口需求，必然会导致贸易收支的逆差；另一方面也可能引起资本和金融账户的顺差，因为经济增长需要大量的资金投入，在国内资金来源不足的情况下，必然要借助于外资的流入，这在一定程度上可以弥补贸易逆差导致的国际收支赤字。但是，能否确保国际收支平衡依赖于二者是否能相互持平。因为外资流入后还会有支付到期本息、分红、利润汇出、撤资等后续流出要求，所以是否平衡最终要取决于外资的实际利用效果。

一般地，经济迅速增长，收入水平提高，会导致进口商品的需求比出口贸易增长更快，容易使国际收支状况恶化。而要消除逆差，则必须压缩国内需求，实行紧缩的货币政策，结果可能会引起经济增长缓慢乃至衰退。

（4）稳定物价与国际收支平衡之间的矛盾和冲突表现为，可能会出现本国通货膨胀（别国相对具有更稳定的物价）下的国际收支逆差或本国具有稳定的物价（别国相对通货膨胀更严重）下的国际收支顺差。

对于开放经济条件下的宏观经济而言，中央银行稳定国内物价的努力往往会导致经常账户以及资本和金融账户的顺差。例如，假如国内发生了严重的通货膨胀，货币当局为了抑制物价上涨，有可能提高利率以降低货币供应量。在资本自由流动的条件下，利率的提高会导致资本流入，资本和金融账户出现顺差。同时，由于国内物价上涨势头的减缓和总需求的减少，出口增加而进口减少，经常账户也可能出现顺差，反之亦然。由此可见，稳定物价与国际收支平衡并不总是协调一致的。

货币政策最终目标之间的冲突关系，是当今各国政府及经济学家所面临的一个最大难题。为了实现一个目标而采取的货币政策措施，可能会损害另外一个目标的实现，或者会破坏另外一些已达到很好状态的目标。所以，制定货币政策面临的任务是，要在这些既相互统一又相互冲突的目标之间做出取舍，进行目标的最优结合。

（三）中国货币政策最终目标

长期以来，中国理论界对货币政策最终目标的理解与认识一直存在着分歧。比较有代表性的观点有两种：单一目标论和双重目标论。前者主张以稳定货币或者经济增长为货币政策目标；后者认为货币政策目标不应是单一的，而应当同时兼顾发展经济和稳定物价两方面的要求。

从实践来看，对政策目标的提法也在不断发生变化。1986年国务院发布的《中华人民共和国银行管理暂行条例》中，首次对包括中央银行和商业银行在内的所有金融机构的"任务"做了界定，即发展经济，稳定货币，提高社会经济效益，这可以算是对中国货币政策目标的首次表述。1993年颁布的《国务院关于金融体制改革的决定》以及1995年通过的《中华人民共和国中国人民银行法》中，货币政策的目标被表述为"保持货币币值的稳定，并以此促进经济增长"。

二、货币政策中介目标

事实上，货币当局本身并不能直接控制和实现诸如稳定物价、经济增长这些货币政策的最终目标，它只能借助于货币政策工具，并通过对中介目标的调节和影响实现最终目标。因此，中介目标是货币政策作用过程中一个十分重要的中间环节，也是判断货币政策力度和效果的重要指示变量。跟踪这些变量的变化，货币当局就可以较快地判断其政策是否处于准确的轨道上。

（一）中介目标的含义及其选择标准

1. 中介目标的含义　所谓货币政策中介目标，是指中央银行在货币政策实施过程中，为更好地观测货币政策的效果并保证最终目标的实现，在货币政策工具和最终目标之间插入的一些过渡性指标。货币政策中介目标的概念最早是20世纪60年代由美国经济学家提出的，但当时的中央银行并不是从宏观控制的角度来考虑中介目标的。直到20世纪70年代中期，货币政策中介目标的思想才得到发展，中介目标才逐渐成为各国中央银行货币政策传递机制的主要内容之一。

货币政策中介目标，是货币当局为实现货币政策最终目标而选择作为调节对象的目标。中介目标之所以重要，在西方货币理论看来主要有两点原因：一是人们长久以来认识到货币政策作用机理具有滞后性和动态性，因而有必要借助于一些能够较为迅速地反映经济状况变化的金融或非金融指标，作为观察货币政策实施效果的信号；二是为避免货币当局的机会主义行为，因此需要为货币当局设定一个名义锚（nominal anchor），以便社会公众观察和判断货币当局的言行是否一致。

锚的本义是轮船停泊后用来固定自身方位的工具，就是将一个巨大的叉形物投入海中，让轮船不会随意漂泊。中央银行在实行货币政策之前，也会制定一个名义锚，如利率、货币供应量等名义锚来锁定物价水平。货币政策都围绕这个名义锚来实行，从而实现稳定物价的目标，让整体经济不会失去控制。名义锚可以看成是一套行为规范，是中央银行必须长期关注的行为准则，使之达到自己定下的目标。这会让货币政策不会因为短期的需要，而使得整体经济"失去方向，到处漂泊"。设置货币政策中介目标就相当于设置货币政策的名义锚，其作用在于：第一，反映货币政策的实施进度；第二，为中央银行提供一个追踪监测的指标；第三，便于中央银行随时调整货币政策的力度和方向。

2. 中介目标的选择标准　　货币政策中介目标主要是依据一国经济金融条件和货币政策操作对经济活动的最终影响而确定的。一般认为，货币政策中介目标的选取必须符合以下三个标准。

（1）可测性。可测性有两个方面的含义：一是中介目标应有比较明确的定义，以便于观察、分析和监测；二是中央银行能够迅速获取有关中介目标的准确数据。对中介目标变量进行迅速和准确的测量是十分重要的。一个中介目标变量是否有用，关键要看这个变量在政策"偏离轨道"时，是否能够比政策更快地发出信号。而这个变量能很快地发出信号的前提是，能够对它进行迅速、准确的测量，即要能够迅速得到有关数据，并依此进行准确的分析。假设中央银行计划实现 4% 的 M2 增长率，若它不能迅速和准确地计量 M2，那么这个计划又有什么用呢？实践中货币供应量和利率的数据容易准确掌握，因此中央银行通常将这两个变量作为中介目标来调控。

（2）可控性。可控性，是指中央银行能够运用各种货币政策工具，对所选的金融变量进行有效的调节和控制，指标能够在足够短的时间内接受货币政策工具的影响，并且按照货币政策设定的方向和力度发生变化，且较少受经济运行本身的干扰。例如，中央银行能够对货币供应量和利率从多方面加以有效控制，那么这两个变量作为货币政策中介目标变量就比较合适了。

（3）相关性。相关性，是指中介目标与货币政策最终目标之间必须存在密切、稳定和统计学意义上的相关性。只要能达到中介目标，中央银行在实现或接近实现货币政策最终目标方面就不会遇到障碍和困难。相关性反映了中介目标对最终目标的影响力。相关性越高，这种影响力就越大，中央银行通过控制中介目标变量来控制最终目标变量的效果就越好。

一些学者针对一些国家的实际情况，又提出了中介目标选择的另外两个标准，即抗干扰性和与经济金融体制的适应性。货币政策在实施过程中，常会受到许多外来因素或非政策因素的干扰。只有选取那些抗干扰性较好的中介指标，才能通过货币政策工具的操作达到最终目标。国家间的经济金融体制不同，中央银行为实现既定的货币政策目标而采用的政策工具不同，选择作为中介目标的金融变量也必然有区别。

根据以上标准所确定的中介目标一般有利率、货币供应量、超额准备金和基础货币等。根据货币政策工具对这些目标产生反应的先后和这些目标作用于最终目标的过程，其又可分为两类：一类是近期中介目标，即中央银行对它的控制力较强，但离货币政策最终目标较远，如超额准备金和基础货币，又称为操作目标；另一类是远期中介目标，即中央银行对它的控制力较弱，但离最终目标较近，又称为中间目标，如货币供应量和利率。

(二) 近期中介目标

近期中介目标，也称操作目标，是指中央银行对它的控制力较强，但与货币政策最终目标相距较远的中介目标，主要有以下几种。

1. 短期货币市场利率 经常被选作操作指标的短期货币市场利率，是指银行同业拆借利率。银行同业拆借市场作为货币市场的基础，其利率是整个货币市场的基准利率。中央银行通过调控银行同业拆借利率就可以影响货币供应量，以影响长期利率，从而有较强的相关性。中央银行可以很方便地得到有关银行同业拆借利率的水平和变动情况。当中央银行根据既定的中介目标，认为有必要维持或改变现有利率水平和结构时，就可以利用我们后面将要介绍的公开市场操作或再贴现等政策工具来调控同业拆借利率，使其能体现货币政策意图，进而作用于中介目标。因此，从可测性和可控性方面看，短期利率也是符合要求的。

2. 银行准备金 银行准备金，是指商业银行和其他存款机构在中央银行的存款余额及其持有的库存现金。银行准备金的用途主要有：①用于满足客户的提款需要；②用于满足法定存款准备金的要求；③用于银行之间的资金清算。

银行准备金又可进一步划分为不同种类：①按需求性质，银行准备金可以划分为法定存款准备金和超额准备金两部分。法定存款准备金是银行按照法律规定所必须上交的那部分准备金，其数量取决于银行吸收存款的数量和法定准备金率。超额准备金是总准备金扣除法定准备金后的那部分。②从供给看，银行准备金分为借入准备金和非借入准备金。借入准备金由中央银行的贴现窗口获得，在使用额度、频率和使用用途上有明确的限制。非借入准备金由银行通过贴现窗口之外的其他渠道获得。其中，中央银行通过公开市场操作买进政府债券，是银行非借入准备金供给的一个最主要渠道。此外，一些技术性因素如财政存款余额、在途资金、流通中现金等也会影响非借入准备金的供给。

中央银行通过法定准备金率的变动，可直接引起法定准备金的变动，进而引起最终目标的变动。中央银行还可以通过公开市场操作改变商业银行的非借入准备金，进而影响最终目标。

3. 基础货币 基础货币，由流通中的通货和银行准备金组成，构成了货币供应量倍数伸缩的基础。一般认为，基础货币是比较理想的操作指标，其具有以下特点：①可测性强。基础货币直接表现为中央银行的负债，其数额随时反映在中央银行的资产负债表上，很容易为中央银行所掌握。②可控性强。通货可以由中央银行直接控制。中央银行可以通过公开市场操作，随意控制银行准备金中的非借入准备金。借入准备金虽不能完全控制，但可以通过贴现窗口进行目标设定并进行预测，也有很强的可控性。③相关性强。货币供应量等于基础货币与货币乘数之积。只要中央银行能够控制基础货币的投放，也就等于间接地控制了货币供应量，从而就能进一步影响利率、价格及国民收入，实现其最终目标。

|专栏 9-1|

泰勒规则还有效吗

泰勒规则[一]是常用的简单货币政策规则之一，其目的是给予中央银行名义利率政策指标指导，由美国斯坦福大学经济学教授泰勒于 1993 年针对美国的实际经济数据提出。泰勒规则是一种确定短期利率调整的规则，即短期利率如何针对通货膨胀率和产出变化调整的准则，用公式表示为

$$i = i^* + \alpha(\pi - \pi^*) - \beta(N - N^*)$$

式中，i 表示名义利率，i^* 表示长期均衡利率，π 表示通货膨胀率，π^* 表示目标通货膨胀率，N 表示失业率，N^* 表示自然失业率。这为从 2022 年 3 月开始的美联储加息提供了理论支撑。例如 2023 年 7 月初，泰勒表示，美联储需要进一步提高利率以遏制过高的通货膨胀率。

虽然泰勒规则从形式上看非常简单，但对后来的货币政策规则研究具有深远的影响。泰勒规则启发了货币政策的前瞻性，提高了货币政策的透明度，因此受到理论界的广泛关注。1993 年，美联储放弃将货币供应量作为货币政策中介目标，转而使用联邦基金利率，就是以泰勒规则为理论依据的。如果中央银行采用泰勒规则，货币政策的抉择实际上就具有了一种预承诺机制，从而可以解决货币政策决策的时间不一致问题，提高货币政策的有效性。

2015 年 11 月，时任美联储主席耶伦提出反对泰勒规则的观点，呼吁众议院不要通过要求用数学规则来指导货币政策的议案，指责该议案将"严重损害美国经济"。共和党此前要求美联储利用数学公式来决定短期基准利率的水平，议案的支持者提到了泰勒规则。该规则认为，当产出缺口为正和通货膨胀率缺口超过目标值时，应提高名义利率。照此推算，美国那时的利率应该达到 1% 以上，而美联储从 2008 年金融危机至今一直将利率压在零附近。耶伦反驳称："美联储货币政策必须具有更强的适应性，这不是简单的数学规则可以做到的"。

关于货币政策是否公式化的问题，美联储其实已经争论了好多年。泰勒和部分美联储官员站在一个阵营，他们认为公式化会令政策决议的过程更加透明和可预测，也会带来更多的经济产出，但是耶伦和其他的美联储官员站在另一阵营，他们认为如果美联储采用泰勒规则，经济衰退会陷入更深的泥潭。

（三）远期中介目标

远期中介目标，有时简称中介目标，是指中央银行对它的控制力较弱，但与货币政策最终目标较近的中介目标，又称为中间目标，主要有以下几种。

1. 利率 从货币政策最终目标来看，远期中介目标主要是长期利率。这是因为，长期利率对投资的影响显著，对不动产及机器设备投资的影响尤其如此。但实践中，中

[一] 1993 年 7 月 22 日，时任美联储主席的格林斯潘宣布，美联储决定放弃实行了十余年的以调控货币供应量来调控经济运行的货币政策规则，而以调整实际利率作为对经济实施宏观调控的主要手段，这就是现在美国金融界的泰勒规则。

央银行经常操作的中介目标是短期利率,主要是银行同业拆借利率。

利率作为远期中介目标具有如下优点:①可控性强。中央银行可直接控制对金融机构融资的利率,而通过公开市场操作或再贴现政策,也能调节市场利率的走向。②可测性强。中央银行在任何时候都能观察到市场利率的水平及结构。③中央银行能够通过利率影响投资和消费支出,从而调节总需求。

利率作为远期中介目标也有一定的局限性。首先,中央银行能够调控的是名义利率而不是实际利率,它说明不了借贷的实际成本。其次,作为经济的内生变量,在经济繁荣时期,利率因信贷需求的增加而上升;在经济萧条时期,利率则随信贷需求的减少而下降。然而,作为政策变量,当经济过热时,其应提高利率以抑制需求,当经济疲软时,应降低利率以刺激需求。也就是说,利率作为经济的内生变量,和政策变量往往难以区分,使政策效果和非政策效果混杂在一起,导致中央银行无法确定政策是否有效,容易形成错误的判断。值得注意的是,并不是每个国家都适合以利率作为货币政策中介目标。特别是在利率还没有市场化的条件下,利率既不能正确地反映货币需求,也不能有效地调节货币需求,选择利率作为中介目标也就失去了意义。

2. 货币供应量　这是以弗里德曼为代表的现代货币主义者所推崇的中介目标。把货币供应量作为中介目标的理由是:①可测性强。M0、M1、M2 等指标都有很明确的定义,分别反映在中央银行、商业银行及其他金融机构的资产负债表内,可以很方便地进行测算和分析。②可控性强。现金直接由中央银行发行并进入流通,通过控制基础货币,中央银行也能有效地控制 M1 和 M2。③具有直接相关性。一定时期的货币供应量代表了一定时期的有效需求总量和整个社会的购买力,对最终目标有直接影响,由此其与最终目标直接相关。

但问题是以哪一个口径的货币供应量作为中介目标? 20 世纪 90 年代以前,M1 是大多数国家执行货币政策的主要依据。到了 20 世纪 90 年代以后,随着金融创新的迅猛发展,新型金融工具在金融市场上大量涌现,模糊了货币的边界,使得越来越多的国家将 M2 甚至 M3 作为货币政策的中介目标。目前,货币供应量的计量日趋复杂,中央银行对货币供应量的控制也日益困难,使其作为货币政策中介目标的可测性和可控性均受到冲击。

3. 汇率　相当一部分国家由于特定经济金融条件,将汇率作为货币政策的中介目标。这些国家或地区的货币当局确定其本币同另一较强国家货币的汇率挂钩,并通过货币政策操作盯住这一水平,以此实现最终目标。

对此主要有两类情况:一是开放小型市场经济国家或地区,主要是一些具有高度外向型经济的国家或地区(比如,新加坡和中国香港)。由于对外依存度很高,国际经济状况对其经济稳定非常重要,所以理所当然将汇率作为货币政策的中介目标。二是发生恶性通货膨胀的国家。在克服恶性通货膨胀的过程中,将本国货币与外国较强的货币强行挂钩,试图借此来增强人们对本币的信心。在这一挂钩过程中,汇率也就自然被当作货币政策的中介目标了。例如,墨西哥在 1987 年经济危机后的调整中,通过将本币与美元强行挂钩,成功地使墨西哥的通货膨胀率从调整前的 159% 下降到 1994 年的 7.1%。

（四）利率目标与货币供应量目标的选择[一]

货币政策远期中介目标选用货币供应量还是利率，是一个存在争议的课题。通常将货币供应量目标称为总量指标，将利率目标称为结构指标。必须要明确的是，在实际操作过程中，总量指标与结构指标一般不能同时选作中介目标，两者之间存在着冲突。货币供应量目标和利率目标之间的冲突可以通过货币供求曲线来加以说明，如图9-2所示。

假定开始时货币市场正处于货币当局所希望的均衡点 E 处，利率为 r_1，实际货币供应量为 $(M_s/P)_1$。但是，由于收入增加或者某些其他因素的变化，使得货币需求曲线由 L_1 右移到 L_2，此时货币当局将面临以下两种选择：一种是继续维持原来的货币供应量目标 $(M_s/P)_1$，从而听任利率由 r_1 上升至 r_2；另一种是继续维持原来的利率目标，为达到这一目标，货币当局就必须将实际货币供应量由 $(M_s/P)_1$ 增加到 $(M_s/P)_2$。总之，无论货币当局坚持哪一个目标，都要被迫放弃另一个目标。那么，我们究竟应该如何在利率目标和货币供应量目标之间进行选择呢？实际上这也是凯恩斯主义者和货币主义者经常争论的一个问题。

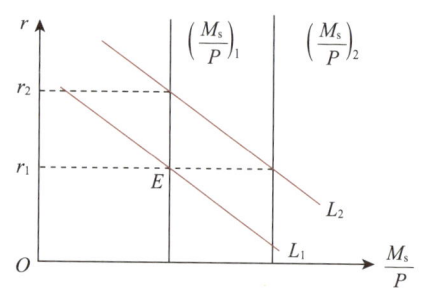

图9-2 货币供应量目标与利率目标的冲突

由于凯恩斯主义者认为货币需求函数（LM曲线）较不稳定，而货币主义者则认为货币需求函数很稳定（参见第十章），因而两者在关于货币政策中介目标的选择上存在很大的分歧。凯恩斯主义者主张以利率为中介目标，而货币主义者主张以货币供应量为中介目标。

受这种分歧的影响，中介目标在各国货币政策实践中，也经历了一个发展变化的过程。20世纪70年代以前，受凯恩斯主义经济学的影响，西方主要国家货币当局一般采用利率作为货币政策的中介目标，对宏观经济实施积极调控。然而随着西方国家在20世纪70年代普遍出现经济滞胀现象后，主张宏观干预政策无效的货币主义理论逐渐兴起，货币供应量目标开始受到货币政策制定者的青睐。进入20世纪90年代以后，某些西方国家又实行以反通货膨胀为唯一目标的货币政策，放弃了以货币供应量作为中介目标的监控方法。部分国家建立了以短期利率为主要近期中介目标，通货膨胀率为最终目标的货币政策体系，货币政策操作不再依赖于其他中介目标。

至此，我们已分析了货币政策目标体系：近期中介目标、远期中介目标、最终目标的构成。从图9-3中不难看出，货币政策工具由近期中介目标、远期中介目标到最终目标是一个依次传递的过程。对中央银行而言，这些目标的可控性依次减弱，从经济分析的角度看，这些目标的宏观性依次加强。

[一] 易纲，吴有昌. 货币银行学［M］. 上海：上海人民出版社，2004：317-319.

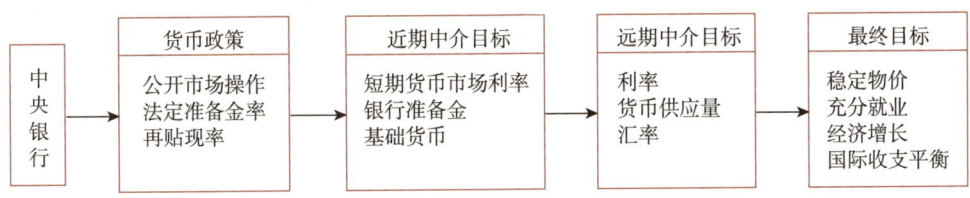

图 9-3 货币政策目标体系

专栏 9-2

美联储使用量化宽松货币政策来应对金融危机

尽管美国次级住房抵押贷款危机从 2007 年春季就开始显现,但直到当年 8 月危机蔓延至债券市场、股票市场和其他信贷市场,美联储才紧急干预,于当年 9 月 18 日降息 50 个基点至 4.75%,开启降息周期,自此进入量化宽松货币政策的通道。

所谓量化宽松(quantitative easing, QE),主要是指中央银行在实行零利率或近似零利率政策后,通过购买国债等中长期债券,增加基础货币,向市场注入大量流动性资金的干预方式,以鼓励开支和借贷,也被简化地形容为间接增印钞票。当银行和其他金融机构的有价证券被中央银行收购时,新发行的货币便成功地投入私有银行体系。量化宽松政策所涉及的政府债券,不仅金额庞大,而且周期较长。一般来说,只有在利率等常规工具不再有效的情况下,货币当局才会采取量化宽松这种极端做法。

在经济发展正常的情况下,中央银行通过公开市场操作,一般购买市场的短期证券对利率进行微调,从而将利率调节至既定目标利率。而量化宽松则不然,其调控目标即锁定为长期的低利率,各国中央银行持续向银行系统注入流动性,向市场投放大量货币。即量化宽松下,中央银行对经济体实施的货币政策并不是微调,而是开了"一剂猛药"。

自 2008 年 11 月至 2012 年 12 月,美联储共实施了四次量化宽松,主要通过购买机构债和住房抵押贷款支持证券来向金融体系注入流动性。其中,最后一次是 2012 年 12 月 13 日凌晨,美联储宣布推出第四轮量化宽松(QE4),每月采购 450 亿美元国债。加上 QE3 每月 400 亿美元的采购额,美联储每月资产采购额达到 850 亿美元。除了量化宽松外,美联储保持了零利率的政策,把利率保持在 0~0.25% 的极低水平。

随着美国经济的企稳与反弹,继续实施量化宽松的必要性在下降,同时量化宽松政策的成本在上升,这使得美国政府开始考虑通过何种方式退出量化宽松。从 2013 年上半年起,市场开始产生美联储退出量化宽松的预期。2016 年 12 月 15 日,美联储宣布联储基金利率目标上调至 0.5%~0.75%,基准利率上升 0.25%,这标志着美联储正式退出以量化宽松刺激经济的周期。

第二节　货币政策工具

货币政策工具是中央银行为达到货币政策目标而采取的手段。货币政策要达到最终目标,需要经过一个传导过程,一般是中央银行运用货币政策工具→近期中介目标→远期中介目标→最终目标。也就是中央银行通过货币政策工具的运作,影响商业银行等金融机构的活动,进而影响货币供应量,最终影响国民经济宏观经济指标。根据货币政策工具的调节职能和效果来划分,货币政策工具可分为以下五类。

一、一般性货币政策工具

一般性货币政策工具,或常规货币政策工具,是中央银行采用的对整个金融系统的货币信用扩张与紧缩,能够产生全面性或一般性影响的手段,是最主要的货币政策工具,包括存款准备金制度、再贴现政策和公开市场操作,俗称中央银行的"三大法宝",它们主要从总量上对货币供应量和信贷规模进行调节。

(一)存款准备金制度

存款准备金制度,也就是法定存款准备金制度,是指在国家法律所赋予的权力范围内,通过规定和调整商业银行在中央银行缴存的存款准备金的比率,控制商业银行的信用创造能力,间接地调节社会货币供应量的政策工具。

1. 法定存款准备金制度的作用机理 中央银行变动法定存款准备金率将通过以下主要途径发挥作用:①通过影响商业银行的超额准备金余额,从而调控其信用规模。如果中央银行提高法定存款准备金率(r_d),商业银行在中央银行缴存的法定准备金就会增加。在其他条件一定的情况下,用于发放贷款的超额准备金(E)就会减少,促使商业银行收缩信贷规模,使货币供应量(M_s)减少,利率(r_m)回升。②通过影响存款乘数,从而影响商业银行的信用创造能力。由于法定存款准备金率与商业银行的货币乘数成反比,因此当中央银行提高法定准备金率时,将会引起货币乘数的下降,从而大大降低商业银行的存款创造货币的能力,进而引起货币供应量的倍数收缩,利率(r_m)回升。

$$r_d \uparrow \Rightarrow E \downarrow \Rightarrow 贷款规模 \downarrow \Rightarrow M_s \downarrow \Rightarrow r_m \uparrow$$

或者

$$r_d \uparrow \Rightarrow 货币乘数 \downarrow \Rightarrow M_s 倍数 \downarrow \Rightarrow r_m \uparrow$$

2. 法定存款准备金制度的特点及发展趋势 法定存款准备金率,被认为是货币政策中最猛烈的工具之一,其政策效果表现在:①法定存款准备金率是通过货币乘数来影响货币供应量的,因此即使法定存款准备金率调整幅度很小,也会引起货币供应量的巨大波动;②即使法定存款准备金率不变,它也在很大程度上限制了存款机构创造货币的能力;③即使商业银行等存款机构出于种种原因持有超额准备金,法定存款准备金率的调整也会产生效果,如提高法定存款准备金率将冻结一部分超额准备金。

但是,法定存款准备金制度也存在着以下局限性:①由于效果过于强烈,不宜作为中央银行日常调控货币供应量的工具;②出于同样的原因,它的调整对整个经济和人们的心理预期都会产生显著的影响,以致它有了固定化的倾向;③存款准备金的变化对各类银行的影响不同,因而货币政策实现的效果可能因为这些复杂情况的存在而不易把握。因此,一般人们对法定存款准备金率的调整都持谨慎态度。

| 专栏 9-3 |

存款准备金制度的变迁

将存款准备金集中于中央银行的做法最初始于英国，但以法律的形式规定商业银行必须向中央银行缴存存款准备金，则始于 1913 年美国的《联邦储备法》。该法案硬性规定了法定存款准备金率，即中央银行要求的存款准备金占金融机构存款总额的比例，目的是确保银行体系不因过度放款而发生清偿危机。法定存款准备金率作为中央银行调节货币供应量的政策工具，普遍始于 20 世纪 30 年代大萧条以后。就目前而言，凡是实行中央银行制度的国家，一般都实行存款准备金制度。

在实行存款准备金制度的早期，许多国家都对不同期限的存款规定不同的准备金率。一般地，存款期限越短，其流动性越强，规定的准备金率就越高。20 世纪 50 年代以后建立存款准备金制度的国家，大多采用单一的存款准备金率，即对所有存款均按同一比例计提准备金。以美国为例，《1980 年存款机构放松管制和货币控制法》规定了设定法定存款准备金率的一个较简单的方案，即所有的存款机构包括商业银行、储蓄和贷款协会、互助储蓄银行以及信用合作社，都遵循相同的法定存款准备金率。至于所有支票存款 [包括非付息支票账户、NOW 账户、超级 NOW 账户以及 ATS（自动转账储蓄）账户] 的法定存款准备金率，低于 1 330 万美元的部分为 0，1 330 万 ~ 8 900 万美元的部分为 3%，超过 8 900 万美元的部分为 10%（截至 2014 年的数据），且设定的 10% 可以根据美联储的判断在 8% ~ 14% 变动。在特别的情况下，这个比率可以高达 18%。

存款准备金制度自产生以来经历了历史性的演变过程，从最初保持银行的清偿能力，到调节货币供应量的有效手段，无论是存款准备金制度本身还是它的作用，都发生了很大的变化。20 世纪 90 年代以来，为了减轻金融机构的负担，主要发达国家的中央银行陆续将利率指标确定为货币政策调控的中介目标。新兴市场经济国家与发达国家一样，也存在降低法定存款准备金率的趋势。但总体而言，新兴市场经济国家的法定存款准备金率普遍高于发达国家。

虽然大多数新兴市场经济国家的法定存款准备金率也经历了一个不断下降的过程，但其改革的力度与发达国家相比还有一定的差距。一些国家大幅度降低法定存款准备金率，甚至完全取消了存款准备金要求。比如，英国、加拿大、澳大利亚、丹麦、瑞典等国家就已经完全取消了存款准备金要求，这些国家大多把控制通货膨胀率作为货币政策的最终目标，多数商业银行将准备金水平降低到了与其日常清算需要的相应水平。与此同时，这些国家采取了各自不同的措施，协助银行在无指令性存款准备金要求的情况下，有效地管理准备金和进行公开市场操作。

另外，在一些新兴市场经济国家频繁调整准备金率的同时，发达国家却很少使用法定存款准备金率这一工具。从发达国家的货币政策实践情况看，法定存款准备金率在 20 世纪 90 年代前一直作为信贷总量调节工具，而此后，存款准备金率对西方国家的信贷总量调节功能日益减弱。目前主要发达国家的存款准备金水平已基本降为 0，大部分国家放弃使用法定存款准备金率作为货币政策工具。

3. 我国的存款准备金制度　　我国的存款准备金制度始于 1984 年。1984 年，中国人民银行按存款种类规定了法定存款准备金率：企业存款为20%，农村存款为25%，城镇储蓄存款为40%。过高的法定存款准备金率使当时的商业银行资金相对不足，中国人民银行不得不通过再贷款（即中央银行对商业银行贷款）的形式将资金返还给商业银行。为克服法定存款准备金率过高带来的不利影响，中国人民银行从1985年开始将法定存款准备金率统一调整为10%。1987年和1988年，中国人民银行为适当集中资金，满足重点产业和项目的资金需求，也为了紧缩银根，抑制通货膨胀，两次上调了法定存款准备金率：1987年从10%上调为12%，1988年9月进一步上调为13%。这一比例一直保持到1998年3月20日。

我国的法定存款准备金不能用于支付和清算。金融机构按规定在中国人民银行开设一般存款账户，统称备付金存款账户，用于资金收付。中国人民银行从1998年3月21日起，对存款准备金制度进行了改革，主要内容是：将原来各金融机构在中国人民银行的存款准备金和存款备付金两个账户合并，称为存款准备金账户；法定存款准备金率从13%下调到8%，超额准备金及超额准备金率由各金融机构自行决定。1999年11月18日，中国人民银行再次决定：从11月21日起下调金融机构法定存款准备金率，由8%下调到6%。从2003年9月21日起，中国人民银行提高存款准备金率1个百分点，即存款准备金率由现行的6%调高至7%。从2004年4月25日起，中国人民银行实行差别存款准备金率制度，即对不同类型的金融机构收取不同比例的法定存款准备金。

中国人民银行决定于2023年3月27日降低金融机构存款准备金率0.25个百分点（不含已执行5%存款准备金率的金融机构）。本次下调后，金融机构加权平均存款准备金率约7.6%。中国人民银行决定，自2024年1月25日起，分别下调支农再贷款、支小再贷款和再贴现利率各0.25个百分点。为巩固和增强经济回升向好态势，中国人民银行决定，自2024年2月5日起，下调金融机构存款准备金率0.5个百分点（不含已执行5%存款准备金率的金融机构），本次下调后，金融机构加权平均存款准备金率约为7.0%。

（二）再贴现政策

再贴现政策，是指中央银行通过制定或调整再贴现率和条件来干预与影响市场利率及货币供应量，从而调节宏观经济的一种政策工具。

1. 再贴现政策的内容 商业银行等金融机构将通过贴现业务获得的票据再卖给中央银行的行为，称为再贴现。中央银行在确定其票据合格的前提下，根据当时的再贴现率，从票据金额中扣除再贴现利息后，将余额付给商业银行等金融机构。需要注意的是，在当今的美国，由于各银行拿到联邦储备银行（美联储）申请贴现的是政府债券而不是商业票据，因此也就不再使用"再贴现"这一名词，而是用"贴现"取而代之。

一般来说，再贴现政策包括两方面的内容：一是再贴现率的调整；二是规定向中央银行申请再贴现的资格。前者着眼于短期，主要影响商业银行的准备金和社会的资金供求，后者则着眼于长期，主要影响商业银行及全社会的资金投向。

2. 再贴现政策的作用机理 中央银行调整再贴现率主要通过影响商业银行的融资成本，从而影响商业银行的准备金，以达到松紧银根的目的。

例如，当中央银行降低再贴现率，使其低于市场一般利率水平时，商业银行通过再贴现获得资金的成本会下降，促使其增加向中央银行借款或再贴现，导致商业银行超额准备金增加，相应地扩大对社会大众的贷款，从而引起货币供应量的增加和市场利率的降低，刺激有效需求的扩大，达到经济增长和充分就业的目的；反之，可采用提高再贴现率的办法来促使稳定物价目标的实现。

此外，再贴现政策还可以进行结构调整，方式主要有两种：一是中央银行可以规定并及时调整可用于再贴现的票据种类，从而影响商业银行的资金投向；二是对再贴现的票据进行分类，实行差别再贴现率，从而使货币供应量的结构与中央银行的政策意图相符合。

3. 再贴现政策的特点 再贴现政策的优点主要体现在如下方面：①作用较为温和。再贴现政策通过影响金融机构的借贷成本间接地调节货币供应量，其作用过程是渐进的，不像存款准备金制度那样猛烈。②对市场利率有强烈的告示作用。再贴现率的变动向社会明确告示了中央银行的政策意图。如再贴现率的升高，表明政府判断市场存在过热现象，因此有紧缩意图；反之，则有扩张意向，这对短期市场利率常有导向作用。③具有结构调节效应。中央银行通过规定再贴现票据的种类和再贴现申请时的一些限制条件，可以控制资金流向，对不同用途的信贷加以支持或限制，从而使得货币的供应量结构与国家的经济政策导向相符合，达到调整国家产业结构的目的。

再贴现政策也有一定的局限性：①缺乏主动性。商业银行是否愿意到中央银行申请再贴现，或再贴现多少，由商业银行决定。如果商业银行可以通过其他渠道融资而不依赖中央银行，则再贴现政策的效果势必大打折扣。②利率高低有限度。如在经济增长时期，无论再贴现率有多高，都很难抑制商业银行向中央银行再贴现或借款，反之则相反。③再贴现率是市场利率的重要参照，再贴现率的频繁调整会导致市场利率的经常性波动，使企业和银行无所适从。因此，在货币政策工具中，再贴现政策不处于主要地位。

（三）公开市场操作

公开市场操作，是指中央银行在金融市场上公开买卖有价证券（主要是政府债券），用以调控货币供应量的一种政策工具。

1. 公开市场操作的作用机理 目前，各国中央银行从事的公开市场操作主要是买卖政府债券。一般情况下，当经济停滞或衰退时，中央银行就在公开市场上买进有价证券，从而向社会投放基础货币。无论基础货币是流入社会大众手中，还是流入商业银行，都必将使银行系统的存款准备金增加。银行通过对准备金的运用，扩大了信贷规模，增加了货币供应量。反之，当利率、物价不断上升时，中央银行则在公开市场上卖出有价证券，回笼货币，收缩信贷规模，减少货币供应量。公开市场操作是20世纪20年代美联储为解决自身收入问题，买卖收益债券时意外发现的。公开市场操作从此成为美联储最重要的政策工具，并在其他国家货币政策工具中占据了越来越重要的地位。

2. 公开市场操作的特点 与前两种货币政策工具相比，公开市场操作的优越性是显而易见的：①传递过程的直接性。中央银行通过公开市场操作可以直接调控银行系统的准备金总量，进而直接影响货币供应量。②主动性。通过公开市场操作，中央银行可以"主动出击",避免了再贴现政策的"被动等待"。③可以进行微调。由于公开市场操作的规模和方向可以灵活安排,中央银行有可能对货币供应量进行微调,从而避免存款准备金制度的震动效应。④可进行频繁操作。中央银行可以在公开市场上进行连续性、经常性及试探性操作,也可以进行逆向操作,以灵活调节货币供应量。

然而,公开市场操作也有一定的局限性。首先,要有效地发挥作用,必须具备一定的条件:①中央银行必须具有强大的足以干预和控制整个金融市场的资金实力;②中央银行对公开市场的操作必须具有弹性操纵权,可以根据经济需要和货币政策目标自行决定买卖证券的种类与数量;③金融市场必须具有相对的广度和深度。具备以上三点,中央银行的公开市场操作才能顺利进行。其次,公开市场操作的效果会被其他因素抵消。比如资本的流动、国际收支不平衡,以及商业银行通过其他方式弥补准备金不足或者在准备金增加时并不马上扩张信用等因素,会部分抵消中央银行买卖有价证券的效果。最后,公开市场操作易受经济周期影响。当经济萧条时,尽管中央银行可以买进证券,扩张信用,促使利率下降,但仍有可能有生产者不愿借款,信用需求不随利率下降而增加。

二、选择性货币政策工具

选择性货币政策工具,是指中央银行针对某些特殊的信贷或某些特殊的经济领域而采用的工具,是针对某些部门、个别企业或某些特定用途的信贷所采用的货币政策工具。与一般性货币政策工具不同,选择性货币政策工具对货币政策与国家经济运行的影响不是全局性的而是局部性的,但也可以作用于货币政策的总体目标,是一般性货币政策工具的必要补充。选择性货币政策工具主要有如下几种。

1. 消费者信用控制　消费者信用控制,是指中央银行对不动产以外的各种耐用消费品的销售融资予以控制。控制的主要内容有:①规定以分期付款方式购买各种耐用消费品时第一次付款的最低金额;②规定分期付款的最长期限;③规定可用消费信贷购买的耐用消费品种类,并就不同的耐用消费品规定相应的信贷条件。

2. 证券市场信用控制　证券市场信用控制,是指中央银行对有关证券交易的各种贷款进行限制,以抑制过度的投机,其中较为常用的是对证券信用交易的保证金比率做出规定。所谓证券信用交易的保证金比率,是指证券购买人首次支付占证券交易价款的最低比率,也即通常所说的保证金比率。中央银行根据金融市场状况选择调高或调低保证金比率,就可以间接控制证券市场的信贷资金流入量,从而控制最高放款额度。例如,为了活跃资本市场,2023年10月14日下午,中国证监会宣布,阶段性收紧融券和战略投资者配售股份出借。同时,上海证券交易所、深圳证券交易所、北京证券交易所发布相关业务通知,将融券保证金比率由不得低于50%上调至80%。

3. 不动产信用控制　不动产信用控制,是指中央银行对商业银行及其他金融机构的房地产贷款所采取的限制措施,以抑制房地产的过度投机,如对金融机构的房地产贷款规定最高限额、最长期限以及首次付款和分期付款的最低金额等。

4. 优惠利率　优惠利率,是指中央银行对国家重点发展的经济部门或产业,如出口工业、农业等所采取的鼓励措施。优惠利率不仅在发展中国家多有采用,在发达国家也十分常见。

5. 预缴进口保证金　预缴进口保证金，是指中央银行要求进口商向指定银行预缴相当于进口商品总值一定比例的存款，目的在于抑制进口的过快增长。这种做法在国际收支长期为赤字的国家较为常见。

三、直接信用控制

直接信用控制，是指中央银行依法对商业银行创造信用的业务进行直接干预而采取的各种措施，主要有如下几种。

1. 利率最高限额　利率最高限额，即规定商业银行对定期及储蓄存款所能支付的最高利率。如在 1980 年以前，美国的 Q 条例规定，活期存款不准付息，定期存款和储蓄存款的利率不得超过上限。这样规定的目的在于防止银行用抬高利率的办法竞相吸收存款，以及为了取得高收益在资产运用方面承担过高的风险。

2. 信用配额　信用配额，是指中央银行根据金融市场状况及客观经济需要，分别对各商业银行的信用规模加以分配，限制其最高数量。这是一个颇为古老的做法，目前在许多发展中国家，由于资金供给相对于资金需求严重不足，这种做法被广泛采用。

3. 规定商业银行的流动性比率　流动性比率，是指流动性资产对存款的比重。一般来说，流动性比率与收益率成反比关系。为保持中央银行规定的流动性比率，商业银行必须缩减长期贷款，扩大短期贷款及增加易于变现的资产等。

4. 直接干预　直接干预，是指中央银行直接对商业银行的信贷业务、放款范围等加以干预，如直接限制放款额度，直接干预商业银行对存款的吸收，对业务经营不当的商业银行拒绝再贴现或采取高于一般利率的惩罚性利率等。

四、间接信用指导

间接信用指导，是指中央银行凭借其在金融体系中的特殊地位，通过与金融机构之间的磋商、宣传等，指导其信用活动，以控制信用的措施，其方式主要有窗口指导和道义劝告。

（一）窗口指导

1. 窗口指导的含义及产生背景　所谓窗口指导，是指中央银行根据产业行情、物价走势和金融市场动向，规定商业银行每季度的贷款增减额，并要求其执行，属于温和的、非强制性的货币政策工具。如果商业银行不按规定的增减额对产业部门贷款，中央银行可削减对该银行贷款的额度，甚至采取停滞信用等制裁措施。

窗口指导产生于 20 世纪 50 年代的日本，这是由当时特殊的条件所决定的：其一，日本政府对经济的干预程度比西方一些国家高，因而日本银行更注重对信贷量的控制；其二，由于历史和传统的原因，日本政府和金融当局更倾向于用行政与法律手段对经济活动进行干预和控制；其三，日本的金融市场尤其是资本市场在第二次世界大战后较长一段时期内并不发达，利率的杠杆作用受到抑制，银行信贷在当时是占主导地位的融资方式。因此，英美等国家中央银行传统的三大货币政策工具在日本缺乏有效的市场运行基础。

2. 窗口指导的特点　实行窗口指导的直接目的是，通过调控贷款资金的供求以影响银行同业拆借市场的利率；间接目的是通过银行同业拆借市场的利率功能，使信贷总量的增长和经济增长相吻合。日本银行利用其在金融体系中所处的中央银行地位和日本民间金融机构对其较大的依赖关系，劝告它们自动遵守日本银行提出的要求，从而达到控制信贷总量的目的。有时，窗口指导也提示民间金融机构的贷款投向，以保证日本经济中重点倾斜部门的资金需要，达到调整产业结构的目的。

因此，窗口指导的特点在于，以限制贷款增加额为主要目的，它作为一种货币政策工具，虽然不属于法律规定，只是劝告性指导，但由于这种指导来自享有很高信誉和权威的中央银行，实际上带有很大程度的强制性。如果民间金融机构不听从指导，尽管不承担法律责任，但最终要承受因此带来的其他方面的经济制裁。

3. 中国的窗口指导　自1987年以来，中国人民银行与商业银行建立了比较稳定的行长联席会与业务部门碰头会制度。平时，行长联席会或业务部门碰头会根据需要不定期举行，但在经济活动高峰期的第四季度，则往往每旬举行一次。在上述会议上，商业银行向中国人民银行报告即期的信贷业务进展情况；中国人民银行则向商业银行说明对经济、金融形势的看法，通报货币政策的意向，提出改进商业银行信贷业务管理和调整信贷投向的建议。虽然联席会或碰头会采取温和的窗口指导方式，指导性政策建议不具有法律约束力，但商业银行通常都能接受这些建议或劝告，成为中国人民银行与商业银行及时互通情况，贯彻货币政策的有效途径。中国人民银行和商业银行除总行一级外的各级分行也建立了具有类似作用的联席会和碰头会制度。

（二）道义劝告

道义劝告，是指中央银行利用其特殊的声望和地位，对商业银行和其他金融机构经常发出劝告、指示或与各金融机构的负责人举行面谈，劝告其遵守政府政策并采取贯彻政策的各种措施。比如，在国际收支出现赤字时，中央银行劝告各金融机构减少海外贷款；在房地产和证券市场投机盛行时，要求商业银行缩减对这两个市场的贷款等。道义劝告的操作思路与窗口指导类似。

五、非常规货币政策工具

2008年全球金融危机使金融系统的传导机制受到破坏，造成了巨大的损失，影响了流动性及银行和借款者的偿付能力。为了应对金融危机，尽管美联储将美国联邦基金利率降低到接近于零的水平，但实际利率依然高企。传统货币政策工具不能修复金融市场的信贷功能，无法阻止金融危机的进一步恶化和蔓延，因此丧失了刺激经济的能力。为此，美国等发达国家以及发展中国家相继启动了非常规货币政策工具，通过大规模资产购买等方式，对通货膨胀率和失业率等货币政策最终目标进行直接干预。实践表明，这一系列非常规货币政策工具缓解了金融市场恐慌，减轻了金融机构资产负债表收缩的压力，重塑了银行系统的信贷渠道，最终避免实体经济部门陷入衰退。非常规货币政策工具可归纳为如下四类。

（一）前瞻指引

前瞻指引（forward guidance）政策，是指中央银行通过做出在相当长的一段时间内保持低利率的承诺，进而引导未来预期通货膨胀率的上升和产出缺口的下降。依据利率期限结构理论，长期利率等于短期利率平均值加上风险溢价，中央银行维持低利率的时间越长，长期利率与短期利率的相关性就越明显。并且，通过降低长期实际利率和降低企业、居民的融资成本，中央银行便可以达到促进消费和刺激经济的目的。在实际操作中，美联储、欧洲中央银行和英格兰银行先后提出了各自的前瞻指引"阈值"。例如，美联储在 2008 年 12 月提出要"维持一段时间的超低利率"，在 2011 年和 2012 年先后将低利率承诺时间延迟，在 2012 年 12 月 12 日开始启用 6.5% 的失业率门槛，直到 2014 年 3 月中旬不再提起 6.5% 的失业率门槛，正式退出这一指标。

（二）扩大中央银行资产负债表规模

在危机发生前，美国等发达国家基本采用价格型货币政策工具，通过调节银行间隔夜拆借利率（美国联邦基金利率），经由利率期限结构工具传导至中长期利率，影响企业生产和公众消费。这样的传导路径在危机后受到零利率下限约束、流动性陷阱和未来悲观预期的制约，使价格型货币工具的传导过程变得不通畅。在这种背景下，美联储决定采用非常规货币政策工具。

1. 量化宽松货币政策 量化宽松（quantitative easing，QE）货币政策，主要是通过预期引导和资产负债表两个渠道对经济施加影响。美国量化宽松货币政策主要通过美联储大规模资产购买（large-scale asset purchase，LSAP）方式实施。每当美联储发表 LSAP 公告时会产生信号效应，即市场参与者就此捕捉到美联储对未来经济发展态势的判断。因此，LSAP 公告传递了未来政策利率走势的信息，使投资者意识到长期内短期利率将维持在较低水平，从而增加投资和消费，促使经济回升。同时，通过先后四轮的 QE 实施，美联储也向金融体系投入了大量的流动性。

2. 扭曲操作 扭曲操作（operation twist）是美联储推出的一项非常规货币政策工具，是指通过买入长期债券并卖出等额短期债券，以压低长期国债收益率。由于国债收益率是金融市场的金融工具的定价基准，长期国债收益率的走低会引导长期利率走低的预期，刺激和长期利率挂钩的贷款利率走低，从而降低企业和公众的借贷成本并促进中小企业融资。

扭曲操作与 QE 之间的相同点在于，两项操作都通过购买长期债券，卖出短期债券的方式压低长期利率。但两者之间也存在不同，扭曲操作的规模一般要小于 QE，扭曲操作是在美国多次 QE 效果递减的情况下对于政策工具的新尝试。有学者认为扭曲操作带来的好处是显而易见的：由于扭曲操作会影响长期利率，因此会对失业率、CPI、资产价格等指标都造成一定程度的影响；有利于降低企业的融资成本，促使贷款流向实体经济。

（三）管理流动性的货币政策工具（借贷便利性货币政策工具）

2008 年金融危机之后，零利率下限的约束制约了总量型货币政策工具的使用，管理流动性的货币政策工具也开始被不同国家的中央银行采用。管理流动性的货币政策工具的主要特点是定向投放流动性，包括运用定向型工具为金融部门或实体行业提供流动性支持。从目前的实践经验看，管理流动性的货币政策工具作为非常规货币政策工具的一种，在常规货币政策难以为继的情况下，在为特定行业或部门提供流动性、提振市场信心、引导资金流向方面发挥了重要作用。下面介绍几种近年来被中国人民银行使用的管理流动性的货币政策工具。

1. 常备借贷便利　常备借贷便利（standing lending facility，SLF）是全球大多数中央银行都设立的货币政策工具，中国人民银行于 2013 年年初也创设了常备借贷便利，它是中央银行的流动性供给渠道，其主要功能是满足金融机构期限较长的大额流动性需求，其对象主要为政策性银行和全国性商业银行，期限为 1~3 个月，利率水平根据货币政策调控、引导市场利率的需要等综合确定。SLF 以抵押方式发放，合格抵押品包括高信用评级的债券类资产及优质信贷资产等，其主要特点是：①由金融机构主动发起，并可根据自身流动性需求申请；②中央银行与金融机构"一对一"交易，针对性强，即精准投放流动性；③它的交易对手覆盖面广，通常覆盖存款金融机构。

2. 中期借贷便利　中期借贷便利（medium-term lending facility，MLF）是中央银行在 2014 年创设的提供中期基础货币的货币政策工具，对象为符合宏观审慎管理要求的商业银行、政策性银行，采取质押方式发放，并需提供国债、中央银行票据、政策性金融债、高等级信用债等优质债券作为合格质押品。例如，2017 年 1 月 24 日，中国人民银行发布公告称，为维护银行体系流动性基本稳定，结合近期 MLF 到期情况，中国人民银行对 22 家金融机构开展 MLF 操作共 2 455 亿元，其中 6 个月期的 MLF 为 1 385 亿元、1 年期的 MLF 为 1 070 亿元，中标利率分别为 2.95%、3.1%，分别较上期上升 10 个基点。

3. 抵押补充贷款　抵押补充贷款（pledged supplementary lending，PSL）可以视作货币政策的一种新尝试。一方面，PSL 可以作为基础货币投放的重要渠道，同时弥补了再贷款信用风险高的问题；另一方面，PSL 利率可以作为货币政策利率基准，通过调整 PSL 利率引导市场利率，进而使得货币政策由数量锚向利率锚转型。PSL 其实是再贷款的一种，是中央银行借贷给商业银行的一种贷款方式。但它和再贷款不一样的地方在于，再贷款是无抵押的，商业银行可以直接从中央银行获得一定利率的贷款，而 PSL 是有抵押的。PSL 为商业银行提供基建、民生支出领域的低成本资金，同时降低社会融资成本，并通过 PSL 的利率水平来引导中期市场利率，以实现中央银行在短期利率控制之外，对中长期利率水平的引导和掌控。

在我国，有很多信用投放，如基础设施建设、民生支出，往往具有政府提供一定程度的担保但获利能力差的特点。如果商业银行基于市场利率水平自主定价、完全商业定价，这类信贷需求将无法得到满足。PSL 所谓引导中期政策利率水平，很大程度上是为了直接给商业银行提供一部分低成本资金，引导其投入这些领域。这也可以起到降低这部分社会融资成本的作用。

4. 短期流动性调节工具　短期流动性调节工具（short-term liquidity operations，SLO）是逆回购的一种。回购操作分成两种，即正回购和逆回购。正回购是中央银行向金融机构卖出有价证券，并约定在未来特定日期买回有价证券的交易行为。正回购是中央银行从市场收回流动性的操作，正回购到期则是中央银行向市场投放流动性的操作。

而逆回购即中央银行向金融机构购买有价证券，并约定在未来特定日期将有价证券卖给该金融机构的交易行为。逆回购为中央银行向市场投放流动性的操作，逆回购到期则是中央银行从市场收回流动性的操作。通俗地说，逆回购就是中央银行主动借钱给银行，正回购则是中央银行把钱从银行那里抽走。那么，SLO 就是超短期的逆回购，这是中国人民银行于 2016 年 1 月引入的新工具，以 7 天期以内的短期回购为主，遇节假日可适当延长操作期限，采用市场化利率招标方式开展操作。中国人民银行根据货币调控需要，综合考虑银行体系流动性供求状况、货币市场利率水平等多种因素，灵活决定该工具的操作时机、操作规模及期限品种等。该工具原则上在公开市场操作的间歇期使用。

（四）结构性货币政策工具

1. 结构性货币政策工具的内涵

结构性货币政策工具是中国特色的货币政策工具，主要是指中央银行引导金融机构信贷投向，发挥精准滴灌、杠杆撬动作用的工具。通过提供再贷款或资金激励的方式，支持金融机构加大对特定领域和行业的信贷投放，降低企业融资成本。

结构性货币政策工具兼具总量和结构双重功能。一方面，结构性货币政策工具建立激励相容机制，将中央银行资金与金融机构对特定领域和行业的信贷投放挂钩，围绕支持普惠金融、绿色发展、科技创新等国民经济重点领域和薄弱环节，发挥精准滴灌实体经济的独特优势；另一方面，结构性货币政策工具具有基础货币投放功能，有助于保持银行体系流动性合理充裕，支持信贷平稳增长。

2. 结构性货币政策工具的运行管理机制

结构性货币政策工具的运行管理机制主要体现在以下三个方面。

一是按照"先贷后借"模式向金融机构提供资金，而不是直接向企业发放贷款。金融机构按照市场化、法治化原则自主向企业发放贷款，之后向中国人民银行申请再贷款或激励资金，中国人民银行按贷款发放量或余额增量的一定比例向金融机构发放再贷款或提供激励资金。

二是由行业主管部门确定支持的领域或行业范围。依托国家发改委、科学技术部、工业和信息化部、生态环境部、交通运输部、国家能源局等行业主管部门的产业基础，明确贷款支持的领域或行业范围，发挥各自优势、形成政策合力。

三是建立事后核查和纠错机制。行业主管部门联合金融部门事后随机抽查，审计监督和社会监督事后跟进，如果发现金融机构贷款台账超出支持范围，将采取递补台账差额、收回再贷款等措施，避免金融机构违规套取再贷款资金。

3. 结构性货币政策工具的种类

结构性货币政策工具从实施目标上分为长期性工具和阶段性工具。长期性工具主要服务于普惠金融长效机制建设，包括支农支小再贷款和再贴现。阶段性工具有明确的实施期限或退出安排，除支农支小再贷款和再贴现之外的其他结构性货币政策工具均为阶段性工具。

结构性货币政策工具的具体种类目前有 10 种。

（1）支农再贷款。自 1999 年起向地方法人金融机构发放，引导其扩大涉农信贷投放，降低"三农"融资成本。发放对象为农村商业银行、农村合作银行、农村信用社和村镇银行。对符合要求的贷款，按贷款本金的 100% 予以资金支持。属于长期性工具。

（2）支小再贷款。自 2014 年起向地方法人金融机构发放，引导其扩大小微企业、民营企业贷款投放，降低融资成本。发放对象包括城市商业银行、农村商业银行、农村合作银行、村镇银行和民营银行。对符合要求的贷款，按贷款本金的 100% 予以资金支持。属于长期性工具。

（3）再贴现。再贴现是中国人民银行对金融机构持有的已贴现票据进行贴现的业务，自 1986 年开办，2008 年开始发挥结构性功能，重点用于支持扩大涉农企业、小微企业和民营企业融资。发放对象包括全国性商业银行、地方法人银行和外资银行等具有贴现资格的银行业金融机构。属于长期性工具。

（4）普惠小微贷款支持工具。2021 年 12 月创设，支持对象为地方法人金融机构，对其发放的普惠小微贷款，按照余额增量的 2% 提供激励资金，鼓励持续增加普惠小微贷款。属于阶段性工具。

（5）抵押补充贷款。2014 年创设，主要服务于棚户区改造、地下管廊建设、重大水利工程、"走出去"等重点领域。发放对象为国家开发银行、农业发展银行和进出口银行。对属于支持领域的贷款，按贷款本金的 100% 予以资金支持。属于阶段性工具。

（6）碳减排支持工具。2021 年 11 月创设，发放对象为 21 家全国性金融机构，明确支持清洁能源、节能环保、碳减排技术三个重点减碳领域。对于符合要求的贷款，按贷款本金的 60% 予以低成本资金支持，按季操作。属于阶段性工具。

（7）支持煤炭清洁高效利用专项再贷款。2021 年 11 月创设，发放对象为国家开发银行、进出口银行、工商银行、农业银行、中国银行、建设银行和交通银行共 7 家全国性金融机构，明确支持煤炭大规模清洁生产、清洁燃烧技术运用等七个煤炭清洁高效利用领域，以及支持煤炭开发利用和增强煤炭储备能力。对于符合要求的贷款，按贷款本金的 100% 予以低成本资金支持，按月操作。属于阶段性工具。

（8）科技创新再贷款。2022 年 4 月创设，发放对象为 21 家全国性金融机构，明确支持高新技术企业、专精特新中小企业、国家技术创新示范企业、制造业单项冠军企业等科技创新企业；对于符合要求的贷款，按贷款本金的 60% 予以低成本资金支持，按季操作。属于阶段性工具。

（9）普惠养老专项再贷款。2022 年 4 月创设，发放对象为国家开发银行、进出口银行、工商银行、农业银行、中国银行、建设银行和交通银行共 7 家全国性金融机构，明确支持符合标准的普惠养老机构项目，初期选择浙江、江苏、河南、河北、江西五个省份开展试点；对于符合要求的贷款，按贷款本金的 100% 予以低成本资金支持，实施期暂定两年，按季操作。属于阶段性工具。

（10）交通物流专项再贷款。2022 年 5 月创设，发放对象为农业发展银行、工商银行、农业银行、中国银行、建设银行、交通银行和邮储银行共 7 家全国性金融机构，明确支持道路货物运输经营者和中小微物流（含快递）企业。对于符合要求的贷款，按贷款本金的 100% 予以低成本资金支持，按季操作。属于阶段性工具。

第三节 货币政策传导机制

中央银行制定货币政策后,从政策的实施到政策发挥作用必须经历一系列传导过程。货币政策传导机制就是要描述货币政策影响经济变量的这一过程,具体是指中央银行根据货币政策目标,运用货币政策工具,通过金融机构的经营活动和金融市场传导至企业、居民,对其生产、投资和消费等行为产生影响的过程。以下分别介绍凯恩斯学派的传导机制、现代货币学派的传导机制、资产价格渠道传导机制和信贷渠道传导机制。

一、凯恩斯学派的传导机制

凯恩斯学派自诞生以来,一直占据着经济学的中心地位。它在货币政策传导机制问题上,认为货币政策工具必须影响到利率才能发挥作用,这就是其经典的利率传导机制理论。

(一) 利率传导机制的局部均衡分析

利率在凯恩斯主义的货币政策传导机制中占有重要的位置。在简单的凯恩斯模型中,存在两个部门——公共部门和私人部门,两类资产——货币和政府债券,金融市场上唯一存在的利率是债券利率。这种传导机制可简单描述为:通过货币供应量 M_s 的增减影响利率 r (主要是债券利率),利率的变化则通过资本边际收益的影响使投资 I 以乘数方式增减,进而影响社会总支出①E 和总收入 Y。以扩张性货币政策为例,用符号表示为

$$M_s \uparrow \to r \downarrow \to I \uparrow \to E \uparrow \to Y \uparrow$$

在这一传导机制中,发挥关键作用的是利率:货币供应量的调整首先影响利率的升降,然后才使投资乃至总支出发生变化。

在标准的 IS-LM 模型中,凯恩斯的利率传导机制产生的效果也是十分明显的,如图9-4所示。

IS-LM 模型对于货币政策的传导作用可简述如下:在 M 一定的情况下,货币市场均衡线 LM 曲线与商品市场均衡线 IS 曲线的交点 E_0 就是经济的均衡点。当货币当局实行紧缩性货币政策时,会使 LM 曲线向左移动,譬如从 LM_0 移至 LM_1,利率会相应地由 r_0 上升为 r_1,利率的上升会抑制投资,这将导致均衡产出

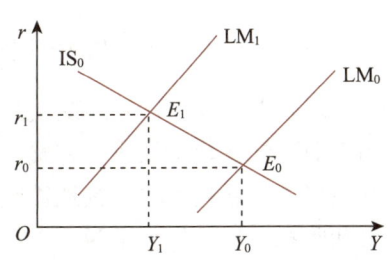

图9-4 货币政策的利率传导效应

从 Y_0 下降到 Y_1。当货币当局实行扩张性货币政策时,会产生相反的效果:LM 曲线会向右移动,利率会下降,而由于利率的下降会刺激投资,故投资上升,均衡产出相应增加。

上述分析从局部均衡的角度,揭示了货币市场对商品市场的初始影响,但是没有考

---

① 这里的总支出,既包括企业的固定投资和存货投资,也包括居民的住宅投资和耐用消费品投资。

虑商品市场对货币市场的影响，没有反映出两个市场之间的相互作用过程。因此，这是一种局部均衡分析方法。

(二) 利率传导机制的一般均衡分析

考虑到货币市场与商品市场的相互作用，凯恩斯学派进行了进一步的分析，称为一般均衡分析，其传导过程如下。

第一，假定货币供应量增加，当产出水平不变时，利率会相应下降，下降的利率会刺激投资，并引起总支出增加，总需求的增加又推动产出上升。这是货币市场对商品市场的作用。

第二，产出和收入的增加，必将引起货币需求的增加，这时如果没有增加新的货币供应量，则货币供求的对比会导致下降的利率回升。这是商品市场对货币市场的作用。

第三，利率的回升又会使总需求减少，产量下降，而产量下降又会导致货币需求下降，利率又会回落。这是货币市场和商品市场往复不断的相互作用过程。

第四，上述过程最终会逼近一个均衡点，这个点同时满足货币市场和商品市场两方面的供求均衡要求。在这个点上，利率可能较原来的均衡水平低，而产出量则可能较原来的均衡水平高。

凯恩斯学派的利率传导机制较为间接，其传导效果如何将取决于三个参数的影响：①货币需求对利率的敏感性，它决定了货币供应量的变动能在多大程度上影响利率；②私人投资对利率的敏感性，它决定了利率的变动对私人投资的影响；③投资乘数，它决定了私人投资的变动能够在多大程度上影响国民收入。按照凯恩斯学派的观点，货币需求对利率十分敏感，存在着"流动性陷阱"。所以，任何货币供应量的增加都会被公众持有，而不会引起利率的变化。而且，凯恩斯认为私人投资对利率是不敏感的，决定私人投资的因素是投资者对投资前景的预期。因此，凯恩斯认为，虽然存在着这样的利率传导机制，但其实施效果很不理想。据此，凯恩斯认为，货币供应量在货币政策传导机制中是无关紧要的。

二、现代货币学派的传导机制

以弗里德曼为代表的现代货币学派认为，利率在货币政策传导机制中不起主导作用，而更强调货币供应量在整个传导机制中的直接效果。他们认为，货币政策传导机制主要不是通过利率间接地影响投资和收入，而是通过货币供应量的变动直接影响支出和收入，用符号表示为

$$M \to E \to I \to Y$$

(一) 货币供应量的变动直接影响支出水平

$M \to E$，表示货币供应量的变动直接影响支出，其原理是：①货币需求有其内在的稳定性。②弗里德曼货币需求函数中不包括任何货币供应量的因素，因而货币供应量的变化不会直接引起货币需求的变化。至于货币供应量，现代货币学派将其视为外生变量。③当作为外生变量的货币供应量改变，比如增大时，由于货币需求并不改变，公众持有的货币会超过其愿意持有的货币，从而必然增加支出。

（二）支出作用于投资

$E \to I$，表示变化了的支出作用于投资的过程，货币主义者认为这将是资产结构调整的过程。其原理是：①超过愿意持有的货币或用于购买金融资产，或用于购买非金融资产，直至用于人力资本的投资。②不同取向的投资会相应引起不同资产相对收益率的变化，如投资金融资产偏多，金融资产市值会上涨，收益率会相应下降，从而刺激非金融资产投资，如产业投资；产业投资增加，既可能促使产出增加，也会促使产品的价格上涨，如此等等。③引起资产结构的调整，在这一调整过程中，不同资产收益率的比值重新趋于相对稳定的状态。

（三）投资影响名义收入

$I \to Y$，表示变动了的投资影响名义收入的过程。Y 是价格和实际产出的乘积，由于 M 作用于支出，导致资产结构调整，由此带动投资的变化，并最终导致 Y 的变化。这一变化究竟能在多大程度上反映实际产出的变化，又有多大比例反映在价格水平上，货币主义者认为，货币供应量的变化短期内对两方面均有影响，但就长期而言，则只会影响价格。

三、资产价格渠道传导机制

对于凯恩斯关于货币政策对经济影响的分析，现代货币学派主要批评的是凯恩斯学派过分关注一种资产价格形式——利率，而忽视了其他资产价格形式。

自托宾（1969）的投资 q 理论以及莫迪利亚尼的生命周期理论诞生后，资产价格成为货币政策传导机制中一个备受关注的渠道，主要的资产价格渠道传导机制如下。

（一）托宾 q 理论

托宾认为，凯恩斯所分析的利率传导机制只是一种局部均衡分析，而一般均衡分析还需考虑商品市场和货币市场的相互关系。因此，托宾等人沿着一般均衡分析的思路扩展了凯恩斯的模型，提出了一种资产价格渠道传导机制，它通过影响股票价格进而影响投资支出，被称为 q 理论。该理论强调了资产结构调整在货币政策传导机制中的作用。

所谓 q，是指一个比率，它等于企业的市值除以企业的资本重置成本，用公式表示：

$$q = \frac{\text{企业的市值}}{\text{企业的资本重置成本}} = \frac{V}{P_k K}$$

式中，V 为企业的市值，即企业的股票总市值；P_k 为每单位实物资本的价格；K 为企业的实物资本总数。后两者相乘的结果即为企业的资本重置成本。

托宾认为，q 和投资支出之间是正相关关系。q 的高低反映了企业的投资愿望，企业的投资决策取决于 q 值是否大于 1。如果 q 值大于 1，意味着企业的市值高于其资本重置成本。相对于企业的市值而言，新的厂房和设备的投资比较便宜，因而企业可通过发行股票获得价格相对低廉的实物资本，从而增加投资支出和总需求。反之，如果 q 值小于 1，则企业的市值低于其资本重置成本，企业就不会购买新的实物资本。如果此时企业仍希望获得实物资本，它们可以以较低的价格收购其他企业来获得这些企业已有的实物资本，投资支出就会减少。因此，q 值是决定投资支出的主要因素。

那么，货币供应量的变动又会对 q 产生什么影响呢？托宾强调了资产结构调整在货币政策传导机制中的作用。假如货币政策变动导致货币供应量增加，公众发现手中的货币多了，因此增加了支出，从而增加了对股票的需求，引起股票价格（P_e）的上涨，q 值相应上升，企业投资支出增加，从而刺激生产增长。这一过程用符号描述如下：

$$M\uparrow \to r\downarrow \to P_e\uparrow \to q\uparrow \to I\uparrow \to Y\uparrow$$

因此，一个扩张性的货币政策会使得股票价格上升，q 值上升，从而增加了投资和产出。

（二）财富效应渠道

尽管经济学家大多较为关心投资的波动，但消费的影响也是不容忽视的。因为消费支出是国民收入中最重要的部分（它一般占国民收入的 2/3 以上），因而消费也可能在货币政策传导机制中扮演着重要的角色。

莫迪利亚尼（1971）引入了生命周期理论，补充了货币供应量的变化对私人消费的影响，提出了货币价格渠道中的财富效应渠道。财富效应渠道，是指货币政策通过货币供应量的增减影响股票价格，使公众持有的以股票市值计算的个人财富发生变动，从而影响其消费支出，进而影响国民收入的传导效应。

莫迪利亚尼所指的消费，是指在非耐用消费品和服务上的开支，它取决于消费者的毕生财富，而不是消费者的当期收入。他认为，消费者所获得的毕生财富包括人力资本、实物资本和金融资产，这决定了他的支出水平。

消费者毕生财富的一个重要组成部分是金融资产，而股票又往往是金融资产的主要组成部分。因此，当实施扩张性的货币政策，货币供应量增加，使股票的价格上升，金融资产的市值上升时，消费者的毕生财富（用 W 表示）也增加，进而消费增加（用 C 表示），乃至产出将上升。财富效应的货币政策传导机制用符号表示为

$$M\uparrow \to P_e\uparrow \to W\uparrow \to C\uparrow \to Y\uparrow$$

20 世纪 90 年代中后期，美国股市持续走高，美国公众持有的金融资产的市值上升，这对同期消费支出增加和经济稳定增长具有重要作用。需要说明的是，财富效应中影响消费者支出的是其毕生财富，所以只有股市持续较长时间的上涨，才会增加消费者整体的毕生财富。这时才具有财富效应，而股市短时间的暴涨暴跌是不具有财富效应的。

（三）汇率渠道

汇率渠道，也称净出口传导渠道。在国际交往越来越频繁，世界经济越来越走向一体化的今天，当一国的经济对外开放并实行了浮动汇率制以后，国际因素也必须考虑进来，货币政策传导机制主要表现在汇率的变动对净出口的影响上。汇率渠道是对利率渠道的补充，或者说是一种延伸。

假定本国的货币供应量增加，从而使本国的利率下降，那么投资者持有本国银行存款的利息收益就下降，因而他们将渴望把本国的货币兑换成外国的货币，以获得外国货

币较高的利息收入。当许多投资者都在外汇市场抛出本国货币，买进外国货币时，本币将贬值，而本币的贬值将有利于扩大本国的出口，减少本国的进口，从而净出口增加。因此，货币供应量的增加可以通过净出口的增加而使总需求增加。这一传导机制可表述如下：

$$M\uparrow \to r\downarrow \to e\uparrow \to NX\uparrow \to Y\uparrow$$

式中，e 代表直接标价法下本国货币的汇率；NX 代表净出口。

当然，这种传导效应也是有前提条件的：①外国货币可以自由流入；②本国货币可以自由兑换；③实行浮动汇率制。缺乏这三个条件，汇率渠道就不会产生作用了。

四、信贷渠道传导机制

由于对传统的利率传导机制和货币主义的不满，经济学家提出了基于金融市场信息不对称问题的解释，这种观点被称为信贷渠道。它主要提出两种类型的传导机制：一种通过信息问题对银行贷款的影响发挥作用，即银行借贷渠道；另一种则通过影响企业和消费者的资产负债状况发挥作用，即资产负债表渠道。

（一）理论基础：均衡信贷配给理论

斯蒂格利茨等经济学家于 1981 年提出了**均衡信贷配给理论**（equilibrium rationing theory），也被称为信贷可得性理论。该理论认为，以往货币理论家在分析利率的货币政策传导机制时，往往只认定利率对储蓄者和借款者的影响，而忽视了利率对贷款者的影响。因而，他们在发现借款者对利率的变动并不敏感时，就怀疑经由利率传导的货币政策的有效性。然而，事实上，贷款者对利率的变动是十分敏感的，并且他们的行为会独立地影响社会经济活动。

1. 银行贷款利率相对于市场利率具有黏性 均衡信贷配给理论是建立在信息经济学的基础上的。信息经济学认为，信贷市场和货币市场存在差异，信贷市场具有其特殊性。在信息不对称条件下，由于逆向选择、道德风险或监督成本的存在，银行贷款利率相对于市场利率具有黏性，即银行贷款利率不会随货币供应量的增减而做相应变动。因此，信贷市场的利率并不是一个使信贷市场供求相等的均衡利率，而是一个比均衡利率更低的利率。

为什么会存在贷款利率黏性现象呢？在某些情况下，政府对贷款利率的管制可能是一个原因，比如在发展中国家就是如此。但是，为什么在许多不存在利率管制的国家，也存在贷款利率黏性呢？这是由信息不对称所导致的。假定银行采取提高利率的办法，则可能对银行收益产生两方面的负面影响。

第一，逆向选择增强。利率提高后，那些收益率较低而安全性较高的项目将会因为投资收益无法弥补借款成本，而不会被借款申请者考虑；剩下的愿意支付高利率的借款者往往投资于高风险的项目，他们之所以愿意接受高利率，是因为他们知道其归还贷款的可能性很小。

第二，道德风险提高。高利率使得一些低收益的项目变得无利可图。在贷款利率一定的条件下，那些贷款者将倾向于投资高风险、高收益的项目，从而使得道德风险变得更加严重。

因此，对于银行来说，利率并不是越高越好，而是有一个限度，超过了这一限度，贷款风险增加，银行预期收益反而减少。

2. 信贷市场存在信贷配给现象　由于银行贷款利率具有黏性，也就是说，并不是只要借款人支付一个足够高的利率，就可以获得所需的贷款，而是在一个特定的利率水平下，有些企业和个人可以获得贷款，另一些企业和个人即使愿意支付更高的利率，银行也不会给予贷款，这就是信贷配给现象。经济行为主体从金融机构得到的信贷支持是有规模限制的。该理论认为，信贷配给是与银行理性行为相一致的长期均衡现象。

信贷配给的存在除了贷款利率黏性的原因以外，还可从流动性角度加以解释。贷款者必须保持足够的流动性，以保证银行业务的正常运行。对贷款者来说，流动性主要表现在其资产构成上。如果流动性不佳，贷款者就将调整其资产构成，以补充流动性。这就必然会影响其信贷配给的数量，从而影响社会的信用可得性。同时，贷款者在考虑流动性时，还须考虑其资产的收益情况。在中央银行进行公开市场操作变更利率时，贷款者会根据其资产收益情况，独立地买进或卖出政府债券，并根据其对安全和收益的权衡，调整其资产构成，按借款者的资产和财务状况、经营能力及担保情况来选择借款者，加强信贷配给。这样，贷款者的行为就将显著地影响社会的信用可得性，从而影响整个社会的经济活动。

3. 货币传导机制的信贷渠道　在传统的分析中，货币供应量的变动影响公众对于货币与债券两种资产价格组合的持有和配置，从而影响债券市场利率。它充分体现在传统凯恩斯主义的 IS – LM 模型中。现实中，对于银行来说，它们还持有更多贷款形式的资产；企业不仅可以从债券市场融资，还可以通过贷款融资。特别在信息不对称条件下，对于中小企业来说，银行的贷款融资是不可或缺的。因此，企业本身与银行之间共同构成了一个"信贷市场"，从而引申出货币传导机制的信贷渠道。信贷渠道的核心思想是，货币当局可以通过特定政策的实施来调节银行的金融头寸，改变银行提供贷款的能力，再通过贷款市场利率的升降，最终影响总产出，这就是货币传导机制的信贷渠道，其简单传递过程如下：

$$货币政策（如公开市场操作）\rightarrow 利率 \rightarrow （贷款者、借款者、储蓄者）\rightarrow$$
$$信贷可得性变动 \rightarrow 投资变动 \rightarrow 总产出变动$$

信贷渠道一经提出，就在西方经济学界引起了很大的反响，特别是受到了斯科特和托宾的极力推崇。很明显，这一理论既坚持了货币政策经由利率而影响经济活动的传导机制理论，又修正了过去货币经济学家在货币政策传导机制问题上的理论偏差，从而丰富了货币政策传导机制理论，为货币政策的有效性提供了理论依据。这一理论把对货币政策传导机制的研究，从研究利率对投资的影响转到研究利率对信用可得性的影响上。这不仅对凯恩斯所谓的利率变动直接影响支出的观点提出了挑战，还拓宽了人们对利率机制研究的思路。

（二）银行借贷渠道

银行借贷渠道（bank lending channel）产生于 20 世纪 80 年代后期。伯南克与布林德（1988）认为，在信息不对称环境下，其他金融资产不能完全替代银行贷款，特定借款人的融资需求只能通过银行贷款满足，因此除了一般的利率传导渠道之外，还存在银行信贷变化影响投资和消费，从而推动经济增长的途径。

以宽松的货币政策为例，假定中央银行通过货币政策工具，导致货币供应量（M）增加，使得银行存款（D）相应增加，进而增加银行可发放贷款（L）的数量。银行可发放贷款的上升，使那些依赖银行贷款融资的特定借款者增加投资和消费，带动总支出增加，总产出（Y）上升，用符号表示为

$$M\uparrow \to D\uparrow \to L\uparrow \to I\uparrow \to Y\uparrow$$

这一传导机制的特点是不必通过利率机制。这一理论表明，即使存在流动性陷阱，致使传统的利率传导渠道失效，信贷传导渠道的存在也使得货币政策可以通过信贷配给的变化引起投资消费的变化，从而对实体经济发挥作用。

这种传导机制理论的重要含义在于，相比于能够通过股票市场和债券市场融资的大企业而言，小企业更依赖银行贷款，所以货币政策对于小企业的投资作用更为明显。

当前，随着金融创新的不断加快，融资渠道也越来越广泛，银行借贷渠道的重要性正不断地下降。

（三）资产负债表渠道

尽管银行借贷渠道的重要性正在下降，但另一种信贷渠道——资产负债表渠道却并非如此。

资产负债表渠道，又称净财富额渠道，是指货币政策通过影响股票等金融资产的价格，导致公司资本净值、现金流量及个人金融财富的变化，在存在逆向选择和道德风险的情况下，银行贷款、投资规模及收入水平都会受到影响，从而发挥政策传导作用。因此，资产负债表渠道又分为公司资产负债表渠道和个人资产负债表渠道。

1. 公司资产负债表渠道　货币政策可以通过多种途径来影响公司的资产负债表，至少表现为以下两个方面。

（1）通过影响公司资本净值来发挥传导作用。在这种渠道下，货币政策通过影响借款者的授信能力，起到发挥货币政策影响力的作用。由于借款者只有凭流动资产或可抵押品才能获得银行信用，公司资本净值可以作为借款时的担保品。资本净值下降，意味着贷款者实际上对他们的贷款获得很低的担保，因此来自借款者逆向选择和道德风险的损失会增加（因为较少的资本净值意味着所有者在他们的企业中拥有更低的股本收益，刺激他们投资于风险项目），导致银行贷款减少，从而使投资支出减少。

货币政策可以影响企业的资产负债状况。紧缩的货币政策会导致股票价格下跌，进而降低企业资本净值，企业可获得银行贷款的能力降低，投资减少。其传导过程如下：

$$M\downarrow \to P_e\downarrow \to 资本净值\downarrow \to 逆向选择和道德风险\uparrow \to L\downarrow \to I\downarrow \to Y\downarrow$$

（2）通过影响公司现金流量来发挥传导作用。该理论认为，货币供应量的变动将影响借款者净现金流（NCF）的状况。例如，紧缩的货币政策使名义利率上升，这将引起公司资产负债表的恶化。因为货币供应量的减少和利率的上升，将直接导致利息等费用支出的增加，会减少净现金流，同时又间接使销售收入下降，也会减少净现金流。公司现金流量越小，其偿还能力越差，同样会引起逆向选择和道德风险问题的增加，从而导致银行贷款量的减少，投资下降，产出回落。其传导过程如下：

$$M\downarrow \to r\uparrow \to \text{NCF}\downarrow \to \text{逆向选择和道德风险}\uparrow \to L\downarrow \to I\downarrow \to Y\downarrow$$

2. 个人资产负债表渠道 资产负债表渠道不仅限于对企业的支出起作用,同样也适用于个人的消费支出。由货币紧缩引起的银行贷款下降,势必引起个人对耐用消费品和住房购买能力的下降,因为他们没有其他的信用来源。同样,利率的提高也会引起个人资产负债表的恶化,具体表现如下。

(1) 通过耐用消费品支出的传递。货币政策通过耐用消费品支出的传递,是指货币政策通过引起利率的变动,来影响个人对耐用消费品支出的决策,进而影响总需求的效应。耐用消费品支出主要是指个人对住房、汽车及家用电器等耐用消费品的支出。由于个人用于耐用消费品支出的资金常常是通过借贷的方式来筹措的(如贷款买房、贷款买车的行为),利率降低会使得个人在这方面支出的筹资成本降低,从而鼓励个人增加耐用消费品支出。扩张性货币政策降低利率,个人通过贷款或延期支付等方式购买汽车等耐用消费品的利息支出便会下降,因而对耐用消费品的购买将更为频繁,从而刺激耐用消费品支出增加。这一货币传导机制可以表述为:

$$M\uparrow \to r\downarrow \to \text{耐用消费品和住房支出}\uparrow \to Y\uparrow$$

(2) 流动性效应的传递。流动性效应是指货币政策通过影响股票价格,使消费者持有的金融资产价值及其资产的流动性发生变化,从而影响其耐用消费品支出变化的政策效应。人们在进行耐用消费品消费时,通常会根据自己的资产负债状况得出一个关于资产流动性的判断。若流动性高,人们会增加对耐用消费品的支出;反之,则会减少对耐用消费品的支出。

当预计会遇到财务困难时,无论是个人还是企业,都愿意持有流动性强的金融资产而不是流动性不足的实物资产。金融资产如银行存款、股票、债券等,可以很快在市场上出售,而且在变现时价值损失的可能性也比较低,流动性高。但想很快出售耐用消费品等实物资产,则可能会出现两种结果:一是找不到合适的买主;二是可能收不回该耐用消费品的完全价值。因此,当发生财务困难的可能性增高时,人们就会减少对耐用消费品的支出;反之,则会增加对耐用消费品的支出。

那么,货币政策如何影响消费者的财务状况呢?一般地,当消费者持有的金融资产数量远比其债务多时,他们对未来发生财务困难可能性的估计会很低,因而会较愿意购买耐用消费品。例如,当实施扩张性货币政策时,股票价格上升,金融资产价值也会上升,人们对发生财务困难可能性的估计会降低,就会愿意增加对耐用消费品的支出。随着消费水平的上升,物价水平随之上升,消费者的实际债务水平下降。结果与债务额相比,金融资产的价值上升,使得财务困难发生的可能性大大降低,于是消费者用于购买耐用消费品的支出大幅增加。这一流动性效应的传导机制可以表述为

$$M\uparrow \to P_e\uparrow \to \text{金融资产价值}\uparrow \to \text{财务困难的可能性}\downarrow \to \text{耐用消费品支出}\uparrow \to Y\uparrow$$

信贷渠道是货币政策传导机制极为重要的组成部分,主要有三个方面的原因。首先,从理论上讲,信贷渠道分析的核心是信贷市场的信息不对称。这一理论广泛用于解释金融市场中存在的很多重要现象,如为什么有这么多金融机构,为什么金融体系结构是现在这个样子等。其次,在新兴市场国家,利率是长期受到管制的,资本市场发育不健全,间接融资比重大大高于直接融资,银行信贷是主要的融资渠道,甚至存在所谓的过度银行化现象。信贷渠道不仅是存在的,而且可能是主要的传导渠道。最后,大量实

证研究表明，信贷市场不对称的类型的确对企业的支出及雇用决策有重要影响。

长期以来，我国信贷政策是货币政策的主要内容，或者说只有信贷政策，而没有现代市场经济意义上的货币政策。改革开放以来，尤其是20世纪80年代中期中央银行制度确立以来，在相当长的一段时间内，信贷规模仍然是受控制的，信贷政策在货币金融政策中处于极其重要的地位。20世纪90年代市场经济体制初步建立以来，我国逐步建立了以货币供应量为中间目标，以稳定货币为最终目标的间接货币政策体系，利率杠杆在货币政策中的作用越来越大。但直到1998年，信贷规模控制才最终取消，间接货币政策体系最终确立。近年来，发展货币市场，推进利率市场化是我国货币政策体系建设的一个重要任务，利率渠道在货币政策传导中的作用必将越来越大。

第四节 货币政策效果的影响因素

制定和实施货币政策，是为了实现调节经济的政策目标。货币政策能否实现和能够在多大程度上实现其政策目标，即货币政策效应如何，既是货币政策制定者十分关心的问题，也是经济理论界长期争论的问题。本节重点介绍货币政策效果的影响因素。

在货币政策的传导机制中，各种可能对政策效应产生影响的因素同样需要引起人们的关注。这方面的因素主要有以下几点。

一、货币政策时滞

（一）货币政策时滞的内涵

任何政策从制定到获得主要或全部效果，都必须经过一段时间，这段时间即为**时滞**（time lag）。所谓货币政策时滞，是指货币政策从制定到最终目标的实现所必须经过的一段时间。货币政策时滞由两大部分组成——内部时滞和外部时滞，内部时滞又分为认知时滞和决策时滞，如图9-5所示。

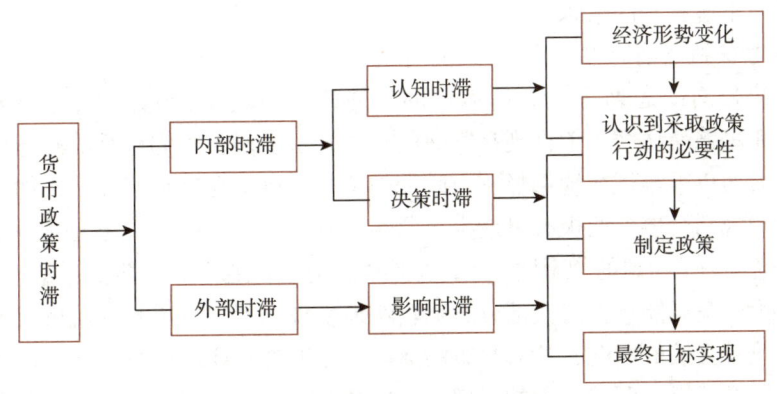

图9-5 货币政策时滞构成图

内部时滞（inside lag），是指从经济形势发生变化需要制定政策加以矫正，到中央银行实际采取行动制定政策的时间过程。它又可分为两个阶段：①认知时滞，即从经济形势发生变化需要中央银行采取行动，到中央银行认识到采取政策行动的必要性的过程；②决策时滞，即从中央银行认识到采取政策行动的必要性，到实际采取行动制定政策所经历的时间过程。内部时滞的长短取决于中央银行对经济形势发展的预见能力、制定政策的效率和行动的决心等因素，一般比较短暂，也容易缩短。只要中央银行对经济活动的动态能随时、准确地掌握，并对今后一段时期的发展趋势做出正确的预测，中央银行对经济形势的变化就能迅速做出反应，并采取相应的措施，从而可以大大缩短内部时滞。

外部时滞，又称影响时滞，是指从中央银行制定政策，到对经济活动产生影响，实现最终目标的时间过程，也是货币政策从宏观传导到微观，再反映到宏观的时间。一般地，外部时滞所需的时间比较长。中央银行采取货币政策措施后，不会立即引起最终目标的变化。中介目标先发生变化，然后通过货币政策传导机制再影响到社会各经济单位的行为，最后影响到货币政策的最终目标，这个过程需要时间。但对于这种时滞需要多长时间，以及其对货币政策效果的影响力度如何，西方学者有不同的看法。有的学者认为这一时滞相当长，约 2 年左右，有的学者则认为时滞不过 6~9 个月而已。

（二）时滞是影响货币政策效应的重要因素

由于时滞的存在往往会使货币政策预期效应发生较大的偏差，因此其在一定程度上导致了货币政策的局限性。如果为遏制某一经济现象发展而采取的货币政策能够在较短时间内生效，那么该货币政策对宏观经济的运行是有利的。但是，如果货币政策需要较长时间方能生效，而在该期间内国民经济的运行又受其他因素的影响，出现了与制定该货币政策时完全不同的形势，那么该货币政策就失去其有效性，不能起到熨平经济周期波动的作用，反而还会加大经济周期的波动，使国民经济更加不稳定，如图 9-6 所示。

在图 9-6 中，假定货币当局在经济繁荣时期制定并推行了一项政策（A 点所示），旨在抑制经济的过热势头。如果该政策在 1 年半后方能发挥其主要的效力（B 点所示），那么这项政策便会使正常经济周期的波动幅度增大[⊖]。这显然是货币当局不愿看到的结果。

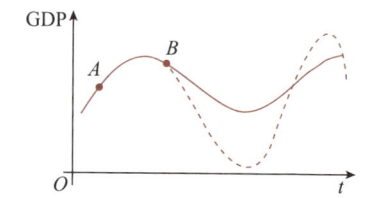

图 9-6 时滞对货币政策效果的影响

正是因为看到了有产生上述结果的可能，货币主义者坚决反对凯恩斯主义者所倡导的反周期货币政策。弗里德曼认为，依据现在掌握的技术知识手段，人们很难准确地估算出货币政策时滞，因而也很难理智地选择货币政策的施行时机。在这种情况下，如果仅仅依据反经济周期的规则行事，便极有可能事与愿违。货币当局的明智之举是根据经济长期增长的需要，确定一个稳定的货币增长率，并不受任何干扰地实施（即单一规则）。

如果货币政策可能产生的大部分影响较快地呈现，那么货币当局就可根据期初的预测值，考察政策生效的状况，并对政策的取向和力度做必要的调整，从而使政策能够更好地实现预期的目标。假定政策的大部分效应要在较长的时间后产生，在这段时间内经济形势可能会发生很大的变化，甚至可能出现相反的走势，这样就很难证明货币政策的预期效应能否实现，甚至还可能成为刺激通货膨胀或者加剧经济紧缩的助推器。因此，

⊖ 实线所示为未受到货币政策影响的经济周期走势。虚线所示为受到货币政策影响的经济周期走势。

中央银行在制定货币政策时必须考虑时滞的影响，以正确地选择实施的时机并预测政策实施的效果。

二、微观主体预期的抵消作用

对货币政策有效性构成挑战的另外一个因素是微观主体的预期，这是由理性预期学派提出的。

（一）理性预期学派的货币政策有效性研究

理性预期学派由美国经济学家穆斯提出，并经过卢卡斯、萨金特、华莱士等经济学家的共同努力而影响一时。从货币政策有效性的角度看，理性预期学派突出强调了经济行为者的预期行为对宏观调控效果的显著制约作用，并宣称在理性预期的前提下，主动的宏观调控基本上是无效的。

理性预期学派假定，人都是理性的经济人，他们能够在充分信息的基础上，对经济变动做出明智的反应，不会发生系列性错误。即使有时会发生错误的判断，也都是随机的、偶然性的，而且平均值为零。在合理预期的条件下，宏观政策之所以失败，是由于经济行为者已经将政府宏观政策的变动趋势和规律纳入了其预期之中；对于政府宏观政策的变化，经济行为者已经设想了相应的对策措施。于是，宏观政策的预期效果总是被经济行为者的合理预期作用抵消，政府的宏观政策基本上是无效的。这一原理对货币政策同样起作用。

例如，政府用扩张性货币政策来刺激经济增长和就业增加，在存在理性预期的条件下，企业家会很快从有关信息渠道掌握信息并形成扩张性预期，了解到需求扩张是扩张性货币政策造成的，并且这种扩张过程会继续下去。于是，企业家会及时提高价格而不是产量，其他经济主体也会采取预防性措施，如工人要求提高工资，消费者提前购买商品，商业银行提高利率等。于是，政府的扩张性货币政策在理性预期的影响下，最终只是导致价格水平、利率水平等名义性变量的上升，实际的产量和就业水平并没有增加，政府的政策目标完全没有实现。

当宏观政策发生变化时，一切经济行为主体之间，如雇主与工人之间、债权人和债务人之间、供给者和需求者之间的关系，都将因理性预期而不断做出新的安排或发生相应的变化，从而引起失业状况的持续和通货膨胀程度的加剧，并使反经济周期的货币政策失效。

因此，在理性预期学派看来，经济行为者的预期会对货币政策产生抵消作用和逆反作用，从而会对货币政策有效性产生重要影响。

（二）在理性预期影响下的货币政策效应

鉴于经济行为者的理性预期，似乎只有在货币政策的取向和力度部分没有或完全没有为公众所知晓的情况下，才能达到预期效果。但是，货币当局不可能长期不让社会知道它所要采取的政策，这是否意味着货币政策无效呢？

实际情况不是这样的。货币政策在经济行为者的理性预期下仍然是有效果的，只是公众的预期行为会使其效果大打折扣，理由如下：①理性的预期难以形成。从理性预期学派的理论框架看，一些假定和推论是与现实经济状况不相符的。例如，人们在预期的形成过程中会受到社会阶层、知识水平、认识水平的限制，所获得的信息也必然是不全面、不真实的，因而理性的预期是难以形成的。在这种状况下，货币政策是有一定效力的。②价格调整需要一个时间过程。理性预期学派假定市场机制能够充分发挥作用，价格水平会及时根据其变动做出调整。但是，事实上，实际经济生活中存在一种价格刚性，长期性的劳动合同使得工资和价格不能充分响应预期的价格水平变动。只有等到合同期满后，才有可能把预期通货膨胀率纳入新的合同。同时，生产者和消费者、债权人和债务人等签订的大多是固定价格合同，价格刚性同样存在。价格刚性会使工资和价格缺少灵活性。于是，预期价格水平的上升不一定会完全转化为工资和价格的调整。因此，在假定预期是合理的，但工资和价格具有变动上的刚性的情况下，无论是预期到的宏观政策还是没有预期到的宏观政策，都能够在一定程度上影响实际产出水平和就业水平，货币政策在此时就是有一定效果的。

三、其他因素

除时滞和微观主体预期的抵消作用外，货币政策的效果也受其他外部因素或体制因素的影响。

（1）政治因素。任何一项货币政策方案的实施，都可能给不同阶层、集团、部门或地方的利益带来一定的影响。这些主体如果在自己利益受损时做出较强烈的反应，就会形成一定的政治压力，当这些压力足够大时，就可能迫使货币政策调整。

（2）经济条件因素。一项既定的货币政策出台后总要持续一段时间。在这段时间内，如果客观经济条件发生变化，而货币政策又难以做出相应的调整，就可能出现货币政策效果下降甚至失效的情况。比如，在实施扩张性货币政策中，生产领域出现了生产要素的结构性短缺，这时纵然货币供应量很充裕，由于瓶颈部门的制约，实际的生产也难以增长，扩张的目标就无法实现。再如，实施紧缩性货币政策以期改善市场供求状况，但在实施过程中出现了开工率过低、经济效益指标下滑过快等情况，这就是说，缩减需求的同时供给也减少了，改善供求状况的目标也不能实现。

中国货币政策以更大确定性应对各种不确定性

扫码详尽了解

立德树人专题

本章小结

1. 货币政策，是指中央银行为实现既定的经济目标而运用各种政策工具调节货币供应量和利率，进而影响宏观经济的方针和措施的总和。货币政策最终目标有稳定物价、充分就业、经济增长、国际收支平衡。
2. 货币政策中介目标的选择标准有可测性、可控性、相关性。中介目标的分类：近期中介目标或者操作目标，包括短期货币市场利率、银行准备金、基础货币；远期中介目标，包括利率、货币供应量、汇率。
3. 根据货币政策工具的调节职能和效果来划分，货币政策工具可分为以下五类：一般性货币政策工具、选择性货币政策工具、直接信用控制、间接信用指导及非常规货币政策工具。其中，一般性货币政策工具又称"三大法宝"，是指存款准备金制度、再贴现政策和公开市场操作。
4. 非常规货币政策工具包括四类，即前瞻指引、扩大中央银行资产负债表规模、管理流动性的货币政策工具和结构性货币政策工具。
5. 凯恩斯学派认为，货币政策工具必须影响到利率才能发挥作用，而现代货币学派认为，利率在货币政策传导机制中不起主导作用，而更强调货币供应量在整个传导机制中的直接效果。他们认为，货币政策传导机制主要不是通过利率间接地影响投资和收入，而是通过货币供应量的变动直接影响支出和收入。
6. 资产价格渠道传导机制包括托宾 q 理论、财富效应渠道和汇率渠道。
7. 信贷渠道传导机制是比较新且有争议的理论。斯蒂格利茨等经济学家提出的均衡信贷配给理论，确立了信贷渠道作为货币政策传导机制的基础。在此基础上，伯南克等人逐渐形成了两种具体的信贷传导理论：银行借贷渠道和资产负债表渠道。
8. 影响货币政策效果的主要因素有货币政策时滞和微观主体预期的抵消作用。

◆ 复习思考题

1. 解释下列概念：货币政策、泰勒规则、再贴现率、公开市场操作、菲利普斯曲线、托宾 q 理论、常备借贷便利、中期借贷便利、抵押补充贷款、短期流动性调节工具。
2. 简述货币政策最终目标的主要内容。
3. 论述货币政策最终目标之间的矛盾关系。
4. 简述货币政策中介目标的选择标准。
5. 简述基础货币作为货币政策近期中介目标的理由。
6. 简述利率作为货币政策远期中介目标的优缺点。
7. 简述货币供应量作为货币政策远期中介目标的优缺点。
8. 什么是非常规货币政策工具？大致有哪几种？
9. 简述法定存款准备金率的作用机制、特点及局限性。
10. 简述再贴现率的作用机制、特点及局限性。
11. 简述公开市场操作的作用机制及优点。
12. 简述凯恩斯学派关于货币政策传导机制的理论。
13. 简述现代货币学派关于货币政策传导机制的理论。
14. 简述托宾 q 理论的基本思想。
15. 简述货币政策财富效应传导机制的内容。
16. 简述均衡信贷配给理论的基本思想及其意义。
17. 简述信贷渠道传导机制中的银行借贷渠道的基本内容及意义。
18. 简述信贷渠道传导机制中的资产负债表渠道的基本内容及意义。
19. 有人说银行借贷渠道在我国的货币政策传导机制中具有重要的作用，你是否同意这种观点？说明理由。
20. 简述我国结构性货币政策工具的特色及主要种类。
21. 浏览中国人民银行网站，查查最近使用较多的货币政策工具，总结中国人民银行的货币政策工具箱内容。

复习思考题部分答案
扫码收听

❖ 本章拓展内容

- 货币政策的10分钟简介

第十章
CHAPTER 10

货币供求

§ **学习目标**

描述货币需求的特点及影响货币需求的因素
了解传统货币数量论的基本内容与特点
描述凯恩斯货币需求理论的三种动机
掌握凯恩斯货币需求理论的发展
掌握弗里德曼现代货币数量论的主要内容
掌握商业银行存款乘数创造的原理
了解货币供给完整模型
明确影响货币乘数的因素
计算存款乘数和货币乘数

§ **本章导读**

　　在第九章中，我们花费了大量时间和精力学习货币政策。现在，我们将要探讨货币供求问题，因为货币政策的最终目标之一是要保证货币币值的稳定，这一目标的实现体现为一国货币供给与货币需求的大致均衡。货币政策通过货币供应量的调节来释放宏观调控意图。在研究货币供给时一定要研究货币需求，正如经济学家在提及供给时肯定会提到需求一样，对货币的讨论也不例外。货币理论同其他经济理论一样，也是分别从供给和需求两个方面展开研究的。对货币理论的研究又从货币需求问题的研究入手，这与一般经济理论以消费需求理论为研究起点类似。货币需求理论所要研究和解决的问题是：什么是货币需求？决定货币需求的因素是什么？对此，不同的经济学流派给予了不同的解释。同时，货币供给的研究是要回答：货币是如何投放的？哪些因素影响货币供给的变动？如何提高货币供给的控制力？事实上，中央银行并不能完全控制货币供应量。货币供应量是一个涉及各个经济主体行为的错综复杂的过程。其中，商业银行体系在货币创造过程中发挥了极大的作用。商业银行体系创造的货币构成了货币供应量的绝大部分。本章将对上述问题予以解答。

第一节 货币需求理论

一、什么是货币需求

在商品经济条件下，生产与交换都必须借助于货币来实现。人们对生产资料、生活资料和劳务的需求首先表现为对货币的需求。那么，什么是货币需求呢？**货币需求**，是指社会微观主体（包括个人、企事业单位和政府部门）在其财富中能够且愿意以货币形式保有的那部分数量。

这一概念表明，货币需求有两个基本要素：一是必须有持有货币的愿望；二是必须有持有货币的能力。换言之，经济学上的货币需求是指一种有效需求，即有支付能力的货币需求。个人的欲望始终是无穷的，甚至是满足不了的。限制欲望的重要条件是个人的支付能力。同欲望相比，一个人的财富总是有限的，人们对货币的需求必须在其财富限额内，即货币需求存在着需求约束。从这一角度讲，货币需求是客观的。由于货币需求具有量的特征，而量的概念又具有时间范围，因此货币需求量是指在一定时间内、一定经济条件下，整个社会需要货币来执行流通手段、支付手段和价值储藏等职能的数量。

货币需求理论就是研究在一定的时期内、一定经济条件下，决定一国货币需求量的因素有哪些以及这些因素和货币需求量之间的关系。出于不同的研究目的，人们往往从不同的角度研究货币需求，主要有如下几个方面。

1. 微观货币需求与宏观货币需求　微观货币需求，是指微观主体在一定时点上有意愿且有能力对货币的持有量。也就是说，微观主体（个人、家庭或企业）在既定的收入水平、利率水平和其他经济条件下，所形成的机会成本最少、收益最大时对货币的需求。

宏观货币需求，是指一个社会或一个国家在一定时期内，由于经济发展和商品流通所产生的对货币的需要。它是从宏观经济主体运行的角度进行界定的，讨论在一定的经济条件下（如资源约束、经济制度制约等），整个社会应有多少货币来执行流通手段、支付手段和价值储藏等职能。

两者的关系是，从数量意义上说，全部微观货币需求的总和即为相应的宏观货币需求。

2. 名义货币需求与实际货币需求　名义货币需求，是指经济主体在不考虑商品价格变动情况下的货币意愿持有量。实际货币需求，是指经济主体在扣除物价因素的影响后所需要的货币量，它是用货币的实际购买力来衡量的。

两者的区别在于，是否剔除了通货膨胀或通货紧缩所引起的物价变动的影响。例如，某年物价上涨了4%，经济增长了8%，则名义货币需求增长了12%。如果按照不变价格计算，实际货币需求只增长了8%。

在价格水平稳定的情况下，没有必要区分名义货币需求和实际货币需求，但是当价格水平经常变动且幅度较大时，区分这两种货币需求就显得非常有必要了。

货币需求的任务是回答两个最重要的问题，即哪些因素影响货币需求和如何测量货币需求。在这方面,不同的经济学流派给予了不同的解释。其中,著名的剑桥方程式、凯恩斯货币需求理论、弗里德曼货币需求理论,都是从微观角度分析货币需求的典型。剑桥方程式是从收入水平变动和微观主体持币比例来展开分析的;凯恩斯在货币需求函数中引入了利率这个影响微观主体货币需求的重要因素,使对货币需求的研究更为切合实际;弗里德曼则在前人的研究基础上,通过引入微观主体财富构成、持币机会成本等众多微观因素,使货币需求函数的表达式更为具体。

二、传统货币数量论的货币需求理论

货币数量论是一种研究商品价格同货币数量之间关系的理论。它的基本命题是:货币本身并无内在价值,仅仅起到方便交换的作用。货币是覆盖在实体经济上的一层"面纱",对经济并不产生实际的影响。货币数量决定了货币价值和物价水平,货币价值与货币数量成反比,物价水平与货币数量成正比。货币数量论的发展源于古典货币数量论,这是一种探讨如何决定总收入的名义价值的理论。古典货币数量论提示了对于既定数量的总收入应该持有的货币总量,因而是一种货币需求理论。

在经济学史上,货币数量论很早就出现了,一般认为可以追溯到晚期重商主义。但是,当代经济学对于货币需求理论的研究,只追溯到20世纪前期出现的货币数量论的两种流派——现金交易说和现金余额说。

(一)现金交易说

现金交易说,是指以费雪为代表的货币数量论所持有的观点。它强调货币的交易手段职能,揭示了货币和经济活动之间的联系。费雪在1911年出版的《货币的购买力》中创立了现金交易说,并提出了著名的交易方程式。

费雪认为,在货币经济条件下,人们持有货币是为了与商品相交换,因此货币在一定时期内的支付总额与商品的交易总额一定相等,即买方价值等于卖方价值,由此得出了交易方程式的表达式:

$$MV = PT$$

式中,M 表示一定时期内流通中的货币平均量;V 表示货币的交易流通速度,即货币周转率,是指单位时间内一单位货币转手的平均次数(如一年当中,一单位人民币用来购买经济体所生产的产品和服务的平均次数);P 表示平均价格水平;T 表示产品和服务的交易总量。

交易方程式将产出销售值和用于交易的货币量联系起来。它描述了这样一个事实:在交易中发生的货币支付总额(等于货币平均量乘以它的交易流通速度,即 MV)等于被交易的产品和服务总价值(即 PT,可以看作经济体的名义总收入或名义GDP)。假定在某一年份中,货币平均量为800亿元,平均每一元被花费了10次,那么这一年中发生的货币支付总额就是8 000亿元。显然,这8 000亿元也就是这一年内利用货币进行交易的产品和服务的总价值。反过来,如果某一年的货币支付总额达8 000亿元,并且都利用货币进行,而货币平均量只有800亿元,则每一元的平均周转次数一定是10次。

由于所有产品和服务交易总量的资料不容易获得,而且人们关注的重点往往是名义总收入,而不是交易总量,所以上述交易方程式通常被写成下面的形式(数量方程的国民收入形式）：

$$MV = PY$$

式中，Y 代表以不变价格表示的一年中生产的最终产品和服务的总价值，也就是实际国民收入。

为了使这个方程式具有应用价值，费雪做了两点假设。第一，货币流通速度 V 在短期内相当稳定，是常数。因为它取决于制度因素，是由社会习惯、技术发展、结算制度等长期因素决定的，这些因素随时间的推移而缓慢变化，在短期中变动极小，即使遇到干扰也会很快恢复。第二，实际国民收入 Y 在短期内也是常数。在古典学派的充分就业假设下，Y 主要决定于生产技术和生产资源，短期内变动极小。既然 V、Y 均可视为常数，那么 M 与 P 就有了直接的关系。可以说，货币平均量的任何变动只会同比例地影响 P 或名义收入 PY，而对实际国民收入 Y 不会产生影响。在这里，货币平均量的变动是因，平均价格水平的变动是果。费雪的结论是"货币数量决定着物价水平"，这也是货币数量论的结论。

虽然费雪并未直接从货币需求的角度解释其交易方程式，只是给出了上述四个变量之间所具有的一种恒等关系，但是结合费雪的基本思想，仍然可以推出其关于货币需求的主要结论。考虑费雪认为货币需求完全是交易的需求，而无须用来作为价值储藏手段，所以并不关心增值，也就是说货币需求与利率无关；再考虑古典学派的充分就业假设，货币平均量 M 等于人们愿意持有的货币量，即货币需求 M_d，因此可以用 M_d 代替上式中的 M，则有：

$$M_d = \frac{1}{V}PY$$

这就是由交易方程式导出的货币需求函数，它表明货币需求取决于货币流通速度和名义国民收入。而根据其假设，货币流通速度是一个常数，所以货币需求取决于名义国民收入。货币需求仅仅是收入的函数，与利率无关，利率变动对货币需求没有影响。这就是现金交易说引申的货币需求理论，它揭示了既定收入水平所决定的货币需求量。

总之，交易方程式主要从宏观角度分析了在一定时期内，为完成一定的交易规模，整个社会所需要的货币量。但是，交易方程式仍有许多不足之处，主要表现在以下几个方面。

第一，它片面地只把货币看作交易媒介，忽视了货币的其他职能。现实是货币并不全部都用作交易媒介，在全社会的货币流通总量中也有许多货币用于支付债务，缴纳税款，购买有价证券等。

第二，商品交易并不全部都是通过货币来进行的。在全社会的商品交易总额中总是存在商品赊销和对销交易，其不需要使用货币。

第三，它把影响货币流通速度的因素仅仅归结为交易制度和技术条件，从而得出货币流通速度不变的结论，这与实际不符。现实中的货币流通速度由于受到价值储藏问题和社会生产问题的影响而总是在不断变化。

第四，它认为货币需求仅为收入的函数，利率对货币需求没有影响，这一点与现实不符。

(二) 现金余额说

现金余额说，是指 20 世纪早期以马歇尔和庇古为代表的剑桥学派经济学家所持有的货币数量论观点。

现金余额说认为，货币不仅具有交易媒介职能，还具有价值储藏职能。因此，一方面，现金余额说的支持者赞同费雪的观点，认为货币需求与交易水平有关，交易量越多，人们愿意持有的货币余额就越多，并且其与交易价值保持着一个固定的比率；另一方面，现金余额说的支持者认为人们的财富水平也影响货币需求。他们认为人们的货币需求与财富的名义值是正相关的，财富的名义值又与名义国民收入是正相关的，所以货币需求就与名义国民收入是正相关的。

剑桥学派的现金余额方程式为

$$M_d = kPY$$

这便是著名的剑桥方程式。

式中，k 代表人们的持币比例，即人们以货币形式保持的财富占全部财富的比例，也代表了人们愿意以货币形式持有的名义国民收入占全部国民收入的比例，这一比例又被称为马歇尔的 k 或剑桥的 k。其他变量与交易方程式中的含义相同。例如，名义国民收入为 1 000 亿元时，若 $k=1/5$，则货币量为 200 亿元。它表示这 1 000 亿元国民收入是用相当于这个交换金额的 1/5 的货币量（200 亿元）来完成的，也就是说每一元货币在 1 年内流通了 5 次。

(三) 现金交易说和现金余额说的区别

从形式上看，现金交易方程式中的 Y 和现金余额方程式中的 Y 具有同样的含义和数值。而且，货币流通速度 V 与持币比例 k 之间具有反比例关系，即 $k=1/V$。既然 $k=1/V$，现金交易方程式就与现金余额方程式似乎没什么区别。其实不然，这两个方程式的意义在以下几个方面表现出了极大的差异。

第一，虽然货币流通速度 V 和持币比例 k 在数值上互为倒数，但 V 是一个难以把握和确定的量，而 k 易于把握和确定。其原因在于，尽管现金交易说认为 V 由结算制度和技术条件决定，是一个短期内不变的量，但实际上 V 还受到许多其他因素的影响，是一个难以确定的量。持币比例 k 就不同，它是人们以货币形式保持的财富占全部财富的比例，是由人们选择以货币形式保持财富的意图和愿望决定的，易于确定和把握。

第二，对货币需求分析的侧重点不同。现金交易说侧重从宏观角度分析在一定时期内，为完成一定的交易规模，整个社会所需要的货币，强调的是货币的交易手段职能；而现金余额说则着重从微观角度强调人们"想要"持有多少货币，以满足自己的交易需要和价值储藏需要。

第三，现金交易说所指的货币数量是某一时期的货币流量，着重分析货币的支出流量；而现金余额说所指的货币数量是某一时点人们手中所持有的货币存量，着重分析货币的持有而不是支出。

第四，现金交易方程式把货币需求诉诸制度因素，忽视人的主观动机的作用；而现金余额方程式则特别重视人的持币动机和主观判断的作用。

第五，货币职能不同。现金交易说强调了货币的交易手段职能；而现金余额说认为，货币不仅可以充当流通手段，还可作为价值储藏手段。

第六，货币需求的影响因素不同。现金交易说认为货币需求只受收入水平的影响；而现金余额说则认为个人偏好也影响货币需求，从而暗含着货币需求也受利率水平的影响。

现金余额说为货币需求理论开辟了一条新的研究途径。它引导研究者以效用的观点来分析人们对货币余额的需求，并且把货币视为众多有价资产中的一种。如此一来，货币需求研究就可作为一般商品需求理论的应用来看待了。这一观点为后来的凯恩斯货币需求理论以及弗里德曼的现代货币数量论奠定了基础。

三、凯恩斯货币需求理论及其发展

（一）凯恩斯货币需求理论

凯恩斯早期是马歇尔的学生、剑桥学派的一员。在1936年出版的《就业、利息和货币通论》一书中，他系统地提出了自己的货币需求理论，即**流动性偏好理论**（liquidity preference theory）。

由于师从马歇尔，凯恩斯的货币需求理论在某种程度上是剑桥学派货币需求理论合乎逻辑的发展。剑桥学派的货币需求理论所提出的问题是人们为什么会持有货币。对这一问题的回答，直接导向了剑桥学派对人们持币的交易需求分析。但是，剑桥学派理论的缺陷是没有就此做出深入的分析。与剑桥学派的前辈不同，凯恩斯详细分析了人们持币的各种动机。

1. 货币需求动机　凯恩斯认为，人们之所以需要持有货币，是因为存在流动性偏好这种普遍的心理倾向。所谓流动性偏好，是指公众愿意用货币形式持有收入和财富的愿望，这种愿望构成了对货币的需求。因此，凯恩斯的货币需求理论被称为流动性偏好理论。

那么，为什么人们偏好流动性？为什么人们愿意持有货币呢？凯恩斯认为，人们的货币需求源于以下三种动机：交易动机、预防动机和投机动机。

（1）**交易动机**（transaction motive），是指人们为了日常交易的方便，而在手头保留一部分货币，基于交易动机而产生的货币需求就被称为货币的交易需求。它取决于收入水平和收支的时距长短。这种交易支出具有确定性的特点，如每月的一些固定开支项目基本上是可以事先估计的。由于收支的时距在短期内相对稳定，因此这类支出显然受到收入水平的影响。以个人为例，收入越高，则个人每月愿意付出的固定开支就越高。由此可以得出，交易动机下的货币需求是收入水平的增函数，这一点与现金交易方程式和现金余额方程式相似。

（2）**预防动机**（precautionary motive），又称谨慎动机，是指人们需要保留一部分货币以备不时之需。凯恩斯认为，人们因预防动机而产生的货币需求，也与收入同方向变动。因为人们拥有的货币越多，预防意外事件的能力就越强。这类货币需求就被称为货币的预防需求。生活中经常会出现一些未预料到的、不确定的支出，其又包括两类事件：一是不好的意外事故，如失业、疾病等；二是好的意料之外的购买机会，如没有预料到的进货机会。由此不难推出，这类动机下的货币需求同样在很大程度上受收入水平的影响。收入越高，人们越愿意持有更多的货币预防上述两类事件的发生，因此预防动机下的货币需求也是收入的增函数。

（3）**投机动机**（speculative motive），是指人们根据对市场利率变化的预测，需要持有货币以便满足从中投机获利的动机，由此产生的货币需求被称为货币的投机需求。凯恩斯认为，投机动机下的货币需求是利率水平的减函数，即利率与投机动机下的货币需求成反向变化关系。

得出这一结论的具体思路如下。首先，在凯恩斯的分析中，盈利性金融资产主要是指债券。凯恩斯假定货币的预期收益为零（活期存款不支付利息），而债券有两类收益——利息收入和资本利得。利息收入显然取决于利率的高低，资本利得是指债券的卖出价和买入价之间的差额，它也与利率有关。债券的价格和利率成反比，利率越高，债券的价格就越低，反之亦然。其次，凯恩斯假定人们可以以两种形式来持有财富——货币和债券，而且要么持有债券，要么持有货币。同时，凯恩斯还假定，人们心目中都有一个正常的利率水平，即点预期利率。若当前利率水平偏离了点预期利率，则人们会预期它将向点预期利率趋近。

具体地，当金融市场的当前利率高于这个点预期利率时，人们就会预期当前利率将下降，从而预期债券价格将上升，债券的资本利得会增加，因而会选择放弃货币而持有债券，货币需求下降。反之，当前利率低于这个点预期利率时，人们则会预期当前利率将上升，从而预期债券价格将下降，债券的资本利得会减少，甚至可能为负值，人们从债券资产中获得的利息收入可能不足以补偿资本损失，因而会选择放弃债券而持有货币，货币需求上升。

因此，对货币的需求取决于当前利率水平与正常利率水平（点预期利率水平）的对比。考虑到正常利率水平是预先确定好的，当前利率水平就成为关键因素。当前利率水平越高，预期它下降的可能性就越高，则货币需求越小；当前利率水平越低，预期它上升的可能性就越高，则货币需求越大。可见，利率与货币需求成反向变动关系。

2. 货币需求函数　将上述结论归纳起来，就得到了凯恩斯的货币需求函数。应该注意的是，凯恩斯讨论的货币需求是**实际货币需求**（actual demand for money），而不是名义货币需求。他认为，人们在决定持有多少货币时，是根据这些货币能够购买到多少商品来决定的，而不仅仅看货币的面值是多少。人们的实际货币需求是由实际收入水平 Y 和利率决定的（这里的利率是名义利率，因为利息收入和资本利得都是和名义利率相关的）。

凯恩斯把与实际收入水平成正向关系的交易性货币需求和预防性货币需求归在一起，称为第 I 类货币需求，用 M_1 表示。因为预防动机本质上也是交易动机，只不过其是针对未来不确定的交易机会而已。M_1 随收入水平的增加而增加。所以，二者都是收入水平的函数，即

$$M_1 = L_1(Y) \quad 且 \quad \partial M_1 > 0$$

式中，L_1 代表第 I 类货币需求与收入之间的函数关系。注意，这里的 M_1 不是狭义的货币供应量，而是指交易性货币需求与预防性货币需求之和。

凯恩斯将投机性货币需求称为第 II 类货币需求，用 M_2 表示。它随着利率的上升而减少，即

$$M_2 = L_2(r) \quad 且 \quad \partial M_2 < 0$$

式中，L_2 代表利率与 M_2 之间的函数关系。

综合以上两个函数，就得到了凯恩斯的货币需求总函数，即

$$\frac{M_d}{P} = M_1 + M_2 = L_1(Y) + L_2(r) = L(Y,r)$$

式中，等式最左边的部分为剔除了价格因素的实际货币需求余额，它是收入水平的增函数，是利率水平的减函数。

把利率作为影响货币需求的重要因素是凯恩斯的一大贡献。在此之前的传统货币数量论，如现金交易说完全否认利率对货币需求的作用，现金余额说也只是提到利率对货币需求产生影响的可能性。只有凯恩斯明确地将货币需求对利率的敏感性，作为其宏观经济理论的重要支点。因为市场利率是经常变化的，货币需求是不稳定的，而传统货币数量论者认为货币需求与其决定因素之间是一个稳定的函数关系。因此，凯恩斯认为，在有效需求不足的情况下，可以通过扩大货币供应量来降低利率，以刺激投资，增加就业，扩大产出，促进经济增长。

总之，凯恩斯货币需求理论与传统货币数量论有许多相似之处。在现金交易方程式和现金余额方程式中，人们持币的动机是满足交易之需，凯恩斯延续传统货币数量论的思路，认为货币需求基本上由人们的交易水平决定。与之前的经济学家一样，凯恩斯也认为交易性货币需求与收入成正比例关系。凯恩斯超越前人的地方是，他认为人们还会为了应对未来不确定性支出的需要而持有货币，并称之为预防性货币需求。这种预防性货币需求与收入成正比例关系。同时，凯恩斯同意剑桥学派将货币作为价值储藏形式的观点，并将这种动机称为投机性动机。他也同意剑桥学派认为的财富与收入是紧密相连的观点。因此，他认为投机性货币需求与收入是相关的。他认为，利率对投机性货币需求具有更重要的影响。

（二）凯恩斯货币需求理论的发展

由于凯恩斯货币需求理论在现代宏观经济学和宏观经济政策制定中的核心作用，因此进一步完善、深化凯恩斯所提出的货币需求理论显得非常重要，而这一发展也就构成了第二次世界大战后至 20 世纪 70 年代货币需求理论发展的主流。

1. 平方根定律 经济学家威廉·鲍莫尔（William Baumol，1952 年）和詹姆斯·托宾（James Tobin，1956 年）等发展了凯恩斯的交易性货币需求理论，并提出了著名的平方根定律。

凯恩斯货币需求理论的首要发展是，围绕交易动机所做出的更加精细的研究。原则上凯恩斯认为，人们持币的交易动机主要取决于收入水平（在一定程度上代表规模经济）。虽然他并不否认交易性需求同利率有关，但并未给出一个具体明确的关系。围绕这一问题，经济学家鲍莫尔和托宾结合存货管理理论的费用模型，给出了一般性的结论。

他们将存货管理理论运用于货币需求分析，认为持有货币如同持有存货一样，也有一个最优规模问题。如果持有货币过多，则不会带来任何收益，反而形成资金的浪费；如果持有货币过少，又不能满足日常交易所需。那么，如何确定一个最佳的货币持有量呢？

鲍莫尔首先做了如下假设：第一，人们有规律地每隔一段时间获得一定量的收入 Y，支出是连续的和均匀的；第二，人们以购买政府短期债券的形式将现金贷出，因为这种形式具有容易变现、安全性高等特点；第三，每次变现额（即出售债券）以及每次变现与前一次变现的时间间隔都相等。

根据存货管理理论，最佳的货币持有量应该是持有成本最低的规模。他们认为，持有货币的成本至少有两类。一是变现成本或交易成本，即每次出售债券获得现金时所支付的手续费 b。设每次变现额为 C，而支出总额为 Y，故在一个支出期间内，全部手续费为 $b\frac{Y}{C}$。二是持币的机会成本，即因持有货币而放弃的债券利息收入。支出期间的平均货币余额为 $C/2$，设利率为 r，从而失去的利息收入为 $r\frac{C}{2}$。若以 TC 代表现金存货的总成本，则有：

$$\text{TC} = b\frac{Y}{C} + r\frac{C}{2}$$

投资者将通过选择 C 来使上式最小化。为此，对上式求关于 C 的一阶导数，并令其等于零，就可得到使得总成本最低的变现额 Cⓘ：

$$\frac{\partial \text{TC}}{\partial C} = bY\left(-\frac{1}{C^2}\right) + \frac{r}{2} = 0$$

整理得：

$$C = \sqrt{2bY/r}$$

由于人们在整个支出期间的平均货币持有量为 $C/2$，所以最优名义交易性货币需求 L_{11}^* 为

$$L_{11}^* = \frac{C}{2} = \frac{1}{2}\sqrt{2bY/r} = \sqrt{\frac{bY}{2r}}$$

这就是鲍莫尔－托宾模型。

由于这一货币需求等式中含有平方根，故被人们称为平方根公式或平方根定律，也可以简写成：

$$L_{11}^* = KY^{\frac{1}{2}}r^{-\frac{1}{2}}$$

式中，$K = \sqrt{b/2}$。

平方根定律将交易性货币需求与利率和规模经济的关系以数学公式的形式表达出来。该模型本质上是将管理科学中的最佳存货控制技术运用于货币理论的成果，所以又被称为货币需求的存货管理模型。平方根定律表明，货币的交易性需求与收入 Y 成正比，与利率 r 成反比。同时，该模型也表明，人们的交易性货币需求具有规模节约的特点，因为交易性货币需求对收入与利率的弹性分别为 0.5、-0.5，即收入增加引起的货币需求增加的幅度小于收入增加的幅度，货币需求是按收入的平方根增加的比例来增

ⓘ 可以通过对一阶导数再求导数来证明该式的最小值是存在的：$\frac{\partial \text{TC}''}{\partial''} = -\left(-\frac{2C}{C^4}\right) = \frac{2}{C^3} > 0$。所以，上式存在最小值。

加的；交易性货币需求与利率成反比，利率升高会引起货币需求下降，但货币需求下降的幅度小于利率上升的幅度，货币需求是以利率上升幅度的平方根的比例下降的。

鲍莫尔-托宾模型论证了最基本的货币需求——交易性货币需求，也在很大程度上受到利率变动的影响。这一论证不仅为凯恩斯主义以利率作为货币政策的传导机制理论进一步提供了证明，而且向货币政策的制定者指出，货币政策如果不能够影响利率，那么它的作用就不大。

另外，根据平方根定律，增加一定比例的货币供应量会导致收入的更高比例的增长，货币变动对宏观经济变量（如收入）的影响远大于传统的货币理论所认为的那样。例如，达到充分就业前，在既定的利率水平下，根据传统的货币理论，投放两倍的货币供应量可能导致收入水平翻一倍，但根据平方根定律可能实现四倍于初始均衡水平的收入。由此可见，货币政策对国民收入的作用远比预期的要大，货币政策对于经济发展具有重要作用。

但是，鲍莫尔-托宾模型的假设过于简单，使其结论的有效性大大削弱。

2. 立方根定律　1966年，美国经济学家惠伦（Whalen）将利率因素引入预防性货币需求分析，得出立方根定律或惠伦模型，论证了预防性货币需求受利率影响的观点，从而修正了凯恩斯关于预防性货币需求对利率不敏感的观点。

预防性货币需求主要取决于未来的不确定性，但不确定性如何影响货币需求，凯恩斯的分析并没有细致说明。他简单地认为预防性货币需求只与收入有关，显然这与现实不符，致使后来的经济学家又分别在不同的方向上进行拓展和进一步规范。最有名的拓展之一是惠伦（1966）所提出的预防性货币需求模型。该模型假设：收支相抵后的净支出服从以零为中心的某种概率分布，σ为净支出的标准差。通过设定适当的风险概率，惠伦推导出了立方根定律的预防性货币需求公式。

前面已指出，预防性货币需求其实也是交易性货币需求，只不过是在未来具有不确定性的交易性货币需求罢了。所以，一方面，我们可以遵循前面的思路，考虑人们持有非货币资产满足这种需求所需付出的转换成本，以及持有一定数量的现金资产所发生的机会成本；另一方面，还必须考虑未来发生入不敷出（即由于期初持有的货币余额小于预防性货币支出）的概率，因为一旦这种局面出现，就需要将非货币资产转换为现金资产。公式的推导过程如下。

首先借助切比雪夫不等式⊖来推导出现入不敷出的概率。设X为入不敷出的数额，并设其为正态分布，且均值为零，方差为σ^2。ε为企业或个人持有的预防性货币余额，设为L_{12}。考虑最谨慎的情形，有$P\{X>L_{12}\}=\sigma^2/L_{12}^2$，即入不敷出的数额大于期初持有的预防性货币余额的概率等于σ^2/L_{12}^2，换句话说，也就是存在σ^2/L_{12}^2的概率需要将非现金资产转换为现金，并发生相应的转换成本。

设每次转换现金的转换成本为b，则期初持有的预防性货币余额L_{12}的总成本可分为

⊖ 切比雪夫（Chebyshev）不等式是一个概率论定理：对于任一随机变量X，$EX=\mu$，$DX=\sigma^2$，若EX与DX均存在，则对任意$\varepsilon>0$，恒有$P\{|X-EX|\geqslant\varepsilon\}\leqslant DX/\varepsilon^2$。切比雪夫不等式说明，当$EX$和$DX$已知时，不等式给出了概率$P\{|X-EX|\geqslant\varepsilon\}$的一个上限。该上限并不涉及随机变量$X$的具体概率分布，而只与$DX$和$\varepsilon$有关。因此，切比雪夫不等式在理论和实际中都有相当广泛的应用。

两部分：一是所损失的机会成本，它等于市场利率 r 乘以期初持有的预防性货币余额 L_{12}；二是不得不转换成现金时所付出的转换成本，它等于发生入不敷出事件的概率乘以转换成本，即为 $\dfrac{\sigma^2}{L_{12}^2} \times b$。设总成本为 TC，则有：

$$\text{TC} = r \times L_{12} + \dfrac{\sigma^2}{L_{12}^2} \times b$$

同样，投资者将通过使总成本最小化来决定预防性货币需求余额（L_{12}^*）的适度规模。为此求上式的最小值，对 L_{12} 求导，并令其等于零，可得：

$$\dfrac{\partial \text{TC}}{\partial L_{12}} = r - \dfrac{2\sigma^2}{L_{12}^3} \times b = 0 \quad \text{则} \quad L_{12}^* = \sqrt[3]{\dfrac{2\sigma^2 b}{r}}$$

这就是立方根定律。

立方根定律的结论如下。①货币净支出分布的方差（σ^2）、转换成本（b）和持有货币的机会成本（利率 r）成立方根关系。②预防性货币需求对收入和支出的弹性为 1/3。即在其他因素不变时，收入和支出每增加一个单位，预防性货币需求增加 1/3 个单位。③预防性货币需求与利率呈反方向变动。利率越高，机会成本越大，此项货币需求越小。预防性货币需求的利率弹性为 −1/3。即在其他因素不变时，利率每上升一个百分点，预防性货币需求下降 1/3 个百分点。

立方根定律的结论与平方根定律基本一致。不同的是，立方根定律中预防性货币需求余额对转换成本、利率的弹性分别为 1/3、−1/3，而且在这一模型中，收入对预防性货币需求的影响是通过货币净支出分布的方差间接表现出来的。

3. 投机性货币需求的发展 经济学家托宾发展了凯恩斯的投机性货币需求理论，提出了资产组合理论的基本思想。

按照凯恩斯的假设，人们对于货币和债券这两种财富持有形式的选择，仅仅取决于它们的预期收益率。凯恩斯认为，公众对正常利率持有一种点预期：当实际利率低于该点时，投资者不愿持有任何债券而全部持有现金；当实际利率高于该点时，投资者会将其全部资产转向债券而不愿持有现金。因此，在凯恩斯看来，人们对利率变动的预期是确定的：当市场利率变动时，人们只会在货币和债券之间选择其一，而不是两者兼有。这种观点无法解释人们同时持有货币和债券的现象，也无法说明人们同时持有其他收益率各不相同的金融资产的现象，因而遭到不少批评。于是，许多学者对凯恩斯的理论发表了新的见解，其中最有代表性的就是托宾提出的模型。它主要研究在未来不确定性存在的情况下，人们怎样选择最优的金融资产组合，所以又被称为资产组合理论。

资产组合理论是托宾对凯恩斯投机性货币需求理论的发展。通过这个理论，托宾论证了在未来不确定性存在的情况下，人们依据总效用最大化原则在货币与债券之间进行组合，货币的投机性需求与利率成反方向变动的关系。

托宾认为，资产的保存形式不外乎货币和债券两种。持有债券可以得到利息，但也要承担由于债券价格下跌而遭受损失的风险，因此债券被称为风险性资产；持有货币虽然没有收益，但也没有风险，所以货币被称作安全性资产。而且，风险和收益同方向变化。由于人们对待风险的态度不同，就可能做出不同的选择。据此，托宾将人们分为三种类型：风险回避者、风险爱好者、风险中立者○。托宾认为，现实生活中后两种人只占少数，绝大多数人都属于风险回避者，资产组合理论就以风险回避者为主进行分析。

（1）人们依据总效用最大化原则在货币与债券之间进行组合。托宾认为，人们之所以选择持有没有收益的货币，是因为人们进行资产选择的原则不是预期收益最大化，而是预期效用最大化。持有任何一种金融资产都具有收益和风险两重性，收益增加会使投资者正效用增加，风险增加会使投资者正效用减少或负效用增加。收益的正效用随着收益的增加而递减，风险的负效用随着风险的增加而增加。若某人的资产构成中只有货币而没有债券，为了获得收益，他就会把一部分货币换成债券，因为减少货币在资产中的比例会带来收益的正效用。但随着债券比例的增加，收益的正效用递减而风险的负效用递增。当新增债券带来的收益的正效用与风险的负效用之和等于零时，某人就会停止将货币换成债券的行为。同理，若某人的全部资产都是债券，为了确保安全，他就会抛出债券而增加货币持有额，一直到抛出的最后一张债券带来的风险的负效用与收益的正效用之和等于零为止。只有这样，这个人得到的总效用才能达到最大。这也就是所谓的总效用最大化原则。这一理论说明了在不确定状态下人们同时持有货币和债券的原因，以及对二者在量上进行选择的依据。

（2）货币的投机性需求与利率呈反方向变动。托宾认为，利率越高，债券的预期收益越高，因而相对货币，持有量就越少。这就证实了货币投机性需求与利率之间存在着反方向变动的关系。托宾模型还论证了货币投机性需求的变动是通过人们调整资产组合实现的。这是由于利率的变动引起预期收益率的变动，破坏了原有资产组合中风险的负效用与收益的正效用的均衡，人们重新调整自己的资产组合行为，导致了货币投机性需求的变动。所以，利率和未来的不确定性对于货币投机性需求具有同等的重要性。

托宾模型虽然较凯恩斯的货币投机性需求理论更切合现实，但许多西方学者也指出该模型存在着许多不足之处。例如，它忽略了物价波动的因素，以及只包括两种资产，即货币和债券，而不包括其他金融资产，这显然与当代金融实际情况不符。

四、现代货币数量论的货币需求理论

美国经济学家米尔顿·弗里德曼（Milton Friedman）是现代货币数量论的代表人物。1956 年他发表了著作《货币数量学说——新解说》，标志着现代货币数量论的诞生。

（一）影响人们持有货币的因素

与以前的经济学家一样，弗里德曼继续探索人们持有货币的原因。与凯恩斯不同的是，弗里德曼不再具体分析持有货币的动机，而是笼统地认为影响其他资产需求的因素也必定影响货币需求。然后，弗里德曼将资产需求理论应用到货币需求分析中。他认

○ 衡量一个人是风险回避者、风险中立者还是风险爱好者的一个简单标准是，他是否愿意参与"公平的赌博"：假定有人给你两种选择，一种是直接给你 50 元，另一种是让你掷一枚硬币，当正面朝上时给你 100 元，当正面朝下时分文不给。如果你选择前者，说明你是一个风险回避者；如果你选择后者，则说明你是一个风险爱好者；如果你觉得这两种选择无差异，那你就是一个风险中立者。

为，影响人们持有货币的因素主要有以下几种。

1. 财富总额及其构成　弗里德曼认为，财富总额是影响货币需求的重要因素，个人持有的货币量不会超过其财富总额。但由于财富总额很难直接计算，因此他提出用恒久性收入来代替财富总额。所谓恒久性收入，是指预期在未来年份中获得的平均收入。因而恒久性收入比较稳定，它不同于带有偶然性和临时性的当期收入。弗里德曼认为，当期收入极不稳定，对于货币需求影响更大的是恒久性收入。也就是说，人们是依据其恒久性收入做出相应支出安排，从而产生对货币的相应需求的。

在结构上，弗里德曼将财富分为人力财富和非人力财富。人力财富，是指个人在将来获得收入的能力；非人力财富，是指物质性财富，如房屋、生产资料、耐用消费品等。两种财富的最大区别是，人力财富不易变现。所以，如果人力财富在财富总额中所占比例较大，出于谨慎动机的货币需求也就越大。但由于人力财富不易计算，弗里德曼使用非人力财富占财富总额的比率作为影响货币需求的因素之一。显然，该比率与货币需求成负相关关系。

2. 持有货币和其他资产的预期收益率　弗里德曼所指的货币包括现金和存款。因此，持有货币的收益有三种情况：可以为零（现金），可以为正（存款），可以为负（通货膨胀下持有现金，或活期存款不付利息而收取服务费）。显然，货币需求与持有货币的预期收入成正比。

其他资产如债券、股票以及不动产的收益率取决于市场利率和市场供求状况。在其他条件不变时，货币以外的其他资产的预期收益率越高，货币需求就越小。弗里德曼认为，货币和其他资产的预期收益率的不同，决定了这些财富之间存在着相互替代的关系。

3. 影响货币需求的其他因素　影响货币需求的其他因素(u)可能是随机出现的，如财富所有者的主观偏好以及客观技术与制度等因素。

（二）弗里德曼的货币需求函数

弗里德曼在分析讨论上述三类因素的基础上，提出了他的货币需求函数：

$$\frac{M_d}{P} = f\left(Y_p, w, r_m, r_b, r_e, \frac{1}{P}\frac{dP}{dt}, u\right)$$

式中，Y_p 表示恒久性收入；w 表示非人力财富占财富总额的比率；r_m 表示货币收益率；r_b 表示固定收益证券（如债券）的收益率；r_e 表示浮动收益证券（如股票）的收益率；$\frac{1}{P}\frac{dP}{dt}$ 表示价格水平的预期变动率；u 表示其他随机因素。

在上述影响货币需求的因素中，Y_p、r_m 与货币需求成正向关系；w、r_b、r_e、$\frac{1}{P}\frac{dP}{dt}$ 与货币需求成反向关系。

1. 货币需求对利率并不敏感　弗里德曼认为，利率变动对货币需求的影响甚微。这是因为，利率的变动往往是与货币的预期收益率同向变化的。当市场利率上升时，银行可以从贷款中获得较高的收益，所以会希望吸收更多的存款来发放贷款；当存款利率不受限制时，银行将通过提高存款利率来做到这一点；当存款利率受到限制时，银行会通过提供更完善的服务来吸收存款。无论采取哪一种方式，都意味着货币的预期收益率直接或间接提高了。由于影响货币需求的是货币与其他资产之间相对预期收益率的高低，所以当货币的预期收益率与其他资产的预期收益率同向变化时，货币需求将保持相对不变。

2. 影响货币需求的主要因素是恒久性收入 弗里德曼认为，影响货币需求的主要因素是恒久性收入：

$$\frac{M_d}{P} = f(Y_P)$$

由于恒久性收入相对稳定性，其不像利率那样经常上下波动，所以弗里德曼认为，货币需求及其函数都是相对稳定的。

3. 货币流通速度是稳定的、可预测的 由于货币需求函数是稳定的，这意味着货币需求与其影响因素之间的关系是稳定的。利用过去数据估计出来的货币需求函数经验公式可以用来估计未来的货币需求，并以此预测货币流通速度。因为在市场均衡条件下（货币供给等于货币需求），由交易方程式可知：

$$V = \frac{PY}{M_d} = \frac{Y}{f(Y_P)}$$

从这一公式可以看出，只要货币需求是稳定的、可预测的，那么货币流通速度就是稳定的、可预测的。只要货币流通速度是稳定的、可预测的，那么当货币供给发生变化时，把货币流通速度的预测值代入交易方程式，就可以估算出名义国民收入的变动。因此，货币供给是决定名义国民收入的主要因素这一货币数量论观点仍然能够成立。这就是现代货币数量论。

当然，现代货币数量论与货币数量论还是有区别的，主要表现在两点：一是货币流通速度不再被假定为一个固定的常数，而被认为是一个稳定的、可预测的变量；二是现代货币数量论放弃了货币数量论所认为的经济持续处于充分就业水平，从而当货币供给不变时，实际国民收入保持不变，价格与货币供给同比例变化的观点，而认为在短期内实际国民收入也将随着货币数量的变化而有所变化。货币供给的变化究竟在多大程度上引起实际国民收入的变化，以及在多大程度上引起价格水平的变化，要视其他条件而定。现代货币数量论和货币数量论在一些基础的立场上是一致的，那就是它们都强调货币存量对名义国民收入的重要影响。

（三）弗里德曼的货币需求理论与凯恩斯的货币需求理论的比较

虽然弗里德曼的现代货币数量论与凯恩斯的货币需求理论都将货币视为一种资产，并从资产选择角度入手分析货币需求，但二者还是有着明显的不同，主要表现在以下几方面。

1. "资产"的范围不同 弗里德曼的"资产"概念要宽泛得多。凯恩斯所考虑的仅仅是货币与作为生息资产的债券之间的选择；而弗里德曼关注的资产除货币以外，还有股票、债券和实物资产。与凯恩斯不同，弗里德曼认为货币与实物是相互替代的。因此，他将实物资产的预期收益率作为影响货币需求的一个因素。这暗示着货币供应量的变化会直接影响社会总支出的变化。

2. 对货币预期收益率的看法不同　凯恩斯认为，货币的预期收益率为零；而弗里德曼则把它当作一个会随着其他资产预期收益率的变化而变化的量。比如，当市场利率上升引起其他资产预期收益率上升时，银行就会提高存款利率以吸收更多的存款来发放贷款，从而使货币的预期收益率也随之上升。

3. "收入"的内涵不同　凯恩斯货币需求函数中的收入是指实际收入水平；而弗里德曼货币需求函数中的收入是指恒久性收入，即一定时间内的平均收入水平。

4. 货币需求函数的稳定性不同　凯恩斯认为货币需求函数受利率波动的影响，因而是不稳定的，因为利率是受多种因素影响而经常上下波动的。弗里德曼认为，由于作为财富代表的恒久性收入在长期内取决于真实生产因素的状况，其变动是相对稳定的。银行竞争使利率变化对货币需求的影响很小，货币需求对利率不敏感。因而，货币需求函数是稳定的，是可以预测的。

5. 影响货币需求的侧重点不同　凯恩斯的货币需求理论非常强调利率的主导作用，认为利率的变动会直接影响到就业和国民收入的变动，最终必然影响到货币需求，而弗里德曼则强调恒久性收入对货币需求的重要性，认为利率对货币需求的影响是微不足道的。

6. 关于货币流通速度稳定与否的看法不同　凯恩斯的货币需求函数 $M_d/P = f(Y, r)$ 可以进行转换，即 $P/M_d = 1/f(Y, r)$，进一步地，在市场均衡下有 $V = PY/M_d = Y/f(Y, r)$。因此，由于货币需求与利率是负相关关系，当利率 r 上升时，$f(Y, r)$ 下降，进而货币流通速度上升。利率是经常波动的，因此凯恩斯的货币需求理论认为，货币流通速度也是经常波动的。如前所述，弗里德曼的货币需求理论隐含的货币流通速度公式是 $V = \dfrac{Y}{M_d/P} = \dfrac{Y}{f(Y_P)}$，由于 Y 与 Y_P 之间的关系通常是相对可预测的，所以 V 也是很好预测的。

总的来讲，弗里德曼的货币需求理论采用了与凯恩斯的货币需求理论类似的方法，但没有对持有货币的动机进行深入分析。弗里德曼的资产需求理论说明了货币需求是恒久性收入和各种替代资产相对于货币的预期收益率的函数。

第二节　货币供给机制

货币供给理论的产生和发展要比货币需求理论晚得多。20 世纪 60 年代以后，随着货币主义的兴起和对货币政策的普遍重视，货币供给理论也有了迅速的发展。由于银行存款是货币供给的最大组成部分，理解存款货币的创造机制是理解货币供给机制的第一步。本节在考虑中央银行的基础货币投放以后，通过货币乘数得出了货币供给的完整模型，从而勾画出了货币供给的全过程。

一、商业银行的存款货币创造机制

在整个金融体系中，商业银行与其他金融机构的显著区别在于，只有商业银行才能经营活期存款业务，并具有创造派生存款的能力。即银行吸收了一笔原始存款后，经过其资产业务，最终会创造出数倍于原始存款的存款。历史上，商业银行是唯一能够办理活期存款业务的金融机构，因而也只有商业银行具有货币创造的功能。金融管制放松后，一些其他的金融机构也被允许经营活期存款业务，但从规模和影响来看远不及商业银行，因此商业银行仍然是存款创造最重要的主体。

（一）存款货币创造的条件

存款的初始增加要引起多倍的存款创造，需要具备两个基本条件，即部分准备金制度和转账结算制度。

1. 部分准备金制度 部分准备金制度是相对于全额准备金制度而言的。部分准备金制度，是指商业银行吸收存款后，只需缴存部分资金作为存款准备金，其余资金可以全部贷出的制度。在部分准备金制度下，银行不用把所吸收的存款都作为准备金留在金库中或存入中央银行，进而为创造存款货币提供了可能。

2. 转账结算制度 转账结算制度，是指不使用现金，而是通过银行将款项从付款单位（或个人）的银行账户直接划转到收款单位（或个人）的银行账户的资金结算方式。这里的"账"，是指各单位在银行开立的存款账户（通常是活期存款账户）。银行接受客户委托代收代付，即从付款单位活期账户划出款项，转入收款单位活期账户，以此完成经济主体之间债权债务的清算或资金的调拨。由于转账结算不动用现金，所以又称为非现金结算或划拨清算。

在现代信用制度下，银行向客户贷款是通过增加客户在银行活期存款账户上的金额进行的，客户则是通过签发支票来完成他的支付行为的。因此，银行在增加贷款或投资的同时，也增加了存款额，即创造出了新的存款。如果客户以提取现金的方式向银行取得贷款，就不会形成派生存款。因此，转账结算制度使多倍的存款创造成为可能。

（二）存款货币的多倍创造过程

在分析存款货币创造过程之前，我们首先定义原始存款和派生存款。

原始存款是整个银行体系最初吸收的存款，具体是指银行吸收的现金存款或中央银行对商业银行提供再贷款、再贴现而形成的存款，是银行从事资产业务的基础。这部分存款不会引起货币供给总量的变化，仅仅是流通中的现金变成了银行的活期存款，存款的增加正好抵消了流通中现金的减少。原始存款对于银行体系而言，是现金的初次注入，是银行进行信用扩张的基础。

派生存款是原始存款的对称，是指由商业银行发放贷款，办理贴现或投资等业务活动引申而来的存款。派生存款产生的过程，就是商业银行吸收存款，发放贷款，形成派生存款，最终导致银行体系存款总量增加的过程。

为了简单清晰地描述存款货币的多倍创造过程，下面举例说明。假定支票存款的法定准备金率为 10%，并且同时假定：第一，商业银行不持有任何超额存款准备金；第二，没有现金从银行系统中流出；第三，没有从活期存款向定期存款或储蓄存款的转化。

假设 A 银行吸收了 10 000 元的活期存款，按照规定提取存款准备金 1 000 元，其余的 9 000 元全部贷款给客户甲。此时，A 银行的资产负债变动情况可用 T 型账户表示，如表 10-1 所示。

表 10-1 A 银行的资产负债变动情况

资产		负债	
存款准备金	+1 000 元	活期存款	+10 000 元
贷款	+9 000 元		

假定客户甲将这 9 000 元贷款存入其往来行 B 银行（也可以是 A 银行），B 银行按照规定提取 900 元法定存款准备金后，再将其余的 8 100 元全部贷款给客户乙。此时，B 银行的资产负债变动情况可用 T 型账户表示，如表 10-2 所示。

表 10-2 B 银行的资产负债变动情况

资产		负债	
存款准备金	+900 元	活期存款	+9 000 元
贷款	+8 100 元		

假定客户乙再将这 8 100 元贷款存入其往来行 C 银行，C 银行按照规定提取 810 元法定存款准备金后，再将其余的 7 290 元全部贷款给客户丙。此时，C 银行的资产负债变动情况可用 T 型账户表示，如表 10-3 所示。

表 10-3 C 银行的资产负债变动情况

资产		负债	
存款准备金	+810 元	活期存款	+8 100 元
贷款	+7 290 元		

此时，银行活期存款已经由最初 A 银行吸收的 10 000 元，加上 B 银行的 9 000 元派生存款，再加上 C 银行的 8 100 元派生存款，达到了 27 100 元。但银行存款的增加远未停止，还会照此发展下去，直到存款总额达到 100 000 元为止，如表 10-4 所示。

表 10-4 商业银行派生存款过程　　　　　　　　　　　　　　　（单位：元）

商业银行	存款增加	贷款增加	派生存款增加	准备金增加
A	10 000	9 000	0	1 000
B	9 000	8 100	9 000	900
C	8 100	7 290	8 100	810
D	7 290	6 561	7 290	729
E	6 561	5 904.9	6 561	656.1
⋮	⋮	⋮	⋮	⋮
所有银行合计	100 000	90 000	90 000	10 000

表 10-4 显示，各银行的支票存款额构成了一个无穷递减等比数列，即 10 000，$10\,000 \times (1-10\%)$，$10\,000 \times (1-10\%)^2$，…，根据无穷递减等比数列的求和公式，可得出整个银行体系的存款总额为

$10\,000 + 10\,000 \times (1-10\%) + 10\,000 \times (1-10\%)^2 + 10\,000 \times (1-10\%)^3 + \cdots$
$= 10\,000 \times 1/[1-(1-10\%)]$
$= 10\,000 \times 1/10\%$
$= 100\,000$（元）

其中，派生存款为 100 000 – 10 000 = 90 000（元）。

这表明在 10% 的法定存款准备金率下，商业银行吸收 10 000 元原始存款后，经银行系统的资产业务，最终可以变成 100 000 元的存款，在此，将原始存款增加了 90 000 元。这是由 10% 的法定存款准备金率所决定的。

以上是存款货币多倍创造的简单过程，与其倍数扩张过程相对称，存款货币的紧缩是成倍数缩减，原理是一样的。

如果以 R 表示原始存款，D 表示存款总额，r_d 表示法定存款准备金率，则有下式成立：

$$D = \frac{R}{r_d}$$

（三）存款乘数与制约存款创造的因素

通过上面的分析，我们引入存款乘数这一概念。所谓存款乘数，是指存款总额（即原始存款与派生存款之和）除以原始存款。

存款乘数 = 存款总额 / 原始存款 = 1 / 法定存款准备金率

如以 K 表示货币乘数，则有：

$$K = \frac{1}{r_d}$$

存款乘数表明，商业银行存款货币创造的能力与法定存款准备金率成反比，即提高法定存款准备金率，将降低银行的存款货币创造能力，从而降低其信用扩张能力；反之，降低法定存款准备金率，将提高银行的存款货币创造能力，从而提高其信用扩张能力。正因为如此，中央银行可以通过调节法定存款准备金率来调控货币供应量。

在现实生活中，存款货币的多倍创造和紧缩要复杂得多，它要受到以下诸多因素的制约。

1. 超额存款准备金率 商业银行除按照规定保留法定准备金外，为审慎经营起见，还愿保持一定比例的超额准备金。这部分超额准备金在存款创造中所起的作用与法定准备金完全相同，即不再参与存款货币的创造。因此，超额存款准备金率与存款乘数成反比。若用 e 表示超额存款准备金率，其等于银行持有的超额准备金数额与活期存款之比，则推导存款乘数时要在原来 $1 - r_d$ 的基础上再减去 e，仍利用无穷递减等比数列求和公式，可得出存款乘数公式为

$$K = \frac{1}{r_d + e}$$

例如，假定在上例中 A 银行需要持有 5% 的超额准备金，则它发放贷款的数量就不是 9 000 元，而是 8 500 元了。如果其他银行也都持有 5% 的超额准备金，则存款乘数就达不到 10 倍，而只有 6.67 $[K = 1/(10\% + 5\%) = 6.67]$ 倍。

2. 现金漏损率 现金漏损率，也称提现率，是指客户从银行提取的现金与存款总额之比。在实际生活中，客户会从银行提取或多或少的现金，从而使一部分现金流出银行系统，不再参与存款货币的创造，银行存款货币创造的能力也就降低了。

例如，在上例中，当客户甲从 A 银行获得 9 000 元贷款后，如果甲从其账户中提走了 900 元的现金，B 银行能得到的存款就只有 8 100 元了。显然，存款货币创造的能力

又下降了。若以 c 表示现金漏损率，此时存款乘数为

$$K = \frac{1}{r_d + e + c}$$

假设现金漏损率为10%，则在综合考虑了法定存款准备金率、超额存款准备金率和现金漏损率后，存款乘数降为 $4[K=1/(10\%+5\%+10\%)=4]$ 倍。

3. 定期存款与活期存款的比例 在中央银行对活期存款、定期存款分别规定不同的存款准备金率的情况下，有必要区别活期存款、定期存款分别占存款总额的比例。因为定期存款的准备金率要比活期存款低，因而定期存款占存款总额的比例越高，商业银行能用于发放贷款的资金就越多，创造的派生存款就越多，反之则反。

设定期存款为活期存款的一定百分比 t，定期存款准备金率为 r_t，则存款乘数变为

$$K = \frac{1}{r_d + e + c + tr_t}$$

假定某银行吸收到9 000元的活期存款，定期存款为1 800元（定期存款为活期存款的20%）。另外，假定银行存款额有6%被客户提现，银行为了满足流动性需要，计提了5%的超额准备金率。在10%的活期法定存款准备金率和8%的定期法定存款准备金率条件下，综合考虑这些因素后，该银行的存款乘数将为4.4倍。

$$K = \frac{1}{10\% + 20\% \times 8\% + 5\% + 6\%} = 4.4$$

从以上分析可以看出，存款货币创造要受到多种因素的制约与影响，中央银行能直接影响的只有法定存款准备金率，从而加大了中央银行货币调控的难度。

同时，上述公式至少存在一个缺陷，即它仅仅研究了货币供给中的银行存款部分，而没有对货币供给中的另一重要组成部分——流通中的现金进行研究，这就需要研究中央银行的货币供给机制了。

二、中央银行的货币供给机制

中央银行对货币供给的调控可以用两种机制勾画出来，即价格调控机制和数量调控机制。前者主要体现在中央银行对基准利率的调控，后者主要体现在对基础货币，尤其是对银行准备金规模的调控。

（一）中央银行对货币供给的价格调控机制

在市场经济发达的国家，中央银行通常将利率作为货币政策的中介目标。例如，美联储就将联邦基金利率作为其货币政策的重要中介目标。作为中央银行货币政策中介目标的利率种类在各国有所不同，但是大多数国家将银行同业拆借利率作为重要的参照指标。下面我们来看看，中央银行是如何使市场化的同业拆借利率这一指标的变动与其政策意图一致，从而达到调控货币供给的目的的。这里有必要先看看准备金市场的供给曲线与需求曲线，然后分析中央银行的公开市场操作和贴现贷款对同业拆借利率变动的影响。

1. 准备金市场的供给与需求 在前面的章节，我们已从需求角度即存款准备金的用途将银行准备金分为法定准备金和超额准备金。这里有必要再从供给角度重新界定银

行准备金。从供给角度即银行准备金的来源角度,商业银行在中央银行的准备金可以分为借入准备金(BR)和非借入准备金(NBR),前者是指银行从中央银行的贴现窗口借入的准备金,后者是指中央银行通过公开市场操作向银行注入的准备金。下面我们将推导准备金的需求曲线和供给曲线,然后确定均衡的同业拆借利率。在该均衡状态下,准备金的需求量等于准备金的供给量。

我们知道,商业银行对准备金的需求等于法定准备金的需求量加上超额准备金的需求量。其中,法定准备金可以看成是商业银行的"刚需",而超额准备金是商业银行预防存款流出的保障措施,是商业银行自身可以变动的需求,持有这些超额准备金是其机会成本,即把这些超额准备金贷出去所能获得的利率(同业拆借利率)和中央银行向超额准备金支付的利率 i_E 之差。注意,这里的 i_E 是指中央银行对超额准备金支付的利率,不是超额准备金率,后者是指超额准备金除以银行存款总额。银行持有超额准备金的机会成本与其超额准备金持有额成反比。因此,商业银行超额准备金的需求取决于同业拆借利率与超额准备金利率之差的大小。

如果同业拆借利率高于 i_E,随着同业拆借利率的降低,在其他条件(包括法定存款准备金的数量)不变的情况下,持有超额准备金的机会成本就会降低,超额准备金的需求量就会增加。因此,当银行同业拆借利率高于 i_E 时,超额准备金的需求曲线 R^d 就如图 10-1 所示向下倾斜,即与银行同业拆借利率成负相关关系。然而,当同业拆借利率跌至低于 i_E 时,银行不会以这一低利率在同业拆借市场贷出资金,而必然持续增加超额准备金的持有量。结果就是超额准备金的需求曲线下降到图 10-1 中的 i_E 处开始变得平坦(无限弹性),即准备金需求趋于无穷大。

如前所述,存款准备金的供给曲线 R^s 也可以分为两个部分:由中央银行公开市场操作提供的非借入准备金和从中央银行贴现窗口借来的借入准备金。从中央银行借款的成本主要是对这些贷款收取的利率,即贴现率(i_d)。它被设定为高于同业拆借利率目标值的某一固定数额。如果同业拆借利率低于贴现率,则银行将不会向中央银行借款,借入准备金将为 0,因为通过同业拆借市场融资更便宜。因此,只要同业拆借利率始终低于中央银行的贴现率,准备金的供给将始终与中央银行可以决定的非借入准备金相等。所以,其供给曲线就成为一条垂线,如图 10-1 所示。然而,如果同业拆借利率上升至高于贴现率的水平,银行就愿意按照 i_d 尽可能多地借入资金,然后在联邦基金市场上以更高的利率贷出资金。其结果就是,在 i_d 的水平,供给曲线将变得很平坦(无限弹性),如图 10-1 所示。

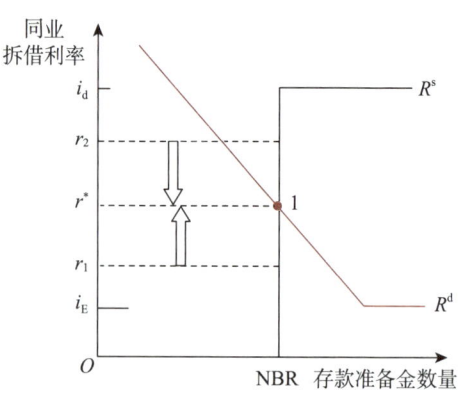

图 10-1 准备金市场的均衡

当准备金的需求量和供给量相等,即 $R^s = R^d$ 时,市场均衡产生。因此,市场均衡发生在需求曲线 R^d 和供给曲线 R^s 的交点上,即点 1,这时均衡的同业拆借利率为 r^*。当同业拆借利率水平处于 r_2,高于均衡利率时,准备金供大于求(超额供给),因此同业拆借利率将下降,如图 10-1 中向下的箭头所示。当同业拆借利率水平处于 r_1,低于均衡利率时，准备金需求大于供给（超额需求），因此同业拆借利率将上升，如图10-1中向上的箭头所示。注意，图10-1为什么设定中央银行的贴现率高于同业拆借利率目标值呢？大家试想一下，如果中央银行的贴现率低于同业拆借利率，会出现什么情况？显然，商业银行就可以将向中央银行贴现来的资金，在同业拆借市场上贷出以赚取利差，那么它还有什么动力去向社会大众贷款呢？货币供应量也就无法变动了。

2. 公开市场操作对银行同业拆借利率的影响　公开市场操作是中央银行通常使用的常规性货币政策工具，所以现在我们来分析，中央银行是如何通过公开市场操作影响准备金市场的供求状况，从而影响同业拆借利率发生相应变动的。

公开市场操作的效果取决于，准备金供给曲线与需求曲线最初是相交于需求曲线向下倾斜的部分还是平坦部分。图10-2a显示了如果其最初交点出现在准备金需求曲线的向下倾斜部分结果会怎样。我们看到，公开市场购买会导致准备金供给量增加。对于任何给定的同业拆借利率，以上这一点都是成立的，因为公开市场购买使非借入准备金增加，由NBR_1上升到NBR_2。因此，公开市场购买会推动供给曲线右移，从R_1^s移向R_2^s，均衡点从点1移到点2，使得同业拆借利率从r^*下降到r_1。同理，公开市场出售会降低借入准备金的供应量，推动供给曲线左移，引起同业拆借利率上升。结果是：公开市场购买将会导致同业拆借利率下降，而公开市场出售会导致同业拆借利率上升。

但是，如果准备金供给曲线最初与需求曲线的平坦部分相交，如图10-2b所示，公开市场操作对同业拆借利率不会产生任何影响。为了理解这一点，让我们再看一下公开市场购买导致准备金供给上升，进而引起供给曲线从R_1^s移向R_2^s的情况，这一次最初的情况是$r^*=i_E$。供给曲线的右移使均衡点由点1移动到点2，但是同业拆借利率维持不变，即在同业拆借市场出现了"流动性陷阱"。无论中央银行在公开市场买入量有多大，都不会导致同业拆借利率下降，从而公开市场操作失效了。这意味着中央银行对准备金支付的利率成了同业拆借利率变动的下限。

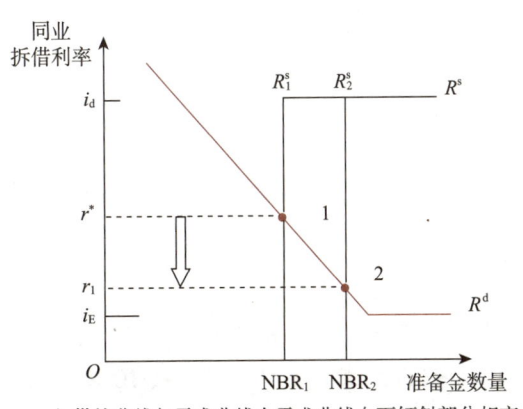
a) 供给曲线与需求曲线在需求曲线向下倾斜部分相交

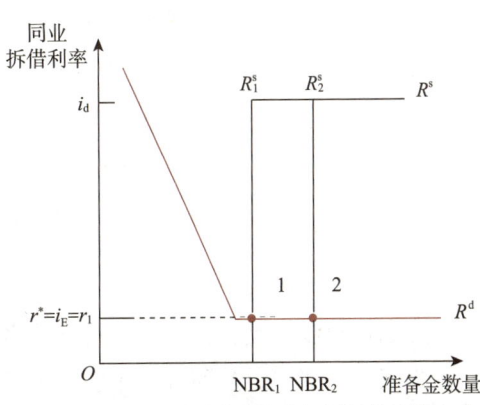
b) 供给曲线与需求曲线在需求曲线平坦部分相交

图10-2　公开市场操作对同业拆借利率的调控

（二）中央银行对货币供给的数量调控机制

中央银行对货币供给的数量调控体现在公开市场操作和贴现贷款对基础货币的影响上。

1. 公开市场操作与基础货币　中央银行在公开市场上买进国债使基础货币供给增加，但是中央银行交易的对象不同，对货币供给影响的效果不同。

公开市场操作改变基础货币中的银行准备金数量。在发达国家，中央银行影响基础货币的主要方式是在公开市场上买卖政府债券。假定中央银行买卖政府债券的对象是一家银行，那么公开市场操作的结果将只影响银行准备金，而不影响流通中的现金。例如，当中央银行从一家商业银行购买1 000元政府债券，支付1 000元支票时，这家银行或者把支票存入它在中央银行的准备金账户中，或者把支票兑现，记入库存现金。两种情况都意味着这家银行增加了1 000元的准备金资产，减少了1 000元的证券资产。银行系统的T型账户变动如表10-5所示。

表10-5　银行系统的T型账户（1）

资产		负债
证券	-1 000	
准备金	+1 000	

同时，中央银行发现其负债由于准备金的上升也增加了1 000元，它的资产增加了1 000元政府债券，相关T型账户的变动如表10-6所示。

表10-6　中央银行的T型账户（1）

资产		负债	
政府债券	+1 000	准备金	+1 000

这次公开市场购买的净结果是：银行准备金增加了1 000元，而这时候流通中现金并没有什么变化，所以基础货币的变化就等于银行准备金的变化。

如果中央银行向某个非银行公众购买1 000元债券，则需要考虑两种情况。第一种情况是，假设向中央银行出售1 000元债券的非银行公众把中央银行支票存入与其往来的当地银行，其T型账户如表10-7所示。

表10-7　非银行公众的T型账户（1）

资产		负债
证券	-1 000	
支票存款	+1 000	

这家银行收进这张支票后，在存款者账户上贷记1 000元，然后把支票存入该银行在中央银行的账户，从而增加了它的银行准备金。银行系统的T型账户如表10-8所示。

表10-8　银行系统的T型账户（2）

资产		负债	
银行准备金	+1 000	支票存款	+1 000

这笔交易对中央银行的资产负债表的影响是：资产方增加了1 000元政府债券，负债方增加了1 000元的银行准备金，如表10-9所示。

表 10-9　中央银行的 T 型账户（2）

资产		负债	
政府债券	+1 000	银行准备金	+1 000

因此，当中央银行支票被存入一家银行时，中央银行针对非银行公众的公开市场购买的净结果和它针对银行的公开市场购买的净结果是相同的：银行准备金增加了 1 000 元，即公开市场购买的金额，基础货币同样增加了 1 000 元。

2. 公开市场操作改变流通中的现金　上述操作的第二种情况是：假如卖出债券给中央银行的非银行公众把中央银行支票在当地一家银行或在中央银行兑现，结果会导致银行准备金无变化，而流通中的现金发生变化，从而也影响到基础货币。此时，非银行公众增加了 1 000 元现金，而减少了 1 000 元的证券资产，其 T 型账户如表 10-10 所示。

表 10-10　非银行公众的 T 型账户（2）

资产		负债
证券	-1 000	
现金	+1 000	

同时，中央银行发现它用 1 000 元现金交换了 1 000 元政府债券，其 T 型账户如表 10-11 所示。

表 10-11　中央银行的 T 型账户（3）

资产		负债	
政府债券	+1 000	现金	+1 000

在这种情况下，公开市场购买的净结果是：银行准备金不变，流通中的现金因公开市场购买而增加了 1 000 元。因而，基础货币增加了 1 000 元。

以上分析表明，公开市场购买对银行准备金的影响不同，这取决于债券出售者将所得款项以现金形式持有还是存入银行。如果是前者，则公开市场购买对银行准备金无影响；如果是后者，银行准备金就增加了与公开市场购买相同的数额。

3. 公开市场操作同时改变流通中的现金和银行准备金数量　同样，假如中央银行向某个人购买 1 000 元债券，同时付给他一张 1 000 元的中央银行支票，而这位出售者将出售所得的支票进行部分兑现。这就导致了银行准备金和流通中现金同时发生变化，结果基础货币数量也发生变化。

因此，尽管中央银行的公开市场操作对准备金的影响是不确定的，但对基础货币的影响是确定的，不论银行或非银行公众将所得款项存入银行还是保留现金。因此，中央银行可以通过公开市场操作控制基础货币的变动。

总而言之，中央银行买进公众的债券，基础货币可能转化成流通中现金或者在商业银行的存款；买进商业银行的债券，其直接转化为商业银行在中央银行的存款；买进政府的债券，其转化成政府在中央银行的存款。在这些交易中，转化成非银行公众的流通中现金，使货币供给等额增加；转化成商业银行的存款，不管是库存现金还是在中央银行账户上的存款，都会使货币供给成倍增加。

（三）贴现贷款与基础货币

到目前为止，我们只说明了仅由公开市场操作引起的基础货币变动。然而，中央银行向银行发放贴现贷款，也会影响基础货币。

例如，当中央银行向商业银行发放 1 000 元贴现贷款时，银行系统及中央银行的 T 型账户分别如表 10-12 和表 10-13 所示。

表 10-12 银行系统的 T 型账户

资产		负债	
准备金	+1 000	贴现贷款	+1 000

表 10-13 中央银行的 T 型账户

资产		负债	
贴现贷款	+1 000	银行准备金存款	+1 000

中央银行的负债现在增加了 1 000 元，基础货币也增加了同样的数额。相反，如果一家银行偿还了中央银行的贷款，从而减少它从中央银行的借款 1 000 元，则银行系统和中央银行的 T 型账户的变化分别如表 10-14 和表 10-15 所示。

表 10-14 银行系统的 T 型账户

资产		负债	
准备金	-1 000	贴现贷款	-1 000

表 10-15 中央银行的 T 型账户

资产		负债	
贴现贷款	-1 000	银行准备金存款	-1 000

即中央银行的负债减少了 1 000 元，因而基础货币也减少了 1 000 元。结果显示，基础货币和中央银行贴现贷款的变动成正相关关系。

综合上面的分析，我们还可以将基础货币按其来源再进行分类，它包括两部分：一部分是中央银行出售证券而注入流通中的现金及增加的银行准备金，称为非借入性基础货币；另一部分是由中央银行的贴现贷款而增加的银行准备金，称为借入性基础货币。于是，基础货币又可以表示为

$$基础货币 = 非借入性基础货币 + 借入性基础货币$$

公开市场上证券的买卖权掌握在中央银行手中。可是，贴现贷款发放数量的多少虽然与中央银行制定的贴现率有关，但不完全取决于中央银行，而与商业银行的决策有着密切的关系。由此看来，中央银行能够完全控制的基础货币部分是非借入性基础货币，而借入性基础货币（贴现贷款）不由中央银行完全控制。

总而言之，贴现贷款对基础货币的影响与公开市场操作相同。不过，贴现贷款的利

率由中央银行决定，是否借入中央银行贴现贷款则由商业银行决定，因此其影响基础货币的效果不如公开市场操作效果好。

三、货币乘数与货币供给模型

货币乘数是研究货币供给模型的基础。在这里，我们通过分析货币供应量变动与基础货币变动之间的关系，推导出货币乘数，并考察影响货币乘数的因素。

（一）什么是货币乘数

货币供应量与基础货币之间通过货币乘数联系起来。**货币乘数**（money multiplier）是货币供应量对基础货币的比率，表示货币供应量随基础货币的变动而变动。它是基础货币转化为货币供应量的倍数，用 m 表示，即：

$$m = 货币乘数 = \frac{货币供应量}{基础货币} = \frac{M}{B}$$

于是，货币供应量 M 与基础货币 B 之间的关系便为

$$M = 货币供应量 = 货币乘数 \times 基础货币 = m \times B$$

在一般情况下，货币乘数总是大于1。因此，货币供应量成倍于基础货币，这个倍数就是货币乘数。正是出于这个原因，人们通常又将基础货币称为**高能货币**（high powered money）。

（二）货币乘数的公式

在推导货币乘数之前，和存款货币乘数的推导过程一样，我们必须做出一些指标假定。

（1）流通中的现金（C）和支票存款（D）的比率为漏现率，即 $c = \dfrac{C}{D}$。

（2）定期存款（T）和支票存款的比率 $t = \dfrac{T}{D}$。

（3）银行持有的总准备金为 R，其中，超额准备金占支票存款的比率为 e。

（4）支票存款的法定准备金率为 r_d，定期存款的法定准备金率为 r_t。

我们要计算货币乘数，只需分别写出货币供应量 M 和基础货币 B 的表达式，再令二者相除就可以了。根据定义有：

$$B = C + R$$
$$M = C + D$$

显然，总准备金 R 等于支票存款的法定准备金 $r_d D$ 和定期存款的法定准备金 $r_t T$ 以及超额准备金 eD 之和，即：

$$R = r_d D + r_t T + eD$$

又因为 $T = tD$，所以有：

$$R = (r_d + r_t t + e)D$$

又因为 $C = cD$，所以有：

$$m = \frac{M}{B} = \frac{C + D}{C + R} = \frac{(1 + c)D}{(r_d + tr_t + e + c)D} = \frac{1 + c}{r_d + tr_t + e + c}$$

这样，我们就推导出了狭义货币供应量 M1 的乘数 m。类似地，我们还可推导出 M2 的乘数。

注意，这里推导出的货币乘数 m 的公式与前面推导出的存款货币乘数 K 之间出现了细微的区别，货币乘数的分子多了一个变量，即漏现率 c。为什么呢？这是因为货币乘数讨论的是基础货币放大或收缩的倍数，而存款货币乘数讨论的只是作为基础货币构成部分之一的准备金放大或收缩的倍数。作为基础货币组成部分的另一部分，即流通中的现金，只有中央银行才能发行。所以，货币乘数的分子多了一个漏现率 c。

由上式看来，只要 $(r_d + r_t t + e) < 1$，货币乘数 m 就大于 1。而这一条件一般是会满足的，因此基础货币的增减将导致数倍的货币供应量增减。为了更清楚地了解这一点，我们不妨举例说明。假定漏现率 $c = 0.3$，定期存款和支票存款的比率 $t = 2.5$，支票存款的法定准备金率 $r_d = 0.06$，定期存款的法定准备金率 $r_t = 0.01$，超额准备金率 $e = 0.02$，则有：

$$m = \frac{1 + 0.3}{0.06 + 0.01 \times 2.5 + 0.02 + 0.3} = 3.21$$

这表明基础货币每增减 1 元，货币供应量 M1 将增减 3.21 元。

（三）货币供给的完整模型

通过以上分析，我们可以得到货币供给的完整模型，即：

$$M_s = B \times m = B \times \frac{1 + c}{r_d + r_t t + e + c}$$

由于货币乘数大于 1，我们可以通过图 10-3 来形象地描述基础货币与货币供应量之间的关系。

从图 10-3 不难看出，货币供应量之所以和基础货币之间具有倍数（即乘数）关系，主要是由于银行准备金 R 的多倍存款创造作用。

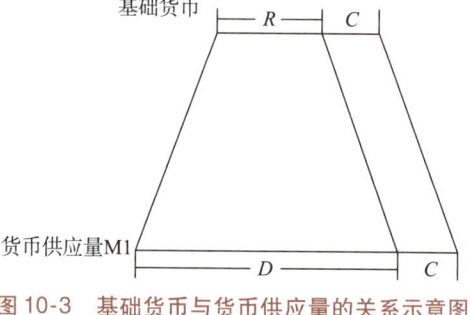

图 10-3 基础货币与货币供应量的关系示意图

（四）影响货币乘数的因素分析

通过以上的讨论，我们知道决定货币供应量的变量主要是基础货币和货币乘数。中央银行能否对货币供应量实施有效控制，就取决于它能否有效地影响基础货币和货币乘数的变动。

如上所述，我们知道，中央银行能对基础货币实施一定程度的控制，如通过公开市场操作和贴现贷款能改变基础货币的数额，而对于货币乘数的控制就没那么容易了。从前面的分析中我们知道，货币乘数的大小取决于下列五个因素：①支票存款的法定准备金率 r_d；②定期存款的法定准备金率 r_t；③超额准备金率 e；④流通中的现金与支票存款的比率，即漏现率 c；⑤定期存款与支票存款的比率 t。在这五个因素中，由于前两个因素是由中央银行决定的，所以只要后三个因素保持足够的稳定，中央银行就可以通过调整支票存款及定期存款的法定准备金率来准确地控制货币乘数。再加上它对基础货币的控制，中央银行就可以随心所欲地把货币供应量保持在它所希望达到的水平。但事实上，中央银行对货币乘数进行控制要困难得多，因为后三个因素实际上是经常变动的。

其中，超额准备金率 e 取决于银行的行为，漏现率 c 及定期存款与支票存款的比率 t 则取决于非银行公众的行为。因此，要想对整个货币供给过程有一个较为全面的了解，就必须对银行及非银行公众的行为加以分析。

1. 影响银行超额准备金率的因素　一家银行决定把一部分本来可以用于贷放或者购买证券的资金，作为超额准备金闲置在自己手中，显然是有其道理的。一个理智的银行家会分析这样做的成本和收益。当持有超额准备金的成本上升时，我们可预计超额准备金水平会下降；当持有超额准备金的收益增大时，则超额准备金水平会上升。一般地，影响超额准备金的成本与收益的因素有三个：市场利率、预期存款的流出量和预期存款流出的不确定性。

（1）市场利率。银行持有超额准备金的成本是其机会成本，即如果放贷或者持有证券而不持有超额准备金所能获得的利息，也即市场利息。显然，市场利率越高，银行持有超额准备金的损失就越大，因此银行超额准备金与市场利率成反向变化关系。

（2）预期存款的流出量。银行持有超额准备金的收益又是什么呢？那就是银行因持有超额准备金而避免的流动性不足所造成的损失。因此，超额准备金率的高低又取决于以下两个因素：一是出现流动性不足的可能性；二是出现流动性不足时从其他渠道获得流动性的难易程度。而银行出现流动性不足的可能性，一般取决于银行预期存款的流出量及其不确定性。

如果银行预期存款的流出量（用 Do^e 表示）比较大，那么它出现流动性不足的可能性就比较大。银行出现流动性不足时，可以通过下述渠道补充流动性：①向别的银行借入同业资金；②同大企业签订证券回购协议；③向中央银行申请贴现贷款；④出售证券；⑤催收贷款；⑥将未收回的贷款销售给其他银行。显然，从上述渠道获得流动性都要付出一定的代价。例如，借入同业资金或申请贴现贷款都要支付利息，出售证券要支付佣金等。这种损失超过了银行的自有资本，就会导致银行破产。银行持有超额准备金的收益能够避免获得流动性的代价，从而避免银行倒闭。因此，预期存款的流出量与银行超额准备金水平成正向变动关系。

（3）预期存款流出的不确定性。上面的分析已经告诉我们，银行出现流动性不足的可能性还取决于预期存款流出的不确定性（以 δ 表示）。如果银行的这种不确定性增加，银行将增加超额准备金以求安全。换言之，当 δ 提高时，银行对是否将承受存款流出的损失感到更加不确定，因而银行要以超额准备金的形式求得更高的安全性，来最大限度地减少风险。反之，存款流出的不确定性下降，银行对超额准备金的要求也会下降。超额准备金水平与存款流出的不确定性成正向相关关系。表 10-16 归纳了超额准备金的影响因素。

表 10-16　超额准备金的影响因素

变　　量	变量的变动	对超额准备金的效应
市场利率	$r\uparrow$	$E\downarrow$
预期存款的流出量	$Do^e\uparrow$	$E\uparrow$
预期存款流出的不确定性	$\delta\uparrow$	$E\uparrow$

2. 非银行公众对流通中的现金、支票存款和定期存款的选择　非银行公众对流通中的现金、支票存款和定期存款的选择是一种典型的资产选择行为,也就是财富所有者选择以何种资产组合持有其财富的行为。它决定了影响货币乘数的另外两个重要参数——漏现率 c 和定期存款与支票存款的比率 t。

(1) 影响漏现率的因素。根据标准的资产选择理论,财富所有者对某种资产的需求,或者说以该种资产形式持有财富的愿望主要取决于以下因素。①财富变动的效应。从财富总额看,非银行公众的财富总额的增长将会使流通中现金、支票存款的数额都增加。但是由于这两种资产的财富弹性是不同的,它们之间的比率将发生变化。随着财富总额的扩大,以现金形式持有资产将显得越来越不方便,而以支票存款的方式进行交易将变得更加有吸引力。因此,漏现率将随着财富的增加而下降,各国经济发展的实际经验也证实了这一点,即漏现率 c 与收入或财富成负相关关系。②预期收益率变动的效应。影响持有现金还是持有支票存款的决策的第二类因素,是支票存款预期收益率和现金及其他资产预期收益率的比较。持有现金的预期收益率为零,而持有支票存款不仅可以获得少量利息,还可以享受银行提供的某些服务。显然,支票存款利率提高,或银行对支票存款提供的服务增加,都会使漏现率下降。其他资产预期收益率的变化也可能影响到漏现率。这是因为,当其他资产预期收益率上升时,人们对现金和支票存款的需求都将减少,但是对两者需求的减少比例是不同的。一般认为,支票存款对其他资产预期收益率的变化可能较为敏感。也就是说,当其他资产预期收益率上升时,支票存款减少的幅度较大。因此,漏现率将上升;反之,则下降。另外,从风险角度看,流通中的现金是最安全的资产,支票存款则存在一定的风险,即银行有可能倒闭。当经济处于正常运转状态时,银行倒闭的风险比较小,人们可能感觉不到这种风险对自己的行为有什么影响。但是,当经济处于动荡时期时,这种风险则有可能严重影响非银行公众的行为。在 20 世纪 30 年代大萧条期间的美国,大量银行的倒闭使得非银行公众对银行的信心发生严重的动摇,人们纷纷将存款从银行中提取出来,从而使漏现率急剧上升。⊖因此,银行风险会引起漏现率大幅上升。③流动性变动的效应。虽然现金和支票存款都可以充当交易媒介,都属于流动性最高的资产,但是在某些情况下,现金作为一种交易媒介仍有着支票存款所无法替代的好处。缺乏金融经验的人将更加不乐意从不相识的第三者那里获得支票。当公众具有较多的金融经验时,支票就更易被接受,并且支票存款的流动性会增加。因此,漏现率和公众的金融经验成负相关关系。而当开立支票账户的银行规模较小,覆盖的地域范围有限时,支票的使用范围也可能受到限制。比如,你可能在家乡的某家银行开设了一个支票账户,并利用这个支票账户进行了许多日常的交易。但是,当你出门旅行时,最好还是多带一些现金,因为其他地方的人可能会因为没有听说过你家乡的那家银行而不愿意接受你开出的支票。最后,利用现金进行的交易不像通过支票存款进行的交易那样,容易被警察或税务部门追查出来。因此,在非法的地下经济活动中,现金被大量使用。这就是说,非法活动和漏现率之间存在着正向联系。

⊖ 据说,在当时,人们用现金塞满床垫而不把钱存入银行,因为他们不再认为银行是他们挣得的辛苦钱的安全存放地。

（2）影响定期存款与支票存款比率的因素。在狭义的货币供给模型中，由于仅仅出现在货币乘数公式的分母，因此定期存款与支票存款比率 t 的变动必然引起货币乘数的反方向变动。其变动也主要取决于非银行公众的资产选择行为。影响这种资产选择行为，从而影响 t 的因素主要有如下三个。①定期存款利率。定期存款利率决定了持有定期存款所能取得的收益。在其他条件不变的情况下，定期存款利率上升，t 就上升；定期存款利率下降，则 t 就下降。②其他金融资产收益率。其他金融资产收益率是人们持有定期存款的机会成本。因此，如果其他金融资产收益率提高，则 t 下降；若其他金融资产收益率下降，则 t 上升。③收入或财富水平的变动。收入或财富水平的增加往往引起各种资产持有额同时增加，但各种资产的增加幅度未必相同。就定期存款和活期存款两种资产而言，随着收入或财富水平的增加，定期存款的增加幅度一般大于活期存款的增加幅度。因此，收入或财富水平的变动一般会引起 t 的同方向变动。

综上所述，货币供应量是由中央银行、商业银行及非银行公众这三个主体的行为共同决定的。在货币供给模型中，B、r_d、r_t 这三个因素基本上代表了中央银行的行为对货币供给的影响。e 则代表了商业银行的行为对货币供给的影响，t 和 c 则代表了非银行公众的行为对货币供给的影响。即货币供给过程是由上述三个参与者共同作用的结果。

四、货币供给理论

（一）凯恩斯的外生货币供给理论

凯恩斯认为，货币供给是由中央银行控制的外生变量，它的变化影响着经济运行，但自身并不受经济因素的制约。这样，一方面有效需求不足，另一方面货币是由中央银行控制的外生变量，因此可以通过扩大货币供给的办法来增加有效需求，促进经济增长。

凯恩斯认为，货币这种票券或符号之所以能被接受，是因为它是依靠国家的法令规定强制流通的。因此，货币是国家的创造物。他的观点可概括为外生货币供给理论，即认为货币供给是由中央银行控制的外生变量，它的变化影响着经济运行，但自身却不受经济因素的制约。货币供给的控制权由政府通过中央银行牢牢掌握在手中，中央银行根据政府的决策和金融的政策，考虑到经济形势变化的需要，可以人为地进行调控，增减货币供应量。

因此，凯恩斯认为，中央银行的公开市场操作是增加或减少货币供应量的主要办法。中央银行能够通过公开市场上各种债券票据的买卖来调节货币供应量。同时，凯恩斯认为，变动货币供应量所产生的直接效果是利率的波动，而不是物价的波动。他认为利率是由货币的供求状况所决定的：货币需求上升，如果不增加货币供应，在货币供不应求的情况下必然使货币利率上涨，高利率将阻碍投资，减少消费，导致有效需求不足；反之，则使利率下降，当资本边际效率一定时，利率的下降将使投资水平提高，投资的增加构成有效需求的增加而引起收益的增加，通过乘数效应提高整个有效需求。可见，货币供应量变动对经济的影响首先是通过利率的变动来实现的。

（二）新古典综合派的内生货币供给理论

内生货币供给理论是新古典综合派在凯恩斯外生货币供给理论的基础上提出的。他们认为，货币供应量主要是由银行和企业的行为决定的，而银行和企业的行为又取决于经济体系内的许多变量。中央银行不可能有效地限制银行和企业的支出，更不可能支配它们的行动。因此，货币供应量主要是一个受经济体系内诸多因素影响而自行变化的内生变量，即货币供应量主要是由经济状况决定的，而不是由中央银行决定的。

乘数（亦称倍数）这个概念最早是由英国经济学家卡思提出的。凯恩斯吸收了这一理论，提出了投资乘数论。此后，新古典综合派又把乘数理论引申到货币金融领域，提出了货币乘数论。

所谓货币乘数论，就是指货币的扩张与收缩的倍数。此时，货币供应量的基本公式可以表示为

$$M_s = m \times H$$

式中，M_s 是指货币供应量；m 是指货币乘数；H 是指基础货币。

新古典综合派的货币乘数论模型可分为简单和复杂两类。

简单乘数模型为

$$m = 1/r$$

复杂乘数模型为

$$m = 1/(r + e + c)$$

上面的分析都是建立在货币为 M1（即现金+活期存款），存款全部为活期存款的基础上的。有些学者把货币的概念扩展到 M2，还有些学者把存款利率、贷款利率和国民收入等因素也加以考虑，这样货币乘数的公式就变得更为复杂。

（三）货币学派的货币供给理论

货币学派非常重视货币供给问题，对货币乘数也有着较深入的分析。下面介绍几种他们提出的货币供给理论。

1. 弗里德曼和施瓦兹的分析 若以 M 代表货币供应量，H 和 R 分别表示基础货币和商业银行的存款准备金，C 代表非银行公众所持有的现金，D 代表商业银行的存款，则有下式：

$$\frac{M}{H} = \frac{C + D}{C + R}$$

若将此等式右端的分子分母都除以 C，再分别乘以 D/R，就可以得出商业银行的存款与准备金之比 D/R、商业银行的存款与非银行公众所持有的现金之比 D/C：

$$\frac{C+D}{C+R} = \frac{1+\frac{D}{C}}{1+\frac{R}{C}} = \frac{\frac{D}{R}\left(1+\frac{D}{C}\right)}{\frac{D}{R}+\frac{D}{C}}$$

上式可改写成以下等式：

$$M = H \times \frac{\frac{D}{R}\left(1+\frac{D}{C}\right)}{\frac{D}{R}+\frac{D}{C}}$$

因为货币供应量为基础货币与货币乘数之积，即 $M = mH$，所以将上式的两端除以

H，就可以得出货币乘数 m 为

$$m = \frac{\frac{D}{R}\left(1 + \frac{D}{C}\right)}{\frac{D}{R} + \frac{D}{C}}$$

上式就是弗里德曼－施瓦兹的乘数公式。它表明，商业银行的存款与准备金之比 D/R 以及商业银行的存款与非银行公众所持有的现金之比 D/C 是货币乘数的决定性因素。

对于货币供应量的决定，他们认为，如果其他条件不变（即 D/R 与 D/C 不变），高能货币总量的变动将导致货币供应量的同比率变动。D/R 的变化会引起货币供应量的同方向变化，因为这一比率越高，一定量的存款准备金所支撑的存款也就越多。

同样，D/C 的值越大，表明公众持有的现金就越少，高能货币留在商业银行中作为准备金的部分就越多，货币乘数相应地就越大，货币供应量也就越多。这就是说，D/C 也与货币供应量同方向变化。

虽然弗里德曼与施瓦兹认为 H、D/R 和 D/C 三者分别取决于中央银行、商业银行和非银行公众，但他们认为，中央银行可采取相应的措施来抵消这些因素波动的影响。所以，货币供给函数是稳定可调的，他们对中央银行控制货币供应量的能力抱有很大的信心。

2. 卡甘的分析 美国经济学家菲里普·卡甘也系统而又深入地研究了美国 85 年（1875—1960 年）中货币供应量变化的主要决定性因素。卡甘的货币供给模型在形式上与弗里德曼－施瓦兹的模型略有不同。

$$M = \frac{H}{\frac{C}{M} + \frac{R}{D} - \frac{C}{M} \times \frac{R}{D}}$$

式中，R/D 只是 D/R 的倒数，而 C/M 同 D/C 一样，也反映了 M、C 和 D 三者之间的关系。因为 $M = C + D$，卡甘将 C/M 和 R/D 分别称为现金比率和准备金比率。

与弗里德曼－施瓦兹模型中的 D/R 和 D/C 相反，卡甘模型中的 R/D 和 C/M 的变化将导致货币供应量的反方向变化。R/D 与货币供应量呈反方向变动。

C/M 作为现金与货币供应量的比率也与货币供应量负相关。其原因在于，公众持有的现金与银行存款及准备金之间有着此增彼减的关系。当公众减少现金持有而增加银行存款时，银行准备金就相应增加，在准备金比率保持不变的情况下，货币供应量就会增加。

在上式中，现金比率和准备金比率总是小于1，所以等式右边分母中的第三项小于前两项中的任何一项。于是，C/M 上升将使货币供应量减少，反之则反。可见，货币供应量与现金比率和准备金比率成负相关关系。

3. 乔顿的分析 20 世纪 60 年代末，美国经济学家乔顿发展了弗里德曼－施瓦兹和卡甘的分析，推导出了较为复杂的货币乘数模型。在乔顿的模型中，货币只包括公众持有的现金和私人活期存款，即狭义的货币供应量。其货币乘数形式如下。

D、T 和 G 分别代表商业银行的私人活期存款、私人定期存款和政府存款，则商业银行的全部准备金可以表示为全部存款的一定百分比 r：

$$R = r(D + T + G)$$

公众期望持有的现金（C）与活期存款（D）的比率（k），也就是：

$$k = C/D \quad 或 \quad C = kD$$

T 和 t 分别表示定期存款和定期存款与活期存款之比，可得到如下的定期存款比率：

$$t = T/D \quad 或 \quad T = tD$$

G 和 g 分别表示政府存款和政府存款与私人活期存款之比，可得到如下的政府存款比率：

$$g = G/D \quad 或 \quad G = gD$$

因此，乔顿的货币乘数为

$$m = \frac{M}{B} = \frac{C+D}{C+R}$$

$$m = \frac{kD + D}{kD + r(D + T + G)} = \frac{kD + D}{kD + r(D + tD + gD)} = \frac{1 + k}{r(1 + t + g) + k}$$

上述三人分析的共同特征是：货币乘数被看成一些变量的函数，因而货币乘数是部分内生的变量，这种货币供给理论不同于将货币乘数看成常数的传统方法。

总之，自 20 世纪 80 年代以来，人们越来越深刻地认识到货币供应量变动对经济的巨大影响，针对货币供给问题的研究也越来越面向货币政策操作的实际需要，即中央银行控制货币供应量的需要。中央银行控制货币供应量的能力大小，取决于它能否准确地预测货币乘数及其决定因素的变化；而中央银行能否准确地做此预测，又取决于这些变化是否稳定。这些变化越稳定，中央银行的预测就越准确，其控制货币供应量的能力也就越大。所以对货币供给问题的研究，已转向对货币乘数及其决定因素的稳定性和可测性的研究了。

| 专栏 10-1 |

广义货币供应量与国内生产总值比值（M2/GDP）、居民消费价格指数（CPI）

广义货币供应量与国内生产总值比值（M2/GDP）即"M2/GDP 指标"，最早见于 Mckinnon（1973）对金融深化理论的开拓性研究。作为货币存量与产出流量之比，M2/GDP 实际衡量的是在全部经济交易中，以货币为媒介进行交易所占的比重。采用 M2/GDP 来衡量经济货币化程度，主要是由于转轨经济体中存在着很多未经货币交易的经济活动，货币化过程就是将这类交易通过货币媒介加以反映的过程。

货币数量论表明，一国货币发行较多时，物价会上涨。然而，自 20 世纪 90 年代以来，中国的货币供应量持续高速增长，物价水平却在大多数年份保持低位，个别年份甚至出现通货紧缩。一个自然而然的问题是，这么多货币为何没有表现为物价的大幅上涨？这一现象被学界称为"中国之谜"。2008 年国际金融危机以来，中国为应对危机和保持经济高质量增长，采取了积极的货币政策。M2 从 2008 年的 47.5 万亿元增加到 2016 年的 155 万亿元，之后在 2017—2021 年的时间里，分别增加到 169 万亿元、182 万亿元、198 万亿元、218 万亿元和 238 万亿元。与此同时，M2/GDP 也大幅度上升，从 2008 年的 1.48 上升到 2015 年的

2.0 以上，在 2020 年、2021 年则分别达到 2.15、2.08，而物价水平则延续平稳态势，2015—2020 年的居民消费价格指数涨跌情况如图 10-4 所示。

图 10-4　2015—2020 年居民消费价格指数涨跌情况

很多人将 M2/GDP 视为我国货币超发的定性指标和定量测度。作为定性指标有一定道理，但作为定量测度则值得商榷。在传统意义上，M2/GDP 是衡量一国货币化或金融深化的指标，但后来人们常以此来度量货币超发的程度，其实是有些勉强的。事实上用 M2/GDP 来测度各国金融深化程度的准确性并未获得一致认可。

从简单的数学角度看，M2/GDP 的分子 M2 为存量指标，分母 GDP 为流量指标，就衡量货币超发的程度而言，两者相比起码不够严谨。而且，各国之间对于 M2 的确切定义与统计口径没有统一，使得国际比较及由此导出的我国货币超发程度大大高于他国的结论，难以令人信服。相对于我国比较宽泛的口径，其他国家的 M2 口径大都小于我国。

那么，我国 M2/GDP 居高而物价相对稳定的原因何在呢？可能原因主要有以下几个。

一是边际储蓄率高。在我国目前超过 200 万亿元的 M2 中，95% 以上是银行存款。这些存款实质上表现为货币形式的居民和企业储蓄。正因为这些货币对应着实体经济中的储蓄，所以它们才沉淀在了经济中，而没有被很快"花"出去，进而没有带来更高的通货膨胀率。换言之，正因为大量储蓄的存在，使得我国名义货币扩张向通货膨胀的传导并不顺畅，所以才让我国 M2 的增速长期以来比名义 GDP 更快，从而带来了越来越高的 M2/GDP。根据 IMF 的统计数据，2017 年中国的储蓄率为 45.8%，仅次于新加坡，比英国 13.5% 的储蓄率高了近三倍。截至 2020 年年末，我国国内居民储蓄率为 45.7%，虽然相较于 10 年前有了很大变化，但储蓄率依旧很高。

二是银行间接融资为主的融资格局。若一个经济体以间接融资为主，在金融资源配置过程中，银行信贷扩张会派生存款，增加货币供给。直接融资（如发行股票、债券等）只涉及货币在不同经济主体之间的转移，货币总量不会发生变化。从国际经验来看，日本和中国作为间接融资的典型代表，M2/GDP 均处于较高水平。资料显示，2020 年我国居民金融资产在家庭财富总量中占比 33.7%，2021 年继续上升至 36.2%，但是从结构上看，居民金融资产主要集中在存款和现金类资产，而债券、股票占比相对较低。以 2021 年年末居民金融资产约 230 万亿元的总量进行结构分析后发现，本外币存款为 103.31 万亿元，占比 44.7%，仍然是最主要的组成部分。

三是经济结构因素。中国经济自改革开放以来 40 多年增长的事实是持续高速增长，并通过高速增长带动了世界经济，重塑了世界经济格局。2016 年中国贡献了全球经济增长的

41%。自2003年起中国经济开始从工业化、对外开放的新起点向着城市化快速转变，2011年中国城市化率超过50%，中国经济从农业人口占优的农业国转变为城市人口占优的现代经济体。但是，从经济增长阶段和金融发展模式来看，由高储蓄支撑的高投资和以房地产驱动经济增长的方式对银行信贷需求过盛，导致了高M2/GDP。

但是，随着我国经济由高速增长转向高质量发展，由投资驱动转向消费驱动，经济将更趋于"轻型"，消费、服务、技术进步的贡献逐步上升，对房地产和投资依赖程度下降，资本市场在创新驱动转型升级中更加重要。一方面，深化金融供给侧结构性改革，大力发展资本市场和加强直接融资比重，增强金融服务实体经济的能力；另一方面，随着货币供应量作为中介目标的可测性、可控性及与产出、物价等最终目标的相关性明显下降，基准利率和市场化利率体系逐渐成熟，货币政策利率传导机制将更加顺畅，实现货币政策调控方式由数量型向价格型转型，未来我国M2/GDP也将趋向收敛。

资料来源：作者根据相关网络资源整理。

用好用足货币政策工具，金融支持实体经济持续发力

扫码详尽了解

专题 立德树人

📖 本章小结

1. 货币需求，是指社会微观主体（包括个人、企事业单位和政府部门）在其财富中能够且愿意以货币形式保有的那部分数量。这一概念表明，经济学上的货币需求是指一种有效需求。它是指既有需求货币的愿望，又有获得或持有货币的能力，即有支付能力的货币需求。

2. 传统货币数量论的货币需求理论包括现金交易说和现金余额说。①费雪的现金交易说认为人们持有货币仅为了满足交易的需要，货币需求取决于货币流通速度和名义国民收入。而根据其假设，货币流通速度是一个相对固定的量，所以货币需求取决于名义国民收入。货币需求是收入的函数，与利率无关。②剑桥学派的现金余额说认为货币不仅是交易媒介，而且具有价值储藏职能。因此，财富水平也影响对货币的需求，这取决于个人偏好以及持有货币的机会成本大小，即利率的变化。

3. 凯恩斯提出了对货币需求的三种动机：交易动机、预防动机、投机动机。他认为，交易性货币需求和预防性货币需求是收入水平的函数，投机性货币需求是利率水平的函数。

4. 凯恩斯将资产分为货币与债券两类。因此，当利率低于正常值时，人们会预期（债券）利率上升，会更愿意持有货币来保存其财富，从而货币需求会上升。反之，当利率高于正常值时，人们会预期（债券）利率下降，债券价格上升，能实现更大的资本利得，债券收益率为正（超过货币收益率），因此，人们会更愿意持有债券来保存其财富，从而货币需求会下降。结论为当利率上升时,货币需求下降,即货币需求与利率水平成反向关系。

5. 鲍莫尔认为,即使在交易动机之下,人们也不会完全持有现金,而是会持有非现金资产,待需要交易时再将非现金资产转换成现金。他与托宾得出货币需求的平方根定律,也就是人们所说的鲍莫尔－托宾模型。①在其他条件不变时,收入水平越高,交易性货币需求也越高;反之,收入水平越低,交易性货币需求越低。②在其他条件不变时,货币与盈利性资产之间的转换成本越高,交易性货币需求也越高,反之亦然。③在其他条件不变时,利率上升,交易性货币需求降低;反之,利率下降,交易性货币需求上升。

6. 惠伦认为,影响最适度预防性货币需求的因素有三个:一是转换成本;二是持有货币的机会成本;三是货币净支出分布的方差。他提出了货币需求的立方根公式。它表明:预防性货币需求与转移成本是正相关的,与利率是负相关的。

7. 托宾认为,在对未来预计存在不确定性的情况下,人们会选择多样化的金融资产组合,所以又称其理论为资产组合理论。

8. 弗里德曼研究货币需求时已不再关注人们持有货币的动机,其"资产"的概念要宽泛得多。凯恩斯只以债券作为货币以外的资产,而弗里德曼关注的资产除货币以外,还有债券、普通股和实物资产。弗里德曼的货币需求理论认为,影响人们持有货币数量的因素包括:第一,恒久性收入 Y_p,货币需求与其正相关;第二,非人力财富占财富总额的比率 w,货币需求与其负相关;第三,货币、固定收益证券、浮动收益证券的收益率及价格水平的预期变动率;第四,其他随机因素 u。他得出货币需求及其函数是相对稳定的。

9. 在货币供给过程中,中央银行直接创造基础货币,商业银行则通过其存款货币创造机制来扩大货币供应量。在这一过程中,存在三个参与者:中央银行、商业银行和非银行公众。

10. 商业银行创造存款货币的能力需要具备两个基本条件,即部分准备金制度和转账结算制度。而且,存款货币的多倍创造和收缩要受到诸多因素的制约。存款乘数,是指存款总额(即原始存款与派生存款之和)除以原始存款。考虑多种因素后的存款乘数为 $K = 1/(r_d + e + c + tr_t)$。

11. 货币供给与中央银行公开市场操作所决定的非借入性基础货币和从中央银行取得的借入准备金呈正相关。

12. 基础货币通过货币乘数的概念同货币供应量联系起来。货币乘数说明的是基础货币的一个给定变动,会带来货币供应量的多大变动。基础货币 B、货币乘数 m 和货币供应量 M 的一般关系式为 $M = mB$。货币供给的完整模型是:

$$M_s = B \times m = B \times \frac{1+c}{r_d + r_t t + e + c}$$

13. 货币供给理论的研究相对于货币需求理论而言比较薄弱,因为早期的经济学家认为货币供给是外生变量。20世纪60年代以后,货币政策得到充分重视,许多经济学家开始致力于货币供给理论的研究,结果发现货币供给在很大程度上是一个内生变量,从而开始了真正意义上的现代货币供给理论研究。其中,弗里德曼、施瓦兹、卡甘、乔顿等人均提出了各自的货币供给模型,并且都强调了货币供应量受货币乘数与基础货币两个因素的影响。

14. 根据弗里德曼－施瓦兹货币供给模型,货币被定义为广义货币供应量M2。决定货币供给的主体有三个:一是中央银行,决定高能货币 H;二是商业银行,决定 D/R;三是非银行公众,决定

D/C。

15. 在卡甘的货币供给模型中，货币同样被定义为广义货币供应量 M2，决定货币乘数的变量有两个：C/M 和 R/D，与弗里德曼－施瓦兹的分析稍有不同。卡甘将 C/M 和 R/D 分别称为现金比率和准备金比率。

16. 乔顿发展了弗里德曼－施瓦兹的货币供给模型，推导出了更为复杂的货币乘数模型。在乔顿的模型中，货币只包括非银行公众持有的现金和私人活期存款，即狭义的货币供应量 M1，决定货币乘数的变量有 r、k、t、g，货币乘数是这些变量的递减函数。

复习思考题

1. 解释下列概念：货币需求、交易性货币需求、预防性货币需求、投资性货币需求、货币乘数、货币供给的外生性、货币供给的内生性。
2. 简述凯恩斯关于货币需求动机的观点。
3. 比较现金交易说与现金余额说的异同。
4. 简述鲍莫尔模型的主要内容和意义。
5. 简述托宾的资产组合理论的基本思想。
6. 比较凯恩斯和弗里德曼货币需求理论的异同。
7. 中央银行公开市场操作是如何影响同业拆借利率变动的？
8. 中央银行是如何调控基础货币变动的？
9. 描述下列三方当事人对货币乘数可能产生什么样的影响：中央银行、商业银行和非银行公众。
10. "货币乘数必须大于1"这个说法是正确的、错误的，还是不确定的？请解释。
11. 假设中央银行向商业银行出售100万元债券，中央银行的资产负债表将如何变化？用T型账户简单说明。
12. 运用T型账户说明当中央银行向商业银行发放200万元的贷款时，银行体系支票存款的变化。
13. 中央银行、商业银行和非银行公众的行为是如何决定货币乘数的？
14. 试评价中央银行控制货币供应量的能力。
15. 假定支票存款的法定准备金率为6%，定期存款的法定准备金率为3%，银行超额准备金率为2%，漏现率为30%，定期存款与支票存款的比率为250%，存款乘数是多少？
16. 假定支票存款的法定准备金率为6%，定期存款的法定准备金率为3%，银行超额准备金率为2%，漏现率为30%，定期存款与支票存款的比率为250%，货币乘数是多少？
17. 试根据乔顿模型分析货币乘数的决定因素。

复习思考题部分答案
扫码收听

本章拓展内容

- 货币需求理论的几个问题
- 货币发行的红线

第十一章
CHAPTER 11

通货膨胀与通货紧缩

§ 学习目标

- 了解通货膨胀的成因与类型
- 理解通货膨胀的经济效应
- 掌握通货紧缩的成因
- 描述通货紧缩的影响
- 掌握通货膨胀与通货紧缩的治理

§ 本章导读

当货币供给大于货币需求，物价水平持续上涨时，就出现了通货膨胀；当货币供给小于货币需求，物价水平持续下降时，则出现了通货紧缩。通货膨胀和通货紧缩对经济生活有着极大的不利影响。本章帮助人们理解"为什么钱越来越不值钱"，因为通货膨胀会侵蚀货币的购买力。而有时"钱越来越值钱也不一定是好事"，这就是通货紧缩。例如，从某种程度上说，2022年可以被称作全球"通货膨胀之年"。美国的CPI同比增幅一度达到逾9%，欧洲主要经济体的通货膨胀率更是曾触及10%。2022年，全球主要中央银行以至少20年来最快的速度和最大的规模进行加息，全力遏制不断飙升的通货膨胀率。根据国际清算银行的统计结果，2022年全球38家中央银行共加息210次。最核心的原因是美国为了应对通货膨胀情况的恶化，不断加息。然而这种做法让全球金融市场遭到了不小的挑战。多国不得不跟随加息甚至提前加息来阻挡来自美国的"加息收割机器"，于是我们看到了一波又一波的加息潮。从2022年3月开始，美联储在2022年共计加息7次，累计加息425个基点，最终将联邦基金利率目标区间上调到4.25%至4.50%，达到2008年国际金融危机以来的最高水平。自2021年12月以来，英国中央银行也连续加息9次，将基准利率推到了3.5%，当前利率水平达到2008年10月以来的最高水平。通货膨胀与通货紧缩牵动着一国经济甚至全球金融市场。因此，本章将带领读者了解什么是通货膨胀、通货紧缩，为什么会发生通货膨胀或通货紧缩，通货膨胀与通货紧缩对经济生活的影响是什么样的，如何治理通货膨胀与通货紧缩带来的一系列问题等。

第一节　通货膨胀的定义及其度量

一、通货膨胀的定义

在现代经济社会中，通货膨胀和货币、利率、汇率等一样，都是人们司空见惯的经济术语。在很多时候，人们将通货膨胀等同于价格水平上涨。比如，当某年的总体价格水平比上一年上涨了1%时，人们就会说该年的通货膨胀率为1%。但准确地说，总体价格水平的上升并不意味着发生了通货膨胀。经济学家谈到通货膨胀时，通常是指一般物价水平在一定时间内出现持续和较明显的上涨。

通货膨胀这一术语至少包括以下三个方面的含义。

（一）通货膨胀是"一般物价水平"的上涨

"一般物价水平"，是指全社会所有商品和劳务的平均价格水平。通货膨胀是指一般物价水平的上涨，局部性或个别的商品和劳务的价格上涨不能被视为通货膨胀。例如，某种商品的价格上涨会被其他商品的价格下降抵消，一般价格水平保持不变，此时就没有发生通货膨胀。再如，当你发现自己所看中的自行车的价格由300元上涨到350元时，你会说通货膨胀率太高了。但事实上可能并不存在通货膨胀现象，因为通货膨胀的发生与否不仅仅取决于自行车这一种商品的价格变化，而是由包括自行车在内的所有商品和劳务的总体价格水平变化所决定的。

（二）通货膨胀反映的是商品和劳务的"货币价格"变化

"货币价格"，即每单位商品、劳务用货币数量标出的价格。通货膨胀以商品和劳务的价格为考察对象，关注商品和劳务的价格水平的变化趋势，其目的是将商品和劳务的价格与股票、债券和其他金融资产的价格区别开来。比如，当美国纳斯达克指数不断攀升时，你不能就此说美国发生了通货膨胀，因为实物生产领域很可能并没有发生普遍且持续的物价上涨现象。

（三）通货膨胀是物价的"持续上涨"

关于"持续上涨"，是强调通货膨胀并非偶然的价格跳动。季节性、暂时性或偶然性的物价上涨并不能被视为通货膨胀，只有持续的价格水平上涨才能被称为通货膨胀。通货膨胀是价格的变动过程，在这个过程中价格具有上涨的基本趋势，并将持续一定的时间。因此，一般以年度为时间单位来考察通货膨胀，用年通货膨胀率来表示通货膨胀的程度。

二、通货膨胀的度量

通货膨胀程度通常以物价上涨幅度来表示，而物价上涨幅度，通常是通过**物价指数**（price index）来反映的。物价指数，是指本期物价水平对基期物价水平的比率，它反映了物价的涨跌幅度，通常人们将基期的物价指数设定为100（%）。因此，如果本期物价指数大于100，则表示本期物价水平相对于基期物价水平来说上涨了；反之，如果本期物价指数小于100，则表示本期物价水平相对于基期物价水平来说下降了。以物价指数变动所表示的通货膨胀程度的一般计算公式为

$$\pi_t = \frac{P_t - P_{t-1}}{P_{t-1}}$$

式中，π_t 为 t 时期的通货膨胀率；P_t 和 P_{t-1} 分别为 t 时期和 $t-1$ 时期的物价指数。

度量通货膨胀所采用的物价指数主要有以下三类。

（一）消费者价格指数

消费者价格指数（consumer price index，CPI），又称零售物价指数，是指综合反映一定时期内居民生活消费品和服务项目价格变动的趋势与程度的价格指数。它是根据居民所消费的食品、衣物、居住、交通、医疗保健、教育、娱乐等消费品和劳务的价格指数加权平均计算而来的。它与社会公众生活密切相关，因而在许多国家都深受关注，并被广泛使用。该指数的优点是资料比较容易收集，便于及时公布，能够较为迅速地反映公众生活费用的变化。但是，它所包括的范围较窄，消费品仅仅是社会最终产品中的一部分，因而不能反映用于生产的资本品以及进出口商品和劳务的价格变动趋势。所以，仅用消费者价格指数来度量通货膨胀具有一定的局限性，需结合其他指数一起使用。

（二）生产者价格指数

生产者价格指数（producer price index，PPI），又称批发物价指数，是指反映全国生产资料和消费资料批发价格变动程度与趋势的价格指数。以生产者价格指数衡量通货膨胀，其优点是能在最终产品价格变动之前获得工业投入品及非零售消费品的价格变动信号，进而能够判断其对最终进入流通的零售商品价格变动可能带来的影响。但是，该指数没有反映劳务价格的变化，因而不能用以反映整个物价的变动情况。

（三）国内生产总值平减指数

国内生产总值平减指数（GDP deflator），是指一个能综合反映物价水平变动情况的指标。它是将国内生产总值的名义值转化为实际值所使用的价格指数。它是按当年价格计算的国内生产总值（即名义GDP）与按基期价格计算的国内生产总值（即实际GDP）的比率。例如，某国某年按当年价格计算的国内生产总值为10 000亿美元，按上年价格计算的国内生产总值为4 000亿美元，则当年的GDP平减指数为250（=10 000/4 000×100），说明与上年相比，当年的物价水平上涨了150%（=250%−100%）。该指数的优点在于其涵盖的范围广，包括消费品和劳务、资本品以及进出口商品等，较全面地反映了一般物价水平的变动趋势。但是收集编制该指数所需的资料比较困难，一般一年只统计一次国内生产总值平减指数，因而其不能迅速地反映通货膨胀的程度和趋势。

第二节　通货膨胀形成的原因

通货膨胀是一种复杂的经济现象，它的产生依赖于各种条件，有着各种各样的原因。尽管所有的通货膨胀都表现为社会总需求大于社会总供给，但在同一表象下却有着

不同的原始动因和运行过程。

一、需求拉上型通货膨胀

需求拉上型通货膨胀（demand-pull inflation），是指货币供给过度增加导致的过度需求所引起的通货膨胀，即"过多的货币追逐过少的商品"，表现为消费需求和投资需求过度增长，而商品和劳务供给的增加速度却受到限制，由此导致一般物价水平的上升。

根据凯恩斯的观点，如果社会未达到充分就业，资源未被充分利用，货币供应量的增加会使社会总需求增加，从而促进社会生产的发展和资源更有效的利用，而不会引起通货膨胀。只有当社会已达到充分就业，资源已被充分利用，总供给无法再增加时，货币供应量的增加才会引起物价上涨，导致通货膨胀。

特别需要注意的是，即使在未达到充分就业的情况下，如果总需求增加的速度过快，超过总供给可能的增加速度，也会引起通货膨胀。

（一）货币均衡与市场均衡的关系

本质上，通货膨胀所要分析的问题是市场供求与货币供求的关系，如果以 M_s、M_d、AS、AD 分别表示货币供应量、货币需求、市场总供给与市场总需求，则它们之间的关系可表示为图 11-1。它们之间的作用都是相互的，箭头表示其主导的方向。

货币供求与市场供求的关系表现如下。①市场总供给决定货币需求，但同等的总供给有偏大或偏小的货币需求。②货币需求引出货币供应量，但不是等量的。③货币供应量成为总需求的载体，同样，同等的货币供应量有偏大或偏小的总需求。④总需求的偏大或偏小，会对总供给产生巨大的影响：总需求不足，则总供给不能充分实现；总需求过多，在一定条件下有可能推动总供给的增加。

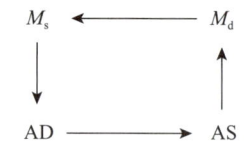

图 11-1　市场供求与货币供求的关系

（二）需求拉上型通货膨胀的运行过程——短期分析

在短期内，社会总供给是给定的。此时，如果货币供应量超过了货币需求，则意味着总需求会迅速增加，与相对不变的总供给相比，总需求处在过度增长的状态。这时，经济中开始出现短期性的需求拉上型通货膨胀，通货膨胀的程度依货币供应量超过货币需求的程度而定。这一过程可用图 11-2 加以描述。其中，SS 表示供给曲线；D_0D_0、D_1D_1、D_2D_2 表示不断提高的需求曲线；FF 表示相对不变的总产量线；R_{in} 表示通货膨胀率；e_0、e_1、e_2 表示不同水平的均衡点。

（三）需求拉上型通货膨胀的运行过程——长期分析

在长期内，经济增长水平是变化的。从理论上讲，在增长极限内，预期经济增长水平 Y^* 随着货币供应量的增加而增加，但不是同比例增加。随着货币供应量的增加，社会总需求增加，进而促使总供给增加和价格上涨。在离增长极限点较远时，M_s 的增长率、Y^* 的增长率和通货膨胀率 R_{in} 之间的关系是：$M_s > Y^* > R_{in}$。随着 Y^* 不断接近增长极限点，这三者的关系将变成 $M_s > R_{in} > Y^*$，而且 Y^* 趋近于零增长。这时，需求拉上型通货膨胀表现得非常明显，即过度需求拉动物价水平迅速上升。

由于在需求拉上型通货膨胀的初始阶段存在着 $M_s > Y^* > R_{in}$ 的关系，人们就会产生一种错觉，认为较多的货币供应量能带来较大的经济增长。这种错觉正是需求拉上型通货膨胀不断恶化的重要原因。需求拉上型通货膨胀的长期分析可以用图 11-3 表示。

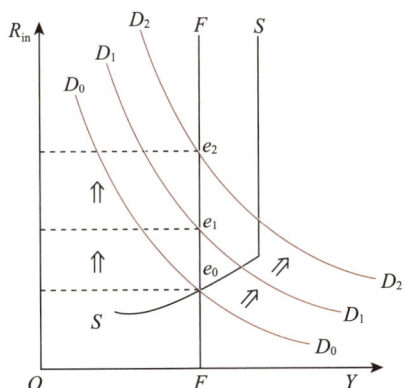

图 11-2 需求拉上型通货膨胀的短期分析

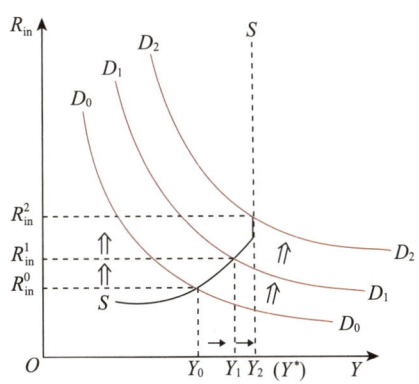

图 11-3 需求拉上型通货膨胀的长期分析

二、成本推动型通货膨胀

成本推动型通货膨胀（cost-push inflation），是指在总需求不变的情况下，由生产要素价格上涨引起生产成本上升所导致的物价总水平持续上涨的情况。前面所分析的需求拉上型通货膨胀一般发生在达到充分就业之后，然而当经济中存在大量闲置资源时，抱怨需求过大显然是没有道理的。但在现实经济生活中却发生了这样的现象：许多国家在失业率居高不下的同时，还出现了很高的通货膨胀率，尤其是进入 20 世纪 70 年代后，西方发达国家普遍经历着高失业率和高通货膨胀率并存的"滞胀"。在这种情况下，需求拉上型通货膨胀理论显然不能解释通货膨胀形成的动因。因此，许多经济学家转向供给方面去寻找通货膨胀的根源，提出了成本推动型通货膨胀理论，认为通货膨胀形成的原因在于成本上升引起了总供给曲线的上移。

（一）成本推动型通货膨胀的类型

引起成本上升的原因有很多，成本推动型通货膨胀理论的支持者着重论述了两种类型的成本推动：工资推动和利润推动。

1. 工资推动型通货膨胀 这种通货膨胀是由过度的工资上涨导致生产成本上升，从而推动总供给曲线上移而形成的。在现代经济生活中，当强大的工会组织迫使厂商提高工资，使得工资的增长快于劳动生产率的增长时，生产成本就会提高，导致产品价格上升；而物价的上涨会使工会再一次要求提高工资，又一次对物价上涨形成压力。这样，工资的增长和价格的上涨形成了螺旋式的上升运动。许多经济学家将欧洲大多数国家在 20 世纪 60 年代末和 20 世纪 70 年代初经历的通货膨胀，认定为工资推动型通货膨胀，因为这一时期出现了工时报酬的急剧增加。例如，在联邦德国，工时报酬的年增长率从 1968 年的 7.5% 增加到 1970 年的 17.5%；在同一时期，美国的工时报酬的年增长率也由 7% 上升到 15.5%。

2. 利润推动型通货膨胀 它是指垄断企业凭借其垄断地位，通过提高垄断产品的价格来获得垄断利润，使得总供给曲线上移，从而引起的通货膨胀。其中，最为典型的是在 1973—1974 年，石油输出国组织（OPEC）历史性地将石油价格提高了 4 倍，到 1979 年，石油价格被再一次提高，这两次石油提价对西方发达国家的经济产生了强烈的影响，使这些国家国内的价格水平持续且普遍上升。利润推动型通货膨胀以行业垄断的存在为前提。没有行业垄断，不存在大型的可以操纵市场价格的垄断企业，就不可能产生利润推动型通货膨胀。

（二）成本推动型通货膨胀的运行过程

在对成本推动型通货膨胀的运行过程进行分析时，通常假定总需求不变。在总需求不变的条件下，成本推动型通货膨胀在促使价格水平上涨的同时，也会引起供给水平的下降，如图 11-4 所示。

在图 11-4 中，DD 表示固定不变的需求曲线，SS_1、SS_2、SS_3 表示产品成本不断提高的供给曲线。在达到充分就业和资源充分利用后，供给曲线变成一条垂直线 SC，OC 表示充分就业和资源充分利用。如果产品成本由 SS_1 上升到 SS_2、SS_3，物价水平就相应地从 P_1 上升到 P_2、P_3。由于总需求没有增加，产出总量则从 OC 下降到 OB、OA。因此，成本推动型通货膨胀理论认为，成本上升推动物价上涨，物价上涨又推动成本上升，如此恶性循环，造成物价持续上升。

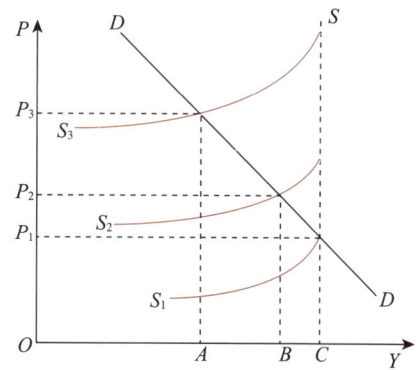

图 11-4 成本推动型通货膨胀的运行过程

综上所述，需求拉上型通货膨胀与成本推动型通货膨胀都是在供求的交替作用下产生的，而且都与较高的货币增长率相联系。因此，虽然我们在理论上可以将它们区分开，但事实上这两者是很难区分的。我们只知道需求拉上型通货膨胀一般发生在经济达到充分就业水平之后，成本推动型通货膨胀则发生在经济达到充分就业水平之前。但即使这样划分也存在障碍，因为我们并不能确定充分就业率的确切数值。

三、混合型通货膨胀

在现实经济生活中，往往是需求拉上和成本推动同时存在，两者共同作用导致了通货膨胀。例如，在总需求增加引起的通货膨胀中，价格上涨又导致了生产成本的提高，从而引起了成本推动型通货膨胀。在成本推动型通货膨胀中，工资的提高使货币收入和需求增加，又导致了需求拉上型通货膨胀。

因此，人们把由总需求增加和总成本上升共同作用的通货膨胀称为**混合型通货膨胀**（hybrid inflation）。从运行过程所表现出的动态特征来看，混合型通货膨胀有两种类型：一种是"螺旋式"；另一种是"直线式"。

(一)"螺旋式"混合型通货膨胀

在"螺旋式"混合型通货膨胀中,首先是成本的上升促使物价水平持续上升,即成本推动型通货膨胀,从而导致社会总产量下降,社会失业率上升,这是政府不愿接受的事实。因此,政府会实行扩张的财政政策,增加社会支出以降低失业率。而政府支出的增加将导致社会总需求曲线向右移动,物价进一步上升,由此形成了物价水平呈"螺旋式"上升的通货膨胀。

因此,"螺旋式"混合型通货膨胀的特点可归纳为:第一,起因于成本推动;第二,社会总需求跟着不断扩大;第三,实际产量不会下降;第四,价格水平呈"螺旋式"上升。图 11-5 说明的就是这种情况。

在图 11-5 中,随着总成本曲线从 S_0S 向 S_1S、S_2S 方向移动,为了不减少实际产量和出现过高的失业率,政府通常会通过增加货币供给和扩大投资支出来增加需求,总需求曲线就会由 D_0D_0 向 D_1D_1、D_2D_2 方向移动。在总成本曲线和总需求曲线分别向左上方和右上方移动的过程中,价格水平沿着 $e_0 \rightarrow e_1 \rightarrow e_2 \rightarrow e_3 \rightarrow e_4$ 这样的轨迹"螺旋式"上升。价格水平由 R_{in}^0 上升到 R_{in}^4 的过程表明经济生活中出现了明显的、持续性的通货膨胀。

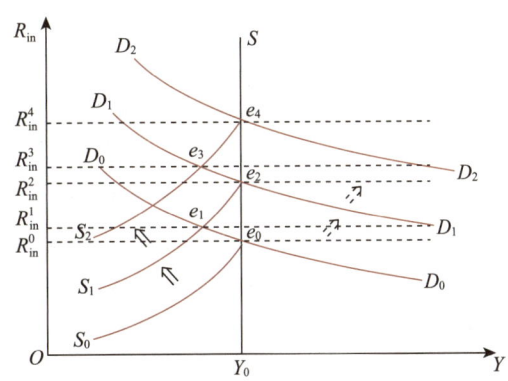

图 11-5 "螺旋式"混合型通货膨胀的运行过程

(二)"直线式"混合型通货膨胀

"直线式"混合型通货膨胀开始于流通领域,起因于需求拉上型通货膨胀。当需求拉动物价持续上升时,工会可能会要求增加工资以避免财富流失,而工资增加会导致成本增加,推动总成本曲线向左上方移动,成本推动型通货膨胀由此产生。在这一过程中,价格水平呈"直线式"上升。

因此,"直线式"混合型通货膨胀的特点可归纳为四点:第一,起因于需求的过度扩张;第二,价格的上升引起成本的上升;第三,在一般情况下,产量不会下降;第四,价格呈"直线式"上升,如图 11-6 所示。

在图 11-6 中,开始时总需求曲线向右上方移动,引起物价上涨。当需求曲线从 D_0D_0 向 D_1D_1、D_2D_2 扩张时,价格水平上涨又会导致包括工资在内的成本的提高,成本曲线随之由 S_0S 移动到 S_1S、S_2S,经济均衡点由 e_0 向 e_1、e_2 方向移动。在这一过程中,价格水平上涨的轨迹是直线

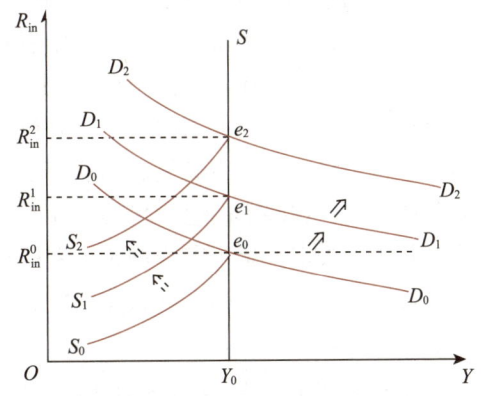

图 11-6 "直线式"混合型通货膨胀的运行过程

式的：$e_0 \rightarrow e_1 \rightarrow e_2$。

当然，在现实经济运行中，"直线式"和"螺旋式"这两种混合型通货膨胀并不是截然分开的，经常性的情况是这两种通货膨胀混合在一起。这种"混合"给宏观经济调节和通货膨胀的治理带来了很大困难。

四、结构型通货膨胀

结构型通货膨胀（structural inflation），是指在总需求和总供给大体均衡的状态下，由社会经济结构方面的因素引起的通货膨胀。结构型通货膨胀主要有以下几种情况。

（一）需求结构转移型通货膨胀

在总需求不变的情况下，需求结构会不断发生变化，它会从一个部门迅速转移到另一个部门，而劳动力及其他生产要素的转移则需要时间。当需求从某些部门转移到其他部门，如从衰退部门转移到新兴部门时，原先处于均衡状态的经济结构可能会因需求的转移而出现新的失衡。对于需求增加的部门，产品的价格和工人的工资将上涨；而对于需求减少的部门，由于价格和工资刚性（或黏性）的存在，产品的价格和工人的工资未必会下降。作为结果，需求的转移会导致物价总水平的上升。

（二）部门差异型通货膨胀

在一国的经济生活中，总有一些部门的劳动生产率的增长速度快于另一些部门，但它们的工资增长率却相同，由此所导致的整体物价水平的持续上升就称为部门差异型通货膨胀。为方便起见，我们将劳动生产率增长速度较快的部门称为先进部门，将劳动生产率增长速度较慢的部门称为落后部门。㊀因此，当先进部门的工资由于劳动生产率的提高而上升时，落后部门的工资和成本也会相应上升，进而推动物价总水平的持续上升，形成了部门差异型通货膨胀。

（三）斯堪的纳维亚型通货膨胀

斯堪的纳维亚型通货膨胀，也称输入型通货膨胀，是部门差异型通货膨胀中的一种。但由于其典型性和特殊性，一些学者将其划为一种独立的通货膨胀类型。这种通货膨胀主要发生在"小国"，这里的"小国"是指国际市场上价格的接受者。然后，将小国的经济部门划分为两大部门：一是开放部门，它生产出在世界市场上参加竞争的可交换商品，其价格由世界市场决定，这些部门有较高的货币工资增长率和劳动生产率；二是非开放部门，这些部门生产出的商品不在国际上进行交换，其价格完全由本国的需求情况和其成本决定，货币工资增长率和劳动生产率较低。但是由于工资刚性的存在，两部门的货币工资增长率趋于一致。因此，当发生世界性通货膨胀时，小国开放部门的成

㊀ 在相关文献中，不同的经济学家对整个经济部门的划分是不同的。例如，鲍莫尔将经济部门划分为劳动生产率不断增长的工业部门和劳动生产率保持不变的服务部门，希克斯将经济部门划分为扩展部门和非扩展部门，北欧的一些经济学家则将经济部门划分为开放部门和非开放部门。这些划分方法的共同特点是不同部门之间在劳动生产率增长速度上存在着差异。

本和价格将会上升。在工资刚性作用下，非开放部门的工资和价格也会上升，结果该国的整体物价水平上升，引起通货膨胀。

专栏 11-1

津巴布韦通货膨胀的"传奇"故事

津巴布韦是一个矿产资源丰富、土地肥沃的非洲东南部国家，于 1980 年独立，曾经的经济实力仅次于南非，被誉为"非洲面包篮"，来自津巴布韦的粮食养活了非洲的饥民。然而 2000 年至 2002 年，津巴布韦政府实施"快速土改计划"，强行征收白人农场主的土地分配给黑人农民，导致社会矛盾激化，津巴布韦的农业、旅游业和采矿业一落千丈，经济逐渐濒于崩溃。

1. 津巴布韦元沦为垃圾货币　津巴布韦元（简称津元）最早比美元值钱。1980 年独立的时候，津元与美元的汇率为 1:1.47。在土地改革以后，由于经济崩溃，政府财政入不敷出，于是开始印钞。从 2001 年到 2015 年，描述津巴布韦通货膨胀程度的各种数据超出了一般人的理解能力，动辄出现百分之几百几千的通货膨胀，最后甚至只能以指数来衡量。在这里，我们只能用货币面值让人理解其通货膨胀的严重程度了。2006 年 8 月，津巴布韦中央银行以 1:1 000 的兑换率用新货币取代旧货币。2008 年 5 月，津巴布韦中央银行发行 1 亿面值和 2.5 亿面值的新津元；时隔两周，5 亿面值的新津元出现（大约值 2.5 美元）；再一周不到，5 亿面值、25 亿面值和 50 亿面值的新津元纸币发行。同年 7 月，津巴布韦中央银行发行 100 亿面值的纸币。同年 8 月，政府从货币上勾掉了 10 个零，100 亿面值的津元相当于 1 新津元。2009 年 1 月，津巴布韦中央银行发行 100 万亿面值新津元。同年 4 月，津巴布韦政府宣布，新津元退出法定货币体系，以美元、南非兰特、博茨瓦纳普拉作为法定货币。以后的几年中，澳元、人民币、日元、印度卢比加入到津巴布韦法定货币体系。2001 年，100 津元可以兑换 1 美元，不到十年的时间，2009 年 10^{31} 的新津元才能兑换到 1 美元。津元彻底沦为垃圾货币。2023 年，津巴布韦又陷入几乎失控的通货膨胀困境，通货膨胀率高达 848%。

2. 恶性通货膨胀下的津巴布韦怪象：股市飞涨　当津元变得一无是处，津巴布韦超市货架上空空如也，百姓陷于饥荒，工业生产陷于停滞，公共交通、公共电力中断，津巴布韦经济陷入崩溃境地时，神奇的是股票市场却在一段时间内异常繁荣。

在席卷全球的 2007—2008 年国际金融危机里，津巴布韦股市的表现恐怕是全球最佳。津巴布韦工业指数在 2007 年前四个月里涨幅达到 595%，在之前的 12 个月里涨幅达到 12 000%。到了 2008 年 10 月，津巴布韦工业指数一天内涨幅最高达到了 257%，有些公司的股价短时间内涨幅超过了 3 500%。

在意识到纸币贬值之后，津巴布韦的股民疯狂地把存款从银行搬到股市，津巴布韦股市的涨幅远远超过同期通货膨胀率的涨幅。当整个国家摇摇欲坠时，津巴布韦的股民们却笑逐颜开。

津巴布韦证券交易所主席甚至公开表示："为什么还要把钱存在银行里？人们相信股市是唯一能够保存资产的地方。"

第三节 通货膨胀的经济效应

一、通货膨胀对经济增长的影响

关于通货膨胀对经济的影响问题,经济学界存在着激烈的争论,主要观点大致可分为以下三种:通货膨胀可以促进经济发展的促进论、通货膨胀会损害经济发展的促退论、通货膨胀不影响经济发展的中性论。

(一)促进论

促进论的基本理论依据是凯恩斯的有效需求不足理论。该理论认为,当现实经济中的实际产出水平低于充分就业产出水平时,政府可以运用增加预算、扩大投资支出和增加货币供给等手段刺激有效需求,促进经济增长,其理由如下。

1. "**弥补投资资金不足**" **的正效应** 资金缺乏、投资不足是一国产出水平不高的主要原因,而采用增加税收的方式来提高产出则会产生挤出效应。因此,政府通过赤字财政政策保持适当的通货膨胀率,将能有效地弥补投资资金不足,以促进经济增长。

更主要的是通过通货膨胀政策,通过增加货币供给相应地增加有效需求,能使那些受到有效需求不足限制的闲置资源得到有效利用,增加就业和产出。

2. 铸币税的正效应 铸币税○,是指由于国家对货币供给的垄断地位而流入国家的所有收入。因此,铸币税并非通常意义上的税,它是一个特定的经济概念。不同的文献在确认哪些收入属于铸币税收入时可能是不同的。例如,有些经济学家把中央银行上交给财政部的收益,看作政府的铸币税收入;有的经济学家认为,中央银行大部分货币的创造是通过购买有价证券产生的,但中央银行由此增发的基础货币——通货和准备金存款,通常是无息的或是只支付很低的利息,其低于国家在资本市场上举债时必须支付的利息部分就是国家的铸币税收入,所以他们把铸币税定义为政府发行无息债券而不是带息债券所节约的利息。

铸币税通常被称为通货膨胀税,其税率为通货膨胀率。政府以铸币税的形式得到了一部分资金,可将这部分资金用于增加投资。如果居民的消费不变或消费的下降小于投资的增加,产出仍能通过乘数效应上升。

3. 提高储蓄率的正效应 通货膨胀通过收入分配效应,使工人的实际工资减少,从而使企业主的利润增加。通货膨胀使国民收入进行了有利于企业主(利润所得者),而不利于工人(工资所得者)的再分配。工人的边际储蓄倾向往往较低,而企业主的边际储蓄倾向较高。企业主可以利用这部分储蓄资金来增加社会投资支出,从而促进经济增长。

4. 货币幻觉的正效应 在通货膨胀初期,全社会都存在货币幻觉。对于企业主而

○ 铸币税的英文 seigniorage 是由法语 seignear(封建领主)演变而来的。历史上,一开始任何人都可以铸造金属货币,后来铸币厂为封建领主所垄断。民间将贵金属铸造成货币时,需要向铸币厂缴纳一定的费用。该费用扣除铸造成本后的剩余归统治者所有,因为此笔收益是统治者凭借其特权所获得的,所以将它译为"铸币税"。后来统治者还发现可以通过减少铸币重量、降低铸币成色来获得更多的收益。到了信用货币阶段,国家垄断货币发行权,纸币的发行成本和其币值相比微不足道。铸币税基本上等于纸币面值。再加上中央银行还可通过开出支票和发放贷款投放货币,因此铸币税可以被认为等于基础货币的增量。

言，由于公众对通货膨胀预期的调整存在时滞，此时物价上涨了，而名义工资不会发生变化，企业利润会相应提高，通货膨胀使资本家更愿意进行投资。对于工人而言，他们通常将名义价格、名义工资、名义收入的上涨看成实际的上涨。于是，工人愿意提供更多的劳动，企业主愿意扩大投资，雇用更多工人，从而扩大再生产。

(二) 促退论

促退论认为通货膨胀会损害市场运行效率，阻碍经济增长，其理由如下。

1. 资源配置失调 通货膨胀会造成价格信号失真，导致资源配置失调，经济效率降低，使经济处于不稳定状态。而且，在高通货膨胀率下，持有现金的成本大大上升，需要花费大量的时间管理现金，造成社会资源的浪费。

我们知道，现金的名义收益率为零，如果通货膨胀率为20%，则意味着现金的实际收益率将下降20%。此时，公众会觉得"现金烫手"，他们将不遗余力地将现金转化为实物资产或名义收益率随通货膨胀上升的存款和债券。企业也会花费大量的精力进行"现金管理"，尽可能地避免在自己的账户上保留过多的现金。西方经济学家将人们因此而花费的大量时间和精力形象地称为**皮鞋成本**（shoe leather cost），因为人们一遍又一遍地去银行存钱、取钱，很容易把鞋底磨破。

2. 诱发过度的资金需求 通货膨胀使银行的实际利率低于名义利率，企业投资成本降低，因而极易诱发过度的资金需求。而过度的资金需求往往会迫使货币当局加强信贷管理，从而削弱金融体系的运营效率。

3. 生产性投资成本和风险加大 从长期来看，通货膨胀最终会引起名义工资率上升和银行利率上调，生产性投资成本和风险加大，泡沫经济升温。在市场经济中，价格是商品生产的调节器。价格机制发挥着引导资源流动，分配社会资源的作用，使社会中的各种生产要素最有效地发挥其功能。但是，当发生通货膨胀时，特别是在非预期通货膨胀的情况下，各种生产要素、商品、劳务的相对价格随之发生不稳定的变化，致使资源分配被扭曲，因而也增大了生产性投资的风险。

4. 边际储蓄倾向降低 通货膨胀意味着货币购买力下降，人们的实际收入水平也降低。实际收入水平的下降会引起人们的边际储蓄倾向降低，社会储蓄率下降，从而使投资率和经济增长率下降。

尽管根据费雪效应，名义利率会根据预期通货膨胀率进行调整，但事实上这种调整往往是不充分的。而且许多国家都不同程度地存在对利率的管制，利率的上升受到很多因素的限制。因此，在通货膨胀较为严重时，实际利率往往会下降，甚至会出现负利率。在这种情况下，人们会增加当前消费，减少储蓄，致使投资者无法得到足够的投资资金。

5. 助长投机 当通货膨胀发生时，人们不愿持有货币，不愿从事生产活动，而是纷纷抢购实物资产，囤积货物，抢购黄金、外汇和其他奢侈品，甚至从事房地产炒作等投机活动，严重阻碍了经济的发展。当发生严重的通货膨胀时，人们会放弃货币，改用实物作为交易媒介，使得交易成本大大提高，经济效率严重受损。

(三) 中性论

中性论认为通货膨胀与经济增长不相关。在长期内，公众会形成通货膨胀预期，事先提高各种商品的价格,做出相应的储蓄、投资决策,从而抵消通货膨胀的各种影响。

二、通货膨胀的收入分配效应

由于社会各阶层的收入来源不同,物价水平上涨对收入水平的影响也不同:有些人的收入水平会下降,有些人的收入水平反而会上升。这种由物价上涨造成的收入再分配,就被称为通货膨胀的收入分配效应。

1. 固定收入者的实际收入下降 在通货膨胀期间,通常固定收入者的收入调整滞后于物价水平,实际收入会因通货膨胀而减少;而非固定收入者能够及时调整其收入,从而可能从物价上涨中获益。比如,对于依赖工资收入的工薪阶层,工资调整总是落后于物价上涨,所以该阶层是通货膨胀的受害者。再如,对于依赖退休金生活的退休人员,退休金不易随通货膨胀增长或增长滞后于通货膨胀,所以也会深受通货膨胀之苦。

2. 企业主的利润先升后降 对于非固定收入的企业主而言,在通货膨胀初期,企业主会因产品价格上涨、利润增加而获益。但当通货膨胀持续发生时,随着工资和原材料价格的调整,企业利润的相对收益就会消失。

3. 政府是通货膨胀的最大受益者 通货膨胀的最大受益者是政府。在累进所得税制度下,名义收入的增长使纳税人所适用的边际税率提高,应纳税额的增长高于名义收入的增长。而且,政府往往是一个巨大的债务人,向公众发行了巨额的国债,价格水平的上涨使政府还本付息的负担相对减轻。正是从这个角度,有人说"政府具有诱发通货膨胀的利益动机"。

三、通货膨胀的财富分配效应

当发生通货膨胀时,一部分社会财富会从债权人手中转移到债务人手中,即通货膨胀使债权人的部分财富流失,而使债务人的财富相应增加,从而形成了财富分配效应。这是因为通货膨胀使得货币的实际购买力下降,而债权人未来收回的本息的名义价值不变,所以其实际收入下降,财富流失;同时债务人所偿还本息的名义价值不变,其实际负担减小,财富增加。

在现实生活中,人们的财富并不仅仅由货币资产构成,还包括实物资产和负债,其财产净值为资产价值与债务价值之差。在通货膨胀环境下,实物资产的货币价值大体随着通货膨胀率的变动而相应升降,金融资产的价值变化则比较复杂。在通货膨胀中,股票的价值可能会上升,但影响股票价值的因素是多样化的,所以股票绝非抵御通货膨胀的理想保值资产形式。至于以货币表示的债权债务,其共同特征是有确定的货币金额,其名义货币金额不会随着通货膨胀的存在与否而变化,物价上涨会使货币的实际金额减少。同时,我们根据经济主体资产负债情况的不同,将货币资产大于货币负债的经济主体称为净货币债权人,将货币负债大于货币资产的经济主体称为净货币债务人。现在,通货膨胀会产生怎样的财富分配效应呢?一般地,通货膨胀会增加净货币债务人的财富,而使净货币债权人的部分财富流失。

现举例说明，假设张某的资产负债表如表 11-1 所示。

现在假设通货膨胀率为 100%，并假设实物资产的货币价值随通货膨胀率的变动而发生同比例变动，为了简化分析暂时不考虑利息因素，则张某的资产负债表会发生如表 11-2 所示的变化。

表 11-1 张某的资产负债表（单位：元）

资产		负债与权益	
银行存款	10 000	银行借款	20 000
实物资产	12 000	净财富	2 000
总计	22 000	总计	22 000

表 11-2 张某变化后的资产负债表（单位：元）

资产		负债与权益	
银行存款	10 000	银行借款	20 000
实物资产	24 000	净财富	14 000
总计	34 000	总计	34 000

张某的净财富从原来的 2 000 元变为 14 000 元，其财富增长率为

$$(14\ 000 - 2\ 000)/2\ 000 \times 100\% = 600\%$$

显然，张某的实际财富增加了，且财富增长速度大大高于通货膨胀率，其原因就在于他处于净货币债务人的地位。

四、通货膨胀的强制储蓄效应

通货膨胀的强制储蓄效应，是指政府以铸币税的形式取得的一笔本应属于公众的消费资金。强制储蓄有两层含义：一是强制储蓄是由消费的非自愿减少或强制性减少造成的；二是强制储蓄的形成伴随着收入在不同主体之间的转移。这里所说的储蓄，是指用于投资的储蓄积累。作为投资的储蓄积累主要来源于三部分：一是家庭，二是企业，三是政府。

在正常情况下，上述三个部门的储蓄有各自的形成规律。家庭的储蓄来源于收入减去消费后的部分。企业的储蓄来源于其用于扩大再生产的净利润和折旧基金。政府的投资如果是用税收的办法从家庭和企业中取得的，那么这部分储蓄是从其他两个部门的储蓄中挤出来的，全社会的储蓄总量并不增加。如果政府通过向中央银行借款以筹措投资资金的话，则直接或间接导致货币增发，这种筹措投资资金的办法就会强制增加全社会的储蓄总量，结果将是物价上涨。在公众名义收入不变的条件下，如果他们仍按原来的模式和数量进行消费与储蓄，则两者的实际额均随着物价的上涨而相应减少，其减少的部分大体相当于政府运用通货膨胀实现的强制储蓄部分。这就是所说的通货膨胀的强制储蓄效应，这种强制储蓄效应带来的结果是物价水平的持续上涨。

促进论者认为，通货膨胀的强制储蓄效应是动员资金的有效途径之一。它会引起国民收入在政府与公众之间的再分配，从而使整个社会的投资流量增加，使公共投资增加。投资的增加通过乘数效应使实际产量倍增。促进论者坚持认为通货膨胀能优化资源配置，因为政府通过通货膨胀增加的资金主要用于投资基础设施和基础产业，创造了很大的正外部性和社会效益，从而对资源配置产生影响。

当然，上面的分析是基于充分就业假定的。如果一国未达到充分就业水平，其实际 GDP 低于潜在 GDP，生产要素大量闲置，则其政府通过扩大货币发行来扩张有效需求，虽然也是一种强制储蓄，但并不会引起持续的物价水平上涨。

第四节 通货紧缩的含义及成因

一、通货紧缩的含义

通货紧缩（deflation），是与通货膨胀相对立的概念，两者都是一种失常的货币现象。按照通俗的观点，通货紧缩是指由于货币供应量相对于经济增长和劳动生产率增长而减少所引起的有效需求严重不足、一般物价水平持续下跌、货币供应量持续减少和经济衰退等现象。

虽然通货紧缩的定义众说纷纭，但是通货紧缩的表现形式还是比较公认的，一般认为通货紧缩的表现如下。

（一）物价水平持续下降

物价水平持续下降，无疑是通货紧缩的一个重要表现。当然，物价水平下降到多少才能算作通货紧缩，理论上观点不一致。但一般认为，物价水平长时期的负增长就能称为通货紧缩，而且负增长的幅度不同，通货紧缩的程度也就不同。

（二）货币供应量持续减少

与通货膨胀相对应，货币供应量在某一水平持续下降是通货紧缩的另一表现形式。各国一般都会根据本国的具体情况，在货币供应量与物价水平、经济增长率和就业率之间确定一个能够实现充分就业的货币供应量增长"合理"区间，并以此作为标准来判断是否出现通货紧缩（或通货膨胀）。

（三）有效需求不足

通货紧缩往往发生在通货膨胀得到抑制之后。由于在通货膨胀期间十分旺盛的市场需求刺激下，企业的投资和生产都达到了相当大的规模，在通货膨胀得到抑制后，绝大多数已经扩大了的商品供给与萎缩了的有效需求发生矛盾，大量商品不能在合适的价格水平下销售出去，以货币计量的商品总需求连续降低。

（四）失业率上升

在通货紧缩期间，由于货币供应量没有达到充分就业水平，企业商品积压导致再生产受阻，市场投资不足又没能提供新的就业机会，因此失业人数大幅度增加，人们的收入水平下降。这种状况反过来成为商品有效需求不足的原因，从而加重了通货紧缩的程度。

值得注意的是，"通货膨胀本质上是一种货币现象"似乎已成共识。但是，对于通货紧缩本质上是否也是一种货币现象，这个问题却存在着争议。在认为货币供给是内生变量的经济学家看来，它本质上是一种实体经济现象。它通常与经济衰退相伴，表现为投资的边际收益下降和投资机会相对减少，信贷增长乏力，消费和投资需求减少，企业普遍开工不足，非自愿失业率增加，收入增加速度持续放慢，各个市场普遍低迷。

通货紧缩的测度与通货膨胀的测度一样，都是采用价格指数来衡量的，通常以消费品（包括服务）的价格指数来判断。例如，当消费者价格指数是110%时，就说明宏观经济发生了通货膨胀，通货膨胀率是 10%（=110%－100%）；当消费者价格指数为 95% 时，就说明发生了通货紧缩，通货紧缩率是 5%（=100%－95%），或者说通货膨胀率为负。有时人们也用国内生产总值平减指数来分析年度数据。判断分析出现通货紧缩的迹象或者可能性，可使用一些相关的先行指标，如批发价格指数、固定资产价格指数和生产资料价格指数等。

二、通货紧缩的成因

由于具体到某个国家，形成通货紧缩的原因各有不同，为了不失一般性，本书仅对经济学家在理论上对通货紧缩成因的解释进行归纳。西方经济学家关于通货紧缩的观点主要有以下几种。

(一) 费雪的债务－通货紧缩理论

美国经济学家费雪在 1933 年大萧条时提出了债务－通货紧缩理论。他认为经济主体的过度负债有通货紧缩效应，同时通货紧缩也加重了企业的债务负担，这两个因素相互作用、相互增强，从而导致经济衰退，甚至引起严重萧条。

费雪认为，在经济繁荣阶段，企业和金融机构都受到繁荣前景的鼓励，企业更容易从金融机构获得大量贷款来进行投资。这种借贷行为将一直持续，直至企业"过度负债"的状态出现，即相对于国民财富、国民收入而言，到期债务过多，以致企业没有足够的流动资产来清偿到期债务。这时债务－通货紧缩效应就发生了，债务人、债权人对企业的过度负债感到恐慌，开始了债务清算，进而可能引起以下连锁反应。①为了清偿债务，债务人被迫低价出售商品和资产。②债务人归还银行贷款引起存款货币收缩，货币流通速度下降。③存款货币增长速度和整个货币流通速度的下滑引致了物价总水平的下降。④物价的下跌降低了企业的净值和利润率。⑤净值和利润率的降低意味着企业资信水平的降低，从而导致金融机构贷款规模的收缩，货币流通速度和物价总水平又因此下降（即通货紧缩越来越严重）。⑥在名义利率不变的情况下，通货紧缩会提高债务的实际利率，实际利率的上升则意味着企业实际负债的扩大。⑦上述逻辑过程重现。从上述描述中，我们可以看出金融市场对宏观经济波动的影响以及通货紧缩所具有的自我循环和自我加速的特点。

费雪指出，在名义利率不变的情况下，通货紧缩会提高债务的实际利率。这样，债务清算虽然会减少债务人所欠的名义债务数量，但债务的实际价值会上升，债务清算的过程将永远赶不上债务增长的步伐，即"债务越还越多"。

对此，费雪提出，如果对这一局面不干预，企业的过度负债只能通过大规模破产的方式来消除，经济便会转入衰退。要遏止这种局面的出现，政府就必须采取积极有效的经济政策实行"人工呼吸"。最简单有效的"人工呼吸"，在费雪看来即人为实行通货膨胀，使价格达到这样一个水平：在这个价格水平上，债务增长停止并开始收缩。

费雪的债务－通货紧缩理论指出了银行信用在通货紧缩中所起的作用，为大萧条提供了一个较为合理的解释。但由于罗斯福新政和人们对古典理论的反对，凯恩斯的观点流行于市，费雪的这一思想没有得到应有的重视。

（二）凯恩斯的有效需求不足通货紧缩理论

对通货紧缩研究的回顾不能不提到凯恩斯的有效需求不足通货紧缩理论，因为作为大萧条的产物，该理论是以分析和解决通货紧缩为宗旨的。

该理论认为，通货紧缩源于有效需求不足。有效需求不足会导致物价水平下跌，经济收缩，形成通货紧缩。有效需求不足表现为消费需求不足和投资需求不足。消费需求不足是因为边际消费倾向递减，而投资需求不足则是因为资本边际效率递减和流动性偏好。在标准的总需求和总供给模型中，总需求曲线和总供给曲线的交点决定了均衡物价总水平和均衡产出水平。如果经济受到需求萎缩的冲击，总需求曲线就会向左移动，导致均衡产出水平和均衡物价总水平下降（即通货紧缩）。

凯恩斯在《就业、利息和货币通论》中更多地使用了"就业不足均衡"和"有效需求不足"这样的术语来研究通货紧缩，把就业不足均衡产生的原因归结为有效需求不足。由有效需求不足引起的物价下降被称为**通货紧缩**。通货紧缩缺口，是指充分就业条件下，社会实际投资低于社会储蓄的空缺，即社会总供给超过社会总需求的差额。它表现为社会对商品和劳务需求的价值低于在充分就业条件下能够生产的价值。例如，在充分就业的情况下，国民生产总值为 22 000 亿美元，而此时社会总需求即总投资加上总消费为 20 000 亿美元，这意味着留下了 2 000 亿美元的通货紧缩缺口。根据乘数原理，它会导致收入更大幅度地下降。

我们知道，总供给等于总需求（或储蓄等于投资）时的国民收入就是均衡的国民收入，但这种均衡的国民收入未必就是充分就业时的国民收入。所谓充分就业时的国民收入，就是一国的所有资源（包括人力和物力）都得到充分利用时的国民收入。在一定时期内，一国充分就业时的国民收入水平是既定不变的，而均衡的国民收入水平却依有效需求（总需求等于总供给时的总需求）而定，它可能小于、大于或等于充分就业时的国民收入水平，如图 11-7 所示。

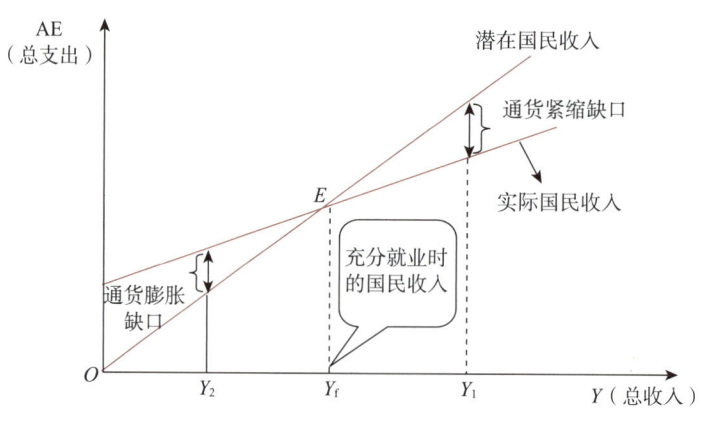

图 11-7 通货膨胀缺口与通货紧缩缺口

在图 11-7 中，假设 Y_f 表示充分就业时的国民收入，充分就业均衡点为 E 点。在 E 点的右边，实际国民收入小于潜在国民收入，此时即存在通货紧缩。设此时的国民收入水平为 Y_1，即有 $Y_1 > Y_f$。这时就有相当于 Y_1Y_f 的资源未被充分利用，存在着失业，这是由有效需求不足，低于充分就业时的总需求造成的。低于充分就业时的总需求与充分就业时的总需求之间的差额叫作通货紧缩缺口。此时必须采取扩张政策，增加总需求，消除通货紧缩缺口，达到充分就业时的国民收入水平。

相反，在 E 点的左边，实际国民收入大于潜在国民收入，此时即存在通货膨胀。设此时的国民收入水平为 Y_2，即有 $Y_2 < Y_f$。由于资源充分利用后能够达到的最高收入水平为 Y_f，达到 $Y_f Y_2$ 必然是通货膨胀的结果，这是由总需求过旺，高于充分就业时的总需求造成的。高于充分就业时的总需求与充分就业时的总需求之间的差额就叫作**通货膨胀缺口**（inflationary gap），此时必须采取紧缩政策，降低总需求，消除通货膨胀缺口。

凯恩斯理论的政策含义是显而易见的：当经济衰退时，企业投资低落，可以通过增加政府支出来稳定有效需求。同时，在经济严重衰退时，企业家的利润预期非常低，几乎接近于零，因而通过货币政策放松银根、降低利率来抑制衰退的效果是不明显的。

（三）奥地利学派的经济周期通货紧缩理论

以哈耶克为代表的奥地利学派认为，通货紧缩是一种经济周期的派生过程。他们认为，通货紧缩并不是独立形成的，而是由促成经济萧条的生产结构失调所引起的。没有投资过度而出现的生产结构失调，通货紧缩就绝对不会发生。因此，奥地利学派关于通货紧缩的观点是与其经济周期理论，即资本供给不足或投资过度危机论结合在一起的。

奥地利学派的经济周期理论借用了瑞典经济学家魏克塞尔关于自然利率和货币利率的区别的理论。自然利率是使经济体系保持均衡的利率。货币利率是指在银行政策和其他货币因素影响下的市场均衡利率，即当信贷资金正好与储蓄供给均等时的利率。

在充分就业的假设条件下，哈耶克认为，银行系统派生的信贷增加将促使货币利率下降，使之低于自然利率。企业家会受这个错误信号的引导而重新配置资源：从消费品生产转向投资品生产。短期内消费品生产不会受太大影响，经过一段时间后，由于消费品供给相对于需求发生短缺，相对于投资品而言，消费品价格上升。为使经济体系重新恢复均衡则需要提高货币利率，这就使那些在低利率时有利可图的投资变得无利可图，危机随之出现。显然，假如银行信贷能够无止境地发展下去，危机就可能避免。但问题在于随着银行信贷的扩张，货币大量流向投资品部门形成过度投资，而过度投资使得投资品部门无法实现其预期收益，因而银行的贷款质量相应恶化，银行体系为防范自身的风险而被迫收缩信贷，导致通货紧缩发生。

既然通货紧缩是市场机制自发作用下经济过度繁荣的必然后果，那么政府对待通货紧缩就应当是让其自然发展，采取不干预的政策。

（四）货币主义的通货紧缩理论

凯恩斯的通货紧缩理论对实体经济因素影响的重视和对货币作用的轻视，在20世纪50年代末受到货币主义的通货紧缩理论的挑战。货币主义的代表人物弗里德曼从货币金融的角度分析了通货紧缩的定义、成因及治理对策。

弗里德曼在其论文《货币数量论》中说过：通货膨胀无论何时何地都是一种货币现象。那么，作为通货膨胀的对立面，通货紧缩也应当是一种货币现象。

关于通货紧缩的成因，货币主义学派用货币供给收缩理论来解释。对于货币供应量与通货紧缩的关系,弗里德曼指出:"过低的货币供应量增长率,更不用说货币供应量的绝对减少,将不可避免地意味着通货紧缩。反之,若没有货币供应量如此之低的负增长率,大规模的、持续的通货紧缩绝不会发生。"

因此,货币主义认为,为了同时避免大规模的通货膨胀和通货紧缩,应当实行使货币供应量增长率保持在适当水平上的固定规则的货币政策,也就是所谓的"单一规则"货币政策。

(五) 克鲁格曼的通货紧缩理论

面对 20 世纪末通货紧缩在全世界的蔓延,著名美国经济学家保罗·克鲁格曼进行了大量的研究,逐步形成了一套较完整的理论框架,在发展凯恩斯的流动性陷阱理论的基础上,提出了向传统货币理论与政策挑战的"激进的货币政策"主张。

1. 通货紧缩源于总需求不足　克鲁格曼认为,全球化进程加快、技术进步和高投资率等带来的全球生产能力的极大提升,固然造成了全球性生产过剩、通货膨胀率降低或商品价格水平下降,但同时,以上因素也应该能刺激经济增长。这表明不能从供给方面解释通货紧缩的价格下降和经济增长持续下降,且难以通过增加基础货币及扩大财政支出等手段刺激总需求来维持价格稳定。因此,通货紧缩源于总需求不足。

克鲁格曼用跨期分析的方法刻画了消费需求与物价水平之间的关系,从而说明当期总需求不足的原因。根据经济学基本原理,经济主体在消费与储蓄之间的选择实际上就是在当期消费与预期消费之间进行决策。在恒久性收入不发生重大变化的情况下,这一决策取决于当期物价水平 P,与按市场利率 i 贴现后的预期物价水平 $P^e/(1+i)$ 之间的对比。如果 $P = P^e/(1+i)$,则经济主体在当前和预期消费之间无差异;若 $P > P^e/(1+i)$,则理性的经济主体会减少当前的消费支出,尽可能多地储蓄以满足未来的消费需要,从而实现效用最大化。而这一行为本身又会引起当期物价水平 P 的下降,使经济恢复跨期均衡 $[P = P^e/(1+i)]$。据此,克鲁格曼认为,在低通货膨胀环境中,当期物价水平的下跌并非因为当期物价水平过高,而是因为预期物价水平太低或名义利率太高。要阻止通货紧缩,就必须提高预期通货膨胀率或降低名义利率。如果预期通货膨胀率和名义利率存在某种刚性,传统的经济政策就难以生效。

2. 流动性陷阱是通货紧缩的必要前提　克鲁格曼认为,在信用货币条件下,之所以会发生通货紧缩且传统的货币政策对此无能为力,必然是因为经济处于流动性陷阱状态。此时,相对于当期而言,公众更加偏好预期。即使短期名义利率水平很低甚至为零,公众的储蓄意愿仍然大于社会自主投资,经济处于不均衡状态。因此,他认为,有两条途径可以消除储蓄与投资之间的缺口:或者降低当期物价水平,增加当期消费,减少储蓄;或者降低名义利率,增加投资支出。前者只能使经济在低水平上获得均衡,这是货币当局所不愿看到的。同时,当经济处于流动性陷阱状态时,利率对经济活动的调节作用完全丧失,即后者也失效。因此,政府必须用通货膨胀治理通货紧缩。

3. 用通货膨胀治理通货紧缩　根据克鲁格曼的观点,发生通货紧缩的原因在于,当前的经济中存在着各种造成需求不足的因素,使得 $P > P^e/(1+i)$,市场机制的作用会使得 P 下跌以重建新的均衡。因此,他强调只要中央银行创造一个适当的通货膨胀预期,就可以增加公众的当期消费偏好,使得储蓄与投资重新达到均衡。他甚至认为,中央银行应允许和鼓励一定的通货膨胀,规定一个合理的长期通货膨胀率,并在公开市场上买入长期国债以保证治理的有效性。

综上所述,尽管以上通货紧缩理论都存在着一定的缺陷,但我们可以看到,这些理论在越来越真实地描述客观经济的发展。我们应充分认识到费雪理论指出的通货紧缩具有越来越严重的自我加速和自我循环特征,从而给予通货紧缩高度重视和及时有效的治理。

三、通货紧缩的影响

通货紧缩的正面影响表现为,持续的物价下跌和低利率使人们的实际货币购买力提高。与通货紧缩的正面影响相比,通货紧缩对经济的负面影响要大得多。

(一) 财富缩水效应

当通货紧缩发生时,全社会总体物价水平下降,企业的产品价格自然也随之下降,企业利润随之减少。而且,企业为了维持生产周转不得不增加负债,负债率的提高进一步使企业资产价格下降。企业资产价格的下降意味着企业净值的下降,财富减少。

在通货紧缩的条件下,供给的相对过剩必然会使众多劳动者失业。此时劳动力市场供过于求的状况将使工人的工资降低,个人财富减少。即使工资不降低,失业人数的增多也使社会居民总体的收入减少,导致社会个体的财富缩水。

因此,通货紧缩会产生使社会个体财富缩水的效应。

(二) 经济衰退效应

通货紧缩导致的经济衰退效应表现在三方面。一是物价的持续、普遍下跌使得企业产品价格下跌,企业利润减少甚至亏损,这将严重打击生产者的积极性,使生产者减少生产甚至停产,结果经济增长受到抑制。二是物价的持续、普遍下跌使实际利率升高,这将有利于债权人而损害债务人的利益。而社会上的债务人大多是生产者和投资者,债务负担的加重无疑会影响他们的生产与投资活动,从而对经济增长带来负面影响。三是物价下跌引起企业利润减少和生产积极性降低,将使失业率上升,实际就业率低于充分就业率,实际经济增长低于自然增长。

(三) 财富分配效应

在通货紧缩下,由于名义利率的下降幅度小于物价的下降幅度,实际利率水平提高。在这种情况下,债务人实际偿还的金额增多,债务人的还款负担加重;同时,为了保持生产或生活的流动性,债务人不得不借入新的债务,由此陷入债务泥潭。正如费雪所说:在通货紧缩的条件下,"债务人越是还债,他们的债就越多"。这种现象导致了社会财富从债务人向债权人转移的财富分配效应。

(四) 失业效应

通货紧缩导致失业上升是显而易见的。一方面,通货紧缩意味着企业的投资机会减少,可容纳的就业机会减少;另一方面,通货紧缩抑制了生产者的积极性,企业减产甚至停产,失业人员自然增加。

第五节 治理通货膨胀和通货紧缩的对策

一、治理通货膨胀的对策

由于经济学家对通货膨胀的成因存在着不同的看法，所以他们提出的治理通货膨胀的对策也各不相同。下面我们将介绍几种比较常见的治理通货膨胀的对策。

（一）紧缩性财政政策

通货膨胀的一个基本原因在于总需求超过了总供给，因此政府可以采取紧缩总需求的政策来治理通货膨胀。紧缩总需求的政策包括紧缩性财政政策和紧缩性货币政策。

紧缩性财政政策直接从限制支出、减少需求等方面来减轻通货膨胀压力，一般包括以下措施。

1. 减少政府支出　减少政府支出主要包括两个方面：一是削减购买性支出，包括政府投资、行政事业费等；二是削减转移性支出，包括各种福利支出、财政补贴等。减少政府支出可以尽量消除财政赤字，控制总需求的膨胀，消除通货膨胀隐患。

2. 增加税收　增加税收可以直接减少企业和个人的收入，降低投资支出和消费支出，以抑制总需求膨胀。同时，增加税收还可以增加政府收入，减少因财政赤字引起的货币发行。

3. 发行公债　政府发行公债后，可以利用挤出效应减少民间部门的投资和消费，抑制社会总需求。

（二）紧缩性货币政策

许多经济学家都认为通货膨胀是一种货币现象，货币供应量的无限制扩张引起了通货膨胀。因此，他们建议采用紧缩性货币政策来减少社会需求，促使总需求与总供给趋向一致。紧缩性货币政策主要有以下几种措施。

1. 提高法定存款准备金率　中央银行提高法定存款准备金率，降低商业银行创造货币的能力，从而达到紧缩信贷规模，削减投资支出，减少货币供应量的目的。

2. 提高再贴现率　提高再贴现率可以抑制商业银行对中央银行的贷款需求，也可以增加商业银行的借款成本，迫使商业银行提高贷款利率和贴现率。结果企业因贷款成本增加而减少投资，货币供应量也随之减少。提高再贴现率还可以影响公众的预期，达到增加储蓄、减缓通货膨胀压力的作用。

3. 公开市场卖出业务　公开市场业务是中央银行最经常使用的一种货币政策，是指中央银行在公开市场买卖有价证券以调节货币供应量和利率的一种政策工具。在通货膨胀时期，中央银行一般会在公开市场向商业银行等金融机构出售有价证券，从而达到紧缩信用、减少货币供应量的目的。

4. 直接提高利率　利率的提高会增加信贷资金的使用成本，降低借贷规模，减少货币供应量。同时，利率的提高还可以吸收储蓄存款，减轻通货膨胀压力。

（三）紧缩性收入政策

确切地说，收入政策应被称为工资－价格政策。紧缩性收入政策主要针对成本推动型通货膨胀，通过对工资和物价上涨进行直接干预来降低通货膨胀率。从发达国家的经历来看，紧缩性收入政策主要包括以下几种措施。

1. 自愿的工资－物价指导线 政府根据长期劳动生产率的平均增长率来确定工资和物价的增长标准，并要求各部门将工资－物价的增长控制在这一标准之内。工资－物价指导线是政府估计的货币收入的最大增长限度，每个部门的工资增长率均不得超过这个指导线。只有这样才能维持整个经济中每单位产量的劳动成本的稳定，因而预定的货币收入增长就会使物价总水平保持不变。20世纪60年代，美国的肯尼迪政府和约翰逊政府都相继实行过这种政策，但是由于这种政策以自愿性为原则，仅能进行"说服"，而不能以法律强制实行，所以其实际效果并不理想。

2. 以税收为基础的收入政策 政府规定一个恰当的物价和工资增长率，然后运用税收的方式来惩罚物价和工资超过恰当增长率的企业与个人。如果工资和物价的增长保持在政府规定的幅度内，政府就以减少个人所得税和企业所得税作为奖励。这种形式的收入政策仅仅以最一般的形式被尝试过。例如，1977—1978年，英国的工党政府曾经许诺，如果全国的工资适度增长，政府将降低所得税；澳大利亚也于1967—1968年实行过这一政策。

3. 工资－价格管制及冻结 政府颁布法令强行规定工资、物价的上涨幅度，甚至在某些时候暂时将工资和物价加以冻结。这种严厉的管制措施一般在战争时期较为常见，但当通货膨胀非常严重、难以对付时，和平时期的政府也可能求助于它。美国在1971—1974年就曾实行过工资－价格管制。特别是在1971年，尼克松政府还实行过三个月的工资－价格冻结。

实践经验表明，利用紧缩性收入政策对付通货膨胀的效果并不理想，它有以下三个方面的局限。第一，温和的收入政策如自愿的工资－物价指导线，往往收效甚微。第二，严格的工资－价格管制及冻结将严重削弱价格机制在资源配置中的作用。第三，若没有紧缩性财政政策、紧缩性货币政策的配合，即使是严格的工资－价格管制及冻结也不可能长期奏效。人们会发明出种种办法来变相地规避管制，变相地提高价格和工资，所以收入政策必须有紧缩性财政政策、紧缩性货币政策的配合才能发挥作用。而且，一旦管制造成的经济失衡引起公众的强烈反对，使得工资－价格管制及冻结难以为继并最终被迫放弃，因管制而压制的价格上涨就可能爆发性地释放出来。因此，紧缩性收入政策并不是治理通货膨胀的"灵丹妙药"，充其量只能作为紧缩性财政政策、紧缩性货币政策的一种补充。

（四）收入指数化政策

鉴于通货膨胀现象的普遍性，而遏制通货膨胀又是如此困难，弗里德曼等许多经济学家提出了一种旨在与通货膨胀"和平共处"的适应性政策——收入指数化政策。收入指数化政策，是指将工资、利息等的各种名义收入部分地或全部地与物价指数相联系，使其自动随物价指数的升降而升降，从而避免通货膨胀所带来的损失，并减弱由通货膨胀带来的分配不均问题。显然，收入指数化政策只能减轻通货膨胀给收入阶层带来的损失，但不能消除通货膨胀本身。

自20世纪70年代以来，除联邦德国等少数国家外，多数发达国家都较为普遍地采用了收入指数化政策，尤其是工资指数化政策。实行这种政策具有如下好处。第一，收入指数化政策可以缓解通货膨胀造成的收入再分配不公平现象。第二，收入指数化政策中的条款加重了作为净债务人的政府还本付息的负担，从而减少了政府从通货膨胀中获得的好处。由此可见，政府实行收入指数化政策的动机并不强烈。第三，当政府的紧缩性政策使得实际通货膨胀率低于签订劳动合同时的预期通货膨胀率时，收入指数化政策中的条款会使名义工资相应地下降，从而避免因实际工资上升而造成的失业率增加。同时我们应注意的是，收入指数化政策的上述功能并不能充分发挥。收入指数化政策强化了工资和物价交替上升的机制，其结果往往是加剧了物价的不稳定性，而不是降低了通货膨胀率。

（五）改善供给政策

所有的通货膨胀（隐蔽性除外）均表现为物价上涨，也就是与货币购买力相比的商品供给不足。因此，一些西方学者认为过去的治理通货膨胀的政策过分注意需求方面而忽视了供给方面，忽视了运用刺激生产力的方法来同时解决通货膨胀和失业问题。因此，治理通货膨胀应从供求两方面入手。在供给方面抑制通货膨胀的主要措施如下。

1. 降低税收　降低边际税率（增加的收入中必须向政府纳税的部分所占的百分比）：一方面，边际税率的降低提高了人们工作的积极性，增加了劳动供给；另一方面，它提高了储蓄和投资的积极性，增加了资本存量。因而，减税可同时降低失业率和增加产量，从而彻底降低和消除由供给小于需求所造成的通货膨胀。

2. 削减社会福利开支　削减社会福利开支是为了激发人们的竞争性和个人独创性，以促进生产的发展，增加有效供给。

3. 适当增加货币供给　适当增加货币供给会产生积极的供给效应。适当增加货币供给会降低利率，从而增加投资，增加产量，导致总供给曲线向右移动，使价格水平下降，从而抑制通货膨胀。

4. 精简规章制度　精简规章制度就是给企业等微观经济主体松绑，减少政府对企业活动的限制，让企业在市场经济原则下更好地扩大商品供给。

不过，我们必须看到通货膨胀始终是一种货币现象，其根源在于货币发行过多，其治本之道应是控制住货币的超经济发行。刺激供给固然重要，但与抑制需求相比它还受到生产力发展水平和供给弹性的限制。

二、治理通货紧缩的对策

治理通货紧缩就是要采用各种政策措施使过低的物价恢复到正常的均衡水平。

（一）扩张性财政政策

扩张性财政政策主要包括扩大财政支出，增加赤字规模，以及降低投资和消费方面的税收，刺激投资和消费需求的增长等。而且，从理论上讲，财政政策产生效应的时滞小于货币政策，能较快地克服和消除经济中的通货紧缩现象。

但是，运用扩张性财政政策面临着两个问题。一是债务负担问题。因为减税会使财政收入减少，而扩张性财政政策又会使财政支出增加。解决这一问题的主要办法是发行国债，但国债积累到一定规模时，就会加大政府偿债负担，甚至引起债务危机。二是财政支出的挤出效应。所谓挤出效应，是指政府开支的增加如果没有货币供应量的相应增长作为支撑，那么在支出增加和货币供应量不变的情况下，必然导致利率的上升，由此引起私人投资和消费的缩减。因此，治理通货紧缩要注意财政政策和货币政策的相互配合。

（二）扩张性货币政策

在通货紧缩时期，扩张性货币政策主要是通过降低法定存款准备金率、再贴现率、再贷款利率，在公开市场上买进有价证券，增加货币供给，以刺激经济发展。

但在通货紧缩时期，一方面，由于货币流动性下降，削弱了货币供给对产出的拉动作用，增加货币供给的扩张功能下降；另一方面，由于货币供给的内生性，使得中央银行扩张性货币政策的效果并不明显，因为中央银行无法强迫商业银行扩大贷款，也不能主动改变货币的流动性。货币政策只能起指导性作用。因此，在通货紧缩时期，货币政策对经济增长的拉动作用下降，其作用应主要体现在稳定宏观经济环境方面。

专栏 11-2

日本：20 世纪 90 年代折磨人的通货紧缩

20 世纪 90 年代日本泡沫经济崩溃以来，其经济增长速度持续走低。日本 GDP 增长率从 1990 年的 8.1% 下降到 1997 年的 1%，1998 年首次出现负增长（-1.3%），1999 年回升到 0.2%，2000 年、2001 年分别为 -0.3%、-2.5%，2002 年第一季度为 -2.3%。在经济增长持续下滑的同时，日本的物价水平也出现全面、持续的下跌。1990—2001 年，日本的国内批发物价指数有 9 年为负增长，消费者价格指数也有 4 年为负增长，GDP 平减指数出现了 7 年的负增长。

"日本是在失望情绪中结束 20 世纪的……正当美国庆祝一个经济增长的空前时代之际，日本却陷入了通货紧缩的泥潭，失业率达到第二次世界大战后创纪录的高度。"这是千年交替之际美国的一家报纸对日本的评价，这一评价应该说是很准确的。

对日本在 20 世纪 90 年代的连年衰退，全世界都是有目共睹的。总部设在瑞士洛桑的国际管理发展学院（IMD）每年发表国际竞争力调查报告。这一调查按国内经济、政府政策、金融环境、基础设施、国际化程度、企业管理、科学技术和国民素质等 8 个大类共 288 个小项通过打分评比，对世界上主要的 47 个国家和地区的国际竞争力予以评估。1986—1993 年，日本在这一调查中始终名列榜首，其领先地位不可动摇。但随着日本泡沫经济的破灭，它的这一排名也开始逐年下滑，1994 年下跌到第 3 位，1998 年更是大踏步后退，一举跌至第 18 位。在"国内经济"这一大类中，日本从 1996 年的第 5 位下降到 1999 年的第 29 位；"国际化程度"相应地从第 14 位下降到第 21 位；"政府政策"从第 21 位下降到第 23 位；"金融环境"则从原先的第 2 位骤降至第 25 位；"企业管理"也同样从第 2 位猛跌至第 26 位；"国民素质"从第 4 位降至第 13 位。

因此，有人得出这样的结论：通货紧缩看上去比通货膨胀更加危险！正是折磨人的通货紧缩让日本经济停滞了很多年！莎士比亚在千古不朽的悲剧《哈姆莱特》中，借剧中人之口表达出人类恒有的困惑："To be or not to be, that is the question!" 如果问各国的经济政策官员，你心中的"to be or not to be"到底是什么，十有八九，你会听到这样的回答："不知下一步我国的经济状态，是通货膨胀还是通货紧缩？"因为人性中有一种求全的倾向，而通货膨胀与通货紧缩又不是两个绝对好与绝对坏的截然分明的东西。所以经济政策官员在通货膨胀与通货紧缩之间选择，就像在使用一把锋利的剃刀，稍不小心就会伤着自己。

❖ 本章小结

1. 通货膨胀是指在纸币流通条件下，流通中的货币量超过实际需要所引起的货币贬值、物价上涨的经济现象。经济学家谈到通货膨胀时，通常是指一般物价水平在一定时间内出现持续和较明显的上涨。

2. 判断经济生活中是否发生了通货膨胀以及通货膨胀的程度，需要借助以下指标来进行测定：消费者价格指数、生产者价格指数和国内生产总值平减指数。

3. 通货膨胀按形成的原因主要可分为需求拉上型、成本推动型、混合型和结构型通货膨胀。

4. 需求拉上型通货膨胀，是指货币供给过度增加导致的过度需求所引起的通货膨胀，即"过多的货币追逐过少的商品"，表现为消费需求和投资需求过度增长，而商品和劳务供给的增加速度却受到限制，由此导致一般物价水平的上升。

5. 成本推动型通货膨胀，侧重从供给和成本方面来解释物价水平持续上升的原因，主要归纳为两点：一是工会力量对工资提高的要求；二是垄断行业中企业为追求利润制定的垄断价格。因此，成本推动引起的通货膨胀主要是工资推动型和利润推动型通货膨胀。

6. 在通货膨胀的形成原因中，政府政策被认为是最重要的一个原因。它是指政府实行了扩张性的货币政策，结果导致物价持续上涨。

7. 经济学界在通货膨胀对经济的影响上有三种观点：①促进论，认为通货膨胀有利于促进经济增长；②促退论，认为通货膨胀对经济增长有害无益；③中性论，认为通货膨胀对经济增长没有实质影响。

8. 通货膨胀的收入分配效应：当通货膨胀发生时，人们的实际收入和实际占有财富的价值会发生不同变化。工薪阶层和依靠退休金生活的退休人员的实际收入会下降；一些负债经营的企业和非固定收入者从通货膨胀中获利。一般认为，通货膨胀的最大受益者是政府。

9. 通货膨胀的财富分配效应：当发生通货膨胀时，一部分社会财富会从债权人手中转移到债务人手中，即通货膨胀使债权人的部分财富流失，而使债务人的财富相应增加，从而形成了财富分配效应。一般认为，债权人是通货膨胀的受害者，债务人是通货膨胀的受益者。

10. 通货膨胀的强制储蓄效应，是指政府财政出现赤字时向中央银行借债透支，直接或间接导致货币增发，从而引起通货膨胀，实际上是强制性地增加全社会的储蓄总量以满足政府的支出，因此也被称为"铸币税"。

11. 通货紧缩的表现有物价水平持续下降、货币供应量持续减少、有效需求不足以及失业率上升。

12. 费雪的债务－通货紧缩理论认为，在名义利率不变的情况下，通货紧缩会提高债务的实际利率，债务人会遇到"债务越还越多"的问题。

13. 凯恩斯的通货紧缩理论认为，有效需求不足会导致物价水平下跌，经济收缩，形成通货紧缩。

14. 奥地利学派的通货紧缩理论认为，通货紧缩是一种经济周期的派生过程，由促成经济萧条的生产结构失调引起，是经济过度繁荣的必然后果。政府对待通货紧缩就应当是让其自然发展，采取不干预的政策。

15. 货币主义的通货紧缩理论是，过低的货币供应量增长率将不可避免地意味着通货紧缩。

16. 通货紧缩的影响：①财富缩水效应，不利于消费需求的增长和市场的扩大，企业利润和财富减少。失业增加导致个人财富减少。②经济衰退效应，实际利率上升，不利于投资需求增长。③财富分配效应，名义利率的下降幅度小于物价的下降幅度，导致债务人还款负担加重。费雪认为，在通货紧缩的条件下，负债人越是还债，他们的债就越多。④失业效应，企业的投资机会减少，可容纳的就业机会减少。

17. 通货膨胀的治理措施有紧缩性货币政策、紧缩性财政政策、紧缩性收入政策、收入指数化政策、改善供给政策。通货紧缩的治理措施有扩张性财政政策和扩张性货币政策。

复习思考题

1. 解释下列概念：通货膨胀、通货紧缩、收入指数化政策。
2. 简述需求拉上型通货膨胀的形成过程。
3. 简述成本推动型通货膨胀的形成过程。
4. 简述通货膨胀的收入分配效应。
5. 简述治理通货膨胀的主要措施。
6. 简述通货紧缩的表现。
7. 简述凯恩斯的通货紧缩理论的主要观点。
8. 简述费雪的债务-通货紧缩理论的主要内容。
9. 如何理解"通货膨胀是一种货币现象"？

复习思考题部分答案
扫码收听

本章拓展内容

- 通货膨胀之殇
- 美元的价值从何而来

第五篇 PART 5

开放金融篇

第十二章 开放金融体系概览

第十二章
CHAPTER 12

开放金融体系概览

§学习目标

理解外汇的概念和基本特征
了解汇率的标价方法及种类
描述汇率制度的主要种类
理解国际货币体系的内涵
了解现行国际货币体系的改革趋势
了解主要的国际金融机构宗旨及业务

§本章导读

随着国际经济和信息技术的飞速发展,世界经济一体化趋势越来越明显,国与国之间的商品、技术和服务交流日益增加。由于各国都有自己的货币,在国际交流中必然涉及以何种货币进行支付,如何进行支付等问题,这就是开放经济条件下的金融问题。作为整个金融系统运转的完整框架,我们有必要了解一些开放经济下金融的基本概念。因此,如外汇、汇率、汇率制度等基础性的金融知识,应成为货币金融学的重要内容之一。同时,关于国际货币基金组织、亚洲基础设施投资银行等国际金融机构的主要作用也要有基本的了解。为了不与国际金融课程的相关内容重复,本章我们将进行基础知识的介绍与学习。通过本章的学习,至少可以帮助读者澄清"外国货币就是外汇"这样的误解,也可以让读者了解到银行进行外汇买卖时所使用的汇率是什么,这是在开放经济活动中必备的基本技能。最后,我们会了解当代国际货币体系的演变和改革趋势以及国际金融机构的基本构成。

第一节 外汇与汇率

一、外汇的概念

外汇(foreign exchange),即国际汇兑,是国际经济活动得以进行的基本手段,是开放金融活动中最基本的概念之一。国际货币基金组织这样解释"外汇"的含义:"外汇是货币当局以银行存款、国库券、长短期政府债券等形式所持有的在国际收支逆差时可以使用的债券。"外汇的概念有动态和静态之分。

（一）动态的外汇概念

动态的外汇，是指把一国货币兑换为另一国货币，借以清偿国际债权债务关系的实践活动或过程。从这个意义上说，外汇等同于国际结算。

（二）静态的外汇概念

静态的外汇，又分为狭义的外汇和广义的外汇。

1. 狭义的静态外汇 狭义的静态外汇，是指以外国货币表示，为各国普遍接受，可用于国际债权债务结算的各种支付手段。根据这一定义，外汇必须是以外币表示的资产，是能在国际上得到偿付，能为各国普遍接受并可以转让，可以自由兑换成其他形式的资产或支付手段。凡是不能在国际上得到偿付或不能自由兑换的各种外币证券、空头支票及拒付汇票等，均不能视为外汇。

因此，不是所有的外国货币都能成为外汇。一种外币成为外汇有三个前提条件：第一，自由兑换性，即这种外币能自由地兑换成本币；第二，可接受性，即这种外币在国际经济交往中能被各国普遍地接受和使用；第三，可偿性，即这种外币资产是能得到补偿的债权。这三个前提条件也是外汇的三大特征，只有符合这三个特征的外币及其所表示的资产才是外汇。

具体地，狭义的静态外汇主要包括银行汇票、支票、银行存款等，这也是通常意义上的外汇概念。银行存款是狭义的静态外汇概念的主体，这不仅因为各种外币支付凭证都是把外币存款索取权具体化了的票据，还因为外汇交易主要是运用国外银行的外币存款来进行的。至于外国钞票是不是外汇，这主要取决于其能否自由兑换。一般来说，只有能不受限制地存入一国商业银行的普通账户上，并能兑换成其他国家货币的外国钞票，才能算是外汇。

2. 广义的静态外汇 广义的静态外汇，是指一切用外国货币表示的资产。各国外汇管理法令所称的外汇就是广义的外汇。如我国在 2008 年 8 月 5 日颁布的《中华人民共和国外汇管理条例》在第一章第三条规定，本条例所称外汇，是指下列以外币表示的可以用作国际清偿的支付手段和资产：①外币现钞，包括纸币、铸币；②外汇支付凭证或者支付工具，包括票据、银行存款凭证、银行卡等；③外币有价证券，包括债券、股票等；④特别提款权；⑤其他外汇资产。

随着国际交往的扩大和信用工具的进一步发展，外汇的内涵也日益增多。从这个意义上说，外汇就是外币资产。

（三）外汇的基本要素

首先，我们必须明确，并不是任何外国的货币都是本国的外汇。人们需要外汇实质是为了购买货币所在国的商品或劳务，因为任何货币自身都具有以一定的购买力表示的价值。从这个意义上讲，外汇本质上相当于一种对外国商品和劳务的要求权。因此，一般而言，外汇必须具备以下四个基本特征。

1. 国际性 国际性即外汇必须是以外币表示的金融资产，而不能是本币表示的金融资产。

2. 可兑换性 可兑换性即持有人能够不受限制地将它们兑换为其他外币支付手段。可兑换性是外汇的基本特征，其实质是各国商品和劳务能否自由交换的问题，因为一国货币如能兑换成他国货币，实际上就意味着其持有人通过这种兑换，能取得对该国商品和劳务的购买力。如果一国禁止外国人随意购买本国商品和劳务，该国货币的可兑换性就失去了基础，该国货币也就不能被其他国家称作外汇了。

3. 可偿付性 可偿付性即外汇可以在另一国直接作为支付手段无条件使用。外汇的可偿付性能确保其持有人拥有对外币发行国的商品和劳务的要求权。如果外汇没有真实的债权债务关系做基础，就不能保证被偿付，只能是空头支票，不能算作外汇。

4. 普遍接受性 普遍接受性即它能够普遍地作为外汇被其他国家接受。一国或地区的货币能够普遍地作为外汇被其他国家接受，意味着他国居民或政府可随时购买本国的商品或劳务。因此，该国必须具有相当规模的生产能力和出口能力，或者该国拥有其他国家所缺乏的资源。因此，外汇的"普遍接受性"特征也被人理解为"物质保证性"特征。

满足以上外汇基本特征的货币才是国际经济交往中所指的外汇。表 12-1 列出了常见的一国或地区的货币名称、国际标准化组织代码及习惯写法。

表 12-1 常见的货币名称、国际标准化组织代码及习惯写法

货币名称	国际标准化组织代码	习惯写法
美元	USD	$/US $
欧元	EUR	€
英镑	GBP	£
日元	JPY	JP¥
瑞士法郎	CHF	SF
新西兰元	NZD	NZ $
港元	HKD	HK $
新加坡元	SGD	S $
加拿大元	CAD	C $
菲律宾比索	PHP	PeSo
俄罗斯卢布	SUR	Rbl
韩元	KRW	₩
泰铢	THB	฿
澳大利亚元	AUD	A $

注：我国人民币的国际标准化组织代码为 CNY，习惯写法为 RMB¥。

二、汇率的概念及标价方法

（一）什么是汇率

汇率，是**外汇汇率**（foreign exchange rate）的简称，又称外汇汇价或汇价，是用一种货币表示的另一种货币的价格，或者说是一国货币与另一国货币的兑换比率或比价。在我国，人民币对外币的汇率通常在银行挂牌对外公布，因此汇率又称牌价。

一般地，在实践中，汇率通常表示到小数点后 4 位，如 6.516 8。小数点后的第 4 位数称为"个数点"，"点"（point）就是汇价点，相当于万分之一，即 1 点 = 0.000 1。以此类推，小数点后的第 3 位数称为"十点"，小数点后的第 2 位数称为"百点"，小数点后的第 1 位数称为"千点"。汇率波动通常在小数点后第 3 位，即"十点"波动。因此，一旦知道汇率波动的点数，就可以知道其具体波动的值了。假定美元对人民币汇率下降了 60 点，即 1 美元下降了 0.006 0 元人民币。

汇率的写法习惯上有两种：一种是将两种货币用斜杠表示，具体数值在旁边写出，如美元对港元的汇率为 USD/HKD：7.801 0—7.802 0（或简写为 7.801 0/20）。另一种是将两种货币的汇率用斜杠直接表示出来，如瑞士法郎对美元的汇率为 $1.663 0/SF，即 SF1 = $1.663 0。

在经济生活中，汇率一直扮演着重要的角色。因为汇率实际上是把用一种货币表示的价格"翻译"成用另一种货币表示的价格，从而为比较不同国家的商品和劳务的成本与价格提供了基础。

（二）汇率的标价法

外汇汇率具有双向特征：既可用本币表示外币的价格，也可以用外币表示本币的价格。要确定两种不同货币之间的比价，应先确定用哪个国家的货币作为标准，由于确定的标准不同，于是便产生了不同的外汇汇率标价法。

1. 直接标价法 直接标价法（direct quotation），是以一定单位（1 个外币单位或 100 个、10 000 个、100 000 个外币单位）的外国货币作为标准，折算为一定数额的本国货币的汇率表示方法，即以本国货币表示的单位外国货币的价格。

世界上绝大多数国家（除英国和美国以外）都采取直接标价法。我国目前采用的就是直接标价法，如表 12-2 即为 2024 年 2 月 23 日中国人民银行授权中国外汇中心公布的人民币汇率中间价。

表 12-2　人民币汇率（2024 年 2 月 23 日）

币　　种	美元（USD）	欧元（EUR）	英镑（GBP）	日元（JPY）	港元（HKD）
交易单位	1	1	1	100	1
中间价	7.106 4	7.710 2	9.020 9	4.740 1	0.908 5

在直接标价法下，外国货币的数额固定不变，汇率的高低或涨跌都以本国货币数额的变化来表示，正如一般商品价格的表示方法一样。如一个杯子售价 10 元，在这里，商品是单位数量，变化的是货币。在直接标价法下，只是将外币视为"商品"，将本国货币视为"货币"了，所以就如商品价格一样（当标价上涨时，我们说物价上涨了；当标价下降时，我们说物价下降了），直接标价法下的外汇汇率高低直接与汇率标价数额的增减呈正相关。即汇率的标价数值增加，表示外汇汇率上升；反之，汇率的标价数值减少，表示外汇汇率下降。也许正是从这个意义上，该标价方法被称为直接标价法。

2. 间接标价法 间接标价法（indirect quotation），是以一定单位的本国货币为标准，折算为一定数额的外国货币的汇率表示方法，即以外国货币表示的单位本国货币的价格。在此标价方法下，本国货币的数额固定不变，汇率的高低或涨跌都以相对的外国货币数额变化来表示。此种关系正好与直接标价法下的情形相反。因此，汇率的数值越高，说明单位本币所能换得的外国货币越多，本国货币的币值越高，外国货币的币值就越低；反之则反。

所以，在引用某种货币的汇率说明其汇率涨跌时，我们必须明确其来源于哪个外汇市场，即采用哪种标价法，以免混淆。

3. 美元标价法 美元标价法（U. S. dollar quotation），又称纽约标价法，即以一定单位的美元为标准，来计算应该汇兑多少他国货币的表示方法。在美元标价法下，各国均以美元为基准来衡量各国货币的价值，而非美元外汇买卖时，则是根据各自对美元的比率套算出买卖双方货币的汇价。这里要注意，除英镑、欧元、澳大利亚元和新西兰元外，美元标价法基本已在国际外汇市场上通行。这主要是因为，第二次世界大战以后，特别是欧洲货币市场兴起以来，国际金融市场之间的外汇交易主要以美元为交易货币，为便于国际外汇业务交易，银行间的报价都以美元为标准来表示各国货币的价格，至今已成习惯。

因此，美元标价法与前面两种标价法的划分目的不同，主要是为了简化外汇市场交易报价并广泛地比较各种货币的汇价。例如，瑞士苏黎世某银行面对其他银行的询价时，报出的货币汇价为：1 美元 = 1.186 0 加拿大元。

美元标价法的特点是：第一，美元的单位始终不变，美元与其他货币的比值是通过其他货币量的变化体现出来的；第二，这是一种在银行之间报价时采用的汇率表示法。目前各大国际金融中心已普遍使用。

人们将各种标价法下数量固定不变的货币叫作**基准货币**（base currency），把数量变化的货币叫作**标价货币**（quoted currency）。显然，在直接标价法下，基准货币为外币，标价货币为本币；在间接标价法下，基准货币为本币，标价货币为外币；在美元标价法下，基准货币为美元，标价货币为其他货币。

（三）汇率的种类

汇率的种类有很多，从不同的角度来看，一般可将汇率进行如下分类。

1. 按制定汇率的方法不同，汇率分为基本汇率和套算汇率 **基本汇率**（basic rate），是指一国所制定的本国货币与关键货币之间的汇率。作为关键货币，应具备以下特点：在本国国际收支中使用最多，在外汇储备中所占比重最大，可以自由兑换且被国际上普遍接受。目前大多数国家都把美元当作关键货币，把本币对美元的汇率称为基本汇率。

套算汇率（cross rate），又被称作交叉汇率，是指通过基本汇率套算出的本币与非关键货币之间的汇率。这有两层含义：一是各国在制定基本汇率后，本币对其他外币的汇率就可通过基本汇率套算出来；二是由于世界外汇市场上主要是按美元标价法公布汇率的，美元以外的其他任何两种无直接兑换关系的货币，必须通过其各自与美元的汇率进行套算。

那么，如何进行汇率的套算呢？套算汇率一般使用**联算法**（chain method），其运算的关键在于必须界定两种货币的地位，即确定哪个货币是被报价货币，因为报价货币与被报价货币的地位不同，最后计算出来的汇率完全不同。只有明确了被报价货币，才可能知晓套算出来的汇率所代表的意义。

2. 按银行买卖外汇的价格不同，汇率分为买入汇率、卖出汇率和中间汇率　买入汇率，又称买入价，是指银行向客户买入外汇时使用的汇率。在直接标价法下，外币折合成本币数额较少的价格为买入汇率；在间接标价法下，本币折合成外币数额较多的价格为买入汇率。

卖出汇率，又称卖出价，是指银行向客户卖出外汇时所使用的汇率。在直接标价法下，外币折合成本币数额较多的价格为卖出汇率；在间接标价法下，本币折合成外币数额较少的价格为卖出汇率。

中间汇率，又称中间价，是指买入汇率与卖出汇率的平均数。中间汇率不是外汇买卖的执行价格，它通常只用于报刊和统计报表对外报道汇率消息以及汇率的综合分析。其计算公式为

$$中间汇率 = （买入汇率 + 卖出汇率）/2$$

这里有两点值得注意：①买入汇率或卖出汇率都是站在报价银行的立场上的，而不是站在进出口商或询价银行的角度；②买入汇率与卖出汇率之间的差额，是银行买卖外汇的收益。

另外，我们还有一种特殊的汇率，即现钞汇率。一般国家都规定，不允许外国现钞在本国流通，只有将外币现钞兑换成本国货币，才能够购买本国的商品和劳务，因此产生了买卖外汇现钞的兑换率，即现钞汇率。按理来说现钞汇率应与外汇汇率相同，但需要把外币现钞运到各发行国去。由于运送外币现钞要花费一定的运费和保险费，因此银行在收兑外币现钞时的汇率通常要低于外汇买入汇率，即现钞买入汇率低于现汇（如外币存款或外币支票等）买入汇率，而银行卖出外币现钞时使用的汇率则等于现汇卖出汇率。

3. 按外汇交易的支付工具不同，汇率分为电汇汇率、信汇汇率与票汇汇率　**电汇汇率**（telegraphic transfer rate，T/T rate），是指经营外汇业务的本国银行在卖出外汇后，开具付款委托书，即以电报或电传方式将付款委托书传递给其国外分支机构或代理行，委托其付款给收款人所使用的一种汇率。由于电汇付款快，银行无法占用客户资金头寸，同时国际电报费用较高，所以电汇汇率较一般汇率高。但是电汇调拨资金速度快，有利于加速国际资金周转，因此电汇在外汇交易中占有极大的比重。

信汇汇率（mail transfer rate，M/T rate），是指经营外汇业务的本国银行在卖出外汇后，开具付款委托书，即以信函方式通过邮局将付款委托书寄给付款地银行转付收款人所使用的一种汇率。由于付款委托书的邮递需要一定的时间，银行在这段时间内可以占用客户的资金，因此信汇汇率比电汇汇率低。

票汇汇率（draft rate，D/T rate），是指银行在卖出外汇时，开立一张由其国外分支机构或代理行付款的汇票交给汇款人，由汇款人自带或寄往国外取款所使用的一种汇率。由于票汇从卖出外汇到支付外汇有一段间隔时间，银行可以在这段时间内占用客户的头寸，所以票汇汇率一般比电汇汇率低。票汇有短期票汇和长期票汇之分，其汇率也不同。由于银行能更长时间占用客户资金，所以长期票汇汇率较短期票汇汇率低。

4. 按外汇买卖交割的期限不同，汇率分为即期汇率和远期汇率　所谓外汇买卖交割，是指双方各自按照对方的要求，将卖出的货币划入对方指定账户的处理过程，即外汇购买者付出本国货币，外汇出售者付出外汇的行为。

即期汇率（spot exchange rate），又称现汇汇率，是指外汇买卖双方在成交后的两个

营业日内办理交割手续时所使用的汇率,如前所述的电汇汇率、信汇汇率和票汇汇率就是即期汇率的主要种类。

远期汇率(forward exchange rate),又称期汇汇率,是指外汇买卖双方事先约定,据以在未来约定的期限办理交割时所使用的汇率,如 3 个月期的远期汇率、4 个月期的远期汇率等。

远期汇率与即期汇率之间是有差额的,这种差额被称为**远期差价**(forward margin)。远期差价有升水、贴水和平价之分:当远期汇率高于即期汇率时,称为**远期升水**(at premium);当远期汇率低于即期汇率时,称为**远期贴水**(at discount);当远期汇率等于即期汇率时,称为**远期平价**(at par)。

5. 按外汇管制情况不同,汇率分为官方汇率和市场汇率 **官方汇率**(official rate),又称法定汇率,是指一国外汇管理当局规定并予以公布的汇率。在外汇管制较严的国家,官方汇率就是实际使用的汇率,一切外汇收支、买卖均按官方汇率进行。官方汇率中有的是单一汇率,有的是多种汇率。

市场汇率(market rate),是指由外汇市场供求关系决定的汇率。市场汇率随外汇的供求变化而波动,同时也受一国外汇管理当局干预外汇市场的影响。在外汇管制较松或不实行外汇管制的国家,如果也公布官方汇率的话,此时的官方汇率只起基本汇率的作用,市场汇率才是该国外汇市场上买卖外汇时实际使用的汇率。

6. 按衡量货币价值的角度不同,汇率分为名义汇率和实际汇率 **名义汇率**(nominal exchange rate),又称现实汇率,是指在外汇市场上由外汇的供求关系所决定的两种货币之间的汇率,也是指在社会经济生活中被直接公布、使用的表示两国货币之间比价关系的汇率。名义汇率并不能够完全反映两种货币实际所代表的价值量的比值,它只是外汇银行进行外汇买卖时所使用的汇率。

实际汇率(real exchange rate),又称真实汇率,是指将名义汇率按两国同一时期的物价变动情况进行调整后所得到的汇率。设 S_r 为实际汇率,S 为直接标价法下的名义汇率,P_a 为本国的物价指数,P_b 为外国的物价指数,则:

$$S_r = S \times (P_b/P_a)$$

计算实际汇率主要是为了分析汇率的变动与两国通货膨胀率的偏离程度,并可进一步说明有关国家产品的国际竞争能力。

| 专栏 12-1 |

人民币汇率指数

中国外汇交易中心(CFETS)网站(中国货币网)于 2015 年 12 月 11 日发布了 CFETS 人民币汇率指数,有助于引导市场改变过去主要关注人民币对美元双边汇率的习惯,逐渐把参考一篮子货币计算的有效汇率作为人民币汇率水平的主要参照系,有利于保持人民币汇率在合理均衡水平上的基本稳定。

CFETS 人民币汇率指数参考 CFETS 货币篮子,具体包括中国外汇交易中心挂牌的交易币种,主要包括美元、日元、欧元等 13 种样本货币,样本货币权重采用考虑转口贸易因素的贸易权重法计算而得。这表明，CFETS 反映的是经常账户的人民币有效汇率，即中国进出口的汇率贸易条件。

长期以来，市场观察人民币汇率的视角主要是人民币对美元的双边汇率。由于汇率浮动旨在调节多个贸易伙伴的贸易和投资，因此仅观察人民币对美元的双边汇率并不能全面反映贸易品的国际比价。也就是说，人民币汇率不应仅以美元为参考，也要参考一篮子货币。汇率指数作为一种加权平均汇率，主要用来综合计算一国货币对一篮子外国货币加权平均汇率的变动，能够更加全面地反映一国货币的价值变化。参考一篮子货币与参考单一货币相比，更能反映一国商品和服务的综合竞争力，也更能发挥汇率调节进出口、投资及国际收支的作用。

第二节 汇率制度安排

一个国家、一个经济体或一个经济区域为了实现经济增长、就业增加、国际收支均衡和货币价值稳定的目标，通常要采用一系列经济政策和经济手段进行调控。汇率制度的选择、汇率水平的调节与管理都是重要的调控手段。根据国际货币基金组织的规定，各国、各经济体可以根据自身的需要对汇率做出适当安排。这就使汇率制度安排成为各国、各经济体对外经济政策的重要组成部分。

一、汇率制度的概念和内容

汇率制度（exchange rate system），又称**汇率安排**（exchange rate arrangement），是指一国货币当局对本国汇率变动的基本方式所做的一系列安排或规定。汇率制度的内容如下。

（1）确定汇率的原则和依据。例如，一个国家的汇率由官方决定还是由市场决定，其货币本身的价值以什么作为依据来衡量等。

（2）维持与调整汇率的办法。例如，一个国家对本国货币升值或贬值采取什么样的调整方法，是采用公开法定升值或贬值的办法，还是采用任其浮动或官方有限度干预的办法。

（3）管理汇率的法令、体制和政策等。例如，一个国家对汇率管理是采取严格的办法还是松动或不干预的办法，以及其外汇管制中有关汇率及其适用范围的规定。

（4）制定、维持与管理汇率的机构。例如，一个国家把管理汇率的权责交给中央财政部门还是货币当局或专门机构等。

二、汇率制度的种类

汇率制度分类是研究汇率制度优劣性和汇率制度选择的基础，而对汇率制度与宏观经济关系的考察，首先在于对汇率制度进行分类。由于不同的分类可能会得出不同的结论，导致汇率制度的选择成为宏观经济领域最具争议性的问题。

传统上，按照汇率变动的幅度，汇率制度分为两大基本类型：固定汇率制和浮动汇率制。

(一) 固定汇率制及其特点

固定汇率制(fixed exchange rate system),是指以本位货币本身或法定含金量为汇率的基准,汇率比较稳定的一种汇率制度。固定汇率制可以分为1880—1914年国际金本位体系下的固定汇率制和1944—1973年布雷顿森林体系下的固定汇率制(也称为以美元为中心的固定汇率制)两个阶段。

固定汇率制的主要特点是,由于汇率相对固定,避免了汇率频繁剧烈波动,给市场提供了一个明确的价格信号,稳定了预期,有利于对外贸易结算和资本的正常流动,减少了经济活动的不确定性。它通过发挥"政府主导市场"的作用,由政府来承担市场变化的风险。

但是,由于政府的担保,市场参与者丧失了风险意识和抵抗风险的能力,容易诱导短期资本大量流入。在资本大量流入的情况下,货币当局往往被迫对本国货币实行升值或贬值政策,引发金融动荡;同时,也使本国货币政策缺乏独立性,导致固定汇率有时会变得极不稳定,汇率水平会突然变化。如果一个国家迫于市场压力放弃原先的目标汇率而实行新的汇率,则称为汇率的再安排。之所以实施汇率再安排,有时是为了解决长期性的经常项目赤字或盈余。汇率再安排可以是本币的升值,也可以是本币的贬值,但如果对汇率的再安排过于频繁,那么汇率制度将丧失可信性,也失去了固定汇率制的内在优势。

(二) 浮动汇率制及其特点

一般来讲,自1973年3月以后,全球金融体系中以美元为中心的固定汇率制就不复存在了,而被浮动汇率制代替。

浮动汇率制(floating exchange rate system),是指一国不规定本币与外币的黄金平价和汇率上下波动的界限,货币当局也不再承担维持汇率波动界限的义务,汇率随外汇市场供求关系变化而自由上下浮动的一种汇率制度。

1. 浮动汇率制的分类 鉴于各国对浮动汇率的管理方式和宽松程度不一样,该制度又有诸多分类。

(1)按政府是否干预,可分为自由浮动及管理浮动。自由浮动,是指政府任凭外汇市场供求状况决定本国货币同外国货币的兑换比率,不采取任何措施;管理浮动,是指政府采取有限的干预措施,引导市场汇率向有利于本国利益的方向浮动。

(2)按浮动形式,可分为单独浮动和联合浮动。单独浮动,是指一国货币不与其他任何货币固定汇率,其汇率根据市场外汇供求关系来决定。目前,包括美国、英国、德国、法国、日本等在内的30多个国家实行单独浮动。联合浮动,是指国家集团对成员国内部货币实行固定汇率,对集团外货币则实行联合的浮动汇率。例如,欧盟(欧共体)8国于1979年成立了欧洲货币体系,设立了欧洲货币单位(ECU),各国货币与之挂钩建立汇兑平价并构成平价网,各国货币的波动必须保持在规定的幅度之内,一旦超过汇率波动预警线,有关各国要共同干预外汇市场。

(3)按被盯住的货币不同,可分为盯住单一货币浮动以及盯住一篮子货币浮动。盯住单一货币浮动,是指一国货币与另一种货币保持固定汇率,随后者的浮动而浮动。出于历史、地理等诸多方面的原因,有些国家的对外贸易、金融往来主要集中于某一工业发达国家，或主要使用某一外国货币。为使这种贸易、金融关系得到稳定发展，免受相互间汇率频繁变动的不利影响，这些国家通常使本币盯住该工业发达国家的货币，如一些美洲国家的货币盯住美元浮动等。

盯住一篮子货币浮动，是指一国货币与某种一篮子货币保持固定汇率，随后者的浮动而浮动。一篮子货币通常由几种世界主要货币或由与本国经济联系最为密切的国家的货币组成。特别提款权是最有名的一篮子货币，由美元、日元、英镑、欧元、人民币等货币按不同的比例构成。其价格随着这些货币的汇率变化每日都进行调整，由国际货币基金组织逐日对外公布。盯住一篮子货币浮动这种浮动汇率制有两个特点：一是保值；二是波动幅度小，汇率走势稳定。实行这种汇率制度的主要目的是避免本国货币受某一国货币的支配。2005年7月21日，我国开始实行以市场供求为基础的盯住一篮子货币的有管理的浮动汇率制。

2. 浮动汇率制的特点　浮动汇率制的主要特点是汇率波动频繁且幅度变化剧烈。在浮动汇率制下，由于各国政府不再规定货币的法定比价和汇率界限，也不承担维持汇率稳定的义务，汇率完全由市场供求决定。其波动之频繁、波幅之大是固定汇率制下所远不能比的。有时其一天波动幅度在5%以上，一周波动竟能在10%以上。一旦遇到政治、经济形势变动，其波动幅度更大。汇率的频繁剧烈波动，给国际经济秩序带来了不稳定的影响。

但是，浮动汇率制可以发挥汇率杠杆对国际收支的自动调节作用，减少国际经济状况变化和外国经济政策对本国的影响，降低国际游资冲击的风险。它通过发挥"市场修正市场"的作用，让市场参与者自己承担风险。

专栏12-2

货币局制度的表现：香港的联系汇率制

我国香港特别行政区实行的是货币局制度，被称为联系汇率制。香港的货币当局被称为金融管理局，于1993年由外汇基金管理局和银行业管理处合并而成，是香港的金融监管机构，但不拥有发钞权。发钞权掌握在汇丰银行、渣打银行和中国银行手中，这些机构的发钞运行机制由联系汇率制来安排。香港的联系汇率制产生于1983年10月15日，港英当局在取消港元利息税的同时，对港币发行和汇率制度做出新的安排：要求发钞银行在发行港币现钞时，必须按1美元兑7.8港元的固定汇率向外汇基金缴纳100%的美元，以换取港币的负债证明书，作为发钞的法定准备金。发钞银行也可以以同样的汇率用港币向外汇基金换回美元及负债证明书。其他银行向发钞银行取得港币时，也要以100%的美元向发钞银行进行兑换，但是比价用的是市场汇率。这一安排标志着香港联系汇率制的诞生。因此，香港的联系汇率制实质上是美元汇兑本位制。

这样，香港就形成了两个平行的外汇市场：外汇基金与发钞银行之间形成的公开外汇市场以及发钞银行与其他挂牌银行之间形成的同业外汇市场。相应地，香港存在两种汇率：联系汇率（官方汇率）和市场汇率。当联系汇率与市场汇率不一致时，通过银行的套汇和套利活动使市场汇率围绕联系汇率上下波动并趋于联系汇率。例如，当市场汇率低于联系汇率时，如港币贬值，USD 1 = HKD 7.9，公众会抛售港币购买美元。这时，发钞银行按 USD 1 = HKD 7.8 向外汇基金以港币换取美元，再到市场上以 USD 1 = HKD 7.9 抛售美元，导致市场上美元供给增加，美元汇率下跌，港币汇率上升，直至回到 USD 1 = HKD 7.8 的汇率水平（在这一过程中，发钞银行赚取了 0.1 港币的套利收入）。

因此，香港的联系汇率制通过套利机制形成了内在的自我调节机制，有利于香港金融的稳定，而市场汇率围绕联系汇率窄幅波动的运行也有助于香港国际金融中心、国际贸易中心和国际航运中心地位的巩固与加强。当然，联系汇率制也存在一些弊端，如使香港的经济行为以及利率、货币供应量等指标过分依赖和受制于美国，从而严重削弱了运用利率和货币供应量杠杆调节本地区经济的能力。同时，联系汇率制也使通过汇率调节国际收支的功能无从发挥。

三、汇率制度的选择

一般来讲，一个国家或地区在选择汇率制度时，应考虑以下因素。

1. 经济规模与开放程度　如果贸易额占 GDP 份额很大，那么货币不稳定的成本就会很高，最好采用固定汇率制度。

2. 通货膨胀率　如果一国的通货膨胀率比其贸易伙伴高，那么它的汇率必须浮动，以防止它的商品在国际市场上的竞争力下降；如果一国的通货膨胀率和其贸易伙伴差不多，那么最好选用固定汇率制。

3. 金融市场发育程度　金融市场发育不成熟的发展中国家选择浮动汇率制是不明智的，因为少量的外币交易就会引发市场行情的剧烈动荡。

4. 政策制定者的可信度　中央银行的声望越差，采用固定汇率制来建立控制通货膨胀信心的情况就越普遍。

5. 资本流动性　一国经济对国际资本越开放，保持固定汇率制就越难，就越倾向于采用浮动汇率制。

第三节　国际货币体系

一、国际货币体系概述

（一）国际货币体系的含义与构成

1. 国际货币体系的含义　国际货币体系（international currency system），是指各国政府为适应国际贸易与国际支付的需要，对各国货币在国际范围内发挥货币职能所确定的原则、采取的措施和建立的组织形式的总称，或者说，是世界各国对货币的兑换、国际收支的调节、国际储备资产的构成等问题共同做出的安排和确定的原则，以及为此而建立的组织形式等的总称。

2. 国际货币体系的构成　国际货币体系主要是指国际货币安排，具体而言包括以下四个方面的内容。

（1）各国货币比价即汇率的确定。根据国际交往与国际支付的需要，以及使货币在国际范围内发挥世界货币职能，国际货币体系要规定：一国货币与另一国货币之间的比价（即汇率）、货币比价确定的依据、货币比价波动的界限、货币比价的调整、维护货币比价采取的措施，以及是否采取多元化比价等。

由于汇率的高低不仅体现了本国与外国货币购买力的强弱，而且涉及资源分配的多寡，因而如何按照较为合理的原则在世界范围内规范汇率的变动，从而形成一种较为稳定的为各国共同遵守的国际汇率安排，成为国际货币体系要解决的核心问题。

（2）国际收支的调节。当出现国际收支不平衡时，各国政府应采取何种方法弥补这一缺口？各国政府之间的调节措施又如何互相协调？

（3）国际储备资产的构成。为了满足平衡国际收支和稳定汇率的需要，一国必须要保存一定数量的为世界各国所普遍接受的国际储备资产。

（4）各国经济政策与国际经济政策的协调。

在国际经济合作日益加强的过程中，一国经济政策往往波及相关国家，造成国与国之间的利益摩擦，因而一国经济政策以及各国经济政策之间的协调也成为国际货币体系的重要内容。

（二）国际货币体系的作用

理想的国际货币体系，应能够保障国际贸易的发展、世界经济的稳定与繁荣。国际货币体系的作用主要体现在如下方面。

（1）建立相对稳定合理的汇率机制，防止不必要的竞争性贬值。

（2）为国际经济的发展提供足够的清偿力，并为国际收支失衡的调整提供有效的手段，防止因个别国家清偿力不足而引发区域性或全球性金融危机。

（3）促进各国经济政策的协调。在国际货币体系的框架内，各国经济政策都要遵守一定的共同准则，任何损人利己的行为都会遭受国际压力和指责，因而各国经济政策在一定程度上得到了协调和相互谅解。

国际货币体系形成至今，先后经历了国际金本位体系、布雷顿森林体系和牙买加体系。各体系均有利弊，以下分别介绍。

二、国际金本位体系

金本位制是以一定成色及重量的黄金为本位货币的一种货币制度，黄金是货币体系的基础。在国际金本位体系下，黄金充分发挥了世界货币的职能。一般认为，1880—1914 年的 35 年间是国际金本位体系的黄金时代。

（一）国际金本位体系的特点

1. 黄金充当国际货币　在国际金本位体系下，金币可以自由铸造、自由兑换，黄金可以自由进出口。由于金币可以自由铸造，金币的面值与黄金含量就能保持一致，金币的数量就能自发地满足流通中的需要；由于金币可以自由兑换，各种金属辅币和纸币就能够稳定地代表一定数量的黄金进行流通，从而保持币值的稳定；由于黄金可以自由进出口，因而本币汇率能够保持稳定。

国际金本位体系名义上要求黄金充当国际货币，但是由于黄金运输不方便、风险大，而且黄金不能生息，还需支付保管费用，再加上当时英国在国际金融、贸易中占据绝对的主导地位，因而人们通常以英镑代替黄金，由英镑充当国际货币的角色。

2. 严格的固定汇率制 在国际金本位体系下，各国货币之间的汇率由它们各自的含金量比例——金平价决定。当然汇率并非正好等于铸币平价，而是受供求关系的影响，围绕铸币平价上下窄幅波动。其幅度不超过两国黄金输送点，否则黄金将取代货币在两国间流动。实际上，英国、美国、法国和德国等主要国家的货币汇率平价在1880—1914年一直没有变动，从未升值或贬值。

3. 国际收支的自动调节机制 其机制就是由英国经济学家休谟提出的价格－铸币流动机制：一国国际收支逆差→黄金输出→货币减少→物价和成本下降→出口竞争力增强→出口增加，如果进口减少→国际收支转为顺差→黄金输入；相反，一国国际收支顺差→黄金输入→货币增加→物价和成本上升→出口竞争力减弱→进口增加，如果出口减少→国际收支转为逆差→黄金输出。

为了实现上述的自动调节机制，各国必须严格遵守三个原则：①本国货币和一定数量的黄金固定下来，并随时可以兑换黄金。②黄金可以自由输出与输入，各国货币当局应随时按官方比价无限制买卖黄金和外汇。③货币发行必须持有相当的黄金储备。但是，在实际的运行中，这三个条件并没有被各国丝毫不差地执行下来，因而国际金本位体系的自动调节机制并没有解决各国的国际收支不平衡问题。

（二）国际金本位体系的评价

在1914年爆发的第一次世界大战和1929—1933年经济大萧条的相继冲击下，英国、美国、法国等主要国家先后放弃国际金本位体系。至1936年，国际金本位体系彻底崩溃，各国货币汇率开始自由浮动。

国际金本位体系的积极作用是，在自由资本主义发展最为迅速的时代，严格的固定汇率制有利于生产成本的核算和国际支付，有利于减少国际投资风险，从而推动了国际贸易与对外投资的极大发展。

但是，随着时代的发展，国际金本位体系发挥作用的一系列前提条件，如稳定的政治经济局面、黄金供给的持续增加、英国雄厚的经济实力等相继失去后，国际金本位体系的缺点逐渐显露并最终导致其崩溃。其主要原因为：第一，黄金供给的增长远远落后于各国经济增长对国际支付手段的需求，因而严重制约了世界经济的发展；第二，金本位制所体现的自由放任原则与资本主义经济发展阶段所要求的政府干预职能相违背，从根本上动摇了国际金本位体系存在的基础。国际金本位体系的存在已经成为各国管理本国经济的障碍。

三、布雷顿森林体系

第二次世界大战结束前夕，英美两国从各自的利益出发，设计了新的国际货币体系。1944年7月1日至22日，44个国家的代表在美国新罕布什尔州的布雷顿森林小镇召开了"联合和联盟国家国际货币金融会议"，通过了美国提出的以"怀特计划"为基础的《国际货币基金协定》和《国际复兴开发银行协定》，二者总称"布雷顿森林协定"。布雷顿森林协定确立了第二次世界大战后以美元为中心的固定汇率制的原则和运行机制，因此把第二次世界大战后以固定汇率制为基本特征的国际货币体系称为布雷顿森林体系。

(一) 布雷顿森林体系的主要内容

1. 建立一个永久性的国际金融机构，即国际货币基金组织　国际货币基金组织的建立，旨在促进国际货币合作，为国际政策协调提供了适当的场所。国际货币基金组织是第二次世界大战后国际货币制度的核心，它的各项规定构成了国际金融领域的基本秩序，有利于成员融通资金并维持国际金融形势的稳定。

2. 建立以美元为中心的汇率平价体系　布雷顿森林体系提出了"双挂钩"的汇率平价体系，即规定各国货币与美元挂钩，美元与黄金挂钩。其具体内容是：①美元与黄金挂钩，美国政府按规定的黄金官价（35 美元/盎司）向各国货币当局承诺自由兑换黄金，各国中央银行或政府可以随时用美元向美国按官价兑换黄金。②各国货币与美元挂钩，各国政府承诺维持各国货币与美元的固定比价（外汇平价），各国对美元的上下波动幅度为平均各 1%，各国货币当局有义务在外汇市场上进行干预以保持汇率的稳定。只有当成员出现国际收支根本不平衡时，经国际货币基金组织批准才能改变外汇平价，所以又称为可调整的固定汇率制。

3. 美元充当国际储备货币　基于美国强大的占绝对主导地位的经济实力，在布雷顿森林体系下，美元实际上等同于黄金，充当国际储备货币，可以自由兑换为任何一国的货币，充当价值尺度、流通手段和价值储藏的职能，成为最主要的国际货币。

(二) 布雷顿森林体系的运行和内在缺陷

自 20 世纪 50 年代开始，美国国际收支转为年年逆差，到 20 世纪 60 年代国际收支逆差更为严重，黄金储备大量外流。随着流出美国的美元日益增加，美元同黄金之间的可兑换性日益受到人们的怀疑，美元危机频繁爆发。每次美元危机爆发的原因都是相似的，即人们对美元与黄金之间的可兑换性产生怀疑，由此引起大量投机性资金在外汇市场上抛出美元，酿成危机。每次美元危机爆发后，美国与其他国家都采取了互相提供贷款、限制黄金兑换、美元贬值等一系列协调措施，但这都不能从根本上改变布雷顿森林体系本身在制度安排上的缺陷。1971 年 8 月 15 日，美国总统尼克松被迫实行"新经济政策"，停止美元兑换黄金，终止 35 美元/盎司的黄金官价。至此，布雷顿森林体系的固定汇率制宣告崩溃。

布雷顿森林体系崩溃的原因可归纳如下。

1. 特里芬难题　美国经济学家特里芬早在 1960 年就指出，在布雷顿森林体系下，美元承担的两个责任，即保证美元按官价兑换黄金，维持各国货币与美元的固定汇率，是相互矛盾的。由于美元与黄金挂钩，而其他国家货币与美元挂钩，美元取得了国际货币的地位。但是，这就意味着各国为了发展国际贸易，必须用美元作为结算与储备货币。这样会导致流出美国的货币在海外不断沉淀，对美国来说就会发生长期贸易逆差。而美元作为国际货币的前提是必须保持美元币值的稳定与坚挺，这又要求美国必须是一个长期贸易顺差国。这两个要求互相矛盾，因此是一个悖论。这个悖论被称为特里芬难题。

根据特里芬难题所阐述的原因，建立在黄金－美元本位基础上的布雷顿森林体系的根本缺陷在于，美元既是一国货币，又是世界货币。作为一国货币，它的发行必须受制于美国的货币政策和黄金储备；作为世界货币，美元的供给又必须适应于国际贸易和世界经济增长的需要。由于黄金产量和美国黄金储备量的增长跟不上世界经济发展的需要，在"双挂钩"的原则下，美元便处于一种进退两难的境地：为满足世界经济增长对国际支付手段和储备货币的增长需要，美元的供给应当不断地增长；而美元供给的不断增长，又会导致美元同黄金的兑换性日益难以维持。特里芬难题指出了布雷顿森林体系的内在不稳定性及危机发生的必然性，由此导致的体系危机是美元的可兑换危机或人们对美元可兑换的信心危机。

2. 汇率体系僵化 各国经济发展的起点不同，发展程度与速度也不同，客观上要求有适应不同国情的宏观经济政策，以应付不同的问题，但布雷顿森林体系的固定汇率制限制了国别经济政策的作用。相反，大国的财政金融政策往往传导至其他国家，严重影响了国别政策的实施，这种僵化的状态违背了"可调整的固定汇率制"的初衷，矛盾的积累最终使布雷顿森林体系崩溃。

3. 国际货币基金组织协调解决国际收支不平衡的能力有限 由于汇率制度的不合理，各国国际收支问题日益严重，大大超过了国际货币基金组织所能提供的财力支持。从全球看，除了少数国家的国际收支为顺差外，绝大部分国家都出现了积累性的国际收支逆差。事实证明，国际货币基金组织并不能妥善地解决国际收支问题。

（三）布雷顿森林体系的评价

布雷顿森林体系的建立，营造了一个相对稳定的国际金融环境，对世界经济的发展起到了一定的促进作用。

1. 促进了第二次世界大战后国际贸易和国际投资的迅速发展 布雷顿森林体系实行可调整的固定汇率，汇率基本稳定，消除了原来汇率急剧波动的现象，大大降低了国际贸易与金融活动中的汇率风险，为世界贸易、国际投资和国际信贷活动的发展提供了有利条件。

2. 在一定程度上解决了国际清偿力问题 由于美元作为国际储备货币等同于黄金，弥补了国际储备的不足，在一定程度上解决了国际清偿力短缺的问题。

3. 营造了一个相对稳定的国际金融环境 布雷顿森林体系是国际货币合作的产物。它消除了第二次世界大战前各个货币集团的对立，稳住了第二次世界大战后国际金融混乱的动荡局势，开辟了国际金融政策协调的新时代。其中，国际货币基金组织在促进国际货币合作和建立多边支付体系方面做了许多工作，尤其是为国际收支暂时不平衡的成员提供了各种类型的短期和中期贷款，缓解了其面临的困境。这些都营造了一个相对稳定的国际金融环境，对世界经济的发展起到了一定的促进作用。

四、牙买加体系

布雷顿森林体系崩溃后，国际金融形势动荡不安。各国为建立新的国际货币体系进行了长期的讨论与协商，最终各方就一些基本问题达成了共识，并于 1976 年 1 月在牙买加首都金斯敦签署了一个协议，称为《牙买加协议》。同年 4 月，国际货币基金组织理事会通过了《国际货币基金协定第二次修正案》，从此形成了新的国际货币体系，人们称之为牙买加体系。

（一）牙买加协议的主要内容

牙买加协议的主要内容包括对黄金、储备货币和汇率制度的规定。

1. 浮动汇率合法化　取消汇率平价和美元中心汇率，确认浮动汇率制，成员方可自行选择汇率制度。

2. 黄金非货币化　废除黄金条款，取消黄金官价，确认黄金非货币化。各成员方中央银行可按照市价自由进行黄金交易，取消成员方相互之间以及成员方与国际货币基金组织之间须用黄金清算债权债务的义务。国际货币基金组织逐步处理其持有的黄金。当然，黄金仍然是国际储备资产之一。

3. 储备货币多元化　牙买加体系削弱了美元作为单一储备货币的地位，各国储备货币呈现出以美元为首的多元化状态，包括美元、原联邦德国马克、英镑、日元、黄金、特别提款权等。该体系增强了特别提款权的作用，明确了它可以在成员方之间自由交易，国际货币基金组织的账户资产一律用特别提款权表示。

4. 提高国际货币基金组织的清偿力　通过增加成员方的基金缴纳份额，提高国际货币基金组织的清偿力，即由 292 亿特别提款权提高到 390 亿特别提款权，当然主要是指石油输出国组织的成员方。

5. 扩大对发展中成员方的融资　国际货币基金组织用出售黄金的收入建立起信托基金，来扩大对发展中成员方的资金融通，改善其贷款条件。

（二）牙买加体系的运行

1. 储备货币多元化　与布雷顿森林体系国际储备货币结构单一、美元十分突出的情形相比，在牙买加体系下，国际储备货币呈现出多元化的状态。美元虽然仍是主导的国际储备货币，但美元的地位明显下降，由美元垄断国际储备货币的情形不复存在。原联邦德国马克（后德国马克）、日元随着德日两国经济地位的提升脱颖而出，成为重要的国际储备货币，特别提款权的作用也不断上升。各国为了尽量减少风险暴露，可能根据自身的具体情况，在多种货币中进行选择，构建自己的多元化国际储备。

2. 汇率安排多样化　浮动汇率制与固定汇率制同时存在。一般而言，发达工业国家多数采取单独浮动或联合浮动，但有的也采取盯住某种国际货币或货币篮子，单独浮动的很少。不同的汇率制度各有优劣，各国可根据自身的经济实力、开放程度、经济结构等一系列相关因素去权衡利弊，选择合适的汇率制度。例如，美元、日元、英镑等货币选择单独浮动，即它们在外汇市场上各自独立地根据供求关系进行汇率调整；而另一些国家由于其对外贸易过分依赖于某一个国家，因此它们采取盯住单一货币的浮动方式；有些国家由于和几个国家保持广泛的贸易联系，因此它们采取盯住一篮子货币的浮动汇率。

3. 多渠道调节国际收支　在牙买加体系下，调节国际收支的渠道是多样性的，主要有以下几种。

（1）运用国内经济政策。国际收支作为一国宏观经济的有机组成部分，必须受到国内其他因素的影响。运用国内经济政策，可以改变国内的需求与供给，从而消除国际收支的不平衡，如在资本项目逆差的情况下，可提高利率以吸引外资流入，弥补缺口。

（2）运用汇率政策。在浮动汇率制或可调整的盯住汇率制下，汇率是调节国际收支的一项重要工具。其原理是，经常项目赤字引起本币汇率下跌，而本币汇率下跌，就会增强外贸竞争力，结果出口增加，进口减少，可能会消除经常项目赤字，反之则相反。

（3）通过国际融资平衡国际收支。在布雷顿森林体系下，这一功能主要由国际货币基金组织完成。在牙买加体系下，国际货币基金组织的贷款能力有所提高。更重要的是，伴随石油危机的爆发和欧洲货币市场的迅猛发展，各国逐渐转向欧洲货币市场[一]，利用该市场比较优惠的贷款条件融通资金，调节国际收支的顺差和逆差。

（4）加强国际协调。这主要体现在如下方面。①以国际货币基金组织为桥梁。各国政府通过国际货币基金组织这一平台，就国际金融问题达成共识与谅解，共同维护国际金融形势的稳定与繁荣。②通过七国集团会议。西方七国通过多次会议达成共识，多次合力干预国际金融市场，主观上是为了各自的利益，但客观上也促进了国际金融与经济的稳定和发展。

（5）通过外汇储备的增减来调节。一般地，盈余国增加外汇储备，赤字国减少外汇储备。但这一方式往往会影响到一国货币的供应量及结构，从而触发其他问题。

（三）对牙买加体系的评价

1. 牙买加体系的积极作用　应当肯定，牙买加体系对于维持国际经济运转和推动世界经济发展发挥了积极的作用，具体表现在以下几个方面。

（1）多元化的储备结构摆脱了布雷顿森林体系下各国货币间的僵硬关系，为国际经济提供了多种清偿货币，在一定程度上解决了特里芬难题。

（2）多样化的汇率安排适应了多样化的、不同发展程度的世界经济，为各国维持经济发展与稳定提供了灵活性和独立性，同时有助于保持各国国内经济政策的连续性与稳定性。

（3）多渠道调节国际收支，使国际收支的调节更为有效与及时。因此，在牙买加体系的运行过程中，国际经济交往得到了迅速的发展，主要体现在国际贸易与国际投资得到了迅速发展；各国的政策自主性得到了加强，各国开放宏观经济的稳定运行得到了进一步保障，主要体现在各国可以充分利用汇率调整与资金流动等条件发展本国经济，而很少因承担某种对外交往中的义务而受到掣肘。牙买加体系经受住了各种因素带来的冲击，始终显示了比较强的适应能力。

2. 牙买加体系的缺陷　牙买加体系本身也有一些不完善的地方，突出表现在以下方面。

（1）多元化的国际储备格局下，各货币当局在进行储备货币结构调整时，汇率变动更加剧烈，尤其是当货币危机发生时，对各国实现内外均衡目标非常不利。

（2）多元化的汇率安排导致汇率大起大落、变动不定，汇率体系极不稳定。结果增大了汇率风险，在一定程度上抑制了国际贸易与国际投资活动，对发展中国家而言，这种负面影响尤为突出。

（3）国际收支调节机制并不健全。虽然有多种途径调节国际收支，但是各种现有的渠道都有各自的局限，牙买加体系并没有消除全球性国际收支失衡问题。

[一] 欧洲货币市场是新兴的国际金融市场，是指非居民之间在某种货币发行国国境之外从事该种货币的资金融通及相关业务活动的市场。

因此，在这个"无制度的体系"下，美元、欧元、日元三足鼎立，发达国家稳步前行，亚洲、拉丁美洲的发展中国家纷纷崛起。但是，与此同时，汇率波动剧烈，资本流动日益频繁，金融危机频发，尤其是1997年亚洲金融危机发生之后，国际学术界开始了对国际金融自由化规则的反思，改革现有国际货币体系的呼声此起彼伏。

第四节 国际金融机构体系

一、国际金融机构概述

（一）国际金融机构的概念

国际金融机构，是指从事国际金融管理以及国际融资业务的超国家性质的组织机构。它的成员通常由政府或政府机构组成，是一种政府间的金融合作组织。国际金融机构在世界经济与金融、区域经济与金融方面作用重大，主要表现在：组织商讨国际经济和金融领域中的重大事项，协调各成员间的行动；提供短期融资，缓解有关成员的国际收支困难，稳定汇率；提供长期贷款，促进成员的经济发展等。

（二）国际金融机构的产生和发展

1. 第二次世界大战前组建的国际清算银行　国际金融机构的发端可以追溯到1930年5月在瑞士巴塞尔成立的国际清算银行（Bank for International Settlements，BIS），它是由英国、法国、德国、意大利、比利时、日本等国的中央银行与代表美国银行界利益的摩根银行及花旗银行组成的银团，根据《海牙国际协定》共同组建的。国际清算银行最初创办的目的是，处理第一次世界大战后德国的赔偿支付及有关的清算等业务问题。第二次世界大战之后，它成为经济合作与发展组织成员之间的结算机构，该行的宗旨也逐渐转变为促进各成员中央银行之间的合作。

2. 第二次世界大战后的布雷顿森林体系，建立了全球性国际金融机构　1944年，反法西斯联盟取得第二次世界大战的胜利已成定局，它们在美国新罕布什尔州的布雷顿森林小镇召开会议，旨在建立一个新的国际货币体系。在该会议上签订的"布雷顿森林协定"创立了国际货币基金组织和世界银行。国际货币基金组织的职责是监察货币汇率和各国贸易情况，提供技术和资金协助，确保全球金融制度运作正常。世界银行在建立之初主要致力于战后欧洲经济复兴，后来主要是向成员提供长期贷款，以推动成员经济的恢复与发展，并促进国际贸易的发展。

3. 20世纪50年代到70年代，区域性国际金融机构建立　从1957年到20世纪70年代，欧洲、亚洲、非洲、拉丁美洲与中东地区的国家和地区为发展本地区经济的需要，通过互助合作的方式，先后建立起区域性国际金融机构，比如亚洲开发银行、非洲开发银行、泛美开发银行等。

（三）国际金融机构的类型

国际金融机构按照成员覆盖的范围可以分为以下三种类型。

一是全球性国际金融机构，如国际货币基金组织、世界银行、国际开发协会以及国际金融公司，其成员来自世界的大多数国家和地区。

二是区域性国际金融机构，如欧洲投资银行、阿拉伯非洲经济开发银行以及欧洲中央银行，其成员由一定区域内的国家组成。

三是半区域性国际金融机构，如国际清算银行、亚洲开发银行、泛美开发银行以及非洲开发银行，其成员主要由某一区域内的国家和地区组成，同时也吸收部分区域外的国家和地区参加。

二、国际货币基金组织

（一）国际货币基金组织的成立和宗旨

国际货币基金组织于 1945 年 12 月 27 日与世界银行同时成立。该组织于 1947 年 3 月 1 日开始运作，1947 年 11 月 15 日起成为联合国的一个专门机构，总部设在美国华盛顿，在经营上具有独立性。截至 2024 年 3 月，该组织有 190 个成员，拥有来自 150 个国家和地区的约 2 900 名员工。

国际货币基金组织的宗旨是：稳定国际汇兑，清除妨碍世界贸易的外汇管制，在货币问题上促进国际合作，并通过提供短期贷款，解决成员在国际收支不平衡时产生的外汇资金需求。它的资金来源于各成员方认缴的份额。各成员方的份额由该组织根据各成员方的收入、黄金和外汇储备、进出口贸易额以及出口的波动性等经济指标确定。成员方的主要权利是按照所缴份额的比例借用外汇。

（二）国际货币基金组织的运行

国际货币基金组织的最高权力机构为理事会，由各成员方派正、副理事各 1 名组成，一般由各成员方的财政部长或中央银行行长担任。执行董事会负责处理该组织的日常工作，行使理事会委托的一切权力。总裁由执行董事会推选，负责该组织的业务工作，任期 5 年，可连任，另外还有 3 名副总裁协助负责该组织的运营。

在加入国际货币基金组织时，成员方要根据其在国际经济交往中的重要性和国际贸易额缴纳一定的基金份额，成员方的投票权根据其基金份额的比例确定。基金份额每 5 年修订一次，以保证国际货币基金组织拥有足够的可支配资金。最近的一次份额改革会议于 2023 年 12 月召开。截至 2024 年 3 月，国际货币基金份额和投票权排名前八的国家如表 12-3 所示。

表 12-3　国际货币基金份额和投票权排名前八的国家　　　　　　（%）

国　　家	份　　额	投　票　权
美国	17.43	16.50
日本	6.47	6.14
中国	6.40	6.08
德国	5.59	5.31
法国	4.23	4.03
英国	4.23	4.03
意大利	3.16	3.02
印度	2.75	2.63

资料来源：国际货币基金组织官网。

截至 2024 年 3 月，中国的国际货币基金份额从 2012 年前的 3.72% 上升到当前的 6.4%，投票权也从 2012 年前的 3.65% 上升到当前的 6.08%。

1969 年，国际货币基金组织创立了特别提款权（special drawing rights，SDR），它是该组织分配给成员方的一种使用资金的权利，仅是一种账户资产。成员方分得特别提款权以后，即列为本国储备资产。特别提款权采用一篮子货币的定值方法。货币篮子每 5 年复审一次，以确保篮子中的货币是国际交易中所使用的那些具有代表性的货币，各货币所占的权重反映了其在国际贸易和金融体系中的重要程度。但由于特别提款权只是一种记账单位，不是真正的货币，它不能直接用于贸易或非贸易的支付，只能用于成员方政府之间的往来。

中国于 1945 年加入国际货币基金组织，是该组织的创始国之一。1980 年 4 月 17 日，该组织正式恢复中国的合法席位。1991 年，国际货币基金组织在北京设立常驻代表处。2011 年 7 月 26 日，朱民正式出任国际货币基金组织副总裁。2012 年 3 月，林建海担任该组织秘书长，林建海成为该组织成立以来首位获任此重要职位的中国人。2021 年 8 月，李波正式出任国际货币基金组织副总裁。

三、世界银行

(一) 世界银行的产生和含义

世界银行成立于 1945 年 12 月 27 日，1946 年 6 月开始营业，总部设在美国华盛顿。创立之初，它的使命是帮助在第二次世界大战中被破坏的国家进行重建；如今，它的使命是帮助发展中国家消除贫困，促进可持续发展。

世界银行有两层含义：从广义上讲，它是世界银行集团的简称，由五个机构组成，包括国际复兴开发银行（International Bank of Reconstruction and Development，IBRD）、国际开发协会（International Development Association，IDA）、国际金融公司（International Finance Corporation，IFC）、多边投资担保机构（Multilateral Investment Guarantee Agency，MIGA）和国际投资争端解决中心（International Center for the Settlement of Investment Disputes，ICSID）。从狭义上讲，世界银行包括国际复兴开发银行和国际开发协会。

(二) 世界银行的运行

世界银行按股份公司的原则设立。成立之初，世界银行的法定资本为 100 亿美元，全部资本为 10 万股，每股 10 万美元。凡是成员都要认购世界银行的股份，一般来说，成员认购股份的多少根据该成员的经济实力，同时参照该成员在 IMF 缴纳的份额大小而定。世界银行的重要事项都需成员投票决定，投票权的大小与成员认购的股份成正比，与 IMF 有关投票权的规定相同。世界银行每一成员拥有 250 票基本投票权，每认购 10 万美元的股本即增加 1 票。

世界银行的最高权力机构是理事会，由每个成员选派理事和副理事各 1 人组成，一般由成员的财政部长、中央银行行长或级别相当的官员担任。执行董事会是世界银行负责处理日常业务的机构。美国是世界银行最大的股东，自成立以来，世界银行行长一般由美国总统提名，并由美国人担任。中国经济学家林毅夫曾担任世界银行副行长兼首席经济学家。

世界银行的资金来源主要是:第一,各成员缴纳的股份;第二,从国际金融市场融入的借款;第三,发行债券和收取贷款利息。其资金运用主要是向发展中国家提供长期贷款和技术协助,来帮助这些国家实现它们的减贫政策。

中国于 1945 年加入世界银行,是该组织的创始国之一。1980 年 5 月 15 日,中国恢复了在世界银行的合法席位。2018 年,世界银行会议通过的改革方案,使中国在世界银行的投票权提升至 5.71%。中国成为世界银行第三大股东,仅次于美国和日本。

四、国际清算银行

(一)国际清算银行的创立及宗旨

国际清算银行是一个独立的国际金融组织,总部设在瑞士巴塞尔,成立于 1930 年。国际清算银行最初创办的目的是,处理第一次世界大战后德国的赔偿支付及有关的清算等业务问题。第二次世界大战后,它成为经济合作与发展组织成员之间的结算机构,该行的宗旨也逐渐转变为促进各国或地区中央银行(或金融管理当局)之间的合作,为国际金融业务提供便利,并接受委托或作为代理人办理国际清算业务等。

(二)国际清算银行的运行

国际清算银行是以股份公司的形式建立的,组织机构包括股东大会、董事会、管理委员会。国际清算银行的最高权力机关为股东大会,股东大会于每年 6 月在巴塞尔召开 1 次,只有各成员方中央银行(或金融管理当局)的代表参加表决,选票按有关银行认购的股份比例分配。董事会是国际清算银行的经营管理机构。董事会设主席 1 名,副主席若干名,每月召开 1 次例会,审议银行的日常业务工作。董事会主席和银行行长由 1 人担任。董事会根据主席建议任命 1 名总经理和 1 名副总经理,就银行的业务经营向银行负责。

国际清算银行的资金主要来源于三个方面:第一,各成员方缴纳的股份;第二,向各成员方中央银行(或金融管理当局)借入的款项,以补充该行自有资金的不足;第三,接受各国或地区中央银行(或金融管理当局)的黄金存款和商业银行的存款。

从 1960 年起,国际清算银行成为一个重要的国际金融组织,其作用与日俱增。国际清算银行是许多国际金融协议的受托人,并监督这些协议的执行。它在确认、磋商以及管理有关银行监管国际标准的问题上很活跃。国际清算银行致力于建立金融机构的国际信息披露标准,并且支持各国和地区发展安全而正确的金融业务。

国际清算银行以各国或地区中央银行(或金融管理当局)、国际组织为服务对象,不办理私人业务,这对联合国体系内的国际金融组织起着有益的补充作用。各国或地区中央银行(或金融管理当局)在该行存放的外汇储备,其货币种类可以转换,并可以随时提取而无须声明理由。存放在国际清算银行的黄金储备是免费的,而且可以用作抵押,从国际清算银行取得黄金价值 85% 的现汇贷款。同时,国际清算银行还代理各国或地区中央银行(或金融管理当局)办理黄金购销业务,并负责保密。此外,国际清算银行还是各国或地区中央银行(或金融管理当局)之间进行合作的理想场所。

五、亚洲开发银行与亚洲基础设施投资银行

（一）亚洲开发银行

亚洲开发银行（Asian Development Bank，ADB），简称亚行，是一个致力于促进亚洲及太平洋地区发展中成员经济和社会发展的区域性政府间金融开发机构，成立于1966年11月24日，总部位于菲律宾首都马尼拉。截至2024年3月底，亚行有68个成员，其中49个来自亚太地区，19个来自其他地区。中国于1986年3月10日加入亚行。按各方认股份额，中国居第三位（6.43%）；按各方投票权，中国也是第三位（5.44%）。美国和日本在这个组织中的认股份额各占15.57%，拥有一票否决权。

建立亚行的宗旨是，通过发展援助来帮助亚太地区发展中成员消除贫困，促进亚太地区的经济和社会发展。亚行对发展中成员的援助主要采取四种形式——贷款、股本投资、技术援助、联合担保，支持其成员在基础设施、能源、环保、教育和卫生等领域的发展，以实现"没有贫困的亚太地区"这一终极目标。

亚行的最高决策机构是理事会，一般由各成员财政部长或中央银行行长组成，每个成员在亚行有正、副理事各1名。亚行理事会每年召开1次会议，通称年会。理事会的主要职责是：①接受新会员；②改变注册资本；③选举董事或行长；④修改章程。同时，亚行设行长（总裁）1名，负责主持董事会，管理亚行的日常工作。行长下设3名副行长（副总裁），共有职工上千名。

（二）亚洲基础设施投资银行

亚洲基础设施投资银行（Asian Infrastructure Investment Bank，AIIB），简称亚投行，是一个政府间性质的亚洲区域多边开发机构，重点支持基础设施建设。其成立宗旨是促进亚洲区域的建设互联互通化和经济一体化进程，并且加强中国及其他亚洲国家和地区的合作。其总部设在北京，法定资本为1 000亿美元。

2013年10月2日，中国国家主席习近平提出筹建倡议。2014年10月24日，包括中国、印度、新加坡等在内的21个首批意向创始成员的财政部长和授权代表在北京签约，共同决定成立亚洲基础设施投资银行。2015年4月15日，亚洲基础设施投资银行的意向创始成员确定为57个，其中域内成员37个、域外成员20个。2015年6月29日，《亚洲基础设施投资银行协定》签署仪式在北京举行，亚洲基础设施投资银行的57个意向创始成员的财政部长或授权代表出席了签署仪式。2015年12月25日，亚洲基础设施投资银行正式成立，全球迎来首个由中国倡议设立的多边金融机构。2016年1月16日至18日，亚洲基础设施投资银行开业仪式暨理事会和董事会成立大会在北京举行。截至2023年9月，亚洲基础设施投资银行成员达109个。

亚洲基础设施投资银行的治理结构分理事会、董事会、管理层三层。理事会是最高决策机构，每个成员在亚洲基础设施投资银行有正、副理事各1名。董事会有12名董事，其中域内9名、域外3名。管理层由行长和5位副行长组成。时任中国财政部部长楼继伟被选举为亚洲基础设施投资银行首届理事会主席，金立群当选亚洲基础设施投资银行首任行长。

作为由中国提出创建的区域性金融机构，亚洲基础设施投资银行的主要业务是援助亚太地区国家和地区的基础设施建设。在全面投入运营后，亚洲基础设施投资银行将运用一系列支持方式，为亚洲各个国家和地区的基础设施项目提供融资支持，包括贷款、股权投资以及提供担保等，以振兴包括交通、能源、电信、农业和城市发展在内的各个行业投资。

专栏12-3

美元走下神坛　全球货币体系亟须重构

在20世纪70年代美元与黄金脱钩之际，美国时任财长康纳利曾沾沾自喜地说："美元是我们的货币，却是你们的问题。"时至21世纪，美国通过全球货币体系中的霸权地位向全球输出风险，美元作为主要国际货币的负面效应越发严重。从"货币战"到量化宽松，美联储连续开动印钞机，将"私人债务国家化"，然后将"国家债务国际化"，力图通过货币贬值和输出通货膨胀化解债务，处理本国经济累积的过度负债问题。

当前全球货币体系的缺陷是制度性的，尤其体现在货币发行权的垄断上。在这一体系下，美元作为核心货币，其发行彻底摆脱了黄金储备的约束，发行量没有法律限制，完全建立在信用基础之上。货币使用范围在全世界，发行权却掌握在美国手中，美国凭借全球货币体系的"中心国"地位，逐步建立起金融霸权。这种内在缺陷放大了全球经济周期性失衡风险。美元持续贬值增大了主权货币的升值压力，竞争性汇率干预频发，过剩的流动性流入新兴市场，以美元标价的国际大宗商品价格暴涨，各国被迫"输入"通货膨胀。同时，以美元储备为主的各国外汇资产及美元债权严重缩水。

但是，美元霸权越肆无忌惮，离其穷途末路就越近。实际上，自国际金融危机爆发以来，探讨建立新的全球货币体系的声音不绝于耳，多种倡议可谓仁者见仁，智者见智。

方案一是重归金本位制。这种观点认为，应考虑重回经过改良的全球金本位制，为汇率变动提供指引，通过结合美元、欧元、英镑、日元以及人民币等众多货币，恢复众多货币与黄金挂钩。不过，黄金供应量能否适应全球经济快速增长，新的金本位制是否会导致特里芬难题重现等，都是未知数。

方案二是建立超国家主权储备货币。这种观点建议将国际货币基金组织的特别提款权发展为超国家主权储备货币，并逐步替换现有储备货币即美元。但在全球货币体系由少数国家主宰的格局下，创建超国家主权储备货币体系的难度极大。

方案三是建立区域货币与美元抗衡。有观点认为，应建立亚洲货币联盟，通过欧元、亚元等货币与美元形成竞争，对抗美元一家独大。不过目前对于"亚元"的讨论仍处于设想阶段，未有实质性进展，更谈不上对现有全球货币体系的挑战和撼动。

综合来看，这些倡议从根本上是要维护全球货币体系的多样性，并采取适当调整的方式来束缚美元霸权，削弱美元的"世界主导货币"地位。

当然，改革全球货币体系是必然选择，又是长期、缓慢而曲折的过程。让美元主动放弃通过与英镑角逐，经过两次世界大战建立起的霸权地位，更是难上加难。

本章小结

1. 通常所说的外汇，是指以外国货币表示，为各国普遍接受，可用于国际债权债务结算的各种支付手段，如银行汇票、支票、银行存款等。
2. 汇率是用一种货币表示的另一种货币的价格，即两种不同货币之间的兑换比率。汇率的标价法有直接标价法、间接标价法和美元标价法三种。
3. 汇率的分类多种多样：按银行买卖外汇的价格不同，分为买入汇率、卖出汇率和中间汇率；按外汇买卖交割的期限不同，分为即期汇率和远期汇率；按制定汇率的方法不同，分为基本汇率和套算汇率；按外汇管制情况不同，分为官方汇率和市场汇率；按衡量货币价值的角度不同，分为名义汇率和实际汇率。按外汇交易的支付工具不同，分为电汇汇率、信汇汇率和票汇汇率。
4. 汇率制度，是指一国货币当局对本国汇率变动的基本方式所做的一系列安排或规定。传统上，按照汇率变动的幅度，汇率制度分为两大基本类型：固定汇率制和浮动汇率制。各国可根据经济规模与开放程度、通货膨胀率、金融市场发育程度、政策制定者的可信度及资本流动性等选择汇率制度。
5. 国际货币体系是世界各国对货币的兑换、国际收支的调节、国际储备资产的构成等问题共同做出的安排和确定的原则，以及为此而建立的组织形式等的总称。它先后经历了国际金本位体系、布雷顿森林体系和牙买加体系，各体系均有利弊。
6. 国际金本位体系，是指以黄金作为本位货币的一种国际货币体系。国际金本位体系下的经济具有自动调节机制，但它赖以存在的物质基础使它难逃崩溃的厄运。
7. 布雷顿森林体系确立了"双挂钩"的国际货币制度，并取消了对经常账户交易的外汇管制，但是对国际资金流动进行限制。特里芬难题揭示了这一体系本身的脆弱性，该体系最终由于对美元信心的极度缺失而崩溃。
8. 牙买加协议追认了事实上的浮动汇率制度的法律地位，并实现了黄金非货币化和储备货币多元化。各国根据本国贸易和经济实力选择不同的汇率制度。牙买加体系制度安排灵活、适应性强，但会引起汇率更加剧烈的变动，而且缺乏有效的国际政策协调机制。
9. 国际金融机构体系的主要成员有国际货币基金组织、世界银行、国际清算银行、亚洲开发银行及亚洲基础设施投资银行等。

复习思考题

1. 解释下列概念：汇率、直接标价法、间接标价法、特里芬难题。
2. 简述国际金本位体系下的经济自动调节机制。
3. 试分析布雷顿森林体系崩溃的原因。
4. 简述牙买加体系的优劣。
5. 国际货币基金组织与世界银行的区别及联系是什么？
6. 简述亚洲基础设施投资银行产生的背景及其主要职责。

复习思考题部分答案
扫码收听

本章拓展内容

- 汇率之路
- 超越国界
- 人民币加入 SDR
- 亚投行

参 考 文 献

[1] 蒋先玲. 货币金融学 [M]. 2版. 北京：机械工业出版社，2017.
[2] 蒋先玲. 货币银行学 [M]. 3版. 北京：对外经济贸易大学出版社，2019.
[3] 蒋先玲. 货币银行学 [M]. 北京：中国金融出版社，2010.
[4] 刘宇飞. 货币银行学 [M]. 北京：中国发展出版社，2008.
[5] 黄达. 货币银行学 [M]. 2版. 北京：中国人民大学出版社，2000.
[6] 易纲，吴有昌. 货币银行学 [M]. 上海：格致出版社，上海人民出版社，2014.
[7] 夏德仁，李念斋. 货币银行学 [M]. 2版. 北京：中国金融出版社，2005.
[8] 胡庆康. 现代货币银行学教程 [M]. 6版. 上海：复旦大学出版社，2019.
[9] 戴国强. 货币银行学 [M]. 4版. 北京：高等教育出版社，2015.
[10] 国务院学位委员会办公室. 同等学力人员申请硕士学位：经济学学科综合水平全国统一考试大纲及指南 [M]. 4版. 北京：高等教育出版社，2009.
[11] 黄达，张杰. 金融学 [M]. 6版. 北京：中国人民大学出版社，2024.
[12] 米什金. 货币金融学：美国商学院版 [M]. 蒋先玲，等译. 北京：机械工业出版社，2020.
[13] MELICHER R W, WELSHANS M T, NORTON E A. Finance：introduction to institutions, investments, and management [M]. 9th ed. Cincinnati：South-Western Publishing Co, 1997.
[14] HAUGEN R A. Modern investment theory [M]. 4th ed. New York：Prentice-Hall Inc, 1997.
[15] MISHKIN F S. The economics of money, banking, and financial markets [M]. 6th ed. New York：Pearson Education North Asia Limited, 2002.
[16] CECCHETTI S G. Money, banking and financial markets [M]. New York：McGraw-Hill Higher Education, 2006.